Herderbücherei

Band 1393

Über das Buch

Es gibt einen Gott! Diese Einsicht läßt sich nicht ausschließlich aus der Offenbarung gewinnen. Von der Antike bis zur Gegenwart sind Denker verschiedenster Schulen von der Existenz Gottes, einer „weltjenseitigen“ Wirklichkeit, überzeugt und versuchen, sein Dasein auf rationale Weise zu bestimmen. Sie sind keineswegs immer eine bequeme Hilfstruppe der Theologie, sondern fordern durch ihr Denken jeden Menschen zum Nach-Denken heraus, der über das Woher und Wohin, über Sinn und Ziel seines Lebens eine Antwort sucht. Vor allem die führenden Vertreter vernunftbegründeter Argumente für Gott werden hier erstmals in einem Lexikon von kompetenten Fachleuten vorgestellt. Der Leser erhält einen einmaligen Überblick über die vielfältigen Zugänge zur Gottesfrage und wird mit unterschiedlichen Gedankengängen vertraut. Literaturangaben zum Weiterstudium sind jedem Artikel angefügt. Allgemeine Literatur zum Thema, ein Register und weitere Verzeichnisse komplettieren den Band. Das vorliegende Nachschlagewerk ist das vielfach gewünschte Pendant zu dem bekannten, in mehreren Auflagen verbreiteten Autoren-Lexikon „Religionskritik von der Aufklärung bis zur Gegenwart“ (Herderbücherei-Band 716), das bedeutende Vertreter des Atheismus und Agnostizismus und deren Argumente zugänglich macht.

Über den Herausgeber

Karl-Heinz Weger SJ, geboren 1932; nach dem Eintritt in die Gesellschaft Jesu Studien der Philosophie und Theologie in England, Indonesien und Holland. Promotion zum Dr. theol. 1968. Professor für Grundlegung der Theologie und Philosophische Anthropologie an der Hochschule für Philosophie, Philosophische Fakultät SJ, München. Leiter des Instituts für Fragen der Religionskritik.

ARGUMENTE FÜR GOTT

Gott-Denker von der Antike bis zur Gegenwart

Ein Autoren-Lexikon

Herausgegeben
von Karl-Heinz Weger
unter Mitarbeit
von Klemens Bossong

Herderbücherei

Originalausgabe
erstmals veröffentlicht als Herder-Taschenbuch

Herder Freiburg · Basel · Wien
Herstellung: Freiburger Graphische Betriebe 1987
ISBN 3-451-08393-0

Inhalt

Mitarbeiterverzeichnis

Pfarrer Dr. Karl-Ernst Apfelbacher, München
Troeltsch
Universitätsassistent Dr. Dr. Estanislao Arroyabe, Innsbruck
Berkeley
Dr. Maria Austermann, Münster
Bergson
Dr. Wilhelm Baum, Klagenfurt
Wittgenstein
Prof. Dr. Oswald Bayer, Tübingen
Hamann
Oberstudienrat Dr. Albrecht Bender, Wetzlar
Apologeten (frühchristliche) – Aristides – Athenagoras – Laktanz – Minucius Felix – Theophilus
Prof. Dr. Vincent Berning, Aachen
Marcel – Schell
Prof. Dr. Dr. Eugen Biser, München
Guardini
Prof. Dr. Johannes Brosseder, Bonn
Luther
Bernd Burkhardt, M. A., Kirchheim bei München
Pannenberg
Prof. Dr. Dr. Emerich Coreth, Innsbruck
Brugger – Lotz
Prof. Dr. Ingrid Craemer-Ruegenberg, Köln
Albertus Magnus
Prof. Dr. Dr. Karl Delahaye, Aachen †
Wust
Prof Dr. Ernst Feil, München
Bonhoeffer
Prof. Dr. Karl Suso Frank, Freiburg
Boethius
Prof. Dr. Heinrich Fries, München
Newman
Dr. Wolfgang Gantke, Bonn
Otto
Dr. Dr. Rogelio García-Mateo, München
Unamuno
Prof. Dr. Hanna-Barbara Gerl, Bayreuth
Ficino

Prof. Dr. Wilhelm Gessel, Augsburg
Basilius von Caesarea – Gregor von Nazianz – Gregor von Nyssa – Pseudo-Dionysius Areopagita
Dr. Louise Gnädinger, Zürich
Seuse – Tauler
Prof. Dr. Heinz-Jürgen Görtz, Hannover
Rosenzweig
Prof. Dr. Paul Good, Düsseldorf
Scheler
Prof. Dr. Gerd Haeffner, München
Heidegger
Prof. Dr. Richard Heinzmann, München
Anselm von Canterbury – Thomas von Aquin
Waltraud Herbstrith, Tübingen
Stein – Teresa von Avila
Prof. Dr. Eilert Herms, Mainz
James
Prof. Dr. Dr. Walter Kern, Innsbruck
Hegel
Prof. Dr. Peter Knauer, Frankfurt
Ebeling
Dr. Hans Kraml, Innsbruck
Wilhelm von Ockham
Prof. Dr. Georg Kraus, Schloßberg
Biser
Dr. Christian Kummer, München
Teilhard de Chardin
Dr. Willi Lambert, Augsburg
Baader
Niklaus Largier, Lic. phil., Zürich
Eckhart
Universitätsdozent Dr. Dr. Gerhard Leibold, München
Bonaventura – Duns Scotus
Hubert Lenz, M. A., Vallendar
Welte
Prof. Dr. Lothar Lies, Innsbruck
Calvin – Origenes
Prof. Dr. Werner Löser, Frankfurt
Balthasar – Schlier
Prof. Dr. Johannes B. Lotz, München
Maréchal – Siewerth
Dr. Basile Markesinis, Fribourg
Maximus Confessor
Prof. Dr. Michael Marlet, Amsterdam
Blondel – Pascal

Juan A. Martínez-Camino, Lic. phil., Dipl. theol., Madrid
Jüngel
Prof. Dr. Cornelius Mayer, Gießen
Augustinus
Dr. Karl-Heinz Menke, Freiburg
Rosmini-Serbati
Pfarrer Dr. Walter E. Meyer, Biel
Zwingli
Prof. Dr. Otto Muck, Innsbruck
Coreth
Prof. Dr. Walter Neidl, Salzburg
Suárez
Prof. Dr. Dr. Karl Heinz Neufeld, Rom
Lubac – Przywara
Prof. Dr. Peter Neuner, München
Hügel
Privatdozent Dr. Friedrich Niewöhner, Wolfenbüttel
Maimonides
Prof. Dr. Hans Ludwig Ollig, Frankfurt
Cohen
Prof. Dr. Heinrich Petri, Regensburg
Scheeben
Prof. Dr. Helmut Pfeiffer, Trier
Jaspers
Prof. Dr. Annemarie Pieper, Basel
Kierkegaard
Prof. Dr. Horst Georg Pöhlmann, Osnabrück
Barth – Brunner
Prof. Dr. Antonio Ponsetto, Gallarate
Brentano – Husserl
Prof. Dr. Hans Poser, Berlin
Leibniz
Prof. Dr. Josef Reiter, Mainz
Levinas – Malebranche – Maritain
Prof. Dr. Dr. Friedo Ricken, München
Aristoteles – Heraklit – Parmenides – Platon – Plotin – Stoa
Prof. Dr. Edmund Runggaldier, Innsbruck
Hick – Ramsey – Swinburne
Prof. Dr. Giovanni Sala, München
Kant – Küng – Lonergan – Wolff
Privatdozent Dr. Jörg Salaquarda, Berlin/Mainz
Weischedel
Prof. Dr. Leo Scheffczyk, München
Eriugena
Dr. Bernardin Schellenberger, Donzdorf
Bernhard von Clairvaux

Prof. Dr. Dr. Heinz Robert Schlette, Bonn
Weil
Dozent Dr. Josef Schmidt, München
Anaxagoras – Xenophanes
Dozent Dr. Harald Schöndorf, München
Descartes – Spinoza
Pastor Rainer Schumann, Oldenburg
Bultmann
Prof. Dr. Hermann Josef Sieben, Frankfurt
Justin
Prof. Dr. Robert Stalder, München
Fichte – Jacobi – Schleiermacher
Prof. Dr. Josef Stallmach, Mainz
Nikolaus von Kues
Prof. Dr. Peter Stockmeier, München
Klemens von Alexandrien – Tertullian
Prof. Dr. Dr. Robert Stupperich, Münster
Melanchthon
Universitätsdozent Dr. Josef Sudbrack, München
Johannes vom Kreuz
Privatdozent Dr. Heinrich Treziak, Regensburg
Schelling
Prof. Dr. Friedrich A. Uehlein, Freiburg
Whitehead
Dr. Peter-Otto Ullrich, Mainz
Simmel
Privatdozent Dr. Hans Unterreitmeier, München
Herder
Dr. Lorenz Wachinger, München
Buber
Prof. Dr. Karl-Heinz Weger, München
Rahner
Gerhard Wehr, Schwarzenbruck
Boehme
Prof. Dr. Gunther Wenz, München
Tillich
Dr. Franz Wolfinger, München
Kuhn

Abkürzungsverzeichnis der Verlagsorte

A	Amsterdam
An	Antwerpen
At	Athen
Au	Augsburg
B	Berlin
Ba	Barcelona
Bas	Basel
Be	Bern
Bo	Bonn
Bol	Bologna
Br	Breslau
Brau	Braunschweig
Bru	Brüssel
C	Cambridge
Ch	Chicago
Co	Coburg
D	Düsseldorf
Da	Darmstadt
E	Edinburgh
Ei	Einsiedeln
Erl	Erlangen
Es	Essen
Ev	Evanston
F	Frankfurt a. M.
Fi	Florenz
Fr	Freiburg i. Br.
Fri	Fribourg/Schweiz
G	Genf
Gie	Gießen
Gö	Göttingen
Gr	Graz
Gü	Gütersloh
H	Hamburg
Han	Hannover
He	Helsinki
Hei	Heidelberg
Hil	Hildesheim
Hl	Halle
I	Innsbruck
Je	Jena
K	Kempten
Ka	Karlsruhe
Kö	Köln
Ko	Konstanz
Kop	Kopenhagen
L	Leipzig
Lei	Leiden
Lo	London
Lv	Leuven (Louvain)
Ly	Lyon
Lz	Luzern
Ma	Madrid
Mar	Maredsous
Mei	Meisenheim
Mi	Mailand
Mn	München
Mo	Moskau
Mr	Münster
Mz	Mainz
N	Nijmegen
Na	Neapel
NH	New Haven
Nü	Nürnberg
NY	New York
O	Oxford
Ol	Olten
Ott	Ottawa
P	Paris
Pa	Paderborn
Q	Quaracchi
R	Rom
Rb	Regensburg
Re	Reinbek bei H.
Sa	Salzburg
Sal	Salamanca
St	Stuttgart
Sto	Stockholm
Str	Straßburg
T	Tübingen
Tn	Turin
Tou	Tournai
Tr	Trier
Ts	Toulouse
Up	Uppsala
Ut	Utrecht
V	Venedig
W	Wien
Wa	Washington
War	Warschau
Wie	Wiesbaden
Wr	Weimar
Wü	Würzburg
Z	Zürich

Abkürzungen für Zeitschriften, Sammelwerke u. ä.

Conc	Concilium
Dict Spir	Dictionnaire de Spiritualité, Ascétique et Mystique, P 1932 ff.
EK	Evangelische Kommentare
Etud Carmél	Les Etudes Carmélitaines, P–Bru 1931 ff.
EvTh	Evangelische Theologie
HK	Herder-Korrespondenz
KuD	Kerygma und Dogma
LThK	Lexikon für Theologie und Kirche, Fr ^{2}1957 ff.
PhR	Philosophische Rundschau
RE	Realencyklopädie für protestantische Theologie und Kirche, L ^{3}1896–1913
RGG	Die Religion in Geschichte und Gegenwart, T ^{3}1957 ff.
StdZ	Stimmen der Zeit
ThPh	Theologie und Philosophie
TRE	Theologische Realenzyklopädie, B–NY 1977 ff.
ZEE	Zeitschrift für evangelische Ethik
ZKG	Zeitschrift für Kirchengeschichte
ZkTh	Zeitschrift für katholische Theologie
ZThK	Zeitschrift für Theologie und Kirche

Hinweise zu den Literaturangaben und zur Zitationsweise

Die *Literaturhinweise* sind nach Erscheinungsjahr (und nicht nach dem Alphabet) geordnet. Literatur, die nicht am Schluß eines Artikels angeführt wird, ist vollständig im Text angegeben. In den Literaturangaben ist unter dem Namen des behandelten Autors zunächst die Primär-, dann – durch einen Bindestrich getrennt – die Sekundärliteratur angeführt.

Wird *innerhalb eines Beitrages* auf die Primärliteratur verwiesen, dann erfolgt dies nur unter Angabe des Erscheinungsjahres (oder u. U. bei Gesamtausgaben: des Bandes) und der Seitenzahl. – Bei der Sekundärliteratur werden nur Verfasser, Erscheinungsjahr und Seitenzahl angegeben. Falls ein Autor – dies gilt auch für die Primärliteratur – in einem Jahr mehrere Werke publiziert hat, sind diese durch hochgestellte lateinische Kleinbuchstaben (etwa 1980[a]) unterschieden.

Einführung

Wie vielleicht keine Epoche der langen Menschheitsgeschichte zuvor, lebt unsere Zeit weithin im Zweifel an der Existenz Gottes, der von manchen noch immer als der Triumph des neuzeitlichen Wissenschafts-, Fortschritts- und Vernunftglaubens gefeiert wird, von vielen jedoch eher als stummes Leiden einer Gottesnot erfahren wird. Die atheistische Religionskritik hat Spuren hinterlassen; sie führen zum Zweifel und nicht selten zu der agnostischen Meinung, man müsse die Frage nach der Existenz Gottes auf sich beruhen lassen, da sich über das, was wir gerne die letzten Fragen eines Menschenlebens nennen, ja doch nichts endgültig Verbindliches ausmachen lasse.

Der 1979 in der Herder-Bücherei erschienene Band „Religionskritik von der Aufklärung bis zur Gegenwart" (HB 716), der inzwischen in der 3. Auflage vorliegt, legte den Gedanken eines entsprechenden Gegenstücks nahe, nämlich ein Autorenlexikon, das die Argumente bedeutender „Gott-Denker" *für* die Existenz Gottes in kurzer, sachkundiger und verständlicher Weise ausführt. Ein nach Autoren alphabetisch geordnetes Nachschlagewerk als Taschenbuch, das einen ersten Überblick vernunftbegründeter Rechtfertigung des Glaubens an Gott bietet, gibt es bisher nicht.

In einer Einführung muß der Herausgeber sowohl den Titel des Buches wie vor allem die Zielvorstellung und die sich daraus ergebende Auswahl der behandelten Autoren dem Leser gegenüber erläutern und rechtfertigen. Der relativ neutrale *Titel* „Argumente für Gott" soll zum Ausdruck bringen, daß das vorliegende Lexikon bewußt die Kontroverse, ob es Gottes*beweise* gibt oder nicht, nicht aufgreifen will. Gute Gründe lassen die vorliegenden Argumente für die Existenz Gottes als Gottesbeweise betrachten, vorausgesetzt nur, man läßt sich nicht von den sogenannten „exakten Wissenschaften" einen verengten Begriff und damit das, was einen erbrachten Beweis ausmacht, vorschreiben. Umgekehrt könnte der Ausdruck „Gottesbeweis" bei manchem Leser den fälschlichen Eindruck hervorrufen, ein Aufweis der Existenz Gottes würde sich dem Verstehen zwingend auferlegen und verlange nicht mehr die Freiheitsentscheidung einer bejahenden Glaubenszustimmung. Der Untertitel „Gott-Denker von der Antike bis zur Gegenwart" sagt demgegenüber, daß jedes Argument für Gott eine bestimmte Gottesvorstellung mit sich bringt und damit bereits etwas zum schwierigen Problem der zu behandelnden Autoren.

Hinsichtlich der *Auswahl der Autoren* hatte der Herausgeber jede(n) Mitarbeiter(in) gebeten, die Liste der Autoren zu ergänzen oder zu kürzen; aufgrund zahlreicher Hinweise wurden dann zwar Änderungen an der ursprünglich vorgesehenen Autorenauswahl vorgenommen, dennoch wird in diesem – wie wohl in jedem Lexikon – der eine oder andere Leser u. U. Autoren vermissen und die Darstellung mancher behandelten für weniger wichtig erachten. Vollständigkeit kann aber nicht Aufgabe eines Taschenbuch-Lexikons sein!
Grundsätzlich sind in diesem Lexikon nur Einzel-Autoren behandelt (Ausnahmen: Apologeten, frühchristliche; Stoa; Kuhn [Tübinger Schule]), die in rationaler Argumentation ihren Glauben an die Existenz Gottes rechtfertigen. Dem ist allerdings sogleich erläuternd hinzuzufügen, daß „rational" nicht auf diskursives Denken allein eingeengt werden darf. Zwar ist durch das angegebene Kriterium der Autorenauswahl vorgegeben, daß reine *Bekenntnisse* des Glaubens an Gott (wie sie des öfteren von Naturwissenschaftlern der Neuzeit angeführt werden) wie auch literarische Zeugnisse oder Argumente aus anderen als dem philosophisch-theologischen Bereich entstammenden Wissenschaftszweigen (Psychologie, Soziologie, Ethnologie, Geschichte etc.) *nicht* aufgenommen wurden. Behandelt hingegen werden aufgrund ihrer Bedeutung die wichtigsten Mystiker wie auch einige Philosophen, die den *christlichen* Gott nicht bejahen (griechische Philosophie, Spinoza, Jaspers u. a.), und auch Theologen, die einen rationalen Gottesaufweis für unmöglich, ja sogar als unstatthaft betrachten (z. B. Karl Barth). Bedenkt man jedoch, daß alle Argumente für Gott in erster Linie „nur" motivierend, d. h. subjektiv rechtfertigend und an die eigene Erfahrung wie an die eigene Gewissensentscheidung appellierend, wirken können, dann gibt es eben auch Argumente für Gott, die von unterschiedlicher und untereinander schwer vergleichbarer Art sind. Aufgenommen sind also Autoren, die der Sache nach einen denkerisch reflektierten, in philosophischer oder theologischer Terminologie – sei es ausdrücklich oder eher implizit – gründenden, argumentativen Aufweis der Existenz Gottes darlegen.
Daß das vorliegende Lexikon zeitlich nicht, wie das Autoren-Lexikon der Religionskritik, mit der Aufklärung beginnen kann, bedarf wohl keiner besonderen Rechtfertigung, so wenig es den Kenner der Materie überraschen wird, daß einige Autoren sowohl im religionskritischen Lexikon wie auch in dem der „Argumente für Gott" Aufnahme finden mußten. Waren diese Autoren im Rahmen einer Darstellung der Religionskritik als (ungewollte) Wegbereiter mancher atheistischen Argumentation unbedingt zu behandeln (oder ist der religiöse Standort umstritten), so sind sie in dem vorliegenden Lexikon als die an Gott Glaubenden darzustellen. Da es ferner undenkbar wäre, die Argumente von Theologen der Hochscholastik auszuklammern, läßt sich auch auf die griechische Philosophie nicht verzichten. Eben-

sowenig ließe sich eine Ausklammerung der christlichen Apologeten und der Kirchenväter rechtfertigen. Vorrang wurde, wo möglich und sinnvoll, den Autoren der Neuzeit eingeräumt. Wenn in diesem Lexikon keine Autoren außerhalb des jüdisch-christlichen Kulturkreises behandelt werden konnten, ergab sich dies weniger von der Sache als eher vom vorgesehenen Umfang des Buches.

Als schwierig oder anfechtbar kann sich dem Leser freilich die Frage aufdrängen, *welcher Gott* denn nun in einer solchen Argumentationsreihe als existent erwiesen werden soll. Irgendein „transzendentes Wesen" oder der christliche Gott? Der Herausgeber ist sich gemeinsam mit den Mitarbeitern an diesem Lexikon bewußt, daß in erster Linie die Argumente für Gott *von* christlichen Philosophen und Theologen *durch* christliche Philosophen und Theologen ausgeführt werden. Da nun aber kein Denker, sei er Philosoph oder Theologe, von seinen ihm subjektiv vorgegebenen Voraussetzungen abstrahieren kann – und dies auch gar nicht muß! –, kann das Wissen um die christliche Offenbarung gar nicht ohne Folgen hinsichtlich einer Argumentation für die Existenz Gottes bleiben (wobei der Einfluß des Offenbarungswissens auf eine jeweilige Argumentation von Autor zu Autor und natürlich auch von Epoche zu Epoche unterschiedlich ist). *Entscheidend* freilich bleibt die verallgemeinerungsfähige, methodische und nachvollziehbare Argumentationsweise, die denkerisch-verantwortbar auch für diejenigen nach- und mitvollziehbar ist, die nicht bereit sind, die Wahrheit der christlichen Offenbarung vorauszusetzen. Viele, wenn nicht die meisten Argumente für Gott, haben aber auch dann noch Gültigkeit, wenn von der (Glaubens-)Vorgabe des behandelten Autors abgesehen wird.

Im Vergleich mit dem Autorenlexikon „Religionskritik von der Aufklärung bis zu Gegenwart" wird der Leser und Benutzer *dieses* Autorenlexikons feststellen, daß die Argumente für Gott nicht nur terminologisch, sondern auch in der Argumentationsweise schwerer nachzuvollziehen sind und somit eine größere Denkbemühung abverlangen. Dies ist nicht verwunderlich: Denn während die Religionskritik ihre Argumente für die Nicht-Existenz Gottes weithin aus vermeintlich empirisch verifizierbaren, gleichsam „handgreiflichen" Gegebenheiten schöpft und somit ihren Argumenten gegen die Existenz Gottes den Eindruck der Wissenschaftlichkeit verleiht, liegt die Argumentation für Gott auf einer abstrakteren Reflexionsstufe, verlangt sie doch die Anerkennung einer Wirklichkeit, die sich grundsätzlich nicht nur der Empirie, sondern auch dem menschlichen Begreifen in abgrenzbarem Begriff und im einzelnen Wort entzieht. Gott als die alles bestimmende Wirklichkeit kann nicht als Teil der Wirklichkeit, als ein besonderer „Fall von Sein" neben anderem Seienden, erwiesen werden. Der appellative Hinweischarakter jeder Argumentation für Gott verlangt ein denkendes und einfühlendes

Mitgehen existentieller Art, das nicht immer leicht ist und die Mühe des Nach-Denkens nicht ersparen kann. Und zusätzlich bleibt dem christlichen Glaubenden immer zu bekennen: „Du hast mich ergriffen, nicht ich habe Dich ‚begriffen'."

Zum *Aufbau* des Buches: Jeder Beitrag gliedert sich in drei Teile. In einem ersten Teil sind die wichtigsten Lebensdaten und ist die grundsätzliche philosophische oder theologische Denkrichtung eines Autors dargestellt, geistesgeschichtlich eingebettet und so der Stellenwert des Gott-Denkens im Gesamt des Denkens aufgewiesen. Damit ist der Rahmen abgesteckt, um im zweiten und wichtigsten Teil die Argumente für die Existenz Gottes des betreffenden Autors zu explizieren. Im abschließenden dritten Teil ist kurz eine systemimmanente bzw. wirkungsgeschichtliche Wertung der Argumentation des betreffenden Autors zu finden. Nimmt man die jedem Artikel beigefügte Primär- und Sekundärliteratur hinzu, wie zusätzlich die weiterführende Literatur, die Zeittafel und das Sachregister, dann dürfte es dem Leser leicht sein, sich über einen Autor ausführlicher zu informieren. Die weiterführenden Hinweise sind deshalb angebracht, weil – oft zum Bedauern der Mitarbeiter, die sich alle als Experten für „ihre(n)" Autor(en) ausweisen können – die Beiträge selbst ja nur eine erste, konzentrierte, sachkundige und dennoch verständliche Orientierungshilfe sein wollen.
Zielgruppe des vorliegenden Lexikons sind Theologie- und Philosophiestudenten, Schüler der Kollegstufen, wie aber auch Religions- bzw. Ethiklehrer, für die das Lexikon „Argumente für Gott" eine gesuchte und willkommene Hilfe sein dürfte. Aber auch bei Dozenten und Professoren wird sich dieses Buch, wie das Lexikon der Religionskritik, als Nachschlagewerk und zur Kurzinformation bewähren. Weiterhin finden Erwachsenenbildner und auch Seelsorger Hinweise und Anregung. Und nicht zuletzt bleibt zu hoffen, daß die „Argumente für Gott" vielen an der Gottesfrage Interessierten – wie vielleicht auch vielen an der heutigen Gottesnot Leidenden – Ermunterung zu einer hilfreichen Auseinandersetzung mit der Frage nach der Existenz Gottes sein werden.
Ausdrücklich soll an dieser Stelle den Mitarbeiterinnen und Mitarbeitern an diesem Lexikon gedankt werden, die trotz reichlich anderweitiger Arbeitsbelastung die Mühe der Übernahme eines Beitrags (oder mehrerer Beiträge) auf sich genommen haben. Wie üblich, zeichnet jeder Mitarbeiter für seinen Beitrag verantwortlich. Ein ausdrücklicher Dank gilt auch Herrn Karl Frings und all jenen, die durch besonderen Rat und Beratung zum Gelingen des Buches beigetragen haben.

München, im Sommer 1987

Karl-Heinz Weger SJ
Klemens Bossong

A

Albertus Magnus

Albertus Magnus, * 1193 in Lauingen, † 1280 in Köln. Um 1245 Magister der Theologie in Paris, 1249–53 Leiter des Generalstudiums der Dominikaner in Köln, 1254–58 Provinzial des Predigerordens in Deutschland, ab 1260 Bischof in Regensburg, päpstlicher Legat, ab etwa 1270 letzte Lebens- und Lehrjahre in Köln. – A. hatte es unternommen, das Gesamtsystem der aristotelischen Philosophie den christlich-lateinischen Zeitgenossen zugänglich zu machen. Dieses System, eine Enzyklopädie der Wissenschaften, war bis dahin vorwiegend im Bereich der islamischen Kultur überliefert und um viele Kommentare und Neuentdeckungen angereichert worden. Nach dem Vorbild „des Kommentators" (Averroes, 1126–1198) paraphrasierte A. die echten (und unechten) Schriften des →Aristoteles. Über seinen bedeutendsten Schüler, →Thomas von Aquin, wurde der von A. begründete christliche Aristotelismus zur einflußreichsten Geisteshaltung des mittelalterlichen Europa. In eher neuplatonisch-mystisch anmutenden Teilen seines philosophisch-theologischen Gesamtwerks wirkte A. auf Dietrich von Freiberg ein (ca. 1250–1310), auf Meister →Eckhart und auf →Nikolaus von Kues.

Mit der Frage nach der Beweisbarkeit der Existenz (und der Einzigkeit) Gottes befaßt A. sich sowohl in seiner ersten theologischen Arbeit, dem Sentenzenkommentar, als auch in seiner späten „Summa theologiae". Obwohl A. in den Jahren zwischen der Abfassung dieser beiden Werke eingehend die philosophische Gotteslehre des Aristoteles und seiner islamischen Interpreten bearbeitet hatte, sind die Gedanken auch der Spätschrift weniger dadurch geprägt als durch die Lehren des →Augustinus, des →Boethius und vor allem des →Pseudo-Dionysius Areopagita.

Im Sentenzenkommentar (Lib. I, Dist. III, A, art. 1–3) räumt A. ein, daß Gott als erste Ursache und als Urheber des Universums philosophisch erfaßt werden könne, betont jedoch zugleich das Unangemessene dieser Erfassensweise. Da Ursache und Verursachtes stets zusammengedacht werden und die erste Ursache vom Verursachten her bestimmt wird, verfehlt dieses Verfahren (ebenso wie die metaphysische Analyse von „seiend“) die absolute Transzendenz Gottes.

Im 3. Traktat der „Summa theologiae“ schreibt A. ausführlicher „Über die Erkennbarkeit, Benennbarkeit und Beweisbarkeit Gottes“. Statt eines positiven Beweises im strengen Sinne, d.h. einer notwendigen Folgerung aus wahren Prämissen, gibt es bezüglich des Daseins Gottes nur ein weniger zwingendes Aufweisen („ostensio“). Ein korrekter Beweis für das Dasein Gottes kann nur indirekt erbracht werden, durch den Nachweis nämlich, daß aus der Annahme der Nicht-Existenz Gottes Unmögliches folgt (Q. 17). In Kap. 1 der Q. 18 nennt A. dann sieben vorwiegend von Kirchenvätern verfolgte „Wege, um über die Geschöpfe zur Kenntnis des Schöpfers zu gelangen“: (1) Was in allen Teilen erwirkt worden ist, muß auch als Ganzes erwirkt worden sein. Nichts jedoch erwirkt sich selbst; das würde auf einen Widerspruch führen. Folglich gibt es eine völlig unerwirkte Wirkursache für das Ganze der Welt, den Schöpfer. (2) Neben solchem, was auf vielfache Weise veränderlich ist, gibt es immer ein relativ Unveränderliches. Die aufsteigende Reihe der in irgendeiner Hinsicht Unveränderbaren endet bei „einer Substanz, die weder Körper noch Engel ist, sondern etwas gänzlich Tätiges und Bewegendes“. (3) Eine Bestätigung von (1): Es gibt Gott als letzte Wirkursache von allem. (4) Die „species“ (im Sinne der platonischen „Idee“) ist für ein jedes Prinzip des Seins und Erkanntseins. Die Reihe der höheren „species“, die ineins auch erkennend sind, führt auf ein Höchstes, das Ursache jedes Erkennens ist und durch sein Erkennen alles erwirkt hat. (5) Die Geschöpfe verhalten sich zu ihrem Schöpfer, wie Artefakte sich zum Geist ihres Herstellers verhalten. So läßt sich aus der Anordnung und Wesensbestimmtheit der Kreaturen erkennen, daß ein „über alle Weisheit hinausragender Schöpfer“ existiert. (6) Eine verkürzte Fassung des Beweisgangs des →Aristoteles in Phys. VIII: Es gibt ein unbewegt Bewegendes. (7) Das individuelle Was-Sein der existierenden Dinge hat jeweils seine bestimmte Ursache. Die Existenz selbst jedoch, die von diesem Was-Sein zu unterscheiden ist, verdankt ein jedes der schlechthin ersten Ursache, die, selbst uneingeschränkt, Ursache des Seins schlechthin ist.

Diese „Wege“ haben nach A. nur „aufweisende“ Funktion,

und anders dürfen sie nicht gewertet werden. Vorherrschend sind die Ehrfurcht vor der Transzendenz Gottes und die Sorge, Gott wie ein Stück Welt auf unangemessene Weise zu denken. Das ist charakteristisch für A. als Gott-Denker.

Literatur: Albertus Magnus: Beati Alberti Magni Opera Omnia (ed. A. Borgnet), 38 Bde., P 1890–99 (Bd. 35, P 1893, 90–98); Sancti Doctoris Ecclesiae Alberti Magni Opera ... (ed. Colon. B. Geyer, W. Kübel praeside), Mr 1951 ff. (Bd. 34, I, [ed. D. Siedler, cum aliis], Mr 1978, 38–90). – K. Schmieder, Alberts des Großen Lehre vom natürlichen Gotteswissen, Fr 1932; L. A. Kennedy, Albert the Great's Doctrine of Divine Illumination, in: Modern Schoolmann 40 (1962–63), 23–37; A. Hufnagel, Zur Echtheitsfrage der Summa theologiae Alberts des Großen, in: Theologische Quartalsschrift 146 (1966) 8–39; G. Meyer/ A. Zimmermann (Hrsg.), Albertus Magnus – Doctor Universalis, Mz 1980 (darin: W. Senner, Zur Wissenschaftstheorie der Theologie im Sentenzenkommentar Alberts des Großen, 323–343); I. Craemer-Ruegenberg, Albertus Magnus, Mn 1980; P. Ruello, Le commentaire du De divinis nominibus de Denys par Albert le Grand, in: Archives de Philosophie 43 (1980) 589–614; E. Wéber, La relation de la philosophie et de la théologie selon Albert le Grand, ebd., 559–588; A. Zimmermann (Hrsg.), Albertus Magnus. Seine Zeit, sein Werk, seine Wirkung, B–NY 1981 (= Miscellanea Mediaevalia 14).

I. Craemer-Ruegenberg

Anaxagoras

Anaxagoras, * um 500 v. Chr. in Klazomenai (Kleinasien), † etwa 428 in Lampsakos (Hellespont), brachte die ionische Naturphilosophie nach Athen und lebte dort dreißig Jahre als angesehener Gelehrter. Doch 432 wurde ihm der Prozeß wegen Gottlosigkeit gemacht, und er mußte Athen verlassen. Das Phänomen der Meteore hatte ihn zu der Überzeugung gebracht, die Sonne sei ein glühender Stein. Aber Athen war damals mit der Aufklärung noch nicht so vertraut wie die ionische Heimat des A. und wehrte sich gegen diese Entgöttlichung der Natur.

In seiner Philosophie versuchte A. den Dualismus des →Parmenides zwischen dem unveränderlichen Sein und der Welt des Scheins mit ihrer Bewegung und Veränderung zu überwinden. Schon Empedokles, der Zeitgenosse des A. aus Sizilien, hatte hier einen Schritt getan mit seiner Lehre von den vier Elementen – Feuer, Wasser, Luft und Erde –, die, selbst unveränderlich, durch ihre jeweilige Mischung die konkreten Dinge ergäben. Doch diese Vierheit genügte A. nicht für die Erklärung der empirischen Mannigfaltigkeit. Durch Zenons Dialektik mit dem Gedanken des mathematischen Unendlichen bekannt, nahm A. unendlich viele Elemente an (B 1,4), deren verschiedene Mischung die Dinge zustande kommen läßt (B 4). Alle Dinge sollen alle Elemente enthalten (B 6), und zudem sollen alle Dinge bis ins Unendliche teilbar sein (B 3). Um des Reichtums der Wirklichkeit willen überträgt A. auf eine nicht unproblematische Weise das mathematisch Unendliche auf die Empirie. Wie kommt es aber bei dieser allgemeinen und prinzipiellen Mischung zur Differenziertheit des Kosmos?

Dazu bedarf es des Geistes (nus). Der Geist ist selbstmächtig und mächtig über die Gesamtmischung. Seine Unabhängigkeit von ihr ist dafür die Voraussetzung. Er setzt die Wirbelbewegung in Gang, die zur Gestaltung des Kosmos führt und verantwortet dessen Ordnung. „Der Geist ist ein Unendliches und Selbstmächtiges, und er ist mit keinem Ding vermischt ... er besitzt von jedem Ding jede Erkenntnis und hat die größte Kraft ... auch über die gesamte Wirbelbewegung hat der Geist die Herrschaft ... Und zuerst begann diese Bewegung von einem gewissen kleinen Punkt aus herumzukreisen; sie greift aber noch weiter um sich und wird noch mehr um sich greifen ... Und wie alles werden sollte und wie alles war und wie es jetzt ist, das alles ordnete der Geist, auch die Bewegung, die jetzt die Sterne und Sonne und Mond vollführen" (B 12). Einiges innerhalb des Kosmos hat Anteil an diesem weltüberlegenen Geist (B 11), nämlich die Lebewesen (A 100). Ihr Geist ist mit jenem „von gleicher Art" (B 12).

A. nennt den Geist nie Gott, vielleicht weil er eine mißverständliche Identifikation mit den herrschenden religiösen Vorstellungen vermeiden wollte. Die Beschreibung des Geistes ist auch nicht immer frei von materiellen Assoziationen: „er ist das feinste und reinste von allen Dingen" (B 12). Der Sache nach aber ist der von A. entwickelte Begriff des Geistes ein philosophischer Gottesbegriff.

Literatur: Anaxagoras: H. Diels/W. Kranz (Hrsg.), Die Fragmente der Vorsokratiker, Griechisch/deutsch, B [6]1952, Nr. 59. – O. Gigon, Studien zur antiken Philosophie, B 1972, 8–68.

J. Schmidt

Anselm von Canterbury

Anselm von Canterbury, * 1033 (1034?) in Aosta (Piemont) † 1109; entstammt einer Adelsfamilie. Über Burgund und Frankreich kam er zum Studium nach Bec in der Normandie, in die Klosterschule seines Landsmannes Lanfranc. Mit 27 Jahren trat er dort in den Benediktinerorden ein, drei Jahre später übernahm er als Prior die Leitung der Schule. 1079 wurde er Abt. Seit 1093 war A. Erzbischof von Canterbury und gleichzeitig Primas der Kirche von England. Im Investiturstreit kämpfte er für die Rechte des Papstes und die Unabhängigkeit der Kirche vom König. Zweimal mußte er deswegen für je drei Jahre ins Exil gehen.

Der geistesgeschichtliche Kontext
A. ist einer der bedeutendsten Wegbereiter der philosophisch-theologischen Scholastik, jener geistigen Bewegung des lateinischen Mittelalters, die sich selbst als Wissenschaft der Schule, des Lernens, der kritischen Auseinandersetzung und des Lehrens verstanden hat. Am Anfang dieser Epoche des abendländischen Denkens und diese in ihren verschiedenen Ausprägungen durchgehend formal bestimmend steht die Frage nach dem Verhältnis von auctoritas und ratio, von Autorität und Vernunft, von Glaube und Denken. Die Zeit zwischen Patristik und Scholastik war vorwiegend rezeptiv und auf diese Weise durch die auctoritas und die Tradition bestimmt. Das monastische Bibel- und Väterstudium mit mystisch-meditativer Zielsetzung diente mehr der subjektiven Vervollkommnung als objektiver Wissensvermittlung. Als Benediktiner stand A. in dieser Tradition, wobei er sich ausdrücklich zu →Augustinus bekannte. Das ist die eine Wurzel seiner Theologie; es kommt eine zweite hinzu. Im Zuge eines allgemeinen Neuaufbruchs auf allen Gebieten im 11. Jahrhundert gewann die ratio, das Denken in der Gestalt der Dialektik, zunehmend an Bedeutung. Das logische Instrumentarium hierzu wurde durch die Aristoteles-Übersetzungen und Kommentare des →Boëthius bereitgestellt. Die Theologie konnte sich dem Anspruch des Denkens nicht entziehen; sie mußte sich der Frage stellen, wie das Verhältnis von fides und ratio, von Glaube und Denken, zu bestimmen sei, und die Logik in den Dienst des Glaubensverständnisses stellen. Dabei spitzte sich das Problem dadurch noch einmal erschwerend zu, daß die Autorität in der Theologie nicht irgendeine beliebige ist, sondern das Wort Gottes selbst, das im Glauben vernommen wird. Damit gewinnt die Fragestellung im Raum der Theologie eine neue Dringlichkeit und Dimension: sie impliziert das grundsätzliche Verhältnis Gott – Welt, Schöpfer – Schöpfung, Theologie – Philosophie. Die in diesem ganzen Prozeß sich abzeichnende Verselbständigung der menschli-

chen ratio, die sich im begrifflichen Denken ankündigt, tritt damit in Gegensatz zu dem vorherrschenden neuplatonisch-augustinischen Weltverständnis mit seiner starken, die konkrete Wirklichkeit abwertenden Jenseitsorientierung. Hierin zeichnen sich Ansätze für ein neues Weltverständnis ab.

Anselms Stellung in der Zuordnung von Glauben und Wissen
Auf diesem geistesgeschichtlichen Hintergrund deutet sich an, von welcher Tragweite die jeweilige Verhältnisbestimmung fides – ratio war; Schärfe und Härte der sich bisweilen polarisierenden Auseinandersetzung werden daraus unmittelbar einsichtig. Hyperdialektiker (sie heben den Glauben rationalistisch auf) und Antidialektiker (diese halten die Philosophie für eine Erfindung des Teufels und fordern eine radikale Unterordnung des Denkens unter den Glauben) sind die extremen Positionen, deren Ansätze und berechtigte Anliegen es vermittelnd zu verbinden gilt: „fidem, si poteris, rationemque coniunge (Verbinde Glaube und Vernunft, wenn möglich!)" (Utrum pater et filius ac spiritus sanctus de divinitate substantialiter praedicentur, PL, Bd. 64, 1302), eine Aufgabe, die bereits Boëthius, der in vielfacher Hinsicht für das Werden der Scholastik von Bedeutung ist, gesehen hatte.
In dieser Entwicklung nimmt A. durch die von ihm durchgeführte Zuordnung von Glauben und Wissen eine herausragende Stellung ein. Gerade auch sein Nachdenken über Gott läßt sich nur von diesem Ansatz her und aus diesem geistesgeschichtlichen Kontext nachvollziehen und verstehen. Seine beiden ersten Werke, in denen die Frage nach Gott thematisiert ist, das „Monologion" (Selbstgespräch, 1964) und das „Proslogion" (Anrede, 1962), trugen ursprünglich andere Titel, in deren Formulierung programmatisch sein methodischer Ansatz zum Ausdruck kommt. „Exemplum meditandi de ratione fidei" (Ein Beispiel des Nachdenkens über die Begründung des Glaubens) war das „Monologion" ursprünglich überschrieben; vielleicht sollte man besser übersetzen: Über die inneren Gründe, die innere Rationalität des Geglaubten. Und das „Proslogion" trug zunächst die Überschrift: „Fides quaerens intellectum" (Der Glaube, der nach Einsicht sucht). Damit hat A. nicht nur seiner Absicht und dem Ziel seines Bemühens Ausdruck verliehen, sondern zugleich allen künftigen Interpreten Kriterien der Auslegung vorgegeben, die in keinem Fall ignoriert werden dürfen.

Der Glaube als Voraussetzung des Denkens

Für A. ist der Glaube unabdingbare Voraussetzung, Ausgangspunkt und bleibende Norm seines denkenden Bemühens. Gleichwohl darf der Mensch bei einem positiven Fakten- und Autoritätsglauben nicht stehenbleiben, er muß vielmehr über das einfache Entgegennehmen von Inhalten zur Einsicht in das Geglaubte fortschreiten. Fides und intellectus bilden als intellectus fidei eine Einheit. Nicht nur objektiv als Glaubensinhalt, sondern auch in der subjektiven Dimension als Glaubensakt kommt im Denken A.s der fides fundamentale Bedeutung zu. Der Mensch wird von A. in seiner konkreten, postlapsarischen heilsgeschichtlichen Lage, d.h. in seinem durch die Sünde gebrochenen und gestörten Verhältnis zu Gott, gesehen. Daß dieser Sachverhalt sehr ausführlich im I. Kapitel des „Proslogion" dargelegt wird, ist von nicht zu überschätzender Bedeutung. Gerade im Hinblick auf die Gotteserkenntnis ist der gefallene Mensch, der homo incurvatus, in seiner rationalen Fähigkeit erheblich beeinträchtigt. Durch den Glauben wird der Intellekt gereinigt, erleuchtet und dadurch zur Gotteserkenntnis erneut befähigt. Trotz dieser doppelten Voraussetzung des Glaubens soll der Prozeß der Glaubenseinsicht sola ratione, d.h. allein durch die Vernunft, vor sich gehen, mit notwendigen Gründen, ohne die Autorität der Schrift, so als ob man von Christus nichts wüßte (1968, II, 20; II, 42;).

Dem Glaubensbegriff vergleichbar hat auch der Begriff der ratio zwei aufeinander bezogene und einander zugeordnete Dimensionen. Zunächst ist damit die Vernunft als Fähigkeit des Menschen gemeint. Auf der objektiven Seite entspricht diesem Verständnis die ratio rei, der objektive Grund für eine Sache, ihre innere Rationalität. In beiden Dimensionen ist die ratio durch die ihr eigene Notwendigkeit ausgezeichnet. Der Beweis als Denkvorgang muß notwendig vollzogen werden, logische Folgerichtigkeit muß gewahrt werden. Im Vollzug des Denkens wird die ratio die innere Notwendigkeit der Sache selbst aufdecken und so auf die ratio necessaria im objektiven Verständnis stoßen.

Diese Aufgabe des Aufdeckens der ratio necessaria (innere Notwendigkeit) muß, und davon hängt für A. alles ab, vorweg für den christlichen Gottesbegriff geleistet werden. Die im Glauben gegebene Wahrheit von der Existenz Gottes soll ohne nochmaligen Rückgriff auf die Autorität, „sola ratione", in ihrer logischen Struktur und inneren Notwendigkeit eingesehen werden.

Die Gottesbeweise des „Monologion"

Im „Monologion" entfaltet A. zwei aposteriorische, also von der Erfahrung ausgehende Grundgedanken als Beweise für die Existenz Gottes. Der erste, der in drei Varianten vorgetragen wird, setzt bei der Existenz von erstrebenswerten Gütern an, die „wir mit den körperlichen Sinnen erfahren und mit der Vernunft des Geistes unterscheiden" (1964, 41). Diese sind alle durch etwas gut, „das als dasselbe in den verschiedenen Dingen verstanden wird" (1964, 43). Damit ist aber gesagt, daß es „*ein* Etwas gibt, durch welches (Eine) Eine gut ist, was immer gut ist" (1964, 41). Die gleiche Argumentation wird für das Große bzw. Würdige durchgeführt (1964, 45). Schließlich wird sie auf das Seiende überhaupt bezogen: „Was immer ist, scheint durch ein Etwas zu sein" (1964, 45). Am Ende muß es ein einziges Etwas sein, durch das alles ist. „Da also die Wahrheit durchaus ausschließt, daß es mehrere sind, durch die alles ist, so ist es notwendig, daß es eines ist, durch das alles ist, was ist" (1964, 47).
Der zweite Beweis setzt, wiederum aposteriorisch, bei den Naturen bzw. Wesenheiten der Dinge an. Im Vergleich verschiedener Wesen untereinander zeigt sich eine Ungleichheit der Würde und der Stufen, so etwa zwischen der Natur des Holzes, eines Pferdes oder eines Menschen. Die Argumentation wird also von dem Gedanken der Seinsstufen, der Gradualität des Seins, getragen. In der qualitativen Verschiedenheit der Wesenheiten muß es mit Notwendigkeit eine einzige und alleinige Natur geben, „die so sehr höher steht als die anderen, daß sie keiner gegenüber geringer ist" (1964, 51). Von dieser gilt dann, daß sie „durch sich das ist, was sie ist, und alles, was ist, durch sie das ist, was es ist" (1964, 51). Es muß deshalb eine Wesenheit geben, die dadurch ausgezeichnet ist, daß sie „durch sich gut und groß ist und durch sich das ist, was sie ist, und durch die ist, was immer wahr oder gut oder groß oder etwas ist, und die das höchste Gute, das höchste Große, das höchste Seiende oder Bestehende ist, das heißt das Höchste von allem, was ist" (1964, 51).
Der in diesen Beweisen die Schlußfolgerung tragende, zwischen den vielen und dem Einen vermittelnde Gedanke ist nicht die (→Aristoteles) aristotelische, später von →Thomas

von Aquin aufgenommene Kausalität, sondern die (→Platon) platonisch-augustinische Vorstellung von der Teilhabe (participatio). Die jeweilige Idee ist der immanente Grund für die vielen Bestimmungen, die den einzelnen Seienden in unterschiedlicher Weise zukommen. Alle Vielheit gründet so letztlich in einem Einen, deshalb kann von den Vielen auf das Eine geschlossen werden.

Der Gottesbeweis im „Proslogion“: Das unum argumentum
Unter dem Eindruck der verschiedenen ineinander greifenden Beweise im „Monologion“ macht sich A. auf die Suche nach einem zentralen Ansatz, nach einem Argument, „das keines anderen bedürfte, um zu beweisen, als seiner allein, und das allein hinreichte, zu stützen, daß Gott in Wahrheit existiert“ (1962, 69). Als er schon aufgeben wollte, ist A. jener berühmte Gedanke zugefallen, den er im „Proslogion“ entfaltet hat und der unter dem von →Kant geprägten, aber durchaus irreführenden Begriff „Ontologisches Argument“ bis in unsere Tage die Philosophen beschäftigt. Im einleitenden Kapitel grenzt A. zunächst die Zielsetzung ein: „Ich versuche nicht, Herr, Deine Tiefe zu durchdringen, denn auf keine Weise stelle ich ihr meinen Verstand gleich; aber mich verlangt, Deine Wahrheit einigermaßen einzusehen, die mein Herz glaubt und liebt. Ich suche ja nicht einzusehen, um zu glauben, sondern ich glaube, um einzusehen“ (1962, 83).
Nach diesem Bekenntnis entfaltet A. seinen Gedanken. Der Ausgangspunkt ist eine Glaubensaussage, der erste Artikel des Symbolums: „Wir glauben, daß Du etwas bist, über dem nichts Größeres gedacht werden kann“ (Et quidem credimus te esse aliquid quo nihil maius cogitari possit; 1962, 84).
Dieser damit eingeführte Gottesname „aliquid quo nihil maius cogitari possit“, diese quasi-Definition, steht zwar so nicht in der Schrift, sie bringt jedoch die Offenbarungswahrheit von der absoluten Transzendenz Gottes in angemessener Weise zum Ausdruck. Hinzu kommt, daß dieser Gottesbegriff keineswegs von A. entworfen wurde. Er findet sich fast in identischer Formulierung bereits bei Augustinus und bei Boëthius, und wurde schon von Seneca verwendet (Augustinus, De doctrina christiana, I, 7,7; De libero arbitrio, II, 2,5; Boëthius, De consolatione philosophiae, III, 10; Seneca, Naturalium quaestionum, I). Der Begriff als solcher ist also für den Leser keineswegs neu, wohl aber die rationale Explika-

tion. Durch den Einwand des insipiens, des Toren, der Gott leugnet, kommt diese Argumentation in Gang. Als nur geglaubter ist dieser Satz noch keineswegs evident, noch nicht einsichtig, er besagt noch nichts. Deshalb muß an dieser Stelle das Denken einsetzen, um die innere Rationalität, die Tragweite dieser Aussage zu erfassen und zu erhellen. Wenn nun der Ungläubige diesen Gedanken hört, dann ist dieser zumindest in seinem Verstande, auch wenn er noch nicht einsieht, daß das, was in seinem Verstande von ihm gedacht ist, auch tatsächlich existiert. Da aber etwas, über das hinaus Größeres nicht gedacht werden kann, nicht nur im Verstande sein kann, weil ein wirklich Existierendes größer wäre und das Gedachte damit nicht das, worüber hinaus Größeres nicht gedacht werden kann, muß es auch existieren. Daraus ergibt sich dann: Es ist ohne Zweifel etwas, über das hinaus Größeres nicht gedacht werden kann, sowohl im Verstande wie auch in der Wirklichkeit. Damit ist die Existenz Gottes bewiesen. In einem weiteren Schritt versucht A. dann zu zeigen, daß Gott nicht nur tatsächlich existiert, sondern daß er notwendig existiert (1962, 87). A. argumentiert, daß von etwas, über das hinaus Größeres nicht gedacht werden kann, gar nicht gedacht werden kann, es existiere nicht, weil dann das, worüber hinaus nichts Größeres gedacht werden kann, nicht mehr das wäre, worüber hinaus nichts Größeres gedacht werden kann, was einen Widerspruch darstellt. So gewinnt A. als Ergebnis der Denkbemühung die Einsicht: „So wahrhaft wirklich existiert etwas, über das hinaus Größeres nicht gedacht werden kann, daß es als nicht existierend auch nicht einmal gedacht werden kann“ (1962, 87). A. versucht also mit seinem Gedankengang, nicht nur die bloße Tatsache von Gottes Existenz zu entfalten, er ist vielmehr bemüht zu zeigen, daß Gott auf die Weise existiert, wie wir glauben, daß er existiert. Das wird deutlich, wenn A. diese Einsicht als Einsicht in die ursprüngliche Glaubensaussage verifiziert. „So wirklich also bist du, Herr, mein Gott, daß Du als nichtexistierend auch nicht gedacht werden kannst“ (1962, 87).

Dieser Aufweis des Daseins Gottes und der Notwendigkeit seines Seins ist der Urbeweis und die Grundlage für das gesamte Denken A.s. Er ist in der Tat das alles tragende unum argumentum.

Ein ontologischer Gottesbeweis?
Der Mönch Gaunilo, ein Zeitgenosse A.s, war von der Argumentation nicht überzeugt und stellte sich in seinem „Liber pro insipiente" (1962, 138–143) auf die Seite des Ungläubigen. Der Übergang vom esse in intellectu zum esse in re, vom Gedachtsein zum Wirklichsein, ist für ihn nicht einsichtig. Mit dem Hinweis auf eine gedachte Insel im Ozean, der alle Vorzüge zukommen, die aber deshalb keineswegs existieren muß, verdeutlicht Gaunilo seinen Einwand, zeigt damit aber zugleich, daß er A. und die Singularität und Unvergleichbarkeit der zur Diskussion stehenden Gottesfrage nicht begriffen hat. Kant wird später davon sprechen, daß hundert wirkliche Taler nicht mehr als hundert gedachte sind. Damit ist ein Einwand formuliert, der seither immer wieder gegen A. erhoben wurde und wird. Es handle sich dabei um einen unberechtigten Übergang von der Ordnung des Denkens in die Ordnung des Seins. Daß A. aber grundsätzlich zwischen esse in re und esse in intellectu zu unterscheiden vermochte, hatte er schon im zweiten Kapitel des „Proslogion" gezeigt. Man sollte es sich deshalb mit diesem Vorwurf nicht zu einfach machen. Gleichwohl war für A. durch diese Schrift Anlaß gegeben, seinen Gedanken noch einmal zu entfalten und dabei ausdrücklich auf die Einwände einzugehen.
Die Tatsache, daß dieser Beweis als ontologisches Argument in die Geschichte eingegangen ist, gibt Anlaß, von A. selbst, seinem philosophisch-theologischen Vorverständnis, seinem Ansatz und seiner Zielsetzung her, auf die damit angesprochene Problematik besonders einzugehen. Von einem ontologischen Gottesbeweis spricht man ganz allgemein dann, wenn von einem bloßen Begriff Gottes ausgehend die Existenz Gottes bewiesen wird, d.h. also auf rein apriorischem Wege. Die offene Frage ist dabei, auf welche Weise ein so merkwürdiger Gedanke, wie dieser „aliquid quo maius cogitari non potest" in das Denken des Menschen kommt. Obwohl es in vielen Publikationen über A. kaum zur Kenntnis genommen wird, ist diese Frage, wie es scheint, von A. eindeutig beantwortet, und zwar in doppelter Hinsicht. *Zum ersten:* Der zur Diskussion stehende Begriff ist, wie gezeigt wurde, eine Glaubensaussage und kommt damit vom Glauben ins Denken, er ist also im Denken bezogen auf die vorgängige Erfahrung des Glaubens und insofern ein aposteriorischer Gedanke, die Wirklichkeit des Gedachten ist in dem Begriff bereits mitbegriffen.

Was dann denkend entfaltet wird, ist streng genommen kein Gottesbeweis, sondern der Aufweis der inneren Sinnhaftigkeit, der Rationalität dieses Glaubensinhaltes. Im Prooemium spricht A. ausdrücklich von einem Argument, das allein hinreicht, um zu stützen, daß Gott in Wahrheit existiert. Stützen kann man aber nur etwas, das vorher und auf andere Weise gegeben ist, in unserem Falle eben durch den Glauben. Die ratio beweist dann nicht, sondern versucht zu verstehen (intelligere), daß rational verantwortbar ist, solches zu glauben.
Zum zweiten: Auch philosophisch-metaphysisch ist der Gedanke des „quo maius cogitari non potest" ein aposteriorischer. In seiner Antwort auf den Einwand Gaunilos „Quid ad haec respondeat editor ipsius libelli" (1962, 144–154) stellt A. diesen Sachverhalt klar heraus. In der Auseinandersetzung mit dem Ungläubigen, der die Autorität der Schrift nicht anerkennt, trägt naturgemäß der Hinweis auf den Glauben als Antwort auf die Frage nach der Herkunft dieses Gedankens nicht. A. greift deshalb zurück auf Überlegungen, die er schon im „Monologion" angestellt hatte, und führt von der Erfahrung in dieser Welt aufsteigend zu seinem einen Argument. Aus den Dingen, über die hinaus Größeres gedacht werden kann, führt der Gedanke zu dem „quo maius cogitari non potest". Es gibt also erfahrbare Wirklichkeit, von der aus sich das erschließen läßt, worüber hinaus Größeres nicht gedacht werden kann. Daher kann auf solche Weise der Ungläubige, der die Autorität der Schrift nicht annimmt, leicht widerlegt werden, wenn er leugnet, daß man zu dem Begriff dessen, worüber hinaus Größeres nicht gedacht werden kann, von anderen Dingen aus gelangen könne („Est igitur, unde possit conici quo maius cogitari nequeat. Sic itaque facile refelli potest insipiens, qui sacram auctoritatem non recipit, si negat quo maius cogitari non valet ex aliis rebus conici posse"; 1962, 152). Den Gläubigen verweist A. dabei eigens noch auf den Römerbrief (1,20), wo Paulus davon spricht, daß Gott aus den Werken der Schöpfung erkannt werden kann.

Glaubenserfahrung und Gottesbegriff
Dieser Gedankengang A.s darf nicht als nachträglicher, nur apologetischer Zusatz für den Ungläubigen abgetan werden. Er ist schon im „Proslogion", wenn auch nicht explizit, enthalten und gehört wesentlich zu A.s philosophischer Theolo-

gie. Gegeben wird uns der Gottesbegriff in der Glaubenserfahrung. Verstanden werden kann aber eine Glaubenserfahrung nur von der Erfahrung der als Schöpfung verstandenen Wirklichkeit her. Damit ist keineswegs gesagt, daß ein so verstandener Gottesbegriff zu einem begriffenen Gott führt, ein Vorwurf, der ebenfalls gegen A. immer wieder erhoben wurde. A. weiß auch, daß Gott größer ist, als gedacht werden kann: quod maior sit quam cogitari possit (1962, 110). Dieser Aspekt ist für A.s Beweis konstitutiv. Denn das, über das hinaus Größeres nicht gedacht werden kann, wäre ja nur das denkbar Größte und damit ein erstes Seiendes in einer Vielzahl von Seienden. Das aber ist nicht Gott. Zwischen dem größten Seienden und dem Grund dafür, daß überhaupt Seiendes ist, liegt eine absolute Differenz, und diese Differenz läßt sich formallogisch nicht mehr bruchlos in den Gesamtgedankengang integrieren. Das vere esse, das wirkliche Sein, bedeutet mehr als nur tatsächliches Existieren im Gegenüber zum Gedachtsein. Es ist der singuläre Fall absoluter Seinsvollkommenheit. Deshalb genügt es nicht, denkend die Grenzen des Denkbaren zu erreichen, diese Grenzen müssen vielmehr denkend überschritten werden. Darin liegt die Aporie, zugleich aber auch der Rang der ratio Anselmi (des Gottesbeweises im „Proslogion") wie eines jeden Gottesbeweises.

Die Wirkungsgeschichte

Dieser Grundgedanke A.s hat in beinahe unvergleichlicher Weise Geschichte gemacht. Man braucht nur einige Namen der Denker zu nennen, die sich damit zustimmend oder ablehnend auseinandergesetzt haben, um dessen Wirkungsgeschichte aufzuzeigen: Thomas von Aquin, →Bonaventura, →Duns Scotus, →Wilhelm von Ockam, →Descartes, →Leibniz, Kant, →Hegel. Vertreter der mathematischen Logik befassen sich damit ebenso wie die Analytische Philosophie. Gerade in den letzten Jahrzehnten ist das Interesse an dem ontologischen Argument und den damit zusammenhängenden philosophischen Problemen eher noch gewachsen (Bucher 1985, 113–139). Es ist das aber die Wirkungsgeschichte eines einzelnen Gedankens, den man nicht nur aus dem umfassenden Kontext der beginnenden Scholastik, sondern selbst noch aus dem Zusammenhang eines Satzes, in dem er ursprünglich stand, herausgerissen und auf diese Weise gleichsam entwurzelt hat. Wenn man sich dessen bewußt ist, kann dagegen nichts gesagt werden. Nur sollte man die sich aufgrund einer je anderen philosophischen Konzeption ergebenden Inkonsequenzen A. nicht anlasten. Eine kritische Auseinandersetzung mit A. selbst darf sich natürlich am allerwenigsten auf die Analyse des isolierten Begriffs aliquid quo maius cogitari non potest beschränken. Gleichwohl gibt es auch bei den Interpreten, die für sich in Anspruch nehmen, das unum argumentum aus dem Ganzen des anselmischen Denkens zu erheben, große Divergenzen in der Beurteilung dieses Beweises. Deshalb kann man nur von unbestrittenen Voraussetzungen sprechen, die zu berücksichtigen sind und an denen sich jede Auslegung messen lassen muß. So sind bei A. Philosophie und Theologie nicht nur methodisch noch nicht geschieden, sondern sie greifen mit Absicht ineinander. Glauben und Denken stehen sich nicht gegenüber, sondern bilden als denkender Glaube und gläubiges Denken eine Einheit. Gerade das „Proslogion" ist in seiner Gebetsstruktur, die den philosophischen Gedanken umschließt, ein Modell religiöser Erkenntnis, die nicht das Denken suspendiert, nicht ein credo quia absurdum (Ich glaube, weil es absurd ist) postuliert, sondern ganz im Gegenteil im intellectus fidei, in der Glaubenseinsicht, den höchsten Einsatz des Denkens verlangt. A. bringt nicht nur Glauben und Denken zu einer Einheit, auch Denken und Wirklichkeit werden im Sinne eines ontologischen Ideenrealismus platonisch-augustinischer Provenienz als Einheit verstanden. Das philosophische Grundproblem des Verhältnisses von Denken und Sein zeichnet sich im Hintergrund dieses Beweisganges ab. Diese erkenntnistheoretische Vorgabe darf nicht unbeachtet bleiben. Auf der theologischen Ebene entspricht dem der Glaube, daß der Mensch ein Bild Gottes in seinem Geiste trägt: „Ich bekenne, Herr, und sage Dank, daß Du in mir dieses ‚Dein Bild' geschaffen hast, damit ich, Deiner mich erinnernd, Dich denke, Dich liebe" (1962, 83).

Formale Logik und die Wirklichkeit Gottes

Der Mensch kann nur deshalb ein Bild Gottes in sich tragen, weil dessen Existenz als Schöpfer immer schon vorausgesetzt ist. Darin deutet sich an, daß ein Gottesbeweis im Grunde nur die Reflexion und begriffliche Explikation einer impliziten, unthematischen Gotteserfahrung ist. Diese Hinweise sollen keineswegs eine logische Überprüfung des Gedankengangs als unangemessen ausschließen. Sie sollen jedoch deutlich machen, daß eine Reduktion auf die Strukturen formaler Logik und deren Richtigkeit die Intention A.s verfehlen würde und sich selbst die Möglichkeit nähme, das angestrebte Ziel zu erreichen. Da Gott das endliche Denken unendlich transzendiert, muß eine Erkenntnisbewegung auf Gott hin zwar das Denken nicht aufgeben, aber durchbrechen. Der Begriff des Absoluten ist ein singulärer und von allen anderen verschiedener Begriff. Kein Beweis im üblichen Sinne kann über das Relative und Endliche hinausführen. Der Einmaligkeit der Frage nach Gott muß eine ebenso einmalige Erkenntnisbewegung entsprechen. Es wird sich gerade in dem, was die formale Logik als Bruch entdeckt, anzeigen, daß solches Denken nicht bei einem weltimmanenten Größten stehenbleibt, sondern zu dem führt, von dem A. ausdrücklich bekennt, daß er größer ist als das, was der Mensch zu denken vermag.

Literatur: Anselm von Canterbury: Opera omnia (hrsg. von F.S. Schmitt), 2 Bde., St-Bad Cannstatt 1968 (photomechanischer Neudruck der 6bändigen Ausgabe Seckau–R–E 1938–61 mit einer umfassenden Einführung: Prologomena seu ratio editionis, 1*–244*); Proslogion. Lateinisch-deutsche Ausgabe (hrsg. von F. S. Schmitt), St-Bad Cannstatt 1962; Monologion. Lateinisch-deutsche Ausgabe (hrsg. von F. S. Schmitt), St-Bad Cannstatt 1964; A Concordance to the Works of St. Anselm (hrsg. von G. R. Evans), 4 Bde., Millwood/NY 1984. – A. Dyroff, Der ontologische Gottesbeweis des hl. Anselm in der Scholastik, Probleme der Gotteserkenntnis, Mr 1925; A. Kolping, Anselms Proslogion-Beweis der Existenz Gottes im Zusammenhang seines spekulativen Programms ‚Fides quaerens intellectum‘, Bo 1939; G. Söhngen, Die Einheit der Theologie in Anselms Proslogion, in: ders., Die Einheit in der Theologie. Gesammelte Abhandlungen, Aufsätze, Vorträge, Mn 1952, 24–62; K. Barth, Fides quaerens intellectum. Anselms Beweis der Existenz Gottes im Zusammenhang seines theologischen Programms, Zollikon 1931, ²1958; J. Kopper, Reflexion und Raisonnement im ontologischen Gottesbeweis, Kö 1962; Ch. Hartshorne, Anselm's Discovery. A Reexamination of the Ontological Proof for the Existence of God, La Salle/Ill. 1965; A. C. Pegis, St. Anselm and the Argument of the Proslogion, in: Mediaeval Studies 28 (1966) 228–267; A. Schurr, Die Begründung der Philosophie durch Anselm von Canterbury, St 1966; D. Henrich, Der ontologische Gottesbeweis. Sein Problem und seine Geschichte in der Neuzeit, T ²1967; J. H. Hick/A. C. McGill (Hrsg.), The Many faced Argument, NY 1967; K. Flasch, Der philosophische Ansatz des Anselm von Canterbury im Monologion und sein Verhältnis zum augustinischen Neuplatonismus, in: Analecta Anselmiana, Bd. 2, F 1970, 1–43; J. Hopkins, A companion to the study of St. Anselm. Minneapolis – Lo – Delhi – Toronto 1972; W. Totok, Handbuch der Geschichte der Philosophie, Bd. 2: Mittelalter, F 1973, 183–190; R. D. Shofner, Anselm Revisited. A Study of the Role of the Ontological Argument, Lei 1974; J. Brechtken, Das Unum Argumentum des Anselm von Canterbury. Seine Idee und Geschichte und seine Bedeutung für die Gottesfrage von heute, in: Freiburger Zeitschrift für Philosophie und Theologie 22 (1975) 171–203; G. R. Evans, Anselm and Talking about God, O 1978; L. Hödl, Anselm von Canterbury, in: Theologische Realenzyklopädie, Bd. 2 B–NY 1978, 759–778; W. Brugger, Summe einer philosophischen Gotteslehre, Mn 1979, 204–211; W. L. Gombocz, Anselm von Canterbury. Ein Forschungsbericht über die Anselm-Renaissance seit 1960, in: Philosophisches Jahrbuch 87 (1980) 109–134; R. Heinzmann, Anselm von Canterbury, in: H. Fries/G. Kretschmar (Hrsg.), Klassiker der Theologie, Bd. 1, Mn 1981, 165–180; T. G. Bucher, Zur Entwicklung des Ontologischen Beweises nach 1960, in: J. Möller (Hrsg.), Der Streit um den Gott der Philosophen, D 1985, 113–139.

R. Heinzmann

Apologeten (frühchristliche)

Die frühchristlichen Apologeten (→Aristides, →Justin, →Athenagoras, →Theophilus als Vertreter der Griechen; →Minucius Felix, →Tertullian, →Laktanz als Vertreter der Lateiner) hatten neben der Verteidigung des Christentums gegen falsche Anschuldigungen (Inzest, Gottlosigkeit, Kannibalismus) und der Forderung nach gerechten Gerichtsverfahren die große Aufgabe, das Christentum in der Auseinandersetzung mit der antiken Bildung (Philosophie und Dichtung) auch für Gebildete annehmbar zu machen. In einem langen Prozeß, der sich zwischen völliger Ablehnung heidnischer Weisheit und dem Versuch bewegte, Teilerkenntnisse der Wahrheit als Spuren der viel älteren Offenbarung Gottes (Bibel) auszuweisen, wurden die gedanklichen und sprachlichen Voraussetzungen geschaffen für eine eigenständige christliche Dogmatik. Der Übergang dazu vollzog sich im Osten mit →Klemens von Alexandrien, im Westen kündigte er sich mit den „Göttlichen Unterweisungen" des Laktanz an.

Literatur: Apologeten (frühchristliche): E. J. Goodspeed, Die ältesten Apologeten, Gö 1914. – O. Bardenhewer, Geschichte der altkirchlichen Literatur, Fr 1913; J. Quasten, Patrology, Ut–An [2]1962; B. Altaner/A. Stuiber, Patrologie, Fr [8]1978; A. Bender, Die natürliche Gotteserkenntnis bei Laktanz und seinen apologetischen Vorgängern, F 1983.

A. Bender

Aristides

Aristides, Philosoph aus Athen, hat die älteste uns erhaltene Verteidigungsrede (Apologie; →Apologeten, frühchristliche) für den christlichen Glauben verfaßt. Nach Eusebius und der griechischen Quelle war Hadrian (117–138), nach einer frühen syrischen Übersetzung Antoninus Pius (138–161) der Adressat. A. bringt in dieser Apologie bereits in Kürze alle Elemente und Charakteristika, die in der Folgezeit die frühchristliche Apologetik bestimmen: Argumentation überwiegend mit philosophischen Begriffen, wenige Zitate aus der Bibel, Angriffe auf Götter und Götterkult aus den Widersprüchen der Mythen und aus bereits vorhandenen Polemiken der Philosophen. Mit Stolz weist er auf die höhere Sittlichkeit der Christen hin und sieht darin die Bestätigung des Christentums. Gott ist für ihn der Weltbeweger, der alles umfaßt, aber von niemand erfaßt wird, ohne Anfang und Ende, unsterblich und vollkommen, weder männlich noch weiblich, ganz Weisheit und Einsicht. An diesem Maßstab der Gotteserkenntnis werden die Religionen der Barbaren, der Griechen und Juden gemessen. Erst die Christen haben die ganze Wahrheit gefunden; denn sie kennen Gott und glauben an ihn als den Schöpfer des Alls.

Literatur: Aristides: J. Geffcken, Zwei griechische Apologeten, L–B 1907; K. Julius, Des Aristides von Athen Apologie (BKV 12), K 1913.

A. Bender

Aristoteles

Aristoteles, * 384 v.Chr. in Stagira (Chalkidike), † 322 v.Chr. in Chalkis (Euboia). Ab 367 war er Schüler und Mitarbeiter →Platons an der Akademie in Athen, das er 347 aus politischen Gründen verlassen mußte. Es folgte ein Aufenthalt in Assos, Mytilene auf Lesbos und am Hof von Makedonien als Erzieher Alexanders des Großen. 334 kehrte A. nach Athen zurück. Nach dem Tod Alexanders (323) siedelte er nach Euboia über.

Mit der Gottesfrage befaßt A. sich vor allem in der „Metaphysik". Diese 14 Bücher sind kein einheitliches Werk. Es handelt sich um Aufzeichnungen für Vorlesungen, die zu verschiedenen Zeiten entstanden sind. Ihre heutige Anordnung und der (ursprünglich bibliothekarische) Titel gehen zurück auf Andronikos von Rhodos (1. Jahrhundert v.Chr.). Vor allem seit W. Jaeger, Aristoteles (B 1923) wird die Frage nach dem Verhältnis von Ontologie und philosophischer Theologie (Theologik) in der „Metaphysik" diskutiert. Jaeger glaubte, verschiedene, miteinander unvereinbare Metaphysikbegriffe unterscheiden zu können: einen frühen theologisch-platonischen (Buch XII); Metaphysik als Lehre von den Prinzipien der wahrnehmbaren, materiellen Substanz (VII–IX); Metaphysik als allgemeine Ontologie (IV 1; VI 1). Gegen eine solche entwicklungsgeschichtliche Sicht ist zu betonen, daß den verschiedenen Formulierungen des Metaphysikbegriffs eine einheitliche Konzeption zugrunde liegt und daß die Theologik für A. zu den verschiedenen Zeiten integrierender Bestandteil der Seinslehre war.

Die Beziehungseinheit des Seienden

Die Aristotelische Gotteslehre ist Onto-Theologie: Die Frage nach der Bedeutung des Wortes ‚sein' führt zum Gottesbegriff. A. geht aus von der Verwendung dieses Wortes im prädikativen Satz. Hier dient die Kopula ‚ist' dazu, von einem Subjektsterm einen Allgemeinbegriff auszusagen, z. B. ‚Sokrates ist ein Mensch'. Dabei ist die Bedeutung des ‚ist' vom Typ des prädizierten Allgemeinbegriffs abhängig; sie ist z. B. in ‚Sokrates ist ein Mensch' eine andere als in ‚Sokrates ist weiß' (V 7). Obwohl ‚sein' also nicht univok gebraucht wird, bilden die verschiedenen Bedeutungen dennoch eine Einheit, die A. als „auf Eines" πρὸς ἕν; Beziehungseinheit) bezeichnet. Er verdeutlicht sie am Beispiel des Wortes ‚gesund'. Es hat verschiedene Bedeutungen, je nachdem wir es von einer Lebensweise, der Gesichtsfarbe oder einem Medikament aussagen. Ihre Einheit besteht darin, daß sie alle in Beziehung zur ersten und ausgezeichneten Bedeutung stehen, in der ‚gesund' von einem Lebewesen ausgesagt wird. Der Gebrauch desselben Wortes ist gerechtfertigt durch kausale Beziehungen, z. B. zwischen dem Medikament und der Gesundheit, der Gesundheit und der Hautfarbe. Aus der Beziehungseinheit des Seinsbegriffs ergibt sich die leitende Frage der ersten Philosophie: Welches ist die erste und ausgezeichnete Bedeutung des Wortes ‚sein'? Welches ist die erste Ursache des Seins alles Seienden (IV 2)? Eine programmatische Antwort gibt Met. VI 1. Dieses Kapitel steht im Mittelpunkt der Kontroverse über das Verhältnis von Ontologie und Theologik, weil es beide Metaphysikbegriffe enthält und daher die Frage nach ihrer Vereinbarkeit stellt. Die erste Philosophie ist allgemeine Ontologie in dem Sinn, daß sie nach den „Prinzipien und Ursachen der Seienden, und zwar insofern sie Seiende sind" (1025 b 3 f.), fragt. Zugleich erhebt aber die Theologie Anspruch auf denselben Rang, weil sie sich mit dem ausgezeichneten Genus des Seienden, dem in sich stehenden und zugleich unveränderlichen Seienden, befaßt. Wie ist diese Aporie zu lösen? Die Wissenschaft von der unveränderlichen göttlichen Substanz ist zugleich allgemeine Ontologie. Die Beziehungsein-

heit der Seinswissenschaft erfordert, daß sie sich vor allem mit ihrem ausgezeichneten Gegenstand befaßt, dem in einem ersten Sinn Seienden, und das ist das göttliche Seiende. Allgemeine Ontologie ist nur als Theologik möglich, weil allein diese eine letzte Antwort auf die Frage nach den Prinzipien und Ursachen des Seienden, insofern es ist, geben kann.
Die Durchführung dieses Programms findet sich in zwei Fassungen. Der für die weitere Geschichte der philosophischen Gotteslehre einflußreichste Text ist das Buch Lambda (XII), das von I. Düring in die erste Hälfte der 50er Jahre datiert wird. Kap. 6,7 und 9 enthalten die Lehre vom Unbewegten Beweger als dem sich selbst denkenden Geist. Dieser Teil ist vorbereitet durch eine Abhandlung über die wahrnehmbare, vergängliche Substanz (Kap. 1–5). Als spätere, ausgereiftere Fassung dieser ersten fünf Kapitel sind die Substanzbücher ZHΘ (VII; VIII; IX) anzusehen, die in der zweiten Athenperiode geschrieben wurden. In ihnen entwickelt A. die Begriffe Stoff (ὕλη) und Form (εἶδος; τὸ τί ἦν εἶναι) und die bereits für die Gotteslehre in Lambda grundlegende Unterscheidung zwischen Möglichkeit (δύναμις) und Wirklichkeit (ἐνέργεια). Der Schritt zur Theologik ist nur angedeutet in der Behauptung, daß das vergängliche ohne das unvergängliche Seiende nicht wäre. Eine Darstellung der Aristotelischen Theologik muß sich auf beide Texte stützen.

Vergängliches und notwendig Seiendes

Das Buch Zeta vollzieht auf dem Weg zu dem im eigentlichen Sinn Seienden zwei Schritte. Es zeigt erstens, daß gegenüber den anderen Kategorien (Qualität, Quantität, Relation usw.) der Substanz, d.h. dem Einzelding, der ontologische Vorrang zukommt. Die Substanz ist Träger der anderen Kategorien, die ohne sie nicht sein können (VII 1). A. unterscheidet dann zwischen der zusammengesetzten Substanz (dem Einzelding) und deren Prinzipien Stoff und Form (VII 3) und zeigt in einem zweiten Schritt, daß die Form Ursache für das Entstehen und das Sein der zusammengesetzten Substanz und deshalb ontologisch früher als diese (und der Stoff) ist (VII 7; 8; 17). Buch Theta (IX 6; 8) deutet das Verhältnis von Stoff und Form mit Hilfe der Begriffe Möglichkeit, Vermögen (δύναμις) und Wirklichkeit, Betätigung, Tätigkeit (ἐνέργεια). Stoff ist, was *etwas* sein, d.h. eine Form haben kann. Aus diesem Begriff des Stoffs ergibt sich, daß er als solcher nicht sein kann.

Was ist, ist etwas, d.h., es hat eine Form. Der Stoff ist immer nur als Prinzip eines Ganzen, das seine Wirklichkeit der Form verdankt. Als Prinzip der Möglichkeit ist der Stoff gegenüber der Form oder Wirklichkeit indifferent. Wenn er auch immer nur in Verbindung mit einer Form sein kann, so kann er doch diese bestimmte Form haben oder nicht haben; insofern ist er Prinzip des Entstehens und Vergehens. Von der ἐνέργεια als Form unterscheidet A. die ἐνέργεια als Betätigung. Zwischen beiden Begriffen besteht wiederum ein Verhältnis von Möglichkeit und Wirklichkeit in dem Sinn, daß die Form Vermögen zu einer Betätigung ist (z.B. die Seele zu den Lebensvollzügen), die das Seiende, das das Vermögen hat, ausüben oder nicht ausüben kann. Wichtig für den Aristotelischen Gottesbegriff ist die Unterscheidung zwischen zwei Arten der Betätigung. Als Beispiele mögen das Lernen und das betrachtende Sehen, das beim Gesehenen verweilt und keine neuen Eindrücke aufnimmt, dienen. Das Lernen ist auf ein Ziel, das Wissen oder Können, ausgerichtet. Sobald es erreicht ist, ist der Prozeß des Lernens abgeschlossen; sein Ziel ist zugleich sein zeitliches Ende. Das Lernen hat sein Ziel außerhalb seiner selbst und ist in diesem Sinn unvollendet. Wir können verschiedene Phasen des Lernens unterscheiden. Diese Art der Betätigung bezeichnet A. als Veränderung oder Prozeß (κίνησις). Das Sehen hat kein von ihm verschiedenes Ziel; es hat vielmehr sich selbst zum Ziel. Wir können bei ihm keine Phasen unterscheiden; es ist in jedem Augenblick als ein vollendetes Ganzes gegeben. Deshalb lassen sich die Begriffe Schnell und Langsam, Früher und Später auf es nicht anwenden. In diesem Sinn ist es zeitlos. Diese Art der Betätigung nennt A. Tätigkeit (ἐνέργεια).

Die Untersuchung der Substanzbücher erreicht ihren Abschluß in dem Aufweis, daß die Wirklichkeit ontologisch früher ist als die Möglichkeit. Die Betätigung ist als Ziel des Vermögens diesem vorgeordnet, und unter den Arten der Betätigung ist die Tätigkeit gegenüber dem Prozeß das Vollkommenere. Eine zweite Überlegung enthält den Grundgedanken des späteren Kontingenzbeweises (→Thomas von Aquin, Summa theologiae I q.2 a.3: tertia via). Wenn das Ewige und Notwendige nicht wäre, so wäre überhaupt nichts. Was aber ewig und notwendig ist, ist nicht der Möglichkeit nach. Der Möglichkeit nach ist ein Seiendes, das aus Form und Stoff besteht, so daß der Stoff die Form haben und nicht haben und damit das Ganze sein und nicht sein kann. Das Ewige und Notwendige muß daher ohne das Prinzip der Möglichkeit gedacht werden. Aber weshalb wäre nichts, wenn das Notwendige nicht wäre (1050b 19)? A. antwortet mit einem Regreß-Argument: „Der Zeit nach geht immer eine Wirklichkeit vor der anderen voraus bis zu der des immerfort ursprünglich Bewegenden“ (1050b 4–6). Was aus Stoff und Form zusammengesetzt ist, entsteht und vergeht. Es wird von einem anderen, das selbst wiederum aus Stoff und Form zusammengesetzt ist, hervorgebracht (VII 7f.). Diese Reihe kann nicht ins Unendliche fortgesetzt werden. Wir müssen daher eine Ursache annehmen, die selbst nicht entstanden ist und vergehen kann. Sie kann nicht der Möglichkeit nach, d.h. nicht aus Stoff und Form zusammengesetzt sein.

Der Unbewegte Beweger

Im Gottesbeweis und -begriff des frühen Buches Lambda sind diese Andeutungen ausgeführt. Der Beweis setzt die Ewigkeit der Veränderung (Entstehen und Vergehen; Wachsen und Abnehmen; Qualitätsveränderung; Ortsveränderung) und der Zeit (und damit die des Kosmos) voraus. Diese Prämissen werden im achten Buch der „Physik“, das wahrscheinlich in die zweite Athenperiode zu datieren ist, bewiesen (Kap. 1f.). Zeit ist aber nur mit einer kontinuierlichen Veränderung gegeben. Das ist allein die Ortsveränderung, und zwar die Kreisbewegung (vgl. Phys. VIII 7–9). Bewegung ist jedoch immer Bewegung einer Substanz. Die ewige Kreisbewegung setzt daher eine unvergängliche Substanz voraus: die Fixsternsphäre. Wie ist die Ursache zu denken, die ihn bewegt? Sie muß die Ewigkeit der kontinuierlichen Bewegung gewährleisten. Dazu muß eine zweifache Möglichkeit ausgeschlossen werden: 1. Die Möglichkeit, tätig zu sein und nicht tätig zu sein. Könnte das erste Bewegende seine Tätigkeit aussetzen, so wäre die Kontinuität der ewigen Bewegung nicht garantiert. 2. Die Möglichkeit, zu sein und nicht zu sein. Das erste Bewegende ist daher notwendig immateriell, denn der Stoff ist das Prinzip des Nichtseinkönnens einer Substanz. Das erste Bewegende muß daher reine Form sein. Diese Form darf aber ihrer Tätigkeit gegenüber nicht indifferent sein, und das ist nur möglich, wenn sie selbst Tätigkeit ist. Mit der zweifachen Möglichkeit ist jede Veränderung des ersten Bewegenden ausgeschlossen. Es bewegt den ersten Himmel, ohne

selbst in Bewegung zu sein. Da es nicht anders sein und sich nicht anders betätigen kann, ist es notwendig, aber diese Notwendigkeit ist höchste Freiheit. Weil der Unbewegte Beweger sich nicht verändern kann, kann ihm nichts begegnen, das ihn in dem ihm eigenen Lebensvollzug beeinträchtigen könnte. „Insofern er notwendig ist, ist er glücklich" (1072b 10f.).
Wie aber kann etwas, das selbst nicht in Bewegung ist, anderes bewegen? A. verweist auf das Streben und Erkennen. Das Objekt des Strebens und Erkennens bewegt das Streben und Erkennen, ohne selbst bewegt zu sein. Ist es aber nicht ein unzulässiger Anthropomorphismus, wenn kosmische Vorgänge mit Hilfe psychischer Begriffe gedeutet werden? Die Aussage ist mit einem analogen Begriff des Strebens zu interpretieren. Sie ist Ausdruck eines teleologischen Seinsverständnisses. Jedes Seiende ist darauf angelegt, sich zu entfalten. Die Betätigung ist Ziel des Vermögens (IX 8). Diese jedem Seienden entsprechend seiner Form innewohnende Tendenz ist vom Unbewegten Beweger verursacht. Indem die vergänglichen und die unvergänglichen, aber veränderlichen Wesen (die Gestirne) sich im Maß ihres Vermögens betätigen, ahmen sie die vollkommene Tätigkeit des Unbewegten Bewegers nach.
Die Tätigkeit, die der Unbewegte Beweger ausübt, genauer: die er ist, ist das Denken. Der Gott des A. ist sich selbst denkendes Denken (νόησις νοήσεως; 1074b 34f.). Die Geistmetaphysik von Lambda ist im dritten Buch der späteren Schrift „Über die Seele" weiter entfaltet. Dort vergleicht A. den Geist mit der Hand (III 8) und dem Licht (III 5). Wie die Hand das Werkzeug der Werkzeuge, so ist der Geist die Form der Formen. Beide Vergleiche zeigen, daß erst der Geist die Formen in ihre vollendete Wirklichkeit bringt. Das Werkzeug ist erst dann wirkliches Werkzeug, wenn es von der Hand gebraucht wird; erst das Licht macht die Farben zu wirklichen Farben. Der geistige Akt und sein Inhalt, die Form, sind eins. Der Geist kommt in seine Wirklichkeit, indem er die Formen denkt, und die Formen kommen in ihre vollendete Wirklichkeit, indem sie vom Geist erkannt werden. „Sich selbst denkt der Geist entsprechend seiner Teilhabe am denkbaren Objekt. Denn er wird intelligibel, indem er ⟨die Formen⟩ berührt und denkt, so daß der Geist und das Intelligible dasselbe sind. Denn das, was das Intelligible und das Wesen ⟨d.h. die Form⟩ aufnehmen kann, ist der Geist; er ist aber tätig, indem er sie besitzt" (1072b 19–23). Der göttliche Geist ist die Wirklich-

keit aller Formen und damit alles Seienden (vgl. De an. 431 b 21). A. beschließt seine Gotteslehre in Lambda damit, daß er auf die Aporien hinweist, in die der Begriff des sich selbst denkenden Geistes führt (XII 9).

Würdigung

Die bahnbrechende und die weitere Geschichte der philosophischen Theologie bestimmende Leistung des A. ist darin zu sehen, daß er den Gottesbegriff mit Hilfe des Seinsbegriffs gedacht hat. Der Gott des Buches Lambda ist das notwendig Seiende (ens necessarium), das vollkommenste Seiende (ens perfectissimum) und das unverursachte Seiende (ens a se). Patristik und Scholastik haben diesen Gottesbegriff, z. T. vermittelt, umgeformt und weitergeführt durch den Mittel- und Neuplatonismus, übernommen und mit ihm die Schriftstelle Ex 3,14 Septuaginta, wo Jahwe sich als „der Seiende" bezeichnet, ausgelegt. Die in der scholastischen Analogielehre weiter entfaltete Beziehungseinheit des Seienden und die Unterscheidung zwischen Veränderung und Tätigkeit erlauben es, Gott als von der Welt verschieden und zugleich die Welt als abhängig von Gott zu denken. Durch den Begriff des sich selbst denkenden Geistes eröffnet A. einen Zugang zu Gott von der Metaphysik der Erkenntnis und der Theorie der Mystik her. Diese Linie wird dann vor allem von →Plotin und der sich an ihn anschließenden Tradition weiter verfolgt.

Die Theologik des A. ist Meta-Physik: Abschluß der Physik, d. h. der Lehre von der Veränderung (Met. XII; Phys. VIII). Darin besteht ihre Größe, denn als solche ist sie unabhängig von religiösen und moralischen Voraussetzungen. Sie versucht, vom Naturgeschehen aus zu Gott zu gelangen. Damit ist aber auch die Frage formuliert, die sie uns heute stellt. Der Schluß vom veränderlichen Seienden auf den Unbewegten Beweger beruht auch auf Prämissen, die der Naturphilosophie des A. und dem damaligen Weltbild entstammen. Daß es eine reine Tätigkeit geben muß, folgt im Aristotelischen Beweis z. B. nur unter der Voraussetzung der Ewigkeit der Bewegung und der Zeit. Wer sich der ontologischen Begriffe der „Metaphysik" für einen Aufweis der Existenz Gottes bedient, muß daher zeigen, daß sie auch unter anderen naturphilosophischen Voraussetzungen brauchbar sind.

Literatur: Aristoteles: Metaphysics (hrsg. von W. D. Ross), O 1924; Physics (hrsg. von W. D. Ross), O 1936; De Anima (hrsg. von W. D. Ross), O 1961; Metaphysik, griechisch-deutsch (übersetzt von H. Bonitz), H 1978/1979; Physikvorlesung (übersetzt von H. Wagner), Da 1967; Über die Seele (übersetzt von W. Theiler), Da ³1969; Metaphysik XII (übersetzt von H.-G. Gadamer), F ⁴1984. – G. Patzig, Theologie und Ontologie in der „Metaphysik" des Aristoteles, in: Kant-Studien 52 (1961) 185–205; I. Düring, Aristoteles, in: Pauly/Wissowa, Real-Encylopädie. Supplementbd. XI (1968) 159–336; K.-H. Volkmann-Schluck, Die Metaphysik des Aristoteles, F 1979; H. Flashar, Aristoteles, in: ders. (Hrsg.), Ältere Akademie – Aristoteles – Peripatos, Bas 1983; K. Oehler, Der Unbewegte Beweger des Aristoteles, F 1984; Ch. H. Kahn, On the Intended Interpretation of Aristotle's Metaphysics, in: J. Wiesner (Hrsg.), Aristoteles Werk und Wirkung, Bd. 1: Aristoteles und seine Schule, B 1985, 311–338.

F. Ricken

Athenagoras

Athenagoras aus Athen richtete zwischen 176 und 180 eine „Bittschrift für die Christen" an die Kaiser Marc Aurel und Commodus. In Stil und Sprache ist ein deutlicher Fortschritt zu früheren →Apologeten (frühchristliche) festzustellen. In der Frage nach Gott geht er eigene, mehr philosophische Wege und bringt viele Zeugnisse von Dichtern und Philosophen, die mit dem Christentum übereinstimmen. Er urteilt aber: Da der Philosoph „nicht bei Gott, sondern bei sich selbst Belehrung suchte" (7,2), kam er nicht zur vollen Erkenntnis wie die Propheten. Trotzdem hält A. an der grundsätzlichen Erkennbarkeit Gottes durch die geistigen Kräfte des Menschen fest. Darüber hinaus gelingen ihm begriffliche Klärungen, die in der späteren spekulativen Erhellung der Trinitätslehre wegweisend wurden (Einheit, Verschiedenheit, Gemeinschaft). In einer weiteren Schrift „Über die Auferstehung der Toten" versucht er, die Möglichkeit und Notwendigkeit der Auferstehung aus der Allmacht Gottes und der Natur des Menschen zu beweisen.

Literatur: Athenagoras: O. Geffcken, Zwei griechische Apologeten, L–B 1907; A. Eberhard, Des Athenagoras von Athen Bittschrift für die Christen (BKV 12), K 1913; →Apologeten (frühchristliche).

A. Bender

Augustinus

Augustinus, * 354 in Thagaste (Algerien), † 430 in Hippo Regius, zählt zu den größten Schriftstellern des Altertums. Er erhielt eine rhetorische Ausbildung und unterrichtete zuerst Grammatik in seiner Vaterstadt, dann Rhetorik in Karthago, Rom und Mailand. Die Lektüre des ciceronianischen Dialogs

„Hortensius" während seiner Studienzeit konfrontierte ihn zum ersten Mal mit der Sinnfrage. Er griff zur Bibel, deren Gottrede er jedoch nicht verstand. So wurde er für neun Jahre Manichäer, Anhänger einer gnostisch-christlichen Sekte. In Mailand lernte er das Christentum unter neuplatonischer Optik kennen. Dort klärten sich auch durch die Predigten des Ambrosius seine Vorbehalte gegen das biblische Gottesbild. Er ließ sich Ostern 387 taufen und kehrte ein Jahr später nach Afrika zurück, um mit Gleichgesinnten ein philosophisch geprägtes, christlich-monastisches Leben zu führen. Anläßlich einer Reise nach Hippo wurde er 391 zum Presbyter gewählt und vier Jahre später zum Bischof ordiniert.

Die Verflechtung von Seelsorge und Theologie kennzeichnet A.' kirchliches Amtsverständnis. Dies zeigen neben den 545 (etwa ein Zehntel der überlieferten) Predigten und dem auf das achtfache geschätzten Korpus seiner 264 Briefe vor allem sein aus rund 100 Titeln bestehendes Werkverzeichnis. Zwar durchzieht die Klärung der Gottesfrage alle Schriften des Kirchenvaters wie ein roter Faden, dennoch ragen unter ihnen einige hervor, die in spezifischer Weise davon handeln: Die Selbstgespräche - Soliloquia, Der freie Wille - De libero arbitrio, Die wahre Religion - De vera religione, Die Bekenntnisse - Confessiones, Die christliche Lehre - De doctrina christiana, Die Dreieinigkeit - De trinitate und der Brief an Paulina über die Gottschau - De videndo deo (Epistula 147).

Unter den aufgeführten Schriften sind die „Bekenntnisse" biographisch besonders aufschlußreich. Man würde indes dieses Werk gründlich mißverstehen, wollte man es lediglich als Autobiographie seines Verfassers lesen. Die „Confessiones" intendieren Theologie. Gewiß schildern sie A.' Gott-Suchen und Gott-Finden, aber nach ihrer Darstellung fand solches Suchen und Finden ebenso auf seiten Gottes statt. „Spät hab' ich dich geliebt, du Schönheit, so alt und doch so neu ...", liest man dort 10,27,39. „Du warst mit mir, und ich war nicht bei dir ... Doch du hast laut gerufen und meine Taubheit mir zerrissen; du hast geleuchtet und meine Blindheit verscheucht; du hast geduftet, und ich habe den Hauch eingeatmet; ...du hast mich angerührt, und ich bin entbrannt nach deinem Frieden."

Wer die „Confessiones" liest und die Sprache der Bibel kennt, dem wird nicht nur die Affinität der literarischen Darbietung, sondern auch die der Inhalte auffallen. A.' Gott ist der Gott Abrahams, Isaaks und Jakobs; er ist vor allem der Gott des Neuen Testamentes, der sich in der Person und im Werk Jesu Christi als Vater, Sohn und Heiliger Geist zu erkennen gab. Nun gilt es dessen eingedenk zu sein, 1. daß A. von der neutestamentlichen Zeit bereits drei Jahrhunderte trennten, 2. aber, daß man in der Kirche selbst während dieser Zeit das Gottesbild der Offenbarung unter Hinzuziehung auch bibelfremder, philosophischer Kategorien theologisch zu reflektieren begann. A. orientierte sich dabei hauptsächlich an der von ihm stets bevorzugten Philosophie der Platoniker. Dies zeigen sowohl sein später „noetisch" genannter Gottesbeweis wie auch seine spekulative Durchdringung der kirchlichen Trinitätslehre. Von beidem ist hier zu handeln.

1. Der noetische Gottesbeweis als Nachweis der Richtigkeit des Glaubens

Voraussetzungen der Ontologie, Erkenntnislehre und Ethik

A., der eher an seiner Existenz als an der Gottes zweifeln wollte (Confessiones 7,10,16), war an einem den Glauben erst begründenden Beweis des Daseins Gottes nicht interessiert. Lediglich im Blick auf seine These von der den christlichen Glauben stützenden Vernunft – „fides quaerens intellectum" – zog er rationale Argumente für die Existenz des sowohl in seinen Geschöpfen wie auch in seinem Heilshandeln sich offenbarenden Gott heran. Nicht Gottes Dasein wird also bewiesen, sondern die Richtigkeit des Glaubens, für den Gottes Existenz kein Problem ist. Der Beweis, besser gesagt der Nachweis dieser Richtigkeit hat jedoch das Wirklichkeitsverständnis der Neuplatoniker zur Voraussetzung, denn A.' Ontologie, Erkenntnislehre und Ethik korrespondiert im großen und ganzen mit der →Plotins. In bezug auf die Ontologie heißt das: Seiendes existiert prinzipiell als Veränderliches und als Unveränderliches, wobei das Veränderliche als auf das Unveränderliche hin gestuft und von diesem abhängig zu denken ist. Solche Stufen mit ihren möglichen Differenzierungen bilden die Bereiche des Anorganischen, des Organischen und des Geistigen. Unter ihnen nimmt der geistbegabte Mensch eine besondere Stellung ein. In ihm sind alle Stufen integriert. Die so konzipierte Ontologie bestimmt auch die Lösung des Erkenntnisproblems: Erkennen ist nicht Sache des mit den Sinnesorganen ausgestatteten Leibes, sondern ausschließlich der Geist-Seele, und zwar gilt dies sowohl von der Sinneserkenntnis wie auch von jener, die der Verstand auf dem Weg des Denkens, einer geistigen Schau geistiger Dinge und Sachverhalte, gewinnt. Der vorgegebenen Ontologie entspricht schließlich die Ethik: Veränderlich Seiendes ist auf allen Stufen ein Gut, ein „bonum". Die Stufen allerdings bestimmen den Grad der Güte eines Seienden, wohingegen das unveränderlich Seiende keine Stufung kennt – es ist höchstes Gut, „summum bonum". Daraus folgt: unser Handeln ist dann sittlich gut, wenn es die Hierarchie der als „bona" verstandenen Dinge nicht verletzt.

Der Gottesbeweis in „De libero arbitrio": Existenz, Leben und Verstehen

Aufs gründlichste behandelt A. den Gottesbeweis im zweiten Buch von „De libero arbitrio". Wie neuere Untersuchungen zeigen (Neumann 1986, 134f.), zielt der dort durchgeführte Gedankengang eher auf ein Bewußtmachen der Herrlichkeit des geoffenbarten trinitarischen Gottes. Der Beweis beginnt auch mit der Feststellung, daß der Glaubende über Gottes Dasein eigentlich schon immer bestens Bescheid wisse, weil aber der Glaube ein reflektierter sein wolle – „quod credimus, nosse et intellegere cupimus" (2,2,5) –, solle Gottes Dasein auch durch die Vernunft erhärtet werden.

Das Beweisverfahren setzt bei der Klärung dreier Bewußtseinstatsachen des Menschen ein: der Existenz, des Lebens und des Verstehens. Diese können nicht bezweifelt werden, denn wer zweifelt, existiert, wer existiert, lebt, und wer diesen Zusammenhang erkennt, besitzt Einsicht, Intellekt. Unter den drei Bewußtseinstatsachen – Existieren (esse), Leben (vivere) und Verstehen (intellegere) – kommt dem Verstehen ein Vorrang zu. Man erkennt unschwer die Stufen des Veränderlichen: das Anorganische, das im Sinne der Stufenontologie lediglich (unbelebt) vorhanden ist, das Organische, das lebt, und der Mensch, der denkt und als Denkender Sein und Leben besitzt. Sein, Leben und Denken bilden zugleich eine Sequenz von „außen" nach „innen" wie auch von „unten" nach „oben". Der nächste Denkschritt wendet sich dem Erkenntnisvermögen des Menschen zu. Dieser ist ausgestattet mit den Sinnesorganen, mit einem die Wahrnehmungen der Sinne koordinierenden inneren Sinn (sensus interior) und mit der urteilenden Vernunft (ratio). Auch hierin zeigt sich eine Rangordnung von „außen" nach „innen" wie von „unten" nach

„oben“, denn die Vernunft subsumiert die ihr zu- und untergeordneten Organe (2,3,8).

Vernunft, Wahrheit der Zahl und Wahrheit als Weisheit
Für den Beweis ist das Hervorheben der exzellenten Stellung der Vernunft von denkbar großer Bedeutung. Sie vermag nicht nur das ihr zugespielte und ihr untergeordnete Sinnesmaterial zu beurteilen, sie besitzt auch die Fähigkeit, sich selbst in den Blick zu nehmen und über ihr eigenes Denkvermögen zu reflektieren (2,6,13). Auf dieser Höhe der Argumentation angelangt, formuliert A. die Fragen: Gibt es Erhabeneres als die Vernunft? Wenn ja, muß das nicht Gott sein? Die vorweggenommene Antwort wird präzisiert: Gott ist nicht einfach das, was die Vernunft überragt, sondern das, was von nichts anderem mehr überragt werden kann. Einem solchen Seienden müssen die Prädikate zukommen, die gestuftem, inklusive der Vernunft, prinzipiell nicht eigen sein können: die Prädikate „ewig“ (aeternum) und „unveränderlich“ (incommutabile); (1,6,14).
Die Vernunft erbringt den erforderten Beweis in einem doppelten Denkschritt: 1. sie zeigt, daß sie Ewiges und Unveränderliches erkennt, und 2. sie erkennt sich von solchen ewigen und unveränderlichen Gegenständen verschieden. Als erstes begreift sie „die unzerstörbare Wahrheit der Zahl“, sieben und drei sind immer zehn (2,8,21), als zweites die Wahrheit als Weisheit (2,9,27). Sie urteilt weder über die Zahl noch über die Weisheit, sie richtet sich vielmehr in ihrem Urteil nach der unveränderlichen Wahrheit beider. Dem Einwand, die Zahlen existierten nicht unabhängig von den sinnlich wahrnehmbaren Dingen, begegnet A. mit dem Hinweis auf die Geltung der mathematischen Gesetze sowie auf die Unableitbarkeit der Zahl Eins, die obwohl sinnlich unanschaubar, vom Verstand dennoch klar erfaßt werde. Ähnlich verhalte es sich mit der Weisheit. Die Vielzahl ihrer inhaltlichen Bestimmungen in der Philosophie gründe in der Vielzahl der irrtümlichen Meinungen über das Wesen des höchsten Gutes als Ziel menschlichen Glückstrebens. Wo hingegen gesehen werde, daß das von jedem erstrebte Glück allein mit Hilfe der Weisheit, die dem Menschen über die einschlägigen Tugenden das Bessere dem Schlechteren, das Unveränderliche dem Veränderlichen vorzuziehen lehrt, verwirklicht werde, dort erkennt jeder die seine Vernunft überragende Weisheit.

Das Resümee lautet: Unveränderlich wahr sind Zahl und Weisheit – „manifestum est utrumque verum esse et incommutabiliter verum“ (2,11,32). Da A. die im Rahmen seiner Ontologie als unveränderlich und ewig charakterisierte Zahl und Weisheit nicht bloß als logische Begriffe, sondern beide hypostasierend als Substanzen betrachtet, vermag er sie mit der ebenfalls hypostasierten Wahrheit, der „veritas incommutabilis“, dem Inbegriff alles geistig Seienden, in eins zu setzen. Diese unveränderliche Wahrheit ist zwar niemand zu eigen, und doch aller Besitz (2,12,33). Sie ist unserem geistigen, aber schwachen, weil veränderlichen Sehvermögen (mentes nostrae mutabiles) schlechthin übergeordnet: „superior atque excellentior“. Sie ist das im Beweis Gesuchte, denn gibt es Höheres als die Wahrheit, so ist dies Gott, trifft dies nicht zu, so ist die Wahrheit selbst Gott (2,15,39).

Gott als Wahrheit, Güte und Schönheit

Zweifelsohne dominiert in dem von A. in „De libero arbitrio“ entfalteten Beweisverfahren das Noetische. Gleichwohl klingen in ihm auch Elemente des Ästhetischen und Ethischen mit, die in anderen Teilen seines Schrifttums mehr im Vordergrund stehen. So beweist A. Gottes Dasein als das unveränderliche Gesetz der Schönheit (lex omnium artium) in „De vera religione“ (30f.) und als das Gut aller Güter (bonum omnis boni) in „De trinitate“ (8,4f.). Der Betrachter des Schönen und Guten am Veränderlichen soll – wie dies das in Ostia geführte Gespräch A.’ mit seiner Mutter Monnica schön zeigt (Confessiones 9,10,23–26) – lernen, aufzusteigen zu Gott, dem Inbegriff aller mit der unveränderlichen Wahrheit identischen Schönheit und Güte (Hessen 1920, 40–50 mit zahlreichen weiteren Stellen).

„Dich rufe ich an“, betet A. in den „Soliloquia“ (1,1,3), „Gott Wahrheit, in dem und von dem und durch den alle Dinge wahr sind, welche wahr sind; Gott Weisheit, in dem und von dem und durch den weise sind alle Wesen, die weise sind; ... Gott Güte und Schönheit, in dem und von dem und durch den gut und schön sind alle Wesen, die gut und schön sind.“ Auch dieses Gebet verrät die neuplatonische Herkunft des augustinischen Gottesbeweises, weil es die allen Platonikern gemeinsame Auffassung von der seinsmäßigen Abhängigkeit des Veränderlichen von einem unveränderlichen Prinzip klar zur Sprache bringt. Das Prinzip, das sich im Veränderlichen gleichsam abschattet, verleiht diesem eben auf dem Wege der Abschattung einen Anteil am Wahren, am Schönen und am Guten; es verhilft dem Veränderlichen so zu seinem Sein. Gewiß tadelte A. die Platoniker des öfteren ob ihrer Verweigerung, die christliche Offenbarungslehre anzunehmen, dennoch übersah er nicht den religiösen Impetus, den ihr philosophisches Weltbild den Christen zu vermitteln vermochte. Er hielt diesem Weltbild die Treue, was seine literarisch zahlreichen Beschreibungen, über das Veränderliche zum Unveränderlichen bzw. über das Erschaffene zum Schöpfer nach der Weise des dargelegten Gotteserweises aufzusteigen, sattsam illustrieren.

Kritische Anfragen

Ob A. die Schwäche des Beweises, die schon von den Gegnern →Platons kritisierte Hypostasierung abstrakter Begriffe, gesehen hat? Sie gehört offensichtlich zum System und läßt sich auch in A.' Werk auf Schritt und Tritt nachweisen (Kälin 1936, 339). Immer ist A. bestrebt, von geltenden logischen Wahrheiten zu ontologisch substantiellen überzugehen, wie dies der Syllogismus aus „De diversis quaestionibus" (1) verdeutlicht: Ginge die Welt unter und die Wahrheit mit ihr, so bliebe doch ihr gemeinsamer Untergang wahr; folglich kann die Wahrheit nicht untergehen. Sicher ist der Schluß von den wahren Sachverhalten (vera) auf eine Wahrheit an sich (veritas) „der Nerv der ganzen Beweisführung" (Hessen 1920, 38). Auf der Unterscheidung und Scheidung zwischen „vera" und „veritas" ruht aber auch das ganze Weltanschauungssystem der Platoniker. Die als Ideen interpretierten Begriffswahrheiten thronen gleichsam in zeitlosen Höhen. Als solche besitzen sie einen erfahrungsfreien apriorischen Charakter, ist ihre Evidenz unmittelbar und allgemeingültig. Die Eigenschaften der Unveränderlichkeit, der Ewigkeit und der Allgemeingültigkeit sind die Merkmale des mit Gott identischen reinen Seins.

Das augustinische Beweisverfahren mündet in einen Hymnus auf die Wahrheit. Darin ist die Rede vom Glück und vom Genuß dieses Glückes, dessen Gegenstand nichts anderes ist als das höchste Gut, Gott. A., der die Identifikation der transzendenten Wahrheit mit dem geoffenbarten Gott schon zum Beginn des Verfahrens anvisierte, scheute sich auch nicht, die gesuchte und gefundene Wahrheit zu personalisieren, d.h. sie als eine Substanz darzustellen, welche die charakteristischen Züge des Gottesbegriffes in sich trägt. So überrascht es auch nicht, wenn er das Umfangen und Genießen der Wahrheit mit dem beseligenden Besitz Gottes in eins setzt, und wenn er den Weg der Anerkennung der Wahrheit, die für ihn natürlich Christus ist, in der Nachfolge Christi erblickt (De libero arbitrio 2,13,37).

2. Trinitätsglaube und Vernunft

Es gibt in der Theologie des christlichen Abendlandes kaum ein theozentrischeres Lehrgebäude als jenes A.' Die Gottesidee ist der Grundzug seiner Weltanschauung. Was den Kirchenvater bei aller Abhängigkeit in der theoretischen Durchdringung seiner Theologie von den Platonikern unterscheidet, ist sein Festhalten an der Gotteslehre der neutestamentlichen Offenbarung. Stets betonte er: „Gott ist die Trinität" (De trinitate 7,2,12) und „Die Trinität ist der eine wahre Gott" (ebd. 1,6,10). Es bedeutete deshalb eine Verkürzung der theologischen Leistung A.', wollte man seine Bewertung als „Gott-Denker" allein auf seine Bemühungen, die Existenz Gottes zu beweisen, einschränken. Sein theologisches Programm „fides quaerens intellectum" erstreckt sich ebenso auf den Trinitätsglauben, der soweit möglich auch mit Hilfe der Vernunft – und dies bedeutete für ihn stets: auf dem Wege der philosophischen Reflexion erfaßt werden sollte. Als A. im ausgehenden 4. Jahrhundert die Arena der theologischen Auseinandersetzung betrat, hatte die Trinitätslehre bereits eine reiche theologische Vergangenheit. So sehr sich jedoch Theologen vor ihm bemühten, den Trinitätsglauben in unmißverständliche Glaubensaussagen zu fassen, es gelang ihnen nicht, eine reflektierte Gesamtvorstellung zu entwickeln. Dies leistete A., mit dem die Trinitätslehre im eigentlichen Sinn erst beginnt.

„De trinitate":
Logos der Offenbarung und Logos der Philosophie

In seinem epochalen Werk „De trinitate" untersucht A. gleich in den ersten vier Büchern – freilich mit den exegetischen Methoden seiner Zeit – ausgiebig und umfassend den gesamten biblischen Befund. Erst nach sorgfältiger Klärung der einschlägigen Termini in den Büchern 5–7 wendet er sich in den Büchern 8–15 der spekulativen Erörterung der Frage zu, wie denn wohl das Verhältnis der drei Personen in der innergöttlichen Sphäre aufgrund der Analogie zwischen Gott und seiner Schöpfung, speziell zwischen dem dreieinigen Gott und dem Menschen in etwa begrifflich vorzustellen wäre. Die Legitimation dazu erblickte er in bestimmten Termini, die wie der des „Logos“ und der des „Pneuma“ sowohl dem Neuen Testament wie auch der Philosophie gemeinsam waren. Hinzu kommt, daß er in der griechischen Übersetzung des Alten Testamentes, der Septuaginta, die Stelle aus Ex 3,14f. – Gott gibt Mose seinen Namen kund – mit dem Partizip „der Seiende“ übersetzt fand (Sermo 6,4). Nicht weniger wichtig ist, daß er wie schon andere vor ihm die im Neuplatonismus bereits zu einer Hypostase zusammengefaßten Ideen als die Urbilder alles Seienden mit dem johanneischen Logos identifizierte (De diversis quaestionibus 46).

Erkenntnis und Erleuchtung: Spuren der Trinität

Diese Identifikation des geoffenbarten Logos mit dem Logos der Platoniker wurde für A.' Erkenntnistheorie und Ontologie und auf diesem Weg auch für seine Trinitätslehre von Bedeutung. Wahre Erkenntnis, wo immer sie sich vollzieht, geschieht über eine innere Erleuchtung (illuminatio). Das innere Licht, das die Erleuchtung ermöglicht, ist derselbe Logos, von dem der Glaube bekennt, daß er für uns der Christus geworden ist. Heilsgeschichtlich betrachtet ist Christus der Offenbarer und Erlöser, erkenntnistheoretisch der inwendige Lehrer, der „magister intus“ (De magistro 12,40). Dieser Erkenntnislehre liegt freilich die bereits beschriebene Ontologie von der Abschattung des Unveränderlichen im Veränderlichen zugrunde, denn die Erleuchtung vollzieht sich in dem Teil der Seele, der als geistige Anlage (mens, ratio, intellectus) sich in besonderer Weise als Abbild des Unveränderlichen auszeichnet. Ist aber der unveränderliche Gott die Trinität, so folgt nach A. daraus, daß die Schöpfung sozusagen überall die Spuren, die „vestigia“ dieses trinitarischen Gottes an sich trägt. In der Tat, ‚entdeckt‘ A. diese Spuren als Ternare (Dreieinheit) überall, denn veränderlich Seiendes ist nach „Maß“ (modus), nach „Zahl“ (numerus) und nach „Gewicht“ (pondus) oder auch nach „Maß“, nach „Gestalt“ (species) und nach „Ordnung“ (ordo) erschaffen – um nur einige der Ternare zu nennen. Sie sind Eigenschaften des veränderlich Seienden, an denen der auch philosophisch gebildete Gläubige sozusagen Gottes Handschrift erkennt.

Die triadische Struktur der Geist-Seele

In deutlicher Steigerung finden sich diese Ternare in der Geist-Seele des Menschen, denn auf sie allein bezieht sich nach A. und der kirchlichen Tradition, der er folgt, die Aussage von Gen 1,26, wonach Gott den Menschen nach seinem Bild und Gleichnis erschuf (De trinitate 12,12,21; 14,12,15). A. analysiert deren einzelne Glieder, indem er sie zu den drei Personen der Trinität in Beziehung setzt (ebd. die Bücher 10–15). Von dem am ausführlichsten analysierten Ternar „Gedächtnis" (memoria) – „Vernunft" (intelligentia) – „Wille" (voluntas) bezieht er das erste Glied auf den Vater, das zweite auf den Sohn und das dritte auf den Heiligen Geist. Weitere Ternare sind: „mens" als Vernunftsanlage, „notitia" als Erkenntnisbetätigung und „amor" als Selbstbejahung, sodann „amans" das liebende Ich, „amatum" das Objekt der Liebe und „amor" bzw. „dilectio" die Liebeskraft, ferner „Sein – Wissen – Wollen", „Sein – Erkennen – Leben". Jedesmal werden die Ternare so ausgelegt, daß in ihnen die Verweisung auf die Trinität deutlich wird. Ja, A. sieht in der triadischen Struktur der Geist-Seele geradezu die Fähigkeit des Menschen, Gott – freilich nach erfolgter Offenbarung! – als Dreieinigen zu erkennen.

Problematischer Zusammenhang von Offenbarung und spekulativer Gotteslehre

Nun verbirgt sich hinter diesem, der Philosophie entnommenen Analogiedenken eine Schwierigkeit, die sich mit dem Trinitätsdogma nur schwer vereinbaren läßt. Während nämlich die dreifache Geistbetätigung im Menschen von einer einzigen Person ausgesagt wird, teilt A. je eine der genannten je einer Person in Gott zu. Die Kritiker meinen, Gott zeige nach A. in seinen drei Personen lediglich unterschiedliche Qualitäten seines Wesens, zumal er noch lehrte, jedes Werk Gottes nach außen sei ein solches der Trinität. A. dürfte dies selbst gesehen haben. Er versuchte diesem Mangel dadurch zu entgehen, daß er in deutlicher Anlehnung an die Heilige Schrift bestimmte Werke den einzelnen Personen zueignete, z.B. die Erlösung dem Sohn, die Heiligung dem Heiligen Geist. Um aber auch unabhängig vom göttlichen Heilswerk nach außen, sozusagen gottimmanent zwischen den Personen differenzieren zu können, führte er den Begriff des Verhältnisses, der „relatio" ein, wieder eine philosophische Kategorie, in wel-

cher er speziell in bezug auf die Trinitätslehre offensichtlich mehr sah als nur ein Akzidens im aristotelischen (→Aristoteles) Sinn. Demnach ist der Vater lediglich in bezug auf die ewige Zeugung des Sohnes Vater. Denn die Begriffe wie Vater und Sohn zielen als Aussagen nicht auf das Wesen Gottes, auf die allen Personen gemeinsame Substanz, sondern auf die gegenseitigen Beziehungen der beiden (ebd. 5,5,6).
Auf den ersten Blick scheint A. in seiner Trinitätslehre vorzüglich anthropologische Kategorien verwendet zu haben. Bei genauerem Hinsehen merkt man jedoch, daß auch kosmologische und ontologisch-metaphysische eine nicht geringe Rolle spielen. Hierin, in der Verflechtung der Offenbarung mit der spekulativen Gotteslehre setzt auch die jüngere Kritik mit dem Vorwurf ein: A.' Immanenztrinität habe die heilsgeschichtliche Begründung einer ökonomischen Trinitätslehre zurückgedrängt, dadurch sei auch die zentrale christliche Glaubenslehre von der religiösen Erfahrung getrennt worden. Es ist hier nicht der Ort, auf diese Kritik einzugehen. Sofern sie zutrifft, gründet sie in der augustinischen Denkform, in der philosophisches und heilsgeschichtliches Denken in einer unaufhebbaren Spannung zueinander stehen (Schmaus 1962, 25). Daß aber A. letzteres nicht vernachlässigt hat, zeigt gerade seine Trinitätslehre. In völliger Übereinstimmung mit dem Neuen Testament begründet er sowohl das Erlösungswerk Christi wie auch das Heiligungswerk des Geistes mit der biblischen Kategorie der „Sendung“. Sie ist gleichsam die Klammer, welche die ökonomische Trinitätslehre und die Immanenztrinität im augustinischen Œuvre zusammenhält. A. hat die Offenbarungslehre nicht unterlaufen. Freilich an der Verflechtung von Offenbarung und spekulativer Theologie hielt er entsprechend seinem Programm „fides quaerens intellectum“ fest. Mit ihm hat die Trinitätslehre im strikten Sinne nicht erst begonnen, sie ist über ihn nicht wesentlich hinausgekommen.

3. Wirkungsgeschichte

Die überragende Stellung A.' im Reigen der Gott-Denker zeigen nicht nur Untersuchungen über den Gottesbeweis in der Patristik, aus denen hervorgeht, wie der Kirchenvater die vor ihm schon erörterten Probleme der Gotteserkenntnis zu ihrem Höhepunkt führte (siehe Endert 1869, 71), sondern allem voran die zahlreichen Veröffentlichungen, die seine außergewöhnliche Wirkungsgeschichte aufweisen. Man spricht nicht zu Unrecht von einer Geschichte des augustinischen Gottesbeweises (Hessen 1920, 50–88). Diese setzt bereits in der späteren lateinischen Patristik ein, ist nachweisbar in der Hochscholastik sowohl in der älteren wie jüngeren Franziskanerschule (Alexander von Hales, →Bonaventura, Heinrich von Gent, →Duns Scotus) als auch bei →Thomas von Aquin (speziell im 4. der „quinque viae“). Sie setzt sich fort in der Neuzeit; denn A. beeinflußte wenigstens in seinem Ansatz des methodischen Zweifels →Descartes, verleitete →Malebranche zu seinem Ontologismus und prägte →Leibnizens Lehre von der Notwendigkeit allgemeiner und ewiger Vernunftwahrheiten. Mit dem augustinischen Gottesbeweis setzten sich die Neukantianer kritisch auseinander und last not least seine Interpreten in unserem Jahrhundert (Boyer, Kälin, Mourant, Kowalczyk, Wohlfahrt).

In A.' Denken selbst kommt dem Gotteserweis nicht nur eine dominierende Stellung zu, er lieferte auch das Fundament zu seiner Lehre vom „Aufstieg“ und gehörte somit zum Kern der Gotteserfahrungen, von denen u.a. die „Confessiones“ berichten. Am Ende eines solchen Berichtes bekennt A., daß er den „Aufstieg“, sooft er dem Zwang der Geschäfte zu entfliehen vermag, wiederhole. Darin sammle er sich von seinem Zersplittertsein, und diese Erfahrung setze ihn in eine so ungewöhnliche Gemütserregung, die er sich nur als Vorgeschmack des eschatologischen Lebens bei Gott erklären könne (Confessiones 10,40,65). Daß A. auf diesem Wege mit seinem „Gott-Denken“ nicht allein auf die christliche Spiritualität ganz allgemein und auf die Mystik insbesondere eingewirkt hat, bleibe nicht unerwähnt.

Literatur: Augustinus: Opera omnia, in: Patrologiae cursus completus (hrsg. von J. P. Migne), Bde. 32–47, P 1844–49; kritische Editionen: CSEL, W 1866 ff. und CCL, Turnhout 1954 ff. (bisher unvollständig). – C. van Endert, Der Gottesbeweis in der patristischen Zeit mit besonderer Berücksichtigung Augustins, Fr 1869; J. Hessen, Der augustinische Gottesbeweis historisch und systematisch dargestellt, Mr 1920; C. Boyer, La preuve de Dieu augustinienne, in: Archives de philosophie 7 (1930) 105–141; F.-J. v. Rintelen, Deus bonum omnis boni, in: M. Grabmann/J. Mausbach (Hrsg.), Aurelius Augustinus, Kö 1930, 203–224; B. Kälin, Augustin und die Erkenntnis der Existenz Gottes, in: Divus Thomas 14 (1936) 331–352; M. Schmaus, Die Denkform Augustins in seinem Werk De trinitate, Mn 1962; S. Kowalczyk, L'argument idéologique de la vérité de saint Augustin, in: Giornale di metafisica 23 (1968) 586–599; J. A. Mourant, The Augustinian Argument for the Existence of God, in: J. F. Ross (Hrsg.), Inquiries into Medieval Philosophy, Connecticut 1971, 165–184; K. A. Wohlfahrt, Die kritische Begründung der Gotteserkenntnis bei Augustinus, in: Trierer Theologische Zeitschrift 81 (1972) 26–39; C. Mayer, „Fides quaerens intellectum". Zur Verflechtung von Offenbarung und spekulativer Theologie in Augustins Gotteslehre, in: B. Jendorff/G. Schmalenberg (Hrsg.), Theologische Standorte, Gie 1986, 109–119; W. M. Neumann, Die Stellung des Gottesbeweises in Augustins De libero arbitrio, Hil–Z–NY 1986.

C. Mayer

B

Baader

Franz Xaver von Baader * 1765 in München, † 1841 ebendort. Nach kurzer Tätigkeit als Arzt Berufslaufbahn im bayerischen Bergbauwesen; daneben vielfältige Veröffentlichungen zu religionsphilosophischen und sozialen Problemen. Seit 1826 Honorarprofessor für Philosophie an der Universität München.

Die geistesgeschichtlich interessanten Tagebücher B.s dokumentieren dessen Bewegtheit von der Gottesfrage: Beim Lesen im Freien ist er enthusiasmiert vom „Gefühl des allwaltenden, allbelebenden Gottes" (11,23) und erahnt den „Gang Gottes in der Natur" (11,29) und im Sehnen des eigenen Herzens; er wehrt sich gegen die „kritischen Räsonnements" von „Nachteulen ... über Licht" und will sich bei trübem Wetter der „Sonnenblicke" Gottes erinnern (11,23); durch die „Idee Gottes" wird er in der „frohesten Laune" gehalten und vernimmt im moralischen Imperativ die sanfte „Gottesstimme" (11,28). Mit →Pascal fühlt er, daß ein bloß durch „Spekulieren und Demonstrieren" erreichter „metaphysischer Gott" nur ein „Spiritusflämmchen" ist (11,30f.). Nach „so manchem fürchterlichem Paroxysmus des Skeptizismus" frägt er: „Beweisen? – Kann es der Liebende beweisen, daß er liebt ...?" (11,31).

In engagierten Auseinandersetzungen mit vielen Geistesströmungen (Aufklärung, Idealismus, Romantik, Kirchenväter, Scholastik, Mystik, Kabbala) und deren wichtigen Vertretern (→Descartes, →Kant, Godwin, →Herder, St. Martin, de Lamenais, →Schelling, →Fichte, →Hegel, →Jacobi und vor allem Jakob →Böhme) geht er zeitlebens mit „Herz und Kopf" daran, Gottes Gegenwart „recht klar" zu machen: „Je klarer die Ansicht, je inniger die Gemeinschaft" (15,204). – Der Titel einer Schrift „Über den Zwiespalt des religiösen Glaubens und Wissens als geistige Wurzel des Verfalls der religiösen und politischen Societät in unserer wie in jeder Zeit" ist programmatisch für B.s Denkarbeit, mit der er „Andere Denken Machen" wollte (12,544).

Gott ist absolutes Leben! Dieser Begriff durchzieht B.s ganze

„Philosophie des Lebens", die mit dem „Geheimnis der Liebe" zusammenfällt (14,124). Neben mehr philosophischen Aussagen von Gott als Identität von Geist und Natur, von Sein und Werden (2,21), gibt es biblisch orientierte, die „Gott als den absoluten Herrn, als den der Kreatur ewig ... Unbegreiflichen ... vorstellen" (9,67). Um der Göttlichkeit Gottes willen ist die Rede von einem Begriff Gottes eine fragwürdige Sprechweise, weil Gott, „der alles durchgreifende und von innen heraus begreifende als solcher keinem Begriffe von Seiten des Begriffenen unterliegt, und dieses nur seines Durchgriffen- und Begriffenseins von selbem gewiß sein kann. Einen Gott wissen heißt darum ein mir ewig unbegreifliches, mich begreifendes Sein wissen, und der gewöhnliche Ausdruck ‚eines Begriffes Gottes' ist ... inexact" (9,68).
So unangemessen die Rede vom Begriff Gottes ist, so macht B. doch geltend: „Deum esse, sagt [→] Thomas von Aquin, non creditur sed scitur" (7,22); – nur so bringe der Glaube „den Imperativ und die Verbindlichkeit mit sich" (8,23).
Der entscheidende Ort für die Gotteserkenntnis ist das „gottverlangende Wesen" (6,297) des Menschen. Selbst für den Leugner ist Gott als „Deus absconditus", als „Licht, das wir zwar nicht selbst sehen, wenn wir schon alles uns Sichtbare durch dasselbe sehen" (5,102), gegenwärtig: „in der intellektuellen Welt unter dem Namen der Wahrheit, in der physischen unter jenem der ersten Ursache, in der Gesellschaft unter dem der Macht ... ja selbst im Grunde unseres Herzens verborgen und gegenwärtig in der Unermeßlichkeit unserer Hoffnungen und unserer Furcht" (5,103).
Ein „Erweis Gottes aus den bloß physischen und selblosen Dingen" vernachlässigt den „mikrotheos" Mensch. Dieser als der „sprechende Zeuge Gottes" und die Natur als „der stumme" bezeugen zusammen die ganze Wahrheit und Verehrungswürdigkeit (6,296f.).
Die „Basis" aller Erkenntnis ist der „anthropologische Standpunkt" (8,79), der weder ein unvermittelter Sprung in die Metaphysik oder die Empirie ist noch die „anthropologische Betrachtung fixiert" (8,63). Er ist „der elastische Punkt ..., von dem alles ... Erkennen ausgeht" (8,230) und der sich „als zwischen Gott, dem Menschen und dem Universum stehend zeigt" (8,268). Der „punctum saliens" besteht im „Anerkennen seines Erkanntseins (oder Gedachtseins) von einem Höheren" (8,230) und kennzeichnet den Gottesbeweis aus dem

Gewissen. Das Gewissen ist „nichts anderes als das Gewißwissen seines Gewußtseins von einem Höheren“ (8,231), das „mit dem ersten Erwachen jedes geschöpflichen Bewußtseins“ – dieses erst konstituierend – mitgegeben wird (14,74). In Bezugnahme auf Descartes entwickelt B. in vielfacher Abwandlung die Formel: der Mensch kann als „Gedanke Gottes (keineswegs der Gottgedanke von sich selbst) ... seines Seins nur gewiß sein, indem er sich von Gott gedacht weiß. Daher genügt nicht das *Cogito ergo sum,* sondern nur das *Cogitor (a Deo) ergo sum*“ (12,238), und „alle sogenannten Beweise Gottes, welche ein solch abstraktes Selbstbewußtsein des Menschen voraussetzen, gehen „bereits von einer Gottesleugnerei aus“ (9,33f.).

B. gibt das Selbstbewußtsein als Ort der Gotteserkenntnis an; einen formellen Beweis führt er nicht durch, sondern nennt Bedingungen und Eigenart: „Das Niedere (das Geschöpf) kann das Höhere (Gott) nicht beweisen (demonstrare ...), wohl aber kann und soll es auf ein Höheres weisen (monstrare)“ (10,307).

Diese Weisung auf Gott hin sucht: die Erinnerung an ein Restwissen um unmittelbare Gottesbegegnung zu wecken (9,34); das Bedürfnis nach Erkanntseinwollen bewußt zu machen; den inneren Gottesdurst anzuregen (11,45); die Sensibilität für das Verdanktsein des Denkens und Seins zu steigern; die geistigen Affekte der Ehrfurcht und Bewunderung als entscheidende Erkenntnishilfe, nicht als deren Hemmung, zuzulassen (16,99f.), da sie der Ursprung der Religion sind wie das Staunen für die Philosophie.

Die Weisung ist immer auch Zurückweisung von Pseudoatheismen, in denen der Mensch die Materie oder den Staat divinisiert oder sich selbst autonomistisch vergötzt und ein Leben führt, das mehr die Existenz Satans als die Gottes beweist. Die Zusammenhänge von logischem und praktischem Atheismus sind eng auf dem Hintergrund einer Erkenntnistheorie, in welcher der menschliche Existenzvollzug sich in einer ständigen Vermittlung der Theorie mit der Praxis durch die Freiheitsentscheidung ereignet: „Scimus quae facimus“ (8,229).

Für die der Zurückweisung und Weisung zugrundeliegende Logik des Beweises, der nicht ohne Gott anfängt, gilt: „Dieses ist allerdings ein Circulus, aber darum nicht vitiosus, sondern ein circulus vitae, wie es kein circulus vitiosus ist, wenn man sagt, daß man die Sonne nur durch sie sehen kann ..." (10,307). Anders formuliert: „die Wahrheit der Unmöglichkeit der Nichtexistenz Gottes" ist das „Axiom aller Axiome", das seine Wahrheit „durch sich selbst" verbürgt (12,265).

Literatur: F. X. v. Baader: Sämtliche Werke (hrsg. von F. Hoffmann), 16 Bde., L 1860 (Neudruck: Aalen 1963). – K. Hemmerle, F. v. Baaders Weg philosophischer Gotteserkenntnis, in: Philosophisches Jahrbuch 70 (1962/63) 271–294; ders., F. v. Baaders philosophischer Gedanke der Schöpfung, Fr–Mn 1963 (= Symposion. Bd. 13); H. Sauer, Ferment der Vermittlung. Zum Theologiebegriff bei F. v. Baader, Gö 1977 (= Studien zur Theologie und Geistesgeschichte des 19. Jahrhunderts, Bd. 27); W. Lambert, F. v. Baaders Philosophie des Gebets. Ein Grundriß seines Denkens, I 1978 (= Innsbrucker theologische Studien. Bd. 2).

W. Lambert

Balthasar

Hans Urs von Balthasar, * 1905 in Luzern. Studium der Germanistik und Philosophie in Wien, Berlin, Zürich. 1929 Dr. phil. (Dissertation, Zürich: Geschichte des eschatologischen Problems in der modernen deutschen Literatur). 1929–50 Mitglied der Gesellschaft Jesu. Studium der Philosophie (München-Pullach) und der Theologie (Lyon). 1936 Priesterweihe. Von 1937 an Mitarbeit in der Redaktion der „Stimmen der Zeit". 1940–50 Studentenpfarrer in Basel. Dort lebt und wirkt er bis heute als Verleger („Johannes-Verlag"), Übersetzer und vor allem theologischer und geistlicher Schriftsteller.

B. gehört zu den bedeutendsten katholischen Theologen unserer Zeit. Sein theologisches Werk ist sehr umfangreich. Er hat es aus dem Gespräch mit der philosophischen und theologischen Tradition einerseits und mit verschiedenen Weg- und Zeitgenossen andererseits (R.→Guardini, E.→Przywara, H. de→Lubac, G.→Siewerth, K.→Barth, A. von Speyr u.a.) entfaltet. Eine wichtige Quelle seiner Erkenntnis war und ist die Kunst (Dichtung, Musik, Malerei). B. steht in der Tradition des Denkens der (vor allem griechischen) Kirchenväter. Er hat entscheidende Impulse aus der – insbesondere in Frankreich aufgekommenen – katholischen Religionsphilosophie, Fundamentaltheologie und Gnadentheologie aufgenommen (M.→Blondel, H. de Lubac, u.a.). Doch hat B. die vielen Einflüsse zu einer eigenständigen Synthese zu verarbeiten vermocht. Stets ging es ihm darum, die christliche Theologie einerseits von der abendländischen Metaphysik deutlich zu unterscheiden, andererseits sie vielfach auf sie zu beziehen.

Man kann in B.s Denkweg eine Schwerpunktverschiebung wahrnehmen. Er hat zunächst vorwiegend (nicht ausschließlich) philosophisch (insbesondere philosophiegeschichtlich) gearbeitet (wichtigstes Werk: Apokalypse der deutschen Seele, 3 Bde. 1937–39). Dann folgt eine Phase systematisch-philosophischer Bemühung, wobei religionsphilosophische Themen eine zentrale Rolle spielen (wichtigstes Werk: Wahrheit, 1947). Schließlich betritt B. entschieden den Bereich der Theologie, nimmt freilich die Erträge der beiden vorhergehenden Phasen in ihn hinein mit (wichtigste Werke: die Trilogie der Theo-Ästhetik [Herrlichkeit], der Theo-Dramatik und der Theo-Logik, 1961–87). Für das Denken der beiden ersten Phasen ist die Orientierung an der von E. Przywara neu ins Licht gestellten Lehre von der Teilhabe des Endlichen an dem Unendlichen (platonisch, augustinisch), von der Realunterscheidung von Wesen und Sein (thomistisch) und von der Seinsanalogie (IV. Laterankonzil) kennzeichnend. Ein klarer Beleg dafür ist der vierte Teil von „Wahrheit" (1947). Aber auch in den meisten anderen Schriften der 30er und der 40er Jahre (und darüber hinaus) kommt dieses Konzept zum Tragen. In unüberbietbar knapper und prägnanter Form hatte E. Przywara seine Lehre einmal so dargelegt: das Geschöpfliche ist die „Analogie" Gottes. „Es ist Gott ähnlich durch das Gemeinsame einer Einheit von Sosein und Dasein, aber es ist in eben dieser Ähnlichkeit Gott wesentlich unähnlich, weil Gottes Einheitsform von Sosein und Dasein ‚Wesensidentität' ist, des Geschöpfes Einheitsform aber ‚Spannungseinheit'. Da nun das Verhältnis von Sosein und Dasein das Wesen von ‚Sein' ist, so sind Gott und Geschöpf also im ‚Sein' ähnlich-unähnlich, d.h. ‚analog' zueinander: analogia entis, Analogie des Seins" (E. Przywara, Religionsphilosophie katholischer Theologie, 1926; jetzt in: ders., Religionsphilosophische Schriften [= Schriften II], Ei 1962, 376–511, hier: 403). B. wiederholt die Formel nicht, sondern erweist ihre Richtigkeit im immer neuen Aufdecken und Beschreiben erfahrbarer Wirklichkeit, in der sie das Strukturgesetz ist. In der dritten Phase seines Denkweges hat B. die Frage nach der Gotteserkenntnis als Theologe gestellt, d.h. unter der angenommenen Voraussetzung „eines umfassenden Ganzen, in dem sich in der konkreten übernatürlich finalisierten Weltordnung Natur und Gnade bei aller notwendigen Unterscheidung gegenseitig durchdringen" (1967,15). Dieses umgreifende Ganze ist dadurch bestimmt, daß in ihm gilt: Sein und Liebe sind konvertibel. Dieser Satz ist eine Synthesis eigener Art: er hat die Reichweite apriorischer Sätze. Gleichwohl hängt seine Geltung an dem Heilsratschluß und der Heilsökonomie Gottes. Dem Menschen, der faktisch in der konkreten übernatürlich finalisierten Weltordnung lebt, legt sich bisweilen die „Ursprungserfahrung" der Ko-extensivität von Sein und Liebe auf – z. B. in der frühesten Begegnung mit der Liebe seiner Eltern, d. h. aber wesentlich vermittelt durch ein liebendes Du. Eine solche Ursprungserfahrung ist in der Folge zwar vielfach verdeckt oder verdunkelt, aber nicht schlechthin verlierbar. Die Verheißung, die in ihr lag, bringt sich immer wieder in der Sehnsucht zur Geltung, sie (die Ursprungserfahrung) möge sich auch jetzt oder doch schließlich am Ende wieder bewahrheiten. Das mitmenschliche Du vermag, da es endlich wie das Ich ist, die Verheißung, die von sich her eine unbegrenzte war, nicht einzulösen. So legt sich eine Differenzierung in das endliche, mitmenschliche Du und ein absolutes Du nahe. Die Begegnung mit ihm wäre die Erfüllung der aus der Ursprungserfahrung sich erhebenden Sehnsucht. Wie die Menschheitsgeschichte ausweist, setzen die Menschen daraufhin „philosophisch" Gedanken über Gott als absolutes Wesen oder „mythologisch" Bilder über Gott als uns zugewandtes Du aus sich heraus. Aber wie lassen sich die philosophischen Gedanken und die mythologischen Bilder zur Einheit bringen? Wie kann es zur Begegnung mit dem „absoluten Du" kommen? Sucht der Mensch aus eigenen Kräften zu diesem Ziel zu gelangen, so beschreitet er de facto entweder den Weg der Philosophie oder den Weg der Mythologie. Deren Synthese ersehnt er, aber er kann sie weder in ihrer Möglichkeit noch in ihrer Wirklichkeit setzen. Als möglich, ja wirklich setzt sie sich allein in der offenbarenden Selbstmitteilung des Gottes Israels und des dreieinen Gottes im Neuen Bund. Dieser ist in einem der absolute und der dem Menschen in Liebe zugewandte Gott. Was der Mensch auf dem Grund seiner anamnetisch lebendig bleibenden Ursprungserfahrung ersehnt oder ersonnen hatte, ist im Bilde dieses Gottes geläutert und bewahrt.

B. greift bei der konkreten Entfaltung des sowohl unentbehrlichen als auch unabschließbaren Weges der Philosophie innerhalb seines Gesamtentwurfs auf die Gottesbeweise des →Thomas von Aquin zurück, entbirgt ihren Sinn freilich im Kontext der bereits skizzierten Theologie. Was in der Ursprungserfahrung eins gewesen zu sein schien, tritt in der Folgeerfahrung auseinander: das Weltliche ist nicht das Göttliche. Und doch weisen alle weltlichen Dinge und Verhältnisse auf den göttlichen Ursprung hin. „Die Weise ihres Freigesetztseins aus Gott ist so, daß sie sich von allen Seiten als das Nichtabsolute zu erkennen geben: als seinshaft Bewegte, durcheinander Verursachte, Unnotwendige (erster, zweiter, dritter Gottesbeweis von Thomas), und doch haben die Dinge, die alle im gemeinsamen Abstand vom schaffenden Ursprung stehen, untereinander solche Differenzen, daß sie, von der Ursprungssituation aus gemessen, Stufen und Annäherungen bilden (vierter Beweis) ... Wenn aber einmal in der Bewegtheit des Nichtabsoluten das Moment der Teleologie nicht mehr bloß einzelne Dinge und Verhältnisse beherrscht (fünfter Gottesbeweis des Thomas), sondern – in der Theorie der Weltrevolution – das Weltsein im ganzen, dann kann der eschatologische Vorgriff des Geistes und seine Ansiedlung vorweg bei Gott auch die Form annehmen einer ‚Flucht zusammen mit der Welt nach vorn' (J. B. Metz), einer Mitnahme der Dinge auf ihren teleologischen Weg zu Gott, ohne daß deswegen die Strenge und Kühnheit des Vorgriffs gemindert und der grundsätzliche Abstand zwischen Gott und Welt abgeflacht würde" (1967, 28). Im Hintergrund dieses Konzepts, dem es darum geht, „jenen Zugang zur Wirklichkeit Gottes zu erhellen, der dem gläubigen Menschen von seiner ursprünglichen Daseinserfahrung her eröffnet ist" (1967, 15), stehen die religionsphilosophischen und theologischen Entwürfe christlicher Denker wie M. Blondel (Action, 1893; Lettre, 1896), H. de Lubac (Surnaturel, 1946) u. a. Es ist entwickelt worden im Rahmen der Auseinandersetzung mit K. Barth (auf der evangelischen Seite) und mit J. →Maréchal und K. →Rahner (auf der katholischen Seite), – um nur die jeweils bedeutendsten Gestalten zu nennen. Wenn B. die Frage nach der Gotteserkenntnis als Theologe, d.h. von einem Standpunkt des christlichen Glaubens aus, stellt, so kommt darin zum Tragen, daß niemand und auch er nicht voraussetzungslos auf die Suche nach Antwort gehen kann.

Literatur: Lit.: H. U. v. Balthasar: Der Zugang zur Wirklichkeit Gottes, in: Mysterium Salutis, Bd. 2, Ei 1967, 15–43; Das unterscheidend Christliche der Gotteserfahrung, in: ders., Pneuma und Institution, Ei 1974, 26–37; Wahrheit, Ei 1987 = Theologik, Bd. 1: Wahrheit der Welt, Ei 1985. – B. Colombo, L'accesso alla realtà di Dio. Gli elementi filosofici nel discorso apologetico di H. U. v. Balthasar,

Mi 1970 (= Diss. masch., Univ. Cattolica del Sacro Cuore); W. Löser, Im Geiste des Origenes. H. U. v. Balthasar als Interpret der Theologie der Kirchenväter, F 1976 (= Frankfurter theologische Studien, 23).

W. Löser

Barth

Karl Barth, * 1886, † 1968 in Basel. Der Schweizer Theologe B. gilt für nicht wenige als der bedeutendste evangelische Theologe des Jahrhunderts. B. wirkte nach einer längeren Pfarrtätigkeit als Professor für Systematische Theologie in Göttingen, Münster, Bonn und seit 1935 in Basel. B. und der Dialektischen Theologie geht es im Grunde um das reformatorische Anliegen, daß das *Wort Gottes* einzige Norm der Theologie ist, nicht der Mensch, daß die Theologie eben *Theologie* oder Rede von *Gott,* nicht – wie im Neuprotestantismus – Anthropologie ist. In der neuprotestantischen Theologie war der „Mensch“ das „Maß aller und so auch der christlichen Dinge“. „Konnte man die ‚Heiden‘ damit für das Christliche gewinnen wollen, daß man sich zunächst mit ihnen auf einen heidnischen Standpunkt stellte ... Ob das den ‚Heiden‘ Eindruck machen konnte?“ Der von der Theologie vertretenen Sache eignet nach B. eine „Selbstevidenz“, der sie nichts hinzufügen kann (1947[a], 15, 11). Die Auseinandersetzung zwischen Vernunft und Glauben kann nach B. nur im „Raum der Kirche“ stattfinden, da es keinen „Anknüpfungspunkt“ im natürlichen Menschen gibt – wie E.→Brunner meint (1932, 26f.). Die „Offenbarung geschieht senkrecht vom Himmel“ und unvermittelt (1932, 348), wie auch der spätere B. der nachkritischen Phase betont, ähnlich wie der der kritischen Phase des „Römerbriefs“ (1922). Charakteristisch für B. ist der Verkündigungsstil, die konfessorische oder appellative (im Appell sich artikulierende) Denkform, nicht die argumentative Denkweise. Die einzig angemessene Beziehung zwischen Mensch und Gott ist die von Gehorsam und Befehl, nicht – wie bei →Tillich – die zwischen Frage und Antwort.
Auch in der Gotteslehre verfährt B. unargumentativ und in Form von Behauptungssätzen; man denke an die bekannte B.sche Tautologie „Gott ist Gott“(1940, 306) oder an den Grundsatz seiner Gotteslehre „Gott ist“ (1940, 288f., 290). B. meint, mit den herkömmlichen Gottesbeweisen könne man allenfalls Götzen beweisen, aber nicht Gott. „In der Bibel wird nicht so argumentiert, sondern ... von Gott geredet als von dem, der keines Beweises bedarf.“ Sie redet von einem Gott,

der „auf Schritt und Tritt sich selber beweist: Da bin ich, und indem ich bin und lebe und handle, wird es überflüssig, daß ich noch bewiesen werde“ (1947[b], 42f.). Doch auch B. redet von Gott in Form der argumentativen Begründung, wenn dies auch mehr ungewollt und in indirekter Weise geschieht.

So eignet B.s Erwählungslehre, dem Herzstück seiner Theologie, eine innere Logik, wenn er in ihr folgendermaßen argumentiert: Ohne Jesus Christus sind alle Menschen verworfen und keiner erwählt. Weil Jesus Christus, der einzig Erwählte, die Verwerfung für alle Menschen stellvertretend auf sich genommen hat am Kreuz, wird kein Mensch verworfen, obwohl sie alle wegen ihrer Sünde die Verwerfung verdient haben (1942, 101 ff.). „Gott will verlieren, damit der Mensch gewinne.“ „In der Erwählung Jesu Christi ... hat Gott dem Menschen ... die Erwählung, die Seligkeit und das Leben, sich selber aber ... die Verwerfung, die Verdammnis und den Tod zugedacht“ (1942, 177). Dieser Tausch auf Golgatha kann nicht rückgängig gemacht werden.

So trat der „Richter“ an unsere Stelle als der „Gerichtete“ (1953, 300). „Er stellt sich in die Not dieses Geschöpfes hinein und überläßt es nicht sich selber. Er hilft ihm auch nicht nur von außen und grüßt es nur von ferne, sondern er macht sich das Elend seines Geschöpfes zueigen.“ Und „wozu“ das alles? „Damit sein Geschöpf frei ausgehen dürfe, damit die Last, die es sich auferlegt hat, getragen, weggetragen sei.“ Das Geschöpf müßte unter dieser Last „zugrunde gehen“. „So groß ist das Verderben des Geschöpfes, daß weniger als die Selbsthingabe Gottes zu seiner Rettung nicht genügen würde.“ Doch „so groß ist Gott, daß *das* sein Wille ist, sich selber dahinzugeben.“ (1947[b], 136f.)

Diese Liebe Gottes wird aber nicht nur mit der Not des Menschen, sondern mit dem Wesen Gottes begründet. Die Dreieinigkeit Gottes bürgt dafür, daß Gott uns nicht zufällig liebt, sondern notwendig liebt und gar nicht anders kann. Dadurch, daß er nicht einfach nur Einer, sondern Drei und doch Einer ist, ist er sozusagen in seiner Wesensstruktur ein sozialer, kein egoistischer Gott. Die Tatsache, daß er „*unser* Gott“ wird, ist „vorgebildet in seinem eigenen Wesen“. „Als Vater, Sohn und Geist ist Gott sozusagen im voraus der Unsrige“ (1932, 403f.). Er hat sich durch sein trinitarisches Wesen auf Liebe festgelegt. Seine Liebe ist unwiderruflich.

Doch seine Liebe ist freie Liebe, wie B. immer wieder betont (1940, 338, 362). Sie sprengt jeden logischen Begründungszusammenhang. Gott ist „in der Höhe“ (1947[b], § 5).
B.s Gotteslehre kann – gerade durch ihren Hinweis auf die Übermacht der Gnade – betroffen machen. Dieses Argument der Betroffenheit überzeugt mehr als kalt berechnende Beweisschlüsse. Doch kommt nicht in dieser Gotteslehre die menschliche Entscheidung zu kurz, zumal B. von der These der ontologischen Unmöglichkeit des Unglaubens ausgeht? Macht B. hier Ernst mit der Menschwerdung Gottes in Jesus Christus, die ihm doch sonst so wichtig ist in seiner Theologie? Gott wird Mensch, heißt doch, er begegnet uns von Mensch zu Mensch, von Wille zu Wille, von Vernunft zu Vernunft. Muß die Theologie nicht in unserem Wissenschaftszeitalter, in dem keine autoritären Behauptungen, sondern nur begründete Aussagen zählen, nicht im viel stärkeren Maße – als sie es tut – argumentativ reden, auch wenn die Wahrheit sich im Letzten selber evident macht?

Literatur: K. Barth: Der Römerbrief, Mn [2]1922; Die kirchliche Dogmatik, Zollikon–Z: Bd. I/1, 1932; Bd. II/1, 1940; Bd. II/2, 1942; Bd. IV/1, 1953; Die protestantische Theologie im 19. Jahrhundert, Zollikon–Z 1947[a]; Dogmatik im Grundriß, Mn 1947[b]. – H. Delhougne, K. Barth et la rationalité. Période de la dogmatique, Lille–P 1983; H. Thielicke, Glauben und Denken in der Neuzeit. Die großen Systeme der Theologie und Religionsphilosophie, T 1983; H. G. Pöhlmann, Gottesdenker, Re 1984; I. Spieckermann, Gotteserkenntnis. Ein Beitrag zur Grundfrage der neuen Theologie K. Barths, Mn 1985.

H. G. Pöhlmann

Basilius von Caesarea

Basilius von Caesarea, * um 330, † 379. Die Frage, ob der Glaube dem Wissen vorausgeht oder umgekehrt, beantwortet B. vom Erkenntnisgegenstand her. Da es keine voraussetzungslose Wissenschaft gibt, ist die Annahme bestimmter Axiome für wissenschaftliches Denken unverzichtbar. Der Glaube an Gott setzt das Wissen um die Existenz Gottes voraus. Aus der Erfahrung, daß die Welt ein Kunstgebilde ist, schließt B. auf den Künstler. Spuren der Weisheit und deutliche Erinnerungen an seine Wundertaten hat Gott überall in der Welt zurückgelassen. Daraus ist die Macht Gottes, nicht sein Wesen adäquat zu erkennen. Das Begreifen der Wesenheit Gottes übersteigt Möglichkeiten und Kraft jedes vernünftigen Geistes. Durch das stoische Prinzip des Logos spermatikos, des überall wirksamen Geistes Gottes, erklärt B. die

Gottebenbildlichkeit des Menschen als Befähigung zur Gotteserkenntnis. Die Existenzbewegung des Menschen wird zur Annäherung an Gott. Durch Erkenntnis und Heiligung Gott ähnlich werden heißt in Gottes Welt zur Erfüllung kommen. Die sittliche Vollkommenheit ist Vorbedingung. B. erweist so Gott auch aus der sittlichen Existenz des Menschen.

Literatur: Basilius von Caesarea: K. Unterstein, Die natürliche Gotteserkenntnis nach der Lehre der kappadocischen Kirchenväter Basilius, Gregor von Nazianz und Gregor von Nyssa. Teil 1: Straubing 1901–02, Teil 2: Straubing 1902–03; W. Völker, Gregor von Nyssa als Mystiker, Wie 1955; E. Mühlenberg, Die Unendlichkeit Gottes bei Gregor von Nyssa, Gö 1966; M.-B. von Stritzky, Zum Problem der Erkenntnis bei Gregor von Nyssa, Mr 1973; I. Escribano-Alberca, Glaube und Gotteserkenntnis in der Schrift und Patristik, Fr 1974.

W. Gessel

Bergson

Henri Bergson, * 1859, † 1941 in Paris. Zu seiner Zeit berühmter Lebensphilosoph. Präsident der „Kommission für geistige Zusammenarbeit“ des Völkerbundes; lehnte die Ernennung zum „Arier honoris causa“ durch die Besatzungsmächte ab, um mit seinen jüdischen Brüdern zu leiden. Aus dem gleichen Grunde verzichtete er auch auf den Übertritt zum katholischen Glauben. Zunächst beeinflußt von Spencer, Taine, Mill und deren positivistischer und szientistischer Weltauffassung, schloß er sich später der Richtung des metaphysisch-spiritualistischen Positivismus an, der durch Maine de Biran, Ravaisson, Lechelier und Boutroux vertreten wurde. Es finden sich bei B. auch Anregungen von →Platon, →Aristoteles, →Descartes, →Spinoza, →Malebranche, →Pascal, Rousseau, →Kant, Schopenhauer u. a.

B. stellt die Frage, ob die Relativität der Erkenntnis nicht auf einer erworbenen Denkgewohnheit beruhe, daß die Intelligenz Vorstellungsgewohnheiten angenommen hat, die zwar für das praktische Leben notwendig sind, die aber die Schau und jeden Aufschwung der Metaphysik verhindern (GA 1269, 42). Er sieht den Fehler Kants und seiner Vorgänger zurück bis auf Platon darin, daß sie die Zeit (durée) nicht richtig erfaßt und nicht deutlich vom Raum, und damit das Lebendige nicht vom Leblosen geschieden haben, wodurch die vielen Irrtümer in die Philosophie eingedrungen sind.

Für B. gibt es keine andere Erkenntnisquelle als die Erfahrung – das trifft erst recht für die Gotteserkenntnis zu; aber nicht alle Erfahrungen lassen die gleiche Gewißheit zu. Tatsachenlinien in Richtung der Wahrheit bis zu ihrem Schnittpunkt verlängert, zeigen uns die Wahrheit; wie der Feldmesser die Entfernung eines unzugänglichen Punktes mißt, indem er sie nacheinander von zwei zugänglichen Punkten aus anvisiert. Dies ist die einzige Methode, die Metaphysik und Wissenschaft durch allmähliches Anhäufen von gesicherten Resultaten weiterbringen kann. Aus diesem Grunde, so stellt B. fest (GA 1329), begab er sich an das Studium der psychologischen Funktionen (Ergebnis: Essai sur les données immédiates de la conscience, 1889, wo er die Zeit als Dauer unterscheidet vom homogenen Raum), der psychophysiologischen Beziehungen (Matière et Mémoire, 1896) und des Lebens im allgemeinen (L'Evolution Créatrice, 1907), wo er zur Konzeption der Lebensschwungkraft (élan vital) und einer schöpferischen Entwicklung gelangt, die den Schöpfer voraussetzt.

Seine Aussagen über Gott bis dahin beziehen sich auf Gott und die Schöpfung. Gott, der élan vital und die durée sind nicht schlechthin gleichzusetzen. Der élan vital ist eine endliche Kraft (GA 710). Gott ist in unendlich konzentrierter Weise dauernd (GA 747). Er ist eine Wirklichkeit, die sich selbst genügt. Gott ist die schöpferische Kraft, aus der das Leben ausfließt (→Plotin). Der élan vital kann nicht absolut schaffen (GA 708). Gott ist unaufhörliches Leben, Tat, Freiheit, wenn man ihn als ein Zentrum auffaßt, aus dem die Welten entspringen (GA 706). Die wahre Überlegenheit des höchsten Wesens besteht in seiner größten Kraft der Aufmerksamkeit und Konzentration, die Sein ist (GA 1324); er ist keine logische Wesenheit; er lebt; er ist das vollkommene Wesen, das alle Dinge intuitiv erkennt, ohne auf das Denken und die Abstraktion angewiesen zu sein (GA 1324, 1267). Die belebende Kraft der Natur scheint aus Liebe zu schaffen (GA 833).

Während B. für sich in Anspruch nimmt, bis zu „L'Evolution Créatrice" nichts gesagt zu haben, was nicht eines Tages von der Biologie bestätigt werden könnte, sagt er zu seinen Aussagen in „Les Deux Sources de la Morale et de la Religion" (25 Jahre später), daß diese sich nur im Bereich des Wahrscheinlichen bewegen, aber der Wahrheit sehr nahe kommen

(GA 1193). B. sieht hier das primitive soziale Leben als Schöpfung der Natur (geschlossene Gesellschaft) und das höhere soziale Leben als eine Schöpfung von menschlichen Genies (offene und geschlossene Gesellschaft und Moral). Die Genies sind die ethischen Helden, Übermenschen, Mystiker und großen Heiligen, die die Menschen zu höheren Zielen, zu Gott, führen durch ihre Liebe, die in Gott und durch Gott auf die Menschheit gerichtet ist, die noch einen anderen Daseinsgrund hat als sich selbst: nämlich, daß Gott die Menschen braucht, so, wie sie ihn brauchen, um sie zu lieben und geliebt zu werden, wie die Mystiker übereinstimmend bezeugen. Der große Mystiker wäre eine Individualität, die die Grenzen überschreitet, die der Spezies Mensch durch ihre Stofflichkeit gezogen sind; er setzt das göttliche Wirken fort und verlängert es. Der élan d'amour (Liebesschwungkraft) ist die Kraft des Mystikers, mit seiner Fähigkeit zur Intuition, die in der Schau und der daraus folgenden Handlung mit der Liebe Gottes zusammenfällt. B. hält die Aussagen der Mystiker für so glaubhaft wie die des Afrikaforschers Livingstone. Auch das Gotteserlebnis sei nachvollziehbar, wenn auch nicht für alle Menschen.

Der Versuch, Gott biologisch durch die Schöpfung zu erklären, Gott in der Mystik zu finden, entspricht dem, was viele Menschen (besonders Jugendliche) heute suchen (deshalb der Zulauf zu den Jugendsekten). Auch z. Z. B.s waren die Menschen auf der Suche; sie wollten frei sein von den gesellschaftlichen, materialistischen Zwängen. W.→James, J.→Maritain, Ch. Péguy, R. Rolland u. a. waren begeisterte Anhänger der Bergsonschen Philosophie des Lebens. Seine Gedanken über „Mechanik und Mystik" (GA 1174) sind auch heute wieder aktuell. Der vergrößerte Körper der Mechanik braucht ein Mehr an Seele, das ihm die Mystik liefern kann und muß, damit es nicht zu einer Katastrophe kommt. →Teilhard de Chardin, J. Lepp und P. Chauchard haben dieses Thema vor einiger Zeit wieder aufgenommen.

Literatur: H. Bergson: Œuvres complètes 1 Bd. (= GA; hrsg. von A. Robinet/ E. Gohier), P 1959. – M. Austermann, Die Entwicklung der ethischen und religionsphilosophischen Gedanken bei H. Bergson, F 1981 (Lit.).

M. Austermann

Berkeley

George Berkeley, * 1685 bei Kilkenny (Irland), † 1753 in Oxford. 1707–24 Fellow des Trinity College (Dublin). 1734 anglikanischer Bischof von Cloyne. B. will die wachsende religiöse Skepsis seiner Zeitgenossen bekämpfen. Darum unterzieht er ihre Philosophie einer frühgereiften Kritik, die zu einem geläuterten, auf Gott hinweisenden Denken führen soll.

Zu B.s Zeit wird Wahrnehmung oft als Eindruck gedacht, den das Objekt im Subjekt hinterläßt; als objektbezogen also, weil objektabhängig. Primär dabei ist das uns grundsätzlich fremde und außenstehend bleibende Objekt, das wir gerade in der Wahrnehmung erfahren. Unvermeidlich ist dann die Frage nach der Treue der Wahrnehmung zum Objekt, welche nur an letzterem gemessen werden darf. Für B. kann es in diesem Rahmen keine befriedigende Antwort geben. Die Unterscheidung zwischen primären und sekundären Qualitäten ändert daran nichts, handelt es sich doch in jedem Fall um Wahrnehmungen. Diese sind von der Art des Subjekts abhängig, beziehen sich aber auf etwas davon Unabhängiges, Heterogenes. Gerade deswegen kann keine dem Objekt gerechte, homogene Erkenntnis stattfinden. Dem Subjektiven wird somit eine andersartige materielle Wirklichkeit entgegengestellt. Darin liegt für B. „Die Wurzel selbst der Skepsis" (1979 II, 78). Sie ist ihrerseits anfechtbar, weil es unmöglich ist, Bekanntes an Unbekanntem zu messen; hier aber werden uns bekannte Wahrnehmungen an einem uns unbekannten, weil heterogenen Substrat gemessen. Das ist ein philosophisches Paradoxon und zudem widersprüchlich, weil die erwähnte Messung Erkenntnis des Unbekannten voraussetzt, was unhaltbar ist. „Eine Farbe oder Figur kann nur wie eine andere Farbe oder Figur sein" (1979 II, 44). Das Bild kann nur Homogenes abbilden; demzufolge ist der Abbildgedanke, wenn auf Heterogenes bezogen (z. B. psychisches Bild eines materiellen Substrats), unzulässig. Aus all dem kommt B. zum Primat, ja zur Alleingültigkeit der Wahrnehmung, zu seinem berühmten „Sein ist Wahrgenommensein" (esse est percipi; 1979 II, 42). Bewußt ungewöhnlich nennt B. die Wahrnehmung „Ideen", „weil dieses Wort einen notwendigen Bezug zu einem Geist impliziert" (1979 II, 235 f.). Ideen können nur in einem Geist existieren, und da kein Objekt den Ideen zugrunde liegen kann, gibt es nur Wahrnehmendes und Wahrgenommenes. Substanz aber ist nur der Geist – „oder was wahrnimmt“ (1979 II, 43) –, der Verstand genannt wird, wenn er Ideen wahrnimmt, und Wille, wenn er sie produziert. Wir haben keine Wahrnehmung unseres eigenen Geistes, sondern schließen reflexiv auf ihn auf Grund unserer Wahrnehmungen. Die Sinneswahrnehmungen aber hängen nicht vom Menschen und auch nicht von Objekten ab, „also muß ein anderer Geist oder Wille existieren, welcher sie verursacht“ (1979 II, 53), nämlich Gott. Um Verwechslungen mit →Malebranche vorzubeugen, verweist B. auf unsere Ideen und ihre Archetypen in Gott und auf den Unterschied zwischen beiden.

B. sieht richtig, daß Wahrnehmung nicht durch ein Objekt präjudiziert werden darf, welches nur in der Wahrnehmung zugänglich sein kann. Er widerspricht sich aber, wenn er die Wahrnehmung transzendiert und eben den Fehler begeht, den er bei der Behauptung einer materiellen Außenwelt beanstandet. So schließt er von den Ideen auf unseren Geist, der „heterogener ist von ihnen als Licht von Dunkel“ (1979 II, 106), oder auf Beziehungen zwischen Ideen, die selbst keine Ideen sind. Wenn nun unsere Ideen auf göttliche, verschiedenartige Archetypen zurückgeführt werden, dann fällt die Alleingültigkeit der Ideen. Zudem aber ist das, was unseren Ideen zugrundeliegt, heterogen von ihnen, womit bei B. unsere Gotteserkenntnis dem von ihm bei anderen so kritisierten Bezug zwischen Wahrnehmung und Objekt entspricht. Weiter schaltet B. die Zweitursachen (innerweltliche Ursachen) aus, womit alles Erfahrene direkt auf Gott zurückgeführt wird. Statt die Skepsis zu bekämpfen, könnte dies wohl den Gottesgedanken erschweren.

Literatur: G. Berkeley: The Works of G. Berkeley (hrsg. von A. Luce/T. Jessop), Lo 1948–57 (Nachdruck, Nendeln 1979). – G. Warnock, Berkeley, Harmondsworth 1953; D. Park, Complementary Notions, Den Haag 1972; I. Tipton, Berkeley. The Philosophy of Immaterialism, Lo 1974; H. Bracken, Berkeley, Lo 1974; J. Bennet, Locke–Berkeley–Hume, O 1977; G. Pitcher, Berkeley, Lo 1977.

E. Arroyabe

Bernhard von Clairvaux

Bernhard von Clairvaux, * 1090 auf Burg Fontaines bei Dijon, † 1153 im Kloster Clairvaux. Nach gründlicher Schulbildung in Châtillon 1111 Eintritt in das Zisterzienserkloster Cîteaux bei Dijon. 1115 Abt und Gründer von Clairvaux. B. trug entscheidend zur raschen Ausbreitung des neuen Zister-

zienserordens bei und wurde kirchen- und staatspolitisch zum einflußreichsten Mann seiner Zeit.
In der Theologie gilt er als „der letzte der Kirchenväter“; er kämpfte vehement gegen die neue wissenschaftliche Methode der heraufziehenden Scholastik (seine Hauptgegner: Peter Abaelard, Gilbert Porreta). B. „vermag der Philosophie keine selbständige Bedeutung neben der Theologie einzuräumen. Das Wissen um des Wissens willen ist ‚schändliche Neugier‘ (PL 183, 968 D); →Platon werden ‚Spitzfindigkeiten‘, →Aristoteles ‚Verschlagenheit‘ vorgeworfen (PL 183, 407 A–B). Die wahre Philosophie dagegen ist der Glaube. B. preist darum als seine ‚erhabenere Philosophie, Christus zu wissen, und zwar als den Gekreuzigten‘ (PL 183, 995 B)“ (W. Weischedel, Der Gott der Philosophen, Bd. 1, Mn [3]1975, 122). „Er erhebt sich kaum zur Höhe philosophischer Reflexion oder metaphysischer Spekulation; so ist seine Mystik nicht im eigentlichen Sinne Philosophische Theologie“ (ebd. 147f.), und er vertritt eigentlich keinen argumentativen Gottesbeweis. Trotzdem ist er Korrektiv oder Anfrage. Denn B. ist mit einem Großteil der Kirchenväter der Antike (im Traditionsstrang von →Pseudo-Dionysius Areopagita, Johannes Scotus →Eriugena, →Bonaventura, →Eckhart, →Nikolaus von Kues) der Auffassung, Gott könne grundsätzlich nicht Gegen-Stand objektivierbarer wissenschaftlicher Erkenntnis sein, und folglich könne auch seine Existenz nicht „bewiesen“ werden; der einzige Zugang zur Wirklichkeit Gottes sei die Hingabe des ganzen Menschen; das Erkenntnisorgan für Gott sei die Liebe, der sich in der Erfahrung die Gewißheit erschließe, daß es ihn wirklich gebe: „Nicht das Disputieren begreift, sondern die Heiligkeit, wenn anders das Unbegreifliche überhaupt begriffen werden kann. Wenn du heilig bist, dann hast du es begriffen und weißt es; bist du es nicht, so werde es, und du wirst es erfahrend wissen“ (PL 182, 805 D). Zwar räumt B. die Möglichkeit einer objektiven Erkenntnis Gottes ein, aber er mißt ihr keinen allzu großen Wert bei: „Wir werden dabei zwar unterrichtet, aber in der persönlichen Erfahrung und Ergriffenheit werden wir gepackt. Der theoretische Unterricht bringt gescheite Leute hervor, die persönliche Ergriffenheit weise Menschen (instructio doctos reddit, affectio sapientes). Es ist ein Unterschied, ob man von vielen Reichtümern *weiß,* oder ob man sie persönlich *besitzt.* So ist es auch ein Unterschied, ob man über Gott Bescheid weiß, oder ob man von

seiner Wirklichkeit gepackt und erschüttert ist. Nicht das Wissen macht weise, sondern das Erschüttertwerden, das den Menschen durch und durch erfaßt. Darum ist das Wissen nur eine Vorbereitung des Weisewerdens. Bloßes Wissen führt allzuleicht in Arroganz und Überheblichkeit, wenn es nicht vom Erschüttertwerden begleitet ist und so zum Anfang der Weisheit wird" (PL 183, 891 D–892 A).
Folglich interessiert sich B. nicht für die Frage, ob sich die Existenz Gottes theoretisch beweisen lasse. Sein gesamtes Werk will nicht Fundamental- oder Systematische Theologie sein, sondern Initiation in die *Erfahrung* der Wirklichkeit Gottes, die grundsätzlich vorausgesetzt und dann im Erleben als tatsächlich erwiesen wird.
Für B. stehen Selbsterkenntnis und Gotteserkenntnis in einer untrennbaren Wechselbeziehung, und in seiner Mystagogie versucht er, dem Menschen seine existentielle Armut und Bedürftigkeit zu Bewußtsein zu bringen und seine Sehnsucht nach Gott aufzudecken: das wäre eine Art experimenteller „Beweis" der Existenz eines Gottes, „quo nihil melius cogitari potest" („über den hinaus sich nichts Besseres denken läßt", PL 182, 797 A) – wie B. in einer für ihn bezeichnenden Weise →Anselms „quo nihil *maius* cogitari potest" („... nichts *Größeres* denken läßt") umformuliert.

Literatur: Sancti Bernardi Opera (lateinisch; hrsg. von J. Leclercq/C. H. Talbot/H. M. Rochais), 8 Bde., R 1957–77; noch verbreiteter und leichter zugänglich in: Patrologia Latina (= PL), Bd. 182–185 (hrsg. von J.-P. Migne), P 1862–63 (Zitate hieraus). – St. Gilson, Die Mystik des heiligen Bernhard von Clairvaux, Wittlich 1936; B. Schellenberger, Bernhard von Clairvaux – Gotteserfahrung und Weg in die Welt, Ol–Fr 1982.

B. Schellenberger

Biser

Eugen Biser, * 1918 in Oberbergen/Kaiserstuhl, bis 1974 Professor für Fundamentaltheologie und Leiter des Herman-Schell-Instituts an der Universität Würzburg, seit 1974 als Nachfolger K. Rahners (inzwischen emeritierter) Inhaber des „Guardini-Lehrstuhls" für Christliche Weltanschauung und Religionsphilosophie der Universität München. Nach dem II. Vatikanischen Konzil hat B. durch seine „theologische Hermeneutik und hermeneutische Theologie" (Fuchs/Kreiner 1983, 401) ein neues Grundmodell in die katholische Theologie eingebracht, indem er den Entwurf einer hermeneutischen Fundamentaltheologie liefert (1975). Es ist B.s

Grundintention, die Glaubensschwierigkeiten des gegenwärtigen Menschen durch den Rückgang auf die ursprünglich biblische Sprache und die Konzentration auf Jesus Christus zu bewältigen. In seiner theologischen Hermeneutik übernimmt B. formale Elemente aus der neueren Philosophie: aus der Existenzphilosophie von S. →Kierkegaard und M. →Heidegger, aus dem dialogischen Personalismus von F. Ebner und M. →Buber, aus der Aktionsphilosophie von M. →Blondel und vor allem aus der philosophischen Hermeneutik von Hans-Georg Gadamer.

Diesen Voraussetzungen seines Denkens entsprechend wendet sich B. gegen „das Glaubensverständnis des klassischen Modells" (d.h. vor allem das Glaubensverständnis des I. Vaticanums), das er als „heteronom, doktrinär und abstrakt" (1980, 28) und dem heutigen Menschen fremd charakterisiert. „Der Glaube, der heute gefordert ist, muß dialogisch, autonom und mystisch sein" (1980, 29f.). Diese Elemente einer heutigen Glaubensgestalt werden nach B. am besten mit der Methode der modernen philosophischen Hermeneutik, wie sie Gadamer entfaltet hat, zur Geltung gebracht: „Vieles spricht dafür, daß das moderne Denken mit dieser Verstehenstheorie dem Glauben das Instrumentarium bereitgestellt hat, das es ihm ermöglicht, den Graben, der ihn von ihm trennt, zu überbrücken" (1967, 33). Auf dieser Basis geht B. auch die Frage nach der Rolle der Vernunft für die Gotteserkenntnis an: Der Glaube hat als Verstehensakt eine innere Rationalität; die Vernunft übt bei der Glaubensverantwortung eine dialogisch-kritische Funktion aus; hermeneutisch besteht eine innere Beziehung zwischen Glauben und Vernunft. Wenn man demnach nach B. den Glauben „als Erkenntnis im Sinn von Verstehen" (1967, 87) auffaßt, kann ein doppeltes Mißverständnis ausgeschlossen werden, nämlich ein theologischer Irrationalismus wie ein blinder Gehorsamsglaube. Eine Verantwortung des Glaubens nach außen ist nicht möglich ohne rationale Argumentation. Der christlichen Glaubensbegründung muß der biblische Wahrheitsbegriff zugrunde liegen, und es zeigt sich: „Auch bei der Annäherung an den biblischen Wahrheitsbegriff bewegt sich der fundamentaltheologische Gedanke auf den rationalen, in der Selbstentfaltung der Wahrheit vorgezeichneten Bahnen" (1967, 68), und: Die christliche Theologie ist von ihren patristischen Anfängen an der Überzeugung, „daß sie ihrer Aufgabe nur mit Hilfe von Anleihen bei der philosophischen Vernunft genügen kann" (1967, 53). Da sich nun aber auch der Glaube an Gott als Verstehen „primär auf personale, nicht auf rationale Gegebenheiten" bezieht (1980, 137), haben nach B. die rationalen Gottesbeweise einen *begrenzten* Stellenwert. Die Frage nach der Existenz Gottes kann nicht wertneutral gestellt werden; mit ihr verbindet sich vielmehr „schicksalhafter Ernst und existentieller Wagemut" (1982, 37), denn schlußfolgerndes Denken ist wohl rational einleuchtend, jedoch nicht personal erfassend. Anders ausgedrückt: Die rationalen Gottesbeweise haben eine begrenzte Effektivität, „denn eine gewußte Wirklichkeit, und wäre es die unendliche Gotteswirklichkeit, ist keine erfahrene", und: „Gott ist nicht nur größer als jeder Begriff von ihm, er ist auch größer als jeder Beweis" (1982, 66).

B. weist der Vernunft hinsichtlich der Glaubensverantwortung eine dialogisch-kritische Funktion zu, was vor allem im Gespräch mit dem Unglauben Bedeutung erhält. Der Glaube muß sich „im Interesse des Selbsterweises" jeder kritischen Herausforderung im Dialog stellen, und dieser Dialog darf keinen potentiellen Partner ausschließen. Der Glaube muß sich auch nach außen hin verantworten, indem er auf die Bedenken und Einwände des Unglaubens eingeht. In diesem Dialog „wird die kritisch analysierende Argumentation ... stets einen breiten Raum einnehmen, wobei allerdings auch das personale Moment der Freiheit zu berücksichtigen bleibt". „Die Freiheit ist nicht nur die Ermöglichung des Dialogs, sie ist auch seine – jederzeit zu respektierende – Grenze" (1967, 94). Ein weiterer wichtiger Beitrag der Vernunft im Dialog mit dem Unglauben ist die Überwindung von Sprachbarrieren; denn ein beträchtlicher Teil der scheinbaren Sachprobleme lassen sich auf Verständigungsschwierigkeiten zurückführen. Derartige Sprachbarrieren stehen „mehr als angenommen ... im Hintergrund der in der Regel als Denkprobleme empfundenen Glaubensschwierigkeiten" (1975, 116). Folglich kann B. erklären: „Im Fall der Herausforderung durch die moderne Kritik ist ... nicht der Angriff, sondern der Begriff, verstanden als ein kritisch vertiefter Selbstbegriff, die beste Verteidigung. Er wäre dann gewonnen, wenn vom Glauben nachgewiesen werden könnte, daß er dem Interesse der Kritik genügt, ohne sich deswegen als religiösen Akt aufzugeben" (1980, 65).

Im Gegensatz zu einer Trennung von Vernunft und Glaube ist es demnach das Anliegen B.s, gerade die sich gegenseitig einschließende, inklusive Einheit von Vernunft und Glaube zu betonen, denn in hermeneutischer Sicht, im Verstehen, ist eine innere Synthese von Glaube und Vernunft gegeben. Wo Glaube wirklich als Verstehen gesehen wird, ist dieser „nicht mehr so sehr die Ausnahme von der vernünftigen Daseinsorientierung als vielmehr deren Exponent, als eine mit der Vernunft immer schon gegebene, wenn auch ihre Eigentätigkeit übersteigende Möglichkeit geistigen Verhaltens" (1975, 57). B.s Gedanken sind in ihrer Synthese von Glaube und Vernunft eigenständige, neue und hoffnungsvolle Wege einer vernünftigen Glaubensbegründung, die sich aber wohl noch in der Praxis von Theologie und Pastoral werden bewähren und durchsetzen müssen.

Literatur: E. Biser: Glaubensvollzug, Ei 1967; Gott verstehen. Erwägungen zum Verhältnis von Gott und Offenbarung, Mn 1971; Glaubensverständnis. Grundriß einer hermeneutischen Fundamentaltheologie, Fr 1975; Glaube nur! Gott verstehen lernen, Fr 1980; Der schwere Weg der Gottesfrage, D 1982. – F. J. Fuchs/A. Kreiner, „Ich glaube, darum rede ich" (2 Kor 4, 13). E. Bisers hermeneutische Theologie, in: H. Bürkle/G. Becker (Hrsg.), Communicatio fidei. Festschrift für E. Biser zum 65. Geburtstag, Rb 1983; G. Kraus, Gotteserkenntnis ohne Offenbarung und Glaube? Natürliche Theologie als ökumenisches Problem, Pa 1987, 231–255.

G. Kraus

Blondel

Maurice Blondel, * 1861 in Dijon, † 1949 in Aix-en-Provence. Professor der Philosophie in Aix-en-Provence (1895–1927). B. studierte ab 1881 an der École normale supérieure in Paris. Während er ab 1885 an verschiedenen Oberschulen unterrichtete, bereitete er sein Staatsdoktorat an der Sorbonne vor. Die These wurde sein Hauptwerk: „Die Aktion. Versuch einer Kritik des Lebens und einer Wissenschaft der Praktik" (L'Action, 1893). Seine zweite These befaßte sich mit der Auslegung einer zentralen Kategorie im Gesamtentwurf von →Leibniz: „Ein historisches Rätsel. Das ‚vinculum substantiale' nach Leibniz und die Skizze eines höheren Realismus". Die harte Auseinandersetzung sowohl mit dem Rationalismus wie mit der traditionellen katholischen Apologetik führte B. zum Versuch einer (vor allem) theologischen Klärung seiner religionsphilosophischen Methode in der „Lettre" (1896). Im gleichen Jahr wurde er zum Professor an der Universität er-

nannt, zuerst in Lille, dann in Aix-en-Provence, bis zu seinem Rücktritt wegen zunehmender Erblindung im Jahre 1927. In dieser Periode der relativen Publikationsstille hat B. im Jahre 1904–05 an der Kontroverse um Loisy und den sogenannten Modernismus teilgenommen durch eine Artikelserie, die unter dem Titel „Geschichte und Dogma. Die philosophischen Mängel der modernen Exegese" als Buch veröffentlicht wurde. Nach seinem Rücktritt vom Professorat veröffentlichte B. 1934–37 eine fünfbändige, erweiterte Neufassung seines Hauptwerkes, Frucht der Selbstkritik, der ununterbrochenen Diskussion und der nie nachlassenden Absicht, sein Denken innerhalb der Tradition einer christlichen Philosophie methodisch zu rechtfertigen. Die Beziehung zwischen Philosophie und Christentum bildet dann noch einmal ausdrücklich das Thema zweier Werke aus den Jahren 1944–46 und 1950: „La Philosophie et l'Esprit chrétien" (2 Bde.) bzw. „Exigences philosophiques du Christianisme".
Während der Vorbereitungszeit der These notierte B. in seinen Tagebüchern (1883–94; deutsch Ei 1964) die Etappen seiner Auseinandersetzung als katholischer Christ mit dem Rationalismus der akademischen Welt. Er sucht in seinen Gedanken nach einem philosophischen Ansatz für eine konsequent durchgeführte rationale Begründung des christlichen Glaubensgehorsams. Er möchte für die katholische Tradition des Christentums das Gleiche unternehmen, was – nach seiner Meinung – →Hegel für die protestantische Tradition vollzogen habe. In seiner Verarbeitung der Kantschen (→Kant) Kritiken schließt er sich mit seinem Lehrmeister L. Ollé-Laprune (De la certitude morale, 1880) der von →Pascal inspirierten französischen Denkströmung an, die nach einer Harmonie von gedanklicher Klarheit und einfühlendem Verstehen trachtet. Sowohl diese Denkbewegung wie auch die über Gratry zustande gekommene Berührung mit der patristischen Inspiration von J. H. →Newman erwirkte beim jungen B. eine Verwandtschaft mit dem Gedankengut der Kirchenväter, vor allem des →Augustinus, die die allgemeine Richtung seines Thesenentwurfes bestimmte. B.s Grundfrage, von der aus er den ganzen Aufbau seiner Analyse des menschlichen Selbstvollzuges entwickelt, ist die Frage nach dem eigentlichen Willen (volonté voulante), der in jedem Gewollten (volonté voulue) den Lebenssinn zu verwirklichen sucht. „In meinem Tun liegt etwas, das ich noch nicht habe fassen, dem

ich noch nicht habe gerecht werden können; etwas, das es daran hindert, ins Nichts zurückzusinken, und das nur etwas ist, insofern es nichts von alledem ist, was ich bis jetzt gewollt habe“ (L'Action, 1893 bzw. ²1950, 339; siehe zu diesem Zitat und den folgenden Zitaten auch: Fr-Mn 1965, 365–381). Das Wesentliche dieser Art der aufweisenden Analyse liegt darin, daß gedankliche Strenge mit der Selbstoffenbarung des tiefsten Beweggrundes des Bewußtseins – des „einzig Notwendigen“ – im gleichen Denkrhythmus einhergeht.

Im Rahmen dieser Phänomenologie des menschlichen Selbstvollzuges als einer „Logik der Tat“ (P. Henrici) erörtert B. seine kritische Neudarstellung der bei Kant aufgeführten Gottesbeweise: als nicht nur logische Argumente, sondern „Beweise, die sich aus der umfassenden Bewegung des Lebens ergeben“ (341), und daher und durch ihre Einheit miteinander ihre zwingende Kraft erlangen. Der Beweis aus der Kontingenz bekommt so verstanden einen anderen Charakter: das eine Notwendige wird innerhalb des Kontingenten als bereits gegenwärtige Wirklichkeit aufgewiesen. In der Ordnung und der Harmonie, in dieser unvollkommenen Weisheit der Dinge und meines Denkens finde ich die notwendige Anwesenheit und Wirksamkeit eines vollkommenen Denkens und einer vollkommenen Macht (342–344). „Und obwohl ich diese Anwesenheit und diese Wirksamkeit in mir finde, kann ich doch nicht sagen, daß sie mir gehören. Dieses ‚einzig Notwendige‘ hat für mich nur einen Sinn, weil wir uns selber nicht gleichzukommen vermögen. Um unserm willentlichen Tun gleichzukommen, müssen wir bis tief in uns hineinsehen, wo das Unsere aufhört, unser zu sein“ (346). Auch der sogenannte ontologische Gottesbeweis gewinnt seinen eigentlichen Sinn: Die Idee wird nicht dem Sein gleichgesetzt, wir finden zuerst die Idee im Sein und das Sein im Tun (348). Bei jedem Schritt dieses aufweisenden Denkvollzuges weist B. daraufhin, daß die Bewegung des Denkens selber durchdrungen ist von und bedingt durch eine grundlegende Willensentscheidung in Richtung der Offenheit für das sich im Vollzuge offenbarende Notwendige. Am klarsten geht dies hervor aus der Vollendung des Beweisgangs. Sobald wir an der Grenze unseres eigenen Tuns mit dem darin immer schon Gegenwärtigen konfrontiert werden und das Wort „Gott“ aus der Erinnerung in den Mund nehmen, werden wir vor eine Alternative gestellt. „Aus sich selbst vermag der Mensch nicht das zu

sein, was er bereits ist, was er freiwillig werden möchte. Wird er so leben wollen oder nicht, selbst wenn er daran sterben würde? Oder wird er sich selbst genügen wollen ohne Gott?" (354, mit Hinweis auf Augustinus' zwei Reiche).
Im Gesamtentwurf der „Action" erhalten die sogenannten Gottesbeweise ihre Kraft und Bedeutung als Momente des Nachvollzuges der menschlichen Lebensbewegung, die im Grunde vom „einzig Notwendigen" immer schon bedingt ist. Die Kritik an dieser Methode der Immanenz, wie sie B. bezeichnet, hat sich immer gerichtet auf die Unklarheit der Beziehung zwischen dialektischer Konsequenz und schon vollzogener Einstimmung mit der göttlichen Grundbewegung auf den Menschen zu. Wenn man aber jetzt in den Ausführungen des B. mit H. de →Lubac die „Wege zu Gott hin" aus den Schriften der Kirchenväter wiederzuerkennen meint und von dieser Denkbewegung her die Zusammenfassung der „Wege" bei →Thomas von Aquin mit B.s Kritik an Kant vergleicht, möchte man vielmehr zur Einsicht kommen, daß B. die ihm bis dahin unbekannte Tradition der Hochscholastik in ihren Grundzügen neu entworfen hat. J.→Maréchal und in seiner Nachfolge K.→Rahner sind ihm auf diesem Wege gefolgt. Zusammenhang der „Wege", der eigentliche Beweg-/Beweisgrund auf dem Wege und die im Ganzen offene Freiheit, zu Gott hin ja oder nein zu sagen, sind solche Grundzüge der Tradition. Das Bewußtsein, immer schon von „Gott" bewegt zu sein, spielt so oder so eine Rolle, wie es B. im Spätwerk einmal erläutert: „...wir versetzen uns in die Unwissenheit von dem, was wir von anderswo ‚wissen', und sind so imstande, aufzufinden, was wir nicht hätten unterscheiden können, wenn wir nicht schon besessen hätten, was wir zu erobern schienen" (L'Action, Bd. 2, 1937, 379).

Literatur: M. Blondel: L'Action, P 1893, ²1950, deutsch: Fr–Mn 1965; Lettre sur les exigences de la pensée contemporaine en matière d'apologétique et sur la méthode de la philosophie dans l'étude du problème religieux, P 1896, deutsch: Ei 1974; Histoire et Dogme, P 1904, deutsch: Mz 1963 (beide zusammen neu hrsg. unter dem Titel: Les premiers écrits de M. Blondel, P 1956); Trilogie: La Pensée, 2 Bde. – L'Etre et les êtres – L'Action, 2 Bde., P 1934–37; La Philosophie et l'Esprit chrétien, 2 Bde., P 1944–46; Exigences philosophiques du christianisme, P 1950, deutsch: Mn–W 1954. – P. Henrici, Hegel und Blondel. Eine Untersuchung über Form und Sinn der Dialektik in der Phänomenologie des Geistes und der ersten Action, Pullach 1958; ders., Glaubenslehre und kritische Vernunft als Grundkräfte der Metaphysik des jungen Blondel, in: Gregorianum 45 (1964) 689–738; H. Bouillard, Philosophie und Christentum im Denken M. Blondels, in: ders., Logik des Glaubens, Fr 1966, 114–136 (= Quaestiones disputatae, Bd. 29); H. J. Verweyen, Einleitung zur Methode der Religionsphilosophie, Ei 1974, 13–100; M. Blondel. Bibliographie analytique, Bd. 1: Oeuvres 1880–1973, Bd. 2: Etudes sur M. Blondel 1893–1975, Lv 1975; R. Virgoulay, Blondel et le modernisme. La philosophie de l'action et les sciences religieuses, P 1980; A. E. van Hooff, Die Vollendung des Menschen. Die Idee des Glaubensaktes und ihre philosophische Begründung im Frühwerk M. Blondels, Fr 1983.

M. Marlet

Böhme

Jakob Böhme, * 1575 in Altseidenberg (Oberlausitz), † 1624 in Görlitz (Schlesien). Der gelernte, in Görlitz wirkende Schuhmacher wurde als Verfasser des philosophisch-theosophischen Manuskripts „Morgenröte im Aufgang" (Aurora) bekannt. Trotz energischer Widerstände des lutherischen Oberpfarrers von Görlitz entstanden zahlreiche weitere, z. T. umfangreiche Werke, die B. als einen der wichtigsten, folgenreichsten nachlutherischen Mystiker und Theosophen bzw. Pansophen ausweisen. Den Titel „philosophus teutonicus" legten ihm bereits Zeitgenossen bei. – Die eigentliche Quelle seines literarischen Schaffens sind einige ab 1600 sich ereignende Erlebnisse eines geistigen Schauens, in deren Verlauf B. in voller Bewußtseinsklarheit die vom Geist Gottes durchdrungene und durchpulste Schöpfung erfuhr. Die „Aurora" (1612) stellt den ersten Niederschlag dieser Erfahrung dar. Vor allem die folgenden, zu B.s Lebzeiten nur im Manuskript verbreiteten Werke zeigen, daß sich bei ihm noch andere Quellen vereinen, z. B. deutsche Mystik, →Luther, Paracelsus, kabbalistische sowie alchimistische Vorstellungen. Von seinen Schau- bzw. Transparenzerlebnissen her gesehen kann B. als ein „anschauender Denker" im Goetheschen Sinne bezeichnet werden, der an hermetisch-naturmystische Traditionen anknüpft, ein universelles Welt- und Wirklichkeitsbild entwirft und Wege zur Christusbegegnung zeigt.

Den Ursprung seiner Gotteserfahrung und kosmischen Schau hat B. u. a. so charakterisiert: „Gott hat mir das Wissen gegeben. Nicht ich, der ich der Ich bin, weiß es, sondern Gott weiß es in mir ... Ich bin nicht die Gebärerin im Wissen, sondern mein Geist ist sein Weib, in der er (Gott) das Wissen gebieret nach dem Maß als er (Gott) will ... Er neiget sich zu meiner Ichheit und meine Ichheit neiget sich in ihn" (Gesamtausgabe I, 19). B.s Schau entstammt einem jahrelangen Ringen um den Sinn der miteinander im Streit liegenden „zwei Qualitäten" Gut und Böse, wobei „Qualität" (von quallen, quellen) meist dynamisch-energetisch verstanden wird. Auf der Basis des trinitarischen Gottesbildes gibt es für B. drei schöpferische Prinzipien, die er gemäß der alten Signaturen- (oder Entsprechungs-)Lehre (z. B. bei Paracelsus) auf jeder Seinsebene vorfindet, und zwar ausgehend von der Feststellung am Eingang seiner „Aurora": „So man aber will von Gott reden, was Gott sei, so muß man fleißig erwägen die Kräfte in der Natur, dazu die ganze Schöpfung, Himmel und Erden, sowohl Sternen und Elementen und die Kreaturen, so aus denselben sind herkommen, sowohl auch die heiligen Engel, Teufel und Menschen, auch Himmel und Hölle" (Kap. I, 1). Von daher ergibt sich eine universelle Dialektik, die in Gott selbst ihren Grund und „*Un*grund" hat. Es ist der Prozeß einer innergöttlichen Selbstbewegung Gottes. Sein transzendenter, jede weitere Aussagemöglichkeit übersteigender „*Un*grund" ist für B. „Wille" als eine Weise der Selbsterfassung Gottes (Grunsky 1956, 72ff.). Dieser Wille drängt zur Offenbarung als das „sprechende Wort". Das Geoffenbarte läßt sich dann begreifen als das „ausgesprochene Wort". Auf einen Nenner gebracht, stellt sich B.s Werk dar als Theosophie, die zur Kosmosophie fortschreitet und in einer (wörtlich verstandenen) Anthroposophie ihre Krönung findet. Deren Mitte aber ist Christosophie (Wehr 1971, 76ff.). Es geht darum, daß das durch den Fall zerstörte androgyne, die männlich-weibliche Ganzheit umschließende Bild des Menschen wiederhergestellt wird. Dies ist durch Christus geschehen. Folglich ist es unerläßlich, daß der Mensch den in „Christosophia" beschriebenen „Weg zu Christo" im Sinne der Christusnachfolge und in der meditativen Vergegenwärtigung von Passion, Tod und Auferstehung Christi beschreitet. Wie seine „Theosophischen Sendbriefe" belegen, war B. nicht nur Interpret seines Gottes- und Wirklichkeitsbildes; er war auch ein charismatisch begabter Seelenführer, der sich der geistig-geistlichen Menschenführung gewidmet hat.

Auch wenn B.s Darlegungen einer Übersetzung bedürfen, so wird doch der meditative Leser durch überraschende Ein- und Ausblicke reich beschenkt (Die Morgenröte bricht an, 1983; Vom übersinnlichen Leben, 1986). „B. lehrte den Eingang in die ‚neue Geburt' als Grund aller Erneuerung in Kirche und Welt ... Weil die Reformation durch die menschliche Verfallenheit um ihre Früchte gebracht worden ist, kann nur eine totale Erneuerung von den Ursprüngen her helfen. Obwohl der radikale Pietismus B.s Schrifttum als Arsenal für die Kirchenkritik benutzt hat, hat sich B. ... nicht als Unheilsprophet, sondern als Künder der umfassenden Erneuerung von Kirche und societas verstanden" (Pältz, 751 f.). – B.s Wirkungsgeschichte ist überaus aspektreich, mit Ausstrahlung nach Holland, wo sein Werk zuerst gesammelt und publiziert wurde; nach England (Philadelphen, Newton); nach Frankreich (St. Martin); Rußland (Solowjow, Berdjajew). Wirkungen auf den Pietismus (Oetinger, M. Hahn), Romantik und Erweckungsbewegung (L. Tieck, Novalis, →Schelling) mit besonderer Wertschätzung bei →Baader, der sich als „Boehmius redivivus" versteht, sowie Fernwirkungen bis R. Steiner, C. G. Jung, E. Bloch.

Literatur: J. Böhme: Theosophia Revelata. Das ist: Alle Göttliche Schriften des gottseligen und hocherleuchteten deutschen Theosophi J. Böhmes (Gesamtausgabe, 14 Bde.), Lei oder A 1730; Sämtliche Schriften, 11 Bde., St 1955–61; Die Urschriften (hrsg. von W. Buddecke), 2 Bde., St 1963–66; Studienausgabe (Aurora, Gnadenwahl, Christosophia, Theosophische Sendbriefe, Mysterium Pansophicum, Menschwerdung Jesu Christi; hrsg. und erläutert von G. Wehr), Fr 1975 ff.; Die Morgenröte bricht an (Auswahl), Fr 1983; Vom übersinnlichen Leben (Auswahl), St 1986. – E. Benz, Der vollkommene Mensch nach J. Böhme, St 1937; H. Grunsky, J. Böhme, St 1956; E. H. Lemper, J. Böhme. Leben und Werk, B (Ost) 1976; E. Pältz, J. Böhme, in: TRE, Bd. 6, 748–754; G. Wehr, J. Böhme in Selbstzeugnissen und Bilddokumenten, Re 1971, [5]1985.

G. Wehr

Boethius

Anicius Manlius Severinus Boethius, * um 480 in Rom, † 526 bei Pavia (Grab in Pavia, San Pietro in Ciel d'oro). Seine Herkunft aus der vornehmen Gens Anicia erschloß ihm alle Bildungsmöglichkeiten und öffnete ihm den Weg zu hohen öffentlichen Ämtern: Mitglied des römischen Senats, im Jahre 510 Konsul, 522 magister officiorum am Hof Theoderichs des Großen (493–526). Der anspruchsvollen Politik im Spannungsfeld von ostgotischer Herrschaft und byzantinischem Machtanspruch, von katholischem und arianischem Christentum war er nicht gewachsen. Im Jahre 523 wurde er des Hochverrats beschuldigt und wahrscheinlich 526 hingerichtet.

B., katholischer Christ, hat sich in seinem Studium vor allem mit Philosophie beschäftigt und ist in seinen eigenen Arbeiten wiederum zuerst als Philosoph anzunehmen. Philosophie war in seiner Zeit der späte Neuplatonismus, der eine ausgesprochen fromme Philosophie war. In kühnem Griff wollte B. die

ganze griechische Philosophie ins Lateinische übertragen und erklären, um sie so der römischen Welt verfügbar zu machen. Dabei leitete ihn die Absicht, →Aristoteles und →Platon miteinander zu verbinden und nachzuweisen, daß die aristotelischen und platonischen Ansichten durchaus zusammenstimmen (in Arist., de interpr. B II praef.). Er hat den Plan nur zum geringen Teil ausführen können. Doch mit dem Vorhandenen hat er die lateinische philosophische Fachsprache des Mittelalters entscheidend vorbereitet.
In seinem theologischen Werk (sogenannte „opuscula sacra") griff er in die damalige theologische Diskussion ein: Trinitätslehre und Christologie. Es ging ihm um rationale Durchdringung der Glaubensgeheimnisse und um ihre genaue begriffliche Fassung. Auch hier hat er der mittelalterlichen Theologie und ihrer Begrifflichkeit vorgearbeitet.
Sein bekanntestes Werk ist die „Consolatio Philosophiae", die er als Verurteilter geschrieben hat. Was die Philosophie – eben jener synkretische, fromme Neuplatonismus – in ernster Lebenssituation an Trost zu spenden vermag, das wollte er aufzeigen.
B. brauchte seinen Weg zu Gott nicht in ferner Gottlosigkeit zu beginnen. Der christliche Glaube war ihm gegeben. In „De fide catholica" hat er ein schlichtes, an der Heilsgeschichte orientiertes Glaubensbekenntnis niedergeschrieben, das zeigt, wie fest er mit der kirchlichen Glaubensregel verbunden war. Biblische Offenbarung, kirchliche Überlieferung und gegenwärtige Verkündigung sind für ihn die Autoritäten dieses Glaubens. Auch seine Philosophie war bestimmt von der Existenz Gottes, der Ursprung und Ziel dieser Welt ist und sie lenkt und leitet. „Der du lenkest die Welt nach dauernden, festen Gesetzen, Schöpfer des Himmels, der Erden, der du von Ewigkeit ausgehen heißest die Zeit, selbst nimmer bewegt, bewegend das Weltall ... Du besel'gende Ruhe den Frommen, dich schauen ist Ende; Ursprung, Führer, Erhalter und Weg und Ende du selber" (Consolatio III 9). Dieses Gebet steht im Mittelpunkt der „Consolatio" und ist bezeichnend für den Verfasser: Platon selbst gibt den Rat, zu Gott, dem Vater aller Dinge, zu beten (ebd. mit Timaios 27 c/d). Die Philosophie weist nun einen einsichtigen, nachvollziehbaren Weg zu Gott, der mit den Gesetzen der Logik zum Ziel führt.
Ausgangspunkt ist das natürliche Glücksstreben des Menschen: Alle Menschen wollen glücklich sein, verlangen nach

wahrer Glückseligkeit (felicitas, beatitudo). Doch was sich als Glück anbietet (Reichtum, Macht, Vergnügen usw). ist Scheinglück. Die stoische Moralphilosophie liefert die Argumente. Irdisches Glück kann nie die wahre Glückseligkeit bescheren. Dieses Ungenügen verweist auf ein vollkommenes Glück und postuliert ein höchstes Gut, das alles menschliche Glücksverlangen erfüllen kann. Nun weiß aber alle Welt (communis humanorum conceptio!), daß Gott, der Ursprung aller Dinge, gut ist. Gott kann aber nicht nur gut sein, sondern muß das vollkommen Gute sein. Das vollkommen Gute ist andererseits wiederum identisch mit der wahren Glückseligkeit. Also liegt notwendigerweise das wahre Glück allein in und bei Gott. Platonische Metaphysik hat dabei die Feder geführt und eine natürliche Theologie formuliert, in der Gott als der Erste, Eine, Gute, Vollkommene usw. erkannt werden kann (ratio demonstrat; III, 10), indem man schlußfolgernd vom Zweiten/Dritten, vom Vielen, vom weniger Guten und Unvollkommenen zum Ursprung und je höchsten Gut aufsteigt. Nur dieser Weg führt den Menschen zur wahren Glückseligkeit. Die Glückseligkeit gibt Anteil an Gott, der selbst die Glückseligkeit ist, so daß der Glückselige auch Gott ist. Als Neuplatoniker und Christ kann durchaus so geredet werden. Denn die kühne Behauptung meint nichts anderes, als durch Teilhabe am seligen Leben Gottes Anteil zu erhalten.

Der Weg zu Gott ist von überraschender Einfachheit. Der antike Mensch, der mit der reichen philosophischen Tradition vertraut war, mag ihm leicht gefolgt sein. Schon für Platon war es „ein schönes Wagnis", den Glauben an ein ewiges Leben in göttlicher Welt anzunehmen (Phaidon 144d), und der lateinische Dichter sprach wiederum von dem „schönen Wagnis, Gott nachzufolgen" (Horaz, Ode III 25, 18–19). Die Vorstellung von Gott und dem Göttlichen, von Ewigkeit und menschlicher Vollendung mag noch so unterschiedlich gewesen sein; eine bestimmte christliche Tradition hat an die Formulierungen angeknüpft und ihren eigenen Gottes- und Ewigkeitsglauben darin schüchtern angekündigt gesehen. B. hat sich mutig in diese Tradition gestellt und so seinen Glauben an Gott, der ihm ewige Erfüllung schenkt, aussagen können.

Literatur: Boethius: Boethius-Werke = PL 63–64 (zum Teil durch bessere Sonderausgaben ersetzt), besonders für die „Consolatio Philosophiae": L. Bieler =

Corpus christianorum 94; K. Büchner = Editiones Heidelbergenses 11; lateinisch-deutsch: O. Gigon, Trost der Philosophie, Mn [3]1981. – Atti congresso internationale di Studi Boeziani, 1981; M. Gibson, Boethius, His Life, Thought and Influence, O 1981; H. Chadwick, Boethius. The Consolations of Music, Logic, Theology and Philosophy, O 1981; L. Pozzi, Art. Boethius, in: TRE, Bd. 7, 21–28 (Lit.); M. Fuhrmann/J. Gruber (Hrsg.), Boethius, Da 1984.

K. S. Frank

Bonaventura

Bonaventura, Geburtsname Johannes Fidanza di Castello, * ca. 1217 in Bagnoreggio bei Viterbo, † 1274 in Lyon, Heiliger, Franziskanertheologe. Er studierte als Schüler des Alexander von Hales Theologie in Paris von 1236–42; 1243 trat er in den Franziskanerorden ein und erhielt an der Universität Paris einen Lehrstuhl (Magister regens). 1257 wählte ihn der Orden zu seinem Generalminister, Papst Gregor X. ernannte ihn 1273 zum Kardinalbischof von Albano. 1482 wurde er von Sixtus IV. heiliggesprochen und 1588 von Sixtus V. zum Kirchenlehrer proklamiert (Doctor seraphicus). B. war ein Zeitgenosse des →Thomas von Aquin, die Wirkungsgeschichte seiner Theologie ist jedoch mit der des Thomas kaum vergleichbar, obwohl B. schon durch die Ämter, die er innehatte, zu seiner Zeit vermutlich gewichtiger auf das Leben der Kirche eingewirkt hat als Thomas. Wie alle Denker des 13. Jahrhunderts stand B. in der Auseinandersetzung um den mehr und mehr an Einfluß gewinnenden Aristotelismus (→Aristoteles). Während Thomas von Aquin die Spannungen zwischen dem genuin christlichen Erbe und den im nun vollständig bekannt gewordenen Werk des Aristoteles sich meldenden Vernunftansprüchen in eine Synthese von Theologie und Philosophie bzw. von Glauben und Vernunft zu bringen suchte, ging B. einen anderen Weg. Nicht Gleichgewicht zwischen sich ergänzenden Polen herzustellen war sein Anliegen, sondern die Zurückführung der Vielheit der Wirklichkeit auf die allem zugrundeliegende Einheit. Das Charakteristische an der Theologie B.s trifft man wohl am besten, wenn man sie als eine Ausformung des geistigen Erbes des Franziskus von Assisi betrachtet. Wie Franziskus die Rückkehr zur evangelischen Lebensform brachte, so brachte B. die Rückkehr zur evangelischen Wissensform (G. Söhngen). Die Theologie stellt sich bei B. danach als eine Gesamtschau des Universums in hierarchischer Ordnung und heilsgeschichtlicher Sicht dar, bei der Christus Ausgang und Mitte ist als Thema der Heiligen Schrift, als Schlüssel zu deren Verständnis und als Erlöser. Christus, der zugleich das ewige Wort des Vaters und das inkarnierte Wort ist, wird als der Einheitspunkt betrachtet, von dem aus die verschiedenen Stufen des Seins ihre Zuordnung zum Ganzen erhalten.

Auch in der Gottesfrage trägt das Denken B.s das typisch franziskanische Gepräge. Die „franziskanische Vorentscheidung“ (W. Dettloff) führt bei den Fragen um das Verhältnis von Philosophie und Theologie, von vernunftgemäßer Gotteserkenntnis und Glaube, von, wie B. gern sagt, Weltweisheit und Heilsweisheit von vornherein zu einer ganz bestimmten Über- und Unterordnung. Für B. gibt es für die Zeit des Christentums keine Möglichkeit einer eigenständigen Philosophie in bezug auf die Gottesfrage. Das Urteil B.s über die Philosophie und ihren Platz innerhalb der hierarchischen Ordnung des Wissens erfolgt unter dem Aspekt der Heilsbedeutsamkeit. Und da sagt B.: Bei den Philosophen gibt es kein Wissen zur Vergebung der Sünden. Diese Sicht der Philosophie ist bei B. nicht ein bloßes Sich-Sperren gegen das Eindringen der Lehre des Aristoteles. Vielmehr interessiert B. nur ein Wissen, das zum Heile führt, weil es den Grund der Wahrheit erschließt. Die Absage an ein selbstherrliches Wissen des Menschen in der Gottesfrage ist bei B. theologisch begründet: Die erbsündliche Situation des Menschen hat eine schuldbedingte Schwächung des Intellekts herbeigeführt. Zwar ist das Verlangen nach der Wahrheit geblieben, aber die Fähigkeit, sie aus eigenen Kräften ganz zu finden, ist verlorengegangen. Da nun für B. der Mensch der grundsätzlich von der Ursünde der Selbstherrlichkeit bedrohte Mensch ist, fürchtet er bei einer vom Glauben losgelösten Philosophie immer eine Trennung vom Wahrheitsgrund, so daß er konsequent den an Christus glaubenden Denker nicht als den schlechteren, sondern als den besseren Philosophen ansieht. Der bloße, der heidnische Philosoph arbeitet in seinem Bereich nur mit dem Abglanz jener Wahrheit, die sich erst im Glauben voll enthüllt. Die glaubende Sicht der Wahrheit der natürlichen Vernunft führt diese auf ihren Grund zurück und setzt sie nicht außer Kraft.

Es gibt bei B. ohne Zweifel Überlegungen zu einem rein vernunftgemäßen Beweis für das Dasein Gottes. Der aposteriorische Weg der Gotteserkenntnis geht auch bei B. vom Sinnfälligen, das dem Menschen in der Welt begegnet, zu seiner Ursache. Aber diese Kausalitätsbeweise (Gott als causa efficiens [Wirkursache oder das äußere Prinzip, das etwas anderes hervorbringt], finiens [Zweckursache oder das, um dessentwillen etwas gemacht wird], exemplaris [das gedachte Muster, nach welchem eine vernünftige Wirkursache etwas herstellt]) haben bei B. einen ganz anderen Stellenwert als z. B. bei Thomas von Aquin. Die Nachlässigkeit, mit der B. bei diesen Beweisen vorgeht, beruht aber nicht etwa auf einer mangelnden Aristoteles-Kenntnis, sondern auf einem mangelnden Engagiertsein für diese Beweise, die sich eigentlich erübrigen. Für B. geht der Weg der Gotteserkenntnis vom Glauben über die vernunftgemäße Durchdringung der Glaubensinhalte zur mystischen Beschauung.

Zu unterscheiden von B.s Lehre über die Gotteserkenntnis durch ein Zusammenwirken von Glaube und Vernunft ist seine Überzeugung, daß dem Menschen eine Gottesidee eingeboren ist. B. geht dabei von den Hauptstrebungen der menschlichen Natur aus und schließt aus der Liebe zur höchsten Weisheit und dem Streben nach letzter Erfüllung auf ein angeborenes Wissen von einem höchsten Gut. Mit der Selbsterkenntnis des Menschen ist für ihn eine Art apriorischer Gotteserkenntnis verbunden.

Diese Darstellung soll deutlich machen: Wir haben es bei B. zu tun mit einer theologischen Konzeption aller Erkenntnis. Theologie ist für B. weder nach Umfang noch Kompetenz eingeschränkt. Dabei handelt es sich aber in keiner Weise um eine Bevormundung anderer Wissenschaften durch die Theologie, sondern um eine universale theologische Sicht des Ganzen. Es gibt für B. keine von Gott losgelöste Natur, sondern nur Schöpfung, die von ihm und für ihn Zeugnis gibt. Ursprünglich als solche erkennbar, wurde die Schöpfung durch die Sünde des Menschen ein unleserliches Buch. Deshalb mußte Gott gleichsam einen Kommentar zu dem unleserlich gewordenen Buch schreiben. Dieses Buch ist die Heilige Schrift. Wer wirklich etwas wissen will, zumal in der Gottesfrage, muß in diesem Buch lesen.

Von einer Wirkungsgeschichte B.s läßt sich kaum sprechen. Seine Theologie ist nicht schulbildend geworden wie etwa die des Thomas von Aquin. Man kann lediglich sagen, daß er einen Einfluß auf die Mystik ausgeübt hat.

Es ist nicht immer leicht, B.s Gedanken zu folgen und noch weniger, ihnen zuzustimmen. Für einen eher rational eingestellten Menschen stellen sie oftmals eine Provokation dar.

Aber B. demonstriert, was für den Christen immer wichtig ist: Einen konsequenten Glauben und ein sich ganz Gott zur Verfügung stellendes Leben.

Literatur: Doctoris Seraphici S. Bonaventurae … Opera omnia, 10 Bde. Q (Ad Claras Aquas) 1882–1902. – É. Gilson, Die Philosophie des heiligen Bonaventura, Kö ²1960; W. Dettloff, Die franziskanische Vorentscheidung im theologischen Denken des heiligen Bonaventura, in: Münchner Theologische Zeitschrift 13 (1962) 107–115; ders., Heilsweisheit und Weltweisheit. Zur Stellung der Philosophie bei den Franziskanertheologen der Hochscholastik, in: Wahrheit und Verkündigung. Festschrift für M. Schmaus, Pa 1967, 619–634; E. Gössmann, Glaube und Gotteserkenntnis im Mittelalter (Handbuch der Dogmengeschichte. 1, 2b Fr–Bas–W 1971, 72–83.

G. Leibold

Bonhoeffer

Dietrich Bonhoeffer, * 1906 in Breslau, † 1945 im Konzentrationslager Flossenbürg. War B. zu seinen Lebzeiten wenig bekannt, so erregte er nach seinem Tod Aufsehen durch sein Plädoyer für ein religionsloses Christentum in einer mündig gewordenen Welt. Vor allem durch diese in seinen Gefangenschaftsbriefen „Widerstand und Ergebung" enthaltenen Überlegungen wurde ein ständig wachsendes Interesse an B.s Leben und Werk geweckt. Inzwischen findet er weltweit besondere Aufmerksamkeit durch die gelebte und reflektierte Zurückweisung einer Zwei-Reiche-Lehre und sein Eintreten für eine Verbindung von christlichem Glauben und Engagement in der Welt, wie sie sich im Widerstand gegen das nationalsozialistische Regime aus christlicher Verantwortung heraus dokumentiert.
B. wuchs als sechstes von acht Kindern des Berliner Ordinarius für Psychiatrie Karl B. und Paula, einer Tochter des evangelischen Theologen Karl von Hase, in einer liberal-protestantischen, wenig kirchlichen Familie auf. Von 1923 bis 1928 studierte er in Tübingen und Berlin, promovierte 1927 in systematischer Theologie und verbrachte dann je ein Jahr als Vikar in Barcelona und zum Studium am Union Seminary in New York. Anschließend war er Dozent und Studentenpfarrer, er beteiligte sich früh an Initiativen der Ökumenischen Bewegung sowie von Anfang an dezidiert am zunächst kirchlichen Widerstand gegen Hitler und der Gründung der Bekennenden Kirche. Nach zwei Jahren Pfarramt in London übernahm er 1935 die Leitung des illegalen Predigerseminars zur Ausbildung von Pfarrern der Bekennenden Kirche und

nahm seit 1938 am aktiven Widerstand gegen Hitler teil, der zum 20. Juli 1944 führte. Seit 1943 inhaftiert, Ende 1944 der Beteiligung am 20. Juli überführt, wurde er unmittelbar vor Kriegsende umgebracht wie sein Bruder Klaus und seine Schwäger H. von Dohnanyi und R. Schleicher.

Theologisch ausgebildet wurde B. in der von liberaler Theologie bestimmten Berliner Fakultät (K. Holl, A. von Harnack, R. Seeberg). In Karl →Barth fand er einen wesentlichen Anreger gegen Kulturprotestantismus und liberale Theologie, deren zentraler Fehler s. E. die Verweisung Gottes ins Jenseits bzw. in die Innerlichkeit war, so daß jedenfalls Gott in dieser Welt keine Rolle mehr spielte. Als Pfarrer an der Technischen Hochschule und im asozialen Milieu Berlins erfuhr B. die „Unsichtbarkeit Gottes", die ihn „kaputt" machte (GS I, 61). Von da an fragte er nach einem Glauben an den konkreten Gott, der eben nicht jenseits oder innerlich, sondern mitten in diesem Leben Gott ist, dessen Wort und Gebot in der Welt Wirklichkeit wird, und dies aufgrund vollmächtiger Verkündigung der Kirche. Schon 1932 suchte er, zu Gandhi nach Indien zu kommen, um bei ihm zu erfahren, wie Glaube und zugleich Wirken aus Glauben in die Welt hinein realisiert werden können. Die spätere Zurückgezogenheit im Predigerseminar der Bekennenden Kirche war für ihn kein Selbstzweck weltflüchtiger Abgeschiedenheit, sondern klösterliche Konzentration als Vorbereitung für den Dienst an der Welt. Dieser konnte für B. nur in kompromißloser Gegnerschaft zum nationalsozialistischen Regime geleistet werden. An der von ihm nachhaltig gewünschten und geförderten Bekennenden Kirche übte er wegen ihrer mangelnden Entschiedenheit heftige Kritik. Kirchenkampf war dabei nicht Kampf zur Erhaltung der Kirche, sondern Verkündigung des Wortes Gottes und Handeln für den geschundenen Menschen. Konsequent führte B.s Weg in den Widerstand gegen Hitler, eine damals für einen Pfarrer wie für seine Kirche vielfach unverständliche Entscheidung.

Sein eigenständiges Reflektieren begann B. besonders in seiner Dissertation über die Kirche. In Verbindung theologischer und soziologischer Argumentationen intendierte er die seinerzeit keineswegs aktuelle Konkretheit von Kirche gegen eine eher innerliche und unsichtbare Kirche des 19. Jahrhunderts. Im Rückblick von 1936 wird ihm deutlich, daß er zu dieser Zeit zwar Pfarrer und Theologe, aber noch kein Christ

geworden war (Bethge 1986[a], 249). Um 1932 erfolgte diese Wendung zum Christen, angestoßen durch die Bergpredigt. Seither war die Unsichtbarkeit Gottes nicht mehr zerstörerisch, sondern jenes Geheimnis, das B.s Leben getragen hat, gemäß dem ihm wichtigen Schriftwort: „Wir wissen nicht, was wir tun sollen, aber unsere Augen sehen nach Dir" (2 Chron 20,12).
Konkretheit Gottes bedeutete für B., daß Gott nicht allgemeines Prinzip, nicht immer und überall Gott ist, sondern jener, der „heute und hier" Gott ist; denn „einen Gott, den ‚es gibt', gibt es nicht" (AS 94). Der direkte Weg zu diesem Gott ist nicht vom Menschen her gangbar, sondern von Gott zum Menschen gebahnt, und zwar durch die *Menschwerdung Gottes*. Sich an Jesus Christus zu orientieren, durch ihn zu Gott zu finden, ist kein Umweg, sondern der einzige und direkte Weg. Noch nicht einmal zu Gott unmittelbar zu beten ist möglich ohne die Vermittlung dieses Gebetes durch Jesus Christus. Er ist für B. Mitte und Mittler zu Gott; ihm nachzufolgen begründet Kirche, da Glaube aus der Vereinzelung herausreißt und Gemeinschaft stiftet; seinem Wort zu gehorchen bedeutet Dienst an der Welt.
Im Interesse dieser Konkretion des Glaubens an Gott in Jesus Christus wandte sich B. gegen „Religion". Er ist mißverstanden worden in dem Sinn, als hätte er damit Gebet, Gottesdienst, Abendmahl abgelehnt und jene Gott-ist-tot-Theologie initiiert, die sich auf ihn berief. Doch B. verstand unter „Religion" jene – verkürzte – Form christlichen Glaubens, wie sie der Kulturprotestantismus realisierte; er ging nicht zuletzt aufgrund seiner Erfahrungen im Widerstand, dem ja auch Atheisten angehörten, davon aus, daß die „Zeit der Religion", der Innerlichkeit und des Gewissens vorüber sei; ihr wesentlicher Fehler bestand s.E. darin, daß sie zwischen Gott und Welt trennte, Gott einen Raum „jenseits" der Welt anwies, dabei aber die Welt rein auf sich gestellt sein ließ. B. kritisierte christliche Weltflucht ebenso wie christlich verbrämte Weltverfallenheit, „Hinterweltlertum" ebenso wie „Säkularismus" (GS III, 273). „Religion" war somit für ihn nicht wie für die liberale Theologie und auch ihre Gegner, etwa K. Barth, eine anthropologische Grundgegebenheit, sondern eine geistesgeschichtliche Kategorie zur Bezeichnung einer Epoche, deren Ende sich abzeichnete.
Statt ihrer erwartete B. eine Zeit christlichen Glaubens in ei-

ner *mündig gewordenen Welt,* er plädierte für eine „nicht-religiöse Interpretation" biblischer Begriffe, die mit der Autonomie des Menschen und seiner Welt (im Sinne W. Diltheys) ernst machte, für die Gott nicht mehr „Vormund" unmündiger Glaubender, nicht mehr an den Grenzen der Welt und unserer Erkenntnis angesiedelter Gott, sondern „mitten in unserem Leben jenseits" ist (WEN 308). Gott wirkt in der Welt nicht als „deus ex machina", kraft seiner Allmacht, sondern als der ohnmächtige Gott, der sich aus der Welt drängen ließ ans Kreuz. „Gott ist ohnmächtig und schwach in der Welt und gerade und nur so ist er bei uns und hilft uns" (WEN 394). Nachfolge bedeutet konsequent, stellvertretend teilzunehmen am Weg Jesu Christi, christliches Leben ist „Hineingerissenwerden in das messianische Leiden Gottes in Jesus Christus" (WEN 395).

Literatur: D. Bonhoeffer: Gesammelte Schriften (= GS; hrsg. von E. Bethge), 6 Bde., Mn 1958–74; Werke (hrsg. von E. Bethge u. a.), Mn 1986 ff.; Sanctorum Communio (1930), in: Werke. Bd. 1, Mn 1986; Akt und Sein (= AS; 1931), in: Werke. Bd. 2, Mn 1987; Nachfolge (1937), Mn [9]1967; Ethik (hrsg. von E. Bethge), Mn [7]1966; Widerstand und Ergebung. Neuausgabe (= WEN; hrsg. von E. Bethge), Mn [13]1966. – Die mündige Welt. Vorträge (hrsg. von E. Bethge), 5 Bde., Mn 1959–69; H. Müller, Von der Kirche zur Welt, L [2]1966; E. Bethge, D. Bonhoeffer in Selbstzeugnissen und Bilddokumenten, Re 1976 (= rm. 236); ders. (Hrsg.), Internationales Bonhoeffer Forum, Mn 1976 ff.; ders., D. Bonhoeffer, Mn [6]1986[a]; ders. (Hrsg.), D. Bonhoeffer. Bilder aus seinem Leben, Mn 1986[b]; T. R. Peters, Die Präsenz des Politischen in der Theologie D. Bonhoeffers, Mn 1976; E. Feil, Die Theologie D. Bonhoeffers, Mn [3]1979; G. L. Müller, Bonhoeffers Theologie der Sakramente, F 1979.

E. Feil

Brentano

Franz Brentano, * 1838 in Marienberg bei Boppard, † 1917 in Zürich. Seit 1864 katholischer Priester, 1872 Professor der Philosophie in Würzburg; 1873 trat B. aus dem Priesterstand aus und verzichtete auf die Professur; 1874 Berufung als Ordinarius in Wien; 1879 Verlust der Professur wegen Eheschließung.

Von →Aristoteles ausgehend, entwickelte B. eine in sich geschlossene Philosophie, die alle nicht von exakten Erkenntnissen ausgehenden philosophischen Richtungen bekämpft und die sich mit den Naturwissenschaften und der Psychologie auseinandersetzt.

B. hat in seinem „Versuch über die Erkenntnis" die Position, die →Kant gegen jeden erneuten Versuch eines Gottesbeweises formuliert hat, als ganz unberechtigt zurückgewiesen und damit den wissenschaftlichen Weg zu Gott wieder freigemacht. So versucht er, an die bedeutendsten Klassiker der philosophischen Tradition von Aristoteles bis →Leibniz anzuknüpfen – aber in kritischem Geist. Dies wird deutlich in seinem Werk „Vom Dasein Gottes" (1929) und da besonders in der Schlußabhandlung „Gedankengang beim Beweise für das Dasein Gottes" (1915). Alle Motive der sonst getrennt geführten Beweise erscheinen darin zu einem einheitlichen Beweisgang vereinigt. In mehreren Stufen erhebt sich der Beweisaufbau: Das Fundament bildet der sogenannte Kontingenzbeweis. Daß die Welt weder zufällig noch unmittelbar notwendig ist, wird originell nachgewiesen. Der Satz vom ausgeschlossenen Zufall erscheint als analytischer Satz: „der absolute Zufall aus dem Bereich des Seienden (ist) schlechterdings ausgeschlossen"; Zufall und Sein ergeben also einen Widerspruch, weil jener der Kontinuität widerstrebt, die dieses fordert. Dieses Prinzip, das B. von Leibniz übernimmt, wird von ihm in „Vom Dasein Gottes" weiter erarbeitet. Aufs entschiedenste muß verneint werden, daß ein „absolut Zufälliges ein Widerspruch" ist. Da wir aber „von den Dingen der Erfahrung, den Körpern und der Seele nachgewiesen haben, daß sie auch nicht als unmittelbar notwendig gelten dürfen, so ergibt sich, daß sie mittelbar notwendig sind. Wenn aber dies, so ist es unzweifelhaft, daß es etwas anderes geben muß, was unmittelbar notwendig ist und als erste, schöpferische Ursache von allem, was in unsere Erfahrung fällt, betrachtet werden muß." Im Gegensatz zu Aristoteles ist aber das unmittelbar Notwendige nicht wechsellos; denn es ist unmöglich, daß etwas, was selbst ohne Wechsel ist, Ursache eines Wechsels werde. Das unmittelbar Notwendige bewirkt alles aus nichts, denn sonst müßte das Geschöpf auch ein unmittelbar Notwendiges sein.

Der teleologische Beweis, dem in den früheren Vorlesungen besondere Bedeutung beigemessen wurde, verliert später an Gewicht und wird von B. nur verwendet zur Erläuterung, daß der schöpferische Gott als „schöpferischer Verstand" begriffen werden muß. Die Basis, auf welcher der teleologische Beweis ruht, ist die Tatsache, daß sich in der Welt eine Menge von Gegenständen findet, für die lediglich eine Hinordnung in ihrem Sein und Wirken zu einem Zweck charakteristisch ist, den weder ein menschlicher Verstand und Wille noch ein tierisches Begehren in ihnen gesetzt haben können. Besonderes Gewicht legt B. auf die Theorie Darwins, der die Teleologie auf blinde Notwendigkeit zurückführt, und auf Kant, der den „Schein der Teleologie“ auf die organische Welt beschränkt hat. Das Gegenargument wird von B. entwickelt anhand der Resultate der Physik Maxwells, wodurch bestätigt wird, daß Trillionen von Atomen genau gleich aus einer Form gegossen sind. So wird für B. klar, daß, wenn der Übergang von Unordnung zu scheinbarer Ordnung ohne Zweckordnung sich von Zeit zu Zeit vollzöge, die Vorbedingung für die organische Welt fehlen würde. Die philosophische Methode B.s will keine bloße Anwendung der Methode der Naturwissenschaften auf ein neues Gebiet sein. Ihr Ziel ist die Begründung einer objektiven Philosophie, die wirklichkeitsnah ist und die zugleich ihre Rechtfertigung dort bekommt, wo diese zu gewinnen ist, nämlich in der Auseinandersetzung mit den Naturwissenschaften. „Die wahre Methode der Philosophie ist keine andere als die der Naturwissenschaften“ (1866).

Alle Analysen B.s sind von der Absicht geleitet, deutlich zu beweisen, daß der Geist nicht von der Bejahung eines Gottes absehen kann und daß er sich darüber hinaus nicht den Konsequenzen dieser Bejahung entziehen kann, ohne sich zu widersprechen. Wenn auch bei diesem Bemühen um Gotteserkenntnis manches offen bleibt, so ist dies nicht verwunderlich; denn der Abstand zwischen dem Verstand Gottes und dem Verstand des Menschen ist unüberbrückbar. B. hat immer versucht, eine Philosophie zu erarbeiten, die in der Lage ist, sich ernsthaft den höchsten Anforderungen der Naturwissenschaften zu stellen. Trotzdem läßt sich seine Metaphysik nicht auf die Methode der Naturwissenschaft reduzieren; Philosophie wird von B. als kritische Einstellung in bezug auf die begrenzten Ansichten der Naturwissenschaft verstanden. Deswegen stützt er sich auf die Methode der Mathematik, die allein die Naturwissenschaft zur Rechtfertigung ihrer Voraussetzungen zwingen kann. Es handelt sich also nicht um die Ablehnung der induktiven Methode von 1866, sondern gerade um ihre Verwirklichung. B.s philosophische Lehre von Gott galt ihm selbst als Theismus. In der Tat versucht B., die Hypothese einer transzendenten, vollkommenen ersten Ursache aller Dinge insbesondere durch einen „Neubau“ des sogenannten Kontingenzbeweises zu stützen. Andererseits hat man B.s Gottesbeweis pantheistisch genannt (E. Seiterich);

dies insofern mit Recht, als B.s Gott nicht wechsellos wie im klassischen Theismus, sondern veränderlich gedacht ist – veränderlich wie das Universum selbst, das seit Anbeginn in einem unendlichen Vervollkommnungsprozeß begriffen ist.

Literatur: F. Brentano: Theses pro impetranda venia docendi, 1866; Psychologie vom empirischen Standpunkt, L 1874; Vom Ursprung sittlicher Erkenntnis, L 1889; Versuch über die Erkenntnis, L 1925; Vom Dasein Gottes, L 1929. – E. Seiterich, Die Gottesbeweise bei F. Brentano, Fr 1936; H. Windischer, F. Brentano und die Scholastik, J 1936 (= Philosophie und Grenzwissenschaften. Bd. 6/H. 6); E. Gilson, F. Brentano's interpretation of mediaeval philosophy, in: Mediaeval Studies 1 (1939) 1–10; L. Gilson, Méthode et métaphysique selon F. Brentano, P 1955.

A. Ponsetto

Brugger

Walter Brugger, *1904 in Radolfzell am Bodensee, besuchte das Gymnasium in Konstanz und trat 1924 in die Gesellschaft Jesu ein, studierte Philosophie in Pullach bei München und Theologie in Innsbruck, war 1929–31 und nochmals 1936–47 Repetitor der Philosophie am Germanikum in Rom und erwarb an der Gregoriana das Doktorat der Philosophie. 1937 zum Professor nach Poona (Indien) berufen, aber durch Erkrankung zu baldiger Rückkehr gezwungen, wurde er Dozent und 1945 Professor an der Hochschule für Philosophie S. J. in Pullach bei München (seit 1971 in München). Neben Philosophie- und Religionsgeschichte lehrte er einige Jahre philosophische Psychologie, dann aber durch 25 Jahre philosophische Gotteslehre, die zu seinem eigentlichen Fachgebiet wurde. 1975 emeritiert, setzte er seine Arbeit fort.

Seit 1937 bereitete B. die Herausgabe eines „Philosophischen Wörterbuchs" vor; es konnte gleich nach Kriegsende (Fr 1945) erscheinen und wurde ein großer Erfolg. In vielen Neubearbeitungen hat es 17 Auflagen und mehrere Übersetzungen in Fremdsprachen erlebt; ein wertvolles Nachschlagewerk über Grundbegriffe und -probleme der Philosophie (jetzt auch als kartonierte Sonderausgabe, Fr 1985).

In seinem eigensten Fachgebiet gab B. das lateinische Lehrbuch „Theologia naturalis" (Pullach 1959, ^{2}1964) heraus, später, breit und sorgfältig ausgearbeitet, die große „Summe einer philosophischen Gotteslehre" (Mn 1979); sie wurde B.s beachtenswertes Hauptwerk. Neben zahlreichen anderen Publikationen folgten, im besonderen zur Gottesfrage: „Der dialektische Materialismus und die Frage nach Gott" (Mn 1980) und „Kleine Schriften zur Philosophie und Theologie“ (Mn 1984, darin besonders 422–566).

B.s „Summe“ ist seit Jahrzehnten die gründlichste Gesamtdarstellung philosophischer Gotteslehre. Nach Vorfragen über ihre Geschichte, Eigenart und Methode behandelt der erste und größte Teil den „Erweis der Existenz Gottes“. Alle traditionellen Gottesbeweise werden subtil spekulativ erörtert, besonders der Kausalitätsbeweis, der zwar eine einheitliche Struktur zeigt, aber bei B. in eine Mehrheit von Beweisgängen aufgeliedert wird: aus der Vervollkommnung (Übergang von Potenz zu Akt), der Veränderlichkeit, der Begrenzung und Vervielfältigung der Vollkommenheiten und der Naturfinalität. Daraus ergibt sich die Kontingenz des endlich-innerweltlichen Seins und Geschehens, das Gott als Prinzip des Werdens, als Fülle aller Vollkommenheit und als erste, aus höchster Intelligenz wirkende Ursache voraussetzt. Darauf folgen die Beweisgänge aus der Exemplarität, der Stufenordnung der Vollkommenheiten, der Naturtendenz des Geistes, der ethischen Verpflichtung u. a., woraus auf die Identität und Personalität des überweltlich Absoluten geschlossen werden kann. Abgelehnt wird der ontologische Gottesbeweis ebenso wie Beweise aus unmittelbarer Intuition Gottes oder aus irrational religiöser Erfahrung. B. setzt sich hier auch kritisch mit dem Atheismus und besonders mit →Kant auseinander.

Weiter handelt das Werk über „die Wesenheit und die entitativen Attribute Gottes“: Allvollkommenheit und Unendlichkeit, Einfachheit und Einzigkeit, Unermeßlichkeit und Allgegenwart, Unveränderlichkeit und Ewigkeit. Es folgt „das Wirken Gottes und die operativen Attribute“: seine Erkenntnis (worin B. die „scientia media“ der Molinisten ebenso ablehnt wie die „praemotio physica“ der Bañezianer), Gottes Wollen und Freiheit, seine Allmacht, Erschaffung und Erhaltung der Welt, seine Mitwirkung im Wirken der Geschöpfe und das Verhältnis zwischen göttlichem Wirken und menschlicher Freiheit. Ein Kapitel „Gott für uns“ mit der Frage nach Offenbarung und Glaube beschließt das Werk. Es wird durch ein äußerst umfangreiches Literaturverzeichnis ergänzt (über 120 S. Kleindruck).

Diese „Summe“ ist ein Standardwerk. Mit größter Klarheit geschrieben, nimmt es die gesamte scholastische Tradition zur Gotteslehre auf und setzt sie zu neuerer Philosophie und Wissenschaft in Beziehung. Vielleicht wird man eine Hinführung aus der gegenwärtigen Problemlage vermissen, etwa die Fragen, ob und wie derart rational-begriffliches Denken Gott erreichen kann, ob also eine solche Gotteslehre überhaupt möglich ist. B. beantwortet diese Fragen durch mutigen Einsatz strengen und folgerichtigen Denkens, um zur Erkenntnis Gottes zu führen, Wesen und Wirken Gottes so weit aufzuhellen, wie es menschlichem Denken nur immer möglich ist. In diesem Sinn ist B. der größte philosophische „Gottes-Denker" unserer Zeit.

Literatur: W. Brugger: Siehe Angaben im Text.

E. Coreth

Brunner

Emil Brunner, * 1889 in Winterthur/Schweiz, † 1966 in Zürich. Der evangelische Theologe B. (seit 1924 Professor für Systematische Theologie in Zürich) zählt zu den prägenden Glaubensdenkern unseres Jahrhunderts. Er ist wie Karl →Barth Vertreter der Dialektischen Theologie, die vom Wort Gottes als der einzigen Glaubensquelle und Glaubensnorm – im Gegensatz zum subjektiven Ansatz des Neuprotestantismus – ausgeht. In der methodischen Vermittlung des Wortes Gottes unterscheidet er sich freilich von Barth, der jeden „Anknüpfungspunkt" der Botschaft im natürlichen Menschen ablehnt. B. bejaht demgegenüber eine allgemeine Offenbarung Gottes an alle Menschen (Röm 1,19f.; 2,14f.), an die – obschon sie durch Sünde verdunkelt ist – die Wortoffenbarung anknüpfen kann. Die „Eristik" (Apologetik) oder „missionarische Theologie" „stellt sich zunächst ganz zum Hörer, in seine Not, seine Ratlosigkeit, seine Skepsis und seine Sehnsucht", andernfalls könnte die Botschaft bei ihm nicht existentiell werden. „Das bloße Zeugnis bleibt tot, wenn es nicht einhakt bei dem, was der Hörer dieses Zeugnisses schon als Erkenntnis mitbringt" (1946, 110, 109). Grundimpuls seines theologischen Denkens und seiner dreibändigen „Dogmatik" (1946–60) ist – entsprechend – die „Selbstmitteilung" Gottes, sein Aussichherausgehen, dem Menschen Nachgehen und auf ihn Eingehen.

Von seinem anknüpfungstheologischen Ansatz her verfährt B. in seinem Denken argumentativ, nicht nur appellativ (in Form von Appell und Gehorsam) wie Barth. Trotz Ablehnung der herkömmlichen Gottesbeweise mit ihrem zwingenden

Schlußverfahren bemüht sich B. von seinem Ansatz her, die Wirklichkeit und Wirksamkeit Gottes plausibel und evident zu machen. Wie folgt, einige Beispiele:
„Gibt es einen Gott?" B. antwortet: „‚Es gibt' ein Himalayagebirge, ‚es gibt' einen Planeten Uranus, ‚es gibt' ein Element Radium ..." „‚Es gibt' aber keinen Gott." „Gott ist kein Wissensgegenstand." Sondern umgekehrt: alles Wissen kommt von Gott. „Man kann nur nach Gott fragen, weil Gott schon hinter dieser Frage steht." Unser „Herz weiß schon von Gott" (Röm 2,14f.), bevor wir nach ihm fragen. „Aber nicht nur das Herz, auch die Welt draußen weist uns „auf ihn hin" (Röm 1,19f.). „Ich habe noch nie gesehen, daß der Zufall Ordnung schafft." Sei es der „Bau eines Insektes" oder „die Herrlichkeit einer Frühlingswiese" oder „die Netzhaut des Auges", alles weist auf einen Schöpfer. „Die Welt deutet wie mit Millionen Fingern auf Gott hin" und doch „kann sie ihn uns nicht zeigen". Aus der Schöpfung können wir nur erkennen, „daß es einen Gott gibt", nicht, „wer Gott ist" (1934, 5–8). Obschon Gott nicht in der Welt zu sehen ist, „redet" sie „von ihm", so „wie im Hause eines ... Künstlers das ganze Haus von diesem Künstler zeugt, auch wenn er selbst sich nicht sehen läßt". Doch „wir benehmen uns in dieser gottgeschaffenen Welt ... wie Hunde in einer ... Gemäldegalerie. Wir sehen die Bilder und sehen sie doch nicht. Sonst sähen wir den Schöpfer" (1934, 18f.).
Aber kann man angesichts des Bösen in der Welt noch im Ernst behaupten, „sie sei Gottes Schöpfung" und „sie sei von Gott regiert, der die Liebe ist"? Doch nicht Gott will das Böse, sondern der Mensch. Regiert Gott also doch nicht die Welt? „Wenn ein Vater dem mutwilligen ... Treiben" seines Kindes „eine Weile zusieht, um es selbst erfahren zu lassen, wo das hinführt", „will das heißen, daß dieser Vater ein schwacher Papa ist, der seinen Sohn nicht regieren kann?" Er wird „im rechten Moment eingreifen". „Aber wie sollen wir ... all das Böse, all die Übel und Leiden aus der Liebe Gottes erklären?" „Ein Mensch, der Gottes Weltregiment ‚erklären' will, ist noch viel komischer als ein Rekrut, der den Plan des Generals, oder ein Handlanger, der die Organisation und Geschäftsführung eines riesigen Industrieunternehmens erklären und kritisieren will. Mensch, was verstehst du vom Weltregiment!" „Die Lösung des Welträtsels ... bringt erst der Tag der Erlösung" (1934, 26–29).

Kern und Stern der Gotteslehre B.s ist der Satz des Neuen Testaments: „Gott ist Liebe" (1 Joh 4,8 und 16). „Wie im Alten Testament die Heiligkeit, so ist im Neuen Testament die Liebe Gottes das, worum sich alles dreht." Doch es geht B. um die „unauflösliche Verbundenheit von Heiligkeit und Liebe", die gerade „das Charakteristische ... des christlichen Gottesgedankens" ausmacht, um die „Liebe" gerade des „heiligen Gottes" (1946, 189). „Heiligkeit richtet die Schranke auf, Liebe durchbricht die Schranke." „Der heilige Gott spricht: Ich will alles für mich." Liebe sagt umgekehrt: „Alles für dich, nichts für mich." Worin besteht der Sinn und die Logik dieses Gegensatzes? „Nur da, wo die Heiligkeit Gottes und das aus ihr folgende Urteil über den Menschen ganz ernst genommen wird, kann die ganze Unbegreiflichkeit der vergebenden Liebe gewürdigt ... werden" (1946, 196f.). Die Durchbrechung der Schranke wird nur dann als das unbegreifliche Wunder, das sie ist, erfahren, wenn vorher eine Schranke da war. Dabei ist es B. freilich wichtig, daß die Liebe Gottes nicht Eros, sondern Agape, also „unbegründet" ist. Im Unterschied zum Eros liebt die Agape paradoxerweise den „Wertlosen oder Wertwidrigen", nicht den Wertvollen und Liebenswerten (1946, 192f.). Gott hat seinen Sohn und in ihm sich selbst geopfert – aus Liebe zu uns (1946, 193f.).
Es scheint in der Tat kein durchschlagenderes Argument für Gott zu geben als dies: Gott läßt sich für mich ans Kreuz schlagen. So viel bin ich ihm wert. Von der B.schen Grundthese der Selbstmitteilung Gottes her, die „sich hingibt" und „unter-sich-hinabsteigt" (1946, 194), müßte seine autoritäre Lösung des Theodizeeproblems kritisch hinterfragt werden. Daß Gott Mensch wurde, heißt doch, daß er ihm von Mensch zu Mensch begegnet, als Partner begegnet, daß er mit ihm auf gleich ist. Zu einer echten Partnerschaft gehört aber, daß ich den Partner kritisieren kann, daß ich Gott die Theodizeefrage stellen kann: Warum läßt du so viel Böses zu? Vielleicht ist das das stärkste Argument für diesen Gott, daß ich so mit ihm reden kann?

Literatur: E. Brunner: Unser Glaube, Be 1935; Dogmatik, Bd. 1, Z 1946; Bd. 2, Z 1950; Bd. 3, Z–St 1960.

H. G. Pöhlmann

Buber

Martin Buber, * 1878 in Wien, † 1965 in Jerusalem, in Lemberg von den Großeltern jüdisch erzogen; 1898–1904 zionistische Partei-Arbeit; seit 1904 Editionen aus dem chassidischen Schrifttum, dann mythischer und mystischer Texte. 1923–33 lehrt er Religionswissenschaft und jüdische Ethik in Frankfurt. 1925–61 Arbeit an der Übersetzung (mit F. →Rosenzweig bis 1929) und Kommentierung der hebräischen Bibel. Nach 1933 Leitung der jüdischen Erwachsenenbildung in Deutschland. 1938 in Jerusalem; Professor für Sozialphilosophie, Aufbau der Erwachsenenbildung, Kampf für den bi-nationalen Staat aus Juden und Arabern.

B. wendet sich, im Banne →Kants und Nietzsches, früh vom jüdischen religiösen Leben ab, um, auch als Dilthey-Schüler, seit 1904 seinen Kern, das gelebte Gottesverhältnis, in der (literarischen) Erfahrung der chassidischen Gemeinschaften wieder zu entdecken. Der (nicht-marxistische) Früh-Sozialismus, soziologische Studien (G. →Simmel), die Idee der Revolution (G. Landauer) und der Anarchie verbinden sich mit der des charismatischen Führertums (M. Weber) und führen das an den chassidischen Gemeinden zuerst Geahnte weiter zur Rekonstruktion der früh-israelitischen Lebens- und Glaubensform: ein Volk, dessen soziale Ordnung der gemeinsame Bezug auf den durchaus politisch verstandenen Gott strukturiert, – das Größte in der Geschichte des Geistes, „eine Gesellschaft, die in ihrem Glauben lebt". Auch B.s Zionismus zeigt diese Wendung zu einer Politik aus dem Glauben. – In den Gemeinschaftsgedanken eingebettet, entwickelt sich B.s „dialogisches Prinzip": Es setzt sich von →Descartes und Kant, anders von →Kierkegaard ab, findet Vorläufer in →Fichte und →Jacobi, geht also, anders als das an der Physik orientierte Denken, von der Erfahrung des Interpersonalen aus. Es ist durchformt von Wort und Antwort, Angerufenwerden durch Gott und Anrufen des „ewigen Du". B. verwendet, etwa seit 1924, für dieses wechselseitige Verhältnis den Begriff des Glaubens, den er von seinen Voraussetzungen aus neu durchdenkt.

In dem Hauptwerk „Ich und Du" (1923) zeigt B. die Unterscheidung des Ich-Es-Verhältnisses (objektivierende, vom Subjekt abgelöste Erkenntnis im Stil der Naturwissenschaften, nach dem Modell des Gebrauchens, Habens und Manipulierens) von der Ich-Du-Beziehung (subjektive Erfahrung,

Verbundenheit, wechselseitiges Wirken aneinander). In der Ich-Es-Haltung treten Ich und Welt, Subjekt und Objekt, religiöse und profane Sphäre auseinander; in ihrer Distanziertheit kann Gott nicht gefunden werden, wie die moderne Religionskritik zeigt. Der Mensch in der Ich-Du-Haltung öffnet sich seiner Situation und „hört", was sie zu sagen hat; er wahrt die Andersheit des Begegnenden, läßt es auf sich verändernd einwirken; er nimmt es als Wort, Herausforderung und Frage, hält ihm stand, verantwortet sich und die Situation. Diese Verbundenheit im Gegenübersein, wozu das Unvorhersehbare, Überraschende der wechselseitigen Beziehung gehört, nennt B. „Dialog"; in dieser welthaften, konkreten Begegnung kann sich die Begegnung mit Gott ereignen, sofern der Mensch in den „Seinsmodus der Erschlossenheit" eintritt, vom gegenständlichen Denken zum Gegenwärtigsein und Sich-verändern-Lassen übergeht. Der „Ort", in dem das „ewige Du" erscheint, ist das „Zwischenmenschliche", in dem der Mensch erst wirklich wird; der isolierte, in sich geschlossene Mensch ist nicht wirklich, er muß alles außer sich als Material funktionalisieren, auch Gott zur Idee, zum Götzen vergegenständlichen.
Ich–Du und Ich–Es, Gegenwart und Vergegenständlichen müssen ineinander umschlagen; in einer der beiden Haltungen allein kann der Mensch nicht leben. Das Anfangen, aus dem Benützen und Haben umzukehren und in die Beziehung einzutreten, die Wandlung ist dem Menschen immer möglich; der Geschehens- und Zeitcharakter der Dialogik ist grundlegend.
Diesen Ansatz von „Ich und Du", der einer entscheidenden Erfahrung, einer „Bekehrung" entspricht, legt B. in allen folgenden Schriften aus, bezeugt ihn, ohne etwas beweisen zu wollen. Das personal Erfahrene weitet er in den Schriften zur Bibel auf das Wir eines Volkes aus; die Paradoxie, wie das Personale zum Geschichtlichen steht, wie der transzendente Gott sich im Zufälligen zeigt, wie der Unvorhersehbare in einer geschriebenen Offenbarung und in ihrer Überlieferung spricht, wird nicht „gelöst", sondern aufgezeigt. B. verwendet die Methoden der historischen und philologischen Kritik, um die Schrift als „geschehendes Wort" zum Sprechen zu bringen. Er bedenkt, nicht zuletzt, die Hiob-Erfahrung, jenes andere Paradox der Offenbarung, daß der anrufende Gott sich in Epochen der „Gottesfinsternis" (1953), wie der unseren, verbirgt.
B. denkt die Lebens- und Glaubensbewegung von der Zeit aus, also dynamisch, auf Veränderung, Umkehr, „Erlösung" hin;

daraus erklärt sich die poetische, begrifflich oft nicht scharfe Sprache. Die Ursprünglichkeit des Menschen, seine Freiheit erlaubt von dem Grundmuster der Begegnung nur paradox zu sprechen, um es nicht auf Objekthaftes zu reduzieren. Das Paradoxe ist aber für B. die Grundfigur der religiösen Rede; es ist nicht theoretisch, sondern nur vom Pragmatischen aus zu berühren. Auch deswegen hat man B. einen „eminent therapeutischen Denker" (J. Bloch) genannt.

Literatur: M. Buber: Werke Mn–He (Bd. 1: Schriften zur Philosophie, 1962; Bd. 2: Schriften zur Bibel, 1964; Bd. 3: Schriften zum Chassidismus, 1963); Der Jude und sein Judentum. Gesammelte Aufsätze und Reden, Kö 1963; Briefwechsel aus sieben Jahrzehnten, Hei (Bd. 1: 1897–1918, 1972; Bd. 2: 1919–38, 1973; Bd. 3: 1938–65, 1975). – B. Casper, Das dialogische Denken (R. Rosenzweig, F. Ebner, M. Buber), Fr 1967; L. Wachinger, Der Glaubensbegriff M. Bubers, Mn 1970; J. Bloch, Die Aporie des Du. Probleme der Dialogik M. Bubers, Hei 1977; R. Moser, Gotteserfahrung bei M. Buber, Hei 1979; J. Bloch/H. Gordon (Hrsg.), Martin Buber. Bilanz seines Denkens, Fr 1983.

L. Wachinger

Bultmann

Rudolf Bultmann, * 1884 in Wiefelstede (Oldenburg), † 1976 in Marburg, Professor für Neues Testament. Im strengen Ethos der „historisch-kritischen Methode" seiner akademischen Lehrer („religionsgeschichtliche Schule") wurde B. zum wohl prägendsten Exegeten seiner Zeit. Der Mitbegründer der „Formgeschichte" der synoptischen Evangelien schrieb einen profunden Kommentar zum Johannesevangelium und verfaßte eine epochale „Theologie des Neuen Testaments". In systematischer Hinsicht geprägt durch die Fragestellungen seines Lehrers W. Herrmann, setzte er sich im Gefolge der „dialektischen Theologie" (→Barth) kritisch mit der „liberalen Theologie" der Lehrergeneration auseinander, um dann auf eigenem Wege – in fruchtbarem Dialog mit (dem jungen) →Heidegger – nach den Bedingungen geschichtlichen Verstehens zu fragen. Theologisch geprägt durch →Luther und →Kierkegaard, philosophisch durch (→Kant und) W. Dilthey, verstand B. die von ihm zu begrifflicher Schärfe gebrachte „existentiale Interpretation" (und deren Pendant: die sogenannte „Entmythologisierung") als Parallele zur reformatorischen Rechtfertigungslehre unter den Bedingungen des neuzeitlichen Weltbildes. So erschienen seine hermeneutisch-systematischen Arbeiten unter dem kennzeichnenden Titel „Glauben und Verstehen".

Jede Wissenschaft ist konstituiert durch ihren Gegenstand, an dem sie ihre Aussagen und Begriffe auszuweisen hat. Der Bedeutung des griechischen Wortes (theologia = Lehre von Gott) wie der landläufigen Meinung nach ist Gegenstand der Theologie also Gott. Dagegen wendet B. ein, daß „Gott nicht zum Objekt begrifflichen Denkens gemacht werden" (1984[b], 105) kann, nicht „objektiviert" werden kann. Mit „objektivieren" meint B., sich aus der unmittelbaren Begegnung mit dem Phänomen herauszulösen und sich ihm – als das Subjekt dem Objekt – distanzierend gegenüberzustellen (vgl. 1965[a], 105). B. argumentiert: „wo überhaupt der Gedanke ‚Gott' gedacht ist, besagt er, daß Gott der Allmächtige, d.h. die alles bestimmende Wirklichkeit sei. Dieser Gedanke ist aber überhaupt nicht gedacht, wenn ich *über* Gott rede, d.h. wenn ich Gott als ein Objekt meines Denkens ansehe, über das ich mich orientieren kann ... Wer durch Gründe bewogen wird, Gottes *Wirklichkeit* zu glauben, der kann sicher sein, daß er von der Wirklichkeit *Gottes* nichts erfaßt hat" (1980, 26). Pointiert: „Für die Existenz Gottes als der letzten Wirklichkeit kann es wesensmäßig keine Argumentation geben" (1984[b], 109).
Von Gott kann also nur nicht-objektivierend gesprochen werden, indem ich – die seit →Descartes herrschende Subjekt-Objekt-Spaltung aufhebend – zugleich von Gott und mir selbst als von Gott Betroffenem rede, denn es „sind nur solche Aussagen über Gott legitim, die die Existenzbeziehung zwischen Gott und Mensch ausdrücken" (1984[b], 178). Dem entspricht der exegetische Befund, daß das Neue Testament nicht von Gottes Sein an sich spricht, sondern von seinem Handeln. Mit Berufung auf Paulus macht B. klar, daß im Christentum nicht ein neuer Gottes*begriff* verkündet wird (etwa, daß Gott in Wahrheit gnädig und nicht zornig sei), sondern eine *Tat* Gottes (vgl. 1980, 176). Dieses „Ereignis ist Jesus Christus, in dem, wie es das Neue Testament weiß, Gott gesprochen hat, den das Neue Testament selbst ‚das Wort' nennt" (1968, 10).
Damit ist präzisiert, was nach B. der eigentliche Gegenstand der Theologie ist: die Botschaft vom Handeln Gottes an den Menschen in Jesus Christus (inhaltlich: das „Evangelium", funktional: das „Kerygma"). Dieses Kerygma liegt immer nur als Zeugnis glaubender Menschen vor; im Falle des Urchristentums in hellenistischer Sprache, erklärbar nur auf dem Hintergrund des spätantiken Weltbildes („Mythologie"). Für

heutiges, „eigentliches" Verstehen erwächst daraus die Notwendigkeit von „Übersetzung". Da die in den neutestamentlichen Texten begegnenden „Vorstellungen" und die aus ihnen konstruierbaren „Heilstatsachen" aber unablösbarer Teil des vergangenen Weltbildes sind, hält B. für den einzig sachgemäßen „hermeneutischen Schlüssel" das darin ausgedrückte Verständnis der Existenz des Menschen: vor Gott gestellt, von ihm als Sünder angesprochen und allein aus Gnade gerechtfertigt. Glaube ist demnach nicht die Entscheidung für ein bestimmtes Weltbild (es gibt nach B. kein „christliches" Welt-, Menschen- oder Geschichtsbild! - 1 Kor 7,29–31), auch nicht das Fürwahrhalten einer aus dem NT erhobenen dogmatischen Lehre, sondern Antwort des Menschen auf das Wort Gottes, das ihn je in seiner Situation trifft und ihm so neues Leben schenkt (2 Kor 5,17). Dieses „neue Selbstverständnis" (nicht zu verwechseln mit „Selbstbewußtsein"!) erfährt der Christ auch nicht in der Analyse seines subjektiven Glaubenslebens, sondern nur im Akt des Hörens (Röm 10,17), und er bleibt angewiesen auf dies ihm von außen ergehende Wort (Luthers „verbum externum"). So konstituiert die Predigt die Kirche.
Predigt als Mitteilung des Ereignisses der in Jesus Christus geschehenen Offenbarung der Gnade Gottes (1965[a], 168) ist selbst „eschatologisches" Geschehen, so daß B. präzisiert: der *geschehenden* Offenbarung. „Denn diese Mitteilung macht nicht ein vergangenes historisches Faktum bekannt, sondern das Paradoxe ist dieses, daß in dieser ‚Mitteilung' sich jenes Geschehen stets neu vollzieht, indem ein historisches Ereignis als das eschatologische Ereignis verkündigt wird" (ebd.). Unter „eschatologisch" versteht B., daß Gott „in der Person eines konkreten geschichtlichen Menschen, Jesus von Nazareth, entscheidend für alle Welt und alle Zeit gehandelt hat" (1968, 75). Vgl. das „ein für allemal" Röm 6,10!
Dabei ist nach B. streng daran festzuhalten, daß diese Offenbarung nicht Gottes Offenbartheit bedeutet, denn Gott „ist nicht direkt gegeben in seiner Offenbarung, sondern seine Offenbarung ist nur in actu, im Geschehen da ..., das nicht als Weltgeschehen vorliegt, sondern ... nur im Glauben, der selbst daran teilhat, wird es gesehen; und so spricht sich der Glaube des Neuen Testaments nicht einfach in dogmatischen Sätzen aus, sondern diese selbst sind nur Ausdruck der glaubenden Existenz in ihrer jeweiligen Situation" (1984[d], 461).

Zum ersten Mal geschah diese theologische Reflexion, sich des christlichen Glaubens als Kerygma (Verkündigung Jesu Christi als Gottes eschatologischer Heilstat) zu versichern, in der Verkündigung der Urgemeinde; damit entfällt der theologische (!) Rekurs auf den „historischen Jesus", der somit „zu den Voraussetzungen der Theologie des NT (gehört) und ... nicht ein Teil dieser selbst" (1984[a], 1) ist.
Bei allem Insistieren auf der Unverfügbarkeit Gottes, seiner „Verborgenheit", konzedierte B. in gewissem Sinne eine „natürliche Theologie", allerdings nur in der „Frage nach Gott". „Der Glaube kann sich nicht vom Menschen aus erheben, sondern kann nur seine Antwort auf das Wort Gottes sein ..., der Glaube kann nur Gottes Schöpfung im Menschen selbst sein" (1980, 20). „Außerhalb der Offenbarung ist Gott nicht und nie da" (ebd. 142), sagte B. unter Berufung auf Joh 1,18. Diese christologische Konzentration der Gottesfrage ist B.s Verdienst.
Dabei verschaffte ihm sein unerbittliches Festhalten an der christlichen (!) Wahrheitsfrage (!) heute (!) Gegner an den verschiedensten Fronten, sowohl unter den Verfechtern einer (heute so genannten) „evangelikalen" Frömmigkeit, die den Glauben mit einem Fürwahrhalten von „Heilstatsachen" identifizierten, als auch unter den Verfechtern einer „politischen Theologie", denen B. als Repräsentant einer zu überholenden individualistischen, „bürgerlichen" Theologie galt. Seine Vermutung war, „daß der Glaube in unserem Zeitalter ... noch nicht wirklich die Jenseitigkeit und Verborgenheit des handelnden Gottes verstanden hat" (1984[b], 187f.). „Nur im Lichte des verkündigten Wortes erhält das, was geschah oder hier und dort geschieht, den Charakter von Gottes Handeln für den Glaubenden" (ebd. 189).
Im Geflecht von dogmatischer Spekulation, historischem Positivismus, konfessioneller Selbstgenügsamkeit oder gar der Grundlegung des „Glaubens" als religiösem Gefühl seiner Zeitgenossen, ging B. sich selbst treu den Weg des Neutestamentlers, der er war, „in dem Bewußtsein, daß wir nichts gegen die Wahrheit, sondern nur für die Wahrheit tun können. So steht es im zweiten Korintherbrief" (Spiegel-Interview 1966, Nr. 31, 41). In diesem Sinne verstand er auch sein Engagement in der „Bekennenden Kirche", seine langjährige Tätigkeit als Presbyter, wie seinen lebenslangen treuen Predigtdienst.

Literatur: R. Bultmann: Die Geschichte der synoptischen Tradition, Gö ^{9}1979; Jesus, Gü 1983; Das Evangelium des Johannes, Gö ^{21}1986; Theologie des Neuen Testaments, T ^{9}1984^{a}; Glauben und Verstehen, T: I ^{8}1980, II ^{5}1968, III ^{3}1965^{a}, IV ^{4}1984^{b}; Geschichte und Eschatologie, T ^{3}1979; Theologische Enzyklopädie, T 1984^{c}; Theologie als Wissenschaft, in: ZThK 81 (1984^{d}) 447–469; Beiträge Bultmanns in: H.-W. Bartsch (Hrsg.), Kerygma und Mythos, H: I ^{5}1967, II ^{2}1965^{b}, III ^{3}1965^{c}. – W. Schmithals, Die Theologie R. Bultmanns, T ^{2}1967; M. Boutin, Relationalität als Verstehensprinzip bei R. Bultmann, Mn 1974; E. Dinkler, Die christliche Wahrheitsfrage und die Unabgeschlossenheit der Theologie als Wissenschaft, in: O. Kaiser (Hrsg.), Gedanken an R. Bultmann, T 1977; W. Schmithals, Bultmann, in: TRE, Bd 7, B–NY 1981, 387–396 (Lit.); B. Jaspert (Hrsg.), R. Bultmanns Werk und Wirkung, Da 1984; E. Jüngel, Glauben und Verstehen. Zum Theologiebegriff R. Bultmanns, Hei 1985.

R. Schumann

C

Calvin

Johannes Calvin, * 1509 in Noyon (Picardie), † 1564 in Genf. Humaniora an den Pariser Kollegien de la Marche, Royal und Montaigu; an letzterem damals auch Ignatius von Loyola. Magister artium. Jurastudium in Orleans und Bourges. Kommentar zu Senecas „De clementia" 1532. Zwischen August 1533 und Mai 1534 „Bekehrung". 1536 in Basel (1. Auflage seines Hauptwerkes „Christianae religionis Institutio" als einer „pietatis summa", d. h. eines systematisch aufgebauten Handbuchs der Frömmigkeit) und in Genf. Nach Schwierigkeiten ab 1538 bis 1541 in Straßburg Lektor für Neues Testament und Bildner einer reformierten „Idealgemeinde". 1539 Ausgabe der „Institutio" als theologisches Studienbuch; lateinisch erweiterte Ausgaben 1543, 1550, 1559; französische Übersetzungen 1545, 1551, 1560; Freundschaft mit →Melanchthon seit 1539. Teilnahme an Religionsgesprächen (Worms 1540–41, Regensburg 1540). Von 1541 bis zum Tode in Genf. Während dieser Zeit „bleibt es verwunderlich, wie sehr C. seine eigenen Ansichten von der Ordnung der Gesellschaft mit dem Willen Gottes identifizierte" (W. Nijenhuis, in: TRE, Bd. 7, 573). Bemühen um Einheit mit Wittenberg und Zürich, dubiose Machenschaften bei der Hinrichtung von M. Servet.

C. ist nicht in dem Maße originell wie die Reformatoren der ersten Stunde. Von →Luther übernimmt er die Rechtfertigungslehre „sola fide", „sola gratia", zugleich das „sola scriptura" (durch den Glauben allein – durch die Gnade allein – durch die Schrift allein); von Melanchthon den „consensus quinquesaecularis", d. h. die Auffassung, die Konzilien der ersten fünf Jahrhunderte enthielten die Schriftwahrheiten und seien auf diese gegründet. Mit Luther und Erasmus verbindet ihn die Kritik der philosophisch-scholastischen Schultheologie; mit Luther die Zentrierung der Erlösung auf den „Christus crucifixus" (Christus unter besonderer Rücksicht seines Kreuzesleidens). In der Schriftauslegung ist C. von Johannes Chrysostomos abhängig, während die Sakramentenlehre (von Cyrill) von Alexandrien, besonders aber von →Augustinus

beeinflußt ist. Ekklesiologie, Liturgie, Ämterfrage und Kirchenzucht entwirft Bucer. Die humanistischen Ideen denkt ihm Erasmus vor.
Weil eher ein Gott-Glaubender als ein Gott-Denker, hat alle Gotteserkenntnis für C. „religio“, d.h. Gottesfurcht (vgl. Unterricht in der christlichen Religion. Übersetzt von O. Weber: I,2, 2) und damit Praxis, nicht Theorie zum Ziel. Die paradiesische Unmittelbarkeit zu Gott ist dem Menschen durch Adams Sünde verlorengegangen. Nun ist er auf den Glauben, bzw. die Offenbarung in Christus, den Erlöser und Wiederhersteller, verwiesen. Dennoch wohnt dem Gefallenen eine natürliche Ahnung von Gottes Dasein und Sosein inne, ein „semen religionis“ (Keim von Gottesglauben; vgl. Cicero, De natura Deorum I, 16.43), das in Vielgötterei, dem abergläubischen Pomp der römischen Kirche, ja in den Gottlosen wirksam ist und als „aliqua notio Dei“ (dunkle Kenntnis Gottes; I,3,2) bezeichnet werden muß. Die menschliche Erkenntnis ist aber so verdorben, daß diese „notio Dei“ niemals ihren adäquaten Ausdruck finden kann. Daher gibt es in der Welt keine wahre Gotteserkenntnis (I,4,1); sogar alles Beten richtet sich an einen Abergott (I,4,1), z.B. an einen Gott des Deismus (I,4,2), verleugnet (I,4,3) und bekriegt Gott (I,4,4). Dem „Samen“ im Herzen des Menschen entspricht ein Wirken Gottes in der subjektunabhängigen Schöpfung, um den gebildeten und ungebildeten Menschen wahre Zeichen seiner Herrlichkeit in der Schönheit der Schöpfung (I,5,1), in Makro- und Mikrokosmos (I,5,3) zu geben. Gott offenbart sich durch seine Macht, Weisheit und Güte als Vater. Gott so anzuerkennen, heißt ihn loben und verherrlichen (I,5,4); heißt, nicht sich selbst zuzuschreiben, was Gott getan hat (I,5,4). Solchem Glauben an den Schöpfer kommt eine gewisse Rechtfertigung zu, die tiefer bedacht, die soteriologische Bedeutung Christi, das „solus Christus“ (Christus allein), gefährdet. Aber auch diese objektiven Zeichen von Gottes Wirken kann der Mensch nicht richtig interpretieren. Weil korrupt, findet sein Verstand sich im Labyrinth der Gedanken nicht zurecht, was die Hirngespinste der Philosophen (z.B. →Platon, Epikur, ägyptische Geheimlehrer; I,5,12) zeigen. Das an sich richtige Ahnen des Herzens (subjektiv) wird in falschen Projektionen (I,5,12) an die Umwelt und Mitwelt (objektiv) angelegt und so werden die Zeichen der Herrlichkeit Gottes verdorben. Beachte, wie sich die Unfähigkeit, Gott zu erkennen, später bei

→Kant und Feuerbach darstellen wird! „Wenn der Mensch bloß seiner natürlichen Erkenntnis folgt, so kommt nichts Gewisses, nichts Festes, nichts Deutliches dabei heraus, sondern er ist in verworrenen Begriffen befangen, so daß er einen unbekannten Gott anbetet" (I,5,12). Solche treiben schuldhaften Götzendienst (I,5,13): „Obgleich wir nun von Natur aus nicht die Fähigkeit haben, zur reinen lauteren Erkenntnis Gottes zu gelangen, so ist dies Unvermögen doch unser eigener Fehler und deshalb ist uns alle Entschuldigung abgeschnitten. Denn kaum haben wir aus der Betrachtung der Welt einigermaßen ein Empfinden für die Gottheit erlangt, da verlassen wir den wahren Gott und setzen an seine Statt die Träume und Gespinste unseres eigenen Hirns und leiten das Lob der Gerechtigkeit, Weisheit, Güte und Macht von der eigentlichen Quelle ab, bald dahin, bald dorthin! Alle Tage tut Gott sein Werk – aber wir verdunkeln oder verdrehen es durch unbilliges Urteil und rauben so dem Werk seine Ehre und dem Wirken den gebührenden Lobpreis" (I,5,15).
Der Zugang zu Gott geschieht allein aus Offenbarung, in seinem Wort, das Mensch geworden ist (solo Christo; I,7,1) und in der Schrift (sola scriptura) zu uns gesprochen hat. Letztere gleicht einer Brille, die den Schöpfergott in der Natur und den Erlösergott in Christus finden läßt (I,6,1). Der Heilige Geist schenkt die Kraft, durch diese Brille zu sehen (I,7,5). Geist und Schrift offenbaren Name und Eigenschaften Gottes wie Gerechtigkeit, Gericht, Barmherzigkeit, Wahrheit, Macht und Heiligkeit (I,10,1–2). Gott soll man auch nicht im Bild darstellen, weil dies dem Aberglauben entgegenkommt (I,11,1–8). Gott ist eine dreifaltige, nicht subordinatianistische, nicht modalistische, auch nicht dualistische Wirklichkeit (I,13,1–6). Die Gottheit von Vater und Wort erweist die durch die „Brille" der Schrift gelesene Schöpfung. Die Gottheit Christi wird aus dem Alten Testament gegen die Juden (I,13,9–10), aus Jesu Taten (I,13,11–13) gegen die Heiden verteidigt. Auch die Gottheit des Heiligen Geistes läßt sich aus Altem und Neuem Testament und aus seinen Werken (I,13,14–15) ausweisen. Dieser Geist hat ebenso freien Willen und freie Wahl (I,13,14) wie der Sohn und ist wahrhaft Gott (I,13,15); alle drei der eine Gott (I,13,16). Für C. zielt der eine Glaubensvollzug (fides qua) im Sinne von Gottvertrauen auf den *einen* Gott, denn nur Gott kann man restlos vertrauen. Die Dreiheit begründet die diesem einen Glauben eingebet-

tete Spendung der Taufe im Namen des Vaters und des Sohnes und des Heiligen Geistes (I,13,16). Weitere Begründungen folgen traditionellen Argumenten (I,13, 19–20), etwa aus Augustinus.

C. unterscheidet zwischen Vorsehung und Vorherbestimmung. Gottes Vorsehung lenkt alles: „Überhaupt müssen wir bemerken, daß sie alle Dinge derart lenkt, daß sie bald unter Einschaltung von Mittelursachen, bald ohne solche, bald gegen alle Mittelursachen wirkt" (I,17,1). Letztlich geschieht nichts ohne den Willen Gottes, selbst das nicht, was gegen seinen Willen geschieht (I,18,3). Die Vorherbestimmung (Prädestination) behandelt C. in den einzelnen Ausgaben der „Institutio" an verschiedenen Stellen, ist demnach auch für seine Theologie nicht so systembildend, wie man oft meint (vgl. W. Neuser, in: Evangelisches Kirchenlexikon, Bd. 1 [3]1985, 625). Dennoch: die doppelte Prädestination zum Heil oder zum Unheil vor Erschaffung der Welt gefährdet nicht nur die christologische Mitte der Erlösung, sondern auch Reue, Sakrament, vor allem aber den biblisch begründeten universellen Heilswillen Gottes. Gottes (willkürlicher?) Wille ist für C. das Maß alles Guten. Er steigert dies fast bis zur Unerträglichkeit: „Der erste Mensch ist nämlich gefallen, weil Gott es für nützlich hielt; warum er es dafür hielt, ist uns nicht bekannt. Dennoch ist es sicher, daß er es aus keinem anderen Grund getan hat, als weil er sah, daß so die Ehre seines Namens mit Recht verherrlicht würde. Wo du aber Gottes Ehre nennen hörst, da denke auch an seine Gerechtigkeit. Denn das, was Lobpreis verdient, muß gerecht sein" (III,23,8)!

Literatur: J. Calvin: Ioannis Calvini Opera quae supersunt omnia (hrsg. von G. Baum/E. Cunitz/E. Reuss), 59 Bde., Hl–Brau u.a. 1863–1900 (= Corpus Reformatorum, 29–88); Joannis Calvini Opera selecta (hrsg. von P. Barth/G. Niesel/D. Scheuner), 5 Bde., Mn 1926–52, II [2]1970, III [3]1967, IV [3]1968, V [3]1974; wichtige Übersetzung: J. Calvin, Unterricht in der christlichen Religion. Nach der letzten Ausgabe (1559) übersetzt und bearbeitet von O. Weber, Neukirchen-Vluyn [3]1984; weitere Primärliteratur, Bibliographien und Sekundärliteratur in: TRE, Bd. 7, 590–592 und: Evangelisches Kirchenlexikon, Bd. 1, [3]1985, 629–630. – C. Andresen (Hrsg.), Handbuch der Dogmen- und Theologiegeschichte, Bd. 2: Die Lehrentwicklung im Rahmen der Konfessionalität, Gö 1980, 238–285.

L. Lies

Cohen

Hermann Cohen, * 1842 in Coswig, † 1918 in Berlin. Jüdischer Philosoph. Seit 1876 Professor für Philosophie in Marburg. Begründer der Marburger Schule des Neukantianismus. Aus orthodox-jüdischen Verhältnissen stammend, bemühte er sich zeitlebens um eine kritische Reflexion des Gottesglaubens. Bereits in einer frühen Briefnotiz ist von dem (→Kant) „Kantische(n) Gott" die Rede, an dem sich C. hierbei orientiert, weil er der Überzeugung ist, „jeder Versuch in der Ethik sei ... prinziplos, der ohne einen solchen Gott gemacht wird" (1939, 42). Entsprechend rekurriert er in seinem ersten Ethikentwurf auf die Kantische Idee Gottes als des moralischen Welturhebers, da „die Gemeinschaft autonomer Selbstzwecke ein intelligibles Substrat derselben und demgemäß einen Urheber jenes Reichs der moralischen Zweckmäßigkeit" (1877, 324) erforderlich mache. Auch wenn er Kants Postulatenlehre ablehnt, so behält Gott für ihn durchaus eine Funktion, zwar nicht als „Urheber des Sittengesetzes" oder als „Austeiler der Glückseligkeit" bzw. „Hersteller und Ergänzer der materialen Bedingungen für die physische Möglichkeit eines in der Glückseligkeit gedachten Endzwecks" und auch nicht als „Urheber der intelligiblen Zweckmäßigkeit im Reiche der Natur", wohl aber „als Urgrund der unvermeidlich zu denkenden Übereinstimmung zwischen der natürlichen und der moralischen Teleologie" (1877, 325). Spielt schon bei dieser Adaptation des Kantischen Gedankens der „genauen Zusammenstimmung des Reichs der Natur mit dem Reich der Sitten" C.s „a priori judaique" (Dussort) eine Rolle – C. betont im Zusammenhang mit dieser Reformulierung des Gottesgedankens ausdrücklich dessen Bedeutung für den ethischen Fortschritt der Menschheit –, so kommt die jüdische Prägung von C.s Gottesbegriff deutlicher in seinem zweiten Ethikentwurf zum Tragen, in dem nicht nur der Gedanke des einzigen Gottes, sondern auch der jüdische Messianismus eine systematische Transposition erfährt. Der „messianische Gott" erscheint hier nämlich als derjenige, der „den Sieg des Guten" (1904, 428) verbürgt, d.h. gewährleistet, daß die sittliche Selbstvervollkommnung der Menschheit auf Erden in Recht und Staat Wirklichkeit werden kann. Diesem „Gott der Sittlichkeit" (1904, 382) kommt nach C. Einzigkeit zu, da er im Gegensatz steht zu allem Sein der Natur. Alle Näherbestimmungen Gottes als Person, Geist oder Leben werden von C.

in diesem Zusammenhang abgewiesen, da es sich hier um Attribute handele, die im Mythos ihre Wurzel haben, es aber gerade darauf ankomme, die Religion auf dem Wege ethischer Idealisierung von mythischen Schlacken zu reinigen. Dieses Programm einer Aufhebung der Religion als Naturzustand in die Ethik als Kulturzustand gibt der späte C. auf und geht nunmehr von einem Sonderbeitrag der Religion zum Ganzen der Kultur aus, indem er betont: Wie Gott „in der Ethik für die Menschheit die Verwirklichung des Guten gewährleistet" (1915, 64), so steht er in der Religion ein für die Erlösung des sündigen Individuums, wobei die Funktion Gottes konkret darin besteht, daß er das Nicht-Scheitern-Können der sittlichen Bemühung des einzelnen um Selbstbefreiung von der Sünde garantiert.
Ungeachtet dieser Tendenz zu einer ethischen Funktionalisierung religiöser Gehalte, die in C.s später Religionsphilosophie fortbesteht, treten vor allem in seinem Nachlaßwerk „Religion der Vernunft aus den Quellen des Judentums" verbunden mit dem konkreten Sich-Einlassen auf das religiöse Phänomen auch die dialogischen und metaphysischen Implikationen der (jüdischen) Religion deutlich zutage, ohne daß der späte C. zu einer letzten Eindeutigkeit in der Frage: idealistische oder ontologische Deutung der „Korrelation von Gott und Mensch" (1929, 132) vorgedrungen wäre. Insofern ist er im Gegensatz zu der Deutung →Rosenzweigs eher als Wegbereiter denn als Vertreter des dialogischen Denkens selbst zu bezeichnen.

Literatur: H. Cohen, Kants Begründung der Ethik, B 1877; Ethik des reinen Willens, B 1904; Der Begriff der Religion im System der Philosophie, Gie 1915; Jüdische Schriften, 3 Bde., B 1924; Religion der Vernunft aus den Quellen des Judentums, F [2]1929; Briefe, B 1939. – F. Rosenzweig, Einleitung zu: H. Cohen, Jüdische Schriften, Bd. I, S. XIII–LXIV; H.-L. Ollig, Religion und Freiheitsglaube, Königstein 1979; S. Zac, La philosophie religieuse de H. Cohen, P 1984; M. Dreyer, Die Idee Gottes im Werk H. Cohens, Königstein 1985.

H.-L. Ollig

Coreth

Emerich Coreth, * 1919 in Raabs a.d. Thaya, aufgewachsen in Wien, trat 1937 in die Gesellschaft Jesu ein. Nach durch Militärdienst im Krieg unterbrochenem Studium in Pullach, Innsbruck (Dr. theol.) und Rom (Dr. phil.) ist er seit 1955 an der Theologischen Fakultät Innsbruck Professor der Philosophie. Daneben erfüllte er Leitungsaufgaben im Orden (als

Haus- und Provinzoberer) und an der Universität (als Rektor).
In seinem Denken ist C. von J. →Maréchal und J. B. →Lotz beeinflußt, aber auch durch J. de Vries. Das war der Hintergrund, auf dem er sich zunächst mit →Hegel, →Kant und →Heidegger auseinandersetzte. Die Analyse des transzendentalphilosophischen Denkens, Heideggers Fundamentalontologie und dessen Stellung zur Gottesfrage bildeten Schwerpunkte. In einer Reihe von Artikeln verfolgte er die Entwicklung der Gottesfrage im deutschen Idealismus.
In seinem systematischen Hauptwerk „Metaphysik" entfaltet C. eine Grundlegung der Seinsmetaphysik in transzendentaler Methode. Als Bedingungen, ohne die unser Fragen nicht möglich wäre, werden Unterscheidungen und Zusammenhänge aufgewiesen, die den klassischen Begriffen der Metaphysik entsprechen. Von der methodischen Entfaltung abgesetzt, aber den einzelnen Schritten eng zugeordnet, wird der Bezug zu den wesentlichen Gehalten der klassischen Metaphysik und der Problemgeschichte hergestellt.
C.s methodischem Zugang entsprechend ist Philosophie Klärung von Bedingungen bewußten menschlichen Lebens. Sie soll damit Hilfe für das Selbstverständnis des Menschen in seiner Welt sein. Sowohl in der Metaphysik als auch in anderen Werken wird der Bezug auf Gott als für das Leben des Menschen grundlegend erwiesen.
Der abschließende Abschnitt VII der „Metaphysik" behandelt unter dem Titel „Das Sein im Urvollzug" die Gottesfrage als letzte Konsequenz der Seinslehre. Ausgegangen wird vom Fragen, von dem in ihm vorausgesetzten Horizont unbedingter Geltung und der darin erschlossenen Notwendigkeit des Seins. Die Vielheit, Bedingtheit und Endlichkeit des zunächst begegnenden Seienden erweisen, daß dieses nicht jenes notwendige Sein ist. Vielmehr wird dieses von den Seienden als Eines, Unbedingtes und Unendliches vorausgesetzt.
Dieser Gedankengang ist weiter entfaltbar: Einmal in Deutung der klassischen Gottesbeweise, die kraft des metaphysischen Kausalprinzips von den sich als kontingent erweisenden welthaften Seienden auf ihre metaphysische Erstursache schließen. Zum anderen als Entfaltung der Überlegungen Maréchals, demzufolge sich Gott als letztes Ziel der Dynamik menschlichen Geistes und diese ermöglichend aufweisen läßt. Der Mensch übersteigt in jedem geistigen Vollzug – nicht nur

des Fragens, sondern auch des Verstehens, der Sinngebung und freier Entscheidung – das Bedingte auf das Unbedingte hin. Durch diese Beziehung können wir überhaupt erst Seiendes wissen und uns ihm gegenüber entscheiden. In einem Gottesbeweis wird diese „transzendente Bewegung des Geistes, die unthematisch immer schon geschieht, zu reflexer Ausdrücklichkeit erhoben" ([3]1980 § 93, 510). Werden in einer metaphysischen Anthropologie Wissen und Wollen als Seinsvollzüge begriffen, dann kann der ursprüngliche Seinsvollzug als absoluter Geist angesprochen werden, auf den die menschliche Person wesentlich hingeordnet ist. Diese Hinordnung ermöglicht Wissen, das Anspruch auf Wahrheit erhebt, und Wollen als sittliche Tat. Sie entfaltet sich in Erkenntnis und freiem Anerkennen Gottes. In religiösem Verhalten findet die ausdrückliche Hinwendung des Menschen zu Gott ihren Ausdruck.

Diese philosophische Besinnung läßt das Zusammenspiel von kontemplativer Besinnung und tätigem Einsatz in unserem Leben verstehen, was C. bereits sehr früh in Anschluß an die ignatianische Spiritualität herausgearbeitet hat (ZKTh 1954). Besinnung auf den Ausgriff auf Gott, der menschliches Dasein ermöglicht, und ein dadurch geleitetes Verständnis von Religion machen verantwortlichen Einsatz nicht überflüssig, sondern ermöglichen ihn.

Literatur: E. Coreth: Das dialektische Sein in Hegels Logik, W 1952; Das fundamentalontologische Problem bei Heidegger und Hegel, in: Scholastik 29 (1954) 1–23; Grundfragen des menschlichen Daseins, I, 1956; Metaphysik, I, 1961, [3]1980; Identität und Differenz, in: Gott in Welt, Bd. 1, Fr 1964, 158–187; Grundfragen der Hermeneutik, Fr–Bas–W 1969; Einführung in die Philosophie der Neuzeit, Fr 1972; Was ist der Mensch?, I, 1973, [3]1980; Vom Sinn der Freiheit, I–W 1985. – Verzeichnis der Veröffentlichungen in: ZkTh 101 (1979) 270–274; Otto Muck, Die transzendentale Methode in der scholastischen Philosophie der Gegenwart, I 1964.

O. Muck

D

Descartes

René Descartes, * 1596 in La Haye (Westfrankreich), † 1650 in Stockholm. D., der erste große Philosoph der Neuzeit, wurde 1604–12 am Jesuitenkolleg La Flèche ausgebildet, studierte Rechtswissenschaft und reiste ab 1618 als Soldat durch Europa. Nach einigen Jahren in Italien und Paris begab er sich 1628 in die Niederlande, wo er seine Werke schrieb. Auf Drängen von Königin·Christine kam er im Herbst 1649 nach Stockholm.

Durch die rechte Methode erwerben wir nach D. sicheres Wissen. Der universale Zweifel läßt einzig die Gewißheit der eigenen geistigen Existenz bestehen. D. beweist dann die Existenz Gottes, der uns die Wahrheit des klar und deutlich Erkannten verbürgt. So zeigt sich, daß es im Gegensatz zum Geist auch Materielles gibt, dessen Wesen sich auf die geometrisch faßbare Ausdehnung reduziert. Geist und Körper des Menschen sind real unterschieden, aber dennoch geeint und in Wechselwirkung. D. entwirft eine mechanistische Physik, die die neue Naturwissenschaft (Galilei) philosophisch untermauert und deren Anwendung den Menschen zum Herrn der Natur macht.

D. kennt *drei Gottesbeweise,* die er am ausführlichsten in der 3. und 5. Meditation (= Med.) seiner „Meditationes de prima philosophia" darlegt. Kürzere Versionen stehen auch im „Discours de la méthode" (4. Teil; Werke VI, 33–39), den „Principia philosophiae" (I, 14–27; Werke VIII, 10–15) und in „synthetischer" Form nach Art eines geometrischen Beweises (more geometrico) im Anhang der Erwiderungen auf die zweiten Einwände zu den Med. (Werke VII, 166–169). Alle Beweise setzen bei der begrifflichen Vorstellung Gottes (idea Dei) an, aber in der 3. Med. geht D. im Gegensatz zur 5. Med. a posteriori vor (Werke VII, 167).

Der *1. Beweis der 3. Med.* (Werke VII, 40–47) beginnt so: Unsere Vorstellungen (Ideen) kommen zwar darin überein, etwas Gedachtes, Bewußtseinszustände (modi cogitandi) zu sein, unterscheiden sich aber in dem, was sie vorstellen (realitas obiectiva). Hierfür gilt nach D. das Kausalprinzip (Wirkun-

gen erfordern entsprechende Ursachen) wie folgt: Jeder vorgestellte Gehalt (realitas obiectiva) erfordert als Ursache einen gleich großen oder ihm überlegenen wirklichen Gehalt (realitas actualis oder formalis). Gegen Einwände erläutert D.: Eine komplizierte Maschine kann nur entwerfen, wer sie oder ihre Gesetze kennt oder entsprechend begabt ist (Werke VII, 103f. u.ö.). Wenn unsere Vorstellungen keine entsprechenden wirklichen Ursachen bräuchten, wie kämen wir dann darauf, daß es Wirkliches gibt (Werke VII, 135 u.ö.)? Dann zeigt D. in seinem Beweis, daß einzig die Vorstellung Gottes den Gehalt des menschlichen Geistes überragt, woraus die wirkliche Existenz Gottes folgt. Denn Gott ist unendliche Substanz; dieser Gehalt kann nicht der endlichen Substanz unseres Geistes entspringen, der nach „Principia" I, 51 nicht im selben, univoken Sinn wie Gott Substanz ist. Dann weist D. mögliche Einwände ab. Sprachlich besagt „unendlich" eine Negation, der Sache nach ist aber das Endliche mangelhaft, wie Zweifel und Begehren zeigen. Gottes Unendlichkeit ist also nicht Negation, Mangel oder irreal, sondern vollkommene, unbegrenzte Realität. Dies können wir klar und deutlich einsehen, was für den Beweis genügt, wenn auch die Unendlichkeit unbegreiflich ist. Gottes Unendlichkeit ist reine, voll und ganz „aktuale" Wirklichkeit und entspringt nicht aus einer endlos fortsetzbaren progressiven Vervollkommnung meiner Realität, die immer unvollendbar bleibt und nur der Möglichkeit nach (potentielle) Unendlichkeit ist.
Der *2. Beweis der 3. Med.* (Werke VII, 47–51) ist eine Variation des ersten. D. fragt, ob ich als Subjekt der Gottesvorstellung ohne Gott existieren könnte. Dies ist eine Art Kontingenzbeweis (vgl. z.B. →Thomas von Aquin): Hätte ich mich selbst geschaffen, so hätte ich mir auch alle Vollkommenheiten Gottes gegeben. Auch wenn ich immer schon existiert hätte, bräuchte ich einen Urheber, da kein Zeitpunkt den folgenden und seinen Inhalt hervorbringen kann. Gott ist Ursache für den Anfang und den Fortbestand des Seins; denn Schöpfung und Erhaltung sind nur zwei Aspekte derselben Sache. Hätte ich aus mir die Kraft zum Weiterexistieren, so wüßte ich darum. Der Verweis auf andere Ursachen (z.B. meine Eltern) verschiebt die Frage nur. Eine Aufspaltung in Teilursachen kommt wegen der wesentlichen Einfachheit Gottes nicht in Frage. Und schließlich gilt, daß meine Eltern nur meinen Körper, nicht aber meinen Geist hervorbringen.

Zum *Abschluß der 3. Med.* (Werke VII, 51 f.) zeigt D., daß die Vorstellung Gottes in mir zum Wesen meines Geistes gehört, so daß meine Selbsterfassung als zweifelndes, d.h. endliches geistiges Wesen (1. und 2. Med.) die Erkenntnis der Existenz Gottes mit einbegreift.

Der *Beweis der 5. Med.* (Werke VII, 65–70) schließt vom Begriff Gottes auf dessen Existenz (ähnlich, aber anders: →Anselm). →Kant nannte ihn *„ontologisch"*. Wie die Mathematik zeigt, sind Wesenszusammenhänge unabhängig von der Existenz der betreffenden Dinge immer wahr. Darum lassen sich aus notwendigen Zusammenhängen auch ohne vorausgesetzte Existenz wahre Schlüsse ziehen. Nun gehört es notwendig zum Wesen Gottes, daß er immer existiert. Hieraus folgt die Existenz Gottes. Freilich folgt aus der notwendigen Zusammengehörigkeit von Berg und Tal nicht deren Existenz, aber Gott ist ein Sonderfall. Wenn ich ihn richtig denke, muß ich ihn als den denken, dessen Wesen seine Existenz einschließt. Gott umfaßt alle Vollkommenheiten und somit auch die Existenz. Dies gilt aber nur für ihn, der ein einziger ist und von Ewigkeit zu Ewigkeit existiert. In Erwiderung auf Einwände schreibt D., daß Gott als höchst Mächtiger kraft seiner eigenen Macht existiert (Werke VII, 119).

Zur *Beurteilung* des *2. Beweises der 3. Med.* vergleiche man andere *Kontingenzbeweise* (z.B. Thomas). Beim *1. Beweis der 3. Med.* kann die Gültigkeit von D.' Fassung des Kausalprinzips offen bleiben. Denn es genügt als Argument, daß wir im Zweifeln (1. Med.) und Wünschen unsere Endlichkeit als Mangel erfahren, und daß wir erkennen, daß noch so viel Projektion unserer Wirklichkeit ins Endlose nur zu potentieller, jeweils überbietbarer „Unendlichkeit" führt, was nur möglich ist auf Grund der ganz anderen wirklich vollendeten Unendlichkeit Gottes. So gesehen, erweist sich dieser Beweis als gültig.

Wenn D. beim *Beweis der 5. Med.* die Existenz als eine der Vollkommenheiten des Wesens Gottes darstellt, so wendet Kant zu Recht ein, daß die Existenz dem Wesen keinen zusätzlichen Inhalt gibt, denn 100 mögliche Taler haben so viel Gehalt wie 100 wirkliche (Kritik der reinen Vernunft, A 599). Aber auch wenn die Existenz keine derartige Vollkommenheit ist, gilt doch, daß Gott aus sich selbst, kraft seines eigenen Wesens existiert. Kann man aber aus dem Begriff Gottes auf seine Existenz schließen? Dies hat z.B. Thomas gegen Anselm bestritten, während z. B. →Leibniz und →Hegel den ontologischen Beweis verteidigten. Man sagt meist, man könne nicht aus reinem Denken auf Wirklichkeit schließen. Aber wir schließen mit Hilfe von Begriffen, und ein streng notwendiger gedanklicher Zusammenhang ergibt wahre Resultate. Sonst wäre alles Schließen hinfällig. Doch die Begriffe müssen legitimiert sein. D. hat aber seinen Gottesbegriff einfach aus der Tradition übernommen, statt ihn zu rechtfertigen. Dazu genügt nicht die Widerspruchsfreiheit, sondern es wäre zu zeigen, daß die Frage nach den Fundamenten unserer Erkenntnis diesen Begriff Gottes erzwingt. Dann wäre der ontologische Beweis gültig – aber vermutlich nicht mehr nötig.

Literatur: R. Descartes: Œuvres (hrsg. von C. Adam / P. Tannery), P 1897–1910, Neudruck P 1971 ff. (= Werke). – A. Koyré, Descartes und die Scholastik, Bo 1923; M. Gueroult, Nouvelles réflexions sur la preuve ontologique de Descartes, P 1955; D. Henrich, Der ontologische Gottesbeweis, T 1960; H. Gouhier, La pensée métaphysique de Descartes, P 1962; L. J. Beck, The Metaphysics of Descartes, O [2]1967; A. Kenny, Descartes. A Study of his Philosophy, NY 1968; G. Rodis-Lewis, L'œuvre de Descartes, P 1971; L. Oeing-Hanhoff, R. Descartes, in: J. Speck (Hrsg.), Grundprobleme der großen Philosophen, Philosophie der Neuzeit I, Gö 1979, 35–73; B. Williams, Descartes. Das Vorhaben der reinen philosophischen Untersuchung, Königstein 1981; W. Röd, Descartes. Die Genese des Cartesianischen Rationalismus, Mn [2]1982; E. Coreth / H. Schöndorf, Philosophie des 17. und 18. Jahrhunderts, St-B-Kö-Mz 1983.

H. Schöndorf

Duns Scotus

Johannes Duns Scotus, * 1265/66 wahrscheinlich in Duns/Schottland, † 1308 in Köln, Franziskanertheologe. Seine theologischen Studien absolvierte er in Paris und Oxford. Die Authentizität vieler unter seinem Namen überlieferter Schriften ist noch nicht befriedigend geklärt. Jedenfalls las er über die „Sentenzen" des Petrus Lombardus, das offizielle Lehrbuch der Theologie, in Oxford um 1300 und ab 1302 in Paris, wo er um 1305 zum Magister promoviert wurde und 1306–07 das Amt des Magister regens innehatte. 1307 wurde er nach Köln als „Lector principalis" des Franziskanerkonvents geschickt. Dort ist er 1308 gestorben und liegt in der Minoritenkirche begraben. Ehrentitel: Doctor subtilis, Doctor marianus.

Das Denken des D. S. ist entscheidend von der theologischen Tradition des Franziskanerordens geprägt. Die auf Franziskus von Assisi zurückgehenden Grundanliegen, wie biblisch-heilsgeschichtliches Denken, die zentrale Stellung Christi, die besondere Bedeutung des Menschseins Christi, kehren bei näherem Zusehen auch in Denkansatz und theologischer Konzeption des D. S. wieder, auch wenn seine Gedanken selbst mit einzigartiger begrifflicher Schärfe entwickelt und oft genug in nicht-biblischer Sprache zum Ausdruck gebracht werden.

Aufschlußreich ist in diesem Zusammenhang, wie D. S. das Verhältnis von Philosophie und Theologie bestimmt. Hier ist die Einsicht wesentlich, daß D. S. sein gesamtes Werk durchgehend als theologische Synthese versteht und daher der Versuch problematisch ist, nachträglich das System einer scotischen Philosophie zu rekonstruieren. D. S. geht von der heilsgeschichtlichen, also einer nur dem von der biblischen Offenbarung belehrten Theologen bekannten Situation aus, wenn er die Frage nach der Notwendigkeit der Theologie formuliert: „Ob es für den Menschen in seinem jetzigen Zustand, also im Zustand der gefallenen Natur, notwendig ist, daß ihm eine besondere Lehre auf übernatürliche Weise eingegeben werde, die der Verstand mit seinem natürlichen Licht nicht erreichen kann" (Quaestio 1 des Prologs der Ordinatio). Die Frage nach der Verfassung des menschlichen Intellekts löst D. S. also nicht aufgrund von Erfahrung oder philosophischer Reflexion, sondern aufgrund der Offenbarung. Die Erkenntnisfähigkeit des Menschen ist als Folge des Sündenfalls eingeschränkt.

Diese grundsätzlichen Überlegungen über das Verhältnis von Philosophie und Theologie wirken naturgemäß auf die Ausarbeitung der Gottesfrage ein. Ein Problem entsteht dadurch, daß nicht nur die aus dem Glauben an die Offenbarung lebende Theologie bestimmte Wahrheiten über Gott weiß, sondern daß nach D. S. auch die Philosophie bzw. Metaphysik im Rahmen ihrer naturhaft entstehenden Erkenntnis ein gewisses Wissen von Gott zu gewinnen vermag. Keineswegs also leugnet D. S. die Beweisbarkeit Gottes, aber aufgrund einer schärferen Erfassung des Begriffs der Rationalität stellt er höhere Anforderungen an die Beweise vom Dasein Gottes und zieht damit die Grenzen des Beweisbaren enger. Manches, was bei anderen mittelalterlichen Autoren, z. B. bei →Thomas von Aquin, hinsichtlich der vernunftgemäßen Gotteserkenntnis als metaphysisch und ohne Offenbarung erkennbar gilt, verweist D. S. an den Glauben zurück.

Für die rationale Gotteserkenntnis bedient sich D. S. des Begriffs des „unendlichen Seienden“. Dieser ist der höchste mögliche Begriff, den die Metaphysik im gegenwärtigen Zustand von Gott erlangen kann, auf ihn zielt das Beweisverfahren. Die Existenz des unendlichen Seienden zu beweisen und zu beweisen, daß Gott existiert, ist für D. S. ein und dasselbe. Anders als bei Thomas von Aquin werden die Gottesbeweise bei D. S. vor allem dadurch, daß er bekanntlich die Analogie des Begriffs des Seienden ablehnt und statt dessen seine Univozität lehrt. Die Ablehnung der Analogielehre wirft die Frage nach der Möglichkeit gattungsüberschreitender Prädikation auf, die für Einheit und Gemeinsamkeit des Seienden im ganzen und mit Gott, also für die Frage der Gotteserkenntnis grundlegend ist. Dadurch wird ein neuer Entwurf von Metaphysik notwendig, den D. S. auch vorlegt.

Wie man bei Thomas von Aquin von fünf Gottesbeweisen spricht, hat man bei D. S. von „drei Wegen“ gesprochen, auf denen er die Existenz Gottes zu beweisen sucht. Das ist insofern irreführend, als D. S. im Grunde nur einen einzigen großen, streng logisch aufgebauten Gottesbeweis hinterlassen hat. Die verschiedenen Fassungen dieses Beweises stimmen in ihrer Struktur und ihren Elementen im wesentlichen überein. „Ob es unter den Seienden etwas gibt, das als aktual Unendliches existiert“, lautet die Ausgangsfrage (Ordinatio, d. 2, q. 1). Der Beweis umfaßt zwei große Teile: Im *ersten Teil* beweist D. S., daß es in der Wirklichkeit irgendein Erstes gibt, dem eine dreifache Erstheit zuerkannt werden muß: die Erstheit in der Ordnung des Hervorbringens, in der Ordnung der Zielstrebigkeit und in der Ordnung des Vorranges. Daraus ergeben sich drei Beweisführungen für die jeweilige Erstheit. Den Beweis der Erstheit in der Ordnung des Hervorbringens oder Bewirkens gliedert D. S. so: Er geht davon aus, daß etwas verursachbar oder bewirkbar ist. Hieraus folgert er, daß es ein erstes Wirkfähiges geben muß. Von diesem wird ausgesagt, daß es als das Erste seinen Grund in sich selbst tragen muß und daher nicht mehr bewirkbar sein kann. Schließlich beweist D. S., daß dieses erste, nicht bewirkbare Wirkfähige nicht nur möglich, sondern wirklich ist. So kommt D. S. zu dem Schluß, daß es in jeder der drei genannten Ordnungen ein wirklich existierendes Erstes gibt. Weiter versucht D. S. dann zu beweisen, daß die dreifache Erstheit nur einer einzigen Natur zukommen kann.

Im *zweiten Teil* seines Gottesbeweises zeigt D. S., daß dieser

ersten Natur außer ihrer dreifachen Erstheit auch Unendlichkeit zukommt. Denn entsprechend seiner eigenständigen Metaphysik und im Unterschied zur Beweisführung bei Thomas von Aquin glaubt D. S. erst dann berechtigt zu sein, dem ersten Seienden das Wort „Gott“ zuzusprechen, wenn er die Unendlichkeit des ersten Seienden erwiesen hat. Diese Unendlichkeit wird mit vier Argumenten dargelegt, die beweisen sollen, daß das erste Seiende die Fähigkeit besitzt, zugleich eine unendliche Anzahl von möglichen Dingen hervorzubringen und diese deutlich zu erkennen sowie das Erste in der Ordnung der Finalität und in der Ordnung des Vorrangs zu sein. Mit dieser vierfachen Beweisführung für die Unendlichkeit des ersten Seienden schließt D. S. seinen Gottesbeweis ab: „Und so wurde bewiesen, daß Gott ist, und zwar in bezug auf den vollkommensten von uns erfaßbaren oder erreichbaren Gottesbegriff, oder in bezug auf sein (vollkommenstes von uns erfaßbares) Sein.“
Im Unterschied etwa zu →Bonaventura hat D. S. eine einflußreiche Schule begründet. Es ist eine historische Tatsache, daß nicht der Metaphysikentwurf des Thomas von Aquin, sondern der des D. S. den maßgeblichen Einfluß auf die Entwicklung von der mittelalterlichen zur neuzeitlichen Metaphysik ausübte. Theologisch hat D. S. in seiner Rechtfertigungslehre rund zweihundert Jahre vor →Luther ein wichtiges reformatorisches Anliegen vertreten: die Betonung der absoluten Freiheit und Unverfügbarkeit Gottes.

Literatur: I. Duns Scoti Opera omnia, Civitas Vaticana 1950 ff.; Johannes Duns Scotus, Abhandlung über das erste Prinzip (hrsg. und übersetzt von W. Kluxen), Da 1974. – É. Gilson, Johannes Duns Scotus, D 1959; G. Scheltens, Der Gottesbeweis des J. Duns Scotus, in: Wissenschaft und Weisheit 27 (1964) 229–245; E. Gössmann, Glaube und Gotteserkenntnis im Mittelalter, Fr – Bas – W 1971, 109–118.

G. Leibold

E

Ebeling

Gerhard Ebeling, * 1912 in Berlin, Professor für Kirchengeschichte (1946–54), für Systematische Theologie (1954–56, 1965–68) in Tübingen, für Dogmatik, Dogmengeschichte und Symbolik (1956–65), für Fundamentaltheologie und Hermeneutik (1968–79) in Zürich, seither dort Honorarprofessor; Präsident der Kommission zur Herausgabe der Werke Martin →Luthers (seit 1969). – Thema seiner systematischen Arbeit ist die Korrelation von „Gott", „Wort Gottes" und „Glaube" in unterscheidender In-Beziehung-Setzung zur Welterfahrung.

Nach E. wird das Reden von Gott nicht erst vom Glauben an Jesus Christus her relevant: „Wenn nicht jeder Mensch dabei zu behaften ist, daß und inwiefern er immer schon von Gott angegangen ist, geht ihn auch der Glaube an Jesus nichts an" (1975, 302). Aber rechte Gotteslehre setzt nicht metaphysisch beim *Sein* Gottes ein, sondern nach der Anweisung des ersten Gebots (vgl. dessen Auslegung im Großen Katechismus von M. Luther) beim *Strittigsein* Gottes: „Gott" ist der Gegensatz zu jeder Form von Weltvergötterung (1979, I, 169f.). Im metaphysischen Verständnis käme man nach E. nur zu einem Gott, gegenüber dem man sich „in der eigenmächtigen Position dessen" befände, „der seiner selbst gewiß ist und sich nun von dieser unerschüttert bleibenden Basis aus Gottes versichert". Wenn jedoch umgekehrt „das Sein Gottes allein dem Glauben überlassen bleibt, ist es nicht nur problematisch, woraufhin es dem Nichtglaubenden gegenüber vertretbar ist. Es wird offenbar auch unmöglich, dem Verdacht auf Illusion entgegenzutreten und einer Auflösung des Seins Gottes in das Bewußtsein des Menschen zu widersprechen." E. entgeht beiden Weisen, Gott letztlich vom Menschen abhängig zu machen, durch eine „relationale Ontologie" (215f.): Das Sein der Welt geht restlos in ihrer Abhängigkeit von Gott auf, so daß die Relation der Welt zu Gott „nicht etwas, was zur Wirklichkeit der Welt hinzukommt, sondern dasjenige ist, was die Wirklichkeit der Welt in Wahrheit ist" (1960, 421). Dabei darf auch das Böse nicht ausgeklammert werden (415; 1979, III, 489). So gilt es nach E., „in neuer Weise das tiefe theologische Recht dessen zu erfassen ..., was mit dem Begriff praeambula fidei gemeint ist: nämlich daß die Botschaft von Gott nicht in dem Sinne Gott herbeibringt, daß er als etwas Zusätzliches zur bisherigen Wirklichkeit des Menschen hinzugefügt würde". Er muß vielmehr in seinem Schon-Sein beim Menschen in irgendeiner Weise verifizierbar sein. Es geht dabei nicht um ein „angeborenes Wissen von Gott", sondern um das „Ernstnehmen der faktischen Wirklichkeitserfahrung" (1969, 388f.). Die wahre Bedeutung auch der traditionellen „Gottesbeweise" besteht nach E. darin, „die der Wirklichkeit eigene Fraglichkeit" aufzuweisen: „Die Bedingung der Möglichkeit des Verstehens dessen, was das Wort ‚Gott' besagt, ist ein Nichtverstehen. Man darf allerdings nicht bei bloß vorletztem und vorläufigem Nichtverstehen stehenbleiben und somit etwa Gott einen Platz anweisen in den Lücken unserer Erkenntnis, so daß, indem sich solche Erkenntnislücken schließen, sozusagen der Raum für Gott beschränkter wird und seine Wirklichkeit sich mit den Grenzen unserer Erkenntnis immer weiter hinausschiebt, Gott sich also auf dem Rückzug befindet – wie man in der Neuzeit infolge fundamentalen Mißverstehens gemeint hat. Vielmehr handelt es sich um das Widerfahrnis eines radikalen und umfassenden Nichtverstehens, das eben jene die Welt und mich selbst umgreifende Fraglichkeit ist" (1960, 366). Gott ist dann als das „Geheimnis der Wirklichkeit" (1979, I, 187) zu verstehen, mit dem Gemeinschaft zu haben jedoch eine Sache erst des Glaubens ist.

E.s Hinweise sind m. E. zutreffend. Wirkliche Rede von Gott ist Anerkennung unserer eigenen Geschöpflichkeit. Wenn alles genau in dem Maß geschöpflich ist, in dem es überhaupt ist, muß Geschöpflichkeit an einer grundlegenden Widerspruchsproblematik alles Wirklichen ablesbar sein.

Literatur: G. Ebeling: Wort und Glaube, T: Bd. I, 1960; Bd. II, 1969; Bd. III, 1975; Dogmatik des christlichen Glaubens, Bd. I–III, T 1979; Theologie und Philosophie, in: RGG, Bd. VI, 782–830. – P. Knauer, Verantwortung des Glaubens, F 1969.

P. Knauer

Eckhart

Meister Eckhart, * um 1260 in Hochheim (bei Gotha oder bei Erfurt), † 1328 in Avignon. Nach der Ausbildung im Dominikanerkloster Erfurt und einem dreijährigen Lektorat am dominikanischen Studium generale in Köln erklärte E. als

Baccalaureus 1293 in Paris die Sentenzen des Petrus Lombardus. Er wirkte dort erneut 1302 und 1311–13 als Magister der Theologie. Ein 1326 vom Erzbischof von Köln eingeleitetes Inquisitionsverfahren mündete in die Verurteilung durch die Bulle „In agro dominico" am 27.3.1329. – Das Denken E.s ist heute nicht mehr aus der Gegenüberstellung des Scholastikers und des Mystikers zu verstehen. Seine Bedeutung liegt vielmehr in der Verknüpfung bestimmter Traditionsstränge – durch die E. vor allem einzureihen ist in die Deutsche Dominikanerschule seit →Albertus Magnus und deren spezifische Rezeption neuplatonischer und (→Aristoteles) aristotelischer Elemente – mit einem Anliegen als Prediger, bei dem er sich selbst als *Lebemeister* versteht.
Die Frage nach dem Gottesbegriff und einem Gotteserweis bei E. ist zu sehen vor der grundsätzlichen Ausrichtung seines Denkens auf Einheit und Einung. Unter ausgeprägt neuplatonischem Einfluß steht hier bei E. die Kreatur nicht – wie bei →Thomas von Aquin – in einem Verhältnis zum Sein, das ihr durch Partizipation, Gott hingegen absolut zukommt. Gott ist vielmehr einziges, absolutes Sein, das dem Geschaffenen zuströmt und es als Spiegelbild seiner selbst ins Dasein hebt. Wichtig ist vor diesem Hintergrund die Betonung von *creatio continua* und *incarnatio continua*, d.h. des Ewigkeitsaspekts von Schöpfung und Inkarnation, der als Akt Gottes dem Geschaffenen in seiner Zeitlichkeit immer inhäriert. Das Zeitliche geht als solches nicht in Gott auf, es ist jedoch nur erschlossen in seinem Verhältnis zum Ewigen. Zentral entfaltet E. diesen Gedanken in seiner Analogielehre (LW II, 280ff. Vgl. Koch, 1959; Lossky, 1960; Mojsisch, 1983): Analogon Gottes im Menschen ist das „Seelenfünklein", d.h. der Aspekt der Seele, der sie in ontologische Unmittelbarkeit zu Gott stellt und insofern dem Gedanken der Gottesgeburt (Rahner 1964) zugrunde liegt, in dem sich das trinitarische Sein Gottes im Menschen vollzieht als Ausfließen Gottes in sein Bild. Nicht zu hoch bewertet werden kann vor diesem Hintergrund die Bedeutung der *Negativen Theologie* im Denken E.s (Lossky, 1960). Die Unsagbarkeit betrifft hier nicht nur Gott, sondern gerade auch das „Seelenfünklein" bzw. die Gotteserkenntnis als Aufgehen in der ursprünglichen Abhängigkeit der Kreatur gegenüber Gott.
Aus dieser Perspektive heraus ist für E. die Position des Menschen in doppelter Hinsicht erschlossen: Ontologisch ist das

Sein des Menschen schlechthin nur aus seiner Abhängigkeit von Gott zu verstehen, anthropologisch ist es im Lebensvollzug verwiesen auf einen Prozeß der Selbstverneinung, in dem sich erst das Ich in seiner Ursprünglichkeit als Bild Gottes wieder konstituiert. Die *Abegescheidenheit* bildet in diesem Sinne das Gegenstück zum Begriff der *Eigenschaft*, das heißt zum Status des Menschen, wo sein Erkennen gebunden bleibt an die Vermittlung durch zeitliche Erkenntnis. Vor der absoluten Verborgenheit Gottes hat der Mensch seiner eigenen Existenz jede individuelle Qualität abzusprechen, um in diesem Prozeß der Selbsterkenntnis sich selbst zu finden im Ursprung seiner Konstitution (Haas, 1971, 29ff.): „sol diu sêle got erkennen, sô muoz si ouch ir selber vergezzen unde (...) verlieren; want als si sich selber siht und erkennet, sô siht und erkennet sie got niht. Als si sich durch got verliuret und alliu dinc verlât, sô vindet si sich wider in gote, wan si got erkennet, unde danne erkennet si sich selber und alliu dinc (...) in gote vollekommenlîche (Pfeiffer 1962, 222f.)."

Der Gottesbegriff E.s bildet mithin das zentrale Moment dieses Denkens, das der Kreatur, der Zeit und der Mannigfaltigkeit schlechterdings kein eigenes Sein zugesteht, sondern alles nur aus der Abhängigkeit vom absolut gesetzten Einen versteht, zu dem sich das Geschaffene in seinem Lebensprozeß verhält. Gott ist so das notwendige Eine, das sich dem Zerfall des Seins in seiner Ausfaltung durch die Kreatur entgegensetzt.

Literatur: Meister Eckhart: Die deutschen und lateinischen Werke (hrsg. im Auftrag der deutschen Forschungsgemeinschaft): Die deutschen Werke [DW] (hrsg. von J. Quint); Die lateinischen Werke [LW] (hrsg. von J. Koch u.a.), St 1936ff.; F. Pfeiffer, Deutsche Mystiker des 14. Jahrhunderts. II: Meister Eckhart, Repr. Aalen 1962; Meister Eckhart, Deutsche Predigten und Traktate (hrsg. und übersetzt von J. Quint), Mn 1963. – G. Théry, Édition critique des pièces relatives au procès d'Eckhart, in: Archives d'histoire doctrinale et littéraire du moyen âge 1 (1926–27), 129–268; W. Bange, Meister Eckharts Lehre vom göttlichen und geschöpflichen Sein, Limburg 1937; J. Koch, Zur Analogielehre Meister Eckharts, in: Mélanges offerts à E. Gilson, P 1959, 327–350; V. Lossky, Théologie négative et connaissance de dieu chez Maître Eckhart, P 1960; H. Rahner, Die Gottesgeburt. Die Lehre der Kirchenväter von der Geburt Christi aus dem Herzen der Kirche und der Gläubigen, in: ders., Symbole der Kirche, Sa 1964, 13–87; A. M. Haas, Nim din selbes war. Studien zur Lehre von der Selbsterkenntnis bei Meister Eckhart, Johannes Tauler und Heinrich Seuse (= Dokimion 3), Fri 1971; R. Imbach, Deus est intelligere. Das Verhältnis von Sein und Denken in seiner Bedeutung für das Gottesverständnis bei Thomas von Aquin und in den Pariser Quaestionen Meister Eckharts, Diss. Fri 1976; B. Mojsisch, Meister Eckhart. Analogie, Univozität und Einheit, H 1983; K. Ruh, Meister Eckhart. Theologe, Prediger, Mystiker, Mn 1985.

N. Largier

Eriugena

Johannes Scotus Eriugena, * um 810 in Irland (worauf der nach antikem Muster gebildete Beiname hinweist), † um 877 wahrscheinlich in Frankreich. E. kam gegen 845 als Vorsteher an die Hofschule Karls des Kahlen, wo er zum bedeutsamen Repräsentanten des karolingischen Bildungsgedankens wurde, den er auf der Grundlage des spätantiken Konzepts der Sieben freien Künste zu einer umfassenden christlichen Weisheitslehre entwickeln wollte. In der lateinischen Geisteswelt beheimatet (Martianus Capella, →Augustinus, →Boethius), aber durch Erlernen des Griechischen auch mit der (vor allem jüngeren) griechischen Patristik vertraut (→Pseudo-Dionysius Areopagita, →Maximus Confessor), wurde E. durch die Übersetzung der Werke des Areopagiten (860–862) nicht nur zum Übermittler des Neuplatonismus an das Mittelalter, sondern auch zu einem originellen Interpreten der christlichen Weisheit in der Gestalt der philosophisch-mystischen Weltschau des Neuplatonismus mit ihrer spekulativen Theozentrik, die er jedoch vermittels des Gedankens der willentlichen Schöpfung (entgegen der bewußtlosen Notwendigkeit der Emanation bei →Plotin) christlich transformierte.

Die von E. mit den Mitteln der Dialektik und der Spekulation entwickelte dynamische Einheitsschau des Wirklichen ist erkenntnismäßig vorbereitet durch die Einheitsauffassung von Glaube und Wissen, von fides/auctoritas und ratio, die ihn den augustinischen Grundsatz vom Zusammengehen der vera religio (wahre Religion) mit der vera philosophia (wahre Philosophie; De praedestinatione, I 1) noch verstärkt zur Geltung bringen läßt.

Mit der aus dem Glauben kommenden spekulativen Vernunft entwirft E. in seinem Hauptwerk „De divisione naturae (Periphyseon)“ eine theozentrische Kosmologie, in der das Wirkliche unter dem Begriff der Natur, ergänzt durch das variierende Merkmal des Schöpferischen, als realdialektischer Prozeß der Selbstauslegung des trinitarischen Gottes, der trinitas creatrix, dargestellt wird. So entfaltet sich die Wirklichkeit in seins- und wertmäßigen Abstufungen aus der natura creans increata (der ungeschaffene, alles schaffende Urgrund) des alles umfassenden und durchdringenden göttlichen Urgrundes vermittels der ewigen Ideen oder Primordialursachen (der natura creata creans; d.i. der geschaffene, schöpferische Grund) in die sinnen-

haft-materielle Schöpfung (der natura creata non creans) hinein, um von dieser aus in einer gleichsam soteriologischen Rückwendung zum restituierten Anfang (der natura nec creata nec creans, d.i. der weder geschaffene noch schaffende Urgrund) zurückzukehren, in dem Gott alles in allem ist. Der ganze Prozeß ist eine Selbstdarstellung Gottes, so daß alle Stufungen auch als göttliche Erscheinungen oder Theophanien zu verstehen sind (De div. III 19), in denen sich Gott auf kreative Weise selbst vollzieht. Darum kann es auch heißen, daß „Gott in der Kreatur auf wunderbare und unaussprechliche Weise geschaffen wird, sich selber darstellend, als der Unsichtbare sich sichtbar machend" (De div. III 17).
Dieses an ein idealistisches Identitätssystem erinnernde, oft mit dem Verdacht des Pantheismus behaftete Konzept eines weltbezogenen Gottes und einer gottinnigen Welt ist doch im Sinne des Autors von solchen Mißdeutungen freizuhalten, insofern das Endliche (weder seins- noch bewußtseinsmäßig) Konstituens des Unendlichen ist, Gott nicht Resultat des Weltprozesses ist, vielmehr die Welt Resultat des sich selbst kreativ konstituierenden Einen bleibt.
Die Überhobenheit über einen (in der Terminologie gelegentlich nahekommenden) Idealismus oder Pantheismus wird in der Auffassung E.s von der Gotteserkenntnis deutlich. Grundsätzlich erscheint das System aufgrund des deutlich entwickelten Gedankens von der Immanenz Gottes und seinen Theophanien, die vornehmlich natürlich gedacht sind, der Erkennbarkeit und der Erkenntnis Gottes offener als die überstark ausgebildete Transzendenzauffassung Plotins. Die Erscheinungsweisen Gottes sind ja auf den Lobpreis Gottes und seine Erkenntnis ausgerichtet. Dem entspricht auf seiten des Menschen die in seiner trinitarischen Abbildlichkeit begründete Dynamik der drei Seelenbewegungen, die als sensus, ratio und intellectus (Sinnlichkeit, Verstand, Vernunft) auf den Kontakt mit den Ideen angelegt und zuletzt auf Gott bezogen sind (De div. II 23.24). Die in dem Entwurf enthaltene Gottinnigkeit der Welt wird (in Abhängigkeit von Augustinus) dem Menschen vor allem durch die Selbsterkenntnis und die Einkehr der Seele in sich selbst zu eigen. Das Dasein Gottes ist danach geradezu evident; es bedarf deshalb auch keines Beweises, der im Sinne der klassischen Beweise Gott aus seinem Wirkungen diskursiv erschließt. Wie im genuinen Neuplatonismus wird Gott hier nicht aus der Welt erschlossen, sondern die Welt von

Gott her interpretiert. Trotzdem bleibt bezüglich des Wesens Gottes die Dialektik zur unendlichen Transzendenz des göttlichen Über-Wesens erhalten, die sogar ein göttliches Nichtwissen um sich selbst (als eines Etwas) einschließt und die dem Menschen ein begreifendes Erkennen unmöglich macht. Es gibt für ihn nur die metaphorisch-analoge Denk- und Sprechweise, welche mittels der via negationis (Weg der Verneinung) die Erhabenheit des göttlichen Über-Seins in einer Art der docta ignorantia (wissendes Nichtwissen) anerkennt. Der Mensch findet Gott als „unendlichen und unerfaßlichen Abgrund" (De div. II 19), um den das gnadenhaft erhobene Denken unaufhörlich kreist und sich so der Vollendung nähert.
Die Originalität dieses Konzeptes eines göttlich-schöpferischen Weltprozesses, das freilich von begrifflichen Mehrdeutigkeiten nicht ganz frei ist, verhinderte (zumal nach der Verurteilung [1210 zu Paris; 1225 durch Honorius III.]) eine nachhaltige Wirkungsgeschichte. Allerdings finden sich Anklänge im Exemplarismus →Bonaventuras und bei →Nikolaus von Kues im Gedanken von der Welt als explicatio dei (Entfaltung Gottes). Dagegen beachtet die im 19. Jahrhundert unternommene Einreihung E.s in den Idealismus (F. C. Baur) nicht die gerade im Über-Sein Gottes liegende Verschiedenheit.

Literatur: J. S. Eriugena: Gesamtausgabe, in: PL, Bd. 122; Periphyseon I–II (hrsg. von J. P. Sheldon-Williams / L. Bieler / J. J. O'Meara), Dublin 1968–72; De praedest; in: CChr, Bd. 50, 1978. – A. Schneider, Die Erkenntnislehre des J. Eriugena, 2 Bde., B 1921–23; H. Dörries, Zur Geschichte der Mystik. Eriugena und der Neuplatonismus, T 1925; L. Scheffczyk, Die Grundzüge der Trinitätslehre des J. S. Eriugena, in: J. Auer / H. Volk (Hrsg.), Theologie in Geschichte und Gegenwart. M. Schmaus zum 60. Geburtstag dargebracht von seinen Freunden und Schülern, Mn 1957, 479–518; J. P. Sheldon-Williams, A bibliography of the works of J. S. Eriugena, in: The Journal of Ecclesiastical History 10 (1959) 198–224; J. J. O'Meara / L. Bieler (Hrsg.), The mind of Eriugena, Dublin 1973; C. Allegro, G. S. Eriugena. Fede e Ragione, R 1974; J. S. Érigène et l'histoire de la Philosophie (Colloques internationaux du Centre national de la recherche scientifique, Nr. 561), P 1977; W. Beierwaltes (Hrsg.), Eriugena. Studien zu seinen Quellen. Vorträge des III. Internationalen Eriugena-Colloquiums, Freiburg 27.–30. August 1979, Hei 1980; G. Schrimpf, Das Werk des J. S. Eriugena im Rahmen des Wissenschaftsverständnisses seiner Zeit, Mr 1982; W. Beierwaltes, Denken des Einen, F 1985.

L. Scheffczyk

F

Fichte

Johann Gottlieb Fichte, * 1762 in Rammenau (Oberlausitz), † 1814 in Berlin. Aufgrund seiner Erstlingsschrift „Versuch einer Kritik aller Offenbarung“ (1792) erhielt er einen Ruf an die Universität Jena, wo er von 1794 bis 1799 Philosophie dozierte. Wegen eines Artikels „Über den Grund unseres Glaubens an eine göttliche Weltregierung“, in dem er seinen Gottesbegriff vor die Öffentlichkeit brachte, mußte er von seinem Lehramt zurücktreten (Atheismusstreit). In Berlin fand er Exil und hielt zunächst private Vorlesungen, 1805 wurde er von der preußischen Regierung zum Professor der Philosophie in Erlangen ernannt, wo er infolge der napoleonischen Kriegswirren nur während eines Semesters dozierte, ebenso 1806 an der Königsberger Universität. Eine dauernde akademische Lehrtätigkeit konnte er erst wieder an der neugegründeten Universität von Berlin ausüben, deren erster Rektor er war. F.s geistesgeschichtliche Bedeutung liegt darin, daß er der eigentliche Begründer des Deutschen Idealismus war.

Sichselbstdenken Gottes und Wirklichkeit der Welt. Spinozas Einfluß

F. war wie →Schelling und →Hegel ein „Gottsucher“, ein tief religiöser Geist, doch zugleich ein Sohn der Aufklärung. Schon am Gymnasium zu Schulpforta war er von den theologiekritischen Schriften Lessings (Anti-Goeze) stark beeindruckt. Vollends löste er sich von der protestantischen kirchlichen Orthodoxie während seines theologischen Studiums in Jena, Leipzig und Wittenberg. In den „Aphorismen über Religion und Deismus“, ein Bruchstück, das er 1790 nach endgültigem Verzicht auf ein theologisches Amt verfaßte, bekundet er eine spinozistische (→Spinoza) Gottesauffassung, ähnlich jener, die Lessing im „Christentum der Vernunft“ und in der „Erziehung des Menschengeschlechts“ vertrat: „Es ist ein ewiges Wesen, dessen Existenz und dessen Art zu existieren notwendig ist; nach und durch den ewigen und notwendigen Gedanken dieses Wesens entstand die Welt“ (GA II/1, 290). Der „ewige und notwendige Gedanke

Gottes“ ist wohl das Denken Gottes seiner selbst, die Reflexion Gottes auf sein Wesen. In und mit diesem seinem Sichselbstdenken entsteht die Wirklichkeit der Welt. Insofern in Gott alles notwendig ist – auch seine „Art zu existieren“ ist es! –, folgt aus diesem Gott-Welt-Begriff der restlose Determinismus. Tatsächlich schließt F. im selben Zusammenhang: „Auch jedes denkende und empfindende Wesen also muß notwendig so existieren, wie es existiert“ (ebd.). Wie Gott im Rahmen dieser Ansicht zu erkennen ist, darüber äußert sich F. nicht.

Die Befreiung vom Determinismus durch Kants „Kritik der praktischen Vernunft“

Zu einer radikalen Wende in seiner Gottesauffassung gelangte F. durch sein Studium von →Kants „Kritik der praktischen Vernunft“ (KpV). Kant faßt darin den innersten Grund des Menschen als praktische, d.h. selbsttätige Vernunft auf, die sich selber absolut autonom bestimmt. Nur die Annahme eines solchen absoluten Freiheitsgrundes erklärt das unbezweifelbare Faktum des „Kategorischen Imperativs“, des absoluten sittlichen Anspruchs im Menschen. Kant ging jedoch einen Schritt weiter: Er dehnte gewissermaßen die Struktur des menschlichen Freiheitsgrundes, das Wesen der praktischen Vernunft als selbstursächliche, sich selbst bestimmende Vernunft auf das ganze Reich der „übersinnlichen“, metaphysischen Wirklichkeit aus. Zudem bestimmte er das Verhältnis von der metaphysischen Realität zur sinnlich erfahrbaren als das von urbildlichem Grund (natura archetypa) zum abbildlichen Ausdruck (natura ectypa; vgl. KpV, A 75–76). Das heißt: alle übersinnliche Wirklichkeit, die der endlichen Wesen so wie die Gottes selbst, ist durch das Wesen der praktischen Vernunft gekennzeichnet, gleichsam von ihrer Struktur geprägt und durchwaltet. Und ebendiese übersinnliche Welt, dieses Reich an selbsttätiger, sich selbst bestimmender Vernunft liegt der sinnlichen Welt, der sichtbaren Natur und ihrer Veränderung zugrunde. Zunächst brachte diese Darstellung Kants der praktischen Vernunft F. die Befreiung vom Determinismus. Die praktische Vernunft macht ja den Freiheitsgrund des Menschen aus. In seinem innersten tiefsten Wesen ist er schöpferische autonome Vernunft, somit radikal frei. Wenn außerdem die ganze erfahrbare Natur samt ihrer Veränderung, Entwicklung letztlich in der metaphysischen Welt gründet, die vom freiheitlichen Wesen der praktischen Vernunft bestimmt ist, so ist der Determinismus der Naturkausalität nur eine relative Erscheinung und kein absolutes Gesetz allen Seins.

Die absolute praktische Vernunft als „Logos“
und das absolute göttliche Sein

Mit der Befreiung vom Determinismus wurde jedoch F. auch eine andere Gottesauffassung zuteil. Fiel der Determinismus dahin, so notgedrungen auch sein spinozistischer Gottesgedanke, zeitigte doch dieser die absolute Notwendigkeit des Weltverlaufs. Da nun Kant die metaphysische Realität insgesamt in der Perspektive der praktischen Vernunft sah, schaute F. fortan Gott in ihrer Sphäre: in der Sphäre des Freiheitsgrundes des Menschen. In den „Regeln der Selbstprüfung“ (GA II/1, 379), einer Art Anleitung zur täglichen Gewissenserforschung aus dem Jahre 1790, drückt F. eine geradezu göttliche Verehrung zum Moralgesetz aus, das kein anderes als das Gesetz der praktischen Vernunft ist. Des weiteren erklärt er im „Versuch einer Kritik aller Offenbarung“ (1792), daß die praktische Vernunft für das Wesen Gottes „konstitutiv“ ist und sein „Gesetz“ bildet (GA I/1, 22). In Notizen zu dieser Schrift geht er noch einen Schritt weiter: „Wir müssen ... den Begriff der praktischen Vernunft hypostasieren, und das ist dann der Begriff Gott“ (GA II/1, 5). Wie aus dem Zusammenhang hervorgeht, betrachtet F. das Hypostasieren, die Personalisierung der praktischen Vernunft als ein rein subjektives Bedürfnis des menschlichen Geistes, dem die Wirklichkeit aber nicht entspricht. Wir müssen daher annehmen, daß für ihn die praktische Vernunft als solche „Gott“ war, freilich die praktische Vernunft als absolut gedacht. Die praktische Vernunft und das Göttliche gelten ihm als identisch. Doch in welchem Sinn? Einen deutlichen Hinweis darauf findet man in den besagten Notizen und im „Versuch einer Kritik aller Offenbarung“. F. setzt darin die praktische Vernunft mit dem „Logos“ gleich (vgl. GA I/1, 93 und GA II/2, 5), das heißt also mit dem absoluten schöpferischen Ursprung aller Weltrealität überhaupt. Mit diesem absoluten schöpferischen Grund ist aber, eben weil ihn F. als „Logos“ bezeichnet, sozusagen nicht der ganze Gott gesetzt, denn der „Logos“ ist das „Wort“, der „Ausdruck“ Gottes. F. denkt sonach wohl „hinter“ dem Logos, der absolut aufgefaßten praktischen Vernunft noch so etwas wie ein absolutes göttliches Sein, wie es seine reife „Wissenschaftslehre“ (WL), seine später ausgearbeitete Metaphysik, ins Licht rückt. Im Bereich des „Logos“, der absoluten praktischen Vernunft (als Schöpfergrund des Sichtbaren, der Welt der Erscheinungen), findet nun nach F. die Gotteserkenntnis statt, und zwar dort, wo die praktische Vernunft den Freiheitsgrund des Menschen ausmacht, in seinem Innersten.

Gotteserkenntnis mittels intellektueller Anschauung: Das unmittelbare Selbstbewußtsein als Wurzel des Ichbewußtseins

Kant selbst bestritt zwar jede Einsicht in den Tiefengrund des Menschen, in sein eigentliches Selbst oder Ich. Das Ich als Freiheitsgrund kann nach ihm nur durch einen „theoretischen“ Schluß erkannt werden: als einzige adäquate Erklärung für die Manifestation des Kategorischen Imperativs, des Gesetzes der praktischen Vernunft. Indessen gab Kant doch einen Wink zur Einsicht in den Freiheitsgrund des menschlichen Subjekts, wenn er auch nicht an ihre Möglichkeit glaubte: „Wenn wir nämlich noch eines anderen Blicks ..., nämlich einer intellektuellen Anschauung desselben Subjektes fähig wären, so würden wir doch inne werden, daß die ganze Kette von Erscheinungen in Ansehung dessen, was nur immer das moralische Gesetz angehen kann, von der Spontaneität des Subjekts als Dinges an sich selbst, abhängt ...“ (KpV, A 178). Nur eine intellektuelle Anschauung, eine geistige Schau könnte den Freiheitsgrund des Menschen ersehen, der mit der praktischen Vernunft identisch ist. Doch nicht nur das: Dieselbe intellektuelle Anschauung zeigte auch den Grund aller Erscheinungen auf, die von der praktischen Vernunft abhängen. Da F. die praktische Vernunft als „Logos“, als göttlichen Schöpfergrund der Welt, verstand, so verhieß ihm eine solche intellektuelle Anschauung den Einblick in das schöpferische, göttliche Leben selbst. In einer Art plötzlicher Erleuchtung fand er denn auch die von Kant als unmöglich erklärte geistige Innenschau: in der Einkehr in das Ich, die alle irgendwie objektiven Bewußtseinsgehalte sowohl in bezug auf die Welt als auch auf das Ich hinter sich läßt, bis sie das unmittelbare Selbstbewußtsein, gleichsam die Wurzel des Ichbewußtseins überhaupt erreicht. Hier in der Tiefe des menschlichen Geistes „offenbart“ sich sein eigener Quellgrund als – praktische Vernunft. Wenn ich nämlich in solcher

Einkehr, in Freiheit, mich selbst „ergreife", so erfahre ich mich als ein Michselbstsetzen, Michselbstmachen. Ich begründe mich selbst, ich bin gewissermaßen reiner Akt, reines geistiges Handeln, das sich selbst bestimmt, sich selbst aufbaut.

Die „Tathandlung", d.h. die praktische Vernunft als Ichgrund
F. nennt dieses Geschehen des Quellgrundes des Ich, des Tiefengrundes des Menschen, „Tathandlung": Es ist in einem Handeln und Tat, schöpferischer Akt und Produkt, Subjekt und Objekt. Diese Charakterisierung entspricht jedoch genau dem Wesen der praktischen Vernunft, die ja ganz allgemein betrachtet selbstursächlicher, schöpferischer, sichselbstbestimmender, mithin irgendwie sichselbstschaffender Geist ist. F. insistiert darauf, daß die „Tathandlung" als Ichgrund in jedem Menschen sich gleich und notwendig findet. Das heißt: Jeder Mensch, der in sich Einkehr hält und sich in Freiheit in seinem Daseinsgrund ergreift und erschaut, wird immer die Erfahrung der „Tathandlung" machen, und umgekehrt: einzig die „Tathandlung" vermag ein wahres Selbst zu begründen. Diese Allgemeinheit und Notwendigkeit der „Tathandlung", der praktischen Vernunft als Ichgrund, bewog wohl F., nur einen einzigen Ichgrund für alle Menschen anzunehmen. So erklärte er in einem Brief vom 6. Dezember 1793 (an F. Niethammer): „Die reine Philosophie weiß nur von *Einem* Ich ... Kategorische Imperative in der mehreren Zahl gibt es nicht, sondern nur Einen" (GA III/2, 20). F. nennt diesen einen Ichgrund der Menschheit das reine oder absolute Ich. Dieses absolute Ich ist gleich dem absolut gesetzten Freiheitsgrund oder der absolut gesetzten praktischen Vernunft, die F. mit dem „Logos", dem göttlichen Schöpfergrund, identifiziert. In seinem Ichgrund erfaßt sich somit der Mensch durch intellektuelle Anschauung als geistiges, göttliches, schöpferisches Leben, das mit dem Leben Gottes eins ist. Insofern erfährt er Gott, nicht wie Gott in sich selbst ist, sondern soweit er sich schöpferisch in der Menschheit und der Natur äußert.

Gotteserkenntnis als sittliches, vernunftgemäßes Tun
Es ist wohl zu beachten, daß das durch intellektuelle Anschauung wahrgenommene Leben im Innersten des Menschen *unmittelbar* göttliches Leben ist. F. hat stets die jüdisch-christliche Auffassung der „Erschaffung aus nichts"

bestritten. „Aus Unkunde der ... von uns aufgestellten Lehre“, schreibt er noch in der Zeit seines ausgereiften Denkens, „entsteht die Annahme einer Schöpfung als der absolute Grundirrtum aller falschen Metaphysik und Religionslehre ...“ (SW V, 479). Für F. gilt daher das Prinzip: Aus Nichts wird nichts, das heißt, alles, was wird, wird immer in einem gewissen Sinne aus „etwas“. Besagt die „Schöpfung aus nichts“, daß das endliche Seiende einen absoluten Anfang, Ursprung zu eigen hat und sich so vom unendlichen göttlichen Leben wesenhaft unterscheidet, so folgt notwendig aus ihrer Leugnung eine letzte Identität des Endlichen mit dem Göttlichen. Wird das Endliche „aus etwas“, so ist es nur eine Gestaltung, ein Ausdruck dessen, aus dem es wird, eine Erscheinung des Unendlichen. Für F. ist deshalb der Mensch nur „Ausdruck“, nur „Akzidenz“ der absoluten praktischen Vernunft (GA I/4, 257–258), nur eine endliche Erscheinung des göttlichen, schöpferischen Lebens, des Logos. Das gilt ebenso von der Natur, dem Nicht-Ich. Die ganze Welt als „Erscheinung“ wird von F. in einem pantheistischen Sinne aufgefaßt. Ist dem so, so *erkennt* nicht nur der Mensch seinen Ichgrund als das göttliche schöpferische Leben selbst, er wird auch, soweit er es in sein Bewußtsein aufnimmt, gleichsam auch von dessen innerer Dynamik *ergriffen* und fortgerissen. Diese Dynamik ist jedoch keine andere als die der praktischen Vernunft, die sich als vernunfthaftes Sittengesetz im Menschen manifestiert. F. begreift ja das göttliche, schöpferische Leben als *praktische* Vernunft. Infolge der eben dargelegten Verhältnisse verschmelzen sich auf eigenartige Weise Gotteserkenntnis und sittliches, vernunftgemäßes Tun des Menschen. Gott erkennen und vernunftgemäßer Einsatz in der Welt sind ein und dasselbe. So schreibt er in seinem Aufsatz „Über den Grund unseres Glaubens an eine göttliche Weltregierung“ (1798), der den „Atheismusstreit“ heraufbeschwor: „Dies ist der wahre Glaube; diese moralische Ordnung ist das *Göttliche*, das wir annehmen. Er (sc. der Glaube) wird konstruiert durch das Rechttun. Dieses ist das einzige mögliche Glaubensbekenntnis, fröhlich und unbefangen vollbringen, was jedesmal die Pflicht gebeut, ohne Zweifeln und Klügeln über die Folgen. Dadurch wird dieses Göttliche uns lebendig und wirklich“ (GA I/5, 354). Unter der „moralischen Ordnung“ begreift F. das göttliche schöpferische Leben, die schlechthin absolut praktische Vernunft. Als „ordo ordinans, absolute, eoque ipso creans" (absolute, aktive Ordnung, durch sich selbst erschaffend; NW III, 392) charakterisiert er sie.

Gotteserkenntnis, moralisches Handeln und Heimholung der Welt in Gott

Durch die innige Vereinigung von Gotteserkenntnis und moralisch-vernünftigem Handeln in der Welt wird die Gotteserkenntnis zum wahren Gottesdienst. Hat nach Kant das moralisch-vernünftige Handeln den Sinn, sowohl der empirischen menschlichen wie äußeren Natur die „Form der übersinnlichen Welt zu verschaffen" (KpV, A 74), eben durch stetige Bearbeitung der empirischen Welt gemäß dem Gesetz der praktischen Vernunft, so folgt F. durchaus dieser Ansicht mit dem Unterschied jedoch, daß für ihn die reine Vernunftform" die „Form" des göttlichen Lebens selbst ist (GA I/5, 142). Ist die praktische Vernunft, die das eigentliche Ich des Menschen konstituiert, göttliches, schöpferisches Leben, so bekundet der Kategorische Imperativ das „Gesetz", die „Form" eben dieses Lebens. Alles Handeln, das entsprechend dem „Du sollst" vollzogen wird, „modifiziert" (GA I/3, 31) somit im Sinne des „Gesetzes" oder der „Form" des göttlichen Lebens die Realität der empirischen Welt. Das heißt: indem das sittliche Handeln so die Natur fortschreitend nach der „Form" des göttlichen Lebens im Menschen verändert, wird die Natur immer mehr in das göttliche Leben einverleibt, in dasselbe gewissermaßen zurückgeholt (vgl. GA I/1, 266). Hieraus ergibt sich die ganze Sinnhaftigkeit der Gotteserkenntnis, des religiösen Lebens, das eins ist mit dem vernunftgemäßen Tun. Alle erfahrbare Wirklichkeit ist ja Entäußerung des göttlichen Lebens selbst. Gott befindet sich somit im Prozeß seiner selbst, der kraft der nicht tangierbaren Einheit des göttlichen Seins erst dann sich vollendet, wenn jegliche Entäußerung in die Fülle des göttlichen Lebens zurückgenommen ist. Eben diesem Ziele dient der Mensch mit seinem sittlichen Einsatz in der Welt. Gotteserkenntnis, moralisches Handeln und Heimholung der Welt in Gott sind untrennbar miteinander verbunden.

Subjekt–Objekt–Einheit als Übergang vom absoluten Grund in den absoluten Ursprung

Kennzeichnet F. in seiner ersten Denkperiode Gott als „moralische Ordnung“, so meint er damit das schöpferische göttliche Leben, den Logos. Offenbar ist für ihn diese Gottesauffassung genügend, doch nicht erschöpfend. Denn eben in dieser Zeit macht er auch die Aussage: „Ihr sollt es gar nicht wagen, Gott zu bestimmen, denken zu wollen; das ist Verwegenheit. Glauben an Gott, das könnt und sollt ihr“ (GA IV/1, 433). An Gott glauben heißt nach F., sich dem göttlichen Leben hingeben in und mit dem vernunfthaften Tun. Wie schon bemerkt, wird nämlich in der intellektuellen Anschauung Gott nicht erfaßt, wie er in sich ist, sondern nur, inwieweit er schöpferisch hervortritt. Die intellektuelle Anschauung im Innersten des Menschen leuchtet aber nun dort auf, wo die Tathandlung sich ereignet, wo das Ich Akt und Produkt, Subjekt und Objekt in einem ist. Diese Subjekt-Objekt-Einheit kann jedoch zweifach betrachtet werden: Zum einen ist sie der Ursprung des Bewußtseins, der sich nach F. zum Bewußtsein aller inneren und äußeren Erfahrung entfaltet. Zum anderen ist sie aber auch Grenze des Bewußtseins und damit jeder Wahrnehmung und jeden Begreifens. Jenseits der Subjekt-Objekt-Einheit im Tiefengrund des menschlichen Selbst verbirgt sich die Fülle des göttlichen Seins. Diesseits ist sie das Hervorbrechen der göttlichen Schöpfermacht, das göttliche schöpferische Leben des Logos. Der „Punkt“ der Subjekt-Objekt-Einheit, der wohlgemerkt für alle Menschen ein und derselbe ist, ist gleichsam der Übergang des insichbleibenden göttlichen Seins in die Phase der schöpferischen Wirksamkeit, der Übergang von absolutem Urgrund in den absoluten Ursprung.

In der Anfangszeit seines philosophischen Denkens reflektierte nun F. vor allem auf die Tathandlung, auf die Subjekt-Objekt-Einheit als Ursprung aller bewußten Wirklichkeit und versuchte, aus der Struktur der Tathandlung systematisch die Erscheinungen der Welt und der Menschen samt ihrem sittlichen Tun abzuleiten. Eben in dieser Perspektive diesseits der Subjekt-Objekt-Einheit faßte er auch die bisher dargelegte Gotteserkenntnis, die mit dem moralischen Engagement zusammenfällt, auf. So sagt er von der „Religiösität des wahren moralischen Menschen“: „Wer seine Gedanken auf den Zweck (sc. die Veränderung der Welt nach dem Vernunftgesetz) richtet, der kann und soll sie nicht zugleich auf Gott richten. Wer zu arbeiten hat, der hat nicht zu beten, nur, wenn wir nicht mehr arbeiten können, sollen wir beten. Die Religion ist Trost, Stärkung und Beruhigungsmittel. Wer keines solchen Stärkungsmittels bedarf, der ist desto besser daran" (GA IV/1, 436). Die Gotteserkenntnis löst sich nahezu im Praktischen auf, im Wirken in der Welt und auf sie. Sie ist wesentlich weltverändernd, gänzlich auf die Zukunft gerichtet.

„Vernichtung des Begriffs" in der Hingabe an das Gottgeheimnis durch „Negation" des Menschen

Hinsichtlich solcher Auffassung ist in der reifen Konzeption der Philosophie F.s ein deutlicher Wandel bemerkbar, und zwar im Sinne einer Verinnerlichung der Gotteserkenntnis, einer Befreiung aus der Klammer der rein praktischen Ausrichtung. Ganz offensichtlich wendet sich F. in seiner philosophischen Reflexion dem Gottgeheimnis zu, das jenseits des Tiefengrundes, der Subjekt-Objekt-Einheit des menschlichen Ich west. Um dieses Gottesgeheimnis in den Blick zu bekommen, muß der menschliche Geist bis auf den Quellgrund seines Daseins vor- und in ihn eindringen, das heißt sein wahres Wesen zu verstehen suchen. Als Quellgrund des Ich ist er Bewußtsein. Das Bewußtsein bildet aber die Sphäre des Begreifens, kurz gesagt: des Begriffs. Sie ist keine andere als die der Tathandlung, des göttlichen schöpferischen Lebens, des Logos. Um auf ihren Urgrund zu gelangen, der jenseits des Quellgrundes, der Subjekt-Objekt-Einheit, sich findet, ist somit der Überstieg allen Begreifens vonnöten, die „Vernichtung des Begriffs", wie F. sich ausdrückt (GA II/8, 57). Der Vollzug der „Vernichtung des Begriffs" bedeutet aber soviel wie das Aufgeben des Bewußtseins, und weil der menschliche Geist Bewußtsein ist, die Preis- und Hingabe seiner selbst an den Urgrund, der sich so als der unbegreifliche Gott erweist. „Solange der Mensch", schreibt F., „noch irgend etwas selbst zu sein begehrt, kommt Gott nicht zu ihm, denn kein Mensch kann Gott werden. Sobald er sich aber rein, ganz und bis auf die Wurzel, vernichtet, bleibt allein Gott übrig und ist alles in allem. Der Mensch kann sich keinen Gott erzeugen; aber sich selbst, als die eigentliche Negation, kann er vernichten, und sodann versinkt er in Gott" (SW V, 518). Der Mensch ist „Negation", insoweit er ein besonderer und somit beschränkter „Ausdruck", eine begrenzte Gestaltung des göttlichen Lebens ist. Hebt er sich als solche „Negation" auf durch seine Preis-

und Hingabe an Gott, so erkennt er sich in seiner Wurzel als Ausfluß des göttlichen Lebens selbst und wird mit ihm zugleich seines Urgrundes gewahr als des alles Begreifen übersteigenden absoluten göttlichen Seins.

Literatur: J. G. Fichte: Sämtliche Werke (SW), B 1845–46; Nachgelassene Werke (NW), Bo 1834–35; Gesamtausgabe (GA), St 1964ff. – J. H. Löwe, Die Philosophie Fichtes, St 1863 (Nachdruck: Hil 1976); H. M. Baumgartner / W. G. Jacobs (Hrsg.), Fichte-Bibliographie, St 1968; W. Janke, Fichte, B 1970.

R. Stalder

Ficino

Marsilio Ficino, * 1433 in Figline Valdarno (Toskana), † 1499 in der Villa Careggi bei Florenz. Philologe, Mediziner, Theologe und Philosoph, Leiter der „Platonischen Akademie" in Florenz (1459–94) im Auftrag Cosimo de Medicis. – Nach dem Studium →Thomas von Aquins und Ciceros setzte sich F. die Aufgabe, das gesamte (→Platon) platonische und neuplatonische Corpus neu zu übersetzen und es interpretativ mit der christlichen Offenbarung zu vereinen, harmonisierend eingeschlossen die Lehren des →Aristoteles, →Augustinus und anderer Kirchenväter. Mit F. gewinnt die Renaissancephilosophie ab 1470 eine systematisch-metaphysische Fragestellung im Unterschied zum sprachbezogenen ametaphysischen Philosophieren des Humanismus.

F.s gedankliches Ziel ist eine „philosophische Religion", welche die grundsätzliche Gemeinsamkeit des geoffenbarten Gottes mit dem (neu-)platonischen Einen und Ersten, ja mit den Theomythen der für uralte göttliche Weisheit gehaltenen orphischen und hermetischen Schriften erweist. Gott ist die allem zugrundeliegende, alle ontologischen und gedanklichen Gegensätze unterfangende intelligible Einheit. Darüber hinaus ist er selbst mit seiner Schöpfung und deren dem Augenschein nach so unterschiedlichen Abstufungen ein Kontinuum. In F.s Paraphrase zu Platons „Symposion", „Sopra lo amore", ist Gott einem Kreismittelpunkt verglichen, um den sich konzentrisch der Geist, die Seele, die Naturdinge und die Materie als Ausfaltungen ordnen, aber immer auf die haltende Mitte bezogen bleiben. In dem Hauptwerk von 1474, „Theologia platonica de immortalitate animorum", verschiebt sich diese Bildlichkeit: In einer hierarchischen vertikalen Stufenfolge steht Gott nunmehr oben, die menschliche Seele aber in der Mitte als „Band und Knoten" der Welt. Sie vermittelt die Extreme: Die obere Welt des Göttlichen und der reinen Intelligenzen (Engel) bindet sich über die Seele an die untere Welt der körperlichen Qualitäten (Wärme, Farbe, Geruch usf.) und die materielle Vielheit. So erscheinen dem Menschen Gott, Geist, Qualität und Materie in seelischer Wiedergabe und Proportion, aber durchaus als Einheit aus Vielheit. Der Mensch gerät solcherart in ein unerschöpfliches Vermittlungs- und Beziehungszentrum zwischen Welt und Gott und damit in eine unerhörte (renaissancehafte) Würde; Gott selbst freilich ist seiner Welt wesentlich mehr „gegenüber" gerückt, bedarf gleichsam des Menschen, um die Verbindung zu ihr zu halten; seine Souveränität und einheitsstiftende Macht ist unbestritten, doch hält sie sich in Ferne, an der (unzugänglichen) Spitze alles Seins, ja ist nur noch Kraft der menschlichen Seele als ganzheitliches Prinzip gedanklich einzuholen.

Literatur: M. Ficino: Opera omnia, Bas 1561, ²1576, Nachdruck (hrsg. von P. O. Kristeller), Tn 1969; Supplementum Ficinianum, 2 Bde. (hrsg. von P. O. Kristeller), Fi 1937; Théologie Platonicienne de l'immortalité des âmes, 2 Bde. (lat.-frz.; hrsg. von R. Marcel), P 1964–70; Über die Liebe oder Platons Gastmahl (übers. von K. P. Hasse), L 1914, neu hrsg. (lat.-dt.) von P. R. Blum, H 1984. – W. Dress, Die Mystik des M. Ficino, B–L 1929; W. Horbert, Metaphysik des M. Ficinus, Koblenz 1930; M. Schiavone, Problemi filosofici in M. Ficino, Mi 1957; R. Marcel, M. Ficin (1433–99), P 1958; P. O. Kristeller, Die Philosophie des M. Ficino, F 1972; A. B. Collins, The Secular is Sacred. Platonism and Thomism in M. Ficino's Platonic Theology, The Hague 1974; P. O. Kristeller, Humanismus und Renaissance, I und II, Mn 1974–76; W. Beierwaltes, M. Ficinos Theorie des Schönen im Kontext des Platonismus, Hei 1980.

H.-B. Gerl

G

Gregor von Nazianz

Gregor von Nazianz, * 329/330 in Arianz, † 390. Zum Erweis des Daseins Gottes bemüht G. den kosmologischen Gottesbeweis der Stoa in Verbindung mit platonischen (→Platon) Gedankengängen. Die Fähigkeit des Menschen zur Gotteserkenntnis unterscheidet ihn vom Tier. Erkenntnis Gottes aus der in den Geschöpfen offenbar werdenden Größe Gottes, nicht aber seines Soseins, des innersten Wesens, ist möglich. Übernatürliche Wirklichkeiten entziehen sich der Diskussion durch die Vernunft. Gottes Wesen ist unerkennbar, ja sogar unaussprechbar. Warum? Ein endlicher Geist kann den unendlichen Geist nicht voll erfassen, weil solches Erfassen notwendigerweise eine Beschränkung im unendlichen Geist zur Folge hätte. Der endliche Geist ist auf sinnenhaftes, subjektives und dadurch fehlerhaft vermitteltes Erkennen angewiesen. Die menschliche Sünde behindert die Gotteserkenntnis. Nur ein heiliges Wesen vermag den heiligen Gott in etwa zu erfassen. Selbst wer wie Mose den Sinai zu besteigen vermag, erblickt dort bloß den Rücken Gottes. Dem durch Gebet gereinigten Intellekt wird teilweise Schau Gottes gewährt. Sie ist charismatische Schau, die intuitive Gottesschau von Angesicht zu Angesicht ausschließt. Die negative Theologie G.s mündet einerseits in die Mahnung, Mäßigung in der Frage nach dem Sosein Gottes zu üben, andererseits in die Überzeugung, Gott, den niemand jemand gesehen hat, hat sich durch Jesus Christus kundgetan.

Literatur: Gregor von Nazianz: →Basilius von Caesarea; J. Mossay, Gregor von Nazianz, in: TRE, Bd. 14, 164–173 (Lit.).

W. Gessel

Gregor von Nyssa

Gregor von Nyssa, * um 335 in Neocäsarea oder Annesi, † 394. Die Versuche G.s, Gott zu erkennen bzw. dessen Unbegreiflichkeit darzulegen, sind durch →Platonismus und alexandrinische Theologie befruchtet sowie durch sehr persönliche Erfahrung des eigenen Denkens geprägt. Aus Größe und Schönheit der Welt und ihrer Ordnung schließt G. auf den schöpferischen Gestalter, die Existenz Gottes. Der Mensch ist von sinnenhafter Wahrnehmung abhängig, seine Natur bestimmt die leibseelische Einheit. Weil der Mensch als Geschöpf nicht über sich selbst hinaustreten kann, ist sein Erkennen beschränkt. Er kann nur Gottes Unerkennbarkeit bekennen, da das Unbegrenzte nicht in Gedanken und Worte zu fassen ist. Den Kategorien Raum, Zeit und Maß entzieht sich der unbegrenzte Gott. Gott wird im eigenen Inneren entdeckt, weil dem Menschen gnadenhaft Gottebenbildlichkeit geschenkt ist. Mit Hilfe des Mikrokosmosgedankens erschließt G. die Existenz der Seele aus der Existenz Gottes im All. Gott und Seele verhalten sich wie Archetyp zum Bild. Die Seele spiegelt in ihrer Eigenart Gott als Abglanz der göttlichen Reinheit. G. stellt die christliche Lebensführung unter dieses Bild und erklärt mit dem Satz von der Erkenntnis des Gleichen durch Gleiches das Beieinander von menschlichem und göttlichem Tun. Teilnahme an Gott dokumentiert sich in der Energie der Seele, die auf Gott blickt. Die Seele wird durch Gotteserkenntnis erhalten, wie Speise und Trank den Körper nähren. Für G. verläuft der Weg von der Gotteserkenntnis zur Selbsterkenntnis oder häufiger von der Selbsterkenntnis zur Gotteserkenntnis. Da der Mensch durch Sünde den ursprünglichen Zustand verloren hat, muß die Seele über die Abkehr vom Bösen ihre Gottebenbildlichkeit zurückgewinnen. Die wieder erworbene Fähigkeit, Gott zu spiegeln, bereitet Erkenntnis vor und mündet in die Schau Gottes, die nicht bis zum göttlichen Wesen vordringt. Diese mittelbare Schau wird durch die Sonne, die sich im Spiegel spiegelt und das Sonnenlicht selbst nicht bietet, erklärt.

Literatur: Gregor von Nyssa: →Basilius von Caesarea; D. L. Balás, Gregor von Nyssa, in: TRE, Bd. 14, 173–181 (Lit.).

W. Gessel

Guardini

Romano Guardini, * 1885 in Verona, † 1968 in München. G. entschied sich nach freudloser Kindheit und tastenden Orientierungsversuchen für das Studium der Theologie, das ihn vor allem in Berührung mit dem auf die Lebenswerte des Glaubens bedachten, später gemaßregelten Dogmatiker W. Koch brachte. Seine Kaplanszeit in Darmstadt, Worms und Mainz stand im Schatten der Modernismuswirren, ließ ihn aber auch in der Hingabe an die Kirche (sein „Bekehrungserlebnis“)

und in der Jugendarbeit die Schwerpunkte seiner späteren Tätigkeit finden. Nach Promotion (1915) und Habilitation (1922) wurde G. durch den preußischen Kulturminister Bekker auf den neugegründeten Lehrstuhl für „Katholische Religionsphilosophie und Weltanschauung" an der Universität Berlin (als Mitglied der Theologischen Fakultät in Breslau) berufen, wo er eine weit über die Universität ausstrahlende Lehrtätigkeit entfaltete. Gleichzeitig zog er als Erzieher und Lehrer auf der Burg Rothenfels Scharen begeisterter Jugendlicher an. Durch die nationalsozialistische Kulturpolitik seines Lehrstuhls enthoben (1939), verbrachte er die Kriegsjahre in innerer Emigration. Nach Kriegsende nahm er seine Lehrtätigkeit mit anhaltend großem Erfolg in Tübingen (1945–47) und München (1948–63) wieder auf, wo er von Ehrungen überhäuft, aber innerlich vereinsamt starb.
Der platonisch-augustinischen Denkweise (→Platon, →Augustinus) verpflichtet, konzentrierte sich G.s Interesse von Anfang an auf die Zeichenwelt der Liturgie, die Mysterien des Glaubens und die Chiffrensprache der Geschichte. Einem Wink M. →Schelers folgend fand er den Schlüssel zur Lösung der ihm gestellten Lehraufgabe in großen Gestalten der Geistesgeschichte, die er jedoch letztlich in der Absicht interpretierte, dadurch der Gestalt Jesu auf die Spur zu kommen. So gewann er ein überaus facettenreiches Bild von „christlicher Weltanschauung". Es war unterbaut von seiner Gegensatzlehre und einer Anthropologie, die nicht vom philosophischen Staunen, sondern von der „Sorge um den Menschen" eingegeben und darauf angelegt war, den Menschen im Spielraum seiner Werdemöglichkeiten in den Blick zu bringen. Von G.s intuitiver Denkweise war auch seine Stellung zur Frage der Gotteserkenntnis bestimmt. G. führte keinen formellen Gottesbeweis; wohl aber brachte er in seinem Pascal-Buch drei markante Beweisformen in einen subtilen Zusammenhang: das anselmische (→Anselm von Canterbury) Argument mit →Pascals „Wette" und diese mit →Kierkegaards „absolutem Paradox", das sich die Vergewisserung der Gotteswirklichkeit von einem Akt des Loslassens verspricht. Das korrespondiert vollauf mit G.s Deutung des Gebets, das für ihn nach dem Durchgang durch eine Phase der Entbehrung in die Gewißheit ausmündet: „Er ist da" (Vom lebendigen Gott, 90). Damit entdeckte er – gleichzeitig mit →Buber und reziprok zu →Hegel – den spekulativen Charakter des Gebets,

das in Erfahrungen der Gotteswirklichkeit seine Erfüllung findet und sich von daher als die mit dem Herzen gestellte Gottesfrage erweist. In seiner Gotteslehre zeigt sich G. der kusanischen (→Nikolaus von Kues) Gotteslehre verpflichtet, die ihn in Gott zugleich den Anderen und den „Nicht-Anderen" erblicken ließ (Welt und Person, 20–27). In seiner spirituellen Theorie und Praxis neigte er freilich eher zu Formen der religiösen Heteronomie als zu denen der mystischen Innerlichkeit. Sein stupender Lehrerfolg, der sich in der Nachkriegszeit noch steigerte, dürfte sich aus seiner Fähigkeit erklären, das, was er als intuitiver Denker „sah", seiner Hörer- und Leserschaft mitzuteilen, und diese durch die Suggestivität seiner Sprache in die von ihm „eröffnete" Schau hineinzuziehen.

Die suggestive Wirkung G.s steht in einem auffälligen Spannungsverhältnis zum Verlauf seiner literarisch-denkerischen Wirkungsgeschichte. Im Fall seiner liturgischen Bemühungen erklärt sich das aus der Rezeption seiner Ansätze durch das Zweite Vatikanum, im Fall des interpretatorischen Werks aus dem fehlenden Bezug auf die zeitgenössische Forschung; im Fall der Christologie aus der ungelösten Methodenfrage. Unverkennbar ist jedoch der indirekte Einfluß: seiner Betonung des Erfahrungsmoments auf das heutige Glaubensverständnis; seiner intuitiven Denkweise auf die Ausarbeitung einer theologischen Ästhetik; seiner anthropologischen Einsichten („Die Annahme seiner selbst") auf das Selbstverständnis des heutigen Menschen, und seiner Zeitanalyse auf die zunehmende Einsicht in die Unerläßlichkeit einer zeitkritischen Unterbauung der Glaubensvermittlung. Unvergessen bleibt auch seine bewußtseinsbildende Rolle nach dem Ersten Weltkrieg durch sein Programmwort von „Erwachen der Kirche in den Seelen" und nach der Jahrhundertmitte durch die Forderung der „Annahme seiner selbst", mit der er die Kardinaltugend der Gegenwart umriß. Nicht weniger lebt G. dadurch im Gedächtnis der Nachwelt fort, daß er sich unter den sich rapide wandelnden Verhältnissen als zeitüberdauernde Modell- und Orientierungsgestalt erwies. Seine Bedeutung für die Gegenwart aber besteht nicht zuletzt darin, daß er schon in den Zeiten der Fortschrittseuphorie die Gefahr einer der ethischen Kontrolle entgleitenden Technik beschwor und nachdrücklich für Selbstbesinnung und Selbstbescheidenheit eintrat.

Literatur: Die Fülle der von G. hinterlassenen Werke, Essays, Aufsätze und Kleinschriften lassen sich nach folgenden Themenkreisen aufgliedern: 1. Liturgie und Ekklesiologie (Vom Geist der Liturgie, 1917; Von heiligen Zeichen, 1927; Vom Sinn der Kirche, 1922); 2. Pädagogik und Anthropologie (Briefe über Selbstbildung, 1930; Welt und Person, 1939; Sorge um den Menschen, 1962; Die Existenz des Christen, 1976); 3. Religionsphilosophie (Vom lebendigen Gott, 1930; Das Wesen des Christentums, 1939; Religion und Offenbarung, 1958; Wunder und Zeichen, 1950); 4. Gestaltdeutungen (Der Tod des Sokrates, 1944; Die Bekehrung des Aurelius Augustinus, 1935; Christliches Bewußtsein. Versuche über Pascal, 1935; Religiöse Gestalten in Dostojewskijs Werk, 1939; Hölderlin. Weltbild und Frömmigkeit, 1939); 5. Christologie und Spiritualität (Der Herr, 1937; Jesus Christus. Sein Bild in den Schriften des Neuen Testaments, 1940; Vorschule des Betens, 1943; Tugenden, 1963); 6. Zeitanalyse (Briefe vom Comersee, 1927; Das Ende der Neuzeit, 1950; Die Macht, 1951). – R. Guardini: Berichte über mein Leben. Autobiographische Aufzeichnungen, D 1984. – H. U. von Balthasar, R. Guardini. Reform aus dem Ursprung, Mn 1970; E. Biser, Interpretation und Veränderung. Werk und Wirkung R. Guardinis, Pa 1979; H. -B. Gerl, R. Guardini. Leben und Werk, Mz 1985; J. Cardinal Ratzinger (Hrsg.), Wege zur Wahrheit. Die bleibende Bedeutung von R. Guardini, D 1985.

E. Biser

H

Hamann

Johann Georg Hamann, * 1730 in Königsberg, † 1788 in Münster. Der Gott-Denker H., Übersetzer und Zollbeamter in Königsberg, ist Sprachdenker. Gott selbst ist in seinem sprechenden Werk und wirksamen Sprechen „Autor“, „Poet“: „Gott ein Schriftsteller!“ (SW I, 5). Als solcher schreibt er das Buch der Natur und Geschichte und darin meine eigene Lebensgeschichte. Ich werde, durch die „Höllenfahrt der Selbsterkenntnis“ hindurch, von ihm verstanden und ausgelegt; er ist selbst der beste Ausleger seiner Worte und ihr letzter Kritiker, ihr Richter.

H., nicht etwa Irrationalist, sondern konsequenter Aufklärer, denkt Gott als den, der ihn samt allen Kreaturen durch die Kreatur anredet. Deshalb sind ihm auch das Denken und die Vernunft Sprache. Mit einer Theologie und Philosophie der als Handlung im Übersetzen wirksamen Sprache sucht H. auch die Frage nach dem Sein zu beantworten; in seiner hermeneutischen Ontologie bzw. ontologischen Hermeneutik ist er →Kant und →Hegel überlegen. Anders als Kant denkt er Gott nicht als Grenzbegriff; anders als Hegel nicht als lautlose Vermittlung.

H. wendet sich scharf gegen den Vernunftdogmatismus der Vertreter einer natürlichen Religion und gegen deren spekulative Theologie; er begrüßt die Skepsis der „Dialoge über natürliche Religion“ (1779) D. Humes (1711–76) und die diese aufnehmende „Kritik aller Theologie aus spekulativen Prinzipien der Vernunft“ Kants. Doch so sehr H. Kants „skeptische Taktik“ teilt („Das Dasein Gottes leugnen und beweisen wollen, ist im Grunde ... Sottise de deux parts“: SW III, 319), so wenig vermag er Kants kritischem Weg dort zu folgen, wo dieser in der Furcht vor dem Skeptizismus selbst wiederum (durch die Behauptung der „Reinheit“ der Vernunft) in den Dogmatismus führt; Kant beende die Geschichte des Wechselspiels von Dogmatismus und Skeptizismus nicht, sondern treibe sie weiter.

Führt die puristische Tendenz der transzendentalen Frage Kants, von allem Partikularen abstrahierend, zum Begriff einer Grenze, so setzt H.s Metakritik dieser Grenze eine Mitte entgegen, die im Geschehen der Kreuzigung und Auferwekkung Jesu Christi liegt. Diese im Titel der Schrift „Golgatha und Scheblimini“ (1784) figurierte Mitte bestimmt H.s Leben, Lesen und Schreiben bis in die feinsten Verästelungen hinein. Die wechselseitige Teilhabe der Besonderheiten göttlicher und menschlicher Natur in der Person Jesu Christi („communicatio idiomatum“) ist „der Hauptschlüssel aller unsrer Erkenntnis“ (SW III, 27). Seine Menschlichkeit und Erniedrigung erweist Gott nicht erst am Kreuz, sondern schon als Schöpfer; er erweist sie ebenso als Heiliger Geist, der „ein Geschichtsschreiber menschlich törichter, ja sündlicher Handlungen geworden“ ist (SW I, 99). In seiner Kondeszendenztheologie gelingt es H., Gott jenseits von Idealismus und Materialismus zu denken und die Wahrheitsmomente beider im Medium des Wortes – darin →Luther folgend – eindrucksvoll zu integrieren.

Literatur: J. G. Hamann: Sämtliche Werke (hrsg. von J. Nadler), 6 Bde., W 1949–57; Briefwechsel (hrsg. von W. Ziesemer / A. Henkel), 7 Bde., Wie und F 1955–79. – O. Bayer, Art. Hamann, in: TRE, Bd. 14, B–NY 1985, 395–403; E. Büchsel, Geschärfte Aufmerksamkeit – Hamann-Literatur seit 1972, in: Deutsche Vierteljahresschrift für Literaturwissenschaft und Geistesgeschichte 60 (1986) 375–425; O. Bayer, Die Geschichten der Vernunft sind die Kritik ihrer Reinheit. Hamanns Weg zur Metakritik Kants, in: B. Gajek (Hrsg.), Hamann-Kant-Herder. Acta des IV. Internationalen Hamann-Colloquiums 1985, F 1987, 9–87.

O. Bayer

Hegel

Georg Wilhelm Friedrich Hegel, * 1770 in Stuttgart, † 1831 in Berlin, dort seit 1818 Universitätsprofessor. Über dem Theologiestudium im Tübinger Stift stehen für H., zusammen mit Hölderlin und Schelling, Leitworte aus Griechentum und Bibel: „Hen kai pan“ (Eins und alles) und „das Reich Gottes“. Später lehrt sie J. G. →Fichte, den Dualismus →Kants zu überwinden: Die Gegensätze Denken – Sein, Subjekt – Objekt, Geist – Natur, Welt – Gott will H. nicht nur, wie Schelling, intuitiv als Einheit schauen, sondern als in sich differenzierte Ganzheit begreifen.

Nicht das Leben oder die Liebe, sondern – „tiefer“: – *der Geist* wurde die Schlüsselidee für H., der in Jena die „Phänomenologie des Geistes“ (1807) verfaßt, dann, sein System ausbauend, die dreibändige „Wissenschaft der Logik“ (1812–13,

1816; = WL), die „Enzyklopädie" (1817, [3]1830) und die „Grundlinien der Philosophie des Rechts" (1821); in Berlin liest H. neben anderen großen Vorlesungszyklen viermal über Religionsphilosophie.

Struktur der Dialektik

Für die in sich differenzierte Geist-Totalität (die den Namen „Gott" erhalten wird) ist das gemäßeste Beispiel die geistige Entwicklung des Menschen: „Wenn der Embryo wohl *an sich* Mensch ist, so ist er es aber nicht *für sich*: für sich ist er es nur als gebildete Vernunft, die sich zu dem gemacht hat, was sie an sich ist. Dies erst ist ihre Wirklichkeit" (Phän. 22). Das Kind ist eine unbestimmt-offene Möglichkeit; es ist ein Ich in einem unmittelbaren und allgemeinen, noch unerfüllten Sinn, es ist sozusagen alles-und-nichts. Der Mensch muß erst ‚etwas werden', aus sich herausgehen, sich auf anderes einlassen, sich verlieren an das viele Besondere und Bestimmte außer ihm, an „die Welt". Aber was Ent-äußerung scheint, ist notwendig Er-innerung, das Sichverlieren ein Sichfinden: Der Innenraum des einzelnen Bewußtseins öffnet und weitet sich zum Außenraum der Welt; als *Welt*bewußtsein – und nur so – wird das *Selbst*bewußtsein wach und gehaltvoll. Das Innen ist, im Idealfall, koextensiv mit dem Außen; wer seine Anlagen ausbildet, bildet in sich die Welt ein, nämlich Menschheitsgeschichte und die aus ihr erwachsene Kultur, eben das, was das Menschsein ausmacht. Mit H.s Worten: Die abstrakte Unmittelbarkeit der Substanz wird dadurch aufgehoben, daß das werdende Subjekt „der Bestimmtheit in seinem Element Dasein gibt"; so wird es die „wahrhafte Substanz", die „an ihr selbst Subjekt ist", oder „Unmittelbarkeit, welche nicht die Vermittlung außer ihr hat, sondern diese selbst ist" (Phän. 45).

Am Prozeß der geistigen Menschwerdung des Individuums Mensch, an seiner Bildungsgeschichte, läßt sich das Bewegungsgesetz der Hegelschen *Dialektik* ablesen (vgl. Enz. §§ 79–82, WL II 487–500), das man, was H. selber nicht tat, zu kennzeichnen pflegt durch den Dreischritt These – Antithese – Synthese: 1. Ausgangsbasis ist das abstrakt-leere *Allgemeine* und Unmittelbare, das *Ansich* (der Substanz). 2. Im Durchgang der Entäußerung oder Verneinung der bloßen Allgemeinheit vermittelt sich diese zum bestimmten *Besonderen,* dem *Fürsich* (des Subjekts gegen die Substanz). 3. Die Vollendungsstufe des konkreten (von concrescere = zusammenwachsen), erfüllten Allgemeinen, von H. „das *Einzelne*" genannt, ist das durch Zurücknahme, besser: Selbstaufhebung der Verneinung, durch Negation der Negation, mit sich selbst vermittelte und somit höhere, neue Unmittelbare, das *An-und-für-sich* (des Subjekts im Vollsinn, das die „wahrhafte Substanz" ist).

Dialektik der Welt

Alles Lebendige ist Selbstbewegung, Entwicklung des unentfaltet alles noch in sich einschließenden Keimes zur vollen, ausgewachsenen Lebensgestalt, obwohl Pflanzen, Tiere und als *Natur*wesen auch die Menschen, so wie sie entstehen, auch vergehen und eine Einheit nur bilden als die die Individuen übergreifende Gattung. Sogar die nicht-lebenden Dinge, überhaupt die ganze Welt sieht H. durchpulst von ein und demselben Gesetz der dialektischen Bewegung des Geistes, des differenzierenden Sich-Bestimmens und Sich-Aufhebens in je weitere und vollere Zusammenhänge. Die *Logik*, der erste Teil seines Systems, will das auf den Begriff bringen: auf *den* ‚Inbegriff', der die „sich selbst bewegende Seele" (WL I 38) der Dinge ist. Die dialektische Logik untersucht nicht die nachträglichen formalen Denkoperationen des Menschen, die etwa übersichtlicher Klassifizierung dienen. Ihr Gegenstand ist „die Sache an sich selbst, insofern sie ebensosehr der reine Gedanke ist" (30); und diese ist wirklicher als das äußere Erscheinungsbild der Dinge, sie ist der ursprüngliche Strukturierungsprozeß ihres Ent- und Bestehens. Das Ergebnis: ein universales Kategoriensystem (wie es sich weder →Aristoteles noch Kant träumen ließen), das, sich in sich reflektierend, in der „absoluten Idee" seine ideelle Vollendung findet. – „Die Logik ist sonach als das System der reinen Vernunft, als das Reich des reinen Gedankens zu fassen. Dieses Reich ist die Wahrheit selbst, wie sie ohne Hülle an und für sich selbst ist; man kann sich deswegen ausdrücken [!], daß dieser Inhalt die Darstellung Gottes ist, wie er in seinem ewigen Wesen vor der Erschaffung der Natur und eines endlichen Geistes ist" (31).

Was H. über die „Erschaffung" der Welt sagt, daß nämlich die absolute Idee „sich selbst frei entläßt" zum Sein der Natur (WL II 505), gab und gibt Anlaß zu unterschiedlicher Deutung. Da für H. Freiheit gleichbedeutend ist mit der wesensgemäßen Selbstverwirklichung des Geistes, ist das Hervorgehen von Welt im Sinne H.s wohl anzusprechen als die notwendige Selbstentäußerung des Geistes aus seiner Gedanken-Allgemeinheit in das radikal Andere seiner selbst, das „Außereinander" der materiellen Natur - d.i. „die Idee in der Form des Andersseins" - (Enz. §§ 254, 247), und damit in das reale Dasein. In diesem Medium konstruiert H. seine *Naturphilosophie.*

Damit ist aber auch, gegenläufig zur entschiedensten Entäußerung, die zunehmende „Er-innerung" des zu wirklichem Dasein gelangten Geistes in Gang gekommen. Die *Philosophie des Geistes* stellt dar: Wie der „subjektive Geist" des einzelnen Menschen in einem zum Selbstbewußtsein führenden Prozeß das für sich wird, was er an sich ist; wie der „objektive Geist" sich in den „sittlichen Mächten", vor allem der Familie und des Staates, realisiert; und wie schließlich der „absolute Geist" die Sphäre des Endlichen, in der Subjekt und Objekt sich noch gegenüberstehen, übersteigt, indem er sich mit sich zur vollen Wirklichkeit seines Begriffs zusammenschließt - in der Anschauung der Kunst, in der Vorstellung der Religion und zuletzt und zuhöchst im Denken der Philosophie, worin derselbe Inhalt, das Absolute, je verschiedene Form gewinnt.

Dialektik des Göttlichen

Wie nun denkt H.s *Religionsphilosophie,* was die Religion dem Glaubenden vorstellt? Am langen geschichtlichen Gestaltenzug der „bestimmten", vor- und außerchristlichen Religionen versucht er nachzuweisen, daß sich in ihnen je ein besonderes Moment des Begriffs der Religion einseitig realisierte; so, als unmittelbare Vorbereitung des Christentums, in der jüdischen Religion der Erhabenheit die Transzendenz des einen Herr-Gottes, in der griechischen Religion der Schönheit die anschauliche weltlich-menschliche Manifestation des Göttlichen. Die volle Verwirklichung von Religion ist die nicht nur geoffenbarte, sondern „offenbare", „absolute" *christliche* Religion, weil sie darin, daß Gott *Geist* ist, zeigt, was das heißt, Geist - und Gott - zu sein. Die Geschichte Gottes legt sich aus als Geist-Dialektik: „Geist ist die göttliche Geschichte, der Prozeß des sich Unterscheidens, Dirimierens und dies in sich zurücknehmend; er ist die göttliche Geschichte und daher in jeder der drei Formen zu betrachten" (Vorlesungen über die Philosophie der Religion; = VPhR, Teil 3, 120; vgl. Enz. §§ 566–570).

1. Gott als das Allgemeine

In der „Form" der *Allgemeinheit* ist Gott, außerhalb Welt und Zeit, in seinem ewigen Wesen bei sich selbst. Von ihm sagt H., er sei „in seiner Ewigkeit ... dreieinig" (VPhR, Teil 3, 15), schon „in abstrakter Bestimmung ... der allgemeine Geist, der sich besondert", „der Gott, der sich unterscheidet, aber darin identisch mit sich bleibt": „das, was in der christlichen Religion Dreieinigkeit heißt" (125) – der *Vater* und „der ewige *Sohn* des Vaters, der sich objektiv seienden, sich selbst gegenständlich seienden Göttlichkeit" (25); und „daß diese zwei Unterschiedenen dasselbe sind, daß diese Unterschiede sich aufheben", eben das „ist der Geist selbst oder, nach der Weise der Empfindung ausgedrückt[!], die ewige Liebe: der *heilige Geist*" (201). – Manche Interpretationen meinen hierin wiederzufinden, was die christliche Theologie über die ‚immanente', ‚innergöttliche' Trinität lehrt. Aber es ist zu bedenken: Nicht nur sind die Namen Vater und Sohn nur „naive, glückliche Formen der Vorstellung" (17), die „bloß bildlich" „ein kindliches [= kindlich aufgefaßtes?] Verhältnis" benennen (127f.). Auch was H. im Manuskript von 1821 sehr eindrucksvoll über das personale Verhältnis der Freundschaft und Liebe ausführt (20f.), das beschreibt doch nur ein Bild und Beispiel des geistigen Lebens Gottes „in der Form des Gefühls"; in Wahrheit sind in Gott die drei Personen „nur als verschwindendes Moment gesetzt" (126f.).

2. Die besondere Weltgestalt Gottes

Die Geschichte Gottes vollzieht sich als das Drama der welthaft-realen Selbstauslegung des Geistes in der Sphäre des *Besonderen*. Sie ist das Reich des Sohnes; und sie verbindet die Welterschaffung mit der Menschwerdung Gottes in Jesus Christus und dessen Todesschicksal. Zwar wehrt H. selbst den „falschen Sinn" ab, „als ob der ewige Sohn ... dasselbe sei als die Welt, physisch und geistig, und unter jenem Sohne nur diese zu verstehen sei" (25). Aber im ersten, ideellen Element des ewigen Verhältnisses des ‚Vaters' zum ‚Sohn' besitzt das Andere, ‚der Sohn', noch nicht „die Bestimmung des Andersseins, des Seienden". Es ist „die Fortbestimmung zu weiterem Unterschied" verlangt, in der erst „der Unterschied sein Recht erhält, sein Recht der Verschiedenheit": Das geschieht durch die *‚Erschaffung' der Welt* (218). Es gehöre zum Wesen

Gottes, Schöpfer zu sein (200), weil es zum Wesen des Geistes gehört, sich zu manifestieren und dadurch zu realisieren. Daß „Geist für den Geist ist", ist die Grunderkenntnis der „offenbaren" christlichen Religion! „Der Geist ist also wesentlich dies, sich selbst zu erscheinen, sich zu manifestieren" (105ff.; vgl. Enz. §§ 562–564). Der Ort der Welterscheinung Gottes ist der Mensch. Deshalb die *Menschwerdung Gottes* „in ganz zeitlicher, vollkommen gemeiner Erscheinung der Weltlichkeit", „im endlichsten Dasein", „in der sinnlichen Gegenwart" (VPhR, Teil 3, 46f.49.146) dieses einen individuellen Menschen Jesus von Nazaret! „Das ist nun das Ungeheure, dessen Notwendigkeit wir gesehen haben" (146): in philosophischer Deduktion der Inkarnation!? Die „göttliche Geschichte als die eines einzelnen Selbstbewußtseins" erfährt die äußerste Zuspitzung dieser ihrer Selbstentäußerung im Kreuzestod Jesu. Die „Verendlichung ist bis auf ihr Extrem, den Tod, getrieben" (60), und zwar den elendiglichsten, „entehrendsten Tod" (64). Der Tiefstpunkt ist der Wendepunkt: Der Tod Christi ist der Tod des Todes selbst, die Negation der Negation (67f.); „die unendliche Abstraktion von ... unmittelbarem Bewußtsein" ist das „Element der Versöhnung des Geistes mit sich" (61f.). Die religiösen Bilder der Auferstehung und Himmelfahrt Jesu stellen diese Rückkehr zu sich, durch die der Geist erst eigentlich wirklicher und wirkender Geist wird, „als angeschaute Vollendung" vor (67).

3. Gott in der Geist-Gemeinde

Damit ist – im Pfingstgeschehen – „das Reich des Geistes" (71, 78) eröffnet: „Die *Einzelheit* der göttlichen Idee ... als *ein* Mensch vollendet sich erst in der Wirklichkeit", indem sie die *vielen* einzelnen, die Menschheit, „zur Einheit des Geistes, zur Gemeinde zurückbringt und darin als wirkliches [siehe Phase 2!] allgemeines [siehe Phase 1!] Selbstbewußtsein ist" (69): Die Gemeinde, als „neue Welt" und „neue Wirklichkeit" (241), ist „der existierende Geist" (254)! Die Partikularität des einen die Welt mit Gott versöhnenden Sohnes mußte aufgehen in die weltweite Universalität all der Brüder und Schwestern im Geist: in die erfüllte Geistes-Gegenwart. Gott ist „in der christlichen Gemeinde zu seiner vollkommenen Wahrheit und Wirklichkeit" gelangt (Enz. § 381 Zusatz).

Philosophie und Theologie
„Das ist der Standpunkt der *Philosophie*, daß sich der Inhalt [= Gott] in den Begriff flüchtet und durch das Denken seine Rechtfertigung erhält." „Die unbefangene Frömmigkeit bedarf derer nicht." Aber dem denkenden Menschen sei es aufgegeben, „den Prozeß des Denkens ... durchzumachen, bis er zur Versöhnung kommt. Diese Versöhnung ist die Philosophie. Die Philosophie ist insofern Theologie" (VPhR, Teil 3, 367–369)! – Die Philosophie ist nicht eine bloße Abschlußsphäre, weil sie „nur auf ihr Wissen *zurücksieht*". Ihr Begriff ist „das Logische mit der Bedeutung, daß es die im konkreten Inhalte als in seiner Wirklichkeit *bewährte* Allgemeinheit ist. Die Wissenschaft ist auf diese Weise in ihren Anfang zurückgegangen ..." (Enz. §§ 573 f.).
War seine Philosophie für H. *die bessere Theologie*? Den christlichen Glauben sah er von zwei entgegengesetzten Seiten bedroht: von theologischem Rationalismus, der sich auf Kant beruft, und vom Fideismus pietistischer Gefühlsreligion. Beide haben die Theologie auf ein „Minimum von Dogmen reduziert" (VPhR, Teil 1, 76), weil „die wichtigsten Lehren, z.B. der Glaube der Dreieinigkeit, viel von ihrem Interesse verloren haben" (67). Ja, die Inhaltsfülle der christlichen Religion habe „die moderne Theologie ausgeleert", und es sei „durch den *Begriff* wieder eine solche Fülle zu gewinnen" (44)! Die Philosophie nämlich könne sich in bezug auf Kirchenlehren „unbefangen verhalten" (68). Denn in ihr ist es darum „zu tun, die Vernunft der Religion zu zeigen" (VPhR, Teil 3, 175). „Der Gegenstand der Philosophie wie der der Religion ist Gott und nichts als Gott und die Explikation Gottes. Die Philosophie expliziert nur sich, indem sie die Religion expliziert" (VPhR, Teil 1, 63).
Exkurs: Gottesbeweise (vgl. Jaeschke 1983, 120–133): Sie sind für H. ein sekundäres Problem. Er setzt sich vor allem mit Kants Kritik daran auseinander, um sie aufzulösen (vgl. Vorlesungen über die Beweise vom Dasein Gottes; = VB 136–157). Das bedeutet nicht, daß er selbst die Beweise in ihrer traditionellen Gestalt, ihrer ungenügenden „Verstandesform" (VB 154), annehme. Der *kosmo-* und der *teleo*logische Beweis, die von Zustandsweisen der Dinge, ihrer Zufälligkeit bzw. Zweckmäßigkeit ausgehen, gelangen nicht zum gemäßen Begriff Gottes als Geist. Der *ontologische Beweis* dagegen, der „der allein wahrhafte ist" (VB 172), legt den Begriff Gottes

zugrunde. „Hier ist nicht von einem Zukommen des Seins zu dem Begriff die Rede oder bloß von einer Einheit des Begriffs und Seins – dergleichen sind schiefe Ausdrücke. Die Einheit ist vielmehr als absoluter Prozeß, als die Lebendigkeit Gottes so zu fassen, daß ... sie die absolute Tätigkeit ist, sich ewig hervorzubringen." Für die Vernunft sind Begriff und Sein „nur Momente *einer* Tätigkeit" (VB 176f.). Das ganze dialektische System H.s *ist* der „ontologische Gottesbeweis".

Zur Würdigung des Hegelschen Gott-Denkens

Unüberbietbar ist die spekulative Entschiedenheit H.s, in der All-Einheit seines Denksystems Gott und Welt – die Welt des Menschen! – miteinander zu verschränken. *Gott* ist das begründend und umgreifend Selbstverständliche, nicht Welt, Dinge, Menschen! Durch die Entäußerung Gottes zur Welt und entscheidend im Selbstbewußtsein des Menschen vollzieht sich die „Geist"-Dialektik in einem Kreis von Kreisen, als Prozeß der triadischen (philosophisch gedacht: *nicht* „trinitarischen") Totalität von Gott-Welt-Mensch. Die Größe des titanischen Denkabenteuers ist jedoch auch seine Grenze. Weil der große Ireniker H. alles einbezieht und nichts ausläßt, konnte er, im Rückgriff auf je verschiedene Inhaltsmedien seiner Philosophie, als *der* moderne Denker des (reformatorischen) Christentums (und das entspräche wohl H.s Selbsteinschätzung) oder als Vertreter eines neuen, sublimen Pantheismus gelten; Atheismen (L. Feuerbach, K. Marx ...) dagegen wurden in Absetzung von ihm entwickelt. Nach der hier gegebenen Deutung, die wohl ihrerseits eindeutig verdeutlicht, ist der „Pantheismus"-Vorwurf *nicht* ausdiskutiert. Nimmt nicht der Gott, dessen Unendlichkeit sich notwendig in Endliches äußert und dadurch realisiert, dem Endlichen seine wahre Wirklichkeit? Der letzte Grund dafür scheint die Festlegung von H.s Systemdialektik auf die Bewegung des *erkennenden* Geistes zu sein, die letztlich alles für das Selbst – das eine („Gott"-) Subjekt – vereinnahmt, ohne die geistige Gegenbewegung von *Willen, Freiheit, Liebe* zur Geltung zu bringen, die sich dem Anderen als dem bleibend Anderen zuwendet.

Literatur: G. W. F. Hegel: Vorlesungen über die Philosophie der Religion (hrsg. von W. Jaeschke), 4 Bde., H 1983–86 (zitiert: VPhR); Vorlesungen über die Beweise vom Dasein Gottes (1829?; hrsg. von G. Lasson), H [2]1966 (zitiert: VB; dort 190: andere Hegel-Texte dazu! *Kritische* Ausgabe angekündigt: Gesammelte Werke, Bd. 18). Zitiert werden: Phän. ed. Hoffmeister 1952, WL ed. Lasson 1966f., Enz. (3. Aufl.) ed. Nicolin-Pöggeler 1959. – F. A. Staudenmaier, Darstellung und Kritik des Hegelschen Systems (1844), Nachdruck F 1966, 673–836; H. A. Ogiermann, Hegels Gottesbeweise, R 1948; J. Splett, Die Trinitätslehre G. W. F. Hegels, Fr–Mn (1965) [3]1984; E. Fackenheim, The Religious Dimension in Hegels Thought, Bloomington-Lo 1967; H. Küng, Menschwerdung Gottes. Eine Einführung in Hegels theologisches Denken ..., Fr 1970; M. Theunissen, Hegels Lehre vom absoluten Geist als theologisch-politischer Traktat, B 1970; R. Heede, Die Gottesidee und ihre Erscheinung in der Religion (Philosophische Dissertation), Mr 1972; F. Guibal, Dieu selon Hegel, P 1975; W. Kern, Dialektik und Trinität in der Religionsphilosophie Hegels, in: ZkTh 102 (1980) 129–155; F. W. Graf / F. Wagner (Hrsg.), Die Flucht in den Begriff. Materialien zu Hegels Religionsphilosophie, St 1982 (Lit. zu Hegels Religionsphilosophie: 309–344!); W. Jaeschke, Die Religionsphilosophie Hegels, Da 1983 (Lit.); H. Huber, Idealismus und Trinität, Pantheon und Götterdämmerung. Grundlagen und Grundzüge der Lehre von Gott nach dem Manuskript Hegels zur Religionsphilosophie, Weinheim 1984; D. Henrich / R.-P. Horstmann (Hrsg.), Hegels Logik der Philosophie. Religion und Philosophie in der Theorie des absoluten Geistes, St 1984; W. Jaeschke, Die Vernunft in der Religion. Studien zur Grundlegung der Religionsphilosophie Hegels, St–Bad Cannstatt 1986; A. Peperzak, Selbsterkenntnis des Absoluten. Grundlinien der Hegelschen Geistphilosophie, St 1987. – *Über Sekundärliteratur* (1971–85): W. Jaeschke, Die Flucht vor dem Begriff, in: Hegel-Studien, Bd. 18, Bo 1983, 295–354; W. Kern, Fragen an Hegels Religionsphilosophie anhand neuer Publikationen, in: ZkTh 107 (1985) 271–286.

W. Kern

Heidegger

Martin Heidegger, * 1889 in Meßkirch, † 1976 in Freiburg/Br. Studium der katholischen Theologie (1909–11) und der Philosophie (1909–1915) in Freiburg, 1919 Assistent bei E. →Husserl, 1923 Professor in Marburg, 1928 in Freiburg. Endgültige Emeritierung 1951. Seit 1975 erscheint die auf etwa 100 Bände geplante Gesamtausgabe seiner Schriften, Vorlesungen usw.

H.s Aussagen zur religiösen Grundfrage sind alles andere als eindeutig. Im Folgenden wird eine mögliche Interpretation versucht. – H. versteht sein Denken als eine Radikalisierung der Phänomenologie. Phänomenologie ist, negativ erfaßt, der Versuch, der Erfahrung gegen alle Theorie recht zu geben, und zwar in mehrfachem Sinne. Zunächst soll nicht das Ausgedachte, sondern das Gegebene als das Reale gelten. Dann muß die Erfahrung von ihrer bloß dienenden Rolle gegenüber der Theorie (Daten liefern, aufgrund derer sich Hypothesen entwerfen und testen lassen) zu ihrer eigenen Weite und Tiefe befreit werden. Schließlich – und darin liegt die Hauptsache –

geht es darum, ein Tiefen-Wissen zu thematisieren, das der gewöhnlichen Alltagserfahrung wie auch der wissenschaftlichen Beschreibung und Erklärung von Tatsachen ermöglichend („a priori") zugrunde liegt. Dieses zum menschlichen Existieren selbst gehörende Wissen, das zunächst alles andere als phänomenal offenkundig ist, ist das „Phänomen" der Phänomenologie. Das in ihm Beschlossene ist auf der einen Seite verborgen, weil es nichts *neben* den objektiv begegnenden Realitäten ist, sondern in deren *Weise,* uns entgegenzustehen, gewissermaßen restlos aufgeht. Auf der anderen Seite aber handelt es sich um Vertrautestes, das jeder Mensch schon deswegen kennt, weil er Mensch ist. Menschsein heißt im Unterschied zum Tier, auf das Begegnende nicht nur zu stoßen, sondern auf es aus dem weitesten Horizont zurückzukommen. Dieser Horizont ist das sich gebende Sein selbst. Von daher begegnet uns „Seiendes", statt daß wir nur von Stimuli angerührt würden. Die Grundthese lautet also: Nur weil wir „immer schon" – unserem Wesen nach – Sein verstehen, können wir uns zu Seiendem verhalten; und nur deswegen kann sich uns Seiendes in seinem So und Daß zeigen. „Seinsverstehen" meint nicht, das Wort „sein" korrekt gebrauchen zu können; es meint auch nicht, zu einem besonderen Bereich der Wirklichkeit Zugang zu haben; es meint nur, daß uns – vor allem Seienden im einzelnen – dessen Sein prinzipiell eröffnet ist. Diese Grundthese, die H. zunächst mit vielen Metaphysikern teilt, wird von ihm nach drei Rücksichten hin näher bestimmt. a) Das Seinsverstehen hat die Form des Entwurfs je eines lebensweltlichen Gesamthorizonts („Welt"), aus dem heraus das Seiende, mit dem wir gerade zu tun haben, und damit auch wir selbst, eine mögliche Bedeutsamkeit vorgezeichnet bekommt. Es hat also immer (mindestens) eine dreigliedrige Struktur: Weltentwurf, Offenheit für Begegnendes, Existenzgewißheit. b) Seinsverstehen ist nicht primär Bezug zu den Gründen des An-sich-Seienden und damit Basis der Theorie, sondern hat eine praktische Spitze. Es ist ein Sich-Verstehen auf die Möglichkeiten des eigenen Seins, in dem auch die Möglichkeiten des Begegnenden mitverstanden sind. c) Das Seinsverstehen besteht nicht zeitlos, sondern gewinnt seine Gegenwart je neu aus der Zukünftigkeit des Gewesenen. – „Sein" meint dabei nicht das bloß Tatsächliche, das neutrale Vorhandensein. Es meint – in gewisser Weiterführung der antik-mittelalterlichen Transzendentalienlehre – das Sein in der

Fülle seiner Dimensionen, zu denen grundlegend das Sich-Geben (die „Wahrheit“, verstanden als Sich-Entbergen) und die Sinnhaftigkeit (die „Gutheit“, der Wesensreichtum) gehören. Freilich gehört zur Dimension der „Wahrheit“ nicht nur die Entbergung, sondern auch die Verbergung und das Geheimnis, und zur Dimension der Gutheit gehört nicht nur das Heile, sondern auch das Böse. Entscheidend ist dabei, daß dies vom Sein selbst her so ist und also nicht als die bloße Folge der Endlichkeit unserer Erkenntnisausstattung interpretiert werden darf, als ob wir uns durch den Gedanken eines un-endlichen Verstehens zur Idee eines Seins emporarbeiten könnten, das nichts als reines Licht und Heil wäre. Verbergung und Unheil sind nicht Verunstaltungen des Seins, sondern Weisen seines Sich-Gebens. H. geht so weit, in einem radikalen Entzug (Geheimnis) des Seins die ruhende Wurzel seines Sich-Gebens zu sehen. Die Mehrdeutigkeit der Erfahrung wird also gegen ihre theoretische Idealisierung, wie sie prototypisch →Platon vorgenommen hat, verteidigt. Intellektualismus wie Moralismus sind Weisen des Bezugs zur Realität, in denen sich diese eher entzieht als gibt (und das gilt natürlich ebenso für ihre Geschwister zur linken Hand, den Irrationalismus und Sensualismus).

Damit setzt H. eine Trennlinie zur Idee, daß die Wahrheit in der Wissenschaft gefunden werden muß, wie sie das abendländische Denken in steigendem Maße bis heute beherrscht hat. Wissenschaft ist zwar einerseits eine Manifestation des Seins in seinem Unterschied zum Seienden; denn ohne diesen Unterschied wäre keine Distanzierung, Objektivierung und Hinterfragung des unmittelbar Erfahrenen möglich. Zugleich aber übergeht die Wissenschaft dieses Sein selbst, indem sie es im Hinblick auf die Objektivierung, Klassifizierung und Erklärung des Seienden in seiner Wahrheit logisiert und so gewissermaßen verbraucht. Sie „denkt nicht“, d.h., sie geht nicht in den Grund ihrer eigenen Möglichkeit, eben in das sich gebende Sein selbst, und „fragt nicht“, nämlich ob dieses Sein vielleicht doch mehr oder anderen Wesens sei, als dies, Wissenschaft (und die dazu gehörige technische Weltgestaltung) zu ermöglichen.

Die erste Form, in der in Europa das Ideal der Wissenschaft aufkam, war die Philosophie. Platon gab, in seiner Methode der Ansetzung der Ideen, dem Überspringen der Erfahrung die Richtung: das Sein unter das Joch des Logisch-Identischen zu bringen. H. nennt diese Denkweise, ob sie sich nun reflektiert oder nicht, „Metaphysik“: ein Übersteigen des Erfahrenen auf die Idee des Immergleichen hin, so daß sich die Erfahrung zum Wissen des gesetzlich strukturierten Vorhandenen wandelt. Nicht in den Versuchen der Universitätsphilosophie, sondern in der Herrschaft des technischen Herstellens und des davon inspirierten wissenschaftlichen Vorstellens sieht H. die Gegenwart des metaphysischen Impulses heute. In gewisser Weise ist auch das Wort von Gott in den Bannkreis der Metaphysik gekommen. H.s Überzeugung ist, daß es daraus befreit werden muß, wenn es wieder kräftig sprechen soll. War schon die alte Verbindung der biblischen Überlieferung und Verkündigung mit der spekulativen Theologie der Griechen zum Schaden beider, so hat die weitere Entfaltung des philosophischen Impulses zum modernen wissenschaftlich-technischen Weltverständnis ein geistiges Klima geschaffen, in dem „heilige Worte“ nur noch als Gegenstand der Erinnerung existieren können. Nur eine radikale Besinnung auf die Wahrheit des Seins selbst und auf die Rolle des Menschen als „Ort“ dieser Wahrheit kann, wenn überhaupt, die Quellen jener ursprünglichen Erfahrung wieder öffnen, die sich auf die Dimensionen des Heilen und darin des Heiligen und darin des Göttlichen bezieht. M.a.W.: Der eigenste Ort, an dem das Wort „Gott“ zu Hause ist, ist nicht die metaphysische Theorie, sondern die Erfahrung des Heiligen.

H. lehnt alle Gottesbeweise ab. Denn sie setzen eine Idee von Gott voraus, die einerseits in sich problematisch ist (der sich selbst begründende Grund von allem), und die andererseits keine Verbindung zum religiösen Leben hat (der Causa sui kann man nicht opfern, zu ihr nicht beten). Der Gottesbeweis ist aber nicht nur unzureichend, sondern auch überflüssig. Die Ansetzung einer Idee Gottes in ontologischen Termini übergeht nämlich die ureigenste Offenbarkeit des Göttlichen selbst. Diese Offenbarkeit gehört – ihrer Möglichkeit nach – zum Sein selbst, freilich nicht in der Weise objektiver Antreffbarkeit, sondern in einer wesentlichen Verborgenheit, die eine Weise der Anwesenheit ist. Die Dimension des Göttlichen gehört zum Seinsereignis selbst. Diese Aussage ist nicht zu verwechseln mit der metaphysischen These, das Sein sei an sich und wesentlich zeitlos, reiner Akt usw., so daß das Dasein Gottes an sich (wenngleich nicht für unser sinnenverhaftetes Begreifen) eine Selbstverständlichkeit sei, das Dasein des

Zeitlichen, von Nichtigkeit Durchzogenen hingegen etwas, was eine Erklärung brauche. H.s Perspektive hält sich vielmehr konsequent im Bereich des erfahrbaren Sinnes, im Raum der Lebenswelt. In diesem Raum aber scheint er es für eine Evidenz zu halten, daß ein Leben, das das Heilige kennt und ehrt, mehr Wahrheit in sich trägt als eines, aus dem „die Götter entflohen" sind. Argumente gegen die Existenz des Göttlichen sind seinem Urteil nach natürlich nicht tragfähiger als Gottesbeweise, im Gegenteil.

Die Einsicht in die Tatsache, daß das Ereignis des Seins, seinem Sinne nach, den Aufgang des Göttlichen einschließt, bleibt allerdings neutral gegenüber der Frage, welche Formen der Aufgang des Göttlichen denn einnehmen könne und welcher man trauen dürfe. Im Hinblick auf die Vergangenheit erwähnt H. einmal beiläufig die griechische Götterwelt, die Predigt der Propheten Israels und die Verkündigung Jesu. Im Hinblick auf heute sieht er die geistige Situation durch eine sich verstärkende Abwesenheit des Göttlichen, durch eine größer werdende Unfähigkeit zur Erfahrung des Heiligen und durch die Umfälschung dieses enormen Mangels in einen Fortschritt gekennzeichnet. Weil jedoch das Göttliche sich immer nur von sich selbst her zeigt und durch nichts ihm Äußeres zum Sich-Zeigen gebracht werden kann, und weil dieses Sich-Zeigen kein zeitlos immergleiches, sondern ein geschichtlich-schicksalhaftes ist, kann die Aufgabe des Menschen und Philosophen nur darin bestehen, das Bewußtsein dieses Mangels zu vertiefen und auszuhalten. In welcher Weise, und ob überhaupt, das Göttliche sich in seinem eine ganze Welt um sich ordnenden, Sinn gebenden Glanz sich zeigen wird, kann man nicht wissen. Gewiß aber werden, wenn es sich zeigt, die großen Erscheinungsweisen des Heiligen in der Vergangenheit dadurch eine neue Zukunft gewinnen; nur aus dem Gewesenen kann Zukunft werden.

H. beschränkt sich darauf, einen formal bleibenden Hinweis auf die Dimension des Heiligen zu geben. Aus seiner eigenen persönlichen Situation heraus sieht er sich nicht in der Lage, eine konkrete Erfahrung des Heiligen zu bezeugen. Im Laufe seines Lebens hat sich seine persönliche Einstellung zum Christentum und seiner Theologie stark gewandelt, von der Identifikation über eher ablehnende Phasen bis zur Haltung der letzten Jahrzehnte, die vielleicht als eine Sympathie aus

Distanz umrissen werden kann. Sein Denken blieb immer darauf bedacht, die Grenze zur Theologie nicht zu überschreiten, wohl auch aus Achtung vor der Eigenständigkeit der Offenbarung, sicher aber aus Sorge um seine eigene Eigenständigkeit. Aus diesem Grund hat er es auch vermieden, den überlieferten Texten des Glaubens jene Sorgfalt des Hörens auf die Sprache zuzuwenden, die er – trotz aller Gewaltsamkeit des Interpretierens – den Texten des →Aristoteles und den Gedichten Hölderlins schenkte. Wenn man sich fragt, welche Bedeutsamkeit H.s Denken für die gottsuchenden Menschen heute haben kann, so wird man der Meinung sein können, daß Größe und Grenze nahe beieinander liegen und ihre gemeinsame Wurzel im phänomenologischen Ansatz haben. H.s Beitrag kann in seiner Insistenz auf dem Sich-von-sich-her-Zeigenden gesehen werden. Religiös interpretiert, liegt darin die Absage an alles Machenwollen im Wesentlichen, der Hinweis auf die Priorität der (an den Ernst des Lebens) gebundenen geistlichen Erfahrung vor der Theorie, die Achtung der je neu sprechenden Stimme der Überlieferung. In einer Zeit des Konsumismus und Szientismus ist seine beharrliche Suche nach dem Einfachen und Echten, dem Unscheinbaren und Unvernutzbaren eine wertvolle Quelle der Inspiration. Das überaus große Interesse, das H.s Denken gerade in Kreisen religiös interessierter Leser in vielen Nationen gefunden hat, ist dafür ein Zeichen. Freilich wird es sehr schwer sein, von seinem Denken aus, das der Mitmenschlichkeit und damit dem Glauben und der Liebe nur einen Randplatz anweist, einen Übergang zum Gott der biblischen Offenbarungsgeschichte zu finden. Eher schon legt sich der Übergang zu einer Art von Religiosität nahe, die einer erneuten Weise der Ehrung der „Scheinendsten" von allen, der griechischen Götter, ähnlich sieht. Denn diese müssen nicht „geglaubt" werden; sie bringen manifeste Dimensionen des Heiligen in gestalthafte Gegenwart.

Literatur: M. Heidegger: Sein und Zeit, T [14]1977; Phänomenologie und Theologie, F 1970; Nietzsche II, Pfullingen 1961; Nietzsches Wort „Gott ist tot", in: ders., Holzwege, F [4]1963, 194–247; Über den Humanismus, in: ders., Wegmarken, F 1967, 145–211; Erläuterungen zu Hölderlins Dichtung, F [4]1971; Identität und Differenz, Pfullingen 1957. – G. Siewerth, M. Heidegger und die Frage nach Gott, in: Hochland 53 (1960–61) 516–526; K. Lehmann, Christliche Geschichtserfahrung und ontologische Frage beim jungen Heidegger, in: Philosophisches Jahrbuch 74 (1966–67) 126–153; H. Danner, Das Göttliche und der Gott bei Heidegger, Mei 1971; B. Welte, Gott im Denken Heideggers, in: ders.,

Zeit und Geheimnis, Fr 1975, 258–280; G. Haeffner, Das Sein, das Heilige, der Gott. Heidegger und die philosophische Gottesfrage, in: J. Möller (Hrsg.), Der Streit um den Gott der Philosophen, D 1985, 140–156.

G. Haeffner

Heraklit

Heraklit aus Ephesos, * um 540, † um 480 v. Chr. Wir besitzen von H. etwa 125 Fragmente in einer dichten, prägnanten Sprache. Ob sie ursprünglich ein zusammenhängendes Ganzes bildeten, ist umstritten. H. läßt sich in keine Richtung der vorsokratischen Philosophie einordnen. Die Erfahrung von Gegensätzen verschiedener Bereiche, z. B. Tag und Nacht, Krieg und Frieden, Leben und Tod, stellt H. vor die Frage nach Sinn und Grund des menschlichen Lebens und der Welt.

H. deutet die Möglichkeit einer analogen Gotteserkenntnis an. „Der Mann heißt kindisch vor Gott so wie der Knabe vor dem Mann“ (B 79, vgl. B 82 f.). Dem Fragment liegt das Schema zugrunde: Knabe:Mann = Mann:Gott. Es unterscheidet drei Stufen der Vollkommenheit. Aus dem Verhältnis der beiden bekannten unteren Stufen läßt sich auf die Vollkommenheit Gottes schließen. Fragt man nach H.s Gottesbegriff, so bieten sich zwei Textreihen an. Die eine setzt Gott gleich mit der die Welt lenkenden Vernunft, die andere mit dem Feuer. Das Interpretationsproblem ist, wie beide Aussagen sich zueinander verhalten.

„Eines nur ist das Weise: die Einsicht zu verstehen, die alles durch alles steuert“ (B 41). Das kann einmal als Aussage über die menschliche Weisheit verstanden werden. Sie besteht in der Erkenntnis der göttlichen Vernunft, die den Kosmos dadurch lenkt, daß alles in einem umfassenden Wirkzusammenhang steht, d. h. jedes auf alles und alles auf jedes einwirkt (vgl. B 10). Es kann aber auch auf die göttliche Weisheit bezogen werden: Es gibt nur ein Weises, und zwar jenes, das über den Plan der Welt verfügt und sie nach ihm lenkt. Dieser Begriff findet sich in B 32: „Eines, das allein Weise, will nicht und will doch mit dem Namen des Zeus (Zenos) benannt werden.“ Was die homerische Religion unter der Gestalt des Zeus verehrte, ist in Wahrheit das Weise. Der Genetiv ‚Zenos‘ spielt auf ‚zen‘ (Leben) an. Das Weise ist Urgrund des Lebens, das aber im Unterschied zu dem des Menschen die Einheit von Leben und Tod ist. Es ist folglich „etwas von allem Getrenntes“ (B 108), d. h. absolut und transzendent.

Die Attribute des Weisen werden in B 64–66 auf das Feuer übertragen; es lenkt die Welt und sorgt für Gerechtigkeit. Daß es eine theologische Größe ist, wird vor allem deutlich aus B 16: „Wie kann einer vor dem verborgen bleiben, das niemals untergeht?“ Die archaische Vorstellung von der Sonne, die alles sieht, wird auf das kosmische Feuer übertragen, das so zum göttlichen Gewissen wird, dem der Mensch sich nicht entziehen kann. Das Feuer ist Symbol der Gegensätze: Es ist zerstörend und tötend und zugleich notwendige Bedingung des Lebens oder die Lebenskraft selbst. Es muß als Prozeß verstanden werden, der einer Gesetzmäßigkeit unterliegt. So kann es mit den für H.s Theologie zentralen Begriffen des Gesetzes (B 114) und des Logos (B 1, 2) in Beziehung gesetzt werden. Im physikalischen Feuer zeigt sich wie in allen anderen Erscheinungen des Kosmos und der Lebenswelt der eine allumfassende göttliche Logos. „Gott ist Tag, Nacht, Winter, Sommer, Krieg, Frieden, Sattheit, Hunger. Er wandelt sich aber gerade wie [das Feuer], das, wenn es mit Räucherwerk vermischt wird, nach der Lust eines jeden heißt“ (B 67). Gott ist die Einheit *aller* Gegensätze. Die Menschen benennen ihn, so kritisiert der Schluß des Fragments die üblichen Gottesvorstellungen, nach dem ihnen Angenehmen. Aber er ist wie das an sich geruchlose Feuer gegenüber den erfahrbaren Gegensätzen transzendent.
Die Bedeutung der Theologie H.s liegt einmal in ihrem existentiellen Ansatz. Durch die Vermittlung der →Stoa haben seine Begriffe des Logos, des Gesetzes und des Weisen einen großen Einfluß ausgeübt. Sie erlauben es, die menschliche Vernunft und vor allem das sittliche Bewußtsein als Teilhabe am Göttlichen zu interpretieren, und sie sind Grundlage des teleologischen Gottesbeweises.

Literatur: Heraklit: H. Diels, Die Fragmente der Vorsokratiker, Bd. 1, B [6]1951. – H. Fränkel, Wege und Formen frühgriechischen Denkens, Mn [2]1960; C. K. Kahn, The Art and Thought of Heraclitus, C 1979; K. Held, Heraklit, Parmenides und der Anfang von Philosophie und Wissenschaft, B 1980.

F. Ricken

Herder

Johann Gottfried Herder, * 1744 in Mohrungen (Ostpreußen), † 1803 in Weimar. Sohn eines Küsters, 1762–64 theologisches Studium in Königsberg, 1764–69 Lehrer an der Domschule und Prediger in Riga, 1771–76 Konsistorialrat in

Bückeburg, 1776–1803 Generalsuperintendent in Weimar. Das besondere Interesse des Studenten galt →Kants Vorlesungen über Astronomie und physische Geographie, die Kultur- und Religionsgeschichte miteinschloß. H. „blieb zeitlebens ein ‚vorkritischer' Kantianer" (Kantzenbach 1982, 20). Prägend wurde die Begegnung, ebenfalls in Königsberg, mit →Hamann, vor allem dessen biblizistisches, gegenaufklärerisches Verständnis von Poesie und Sprache. Die anonym herausgegebenen „Fragmente" (1767) lassen schon deutlich seinen u.a. von Blackwell beeinflußten Ansatz einer historisch-genetischen Betrachtungsweise erkennen, die kulturelle Leistungen nicht normativ, sondern aus ihrer unvertauschbaren Situation heraus deutet. Sehr früh auch formuliert H. in dem sprachlich mitreißenden Manifest des Sturm und Drang, im „Journal meiner Reise im Jahr 1769", die Idee einer „Universalgeschichte der Bildung der Welt": „Welch ein Werk über das Menschliche Geschlecht! den Menschlichen Geist! die Cultur der Erde! aller Räume! Zeiten! Völker! Kräfte! Mischungen! Gestalten! ... -- Großes Thema" (IV, 353). In seiner Bückeburger und Weimarer Zeit gestaltete H. sein „großes Thema" von den verschiedensten Seiten her aus: als Prediger und Theologe, Literaturkritiker, Philosoph der Natur und Geschichte, in aller schriftstellerischen Tätigkeit religiös und pädagogisch bestimmt; denn nach H.s Glauben folgt alles in der Kultur wie in der Natur einer lückenlosen Gesetzmäßigkeit der „Bildung" oder „Organisation". In umfassendster Weise bezeugen diesen Glauben die „Ideen zur Philosophie der Geschichte der Menschheit" (1. und 2. Teil: 1784, 3. Teil: 1787, 4. Teil: 1791 SW XIII–XIV); in konzentriertester Weise bezeugt ihn die Schrift „Gott. Einige Gespräche" (1787, ^{2}1800 = SW XVI, 401–580).
Die ausgebreitete Philosophie der Natur und Geschichte wird getragen von Grundsätzen, die eine erstaunliche Verwandtschaft zu einem christlich gefärbten Neu-Platonismus zeigen: Zwischen Gott und *allem* Dasein besteht ein Zusammenhang, eine „Kette" (H. gebraucht diese neuplatonische Metapher unvergleichlich oft; vgl. dazu Frenz 1983, 163 ff.), die alles mit dem Einen verbindet. →Spinozas Substanz-Begriff und →Leibniz' Monaden-Begriff ergänzend gibt H. diesem Zusammenhang den Namen „Substantielle organische Kräfte" (XVI, 453): „*‚Ein Reich immaterieller Kräfte'* wird demzufolge nach Leibniz' System das gesamte Weltall. ...im Begriffe der

wirkenden, der ‚substantiellen Kraft' haben wir den Mittelbegriff zwischen Seele und Körper gefunden, der Spinoza fehlte" (Hoffart 1918, 83). Die Gliederung in den „Ideen" korrespondiert dem Glauben, daß in der Schöpfung „*allenthalben* Naturgesetze walten oder die Schöpfung fällt wie ein Chaos aus einander" (XVI, 557). So demonstrieren die „Erde" als „ein Stern unter Sternen" und „große Werkstätte zur Organisation sehr verschiedenartiger Wesen", der Bau der Pflanzen und Tiere und schließlich der Mensch als „zur Vernunftfähigkeit organisieret" in einer „Reihe aufsteigender Formen und Kräfte" (vgl. die Gliederung des 1. Teils der „Ideen") eine „Urkraft aller Kräfte" („Gott", XVI, 453), der alle übrigen Kräfte „nach ewigen Regeln der Weisheit, Güte und Schönheit" (XVI, 559) dienen. In der Konsequenz: Es gibt keinen Tod in der Schöpfung, sondern „Verwandlung" (ebd.); „Alles Böse ist ein Nichts" (XVI, 570), weil ja alles einem „verdeckte(n) Gesetz" (XVI, 490) folgt: der „Nothwendigkeit" (XVI, 485).
In H.s dynamischem Gottesverständnis spielt nicht die Vernunft an sich, sondern die durch Tradition gebildete Vernunft die entscheidende Rolle. Gott ist je nach zeitlichem und örtlichem Vernehmen ein anderer. Wir dürfen nicht unser Verständnis etwa dem der Patriarchen überstülpen. Wohl ist Religion „die älteste und heiligste Tradition der Erde", als solche aber im Werden wie „das sonderbare Mittel zur Bildung der Menschen": die Sprache (vgl. „Ideen", 9. Buch). Die Gefahr eines entpersonalisierten Gottesbegriffs in diesem Ansatz liegt nahe. Zu sehen ist aber auch sein nachwirkender Impuls: Er stellt Natur und Geschichte nicht gegen den Glauben, sondern verbindet sie im Entwurf einer universalen Bildung.

Literatur: J. G. Herder: Sämmtliche Werke (hrsg. von B. Suphan), 33 Bde., B 1877–1913, Nachdruck Hil–NY 1967–68. – E. Kühnemann, Herders Leben, Mn 1895; E. Hoffart, Herders „Gott", Hl a.S. 1918; H. Unterreitmeier, Sprache als Zugang zur Geschichte, Bo 1971 (= Münchener Philosophische Forschungen, Bd. 5); F. W. Kantzenbach, J. G. Herder (1970), Re 1982 (= Rowohlts Monographien 164); P. Frenz, Studien zu traditionellen Elementen des Geschichtsdenkens und der Bildlichkeit im Werk J. G. Herders, F–Be 1983 (= Mikrokosmos, Bd. 12).

H. Unterreitmeier

Hick

John Harwood Hick, * 1922 in Scarborough (England), „lecturer of Divinity" in Cambridge, dann Professor für Theologie an der Universität Birmingham. H. setzt sich vornehmlich mit den Problemen auseinander, die durch die frühe analytische Philosophie und den Logischen Positivismus entstanden sind. Sein Hauptanliegen ist, die Bedeutung (meaning) religiöser Glaubensaussagen als Voraussetzung für ihre Wahrheit aufzuzeigen.

Damit ein Satz wahr oder falsch sein kann, muß er Bedeutung haben. Diese wurde von den Logischen Positivisten mit der Methode der Verifikation gleichgesetzt. Da die Behauptung der Existenz Gottes empirisch weder verifiziert noch falsifiziert werden kann, ist sie nach der positivistischen Lehre nicht sinnvoll: Sie ist weder wahr noch falsch. Als Reaktion auf den Logischen Positivismus kann H. weder die rein voluntaristischen und emotivistischen Deutungen der Glaubenssätze als Ausdruck von Gefühlen und Lebenshaltungen noch die übrigen nicht-kognitiven Deutungen der Glaubenssätze vieler Theologen, noch die „blik"-Deutung des Oxforders Hare akzeptieren („blik" ist ein Kunstwort; vgl. dazu: I. U. Dalferth, Sprachlogik des Glaubens, Mn 1974, 87–90). Sie weichen von der Auffassung des konkreten Gläubigen, der von der Wahrheit seines Glaubens überzeugt ist, zu sehr ab. Um die Bedeutung religiöser Aussagen als Voraussetzung für ihre Wahrheit zu verteidigen, rekurriert H. auf die eschatologische Verifikation. Die Bedingung der Verifikation muß nicht im Jetzt gegeben sein, sie muß nicht für jedermann möglich sein, sie muß nicht symmetrisch sein mit der Bedingung der Falsifikation. Die Behauptung der Existenz Gottes kann daher nach H. verifiziert werden, wenn auch erst im Reich Gottes, wenn auch nur von Gläubigen, wenn auch nicht falsifiziert: „... so lange der göttliche Heilsplan unvollendet bleibt, können wir nicht wissen, daß er in der Zukunft nie vollendet sein wird ..." (1964, 269). H. bemüht sich, die prinzipielle Möglichkeit der Auferstehung oder der Unsterblichkeit als Voraussetzung der eschatologischen Verifikation rein philosophisch aufzuzeigen. Für ihn setzen die Identitätsbedingungen für Personen die Kontinuität des Körpers nicht voraus.

Daß der bedeutungsvolle Satz, daß Gott existiert, wahr ist, kann nach H. weder a priori noch a posteriori bewiesen werden. H. gibt in seinen Schriften einen klaren Überblick über die traditionellen Gottesaufweise, bestreitet aber ihre Stichhaltigkeit. Auch Wahrscheinlichkeitsüberlegungen in bezug auf die Existenz Gottes weist er zurück: Wahrscheinlichkeit setzt alternative Möglichkeiten voraus, die im Fall des einen Universums nicht gegeben sind. Daß Gott existiert, wird aber nach H. im Sinne evangelischer Theologen in bestimmten Situationen und geschichtlichen Ereignissen von den Gläubigen erfahren. Auch die Wirklichkeit von Freunden wird nicht durch Beweise aufgezeigt, sondern unmittelbar erlebt: „Wenn es einen Gott gibt, so ist das eine Tatsache, von der man auf andere Weise weiß als durch philosophische Überlegung" (1964, 19).

Literatur: J. Hick: Faith and Knowledge, Ithaka/NY 1957; Philosophy of Religion, Engelwood Cliffs/N.J. 1963; (Hrsg.) The Existence of God, NY 1964; Evil and the God of Love, NY ²1977; Gott und seine vielen Namen, Altenberge 1985.

E. Runggaldier

Hügel

Friedrich von Hügel, * 1852 in Florenz, † 1925 in London. Religionsphilosoph und Laientheologe (katholisch). Enge Kontakte mit den Modernisten (A. Loisy, G. Tyrrell, E. Buonaiuti), sowie mit J. H. →Newman, M. →Blondel, H. Bremond, R. Eucken, E. →Troeltsch u. v. a. Blieb ohne kirchenamtliche Verurteilung. In den letzten Lebensjahren vor allem als Berater in spirituellen Fragen anerkannt.

H. entwickelte eine Religionsphilosophie, die im Gegensatz zur Neuscholastik vom religiösen Subjekt und seinen Erfahrungen ausging. Er führte damit den Ansatz Schleiermachers und der „liberalen Theologie" weiter. Durch sein Konzept von Erfahrung hat er jedoch die Gefahren einer reinen „Erfahrungstheologie" vermieden. Erfahrung ist danach die grundlegende Form der Erkenntnis, in der das Subjekt und das Objekt in noch ursprünglicher, ungeschiedener Einheit gegeben sind. Damit sind sowohl der Rückzug in ein rein subjektives Erleben als auch ein unkritischer Objektivismus ausgeschlossen. H. gründete seine Religionsphilosophie auf so verstandene religiöse Erfahrung und Frömmigkeit sowie auf die Erfahrungen christlicher Mystiker (Meister →Eckhart, Katharina von Genua).

In jeder konkreten Erfahrung wird nicht nur der jeweilige Gegenstand, sondern auch dessen Endlichkeit erfahren. Der Mensch findet kein Objekt, das seinem Streben nach umfassender Fülle letztlich und endgültig gerecht werden könnte. Diese Erfahrung der Endlichkeit ist Quelle beständiger Unruhe und Unrast. „Wir sind immerzu ebenso unfähig, vom Durst nach dem Absoluten freizukommen, wie ihn zu stillen" (Zit.: Neuner 1977[a], 50). Wie kann der endliche Mensch an der Endlichkeit leiden, worin ist sein Streben nach Unendlichkeit begründet? „Ich halte für die einzige ungezwungene Erklärung dieser universalen, völlig unausrottbaren und schrankenlos mächtigen Bewegung, die unser ganzes Leben durchzieht, daß wir dieses zähe, durchdringende und peinigende Gespür des Relativen und Endlichen, des Nichts-als-Menschlichen niemals hätten und niemals haben könnten, wenn wir nicht schon in einer gewissen Art und in gewissem Umfang nicht allein diese relativen Dinge, sondern auch das damit kontrastierende Andere erfahren würden" (Zit.: Neuner 1977[a], 51). Im Leiden an der Endlichkeit wird immer Unendlichkeit miterfahren. Wo sich der Mensch an seiner Endlichkeit und an der Endlichkeit aller innerweltlichen Erfüllungen seines Sehnens reibt, wird damit indirekt auch Gott erfahren. Gott erweist sich damit als das Gegenüber, auf das der Mensch von seinem Wesen her angelegt ist.

Diese Mit-Erfahrung Gottes in jeder Erfahrung von Endlichem ist der Kern H.scher Mystik. Der Erforschung der Mystik galt sein Lebenswerk. Diese ist nichts Außergewöhnliches, Wunderbares, nur wenigen Auserwählten Zugängliches, Weltenthobenes. Sie geschieht vielmehr in der Erfahrung von Welt. Gott und Welt stehen nicht in getrennten Räumen, sondern sie durchdringen sich gegenseitig, ohne sich zu verdrängen. „Der göttliche und der menschliche Geist, Gott und Kreatur, sind nicht zwei Körper, von denen der eine immer nur sein kann, wo der andere nicht ist; sondern im Gegenteil: der göttliche Geist wirkt immer in engster Durchdringung und Anregung unseres Geistes, ebenso wie wir umgekehrt nicht göttlichen Geist einfachhin getrennt von unserem Geist in uns auffinden können" (1908/I, 370).

Mystische Erfahrung geschieht, wenn im Endlichen Unendliches, im Bedingten Unbedingtes entdeckt wird, und dies auch dann, wenn die dabei erfahrene Wirklichkeit nicht mit dem Namen Gott bezeichnet wird. Die mystische Tradition geht mit dem Wort Gott sparsam um oder vermeidet es auch ganz. Als mehrere seiner Weggefährten im Modernismus, allen voran A. Loisy, mit dem überkommenen Gottesglauben brachen und keinen transzendenten und personalen Gott mehr bekannten, schloß H. nicht aus, daß sie nach wie vor in der Tradition der christlichen Mystik stehend an Gott festhielten, selbst wenn sie ihn nicht mehr mit dem Wort „Gott" bezeichneten.

Die kritische Schriftexegese zeigte H., daß die Erwartung des Menschen und die Antwort Gottes nicht lückenlos zusammenpassen, daß der biblische Befund zu unserem Glauben oft quer liegt. Die Geschichte erfüllt also nicht nur das Vorverständnis und die Erwartung des Menschen, sondern korrigiert sie auch. Der historische Jesus war anders, als das fromme Bewußtsein es ersehnt. Die Probleme der Exegese erscheinen H. als ein Beweis, daß Gott nicht eine Projektion, eine Wunschvorstellung des Menschen ist. Das Kreuz kann niemand ersehnen. Die exegetischen Schwierigkeiten zeigen die Transzendenz und Andersheit Gottes.

H.s Religionsphilosophie hat wenig unmittelbare Wirkung gezeitigt. Er blieb durch seine Verwicklung in den Modernismus über Jahrzehnte hin suspekt. Rezipiert wurde er am ehesten als Entdecker einer – nun aber unkritisch verstandenen – Mystik und als spiritueller Berater. Erst in neuester Zeit hat man die Bedeutung seiner Mystik und seiner Wertung der Schriftexegese in der Diskussion um den Projektionsgedanken wieder entdeckt.

Literatur: F. v. Hügel: The Mystical Element of Religion as Studied in Saint Catherine of Genoa and Her Friends, 2 Bde., Lo 1908, [2]1923; Eternal Life. A Study of its Implications and Applications, E 1912; Essays and Addresses on the Philosophy of Religion, 2 Bde., Lo–NY 1921 und 1926; Briefe an seine Nichte (übersetzt und eingeleitet von K. Schmidthüs), Fr 1938; Religion als Ganzheit (ausgewählt und übersetzt von M. Schlüter-Hermkes), Do 1948; Andacht zur Wirklichkeit. Schriften in Auswahl (hrsg., übersetzt und eingeleitet von M. Schlüter-Hermkes), Mn 1952. – M. de la Bedoyère, The Life of Baron von Hügel, Lo 1951; L. F. Barmann, Baron F. von Hügel and the Modernist Crisis in England, C 1972 (Lit.); P. Neuner, Religion zwischen Kirche und Mystik. F. von Hügel und der Modernismus, F 1977[a]; ders., Religiöse Erfahrung und geschichtliche Offenbarung. F. von Hügels Grundlegung der Theologie, Mn–Pa–W 1977[b]; Th. M. Loome, Liberal Catholicism, Reform Catholicism, Modernism, Mz 1979.

P. Neuner

Husserl

Edmund Husserl, * 1859 in Prossnitz in Mähren, † 1938 in Freiburg i. Br.; Begründer der Phänomenologie. Das Wesentliche allen Philosophierens war immer, von Seiendem auf das den Erscheinungen der Seienden zugrunde liegende Seiende zurück zu fragen. Was aber da unthematisch bleibt, ist die Frage nach dem Grund für das Sein dieses Seienden, um mit H. zu sprechen: die Frage nach der Konstitution des Seins. Im Gegensatz zur klassischen Philosophie fragt die Phänomenologie nicht mehr nach der Ursache des Seienden, sondern ihre Frage ist: Wie bestimmt sich das Sein des einzelnen Seienden, und wie bestimmt sich letztlich das Sein von Welt überhaupt? Die Phänomenologie fragt also nicht mehr nach einem Lebensprinzip als Grund der Lebenserscheinungen, sondern sie fragt nach dem Sein des Lebendigen, wie es sich bestimmt und konstituiert; denn bevor das Seiende Problem werden kann im Ursprung seines Da-Seins, muß doch verstanden werden, was überhaupt Seiendes ist. Demgemäß ist die Fragerichtung der des ersten Philosophierens gerade entgegengesetzt. Die Phänomenologie versucht nicht mehr, einen letzten absoluten Grund zu finden, der die Welt schaffen könnte, sondern sie fragt gerade umgekehrt aus der Welt, von den Urphänomenen zurück auf das fragende Seiende selbst und fragt hier nach den Strukturen, kraft derer und durch die sich das Phänomen in seinem Seinscharakter bekundet und ausweist. Das Absolute ist folglich für die Phänomenologie nicht mehr ein Göttliches, das Welt als die Totalität alles Seienden schafft, sondern die Subjektivität, die Seiendes nicht schafft, sondern es konstituiert. Ist dieses das Anliegen der Phänomenologie, dann muß sich die Frage nach Gott nicht als die Frage der Existenz eines absoluten Grundes stellen; vielmehr geht es um die Konstitution des absoluten Seins. Dieses aber kann sich, wie das Sein eines jeglichen Seienden, überhaupt nur konstituieren aus der Leistung der transzendentalen Subjektivität. Aufgrund der phänomenologischen Konstitution scheinen drei Wege für den Gottesbeweis grundlegend zu sein: der cartesianische (→Descartes) Weg, der Weg über die Monade hinaus (→Leibniz) und der Weg der Überwindung der Ontologie.

Durch den cartesischen Weg wird das Bewußtsein als „Erlebnisstrom" erfaßt, der sich in bezug auf eine ihm transzendente Welt konstituiert, und gerade diese ermöglicht den Übergang zu einer weiteren Transzendenz, die eine göttliche sein soll (Husserliana = HU III, 112). Der zweite Weg knüpft an die Monadenlehre von Leibniz an. H. zeigt, daß jede Monade „von der Einfühlung von fremdem Bewußtsein" geleitet ist, die zum „göttlichen Allbewußtsein“ führt, weil „mein Einfühlen sich in einem Wahrnehmen der Erlebnisse des Anderen letzterfüllt“ (HU XIII, 8–9). Die Einfühlung setzt also die Existenz eines Bewußtseins voraus, das die Fähigkeit hat, „in Anderer Bewußtsein hineinzuschauen“. Dieses kann nur ein göttliches sein, und so „ist das nur denkbar unter der Bestimmung, daß Gott-Sein alles andere absolute Sein in sich faßt“ (ebd.). Der dritte Weg führt zum Gottesbegriff als notwendigem Grenzbegriff, der sich aus der Sinnhaftigkeit und Vernünftigkeit des Seins bestimmt: „Das göttliche Sein konstituiert sich als absolute Pol-Idee, als teleologischer Seinsgrund schlechthin“ (Manuskript) = Ms. E III 4, 31). Gott ist also die absolute Idee des Seins schlechthin, auf die hin alles in seinem Entwicklungsverlauf unterwegs ist, die aber auf keinen Fall erreicht wird. Diese teleologische Bewegung umfaßt das gesamte Sein, sie hebt an beim „ahnenden Innesein Gottes“ in den instinktiven Bewegungen, um dann schließlich im Menschen die eigentliche Stufe der Verwirklichung zu erreichen, insofern hier zugleich der Schritt nach innen sich vollzieht; denn Gott kann nicht im Äußeren gesucht und erfahren werden, sondern der Weg zum Göttlichen geht immer nach innen (Ms. K III 2, 106). Geschichte im eigentlichen Sinn der Menschheitsgeschichte ist somit in ihrem eigentlichen Sinne, d.h. nicht äußerlich betrachtet, sondern von innen her: Weg des Göttlichen im Menschen und Weg des Menschen zum Göttlichen, das als unendliche Idee alle Geschichte erst zur Geschichte macht. Philosophie selbst in ihrer Vollendung als Phänomenologie wird dann zur Theologie: „Im Unendlichen decken sich Philosophie (die immer konkreter werdende) und Theologie, die immer philosophischer werdende“ (Ms. E III 10, 19). Von hier aus gesehen, ist dann Philosophie „konfessioneller Weg zu Gott“ (ebd.).

Bei der Interpretation dieser Texte H.s spalten sich die H.-Forscher. Ermöglicht H. noch den Weg zum transzendenten Gott oder führt sein Immanentismus zum Pantheismus? Ist der Gottesbeweis H.s eine neuartige Darstellung des klassischen Gottesbeweises? Nach R. Boehm geht H. von der Frage aus: „Braucht Gott, um Gott zu sein, ein von ihm verschiedenes transzendentales Bewußtsein?“ Darüber hinaus meint Boehm, daß das Absolute von H. als „immanente Teleologie“ verstanden wird. Für L. Landgrebe hingegen ist die Gottesauffassung H.s pantheistisch zu interpretieren, weil H. die transzendentale Subjektivität dem Absoluten gleichgemacht hat. Für S. Strasser führt H.s Definition von „Gott als Idee" zum Theismus, und derselben Meinung sind die französischen Phänomenologen, besonders R. Vancourt und H. Duméry. Solche verschiedenartige Deutung gleicher Texte zeigt, wie schwierig es heute noch ist, die phänomenologische Denkart für die Lösung der in objektivistischen Denksystemen entstandenen Probleme zu verwenden.

Literatur: E. Husserl: Husserliana. Ges. Werke (= HU), Den Haag 1950ff., besonders: HU I–VI, XIII–XIV; Briefe. An L. Levy-Bruhl vom 11. 3. 1935, an R. Otto vom 5. 3. 1919, an E. Przywara vom 15. 7. 1932; Manuskripte: A V 21: Ethisches Leben, Theologie, Wissenschaft (1924); A VII 5: In der Welt leben (1933); A VII 9: Horizont (1933); E III 1: Metaphysik, Teleologie (1934); E III 7: Der Mensch im Schicksal, Religion und Wissenschaft (1934); E III 9: Instinkt, Wert, Gut, Teleologie, Normstruktur der Personalität (1931); E III 10: Vorgegebene Welt, Historizität, Trieb, Instinkt (1930); F I 14: Idee der philosophischen Disziplinen. Idee der Philosophie (1911). – L. Landgrebe, Phänomenologie und Metaphysik, H 1949; H. Duméry, Critique et Religion, P 1951; S. Strasser, Das Gottesproblem in der Spätphilosophie E. Husserls, in: Philosophisches Jahrbuch 67 (1958) 130–142; R. Boehm, Zum Begriff des „Absoluten" bei Husserl, in: Zeitschrift für philosophische Forschung 13 (1959) 214–242; R. Vancourt, La phénoménologie et la foi, P 1959; A. Ales Bello, Husserl. Sul Problema di Dio, R 1985.

A. Ponsetto

J

Jacobi

Friedrich Heinrich Jacobi, * 1743 in Düsseldorf, † 1819 in München. Ursprünglich Kaufmann und Industrieller trat er bald von den Geschäften zurück. 1772 wurde er Rat der jülich-bergischen Hofkammer, 1779 für kurze Zeit bayerischer Geheimrat und Ministerialreferent. Zugleich betätigte er sich als Schriftsteller (Romane „Allwils Briefsammlung" und „Woldemar") und begründete mit Hilfe Wielands den „Deutschen Merkur". 1785 trat er als philosophischer Autor mit der Schrift „Über die Lehre des Spinoza in Briefen an Herrn Moses Mendelssohn" (→Spinoza) hervor. Eineinhalb Jahre später verfaßte er das gegen die Kritische Philosophie →Kants gerichtete Werk „David Hume über den Glauben oder Idealismus und Realismus". Außerdem schrieb er mehrere Abhandlungen und Aufsätze, die alle zum geistigen Zeitgeschehen Stellung nehmen (z. B. den offenen Brief „Jacobi an Fichte" anläßlich des Atheismusstreites; →Fichte). Seine Publikationen verschafften ihm den Ruf eines der bedeutendsten Zeitkritikers. Schon vorher war sein Wohnsitz zu Pempelfort zum Mittelpunkt gewichtiger Begegnungen geworden. Zu seinen Freunden und Bekannten zählten unter anderen Goethe, Lavater, Wieland, Heinse, Diderot, →Hamann, Claudius, Hemsterhuis, →Baader, →Herder, der „Kreis von Münster". Sein Ansehen war so groß, daß er 1805 zum Mitglied, 1807 zum Präsidenten der Bayerischen Akademie der Wissenschaften ernannt wurde, nicht zuletzt, um diese zu reorganisieren. 1811 veröffentlichte er sein letztes Hauptwerk „Von den göttlichen Dingen und ihrer Offenbarung", worin er die grundlegenden Positionen Kants, Fichtes und →Schellings angriff. Die überaus heftige Reaktion Schellings (Denkmal der Schrift von den göttlichen Dingen des Herrn F. H. Jacobi) veranlaßte ihn wohl, sein Präsidentenamt niederzulegen. Die letzten Jahre beschäftigte er sich allein noch mit der Herausgabe seiner Schriften, zu denen er auch bedeutende Vorreden schrieb.

Grundstruktur des menschlichen Geistes: Sinnlichkeit – Verstand – Vernunft

Sein ganzes Ringen und Schaffen kreiste um die Gottesfrage: „Ich wollte über *Etwas zu Verstande* kommen, nämlich über die mir eingeborene *Andacht zu einem unbekannten Gott*" (WW IV/1, XVI). In diesem Bemühen forschte er namentlich auch nach dem Prinzip aller Wahrheit und Gewißheit: nämlich „Gott als den *ersten Grund aller Wissenschaft* zu entdekken und überall wieder zu finden" (ebd.). Durch persönliches Studium und Nachdenken gelangt er zu der Überzeugung, daß das Letztbegründende, das Absolute, Gott nicht mit dem begreifenden, schließenden Verstande bewiesen werden kann, sondern nur aufgrund von geistiger Erfahrung zugänglich ist: „Wir erschaffen und wir unterrichten uns nicht selbst, sind auf keine Weise a priori und können nichts (rein und vollständig) a priori wissen oder tun, nichts erfahren – ohne Erfahrung" (IV/1, 231). Aus dieser Einsicht heraus nahm er ähnlich wie →Pascal, auf den er sich ausdrücklich beruft, den Kampf mit dem Rationalismus seiner Zeit auf: nicht allein trat er zunächst der (→Wolffischen) Aufklärungsphilosophie, wie sie ihr Führer Moses Mendelssohn hochhielt, entgegen, sondern auch dem heimlich grassierenden „Spinozismus" (Lessing) sowie dem transzendentalen Idealismus Kants. Später bekämpfte er aus denselben Gründen den aufkommenden Deutschen Idealismus überhaupt. Entscheidend in seiner Auseinandersetzung mit diesen Geistesströmungen war sein Rückgriff auf die von der ganzen christlichen Philosophie (Patristik und Mittelalter) gelehrte noetische Grundstruktur des menschlichen Geistes „sensus"–„ratio"–„intellectus" (→Augustinus). Pascal, der selber von Augustinus geprägt worden ist (Port Royal), hat sie ihm wohl vermittelt. Die *Sinnlichkeit* des Menschen (sensus) ermächtigt nach J. zu wahrer sinnlicher Erfahrung, die aber nicht über die Erkenntnis von „Beschaffenheiten" des Seienden geht. Der *Verstand* (ratio) als reines Reflexionsvermögen reflektiert, überdenkt gleichsam die sinnliche Erfahrung, vermag aber aus den „Beschaffenheiten" nur „Ähnlichkeiten (Übereinstimmungen, bedingt notwendige Wahrheiten)" (IV/1, 223) zu gewinnen. Die metaphysische Erkenntnis des Daseins, der substantiellen Existenz der Dinge bleibt ihm auf diesem Wege unerreichbar. In und mit der sinnlichen Erfahrung ist aber dem menschlichen Geiste kraft seiner *Vernunft* (intellectus) eine höhere Erfahrung möglich, die geistige, die sich auf die metaphysische Wirklichkeit bezieht. Die Vernunft ist im Gegensatz zum Verstand nicht ein reines Reflexionsvermögen, nicht begreifendes, schließendes Denken, sondern das „Organ" der Wahrnehmung des „Übersinnlichen". Eben durch die Vernunft unterscheidet sich nach J. (wie für Pascal) der Mensch vom Tier: „Das Tier vernimmt nur Sinnliches; der mit Vernunft begabte Mensch auch Übersinnliches, und er nennt dasjenige, womit er das Übersinnliche vernimmt, seine *Vernunft,* wie er das, womit er sieht, sein *Auge* nennt. Das Organ der Wahrnehmung des Übersinnlichen fehlt dem Tiere ... Der Mensch besitzt dieses Organ, und nur mit demselben und durch dasselbe allein ist er ein vernünftiges Wesen" (II, 9). Mit der Vernunft setzt J. voraus, daß das „Übersinnliche" (sei es das endliche oder unendliche Sein) sich dem Menschen bekundet, sich ihm „offenbart". Daher bezeichnet er auch den Erkenntnisakt der Vernunft als „Offenbarung" (im erweiterten Sinne). In ihm fallen die Bekundung der metaphysischen Wirklichkeit und ihre Wahrnehmung in eins zusammen. Mehr noch: Ich erfahre durch ihn zugleich mein eigenständiges Sein und das der anderen: „Der Gegenstand trägt eben so viel zur Wahrnehmung des Bewußtseins bei, als das Bewußtsein zur Wahrnehmung des Gegenstandes. Ich erfahre, daß ich bin und daß etwas außer mir ist, in demselben unteilbaren Augenblick" (II, 175). Da nun die Wahrnehmung des Übersinnlichen als solche sich von jeder Reflexion, von jeder Verstandestätigkeit unterscheidet, ist sie ihrer Form und ihrem Gehalt nach wesentlich vor- und überbegrifflich, in diesem Sinne transrational (nicht irrational). Deshalb nennt sie J. „Gefühl" (Pascal: sentiment), ein damals gebräuchlicher Ausdruck für die Erkenntnis von Erfahrungen überhaupt. Insofern auch in jeder übersinnlichen Wahrnehmung der erfahrene Gegenstand unmittelbar gegeben und gegenwärtig ist und somit jeden rationalen „Beweis" seiner Erfahrung ausschließt, besteht der Akt der Vernunft im einfachen Hinnehmen, Annehmen des erfahrenen Gegenstandes, im „Glauben" an sein Dasein. J. spricht daher in seiner ersten philosophischen Schaffenszeit, sich übrigens auf Hume berufend, vom metaphysischen Erkennen als einem „Glauben". Er drückte sich damit um so mißverständlicher aus, als er auch gleichzeitig den Verstand, die „ratio ratiocinans" (das diskursive Denken), Vernunft hieß. Später korrigierte er sich, indem er scharf zwischen der Vernunft als Vermögen übersinnlicher Erfahrung und dem Verstand als Vermögen der Reflexion über die Erfahrung unterschied. Wohl verwies er so das rationale Denken in seine Schranken, verminderte aber keineswegs seine Bedeutung. Nur durch die Reflexion des Verstandes gelangt nach ihm die Erfahrung der Vernunft überhaupt zum eigentlichen Bewußtsein: „Über dem von der Vernunft erleuchteten Verstande und Willen ist im *Menschen* nichts, auch nicht die Vernunft selbst; denn das Bewußtsein der Vernunft und ihrer Offenbarung ist nur in einem *Verstande möglich.* Mit diesem Bewußtsein wird die lebendige Seele zu einem *vernünftigen,* zu einem *menschlichen Wesen*" (II, 9–10).

Menschlicher Geist und Gotteserfahrung

Tragender und alles erhellender Mittelpunkt der allgemeinen metaphysischen Wahrnehmung ist für J. zweifellos die übersinnliche Erfahrung Gottes im Innersten des Menschen, in seinem „Herzen" (Pascal: cœur). Wohl gibt es die spontan-natürliche, alltägliche, allgemeine Erkenntnis und Gewißheit vom eigenständigen Dasein des endlichen Seienden. „Wir werden im Glauben geboren, und wir müssen im Glauben bleiben, wie wir alle in Gesellschaft geboren werden", erklärt J. (IV/1, 210) und meint damit eben den „Glauben" an die je einzelne Existenz der Dinge, namentlich der Personen. Wäre der menschliche Geist dieser allgemeinen metaphysischen Erfahrung nicht fähig, so würde er sich auch nicht seiner Person bewußt. „Denn ohne Du ist das Ich unmöglich", formuliert J. und wirft so zugleich als erster (vor Fichte) das Problem der intersubjektiven Erkenntnis auf. Indessen ist nach J. gerade die Personerfahrung letztlich in der Gotteserfahrung eingebettet: „Erkenne dich selbst, ist nach dem Delphischen Gott und nach Sokrates das höchste Gebot, und sobald es in Anwendung kommt, wird der Mensch gewahr: ohne göttliches Du sei kein menschliches Ich ..." (IV/1, XLII). Im Lichte der Gotteserfahrung, die in seinem Lebensgrund aufleuchtet, vollzieht der menschliche Geist die Erkenntnis seines eigenen Daseins und mithin auch die der anderen. Die Gotteserfahrung begründet die Personerfahrung, doch nicht allein diese, sondern sie bildet auch das Grundlicht für alle Wissenschaft überhaupt. So sagt J. vom „Urlicht der Vernunft", eben von der Gotteswahrnehmung im „Herzen": „Vertilge den ursprünglichen Glauben (sc. das ‚Fürwahrhalten' dessen, was die Vernunft ‚wahrnimmt'), und alle Wissenschaft wird hohl und leer, kann wohl *sausen* (sic!), aber nicht *reden* und *antworten*" (IV/1, XLII). Der Leerlauf der Wissenschaften ergibt sich aus der Verdrängung der das Absolute wahrnehmenden Vernunft. Entschwindet die Erkenntnis des Absoluten, das Gottesbewußtsein, so entbehren die nur relativen Wahrheiten der Verstandestätigkeit, die die Wissenschaft zeitigt, ihres letzten Grundes, ihrer prinzipiellen Gewißheit.

Wahrnehmende Vernunft und Freiheit

Eben anhand der Mißachtung der Vernunft, ihres „Urlichtes", das allein die Erkenntnis der eigentlichen Wirklichkeit gewährt, führt J. seinen „Gottesbeweis". Im streng rationalen Sinn kann Gott nicht bewiesen werden. Die Erkenntnis seines Daseins ist überbegrifflich und somit vom begreifenden Verstand nicht zu ermitteln. „Es gibt durchaus keinen bloß spekulativen Weg zum Innewerden Gottes ..." (IV/1, XXXIX). Allein die das Übersinnliche, Transzendente wahrnehmende Vernunft erschließt Gott dem menschlichen Geiste. Was aber geschieht, wenn die das Absolute wahrnehmende Vernunft ausgeschaltet wird durch die Alleinherrschaft des Verstandes (Aufklärung)? Das nur begreifende, schließende, an sich inhaltsleere Denken des Verstandes ist dann ausschließlich auf die sinnliche Erfahrung angewiesen, die jedoch als solche nicht die metaphysische Realität wiedergibt, sondern in bloßen Erscheinungen besteht. Infolgedessen baut sich der Verstand ein Weltbild von baren Erscheinungen auf, wie Kant mit seiner Erstellung des transzendentalen Idealismus erwiesen hat. Hinter und unter den Erscheinungen entdeckt der Verstand – nichts. Er kreist in einer Welt von Erscheinungen ohne Realität. Er steht vor dem Nichts. Der Mensch ist somit vor die Wahl gestellt, entweder die wahrnehmende Vernunft, die Gotteserfahrung gelten zu lassen, oder ausschließlich dem Verstand und der sinnlichen Erfahrung, der „Natur", zu trauen, das heißt aber: entweder die Offenbarung (im weitesten Sinn) des Göttlichen anzunehmen oder in den Nihilismus zu versinken. „Inzwischen", formuliert J., „kann der Verstand die Bejahung (sc. der wahrnehmenden Vernunft) nicht auf die Seite bringen, ohne daß ihm alles in geistlose Notwendigkeit versinkt. Also das *Nichts oder ein Gott*" (IV/1, XLV; vgl. III, 373 und 392). Demselben Nihilismus verfällt nach J. auch der deutsche Idealismus (Fichte, Schelling). Die

„Anschauung" des Absoluten, von der er als dem alles begründenden Prinzip die Weltwirklichkeit ableitet, ist für ihn begrifflich erfaßbar. Er anerkennt ein „Urlicht", eine sich selbst begründende tiefste Einsicht in das Göttliche. Indem er sie aber dem Begriffe unterwirft, ebnet er insgeheim das dem „Glauben" der vernehmenden Vernunft Eigene in den Bereich des Verstandes ein. Der Verstand nimmt die Stelle der Vernunft ein, das Begreifen die der überbegrifflichen transzendenten Erfahrung. Dadurch verflüchtigt sich ihm der wahre transzendente Gehalt der „Offenbarung". Die Folge ist, daß er den wahren Gott verfehlt: „Ein Trugbild, ein Gespenst des Unbedingten, tritt an des wahrhaft Unbedingten Stelle" (III, 415). Mangels „positiver" Offenbarung erdichtet sich der Verstand ein Absolutes und findet sich so gleichfalls vor dem Nichts.

Offenbarung, Vernunft und Freiheit

Will der Mensch somit dem Nihilismus entkommen, so muß er sich zum „salto mortale" – der Ausdruck ist von J. – entscheiden, zum Sprung in das Reich des „Glaubens" durch „Bejahung" der das Göttliche offenbarenden Vernunft. In der Zuwendung zur Vernunft, zum „Herzen" wird er im selben Vollzug sowohl seines Persongeheimnisses, seiner Freiheit, als auch seines ihm innewohnenden Gottesgeheimnisses gewahr: „Ich kenne die Natur des Willens, einer sich selbst bestimmenden Ursache, ihre Möglichkeit und Gesetze nicht. Denn ich bin nicht durch mich selbst. Aber ich fühle eine solche Kraft als das innerste meines Daseins, ahnde durch sie meinen Ursprung, und lerne im Gebrauch derselben, was mir Fleisch und Blut allein nicht offenbaren konnte" (IV/1, 249; vgl. III, 293–294). Nur in solchem Sichergreifen und Sichöffnen erfährt der menschliche Geist seine Freiheit und Sinnhaftigkeit. Denn der Grund und Quell seines Daseins, den er im selben Moment wahrnimmt, ist nicht ein vom Verstand abgeleitetes Abstraktum, sondern er offenbart sich als absolute Person, die als solche allein Freiheit und Sinnhaftigkeit (Vorsehung) verbürgt. „Wurzel der Philosophie muß bleiben: menschliche Erkenntnis geht aus von Offenbarung, die *Vernunft* nämlich *offenbart Freiheit, indem sie Vorsehung offenbart;* und alle Äste der Lehre treiben aus dieser Wurzel hervor" (IV/1, XXII–XXIII; vgl. II, 45–46; III, 273). Der Verstand hingegen kann nur die notwendigen Beziehungen der Natur erfassen. Sein Reich ist das der Notwendigkeit, und so gebiert seine absolute Herrschaft, fern von der Vernunft, den Determinismus (Spinoza): „Jeder Weg der Demonstration geht in den Fatalismus auf" (IV/1, 223). Bemerkenswert ist, daß J. keine unmittelbare Erfahrung des Göttlichen als solches annimmt. Die Gotteserfahrung ist wesentlich „Gefühl", das heißt Erfahrung innerster Zuständlichkeiten des menschlichen Geistes überbegrifflicher Natur. Gott offenbart sich ihm durch die Auswirkungen seiner Wirkgegenwart in ihm: „Er, der Lebendige, kann im *Lebendigen* allein sich darstellen, Lebendigem sich zu erkennen geben, nur – durch *erregte Liebe*" (IV/1, 213). Mit dieser Auffassung setzt J. die Lehre der „motiones spirituales" (geistlichen Bewegungen) der christlichen geistlichen Literatur fort.

Wirkungsgeschichte

J. beabsichtigte nie, eine Schule zu begründen. War er zu seiner Zeit eine der gewichtigsten Stimmen, auf die gehört wurde, so verschwand sein Einfluß bald vor dem erdrückenden Siegeszug des Deutschen Idealismus (→Hegel). Erst in neuester Zeit findet er wieder größeres Interesse. Indessen war seine Wirkung auf →Schleiermacher wohl entscheidend in Hinsicht auf dessen Religionsphilosophie und Ablehnung des Idealismus. Auch auf die katholische theologische Tübinger Schule wirkte er ein (J. v. →Kuhn), desgleichen auf J. F. Fries, in dessen Gefolge R. →Otto (das Heilige) stand.

Literatur: F. H. Jacobi: Werke, Bde. I–VI, L 1812–25. – O. F. Bollnow, Die Lebensphilosophie F. H. Jacobis, St [2]1966; K. Hammacher, Die Philosophie F. H. Jacobis, Mn 1969; G. Baum, Vernunft und Erkenntnis. Die Philosophie F. H. Jacobis, Bo 1969; F. Wolfinger, Denken und Transzendenz, F 1981.

R. Stalder

James

William James, * 1842 in New York City, † 1910 in Chocorua (New Hampshire). Nach Medizinstudium ab 1876 Professor an der Havard-Universität; zuerst für vergleichende Anatomie und Physiologie, von 1880 bis 1907 zunächst für Psychologie und dann für Philosophie. 1876–93 Gründung und Leitung des psychologischen Laboratoriums der Havard-Universität. Schon während seiner ersten medizinischen Lehrtätigkeit lag das Schwergewicht der Arbeit von J. auf dem Gebiet der Psychologie. Hauptwerk: „Principles of Psychology" (2 Bde., 1892). Immanente Probleme dieser psychologischen Arbeit führten seit Anfang der neunziger Jahre zur Verlagerung des Arbeitsschwerpunkts auf das Gebiet der Philosophie, insbesondere der Metaphysik. Hauptwerke: „The Will to Believe and other essays in popular philosophy" (1898), „Talks to teachers on psychology and to students to some of lifes ideals" (1890), „Pragmatism" (1907), „A pluralistic Universe" (1909), „The meaning of truth" (1909), „Some problems of philosophy" (1911 posthum), „Essays in Radical Empiricism" (1912 posthum). Von seinen philosophischen Einsichten aus wendete sich J. in seiner letzten Arbeitsphase dann noch einmal der Psychologie zu – in betonter Zuspitzung auf die Religionspsychologie. Hauptwerk: „The varieties of religious experience" (1902).

Geistesgeschichtlich muß J.' Lebensarbeit als der Versuch gewürdigt werden, die aus der Verschmelzung aus calvinistischer (→Calvin) Orthodoxie und Deutschem Idealismus (insbesondere →Hegel) hervorgegangene theologisch-philosophische Lebensanschauung des amerikanischen „Transzendentalismus" angesichts der Herausforderung durch die Erfolge des erfahrungswissenschaftlichen Positivismus im letzten Drittel des 19. Jahrhunderts so umzubilden, daß ihre religiösen und ethischen Grundanliegen durchgehalten werden können. Auf die fachphilosophische Arbeit des 20. Jahrhunderts hat er vor allem durch seine Popularisierung des (ursprünglich von C. S. Peirce entwickelten) „Pragmatismus" gewirkt und auf die fachtheologische Diskussion durch sein religionspsychologisches Hauptwerk.

Die Weltanschauung des Transzendentalismus, in der J. aufwuchs, ruht – als Erbin des kritischen Idealismus von →Kant bis Hegel – auf drei Säulen: a) Erfahrung ist nicht nur das Medium für die Erkenntnis des Wirklichen, sondern selbst das Wirkliche; Wirklichkeit hat den Charakter von Erfahrung. b) Diese Wirklichkeit der Erfahrung schließt den Menschen als dasjenige Wesen ein, welches diese wirkliche Welt *in Freiheit* gestaltet, freilich nicht schafft. c) Als Grund für die Existenz der Erfahrungswirklichkeit, zu der die Menschen gehören und die sie frei gestalten, kommen ebensowenig wie die Menschen irgendwelche andere Individuen in Betracht, die in Wechselwirkung und damit Abhängigkeit von anderen stehen, sondern ausschließlich Gott, gedacht als das „Absolute" oder die „ultimate reality" (letzte, grundlegende Wirklich-

keit), die als causa sui (Ursache ihrer selbst) durch nichts außer ihr selbst bestimmt wird, sondern nur ihrerseits alles Wirkliche bestimmt.
Nun erlebt J. den erfahrungswissenschaftlichen Positivismus, insbesondere die empirischen Naturwissenschaften des späten 19. Jahrhundert, als eine fundamentale Infragestellung dieses weltanschaulichen Erbes. Und zwar betraf die Erschütterung – die J. in eine tiefe Lebenskrise stürzte – den zentralen zweiten Punkt: die menschliche Freiheit. Wenn die Naturwissenschaften mit ihrer Grundannahme im Recht sind, daß alle Zustände der Welt und ihre Veränderungen nur das Resultat der gesetzmäßigen Interaktion ihrer Elemente sind, dann ist alles Geschehen durch das Naturgeschehen determiniert und die Freiheit menschlicher Lebensführung bloßer Schein. Den lähmenden Eindruck dieser deterministischen Überzeugung überwand J. durch eine Einsicht, zu der ihm Anregungen des französischen Kantianers Ch. Renouvier verholfen hatten: Die Festgelegtheit allen Geschehens durch das Naturgesetz herrscht zwar in der durch uns *erkannten* Welt, nicht aber in unserem *Erkennen*. Indem wir unserer selbst als erkennender Wesen inne sind, sind wir unserer Freiheit inne; denn die erkannten Gesetze des Naturgeschehens legen nicht fest, *daß* und *wie* wir sie erkennen, vielmehr ist unsere gesamte Erkenntnistätigkeit, angefangen von der Aufmerksamkeit, die wir einem Gegenstand schenken (und entziehen) bis hin zur Formulierung und Prüfung unserer Erkenntnis, frei. In unserem Selbstbewußtsein als erkennende Wesen *erscheinen* wir uns als frei. Und daß wir es auch *sind,* erweist sich gerade daran, daß niemand zur Anerkennung der Wirklichkeit dieser erscheinenden Freiheit gezwungen werden kann, sondern daß jeder diese Anerkennung selbst frei – und zwar in einem Akt des *Glaubens* – vollziehen muß. Nachdem J. sich zu dieser Anerkennung durchgerungen hatte (Tagebucheintrag vom 30. 4. 1870), widmete er sein gesamtes weiteres Lebenswerk der Aufgabe, den Gehalt dieses Glaubensaktes – eben die Wirklichkeit menschlicher Freiheit – theoretisch zu explizieren. Dabei steht für J. – im Unterschied zum kontinentalen Neukantianismus – fest, daß diese Aufgabe nicht durch Rückgriff auf die Kantische Unterscheidung zwischen dem „Reich der Notwendigkeit" und dem „Reich der Freiheit" gelöst werden kann; denn daraus kann nur entweder ein äquivoker Gebrauch von „Wirklichkeit" folgen oder der Zweifel entweder

an der Wirklichkeit des Reiches der Notwendigkeit (Konstitutionsidealismus) oder an der Wirklichkeit des Reiches der Freiheit (naturwissenschaftlicher Materialismus). Erforderlich ist es vielmehr, die Einheit der Wirklichkeit so zu denken, daß sie beides umfaßt, das naturgesetzlich und das durch Freiheit bestimmte Geschehen.

In einem ersten Anlauf versucht J., diese Aufgabe durch eine Psychologie zu lösen, die als auf Introspektion fußende Parallele zu den Naturwissenschaften konzipiert ist. So gelingt es J. zwar, die durch Bewußtsein und Freiheit gekennzeichneten Daten des psychischen Lebens gegen Reduktion auf ihre physischen Begleitumstände zu sichern. Aber Handlungsfreiheit ist mehr als psycho-physischer Parallelismus; nämlich Freiheit als wirksame Ursache im Naturgeschehen. Und dieser Gedanke ist unvereinbar mit dem bestbewährten Naturgesetz: dem von der Erhaltung der Energie. Also läßt sich die Wirklichkeit der Freiheit nicht so denken, daß sie in den Gegenstandsbereich der Naturwissenschaft eingeführt und zum Gegenstand einer ergänzenden Disziplin, der Psychologie, gemacht wird. Vielmehr ist erforderlich: ein komplexerer Begriff von Wirklichkeit, der einerseits den Gegenstandsbereich der Naturwissenschaft, aber zugleich auch die Wirklichkeit wirksamer Freiheit als notwendige Momente einschließt.

Der Erarbeitung eines derartigen Wirklichkeitsbegriffs ist J. zweite Arbeitsperiode gewidmet. Der Grundgedanke ist: die Einheit von Freiheit und Notwendigkeit ist in der Erfahrung schon gegeben. Das braucht lediglich begrifflich erfaßt zu werden, indem „Wirklichkeit" als „Erfahrung" und „Erfahrung" als „Wirklichkeit" gedacht wird. Die Aufgabe des transzendentalen Idealismus kehrt also wieder. Nun hatte dieser „Erfahrung" als dreistellige Relation bestimmt; als Relation von Wissenden zu Gewußtem, das verschieden von ihnen ist, und gleichzeitig zu sich selber; wobei diese Relationen als *ursprüngliche,* für das Da- und Sosein der Relate konstitutive gedacht wurden. J. greift den idealistischen Grundgedanken einer ontologischen Konzeption von „Erfahrung" auf, führt ihn aber in einer in seinen Augen erst „radikalen" Weise durch: Nicht jenes komplexe Relationengefüge ist das Ursprüngliche an Erfahrung, sondern einer seiner Terme, nämlich der *anschauliche* Erfahrungs*inhalt.* Die Relationen sind sekundär; sie ergeben sich erst aus dem Zusammentreten jener einfachen Erfahrungsteilchen. Freilich: wie müßten diese

beschaffen sein, wenn aus ihrem Zusammentreten die Relationen des Objekts zum Subjekt und des Subjekts zu sich selber sollen resultieren können? J. hat sich an dieser Frage jahrelang ergebnislos abgemüht. Schließlich bestimmt er – angeregt durch H. →Bergson – die grundlegenden Erfahrungsteilchen als Teile des universalen *Lebens*. So mündet J.' „radikal-empirizistische" Sicht der Wirklichkeit in der Vision eines „pluralistischen Universums" (gegen den idealistischen Monismus) – gedacht als ein „Ozean von Leben", dessen einzelne Teile sich durchdringen und zu wechselnden Erscheinungsgestalten verbinden können. Dieses Zusammen- und Auseinandertreten der elementaren Lebensteilchen trägt die Evolution der Natur, in der es auch zu den Konstellationen von Bewußtsein, Selbstbewußtsein, Freiheit des Denkens und Tuns kommt. Individuelle Selbste mit diesen Eigenschaften entstehen durch *Ausgrenzung* aus dem umgebenden Ozean von vorbewußtem Leben.
Für die in dieser Vision eines panpsychistisch-pluralistischen Universums steckende Bewußtseinstheorie ist also der Begriff der *Grenze* zwischen individuellem psychischem System und dem „weiteren", „subliminalen" Selbst des umgebenden Lebensganzen grundlegend. Diese Grenzkonzeption des individuellen Selbst hat J. seiner späten Religionspsychologie zugrunde gelegt. Ihr zufolge besteht „religiöse Erfahrung" darin, daß das individuelle, abgegrenzte Selbst „Einbrüche" aus dem „weiteren Selbst" erfährt und dadurch seines Eingebettet-, Umfaßt- und Getragenseins durch dieses Ganze innewird; und zugleich seiner Bestimmung: der Wiederauflösung in dieses göttliche Ganze.
An diesem Ende seines Denkwegs hat J. seine Sympathie für die Mystik ausgesprochen. Tatsächlich verbindet ihn mit ihr die Perspektive auf die Auflösung des individuellen in das göttliche Leben. Diese Verschmelzungsperspektive begründet auch die aktuelle Attraktivität des vorliegenden Entwurfs. Freilich treten an ihm auch die problematischen Aspekte aller Mystik klar hervor: Die Tendenz zur Vergleichgültigung von Kirche und die Tendenz zu einem uneindeutigen Gottesbegriff. Ist das Gegenüber des religiösen Bewußtseins hier der dreieinige Gott des christlichen Bekenntnisses? Im Blick auf J. muß das angesichts der deutlich pantheistischen Züge seines „weiteren" Selbst (subliminal self) verneint werden.

Literatur: W. James: Vgl. Angaben im Text! Sämtliche genannten Werke James' sind in anastatischen Neudrucken zugänglich. Deutsche Übersetzungen: Der Wille zum Glauben (deutsch von T. Lorenz), St 1899; Psychologie und Erziehung (deutsch von F. Kiesow), L 1900 ([3]1912); Die religiöse Erfahrung in ihrer Mannigfaltigkeit (deutsch [Auswahl] von G. Wobbermin), L 1907 ([4]1925); Der Pragmatismus (deutsch von W. Jerusalem), L 1908; Das Pluralistische Universum (deutsch von J. Goldstein), L 1914; Essays über Glauben und Ethik (deutsch von W. Flöttmann), Gü 1948; Die Vielfalt religiöser Erfahrung (deutsch von E. Herms), Ol 1979. – G. Wobbermin, Einleitung zu: James 1907; R. B. Perry, The Thought and Character of W. James, 2 Bde., Lo 1935 (zur Biographie und Werkgeschichte); E. Herms, Radical Empiricism. Studien zur Psychologie, Metaphysik und Religionstheorie W. James', Gü 1977; ders., Nachwort zu: James 1979, 481–521.

E. Herms

Jaspers

Karl Jaspers, * 1883 in Oldenburg, † 1969 in Basel, Studium der Jurisprudenz, dann Medizin, 1913 Habilitation für Psychologie in Heidelberg, 1916 ebd. Professor für Psychologie, seit 1921 für Philosophie, 1937–45 von den Nationalsozialisten des Amtes enthoben, 1948 Professor für Philosophie in Basel. Seine Philosophie ist einerseits →Kant-Aneignung – insofern Vernunftphilosophie –, andererseits Rezeption des (→Platon) platonisch-neuplatonischen Seins- und Einheitsgedankens – insofern Seinsphilosophie –, aber auch Übernahme der →Kierkegaardschen Position über den innersten Grund des Menschen, sein Selbstsein – insofern Existenzphilosophie –. Von Nietzsche stammt die Einsicht über die Nähe des Denkens zum Nichts. Gesucht wird aber ein fester Grund. Die Hoffnung auf ihn gewinnt im philosophischen Glauben Gestalt. Insofern ist J. auch Transzendenzphilosoph.

Das Grundproblem bei J. besteht nicht in der Frage „Was ist das Sein?“, sondern „Wie erscheint uns das Sein?“, uns, die wir in der Gespaltenheit von Subjekt und Objekt leben. Die Gespaltenheit macht bewußt, daß es nicht nur Objekt-Sein gibt, etwa das, was der Mensch weiß, und daß es nicht nur Subjekt-Sein gibt, das, was der Mensch ist. Der Impuls zum Suchen des Seins (1932, I, 28) stößt zu dem vor, was die Erscheinung des Seins, das ich wissen kann, und des Seins, das ich bin, ermöglicht, also nach dem umgreifenden Sein. Die Bewegung des Denkens ist folglich ein die Erscheinung Transzendieren, das als Transzendieren des Denkens nur durch Denken geschehen kann, das aber als Denken zum Undenkbaren transzendiert, indem es denkt, daß etwas ist, das nicht denkbar ist. Dieses Denken, formales Transzendieren genannt, scheitert also, aber scheiternd berührt es das Undenkbare, das umgreifende Sein. Wird dieses gedacht, geht es als solches verloren. Es erscheint lediglich in seinen Weisen, und zwar als die Weisen des Umgreifenden, das wir sind – Dasein, Bewußtsein überhaupt (= Verstand), Geist –, und die Weisen des Umgreifenden, das das Sein selbst ist – die Welt –, sofern man die Weisen des weltimmanenten Bereichs bedenkt. Dem Denken, das den transzendierenden Sprung wagt, zeigt sich das Umgreifende, das wir sind, als Existenz, als Selbstsein, und das Umgreifende, das das Sein selbst ist, als Transzendenz (1947, 47–50).

Existenz meint hier nicht „existentia", Vorhandensein, sondern im Anschluß an Kierkegaard das Selbstsein des Menschen. Im Suchen des Seins geht die Frage zunächst zurück auf das Sein des Suchenden, und so wird Suchen des Seins Erhellung des Seins des Suchenden, in der im transzendierenden Sprung das Selbstsein seines dunklen Grundes inne wird. Die Existenz erfährt sich als unentrinnbar verwiesen auf ein Sein, das ihr gegenüber transzendent ist, und keineswegs den ihr immanenten Kern darstellt. Sie kann deshalb charakterisiert werden als das, was sich zu sich selbst und darin zu seiner Transzendenz verhält (1932, I, 15; 1947, 76–77). Im Vollzug seines Seins in unbedingter Freiheit und Entschiedenheit zu sich selbst geschieht der Aufschwung zur Transzendenz. Doch das ist nicht naturhaft, sondern nur durch Entschluß und Glaube, aber auch nicht jederzeit und immer, sondern im hohen Augenblick der Existenz (Pfeiffer 1975, 56–68). Nicht ausschließlich, aber insbesondere in sogenannten Grenzsituationen – wie Kampf, Leiden, Zufall, Schuld oder Tod (1919, 256–280; 1932 II, 220–249; 1962, 34) – erfährt sich der Mensch als scheiternde Endlichkeit. Hier kann das geschehen, was J. etwas Ungeheuerliches nennt: Der Mensch wagt den Sprung des Glaubens, daß Transzendenz ist (1932, II, 264). Das Scheitern ist Appell an die Freiheit, das nicht immanente Umgreifende, das wir nicht sind, sein zu lassen.

Was aber ist das für ein Umgreifendes? Jede Weise des Umgreifenden hat ja als Weise eines Umgreifenden ihre Transzendenz in dem Umgreifenden, dessen Erscheinung sie ist. Selbst- und Seinsbewußtsein des Menschen erlauben es jedoch nicht, eine andere Transzendenz als dunklen Grund des Selbstseins anzunehmen als jene, die noch einmal der Transzendenz jeder Weise des Umgreifenden gegenüber transzendent ist, also die „Transzendenz aller Transzendenzen" oder das „Umgreifende alles Umgreifenden" darstellt, mithin letzter Grund für alles ist (1947, 109). Diese Transzendenz haben die Menschen schon immer gemeint und ihr Namen gegeben. Einer dieser Namen ist Gott. In ihm drückt sich aus, daß das Selbstsein von der Transzendenz betroffen ist. Es ist vornehmlich der Name, mit dem religiöse Menschen die Transzendenz aller Transzendenzen belegen. Aber es ist nur ein Name für die überpersönliche unbestimmte und unbestimmbare Transzendenz (1962, 224, 419). Sie zeigt sich nie – den Gedanken einer Offenbarung Gottes verwirft J. kategorisch (1962, 34–35, 50, 63, 103) –, wohl aber sind Chiffren der Transzendenz erfahrbar.

Das Weltsein kann von der glaubenden Existenz als Chiffre der Transzendenz gelesen werden (1947, 1031, 1051; 1932, III, 149; 1962, 193). Alles kann der glaubenden Existenz Chiffre werden, als Zeichen, das die Existenz auf die Transzendenz verweist. Das Weltsein ist nicht Abbild Gottes, wohl aber als eine Art Mittlerfunktion (1932 III, 137) zwischen Mensch und Gott Ferment, die Existenz zum Aufschwung zur Transzendenz zu führen (1932 III, 150). In anderer Sprache gesagt: Alles, was dem Menschen widerfährt oder was er sich erdenkt, kann Anstoß sein zur Gotteserfahrung. Doch die Transzendenz ist allen wirklichen und denkbaren Chiffren gegenüber transzendent. Die Transzendenz der Existenz ist das Jenseits der Chiffren (1962, 210, 386–388, 393). Im Anschluß an die Schrift des →Nikolaus von Kues „De visione Dei" spricht J. von der Mauer, die den Bereich der Transzendenz umschließt. Das formale Transzendieren scheitert an der Mauer. Doch im Diesseits der Mauer findet die Vernunft etwas, das der Existenz Anlaß gibt, sich zum Jenseits der Mauer zu erheben. Alles „vor der Mauer" kann zum existentiellen Aufschwung Anlaß geben (1964, 24–25). Im Lesen des Weltseins als Chiffre geschieht ein Innewerden des Jenseits der Chiffren. Doch vor der Mauer ist die Transzendenz nur als Chiffre. Sie bringt der glaubenden Existenz die Transzendenz nahe, wenn auch nicht als Transzendenz, sondern als Chiffre des Jenseits der Chiffren. Insofern scheitert das Lesen der Chiffreschrift der Transzendenz; die alles entscheidende Chiffre der Transzendenz ist auch hier das Scheitern (1932, III, 220, 222, 225). Der philosophische Glauben, daß Gott ist, geht also auf drei ineinander übergehenden und verschränkten Wegen, auf dem Weg des formalen Transzendierens im Denken im Scheitern dieses Weges, auf dem Weg des existentiellen Aufschwungs zur Transzendenz im hohen Augenblick der Existenz und auf dem Weg des Lesens der Chiffren der Transzendenz. Er steht engagiert gegen die Aussage der Glaubenslosigkeit, es gebe keinen Gott (1948, 34; 1950, 67), aber er ist kein Gottesbeweis. Hier bewegt sich J. ganz in der Tradition Kants. Als Beweise sind sie endgültig durch Kant widerlegt (1932, III, 202–203; 1948, 30–31; 1962, 406 u.v.a.). Nur als Chiffren können sie fruchtbar gemacht werden. Ein bewiesener Gott ist kein Gott (1932, II, 281; 1948, 30). Nur das unbedingte existentielle Gewißsein des Glaubens läßt Gott Gott sein. Es ist ein umgreifendes Bewußtsein Gottes (1950, 38–39), dessen der Mensch in verwandeltem Selbst- und Seinsbewußtsein innegeworden ist (1913, 638; 1947, 644, 696–697; 1962, 249). Zwischen Gottesbeweisen und jeder Art rationaler Gotteserkenntnis unterscheidet J. gar nicht. Er lehnt beides ab. Doch seine Wege zur Transzendenz tragen Züge der Gotteserweise der theologischen Tradition. Kritik müßte ansetzen an der durch Kant vermittelten Beschränkung des Wissens auf die Erscheinungswelt und vieles andere mehr. Kritisch beleuchtet werden müßte die Reduzierung von Gotteserfahrung auf den einzelnen und den hohen Augenblick der Existenz ebenso wie die vorausgesetzte Gottesvorstellung (Pfeiffer, 1985). Liegt nicht doch nur ein persönliches Bekenntnis zu Gott vor ohne rationale Argumentation? Fest steht andererseits, daß J. sein Denken so nicht verstanden hat. Zweifellos gilt das Wort von H. Fries, J. habe mit großer Kraft und Intensität des Denkens Transzendenz erschlossen und gewiß gemacht (1965, 73). Denn das Mitdenken seiner Positionen mag wenigstens den Boden bereiten für die Anerkenntnis der Tatsache, daß ohne Transzendenz alles versinkt. Vielleicht gilt dies besonders für jene, die wie J. selbst in gewisser Hinsicht in einer positivistischen oder rationalistischen Grundstimmung denken. In der Sicht J.' stammt die Gotteskrise unserer Tage weniger aus dem Überbetonen der Transzendenz Gottes als vielmehr aus dem falschen Näherbringen der Transzendenz – ein Gedanke, den auch die christliche Theologie bei aller berechtigten Kritik an J. zu ihrem eigenen Nutzen nicht vernachlässigen dürfte.

Literatur: K. Jaspers: Eine vollständige Bibliographie bis 1977 liegt vor in: K. Jaspers. Eine Bibliographie, Bd. 1: Die Primärbibliographie (hrsg. von G. Gefken/K. Kunert, Oldenburg 1978; die für unser Thema wichtigsten Werke: Allgemeine Psychopathologie (1913), B–NY–Hei ^{9}1973; Psychologie der Weltanschauungen (1919), B–NY–Hei ^{6}1971; Die geistige Situation der Zeit (1931), B 1971; Philosophie I–II–III (1932), B–Gö–Hei ^{4}1973; Von der Wahrheit (1947), Mn ^{3}1983; Der philosophische Glaube (1948), Mn ^{8}1985; Einführung in die Philosophie (1950), Mn ^{25}1986; Der philosophische Glaube angesichts der Offenbarung (1962), Mn ^{2}1963; Nikolaus Cusanus (1964), Mn 1968; Kleine Schule des philosophischen Denkens (1965), Mn ^{10}1985; Chiffren der Transzendenz (1970), Mn ^{4}1984; Notizen zu Martin Heidegger (hrsg. von H. Saner), Mn ^{2}1978; Die großen Philosophen (= Nachlaß, Bd. 1–2, hrsg. von H. Saner), Mn 1981; Weltgeschichte der Philosophie. Einleitung (hrsg. von H. Saner), Mn 1982; Wahrheit und Bewährung, Mn 1983. – H. Fries, Existenz und Transzendenz, in: Festschrift T. Steinbüchel, D 1948, 303–320; B. Welte, Der philosophische Glaube bei K. Jaspers und die Möglichkeit seiner Deutung durch die thomistische Philosophie, in: Symposion 2 (1949) 1–190; R. Schaeffler, Die Frage nach dem Glauben im Werke von K. Jaspers, T 1952 (Masch.); W. Lohff, Glaube und Freiheit, Gü 1957; A. Schilpp (Hrsg.), K. Jaspers, St 1957; X. Tilliette, K. Jaspers, P 1960; H. Fries, Ärgernis und Widerspruch, Wü 1965; J. Muga, El Dios de Jaspers, Ma 1966; C. U. Hommel, Chiffer und Dogma, Z 1968; W. Hertel, Existentieller Glaube, Mei 1971; A. Klein, Glaube und Mythos, W 1973; H. Saner (Hrsg.), K. Jaspers in der Diskussion, Mn 1973; H. Pfeiffer, Gotteserfahrung und Glaube, Tr 1975 (dort 257–288 weitere Lit.); ders., „Sie beten alle und schlagen sich tot." Gedanken zu K. Jaspers' Polemik gegen den einen und dreifaltigen Gott, in: Festschrift Breuning, D 1985, 302–315; J. M. Zapater Caron, La Libertad en K. Jaspers, Zaragoza 1981; R. Lengert (Hrsg.), Philosophie der Freiheit – K. Jaspers, Oldenburg 1983; J. Hereu i Bohigas, Trascendencia y revelación de Dios, Ba 1983; K. Salamun, K. Jaspers, Mn 1985; Y Örnek, K. Jaspers. Philosophie der Freiheit, Fr–Mn 1986.

H. Pfeiffer

Johannes vom Kreuz

Johannes de Yepes, * 1542 in Fontivera/Altkastilien, † 1591 in Ubeda. J. entstammt einem verarmten Adelsgeschlecht; mühsam und energisch verschafft er sich seine Grundbildung, wird mit 21 Jahren Karmelitenmönch, studiert 1564–68 in Salamanca Theologie und wird durch Teresa von Avila bewogen, die Reform des männlichen Zweigs der Karmeliten (unbeschuht) voranzutreiben. Die widerstehenden nicht-reformierten (beschuhten) Karmeliten setzten ihn 1577 in Toledo gefangen, wo er seine mystischen Erfahrungen poetisch niederlegt. Nach der Flucht kommt die Periode einer fruchtbaren seelsorglichen, ordensamtlichen und literarischen Tätigkeit. Gegen Ende seines Lebens wird er durch eine rigoristische Richtung der Ordensreform verkannt. 1726 Heiligsprechung, 1926 Kirchenlehrer. Die Berechtigung, diesen

Mystiker unter die „Gottdenker" aufzunehmen, liegt im exemplarischen Ineinander von mystischer Erfahrung und Gotteserkenntnis, aber auch in der Person des J., dessen Schriften vom denkerischen Geist ihres Autor geprägt sind.
Die vier Hauptschriften (z. T. in verschiedenen Fassungen: Subida del Monte Carmelo, Aufstieg zum Karmelberg = A; Noche oscura, Dunkle Nacht = D; Cantico espiritual, Geistlicher Gesang = G; Llama de Amor, Flamme der Liebe = F) enthalten keine entworfene Systematik, zeichnen aber in etwa den Erfahrungsweg des Mystikers zu Gott nach. Die anderen Schriften (Gedichte; Briefe; Impuls-Sätze, genannt Maximen) bringen nichts Weiteres. Im Vorwort zu G schildert J. die Methodik seines Schreibens: Am Anfang steht die Gottes-Erfahrung („die verborgenen Geheimnisse, die sie aus der Fülle des Geistes empfangen haben"); sie fließt ein in Poesie, die den Karmeliten zum literarischen Klassiker machte („Sie nehmen zu Bildern, Gleichnissen und Vergleichen ihre Zuflucht, um das, was sie empfinden, in etwa begreiflich zu machen"); und dann erst folgen die theoretischen Darlegungen, „die niemals vollständig in Worte fassen können, was der Heilige Geist selbst als unaussprechlich offenbarte". J. ist sich des doppelten hermeneutischen Abstandes seiner theoretischen Schriften bewußt („man muß sich nicht notwendig daran binden", da Poesie und Erfahrung reicher sind als die Theorie), aber er entwickelt in ihnen eine Systematik, in der die drei Quellen (Erfahrung, Bibel, Intellekt) zusammenfließen. Die synthetisch-intuitive Kraft des Heiligen läßt eine philologische Quellen- und Herkunftsanalyse kaum zu (vgl. M. Baruzi, J. Orcibal).
Das Denken des J. steht in der neuplatonischen (→Pseudo-Dionysius Areopagita) Tradition („Alles Sein der Geschöpfe ist im Vergleiche mit dem unendlichen Sein Gottes nichts"; A I, 4), verbindet aber die absolute Transzendenz Gottes mit dessen absoluter Personalität. Daher ist alles Göttliche, was „auf dem Wege einer sinnlichen Wahrheitnehmung oder einer geistigen Erkenntnis" erfahren und erkannt wird, ohne daß der Erkennende „im Glauben lebt", trügerisch. Das Moment des „Glaubens" entspricht der göttlichen „Freiheit", die Gott erst voll gegenwärtig setzt. Deshalb führt der Aufstieg des Menschen zu Gott über die doppelte „Nacht der Sinne" und „des Geistes", in der ihm selbst das „Erkennen" weggenommen wird. „So zieht diese Nacht den Geist heraus aus

seiner gewöhnlichen Denkweise, um ihn mit göttlicher Einsicht zu erfüllen; sie muß ersterben, um ins göttliche Erkennen umgestaltet zu werden" (D II, 1). J. selbst ist überzeugt, daß dieser Weg jedem (getauften) Menschen offensteht.
Das Bleibend-Gültige in diesem „System" ist der existentielle Ernst, der Denken, Erfahren, christliche Offenbarung und poetische Sensibilität zur untrennbaren Einheit verknüpft. Kritik wäre an der fehlenden Reflexion über soziale Zusammenhänge anzusetzen. Das Stehen im Glauben der kirchlichen Gemeinschaft war damals noch unhinterfragt.

Literatur: Johannes vom Kreuz: Crisógono de Jesús, Ma 1978; Sämtl. Werke, 5 Bde. Von Aloysius ab Immac. Conceptione, Mn 1924–29; Sämtl. Werke. Deutsch von O. Schneider, I. Behn, H. U. v. Balthasar, Ei 1961–78. – DictSpir, Bd. 8, P 1974, 443–448; dazu Fachzeitschriften, besonders: EtudCarmél, 1931–62.

J. Sudbrack

Jüngel

Eberhard Jüngel, * 1934 in Magdeburg, wo er sich schon in einer konfliktreichen Schulzeit von der Liebe zur Wahrheit – „wär' sie auch Verbrechen!" – hat gewinnen lassen, studierte evangelische Theologie in Naumburg und Berlin (Promotion 1961 bei E. Fuchs). Ein Semester in Zürich und Basel gab ihm die „genossene" Gelegenheit, G. →Ebeling und K. →Barth zu hören. Nach fünf Jahren Lehrtätigkeit über das Neue Testament und in der Systematischen Theologie an der Ostberliner Hochschule, wird er zum Nachfolger G. Ebelings 1966 in Zürich und wiederum 1969 in Tübingen. Hier gehört er auch dem Lehrkörper der Philosophischen Fakultät an und nimmt die Leitung des Instituts für Hermeneutik an der Evangelisch-Theologischen Fakultät wahr.
Philosophisch hat er Impulse in erster Linie von M. →Heidegger und N. Hartmann, aber auch von →Hegel empfangen. Theologisch steht er kreativ, ja sogar kritisch in der Schule der sogenannten „Theologie des Wortes". J., ein (auch von Barth selber) anerkannter Kenner der Barthschen Theologie, den Spuren des alten Barth folgend und das Anliegen der →Bultmannschen Schule aufgreifend, versucht so Theologie zu treiben, daß das Wort des Evangeliums als eine anthropologisch „zumutbare Zumutung" verstanden wird. Denn nur die frei machende Wahrheit des Wortes, in dem Gott zur Welt kommt, ermögliche eine begründete Rede von Gott, ein ihm

entsprechendes Denken und damit eine „theologischere“ und „natürlichere“ Theologie als der „theologische Atheismus“ der sogenannten Theologie des Todes Gottes oder als die „philosophischen“ Ansätze jeder Art „natürlicher Theologie“, etwa – so J. – die von W. →Pannenberg heute wieder im evangelischen Lager vertretene.

Gegen den Trend heutiger „theologischer Larmoyanz“ sieht J. in der Epoche, in der die Rede vom „Tode Gottes“ selbstverständlich geworden ist, eine echte „Chance“, Gott neu denken zu lernen. Als ihr „Zwillingsbruder“ stelle der Atheismus für die Theologie eine Hilfe dar, sich von den „allzu menschlichen“ Gottesvorstellungen des (metaphysischen) Theismus zu befreien, der in seiner „Selbstaufhebung“ habe enden müssen. Umgekehrt könne eine Theologie, welche – dem Wort vom Kreuz nachdenkend – die „neuzeitliche Entdeckung“ der weltlichen Nichtnotwendigkeit Gottes als theologische Entdeckung versteht, die aus der eben genannten Selbstaufhebung herkommende „Resignation“ in Freude umwandeln. Denn sie versteht es, vom „Tode Gottes“ keineswegs nur metaphorisch“ als „paradoxe Chiffre“ für die „Selbstzersetzung des metaphysischen Gottesgedankens“ zu sprechen, sondern als von einem Ereignis in Gott, das ihn als „mehr als notwendig“ zeigt, d.h. als die Liebe, die das „Geheimnis der Welt“ ausmacht. Schauen wir uns etwas näher diese Art J.s an, Gott „zwischen Theismus und Atheismus“ neu zu denken.

Die alte Metaphysik, vom (→Aristoteles) aristotelischen Prinzip der ontologischen Priorität des „Wirklichen“ vor dem „Möglichen“ her denkend und geleitet von dem Interesse, den göttlichen Ursprung der Welt so weit wie nur möglich über seinen Wirkungen erhaben (also in *keiner* Weise „anthropomorph“) zu konzipieren, hatte sich Gott als den „je immer größeren“ vorgestellt; als ein Wesen nur *supra nos* (über uns), bei dem es keinen Platz für Vergehen geben kann; denn Vergehen wird nur als Seinsverlust verstanden, und dies ist bei Gott als dem notwendigen Seienden (ens necessarium) nicht denkbar. Die neuzeitliche Metaphysik übernimmt diesen Gottesgedanken. Sie darf aber nicht mehr die im Begriff vom ens necessarium implizierte Einheit von Wesen und Existenz unabhängig von der jedes Sein sicherstellenden Aktivität des „Ich denke“ bzw. „Ich handle“ gelten lassen. Das „Ich“ drängt sich „zersetzend“ zwischen ein als nur *supra nos* vorgestelltes göttliches Wesen und eine Existenz Gottes, die

nun durch „das Nadelöhr“ des vergänglichen Subjekts hindurch muß: ein „Widerspruch“, der zur Selbstaufhebung des metaphysischen Gottesgedankens führt. „Gott ist tot“ ist hier ein „letzter Gedanke der Metaphysik“, der bloß ihre Unfähigkeit kundtut, Gott und Vergänglichkeit, Gott und Mensch zusammenzudenken.
Wird aber eine ganz *bestimmte* Geschichte erzählt und gehört, dann wird eine „unvergleichliche Erfahrung“ möglich, die Gott sehr wohl als in Einheit mit dem Menschen zu denken gibt. Es ist das Wort vom Kreuz, das uns Gottes Sein als im Kommen vorstellt, und zwar in Einheit mit einem „sein Leben am Galgen verlierenden jüdischen Menschen“. *So* kommt er zur Welt und zur Sprache. Es ist ein Wort, das dem Angeredeten Glauben zumutet, d. h. Gott dort sein zu lassen, wo er ist, und kommen zu lassen, wie er kommt: „eben beim Menschen“. Wird aber so geglaubt, dann wird gerade Gott als der *verstanden,* der „in der Einheit von Leben und Tod zugunsten des Lebens die Liebe ist“; dann hat das „Ich“ keinen Anlaß mehr, sich zwischen Gottes Wesen und Existenz zersetzend zu setzen, denn Gottes Wesen ist für den Glauben mit seiner „Ex-istenz“, d. h. mit seinem im Tode Jesu dem Nichts sich aussetzenden Sein, ursprünglich identisch; dann ist das „Ich“ aber auch nicht mehr auf Selbst- und Seinsbegründung aus, denn es läßt sich im Wort so auf Gott und zugleich auf sich selbst ansprechen, daß, angesichts des Nichts, das Sein freudig als im göttlichen Geheimnis einer „inmitten noch so großer trinitarischer Selbstbezogenheit immer noch größeren Selbstlosigkeit“ wohl gegründet gewußt wird.
J.s Versuch, von der Erfahrung der am Kreuz geoffenbarten Menschlichkeit Gottes her, die Evidenz neu zu gewinnen, die das Sprechen von Gott möglich und notwendig macht, verdient ohne Zweifel Respekt. Es läßt sich allerdings fragen, ob die „mehr als Notwendigkeit“ eines als Macht der Liebe gedachten Gottes die These der „weltlichen Nichtnotwendigkeit Gottes“ voraussetzen bzw. implizieren muß. Oder ist nicht gerade dieser Gott für die Befreiung des in seiner Subjektivität befangenen Menschen doch „notwendig“? J. selbst zeigt ja auch beeindruckend auf, wie „der ohne Gott menschliche [!] Mensch [...] ein *Habender*“, also ein in seiner Menschlichkeit gerade gehemmter und somit erlösungsbedürftiger Mensch ist.

Literatur: E. Jüngel: Unterwegs zur Sache, Mn 1972; Gottes Sein ist im Werden, T [3]1973; Entsprechungen, Mn 1980; Barth-Studien, Gü 1982; „Meine Theologie" – kurz gefaßt, in: J. B. Bauer (Hrsg.), Entwürfe der Theologie, Gr–W–Kö 1985, 163–179; Gott als Geheimnis der Welt. Zur Begründung der Theologie des Gekreuzigten im Streit zwischen Theismus und Atheismus, T [5]1986. – J. Rohls, Ist Gott notwendig? Zu einer These von E. Jüngel, in: Neue Zeitschrift für Systematische Theologie 22 (1980) 282–296; J. Richard, Théologie évangelique et théologie philosophique. A propos d'E. Jüngel, in: Science et esprit 38 (1986) 5–30.

J. Martínez-Camino

Justin

Justin, * in Flavia Neapolis (Palästina) von heidnischen Eltern, † um 165 als Martyrer in Rom. J., der bedeutendste der frühchristlichen →Apologeten, hatte mit verschiedenen Philosophenschulen Kontakte, bevor er sich schießlich zum (mittleren) Platonismus bekannte. Nach seiner Bekehrung kam er unter Antoninus Pius ein zweites Mal nach Rom, wo sich ihm Schüler anschlossen.

Von seinen verschiedenen Werken sind eine (zwei) Apologie(n) an den Kaiser und ein Streitgespräch mit dem Juden Tryphon erhalten. J.s Bedeutung für den Gottesgedanken besteht darin, daß er nicht nur wie die übrigen Apologeten philosophische Begriffe verwendet hat, um die biblische Botschaft im Bereich der griechisch-römischen Kultur verständlich zu machen, sondern darüber hinaus als erster über das Verhältnis zwischen Christentum und Philosophie ausdrücklich reflektiert hat. Das Christentum ist die verlorengegangene, jetzt wiedergefundene Urphilosophie; es setzt die Philosophie wiederum in die Lage, ihre eigentliche Aufgabe zu erfüllen, nämlich Gott zu erkennen. Daß Philosophie und Glaube dabei nicht als Gegensätze erscheinen, verhindert der mit großer Kühnheit verwendete Begriff des Logos. Das Christentum ist nämlich der Glaube an die Menschwerdung des umfassenden Logos, an dem die Menschen aller Zeiten im Maße ihrer tatsächlichen Wahrheitserkenntnis, vor allem auf sittlichem Gebiet, teilhaben (Logos spermatikos). Von daher bezeichnet J. alle Menschen, sofern sie wirklich nach der „Vernunft" leben, z. B. Sokrates, als Christen, umgekehrt ist alles, was wirklich wahr ist, Eigentum der Christen.

J.s Gottesbegriff selber ist gekennzeichnet von der Beziehung zwischen dem „Vater" und dem „Sohn". Der oft mit ihnen zusammengenannte „Geist" spielt systematisch keine Rolle. Der

„Gott und Vater“ ist anfang- und endlos, namen- und gestaltlos. Seine Einzigkeit ergibt sich notwendig aus seiner „Ungezeugtheit“. Nicht weniger als die genannten Bestimmungen des „Vaters“ stammen die des Sohnes vorwiegend aus der zeitgenössischen Philosophie des mittleren Platonismus. Der Logos ist Gottes „Erstgeborener“, selber Gott und dennoch numerisch verschieden, Schöpfungs- und Offenbarungsmittler und hat im Gegensatz zum Vater viele Namen, entsprechend den verschiedenen Funktionen gegenüber Welt und Menschen. Von der Schöpfung über die Menschwerdung bis zur Parusie bringt der Logos den Menschen den Vater nahe und macht so die Geschichte zur Heilsgeschichte. Der Logos ist in erster Linie Sieger über die Mächte der „Unvernunft“, die Dämonen, die die Menschen von Anbeginn aus der Gemeinschaft mit Gott herauszuziehen suchen. Entsprechend ist die eigentliche Aufgabe der Philosophen, teilzunehmen am Kampf des Logos gegen die dämonischen Kräfte, vor allem an ihrer Entlarvung als falschc Götter. Dieser Kampf kann, wie im Fall des Sokrates, vom Philosophen das Martyrium verlangen. Im Hintergrund solchen Einsatzes für die „Monarchia“ Gottes steht natürlich nicht der bloß theoretische Monotheismus der hellenistischen Philosophie, sondern der Ein-Gott-Glaube der Bibel und der jüdischen Apokalyptik.

Literatur: O. Skarsaune, The Conversion of Justin Martyr, in: Studia theologica 30 (1976) 53–73; C. P. Bammel, Justin der Märtyrer, in: Gestalten der Kirchengeschichte. Bd. 1: Alte Kirchengeschichte, St 1984, 51–68.

H. J. Sieben

K

Kant

Immanuel Kant, *1724, †1804 in Königsberg, wo K. lebte und dozierte. Sein Hauptwerk, die „Kritik der reinen Vernunft" (KrV), inaugurierte seine kritische Lehre; ihr folgten die „Kritik der praktischen Vernunft" (KpV) und die „Kritik der Urteilskraft" (KU) als Untersuchung der Sittlichkeit bzw. der Finalität. In diesem Kontext ist auch die „Religion innerhalb der Grenzen der bloßen Vernunft" zu erwähnen, in der K. eine Reduktion des Christentums auf eine bloße Vernunft- und Moralreligion vornahm. Die geläufige Unterscheidung einer vorkritischen und einer kritischen Periode K.s darf nicht die wesentliche Verbindung der letzteren mit der metaphysischen Tradition übersehen lassen. Aus einer solchen Kontinuität erhellt, daß das Thema Gott eine zentrale Stellung in den Schriften K.s einnimmt. Gott, Freiheit und Unsterblichkeit galten K. als die „höchsten Zwecke unseres Daseins" (KrV B 395), zu deren Untersuchung die ganze philosophische Reflexion „nur die Zurüstung" ist (Fortschritte der Metaphysik, XX 316). Dies ist auch deswegen hervorzuheben, weil die Wirkungsgeschichte des Denkens K.s ihn infolge der sensualistischen Grenzbestimmung seiner KrV zum „Zertrümmerer der Gottesbeweise" hochstilisiert hat.

Das naturphilosophische Werk „Allgemeine Naturgeschichte und Theorie des Himmels" arbeitet eine mechanische Erklärung der Entstehung des Weltalls aus. Gott ist der Schöpfer der Welt, weil er die Materie erschaffen und mit bestimmten Kräften und Gesetzen ausgestattet hat. In der Vorrede und zusammenfassend im 8. Hauptstück des 2. Teils versucht K. zu zeigen, daß eine derartige Hinlänglichkeit der Naturkräfte mit dem Gottesglauben vereinbar ist, ja dem herkömmlichen Gottesbeweis aus Schönheit, Ordnung und Zweckmäßigkeit der Welt (Physikotheologie) wichtige Stützen liefert. Denn wenn Entwicklung und Verlauf der Natur mit Notwendigkeit aus den Eigenschaften der Materie entspringen, so ist dies „Zeugnis ihrer Abhängigkeit von demjenigen Urwesen, welches sogar die Quelle der Wesen selber und ihrer ersten Wirkungsgesetze in sich hat" (I 226). „Es ist ein Gott eben

deswegen, weil die Natur auch selbst im Chaos nicht anders als regelmäßig und ordentlich verfahren kann“ (I 228). Diese „verbesserte Methode der Physikotheologie“, die darauf abzielt, die Existenz nicht nur eines Weltordners (Weltbaumeisters), sondern auch eines Weltschöpfers zu beweisen, der nicht auf eine vorgegebene Materie angewiesen ist, hat K. später im „Einzig möglichen Beweisgrund zu einer Demonstration des Daseins Gottes“, II. Abt., ausgebaut.
In der Habilitationsschrift „Principiorum primorum cognitionis metaphysicae nova dilucidatio“ finden wir eine eingehende Behandlung der Gottesproblematik sowohl negativ als auch positiv. Die erstere widerlegt den Gottesbeweis aus dem Begriff des allerrealsten Wesens, die andere liefert zwei Gottesbeweise. Obwohl K. den Gottesbeweis →Descartes' ablehnt, hält er einen apriorischen Beweis mittels des Prinzips vom zureichenden Grund für möglich. Aber er wendet dieses Prinzip nicht auf die Möglichkeit (Essenz) Gottes als Grund seiner Existenz, sondern auf die Möglichkeit der Dinge überhaupt an (Prop. VII.). In der Prop. XIII., Usus 3, bringt K. einen weiteren Gottesbeweis: Die dynamische Gemeinschaft, in der die Substanzen der Welt miteinander stehen (vgl. Newtons Gravitationsgesetz), ist nur bei gemeinsamer Abhängigkeit derselben von einem göttlichen Urgrund begreiflich.
Den in der „Nova dilucidatio“ bloß umrissenen apriorischen Beweis hat K. im „Einzig möglichen Beweisgrund“, I. Abt., weiter präzisiert. Der Beweis kann, im Anschluß an K.s gelegentlichen Wortgebrauch, Ontotheologie oder ontotheologischer Beweis genannt werden. Dem Beweis liegt die These zugrunde, daß wir mit unseren Begriffen eine tiefere Dimension der Wirklichkeit erreichen als die ihres kontingenten Daseins, nämlich die Dimension der ontologischen Möglichkeit, die dem Dasein vorgängig ist. Von dieser Möglichkeit gelangt K. zum schlechterdings notwendigen Dasein durch zwei Schritte. Erstens: „die innere Möglichkeit aller Dinge setzt irgendein Dasein voraus“. Das Mögliche ist etwas Abkünftiges, etwas dem Dasein Nachgeordnetes, so daß, wenn alles Dasein aufgehoben würde, auch alles Mögliche im Sinne des Materialprinzips des Möglichen (die letzten Denkinhalte) wegfallen würde. Zweitens: Es muß unbedingt etwas Existierendes geben, weil sonst alle Möglichkeit aufgehoben wird, und genau dies ist unmöglich. M.a.W.: Es ist unmöglich, daß es kein Mögliches gibt; was K. wie folgt formuliert: „Wo-

durch alle Möglichkeit überhaupt aufgehoben wird, das ist schlechterdings unmöglich.“ Dem ist entgegenzuhalten, es stelle eine unbewiesene Äquivalenz zwischen „keine Möglichkeit“ und „Unmöglichkeit“ auf. Es liegt hier dieselbe Äquivokation vor wie schon in der „Nova dilucidatio“ zwischen „völlig nichts“ als Inhaltsaussage und „unmöglich“ als Modalaussage. Die Unmöglichkeit des absoluten Nichts bleibt unbewiesen, weil ja a priori unbeweisbar. Jedenfalls meint K., die Notwendigkeit des notwendigen Wesens als die absolute Realnotwendigkeit erreicht zu haben, deren Verneinung alle Möglichkeit des Seins und Denkens vertilgen würde. Aus dem Begriff des notwendig Existierenden leitet K. dessen ontologische Attribute ab, während die geistig-personalen nur a posteriori, von den Eigenschaften unserer geistigen Natur her, gewonnen werden.
Der „einzig mögliche Beweisgrund“ ist auch deswegen wichtig, weil darin die traditionellen Gottesbeweise der spekulativen Vernunft einer Kritik unterzogen und abgelehnt werden. Die vorkritizistische(!) Kritik kommt später, im wesentlichen unverändert, in der KrV wieder. Die Entwicklung K.s in der zweiten Hälfte der sechziger Jahre ging dahin, als einzige Quelle unserer Erkenntnis der Möglichkeit die Erfahrung zu statuieren. Damit wurde der Ontotheologie die apriorische Voraussetzung entzogen. Es scheint aber, daß K. zur schwerwiegenden These, daß unserer spekulativen Vernunft kein Zugang zur Erkenntnis Gottes offen steht, erst dann kam, als er einen Ersatz für den rationalen Weg zu Gott fand, nämlich in unserer moralisch-praktischen Vernunft. Ein Zeugnis davon haben wir in den „Träumen eines Geistersehers“, wo K. von einem „moralischen Glauben“ spricht, der den Menschen „ohne Umschweif zu seinen wahren Zwecken führt“ (II 373).
Schon in der KrV, im Abschnitt über „Das Ideal des höchsten Guts“ (B 832–847), stellt K. einen Zusammenhang zwischen praktischer Vernunft und Gottesproblematik her anhand der Frage: „Wenn ich tue, was ich soll, was darf ich alsdann hoffen?“ Das Sittengesetz gebietet schlechterdings ohne Rücksicht auf empirische Beweggründe, ist aber von seinem Wesen her auf das höchste Gut (Verbindung von Sittlichkeit und ihr proportionierter Glückseligkeit) gerichtet als das, was allein „den ganzen Zweck“ vernünftiger Wesen erfüllt. Daraus ergibt sich die Notwendigkeit, die Existenz Gottes (zusammen mit einem künftigen Leben) „anzunehmen“, der allein letzt-

lich das höchste Gut verwirklichen kann. Umgekehrt sind die moralischen Gesetze, ohne die Annahme Gottes und eine künftige Welt, „als leere Hirngespinste anzusehen", weil ihr „notwendiger Erfolg wegfallen müßte". Kurzum, Gott ist die Bedingung der Möglichkeit des höchsten Guts, mit dem das Sittengesetz „unzertrennlich verbunden ist". – Die weitere Entwicklung K.s im Bereich der Grundlegung der Ethik ging dahin, sowohl die Autonomie der praktischen Vernunft zu verabsolutieren als auch den Formalismus zu radikalisieren. Die Konsequenz davon war, daß das Sittengesetz für uns verbindende Kraft behält, auch wenn es keinen Gott gibt (die Absolutheit der Pflicht braucht ja nach der Autonomie-Lehre keine Begründung in Gott), und auch wenn die Einhaltung des Sittengesetzes nicht zur Glückseligkeit führt (der Formalismus trennt ja völlig die Verbindlichkeit des moralischen Gesetzes vom Objekt oder Resultat der Handlungen).

Obwohl es eigentlich keinen anderen Ansatz zu einem moralischen Gottesbeweis außer entweder die Absolutheit des Sittengesetzes oder das Ziel desselben gibt, verschafft sich K. in der KpV, Abschnitt: „Das Dasein Gottes als Postulat der reinen praktischen Vernunft", einen eigenen Ansatz, um Gott wegen des Sittengesetzes in uns zu postulieren, indem er das Gebot aufstellt, wir sollen „das höchste Gut zu befördern suchen". Ein solches unbedingtes Gebot muß realisierbar sein. Andererseits aber liegt weder im moralischen Gesetz noch im Menschen (der nicht Ursache der Natur ist) ein Grund zu einem notwendigen Zusammenhang zwischen Sittlichkeit und ihr proportionierter Glückseligkeit vor. „Also ist das höchste Gut in der Welt nur möglich, sofern eine oberste Ursache der Natur angenommen wird, die eine der moralischen Gesinnung gemäße Kausalität hat" (V 125). K. nennt diese Annahme Gottes (sowie der personalen Weiterexistenz und der Freiheit) ein Postulat: eine Voraussetzung „in notwendig praktischer Rücksicht", die unsere Erkenntnis zwar nicht erweitert, den Ideen der spekulativen Vernunft aber „objektive Realität" gibt (V 132). Die Erkenntnisart eines Postulats ist die eines „Vernunftglaubens" (V 144), von dem K. sagt: „Ich mußte also das Wissen aufheben, um zum Glauben Platz zu bekommen" (KrV B XXX). – In der Tat enthält diese Lehre unlösbare Spannungen. Denn Vernunftglaube besagt eine „subjektive, aber doch wahre und unbedingte Vernunftnotwendigkeit" (V 11). Je nachdem die Wahrheit oder die Sub-

jektivität in den Vordergrund gestellt wird, kann K. sagen, daß den Ideen als Voraussetzungen des sittlichen Handelns „wirkliche Objekte zukommen" (V 134), oder aber daß das Sittengesetz nur gebietet, „so zu handeln, *als ob* eine solche Weltregierung wirklich wäre" (Vornehmer Ton, VIII 397; Logik, IX 93; Fortschritte der Metaphysik, XX 298).
Eine weitere Fassung des Beweises Gottes vom Sittlichen her, die im wesentlichen das Postulat der KpV wiederholt, findet sich in der dritten Kritik, § 87: „Von dem moralischen Beweis des Daseins Gottes" (vgl. aber auch § 86 und 88) – der Terminus „Postulat" wird hier nicht mehr gebraucht. In dieser Neufassung wird der Beweisgang im Rahmen der Lehre von der Teleologie entwickelt, dergemäß der Mensch als Subjekt der Moralität Endzweck ist, „dem die ganze Natur teleologisch untergeordnet ist" (§ 84), zugleich aber einen Zweck (Endzweck der Schöpfung) hat, nämlich das höchste Gut zu verwirklichen. Aber die „zwei Erfordernisse des uns durch das moralische Gesetz aufgegebenen Endzwecks" sind nicht „durch bloße Naturursachen verknüpft". „Folglich müssen wir eine moralische Weltursache annehmen, um uns gemäß den moralischen Gesetzen einen Endzweck vorzusetzen ..., nämlich es sei ein Gott." Anschließend hebt Kant mit Nachdruck hervor, daß der Sollensanspruch keine theologische Begründung braucht, wohl aber die Verwirklichung des höchsten Guts die Existenz Gottes voraussetzt. Das „Nein" von V 451 nimmt das wesentliche Junktim Sittengesetz – höchstes Gut zurück, das die Version des moralischen Gottesbeweises in der KrV noch anerkannt hatte. Infolgedessen bleibt die absolute Verbindlichkeit des Sittengesetzes in Kraft, auch wenn prinzipiell das höchste Gut unrealisierbar wäre, d.h. also auch, wenn das verantwortliche Handeln völlig zwecklos einem endgültigen und unwiederbringlichen Nichts zugeht. „Ein jedes Vernünftige würde sich an die Vorschriften der Sitten immer noch als strenge gebunden erkennen müssen; denn die Gesetze derselben sind formal und gebieten unbedingt, ohne Rücksicht auf Zwecke (als die Materie des Wollens)". Vgl. auch das nachfolgende Beispiel →Spinozas und die „Religionsschrift", Vorrede, VI 7: Die moralischen Gesetze gebieten schlechthin, „es mag nun auch mit dem irdischen Leben alles aus sein".
Der springende Punkt des moralischen Gottesbeweises in der zweiten und dritten Kritik liegt, formal gesehen, im Gebot,

wir sollen das höchste Gut verwirklichen. Mit diesem *ad hoc*-Gebot versucht K., den Zusammenhang zwischen Sittengesetz als dem Gesetz des Guten und dem Objekt der Handlung wieder herzustellen, nachdem er ihn durch seinen Formalismus aufgehoben hat. Nun aber hat es keinen Sinn, das zu gebieten, was nicht in unserer Macht steht, nämlich die Verwirklichung der Glückseligkeit, zumal da, wie K. selbst mehrmals sagt, das moralische Gesetz unbedingt gelten würde, auch wenn *dieses* Gebot, falls Gott nicht existiert, unrealisierbar wäre. Dennoch steckt gerade in dieser bedenklichen Aussage die Beweiskraft eines moralischen Gottesbeweises, in der Einsicht nämlich in die Sinnhaftigkeit des moralischen Gesetzes: die Wirklichkeit ist dem moralischen Wert nicht disparat oder gleichgültig. Es gibt eine letzte Übereinstimmung, ja Einheit von Sein und Sollen: Das Sein ist sinnvoll, wertvoll, und umgekehrt ist das sittlich Gute nicht dem alles (Gutes und Böses) nivellierenden Nichts anheimgestellt. Die Konvertibilität von Sein und Gut wird da vertreten, wo K. behauptet, daß Glückseligkeit (Vollkommenheit des Menschen als Person) und Sittlichkeit „selbst im Urteil einer unparteiischen Vernunft" zusammengehören. Mit seiner Lehre vom höchsten Gut anerkennt K. die materiale Identität von moralischem Wert der Person und ihrer Glückswürdigkeit. Die so verstandene Forderung nach gerechtem Ausgleich zwischen sittlichem Wert und Glückszustand hat mit dem Eudaimonismus nichts zu tun. Dies erhellt schon daraus, daß die Alternative dazu keine reinere Moralität ist, sondern, wie schon belegt aus der KU und der „Religionsschrift", die Sinnlosigkeit eines Nihilismus, der den Sinn des Sollensanspruchs aufhebt und die Würde des Menschen untergräbt. Der gültige und wirkungsgeschichtlich einflußreiche Kern der Postulatenlehre liegt in der Überwindung eines einseitig objektivistischen Rationalismus: Die Bejahung der Existenz Gottes bedeutet die Anerkennung nicht nur einer allumfassenden Wahrheit, sondern auch eines höchsten Wertes, der uns unbedingt angeht. Aus diesem Grund kann die Gotteserkenntnis am freien und verantwortlichen Subjekt nicht vorbei stattfinden.

Literatur: Kants Zitate verweisen auf die Akademie-Ausgabe, B 1902ff., mit Ausnahme der KrV, die nach der Auflage B angeführt wird. – J. Schmucker, Die primären Quellen des Gottesglaubens, Fr 1967; ders., Die Ontotheologie des vorkritischen Kant, B 1980; ders., Kants vorkritische Kritik der Gottesbeweise, Wie 1983; P. Laberge, La Théologie kantienne précritique, Ott 1973;

A. Winter, Der Gotteserweis aus praktischer Vernunft, in: K. Kramer (Hrsg.), Um Möglichkeit oder Unmöglichkeit natürlicher Gotteserkenntis heute, Lei 1985, 109–178.

G. B. Sala

Kierkegaard
Sören Aabye Kierkegaard, *1813, †1855 in Kopenhagen. K. wurde nach einem Studium der Theologie und Philosophie mit „Entweder-Oder" als philosophischer Schriftsteller berühmt, später wegen seiner Angriffe gegen das offizielle Christentum im allgemeinen, die dänische Staatskirche im besonderen eher verspottet. Stark beeinflußt durch das maieutische Selbstverständnis des Sokrates, setzte K. unter wechselnden Pseudonymen der Philosophie der deutschen Romantik bzw. des deutschen Idealismus, vor allem aber dem absoluten System seines Antipoden →Hegel, seine nur durch indirekte Mitteilung von Individuum zu Individuum kommunizierbare Philosophie der Subjektivität entgegen, die unter dem Namen Existenzphilosophie ihre Wirkungsgeschichte hatte.
In den Climacus-Schriften „Philosophische Brocken" (Br.) und „Abschließende unwissenschaftliche Nachschrift zu den Philosophischen Brocken" (UN I/II) hat K. den Gottesbegriff am ausführlichsten problematisiert. Als Ausgangspunkt seines auf die Möglichkeit eines christlichen Gottesverhältnisses zielenden „Denkprojekts" dienen ihm die Fragen: „Kann es einen historischen Ausgangspunkt geben für ein ewiges Bewußtsein; inwiefern vermag ein solcher mehr als bloß historisch zu interessieren; kann man eine ewige Seligkeit auf ein historisches Wissen gründen?" (Br. 1). Dieser Fragenkomplex kreist um das Problem, wie mit der Historizität des Gottmenschen Jesus Christus ein überempirischer Geltungsanspruch begründet werden kann. Wenn der Mensch nur durch Teilhabe an etwas Ewigem wahrhaft glückselig ist, dann muß zweierlei gezeigt werden: 1. inwiefern Jesus Christus ewig ist; 2. wie der Einzelne an diesem Ewigen partizipieren kann.
Zu (1): K. führt zunächst den Nachweis, daß Gott a) weder empirisch noch b) reflexiv noch c) historisch als Gott beweisbar ist. a) Wenn es Gott nicht gibt, wäre es sinnlos, seine Existenz beweisen zu wollen. Gibt es ihn aber, wäre es ebenso sinnlos, seine Existenz beweisen zu wollen, weil sie dann schon vorausgesetzt wäre. „So schließe ich beständig nicht

auf das Dasein, sondern ich schließe aus dem Dasein ... Ich beweise somit nicht, daß ein Stein da ist, sondern daß das Etwas, das da ist, ein Stein ist ... Mag man nun das Dasein ein accessorium nennen oder das ewige Prius, es kann niemals bewiesen werden" (Br. 38). b) Auch der Versuch, sich der Existenz Gottes auf reflexivem Weg zu versichern, scheitert nach K., da es sich dabei lediglich um eine Begriffsexplikation handelt, in der das Wesen Gottes, sein ideales, nicht jedoch sein faktisches Sein erklärt wird: „ich entwickle lediglich die Idealität, die ich vorausgesetzt habe" (Br. 39). c) Zieht man zum Beweis für die Existenz Gottes historische Dokumente (die Bibel), Tatsachen (Berichte der Zeitgenossen) oder Institutionen (die Kirche) heran, so gelangt man bloß zu empirischen Daten, die nicht einmal, wenn sie vollständig wären, ein Beweismittel dafür wären, daß Jesus Christus mehr als ein Mensch war: „Achtzehn Jahrhunderte haben für eine ewige Wahrheit, die für eine ewige Seligkeit entscheidend sein soll, keine größere Beweiskraft als ein einziger Tag" (UN I 44). „Es gilt nämlich für alles historische Wissen und alle historische Kenntnis, daß sie nur eine Approximation ist, selbst in ihrem Maximum" (UN II 286).

Zu (2): Den Beweisen der Existenz Gottes ist es nach K. nicht gelungen, „die Identität Gottes hineinzubekommen in das faktische Sein" (Br. 40). Sie haben immer nur *einen* Aspekt des Menschengottes erfaßt, nämlich entweder seine historische Faktizität (als Mensch) oder sein ewiges Wesen (als Gott), und damit seine Existenz (als Gottmensch) verfehlt, die beides zugleich ist. Gott als absolutes Faktum ist ein „Paradox", das sich jedem erklärenden und verstehenden Zugriff entzieht. Daher muß man nach K. vom Beweis ablassen, um sich in ein Verhältnis zu Gott setzen zu können: „indem ich den Beweis loslasse, ist das Dasein da" (ebd.). Der Akt des Loslassens bedeutet negativ einen Verzicht, noch stärker: die Bankrotterklärung des menschlichen Erkenntnisvermögens insgesamt. Dies ist für den Verstand ein „Ärgernis" (Br. 46ff.). Positiv gewendet handelt es sich jedoch um einen nichtreflexiven, existentiellen Akt der Vermittlung, insofern „das Dasein selbst hervorgeht aus dem Beweise durch einen Sprung" (Br. 41). Die Kategorie des Sprunges ist bei K. eine Existenzkategorie, die einen Freiheitsakt signalisiert. Der Verzicht auf das Beweisenwollen eröffnet jenen Freiheitsraum, in welchem Jesus Christus als Gott anerkannt ist und damit zur

Existenz gebracht wird. Im Sprung als Bild für den existentiellen Freiheitsvollzug im allgemeinen, für den christlichen Glauben im besonderen, überbrückt derjenige, der das Wagnis der Freiheit auf sich nimmt, den im Wissen unaufhebbaren Gegensatz zwischen Wesen und Dasein, indem er durch seine eigene Existenz die Existenz Gottes gleichsam bezeugt.
Um das christliche Gottesverhältnis näher zu charakterisieren, grenzt K. es unter dem Kürzel „Religiosität B" gegen die griechische „Religiosität A" ab (vgl. UN II 266ff.). Beiden Formen von Religiosität gemeinsam ist die existentielle Prämisse, der gemäß der Gottesbegriff nicht spekulativ konstruiert, sondern subjektiv so angeeignet wird, daß in der „Innerlichkeit", im konkreten Seinsvollzug eines Individuums dieses sich als es selbst verwirklicht und darin zugleich Gott hervorbringt als die von ihm als solche bejahte Bedingung seines Selbstseins. Während jedoch in der Religiosität A dieser existentielle Selbst- und Seinsvollzug jederzeit ohne weiteres möglich ist – der Einzelne braucht sich nur auf sich selbst zu besinnen, dann wird „seine Selbsterkenntnis (zur) Gotteserkenntnis" (Br. 9) –, hat der Mensch gemäß der Lehre des Christentums durch den Sündenfall seine Freiheit verloren. Als Sünder ist er nicht mehr Gott gleich, sondern unendlich von ihm verschieden und vermag aus eigener Kraft nicht mehr zu existieren. Eine neue Gleichheit wird dadurch ermöglicht, daß Gott aus Liebe zum gefallenen Menschen „herabsteigt" und ihm durch den Akt der Menschwerdung die Chance erneuter Gottwerdung eröffnet (vgl. Br. 21ff.). Im „Augenblick" begegnen Mensch und Gott einander als „Gleichzeitige" und, so ließe sich hinzufügen, als Gleichewige, denn so wie der Einzelne im Menschen Jesus Christus Gott anerkennt, erkennt auch Gott im Individuum wieder etwas Göttliches an. Der göttliche Freiheitsakt – die Offenbarung, verstanden als „Sprung" von der Ewigkeit in die Zeit – ist das Angebot einer neuen Freiheit für den Menschen, die es ihm wieder ermöglicht zu existieren, d.h. im Bedingten etwas Unbedingtes, im Zeitlichen etwas Ewiges zu realisieren. Indem er dieses Angebot akzeptiert, bejaht der Einzelne Gott als Gott, macht ihn gewissermaßen wieder lebendig (Auferstehung) und wiederholt im Sprung von der Zeit in die Ewigkeit die Rückkehr Jesu Christi zu Gott (Himmelfahrt). Im Verhältnis zu Gott, der nur in diesem ununterbrochenen, angespannten Sichverhalten des Einzelnen als Gott existent ist, findet

der Existierende seine ewige Seligkeit. Er wird wieder er selbst, wie K. es (unter dem Pseudonym Anticlimacus) in „Die Krankheit zum Tode“ (KT) beschreibt: „indem es sich zu sich selbst verhält, und indem es es selbst sein will, gründet sich das Selbst durchsichtig in der Macht, welche es gesetzt hat“ (KT 10). Durch den Akt des sich auf Gott Gründens holt das Selbst die Dimension des Ewigen in die Zeit zurück und wird damit allererst ein Selbst. „Je mehr Gottesvorstellung, desto mehr Selbst; je mehr Selbst, desto mehr Gottesvorstellung“ (KT 79). Ohne Gott ist Selbstsein nicht möglich, weil dem Existenzvollzug das Woraufhin fehlt; der Sprung geht ins Leere; das Verlangen nach Glück bleibt unerfüllt. Wer Gott leugnet, um trotzig oder resigniert als ein Selbst ohne Gott zu existieren, der hat sich seines Fundaments beraubt. Die Folge ist, daß er ver-zwei-felt, denn „verzweifeln heißt das Ewige verlieren“ (KT 50). Die Verzweiflung kennzeichnet den Zustand des Sünders, der sich von Gott als dem Ursprung seines Seins losgerissen hat und nun in innerer Zerrissenheit ohne Möglichkeit des Transzendierens „krank zum Tode“ ist – selbst-los.
K.s Anliegen war es, Gott nicht als die Spitze eines metaphysischen Systems oder als absolute Substanz, deren Selbstentfaltung spekulativ nachkonstruiert wird, zu begreifen, sondern ihn als lebendige, leidens- und liebesfähige Person in den Blick zu rücken. Entsprechend lehnte K. alle „objektiven“ Redeweisen über Gott als unverbindlich ab. Der Gott der Philosophen, der nur über das Denken als reines Begriffskonstrukt erschlossen ist, bleibt unpersönlich und abstrakt, wohingegen der christliche Gott nur existentiell, im persönlichen Engagement erfahrbar ist. Diese Erfahrung ist jedoch etwas, das nicht einer für alle machen und in Gestalt einer Formel oder eines beweisbaren Sachverhalts mitteilen kann. Vielmehr muß jeder Einzelne für sich allein in seinem geschichtlichen Seinsvollzug Gott suchen und als das Woraufhin seines je individuellen, konkreten Menschseins bestimmen. Aus diesem Grund ist K.s Sprache appellativ. Er fordert den Einzelnen zur subjektiven Aneignung und Verwirklichung Gottes in seinem Leben auf. Diese Form eines existentiellen Nachdenkens über Gott wurde später vor allem von den Vertretern der „dialektischen Theologie“ (K. →Barth, E. →Brunner, R. →Bultmann u. a.) als die einzige Weise, wie man angemessen über Gott sprechen kann, verteidigt.

Literatur: S. Kierkegaard: Gesammelte Werke (übers. von E. Hirsch), 36 Abteilungen, D-Kö 1950ff. (neu: GTB Siebenstern); Samlede Vaerker (hrsg. von A. B. Drachmann / J. L. Heiberg / H. O. Lange), 15 Bde., Kop 1920–36; Papirer (hrsg. von P. A. Heiberg / V. Kuhr / E. Torsting), 20 Bde., Kop 1909–48. – H. Schröer, Die Denkform der Paradoxalität als theologisches Problem. Eine Untersuchung zu Kierkegaard und der neueren Theologie als Beitrag zur theologischen Logik, Gö 1960; M. Thust, Sören Kierkegaard. Der Dichter des Religiösen, Mn 1961; H. Gerdes, Das Christusverständnis des jungen Kierkegaard, Itzehoe 1962; G.-G. Grau, Die Selbstauflösung des christlichen Glaubens. Eine religionsphilosophische Studie über Kierkegaard, F 1963; A. Vetter, Frömmigkeit als Leidenschaft. Eine Deutung Kierkegaards, Mn 1963; H. Fritzsche, Kierkegaards Kritik an der Christenheit, St 1966; A. Pieper, Geschichte und Ewigkeit bei Sören Kierkegaard, Mei 1968; H. Deuser, Sören Kierkegaard. Die paradoxe Dialektik des politischen Christen, Mn 1974.

A. Pieper

Klemens von Alexandrien

Klemens von Alexandrien, * um 140/150 vermutlich in Athen, † vor 215 in Kleinasien. Nach seiner Hinwendung zum Christentum reiste er bildungshungrig durch die Mittelmeerländer, um schließlich in Alexandrien als freier Lehrer tätig zu sein. In diesem antiken Zentrum der Wissenschaften entstanden jene Werke, die den Weg christlicher Gottesbegegnung den Heiden erschlossen und dabei die Tradition antiker Paideia beanspruchten.

Erfüllt vom Erkenntnisstreben der Antike, das im Gnostizismus geradezu einen Gegensatz zum Glauben ausgeformt hatte, entfaltete K. die Gottesfrage, wobei zunächst das polytheistische Umfeld die Argumentationsweise bestimmte. Weniger also die Frage, ob Gott existiere, als die Betonung des Monotheismus durchzieht sein Schrifttum, in dem er für den christlichen Glauben warb. Diese Situation nötigte K. zu einem rationalen Vorgehen, das biblische Aussagen primär zur Bestätigung heranzieht. Gemäß dem Grundsatz, daß die Philosophie im Dienst der Offenbarung steht, griff er auf deren große Vertreter, insbesondere →Platon, zurück und folgerte: „Alle Wesen gewinnen von allen Ausgangspunkten her eine Beziehung zu dem Vater und Schöpfer des Weltalls“ (Stromata V 133,7). Dabei berief er sich auf eine natürliche Anlage sowohl der unbeseelten (vgl. Röm 8,22) wie beseelten Wirklichkeit. Hinsichtlich des Menschen erinnerte er an das Phänomen der Furcht, aber auch an eigene Überlegungen, nicht zuletzt an den analytischen Weg, der die Teilhabe an dem „Samen des Logos“ (Philosophie) begründet und Gotteserkenntnis ermöglicht. Ausdrücklich wies der Alexandriner darauf hin, daß solche Möglichkeiten der Gottfindung allen Menschen offenstehen, Griechen wie Barbaren. Trotz aller Kritik am Polytheismus zeichnet sich eine positive Einschätzung heidnischer Gottesvorstellung ab, die nur in Vergessenheit geraten sei. Während nun Gott in seinem Wesen platonisierend als „der Seiende" (vgl. Ex 3,14) gekennzeichnet wird, erscheint er dem Menschen in der Geschichte als Logos, als erkenntnisschenkende Erleuchtung, als Paidagogos, ein theologisches Motiv, das den Glauben unter Heranziehung aller antiken Bildungselemente auf heilschaffende Gotteserkenntnis überführte.

Mit seinem Rückgriff auf die Möglichkeit eines Erweises Gottes aus der Schöpfung (Kosmostheologie), nicht zuletzt der geistigen Verfaßtheit des Menschen, nahm K. eine apologetische Argumentationsweise auf, die im Bund mit der philosophischen Kritik am Polytheismus einen Weg zum Ein-Gott-Glauben erschloß. Die Berufung auf Platons Wort von der Schwierigkeit der Gotteserkenntnis (Timaios 28c) bescheinigt auch K. Problembewußtsein, gleichzeitig hielt er sich damit die überkommene Option einer Gotteserkenntnis trotz des Dunkels offen. Dabei eignet dem anthropologischen Ansatz, wonach die Erforschung des eigenen Ich zur Erkenntnis Gottes führt, Aktualität bis in die Gegenwart.

Literatur: Klemens von Alexandrien: Patrologia Graeca (Migne), Bde. 8–9; Clemens Alexandrinus, 4 Bde. in: Die griechischen christlichen Schriftsteller der ersten Jahrhunderte; Übersetzung: O. Stählin, Des Clemens von Alexandrien ausgewählte Schriften aus dem Griechischen übersetzt, 5 Bde., Mn 1934–38. – J. Meifort, Der Platonismus bei Klemens von Alexandrien, T 1928 (= Heidelberger Abhandlungen zur Philosophie und ihrer Geschichte. 17); A. Mayer, Das Gottesbild im Menschen nach Clemens von Alexandrien, R 1942; M. Pohlenz, Klemens von Alexandria und sein hellenisches Christentum, Gö 1943 (= Nachdruck von der Akademie der Wissenschaft in Göttingen. Philologisch-historische Klasse, 1943, 3); W. Völker, Der wahre Gnostiker nach Klemens von Alexandrien, B 1952 (= Texte und Untersuchungen, 57); E. F. Osborn, The Philosophy of Clement of Alexandria, C 1957; J. Bernard, Die apologetische Methode bei Klemens von Alexandrien. Apologetik der Entfaltung der Theologie, L 1967; D. Wyrwa, Die christliche Platonaneignung in den Stromateis des Clemens von Alexandrien, B–NY 1983 (= Arbeiten zur Kirchengeschichte. 53).

P. Stockmeier

Küng

Hans Küng, *1928 in Sursee, Schweiz. 1948–55 Studium der Philosophie und Theologie in Rom an der Päpstlichen Universität Gregoriana. 1957 Doktorat der Theologie in Paris. 1960 Professor der Fundamentaltheologie an der Universität Tübingen; 1963 Übernahme des Lehrstuhls für dogmatische und ökumenische Theologie. Schwerpunkte der Forschung und der Publikationen: ökumenische Theologie, Ekklesiologie und Christologie. Die zunehmenden Spannungen mit dem kirchlichen Lehramt wegen der von K. vertretenen Lehrmeinung führten 1979 zu einer Erklärung der römischen Kongregation für die Glaubenslehre dahingehend, daß K. „weder als katholischer Theologe gelten noch als solcher lehren kann", und demnach zum Entzug der kirchlichen Lehrbefugnis. Gleichzeitig vollzog sich im Arbeitsfeld K.s eine Verlagerung „von den binnenkirchlichen Problemen" zu den „Problemen des heutigen Menschen, der heutigen Wissenschaft und der heutigen Gesellschaft" (H. Häring / K.-J. Kuschel (Hrsg.), H. Küng. Weg und Werk, Mn 1978, 177). Daraus entstanden die großen Bände: „Christ sein", Mn 1974 (zur Gottesfrage: 48–80), „Existiert Gott? Antwort auf die Gottesfrage der Neuzeit", Mn 1978, sowie die späteren Werke über Eschatologie und Weltreligionen. Zum Thema Gott gehört auch „24 Thesen zur Gottesfrage", Mn 1979. Hier soll „Existiert Gott?" untersucht werden. – In der Frage „Existiert Gott?" ist die Frage „Wer ist Gott?" eingeschlossen (17). In der Tat gilt die Bemühung des Verfassers zum großen Teil der Ausarbeitung eines Gottesbegriffes, der einem Menschen von heute als erwägungswürdig unterbreitet werden kann. Dies erfordert die Rekonstruktion des Denkweges, auf dem das neuzeitliche Menschen- und Weltbild entwickelt wurde. K. geht den Etappen des modernen Denkens nach, allerdings durch eine Auswahl von Autoren und Geistesströmungen, die viel mehr im Dienst seiner Systematik steht, als daß sie den tatsächlichen Verlauf der Geschichte wiedergibt. In dieser Geistesgeschichte der Neuzeit am Leitfaden der Gottesproblematik wird ein außerordentlich vielfältiges Material verarbeitet. In seinem repetitiven Stil bedient sich K. gerne emotional geladener Worte, durch die die Grenzen zwischen sachlicher Argumentation und werbender Überredung nicht selten verwischt werden. Die überreiche Verwendung eines dialektischen bis paradoxen Verfahrens führt gelegentlich zum Überspielen der Probleme.

Die Gottesfrage seit Beginn der Neuzeit
Am Anfang der historischen Analyse steht der Rationalismus mit seiner Frage nach einer ursprünglichen Gewißheit, und damit verbunden nach einer streng rationalen Wissenschaft. K. legt ihn in den zwei Versionen von →Descartes (Ich denke, also bin ich) und von →Pascal (Ich glaube, also bin ich) dar. Diesen Strang der Problematik Vernunft und Glaube sieht K. in der wissenschaftstheoretischen Diskussion der Gegenwart fortgesetzt. Am Ende des Teils A fordert der Verfasser von Kirche und Theologie eine Kurskorrektur durch Übernahme des von der Naturwissenschaft entwickelten Weltbildes. Teil B will die moderne Philosophie vor allem bei →Hegel zum Tragen kommen lassen (K. hat sich intensiv mit Hegel befaßt. Vgl. „Menschwerdung Gottes. Eine Einführung in Hegels theologisches Denken als Prolegomena zu einer künftigen Christologie“, Fr 1970). Hier liege ein neues Gottesbild vor, das ermöglicht, größer von Gott zu denken, als dies in der Zeit der griechischen und lateinischen Väter oder im Mittelalter möglich war. Weltlichkeit und Geschichtlichkeit sind die neuen transzendental-analogen Begriffe dieses neuzeitlich reflektierten Gottesverständnisses, während bezüglich der Personalität Gottes K. sehr reserviert bis ablehnend ist! (690–694). Teil C stellt sich mit vielen historisch-biographischen Details der Herausforderung des modernen, weltweiten Atheismus in seinen Hauptformen: dem anthropologischen Atheismus Feuerbachs, dem sozialpolitischen Atheismus Marx’ und dem psychoanalytischen Atheismus Freuds. Sinn und Berechtigung dieser drei Väter des Atheismus werden mit Wohlwollen dargelegt; zugleich aber wird, in Anlehnung an E. von Hartmann (243), der logische Fehlschluß ihrer Argumentation hervorgehoben: „Feuerbachs Projektionstheorie, Marxens Opiumtheorie und Freuds Illusionstheorie vermochten nicht zu beweisen, daß Gott *nur* eine Projektion des Menschen oder *nur* eine interessenbedingte Vertröstung oder *nur* eine infantile Illusion sei“ (369 f.). Denn es ist nicht richtig, daß darum etwas nicht existieren könne, weil man es wünscht oder weil seine Vorstellung bestimmte soziale Konsequenzen haben kann (243). Es scheint aber, daß K. der Problemlage und damit der eigentlichen Absicht der drei genannten Autoren nicht ganz gerecht wird. Denn in einer geistesgeschichtlichen Situation, in der der Gottesglaube als überholt erschien, galt es nicht so sehr, die Nicht-Existenz Gottes zu beweisen (wie ist dies möglich?),

sondern vielmehr Entstehung und Funktion des Gottesglaubens zu erklären. In diesem Sinne wäre K. einer ungerechtfertigten Beweislastverschiebung schuldig (Albert 1979, 85–90, 181–184). Die letzte Station auf dem Weg des Verschwindens des Gottesglaubens ist der Nihilismus. Die Hauptgestalt ist hier Nietzsche, bei dem das Nein gegen Gott in das Nein gegen die Wirklichkeit einmündet. Die Wirklichkeit ist zwiespältig, sinnlos und wertlos; sie ist nichtig.

Gott – eine Sache des Vertrauens

Vom letzten Stadium der Entfremdung vom Gottesglauben geht der systematische Weg zur Begründung des Glaubens an die Existenz Gottes aus. Die eigentlich philosophische Argumentation erfolgt in zwei Schritten. Zuerst (Teil E), als Alternative zum Nihilismus, will K. das Ja zur Wirklichkeit insgesamt vor der Vernunft rechtfertigen. Der neuzeitliche Weg ist „bis zur durchgängigen Fraglichkeit der Wirklichkeit" vorgestoßen, indem er gezeigt hat, daß wir uns „grundsätzlich positiv oder negativ zur fraglichen Wirklichkeit stellen, sie für wirklich oder unwirklich halten" können (437). Weil nun die Alternative sich rein rational nicht schlichten läßt, setzt K. den argumentativen Weg bei einem Grundvertrauen in die Wirklichkeit an. Denn der Mensch neigt an sich nicht zum Nein, sondern zum Ja, durch das er Identität, Sinnhaftigkeit und Werthaftigkeit voraussetzt (die Transzendentalien, die das Sein auszeichnen). Dem Nein dagegen als Grundmißtrauen bleibt die Wirklichkeit als Wirklichkeit verschlossen. Allerdings ist ein solches Nein in der Praxis nicht konsequent durchzuhalten, weil wir bei jedem freien Lebensvollzug ein Vertrauen in die Wirklichkeit in Anspruch nehmen, das aber so unbegründet bleibt. Das Grundvertrauen nun, dem sich die Wirklichkeit als Sein öffnet, manifestiert, gerade weil es die Wirklichkeit als identisch, sinnhaft und werthaft erfaßt, seine ursprüngliche Rationalität im Vollzug und erweist sich somit als vor der Vernunft verantwortbar (495). Die These des Grundvertrauens als rationaler Einstellung zur Wirklichkeit trägt alles Folgende bis zum Glauben an Gott. Aber wie rational ist dieses Ja? Der Mensch neigt zum Grundvertrauen, das Bedingung der Möglichkeit des gesamtmenschlichen Vollzugs ist (Coreth 1979, 18). Könnte es nicht so sein, daß der Mensch nur auf der Grundlage einer umfassenden Illusion leben kann, ohne daß sich daraus schon die objektive Berechtigung dieser

Illusion ergeben würde (Albert 1979, 76)? Außerdem: Grundvertrauen und Grundmißtrauen sind zwei verschiedene Arten, der Wirklichkeit zu begegnen. Kann man damit allein behaupten, dem Grundmißtrauen bliebe die Wirklichkeit verschlossen? Eine solche Behauptung setzt voraus, die Wirklichkeit sei identisch, sinnvoll und wertvoll, d.h. gerade das, was zur Debatte steht. Die Beweisführung scheint also auf eine analytische Aussage oder einen Zirkelschluß hinauszulaufen. Auch der Weg eines transzendentalen Beweises scheint von diesem Ansatz her nicht begehbar. Daß das Grundmißtrauen nicht konsequent durchzuhalten ist, bedeutet eine „grundsätzliche Diskrepanz zwischen Theorie und Praxis" (493). Es enthält aber weder als gelebte Einstellung noch als reflexe Behauptung der Absurdität der Wirklichkeit das Grundvertrauen als Bedingung seiner Möglichkeit, und damit keinen Widerspruch. In diesem Sinne kommt doch K.s Alternative einem Patt gleich. Vom Ja zur Wirklichkeit geht Teil F zum Ja zu Gott als Alternative zum Atheismus. Die Wirklichkeit von Welt und Ich begründet zwar unser Vertrauen in sie, insofern ihr Sein wirklich ist; aber sie selber erscheint unbegründet, insofern ihr Sein fraglich bleibt (527f.). *Wenn* aber Gott existierte, dann wäre die gründende Wirklichkeit selbst nicht mehr letztlich unbegründet, weil Gott Urgrund, Urhalt und Urziel aller Wirklichkeit wäre (622), und zwar so, daß er als absolutes Sein nicht auf etwas weiteres verweist. Und wie schon bezüglich der Wirklichkeit so ist auch bezüglich einer letzten Begründung derselben eine freie Entscheidung für den Menschen unumgänglich (626). Das Grundvertrauen auf die Wirklichkeit hat Bestand, nur wenn es in ein Gott-Vertrauen, in ein Ja zu Gott mündet. Der Übergang vom Grundvertrauen zum Gottvertrauen (Gottesglaube) ist durch eine innere Rationalität gekennzeichnet: Im Vollzug, durch die Praxis des wagenden Vertrauens zu Gottes Wirklichkeit, erfährt der Mensch die Vernünftigkeit seines Vertrauens (630). K.s Weg zum rational verantwortbaren Glauben an die Existenz Gottes hat folgende Struktur: 1. Er geht von der als sinnvoll zu bejahenden, dennoch für sich selbst immer fraglich bleibenden Wirklichkeit aus. Der Ansatz liegt also in der Kontingenz der Welt. 2. Er sucht nach einem absoluten Grund dieser fraglichen Wirklichkeit. Er nimmt also das Kausalitätsprinzip bzw., falls man den Begriff Ursache auf die Naturwissenschaft beschränken will, das Prinzip vom zureichenden Grund in Anspruch, um den

Sprung ins Transzendente zu machen. Es handelt sich um ein „induktives“ Verfahren (603), das den Menschen „mit Gründen“ (582) zu überzeugen vermag; also um eine Version des klassischen Kontingenzbeweises. Nichtsdestoweniger lehnt K. jeglichen Gottes*beweis* entschieden ab. Es steht fest, daß „der Beweischarakter der Gottesbeweise heute erledigt ist“ (588). Gottesbeweise sind weder logisch „zwingend“ noch allgemein anerkannt. Außerdem verobjektivieren und damit verdinglichen sie Gott (586); schließlich habe Kant sie einer vernichtenden Kritik unterzogen (593). Wenn der Argumentation K.s kein Bestandteil des klassischen Gottesbeweises fehlt, ist sie doch durch ein zusätzliches und für K. entscheidendes Element gekennzeichnet, nämlich die freie Entscheidung des Menschen, so daß die daraus resultierende Erkenntnis zu Recht Glaube genannt wird. In Anlehnung an →Kant (598 ff.) steckt K. seinen rational verantwortbaren Weg wie folgt ab: „Der Glaube an Gott kann nicht unter Vernachlässigung der existentiellen Komponente einem Menschen anbewiesen werden, so daß dieser vom Glauben dispensiert statt zum Glauben herausgefordert wäre“ (587). Dazu sei folgendes bemerkt: a) Wahrheit und damit Erkenntnis ist in allen Fällen die Errungenschaft eines konkreten Subjekts infolge seiner Aufmerksamkeit auf die relevanten Daten, seiner Einsicht in dieselben und seiner hinreichenden Begründung des zu fällenden Urteils. b) In welcher Form und in welchem Maße das Subjekt in Anspruch genommen wird, ist sehr verschieden je nach dem Bereich der Wirklichkeit, die es zu erkennen gilt. Von einem Zwang, den ein Beweis auf jedermann ausüben sollte ohne persönlichen Nachvollzug desselben mit all seinen Voraussetzungen auch personaler, kultureller und moralischer Art, kann keine Rede sein. Eine univoke Reduktion der rationalen Erkenntnis und des stichhaltigen Beweises auf das Modell des mathematischen Verfahrens ist durch nichts gerechtfertigt. c) Im Falle der Erkenntnis Gottes ist die existentielle Komponente von besonderer Bedeutung, da der Glaube an Gott das Ja zu einem allumfassenden Sinnangebot einschließt, das uns unbedingt angeht. Hier gilt in besonderem Maße, daß die freie Entscheidung zugunsten der Wahrheit ein konstitutives Moment in der Erkenntnis derselben ist. d) Aber die freie Entscheidung ist weder Ersatz für die innere Rationalität noch Zusatz für die mangelhafte Begründetheit des Gottesglaubens. Die traditionellen Gottesbeweise sind nun Versuche, eine solche innere Rationalität zu thematisieren. Weil K. die objektive Gültigkeit der Gottesbeweise ablehnt, behauptet er zwar eine innere Rationalität im Vollzug des Glaubens, thematisiert sie aber nirgends (außer im hypothetischen Satz: Wenn – dann). Sie bleibt ein inkommunikables Vollzugserlebnis. – Der letzte Teil: „Ja zum christlichen Gott" geht auf den Gott des Alten und Neuen Testaments und damit auf spezifisch theologische Probleme ein. Hierin schließt sich der Verfasser an sein „Christ sein" an, dessen theologische Zweideutigkeiten nicht bereinigt und dessen Mängel nicht behoben werden.

Literatur: H. Küng: Siehe Angaben im Text. – E. v. Fürstenberg, Philosophische Hinweise zur sicheren Erkennbarkeit der Existenz Gottes. Auseinandersetzung mit den entgegenstehenden Thesen von Prof. Dr. H. Küng, Mn 1978; W. Brugger, Besprechung von „Existiert Gott?", in: ThPh 53 (1978) 556–563; ders., Gibt es gültige Gottesbeweise?, in: ZkTh 101 (1979) 340–350 (führt die Besprechung weiter); E. Coreth, Existiert Gott? Gedanken zum Buch von H. Küng, in: ebd., 6–27; H. Albert, Das Elend der Theologie. Kritische Auseinandersetzung mit H. Küng, H 1979; G. B. Sala, Il problema di Dio nella cultura moderna, in: Rivista del Clero Italiano 60 (1979) 75–87; N. Petruzzellis, H. Küng e la filosofia, in: Filosofia oggi 2 (1979) 440–468; K.-H. Weger, Vom Elend des kritischen Rationalismus. Kritische Auseinandersetzung über die Frage der Erkennbarkeit Gottes bei H. Albert, Rb 1981 (zu: Albert 1979); W. Pannenberg, Anthropologie in theologischer Perspektive, Gö 1983, 224–227.

G. B. Sala

Kuhn

Johannes Evangelist von Kuhn, * 1806 in Wäschenbeuren/ Schwäbisch Gmünd, † 1887 in Tübingen, gehört zur *Katholischen Tübinger Schule* des 19. Jahrhunderts in der zweiten Generation und führt die von seinen Lehrern *J. S. Drey* (1777–1853) und *J. A. Möhler* (1796–1838) begonnene Auseinandersetzung mit der *zeitgenössischen Philosophie* zu einem glanzvollen Höhepunkt. Er nimmt alle Anliegen der ersten Generation auf und denkt sie konsequent zu Ende. So gilt K. zu Recht als der spekulativ Begabteste unter den Tübingern. Deren theologisches Anliegen ist es, „die Wahrheit der Offenbarung mit den Kategorien und dem Vokabular der (jeweiligen) Gegenwart auszusagen und zum Verstehen zu bringen" – aus der Einsicht heraus, „daß die Offenbarung für die Menschen der jeweiligen geschichtlichen Stunde zugesprochen, ausgelegt und verständlich gemacht werden muß" (H. Fries, Art. Tübinger Schule, in: LThK, Bd. 10, ^{2}1965, 391).

Die zeitgenössische Philosophie: das ist einerseits die „Glaubensphilosophie“ F. H. →Jacobis und andererseits die Philosophie des Deutschen Idealismus, insbesondere F. W. J. →Schellings und G. W. F. →Hegels. – Im Urteil der an der Neuscholastik und dem von ihr beeinflußten Ersten Vatikanischen Konzil orientierten kirchlichen Lehre gilt diese Philosophie als „Abfallsgeschichte“, Gottesleugnung und Religionskritik. Doch ist dieses Urteil unsachgemäß. Seit →Descartes und noch mehr seit →Kant fragt die Philosophie nach dem Wesen und den Möglichkeiten der menschlichen *Erkenntnis.* Die Erkenntnis und der Vorgang, der dazu führt: das Denken, konstituieren den Menschen. Denken, Menschsein stellt die Frage nach der Wahrheit. Diese in ihrer letzten, unbedingten Gestalt berührt das Absolute. Deshalb ist die Grundfrage der Philosophie, wie Gott, Freiheit und Unsterblichkeit zu denken seien, sachgerecht – ohne falsche Euphorie und ohne Skepsis. Dreierlei ist daher für diese zeitgenössische Philosophie wesentlich und kehrt in der Auseinandersetzung der Tübinger mit ihr wieder: a) Sie ist keine Geschichte des fortschreitenden Atheismus; vielmehr sieht sie ihre zentrale Aufgabe darin, „Gott zu denken“ (vgl. den Buchtitel von C. Bruaire). b) In ihr ist am Werk, was W. Schulz für den „Gott der neuzeitlichen Metaphysik“ als charakteristisch festgestellt hat: Er wird nach Art der menschlichen Subjektivität gedacht. Die „anthropologische Wende“ ist für das „Gott-Denken“ der Zeit normativ. c) Wesenhaft ist damit die Frage nach dem Glauben tangiert: Steht er (wie die Aufklärung gemeinhin meint) im Gegensatz zum Wissen(-Können)? Ist er in Wissen aufzulösen (Deutscher Idealismus)? Oder ist der Glaube erkenntnistheoretisch ein notwendiges Pendant zum Wissen (Jacobi)? – Der Gottesgedanke der hier zu verhandelnden Theologen wird also nicht so sehr in der Form der „Gottesbeweise“ scholastischen Stils als vielmehr über dem Gegensatzpaar Glaube – Wissen erörtert.

Drey, der Begründer der Tübinger Schule, beginnt die Auseinandersetzung, indem er Schellings Idee des Absoluten unter dem Begriffspaar Idee und Wirklichkeit aufgreift und – unter Verwendung des romantischen Organismus-Gedankens – theologisch umdeutet. Die Verbindung von Gott und Mensch hat ihren Grund in der gottgewollten Einheit des Universums. Gott ist in den Dingen offenbar, also erkennbar, und ebenso im Menschen; Einheit und Offenbarwerden konstituieren Religion. Als objektiv daseiend und in den Dingen manifest, ist Gott die Idee in der Form der Wirklichkeit; im menschlichen Bewußtsein ist er subjektiv – als Idee – gegenwärtig. Das Erste, was die Vernunft vernimmt, ist Gott; erst durch ihn vernehmen wir daher uns selbst und anderes. Die Vernunft hat also ein ursprüngliches und unmittelbares Ahnen von Gott, das Drey als „praktisches Streben“, nicht als Ergebnis des denkenden Verstandes bezeichnet. Natur als äußere Offenbarung und Religion im Innern des Menschen offenbaren eine ursprüngliche Harmonie alles Seins und Soseins mit seinem Schöpfer, die die Vernunft unmittelbar erkennen, der Verstand denkend zergliedern und der Wille anerkennen oder verwerfen kann. Im ersten Fall bleibt die Harmonie; im zweiten tritt die „Entzweiung“ ein, die Sünde, die eine „Ausgleichung“ – eine neue Offenbarung – erfordert. Diese neue Offenbarung ist unter den Gegensatzpaaren Idee und Wirklichkeit, vorgegeben und „nachgedacht“ in dialektischer Vermittlung zu erkennen: Gott ist vorgegebene Wirklichkeit; seine Offenbarung ist die in der Welt präsente Idee vom Reich Gottes und der Versöhnung; sie realisiert sich im Ablauf der Heilsgeschichte – in Jesus und seiner Kirche; darin ist Gott dem Glauben vorgegeben und im Vertrauen (nicht im Wissen!) nachvollziehbar; dieses Vertrauen – Glauben – kann aber im Wissen – in der Theologie – bewährt werden.

Möhler geht im „Sendschreiben an Herrn Bautain“ (Theologische Quartalschrift 17 (1835) 421–453) in heilsgeschichtlicher Terminologie einen ähnlichen Weg: Überall ist das Wort der Schöpfungsoffenbarung („welches Gott nennt“) da und dem Menschen vernehmbar. Damit ist dem Menschen – in einer durch die Gemeinschaft weitergetragenen Uroffenbarung – *Gott* vernehmbar. Dieses Gott-vernehmen-Können nennt Möhler „Vernunftglaube“. Die Vernunft als Vermögen ebenso wie ihr Urteil, daß der „Glaubensgegenstand“ Gott wahr sei (Glaubensgrund und Glaubwürdigkeit), gehen dem Akt des Glaubens voraus als Möglichkeit. Der Glaube selbst (als übernatürlicher und damit als „die eigentliche Zustimmung zum Wort Gottes“) erfordert seinerseits die wissenschaftliche Durchdringung. – Zuerst also der Vernunftglaube, dann der Glaube als christliche Tugend, dann erst das Wissen; nach diesem Gesetz verläuft die Erkenntnis Gottes. Über die Voraussetzung der Gnade ist damit noch nichts ausgesagt. Das Lösungsmodell der Tübinger bezüglich der Gotteserkenntnis lautet also: Glaube und Wissen sind nicht Gegensätze, sondern stehen in innerer Zuordnung zueinander. *Kuhn* hat dieses Anliegen seiner Lehrer in immer neuen Ansätzen aufgegriffen. In der ersten „Einleitung in die katholische Dogmatik" (T [1]1846) ist seine Lösung am eindeutigsten auf den Begriff gebracht:

1. Der Weg jeder Erkenntnis geht vom Glauben zum Wissen: Am Anfang steht ein Vernehmen der Wirklichkeit, so wie sie ist, unabhängig von mir und meinem Bewußtsein. Ich kann sie nur vertrauensvoll-glaubend annehmen. Diese wesensmäßig glaubende Annahme der Wirklichkeit ist maßgebend; im Verlauf der weiteren Erkenntnis kann ich nichts anderes erkennen als in der ersten Form. Das Vertrauen verlöre seinen Sinn, wenn es keinen Anhalt in der Wirklichkeit hätte. Der Anfang jeder Erkenntnis von Wirklichkeit außer dem Bewußtsein ist daher wesenhaft Glaube, ist Vernunftglaube. Das Wahrnehmen geht dann über in Vorstellungen, diese werden zu Begriffen fortgeführt. Die Wirklichkeit wird also unmittelbar und objektiv (so wie sie ist) aufgenommen und denkend verarbeitet. Der weitere Weg dieser Erkenntnis(sicherung) ist bei K. dem Hegelschen dialektischen Dreischritt nachgebildet; er braucht uns hier nicht zu interessieren. Wesentlich ist der Inhalt der Erkenntnis. Die Erfahrungserkenntnis erfaßt die objektiv erkennbare Welt der Dinge. Das Denken ist dabei das aktive Prinzip, das die erscheinende Mannigfaltigkeit unterscheidet und in gesetzmäßige Verbindung miteinander bringt. Das empirische Wissen ist daher unbegrenzt erweiterungsfähig.

Anders verhält es sich mit der Gottesidee. Sie äußert sich in Religion; diese aber ist nicht mannigfaltig, sondern „schlechthin einfach und allseitig zugleich". Einfach: weil sie alle Äußerungen des Menschen zur Einheit vor Gott zusammenfaßt. Der Mensch fühlt seine Existenz als von einem Höheren gegeben; er macht sich das theoretisch bewußt und bejaht diese Abhängigkeit im vertrauenden Aufblick zu diesem Höheren; und er zieht praktische Konsequenzen daraus für sein Leben: er verehrt diesen Gott. Damit werden alle Grundrichtungen des menschlichen Geistes auf Gott ausgerichtet; Religion ist theoretisch, praktisch und ist Gefühl. Obwohl einfach – alles im Menschen auf Eines hin ausrichtend – gibt es Religion nicht ohne Auseinanderfaltung in einzelne Akte. Der Anfang der Erkenntnis Gottes ist Glaube, so wie bei jeder Erkenntnis; K. nennt ihn „unmittelbare Gottesidee“. Sie begründet sowohl das Wissen von Gott wie den Glauben. Die Vernunftwahrheiten über Gott können so zu Recht ewige Wahrheiten heißen; sie werden nicht irgendeinmal durch das Denken erfunden, sondern bleiben ihm vorgegeben, auch wenn sie manchmal durch Sinneseindrücke verdeckt sein können. Die denkende Bewährung, die Philosophie kann über dieses erste Bewußtsein nicht hinauskommen, muß es immer voraussetzen. Der allgemeine Erkenntnisfortschritt bewirkt einen Fortschritt der Kultur; das intuitive Wissen um Gott aber geht dem allem voraus: Religion hat ihr Dasein vor der Wissenschaft und unabhängig von ihr. Das Wissen aber kann in einem nachfolgenden Erkenntnisgang dieses Dasein und die Richtigkeit seiner anfänglichen Gestalt nur bewähren. – Gotteserkenntnis ist wesenhaft immer Glaube.

2. Der Glaube ist also eine feste Größe neben dem Wissen und dessen Anfang. So ist es nicht weiter problematisch, neben dem natürlichen oder Vernunftglauben den sogenannten übernatürlichen Glauben an die in der Geschichte ergehende Offenbarung Gottes plausibel zu machen. Die Gesetzmäßigkeit seiner Erkenntnis ist analog zu jener. Nur weil wir schon im Vernunftbereich auf Glauben angewiesen sind, kann der übernatürliche Glaube vor ihr bestehen. Zur Autorität der Vernunft tritt nun noch die Autorität des in der Geschichte redenden und handelnden Gottes. Seine vernünftige Bewährung durch die Theologie ist daher denkmöglich und denknotwendig. – Ein Unterschied allerdings besteht: Bei der natürlichen Gotteserkenntnis geht die Initiative vom Menschen aus; bei der übernatürlichen hingegen von Gott; und darin liegt das in der Idee ersehnte Heil.

3. K. ist der Auffassung, daß bei dieser Analogie der natürlichen und übernatürlichen Erkenntnis Gottes nicht nur menschlich über Gottes Wesen und Eigenschaften, sondern auch über seine Personalität und die Notwendigkeit einer – auf Vollendung ausgerichteten – Dreiheit in den Personen Gottes denkerisch ein Zugang möglich ist.

Literatur: J. S. Drey: Kurze Einleitung in das Studium der Theologie mit Rücksicht auf den wissenschaftlichen Standpunkt und das katholische System, T 1819; J. A. Möhler: Sendschreiben an Herrn Bautain, in: Theologische Quartalschrift 17 (1835) 421–453; J. E. Kuhn: Katholische Dogmatik: Einleitung in die katholische Dogmatik, T [1]1846. – Die wichtigste Primär- und Sekundärliteratur findet sich bei: J. Rief über Drey, bei P. W. Scheele über Möhler, bei F. Wolfinger über Kuhn, sämtlich in: H. Fries / G. Schwaiger (Hrsg.), Katholische Theologen Deutschlands im 19. Jahrhundert, Bd. 2, Mn 1975, 38 f.; 96–98; 160–162.

F. Wolfinger

L

Laktanz

Laktanz, * um 250, † um 320, der spätere „christliche Cicero", wurde um 300 von Diokletian als Lehrer der lateinischen Rhetorik an den Hof von Nikomedia berufen. Als Christ verlor er in der Verfolgung 303 sein Amt. Konstantin machte ihn 317 zum Erzieher seines Sohnes in Trier. L. lebte und schrieb an der Wende von der Verfolgung zur Freiheit der Christen. Sein erstes christliches Werk, „Gottes Schöpfung", ist ein großer „Gottesbeweis" aus der Ordnung und Schönheit von Leib und Seele des Menschen. Sein Hauptwerk, die „Göttlichen Unterweisungen", bringt die frühchristliche Apologetik (→Apologeten, frühchristliche) zu einem gewissen Abschluß: nach verschiedenen Phasen polemischer Auseinandersetzung, der Ablehnung und Annäherung von christlichem Glauben und antiker Bildung, vollzieht L. hier eine klare Grenzziehung mit unmißverständlichem Überlegenheitsanspruch des Christentums. Nicht die antike Bildung ist und bleibt der bestimmende Maßstab. Sie wird gemessen an der christlichen Offenbarung und erhält den Platz der Vorbereitung, des Suchens und Vermutens zugewiesen. Das wird in der Gotteserkenntnis besonders deutlich. Die Dogmatik des L. steckt noch ziemlich in Ansätzen, aber diese Anerkennung und zugleich Grenzziehung wirkte weiter bei den großen Theologen der Folgezeit (Ambrosius, →Augustinus).

Literatur: Laktanz: S. Brandt/G. Laubmann, Opera omnia, W 1890. – A. Wlosok, Laktanz und die philosophische Gnosis, Hei 1960; V. Loi, Lattanzio, Z 1970; J. Fontaine/M. Perrin, Lactance et son temps, P 1978; A. Bender, Die natürliche Gotteserkenntnis bei Laktanz und seinen apologetischen Vorgängern, F 1983; →Apologeten (frühchristliche).

A. Bender

Leibniz

Gottfried Wilhelm Leibniz, * 1646 in Leipzig, † 1716 in Hannover. 1667–72 Revisionsgerichtsrat in Mainz, 1672–76 Paris, 1676–1716 Hofrat in Hannover. Am kurmainzischen Hof wirkt der Protestant L. an einem Gesetzeswerk für alle christlichen Nationen und an Reunionsverhandlungen der christlichen Kirchen mit, letztere führt er erfolglos bis 1702, für die

evangelischen Konfessionen bis 1706 weiter. Früh beginnen Arbeiten zur *Scientia generalis* als Universalwissenschaft und zur *Characteristica universalis* als universeller Logik, die strenge Beweise in allen Wissenschaften ermöglichen soll; dazu gehört auch die Theorie, daß alle Begriffe aus absolut einfachen Begriffen rein logisch-kombinatorisch zusammengesetzt sind. In Paris eignet sich L. den internationalen Stand von Mathematik und Physik an; er leistet eigene Beiträge, die ihn (unabhängig von Newton, aber später) zur *Infinitesimalrechnung* führen: Sie ist ihm Beleg, daß menschliches Denken auch von Unendlichem bei richtiger Begriffs- und Zeichenverwendung eine sichere Erkenntnis erlangen kann. Ebenfalls in Paris erfolgt die Auseinandersetzung mit dem Denken →Descartes', →Pascals und →Malebranches. Die „Confessio philosophi" (1673) entwirft L.' Lösung des Theodizeeproblems (Rechtfertigung des Übels in der Welt angesichts der Güte und Allmacht Gottes) als Zulassung des Übels, weil allein Gott absolut vollkommen ist, während die unendlich vielen *möglichen Welten,* aus denen Gott diese als die beste ausgewählt hat, alle durch eine Einschränkung der Vollkommenheit (perfectio) gekennzeichnet sind. L.' populäre „Essais de Théodicée" [Th.] (1710) entfalten dies auf dem Hintergrund seiner *Monadenlehre.* Substanzen sind danach (in Ablehnung des cartesischen Substanzendualismus) allein die individuellen, seelenhaften Monaden (das, was ein Lebewesen zur Einheit macht), die sich ohne kausale Einwirkung in *prästabilierter Harmonie* zueinander befinden und als Mikrokosmen den Makrokosmos und Gott in sich spiegeln; damit findet die neuzeitliche Betonung des Individuums seine erste konsequente philosophische Ausgestaltung. Theodizee und Monadenlehre entwerfen so ein der Vernunft zugängliches und dem Glauben nicht widerstreitendes Bild des Universums und des Verhältnissses von Gott und Mensch.
Der Gottesbegriff bildet den „krönenden Abschluß" (Weischedel 1971/I,184) von L.' Metaphysik: Die Monadenlehre kulminiert in Gott als oberster Monade, und die Theodizee entwirft mögliche Welten im Denken Gottes, um menschliche und göttliche Freiheit zu begründen. Die Überzeugung von der Übereinstimmung von Vernunft und Glauben durchzieht das gesamte Werk, denn „da die Vernunft eine Gabe Gottes ist, ebensogut wie der Glaube, so würde ihr Kampf Gott gegen Gott kämpfen lassen" (Th., Einleitung § 39). Dies findet

seinen Niederschlag in vielfachen Behandlungen der Gottesbeweise. L. nimmt alle tradierten Typen auf, kritisiert sie und verlangt eine „Vervollkommnung“ (Nouveaux Essais [NE] IV,10 § 7) – letztlich entsprechend der Schärfe der Beweise seiner *Characteristica universalis*. Oft geht L. vom ontologischen Gottesbeweis →Anselms von Canterbury in der Fassung Descartes’ aus, den er so darstellt: „Was aus der Idee oder Definition einer Sache folgt, das läßt sich der Sache selbst zusprechen. Nun folgt das Dasein aus der Idee Gottes, als des vollkommensten oder größtmöglichen Wesens. Das vollkommenste Wesen nämlich schließt alle Vollkommenheiten in sich, unter die auch das Dasein gehört. Also kann man Gott das Dasein zusprechen“ (GP IV,424; BC I,25). Diesen apriorischen Beweis kritisiert L., weil vorausgesetzt und nicht bewiesen sei, daß der Begriff „vollkommenes Wesen“ möglich, d.h. logisch widerspruchsfrei ist, obwohl Maximalbegriffe (wie z.B. „größte Geschwindigkeit“, „größte Zahl“) oft widerspruchsvoll sind (GP IV,449; BC II,167). Zur Schließung der Beweislücke entwickelt L. mehrere Vorschläge:

1. Der *begriffstheoretische Beweis* beruht auf L.’ Begriffstheorie und soll zeigen, daß alle Vollkommenheiten miteinander verträglich sind. Der Begriff einer perfectio ist absolut einfach und positiv und deshalb ohne Einschränkungen und Begrenzungen (Quod Ens perfectissimum existit [Warum es ein allervollkommenstes Wesen gibt], GP VII,261 f.; AA II,1,271 f.; vgl. Monadologie [Mon.] § 41); also können perfectiones einander nie widersprechen, mithin ist der Begriff eines Wesens, dem alle perfectiones in höchstem Maß ohne Einschränkung zukommen, widerspruchsfrei und möglich. – Daß L. diesen Beweis zwar skizziert, aber nie durchführt, liegt wohl daran, daß das „menschliche Gedankenalphabet“ nie zu den absolut einfachen Begriffen vorstößt (CO 513 f.). Wir wissen also nicht, ob die Gott zugeschriebenen Attribute wie Güte, Weisheit, Allmacht solche perfectiones sind oder nur menschliche Maßstäbe; so können wir nie entscheiden, ob das „ens perfectissimum“ (allervollkommenstes Wesen) des formalen Beweises tatsächlich das ist, was wir „Gott“ nennen. Weiter verlangt die Behandlung der Existenz als Vollkommenheit besondere Vorsicht (vgl. Henrich 1960, 48 f.; s.u., Nr. 3).

2. Die Bezugnahme auf Möglichkeiten wird von L. in Anlehnung an →Augustinus als eigener apriori-*Beweis durch ewige*

Wahrheiten aufgefaßt (NE IV,11 § 14). Er geht davon aus, daß es ewige Wahrheiten gibt, ebenso Wesenheiten und Möglichkeiten (z.B. mögliche Begriffe, mögliche Welten). Diesen wird eine eigene realitas (d.h. Realität im Sinne von Wirkmächtigkeit) zugesprochen – und „wenn in den Wesenheiten oder Möglichkeiten oder auch in den ewigen Wahrheiten eine Realität vorhanden ist, so muß sie wohl auf etwas Existierendem oder Aktuellem beruhen, d.h. auf der Existenz des notwendigen Wesens, bei dem die Wesenheit die Existenz einschließt" (Mon. § 44; vgl. Th. § 184). Die platonische (→Platon) Voraussetzung dieses Schlusses ist, daß Begriffe und Wahrheiten nicht nur ein eigenes Sein haben, sondern einem unzeitlichen, unendlichen geistigen Subjekt zugesprochen werden müssen. Darüber hinaus gelten die Einwände gegen die rein formale Betrachtung (s. Nr. 1).

3. Der nach L. wichtigste und neue ist der *modale Gottesbeweis.* Er soll die Lücke im ontologischen Gottesbeweis durch einen aposteriori-Schluß von der Existenz alles Bedingten auf die Existenz eines unbedingten Bedingenden ermöglichen. Um den Einwänden zu entgehen, die schon →Thomas von Aquin gegen den Schluß von der Essenz auf die Existenz ins Feld geführt hat und die →Kant später in der unzulässigen Behandlung der Existenz als Eigenschaft sehen sollte, geht L. – ohne dies zu sagen – von →Spinozas Gottesbegriff des notwendigen Wesens (ens necessarium, ens a se) aus, zu dessen Wesen die Existenz gehört, so daß man es nur als existierend denken kann: „Läßt man einmal die Vollkommenheit beiseite, so kann man sagen, daß die Aussage ‚Wenn das notwendige Wesen möglich ist, existiert es' fraglos die schönste und wichtigste Aussage der Modallehre ist, weil sie den Übergang vom Vermögen zur Wirklichkeit gestattet" (GP IV,402). Der entscheidende Möglichkeitsbeweis des Begriffes „notwendiges Wesen" wird indirekt geführt (GP IV,406) und hat folgende Gestalt: (1) Wenn das notwendige Wesen möglich ist, existiert es. (2) Wenn das notwendige Wesen unmöglich ist, ist keinerlei Existenz möglich. Daraus folgt: (3) Wenn das notwendige Wesen nicht existiert, existiert nichts. Jedoch: (4) Es gibt Existierendes. Also: (5) Das notwendige Wesen existiert. – Da (1) für L. eine Definition und (4) unstrittig ist, da (3) tatsächlich aus (1) und (2) folgt, ist (2) die entscheidende Prämisse. L. stützt sie argumentativ durch Verweis auf das Prinzip des zureichenden Grundes (s. Nr. 4) und das Ver-

hältnis von Bedingtem und Unbedingtem; damit aber übertragen sich auf den modalen Beweis alle aus diesem Prinzip erwachsenden Schwierigkeiten. Dennoch kann L. für sich beanspruchen, hier einen fundamentalen Zusammenhang freigelegt zu haben: Die Ablehnung von (2) bedeutet nicht nur die Ablehnung dieses Beweises, sondern besagt, von der Unmöglichkeit Gottes a priori überzeugt zu sein (so Henrich 1960, 54). – L. zieht den modalen Beweis mehrfach heran (Th. I, § 7; Principes de la nature et de la grâce § 7–9, GP VI, 602/BC II,428 f.; Mon. § 37–45).

4. Doch da er keine positive Aussage über das notwendige Wesen erlaubt, sind Anleihen beim *physikoteleologischen Gottesbeweis* unumgänglich. Dieser schließt von der Zweckmäßigkeit der Welt auf einen Zwecksetzer und findet sich schon in L.' Frühphase. Da alle Dinge (und ihre körperlichen Ursachen) eine bestimmte Gestalt, Größe und Bewegung haben, muß ihre Erstursache unkörperlich sein; da alle Dinge in Wechselwirkung stehen und miteinander harmonieren, muß sie eine einzige, allen gemeinsame sein. Soweit entspricht die Argumentation dem kosmologischen Beweis, der von den Dingen der Welt auf einen ersten transmundanen Urheber schließt; doch, um ihn mit Gott zu identifizieren, ist eine Ergänzung nötig, die zum physikoteleologischen Beweis führt: „Weil aber jenes unkörperliche Wesen den Dingen gerade diese statt jene Größe, Gestalt und Bewegung gegeben hat, muß es vernünftig sein, wegen der Schönheit der Dinge muß es weise sein und voller Macht, da sie alle seinem Wink gehorchen. Ein solches unkörperliches Wesen, wird also der lenkende Geist der ganzen Welt, d.h. Gott sein" (Confessio naturae contra atheistos, GP IV,109/AA VI, 1, 492/E. 38). L. entfaltet dies später in seiner Metaphysik und legt als Voraussetzung das *Prinzip des zureichenden Grundes* frei, nach dem nichts ohne Grund geschieht (wobei „Grund" sowohl Ursache als auch rationale Begründetheit bezeichnet) – ein Prinzip, „ohne das man nicht zum Beweis des Daseins Gottes gelangen könnte" (GP VII,419 / BC I,213). Es ist nicht beweisbar, sondern, kantisch gesprochen, Bedingung der Möglichkeit jeder Erkenntnis, also auch jeden Gottesbeweises. Insofern bedeutet seine Freilegung einen Fortschritt – und verdeutlicht die Schwierigkeit im Übergang vom Bereich der Dinge und Ursachen zum gänzlich anders gearteten Bereich göttlicher Gründe und Wirkmöglichkeiten, den Kant in

seinen kosmologischen Antinomien aufgreifen wird. L. ist hier so zu verstehen, daß, wenn wir überhaupt einen Gottesbeweis führen wollen, wir *ohne* ein solches Prinzip nicht auskommen können. Das Prinzip allein reicht jedoch nicht aus, vielmehr muß der Beweisgrund, den der physikoteleologische Beweis sucht, offengelegt werden.

5. Dies führt auf den *Gottesbeweis durch prästabilierte Harmonie:* die harmonische Ordnung der Welt, die als prästabilierte Harmonie zwischen den Monaden und, daraus abgeleitet, zwischen Leib und Seele besteht und sich in der Harmonie des Universums spiegelt, soll den Rückschluß auf das Dasein des ordnenden Gottes ermöglichen: „Die prästabilierte Harmonie ist einer der schönsten und unumstößlichsten Belege für das Dasein Gottes“ (GP VII,411 / BC I,199; vgl. GP VI,541 / BC II,66). Nun hat L. die prästabilierte Harmonie vielfach eine „Hypothese“ genannt, allerdings diejenige, welche „der Weisheit Gottes und der Ordnung der Dinge am meisten konform ist“ (GP III,354). Es geht ihm also nicht um einen isolierten Gottesbeweis, sondern um die Entsprechung von Monadenlehre und vernünftiger Gottesvorstellung: beide bilden für ihn eine Einheit.

Rückblickend zeigt sich, daß an die Stelle der von L. aufgewiesenen Schwierigkeiten neue und tieferliegende getreten sind. Auch genügen L.’ Beweise keineswegs seinen eigenen Ansprüchen an Stringenz. Deshalb sehen die meisten L.-Forscher in ihnen heute Beweisskizzen mit ganz anderer Funktion: Sie sollen zeigen, daß eine christliche Gottesvorstellung und die teleologische Annahme einer Gottgeschaffenheit der Welt sowohl mit der neuzeitlich-kausalen Betrachtung der Natur als auch mit der Betonung der Individualität des einzelnen im Rahmen der Monadenmetaphysik vollkommen verträglich sind, daß Vernunft und Glaube einander nicht widersprechen, sondern eine Einheit bilden, auch wenn der Glaube weiter reicht als die Vernunft (Th., Einl. § 25 und 63). Wenn Kant in scharfer Ablehnung Leibnizens der Religion Grenzen innerhalb der bloßen Vernunft zuweisen wird, so baut er einerseits auf L. auf, antwortet aber andererseits auf eine gänzlich veränderte Problemlage am Ende der Spätaufklärung.

Literatur: G. W. Leibniz: Sämtliche Schriften und Briefe (Akad.-Ausg.), Da (später L, dann B) 1923 ff. [=AA]; Opuscules et fragments inédits (hrsg. von L. Couturat), P 1903 [=CO]; Die philosophischen Schriften (hrsg. von C. I.

Gerhardt), 7 Bde., B 1875–90 [=GP]; Confessio philosophi (hrsg. von O. Saame), F 1967; Hauptschriften zur Grundlegung der Philosophie (hrsg. von A. Buchenau / E. Cassirer), H [3]1966 [=BC]; Schöpferische Vernunft (hrsg. von W. v. Engelhardt), Mr-Kö 1955 [=E]; Neue Abhandlungen über den menschlichen Verstand (übers. von E. Cassirer), L [3]1926 [=NE]; Die Theodicee (übersetzt von A. Buchenau), L 1925 [=Th.]. – A. Görland, Der Gottesbegriff bei Leibniz, Gie 1907; J. Iwanicki, Leibniz et les démonstrations mathématiques de l'existence de Dieu, Str 1933 (Theol. Diss.); D. Henrich, Der ontologische Gottesbeweis, T 1960; G. H. R. Parkinson, Logic and Reality in Leibniz's Metaphysics, O 1965; H. Herring, Die Problematik der Leibnizschen Gottesbeweise und Kants Kritik der spekulativen Theologie, in: Studia Leibnitiana Suppl. IV, Wie 1969, 21–37; W. Weischedel, Der Gott der Philosophen, 2 Bde., Da 1971–72; A. Hierl, Die apriorischen Gottesbeweise im ontologischen System des G. W. Leibniz, Bogen 1977 (Teildruck Diss. Kath. Theol. Univ. Regensburg 1976/77); A. Heinekamp (Hrsg.), Leibniz-Bibliographie bis 1980, F [2]1984 [Gottesbeweis: Nrn. 4325–4374].

H. Poser

Levinas

Emmanuel Levinas, *1906 in Kaunas (Litauen). Entscheidende Prägung durch Frömmigkeit und talmudische Gelehrsamkeit des jüdischen Elternhauses und die humanen Impulse russischer Literatur (A. Puschkin, L. Tolstoi); ab 1923 Studium in Straßburg, Freiburg i. Br. und Paris; 1931 französischer Staatsbürger; 1946 Direktor der „Ecole Normale Israélite Orientale" (Lehrerbildungsanstalt) in Paris; 1962 Professor für Philosophie in Paris-Nanterre, 1973 an der Sorbonne; Emeritierung 1976. Abendländisches Denken wird nach L. primär vom Begriff der alles in „ego"-logische Identität fassenden „Totalität" beherrscht; dagegen setzt L. – das eigene Phänomenologisieren bewußt überschreitend, Anregungen akzentuiert jüdischen Denkens (besonders F. →Rosenzweig) und der kritisierten Tradition (besonders →Platon, R. →Descartes, B. →Pascal, N. →Malebranche, I. →Kant, E. →Husserl, M. →Heidegger) aufnehmend sowie die bitteren Erfahrungen des nationalsozialistischen Terrors einbeziehend – eine vom Anderen her initiierte Fundamentalethik als Metaphysik des Unendlichen.

Die Gottesfrage stellt sich deshalb für L. authentisch nur in und als Beziehung zum anderen Menschen, d.h. als dessen Anfrage an uns. Dabei betont L. – sich methodologisch von unmittelbarer Glaubensüberzeugung und reflektierender Theologie abgrenzend – den ausschließlich philosophisch-rationalen Charakter seiner Bemühungen um den Aufweis wirklicher Transzendenzerfahrung. Solange Selbst-, Welt- und

Gottesverständnis des Menschen von einem sich als „Interesse“ auslegenden „esse“ geleitet sind, bleibt Immanenz – unbeschadet gewisser relativer Binnentranszendenzen – das letzte Wort der Vernunft. Diese Denk- und Verhaltensweise findet ihre stringenteste begriffliche Ausprägung in der sich als „erste“ Philosophie verstehenden Ontologie. Deren „archäologisches“ Begründungsdenken, das alles in der Einheit eines neutral-objektivierenden Systems zusammenschließt, spiegelt jedoch nur den Machtwillen einer Subjektivität wider, die sich als Prinzip schlechthin setzt (homme-principe) und folglich die Andersheit des Anderen (l’Autre) im Selben (le Même) aufheben möchte. Alle Offenheit auf Anderes hin verbleibt in einem solchen „Humanismus des Ich“ unter dessen rigidem Selbstvorbehalt.
Die Herrschaftslogik totalisierender Einvernahme zerbricht am „an-archischen“, d.h. weder empirisch-sozial noch begrifflich-spekulativ verfügbaren Gegenüber (face-à-face) des Anderen, dessen Antlitz (visage) mich in absolute Verantwortung ruft. Diese ethische Kompetenz erfließt nicht aus irgendeiner Machtposition des Anderen, sondern gerade aus seiner Not („Nacktheit“), die mich in unabweisbare, wenngleich verfehlbare und nie voll einlösbare Verantwortung nimmt. Deren unendliche Reichweite – als Leiden für und durch den Anderen sich steigernd von der „Nähe des Nächsten“ bis hin zur „Stellvertretung“ und „Geiselschaft“ – bricht auf in der Einheit von Zeit, Andersheit und Transzendenz, d.h. in einer Beziehung, die „in den menschlichen Antlitzen das Unendliche erreicht“ (1983, 114), das sich als „Spur“ zugleich „jenseits des Antlitzes“ entzieht. In dieser radikalen Betroffenheit durch absolute Transzendenz erfährt deshalb das zuvor in seiner mono-logischen Anmaßung kritisierte Ich seine ethische Rehabilitierung: als unvertretbares („erwähltes“) Subjekt einzigartiger unendlicher Verantwortung.

Literatur: E. Levinas: Totalität und Unendlichkeit (Orig. 1961), Fr 1987; Humanisme de l’autre homme, Montpellier 1972; Autrement qu’être ou au-delà“, de l’essence, La Haye 1974; Gott und die Philosophie, in: B. Casper (Hrsg.), Gott nennen, Fr 1981, 81–123; Ethik und Unendlichkeit (Orig. 1982), W–Kö–Gr 1986; Die Spur des Anderen, Fr-Mn 1983; Die Zeit und der Andere, H 1984; Wenn Gott ins Denken einfällt, Fr-Mn 1985. – S. Strasser, Jenseits von Sein und Zeit, Den Haag 1978; B. Forthomme, Une philosophie de la transcendance. La métaphysique d’E. Levinas, P 1979; B. Casper, Illéité. Zu einem Schlüssel„begriff“ im Werk von E. Levinas, in: Philosophisches Jahrbuch 91 (1984) 273–288; A. Halder, Ontologie – Ethik – Dialogik. Zum Problem der Mitmenschlichkeit im Ausgang von E. Levinas, in: Philosophisches Jahrbuch

91 (1984) 107–118; J. Reiter, Der „Humanismus des anderen Menschen", in: ThPh 59 (1984) 356–378; ders., Differenz und Entsprechung. Überlegungen zum Verhältnis von biblischem Anspruch und griechischer Denkform bei E. Levinas, in: Archivio di Filosofia 53 (1985) 245–263.

J. Reiter

Lonergan

Bernard Lonergan, S.J., *1904 in Buckingham/Provinz Quebec (Kanada), †1984 in Pickering bei Toronto. L. studierte Philosophie im Heythrop College bei Oxford, Theologie an der Päpstlichen Universität Gregoriana in Rom; 1940 Doktorat der Theologie mit der Dissertation „Gratia operans: A Study of the Speculative Development in the Writings of St. Thomas Aquinas" (Buchform: Grace and Freedom, Lo 1971). Diese Studie und schon vorher der indirekte Einfluß →Maréchals führten L. zu einer tieferen Kenntnis →Thomas von Aquins. Bis 1953 lehrte L. dogmatische Theologie in Kanada; 1953–65 in Rom. Nach Kanada zurückgekehrt, konnte er sein langfristiges Projekt einer dem heutigen kulturellen Kontext geeigneten Methode der Theologie zu Ende führen. Veröffentlichungen: eine Untersuchung über die Erkenntnislehre bei Thomas (Buchform: Verbum: Word and Idea in Aquinas, Notre Dame 1967); das Hauptwerk: „Insight. A Study of Human Understanding", Lo 1957; „Method in Theology", Lo 1972 (zur Gottesfrage Kap. 4 und 13); Lehrbücher über Christologie und Trinität und drei Sammelbände kleinerer Schriften.

Vom Erstlingswerk sind zwei Lehrstücke aus dem Kapitel über Gottes Transzendenz und menschliche Freiheit zu erwähnen. *Erstens:* Gottes unfehlbares Wissen, unwiderstehlicher Wille und absolut wirksames Handeln heben die Kontingenz der Weltdinge nicht auf. Denn die kontingente Wahrheit unserer Aussagen darüber kann durch die absolute Wirklichkeit Gottes allein nicht stattfinden, sondern erfordert als folgende Bedingung einen angemessenen kontingenten Terminus. Die Aussagen drücken also eine hypothetische Notwendigkeit aus: wenn A, dann A, wobei die Kausalität Gottes, von der der angemessene Terminus letztlich abhängt, die *kreatürliche* Differenz von Notwendigkeit und Kontingenz übersteigt, die sie selber begründet (vgl. Thomas' Kommentar zum „Peri Hermeneias", Lib. I, lect. 14, § 22). *Zweitens:* Bezüglich der sittlich bösen Handlung entwickelt L. als Kommentator Thomas' eine brillante Lösung, die sowohl ein Mitwirken als auch ein Sich-Beschränken Gottes vermeidet – letzteres würde auf ein von Gott unabhängiges Seiendes hinauslaufen. Die Schuld liegt im Versagen des Willens, insofern er eine Entscheidung trifft, für die der Handelnde weiß, daß es keinen hinreichenden Grund gibt. Eine solche Handlung ist, weil schlechterdings unwahr (unmotiviert), ein nicht-intelligibles Nicht-Seiendes (non-ens non-intelligibile). Deshalb ist sie weder auf ein Einwirken Gottes auf den Willen des Menschen noch auf einen Entschluß Gottes, nicht auf den Willen einzuwirken, zurückzuführen. Die Sünde kann nur auf den Willen des Menschen als versagende Ursache (causa deficiens) zurückgeführt werden, und auf den Willen Gottes, sie um der Freiheit des Menschen willen zuzulassen.

In „Insight" arbeitet das XIX. Kapitel (Allgemeine transzendente Erkenntnis) ausführlich die Frage nach Wesen und Existenz Gottes aus. In der Tat aber liegt die eigentliche Bedeutung von „Insight" in der Klärung der Voraussetzungen, die in jedem Versuch, Gott zu denken, am Werk sind. Es sind deren drei: Erkenntnis, Objektivität und Wirklichkeit, um die das ganze Buch kreist. 1. Die menschliche Erkenntnis im vollen Sinne des Wortes setzt sich aus mehreren Handlungen zusammen, die sich auf die drei wesentlich verschiedenen Stufen der Erfahrung, der Einsicht und des Urteils verteilen, so daß erst im Urteil als absoluter Setzung die Wirklichkeit erkannt wird. 2. Der ganze Erkenntnisprozeß ist der Vollzug eines intelligenten und rationalen Erkenntnisstrebens, dessen Reichweite unbegrenzt ist. Es gibt nichts, das außerhalb unserer Frage nach dem Sein liegt. Dies macht die Objektivität der Erkenntnis aus, daß sie nämlich zu erkennen vermag, was schlechterdings ist, und als solches das erkennende Subjekt transzendiert. 3. Die Wirklichkeit ist das Sein, d.h. all das, was Ziel unseres reinen Erkenntnisstrebens ist. Damit lehnt L. jegliche irrationale Auffassung von der Wirklichkeit ab, für die die Wirklichkeit Objekt einer vor jeglicher Frage stattfindenden Extraversion ist, sei es die Extraversion der Sinne, sei es die einer intellektuellen Anschauung, die nicht mit den introspektiv verifizierbaren intelligenten und rationalen Handlungen identisch wäre. Unter Bezugnahme auf die genannte Intentionalität unterscheidet L. proportioniertes und transzendentes Sein: „Sein ist all das, was einsichtig erfaßt und rational bejaht werden kann. Sein ist proportioniert oder transzendent, je nachdem es inner- oder außerhalb des Bereiches der (äußeren oder inneren) Erfahrung des Menschen liegt" (Insight, 640). Unser Erkenntnisdynamismus ist unbegrenzt, während der Bereich unserer Erfahrung (die eine unentbehrliche Komponente des Existenzurteils ist) begrenzt ist. Aus dieser Kluft ergibt sich der Unterschied zwischen eigentlicher und analoger Erkenntnis (cognitio propria – cognitio analogica). Entscheidend aber ist, daß für beide Bereiche als Wirklichkeitskriterium das rationale Urteil gilt. In diesem Sinne zitiert L. Thomas, demzufolge wir wissen, daß Gott existiert, indem wir wissen, daß unser Urteil „Gott ist" (Deus est) rational (begründet) und damit wahr ist. Und daß dieses Urteil begründet ist, wissen wir von den Wirkungen Gottes her: der Welt (Summa Theol. I, q.3, a.4 ad 2). Somit sind wir beim Gottesbeweis. Der Hinweis auf Thomas sagt schon, daß die Struktur des Beweises die klassische ist: 1. Die Existenz eines endlich Seienden und 2. die Verknüpfung zwischen diesem Seicnden und Gott werden behauptet. Letzteres geschieht in drei Schritten, die auf der durchgeführten Intentionalitätsanalyse und der daraus sich ergebenden rationalen Auffassung von der Wirklichkeit beruhen: 1. die Wirklichkeit wird mit dem Sein identifiziert, 2. das Sein wird mit der vollständigen Intelligibilität identifiziert, und schließlich wird 3. die vollständige Intelligibilität mit dem unbegrenzten Verstehensakt identifiziert, der die Eigenschaften Gottes aufweist und alles andere erklärt (Insight, 675 f.). Der springende Punkt liegt in der Identifikation der Wirklichkeit mit dem Sein, wobei Sein als das gilt, was durch ein einsichtiges Erfassen und eine rationale Bejahung zu erkennen ist. Ist das Sein dies, so ist es intelligibel; ist das Sein all dies und nur dies, so ist es vollständig intelligibel. Wir wissen um die vollständige Intelligibilität des Seins, weil wir wissen, daß das Sein völlig erkannt wird, erst wenn alle intelligenten Fragen beantwortet sind. Die vollständige Intelligibilität des Seins hat zur Folge nicht nur eine Untersuchung der Welt, in der jede Antwort zu immer neuen Fragen drängt, sondern auch daß wir über die Welt hinausgehen müssen. Denn die Welt als ganze kann nicht erklärt werden, falls wir uns auf die Welt beschränken. Wenn aber die Welt existiert, so muß sie intelligibel sein; sie kann nicht als bloßes Faktum existieren, für das keine Erklärung gefragt oder erwartet werden muß, da ja das Nicht-Intelligible außerhalb des Seins liegt. M.a.W.: Wenn die Existenz

der Welt, und mit ihr die Welt als Wirklichkeit, letztlich ein unintelligibles Faktum wäre, so wäre sie disparat zu unserem intelligenten und rationalen Fragen und demnach außerhalb des Seins – also nichts! Die gesuchte Erklärung muß nun ein unbegrenzter Verstehensakt sein, dessen Inhalt die vollständige Intelligibilität und somit die Idee des Seins selbst ist, die keiner Bedingungen außerhalb ihrer bedarf, um wahr zu sein. Ist die Idee des Seins wahr, dann existiert sie. Die Analyse des durch Extrapolation aus unserem begrenzten Verstehensakt (eine Einsicht in die Daten) gewonnenen unbegrenzten Verstehensaktes zeigt, daß er mit den Eigenschaften Gottes ausgestattet ist (Insight, 657–669). Die Argumentation, die die verschiedenen herkömmlichen Gottesbeweise umfaßt, insofern letztere von den verschiedenen Aspekten der bedingten Intelligibilität der Welt ausgehen, wird im folgenden Syllogismus zusammengefaßt: „Wenn die Wirklichkeit vollständig intelligibel ist, existiert Gott. Nun aber ist die Wirklichkeit vollständig intelligibel. Also existiert Gott“ (Insight, 672).
Die weitere Entwicklung L.s nach „Insight“ war durch eine eindringlichere Aufmerksamkeit auf die existentielle (moralische und religiöse) Komponente der menschlichen Existenz gekennzeichnet. Diese Komponente ist schon in der Aneignung der Wahrheit von Natur und menschlicher Welt mitbeteiligt, da der Vollzug unserer Intentionalität Forderungen an den ganzen Menschen stellt. In diesem Sinne wiederholt der späte L. immer wieder, daß die Objektivität unserer Erkenntnis die Leistung einer authentischen Subjektivität ist. Denn „Objektivität wird durch die Selbsttranszendenz des konkreten Subjekts erreicht; nun sind aber die Grundformen der Selbsttranszendenz die intellektuelle, die sittliche und die religiöse Bekehrung“ (Method in Theology, 338). Dies gilt in besonderem Maße für die Erkenntnis Gottes, dessen Bejahung der Bejahung eines absoluten Sinnes und Wertes gleichkommt, der uns unbedingt angeht. Hier lehrt die Offenbarung von einer gnadenvollen Selbstmitteilung Gottes, worauf die Antwort des Menschen zuerst eine Entscheidungsfrage ist, ob er nämlich die in sein Herz ausgegossene Liebe Gottes (Röm 5,5) erwidern wolle oder nicht. Erst nachher stellen sich die Fragen nach Existenz und Wesen Gottes. Daß L. versucht hat, dem konkreten religiösen Kontext Rechnung zu tragen, in dem sich die Gottesfrage überhaupt stellt, bedeutet allerdings keinen Abstrich an der Stichhaltigkeit des rationalen

Aufstiegs zu Gott: „Ich glaube nicht, daß die Menschen in diesem Leben zu einer natürlichen Erkenntnis Gottes ohne Gottes Gnade gelangen; was ich nicht bezweifle ist, daß die Erkenntnis, die sie so erreichen, eine natürliche Erkenntnis ist" (Natural Knowledge of God, in: A Second Collection, Lo 1974, 133).

Literatur: B. Lonergan: vgl. Angaben im Text; ferner: Philosophy of God, and Theology, Lo 1973; Theologie im Pluralismus heutiger Kulturen, Fr 1975. – B. Tyrrell, B. Lonergan's Philosophy of God, Dublin 1974; F. Crowe, B. Lonergan's Thought on Ultimate Reality and Meaning, in: Ultimate Reality and Meaning 4 (1981) 58–89.

G. B. Sala

Lotz

Johannes B. Lotz, * 1903 in Darmstadt, trat 1921 in den Jesuitenorden ein, studierte Philosophie und Theologie in Valkenburg, Rom, Innsbruck und kam (zusammen mit K. →Rahner) zu weiterem Studium der Philosophie nach Freiburg (1934–36), wo er besonders M. →Heidegger hörte und das philosophische Doktorat erwarb. 1936 wurde er Dozent, wenig später Professor für Ontologie und Geschichte der Philosophie an der Hochschule für Philosophie S. J., Pullach bei München (seit 1971 in München). Von 1952 an dozierte L. jeweils im Wintersemester an der Gregoriana in Rom und gab im Aufbaustudium Spezialkurse, besonders über ontologisch-anthropologische Themen. 1973 emeritiert, setzte er die Lehrtätigkeit in Rom bis 1985, in München weiterhin fort.

Philosophisch kommt L. aus der scholastischen Tradition, besonders →Thomas von Aquin, erneuert und bereichert sie aber unter entscheidendem Einfluß von M. Heidegger und J. →Maréchal. Einerseits übernimmt L. Heideggers Seinsfrage und die ontologische Differenz zwischen Seiendem und Sein, geht aber über Heidegger hinaus, indem er das Sein als den Seinsakt, im letzten als das „Sein selbst", d. h. als das subsistierende Sein Gottes (Thomas) auslegt. Damit verbindet sich andererseits die transzendentale Methode Maréchals, der für L. richtungweisend wird. Wenn schon Maréchal von der „unbedingten Behauptung" (affirmation absolue) ausgeht, um aufzuweisen, daß in jedem Urteil implizit, aber als Bedingung seiner Möglichkeit eine Urbejahung des absoluten Seins enthalten ist, so nimmt L. diesen Ansatz auf und entfaltet ihn weiter. Grundlegend dafür ist „Das Urteil und das Sein" (Pullach 1957), sachlich weitergeführt in der lateinischen „Metaphysica operationis humanae, methodo transcendentali explicata“ (R 1958, ²1961), in dem Lehrbuch „Ontologia“ (Ba 1963) und der Studie „Die Identität von Geist und Sein“ (R 1972). Neben zahlreichen anderen Büchern und Aufsätzen (philosophischen, aber auch religiös-meditativen Inhalts) nimmt L. zur Gottesfrage Stellung: „In jedem Menschen steckt ein Atheist“ (F 1981) und „Zur Struktur der Gottesbeweise“, in: ThPh 56 (1981) 481–506. Eine zusammenfassende Darstellung seines Denkens gibt L. in dem reifsten und umfassendsten Werk „Mensch - Sein - Mensch“ (R 1982), das den „Kreislauf des Philosophierens“ vom Menschen zum Sein und vom Sein zum Menschen entwickelt, Anthropologie und Ontologie als Einheit begreifend, wie der Titel der italienischen Vorarbeit dazu, „Antropo-Onto-Logia“ (R 1977), zum Ausdruck bringt.

Die Erkenntnis Gottes ist im Wesen des Menschen und seinem sich selbst überschreitenden Selbstvollzug angelegt; der Mensch ist auf das Sein und damit auf das absolute „Sein selbst“ Gottes verwiesen. Im Aufweis der Existenz Gottes wählt jedoch L. einen Weg, der nicht wie die traditionellen Gottesbeweise über die Kausalität, auch nicht wie bei Maréchal über die Finalität zu Gott führt, sondern die Exemplarursächlichkeit in den Vordergrund stellt, weil sie, wie L. meint, jenen anderen Wegen tiefer zugrunde liegt. Im endlichen Seienden findet sich das Sein in kon-kreter Gestalt als Sein wesenhaft begrenzten Soseins. Darin ist das Sein nicht ganz „es selbst“, weil das endlich begrenzte Sosein nicht zum eigentlichen und innersten Wesen des Seins gehört, sondern setzt die reine Urgestalt des „Seins selbst“ voraus, das ganz es selbst und bei sich selbst ist, in sich selbst subsistiert. Partizipiertes Sein (esse participatum) setzt subsistierendes Sein (esse subsistens) voraus. Darunter versteht L. (im Sinne des „ipsum esse“ bei Thomas) die ursprüngliche und notwendige Fülle aller Seinswirklichkeit, den unendlichen, personalen und freien Schöpfergott. Philosophisches Denken will hinführen zum christlichen Glauben.

Man mag einwenden, daß sich L. allzu eng an Heidegger bindet, daß aber das „Sein“ Heideggers mit einem metaphysischen Sein, erst recht mit dem subsistierenden Sein Gottes nichts zu tun hat. Doch will L. nicht nur Heidegger interpretieren, sondern bewußt über ihn hinausgehend auf die bei

Heidegger offen bleibende Seinsfrage Antwort geben. Auch stellt sich die Frage, ob die Existenz Gottes allein durch Exemplarursächlichkeit, ohne metaphysische Kausalität einzubeziehen, evident aufweisbar ist (→Brugger.) Und schließlich die Frage, ob eine streng transzendentale Reflexion konsequent durchgehalten wird. Sicher ist es nicht nur die eng transzendentale Frage nach den Bedingungen bewußtseinsimmanenter Gegenstandskonstitution wie bei →Kant bis →Husserl u. a., sondern eine transzendentale Methode, die sich selbst in die ontologisch-metaphysische Dimension übersteigt und dadurch erst die letzte, unbedingte Bedingung alles bedingten Seins erreicht. L. ist einer der bedeutendsten Vertreter eines derart transzendental-metaphysischen Denkens.

Literatur: J. B. Lotz: Vgl. Angaben im Text. – J. de Vries / W. Brugger (Hrsg.), Der Mensch vor dem Anspruch der Wahrheit und der Freiheit. Festgabe für J. B. Lotz zum 70. Geburtstag, F 1973.

E. Coreth

Lubac

Henri-Marie-Joseph Sonier de Lubac, * 1896 in Cambrai (Frankreich), lebt in Paris. Professor der Fundamentaltheologie und Religionsgeschichte in Lyon 1929–60. Schriftsteller. „Peritus" des Zweiten Vatikanischen Konzils. Mitglied des „Institut de France". Kardinal 1983. – Nach dem Eintritt in die Gesellschaft Jesu (1913) nahm L. am I. Weltkrieg teil und studierte 1920–28 in Jersey, Canterbury, Hastings und Lyon-Fourvière Philosophie und Theologie. Über A. Valensin kam er früh mit M. →Blondel in Berührung, dessen Denken er mit seinem Freund G. Fessard intensiv studierte. Weiterer prägender Kontakt mit P. →Teilhard de Chardin beeinflußte seine früheste direkte Äußerung zum Gottesproblem „Der Ursprung der Religion" (1936) in dem Sammelband „Essai d'une somme catholique contre les Sans-Dieu" (hrsg. von I. Kologrivof). Historisch setzt L. sich hier mit Theorien und Einwänden zum Ursprung der Gottesidee auseinander, der spontan und eigentümlich sei, so daß jeder Versuch einer „Entstehungsgeschichte" oder „Reduktion" ungenügend bleibe, wenn damit auch nichts über die Wirklichkeit dieser Idee und den absoluten Wert von Religion ausgemacht sei. „Die sicheren Ergebnisse der Religionsgeschichte … lassen ungezwungen eine christliche Deutung zu (wir sagen nicht, daß sie eine solche Deutung aufzwingen), und sie werden von dorther am verständlichsten" (343). – Nicht nur diesen Text, sondern vor allem seinen Grundgedanken, die Frage nach dem Ursprung der Gottesidee, griff L. während des II. Weltkriegs für seine Untersuchung „De la connaissance de Dieu" (P 1945; ²1948) wieder auf, aus der 1956 das Buch „Sur les chemins de Dieu" wurde. Der volle Sinn dieser Überlegungen erhellt aber erst, wenn das im gleichen Kontext des Kriegs entstandene Gegenstück „Le Drame de l'humanisme athée", die Auseinandersetzung mit dem neuzeitlichen Atheismus, herangezogen wird. Auf diesem Hintergrund erweist sich die Gottesfrage zunächst als praktisches Problem des besetzten Frankreich, das sich geistig den auf Nietzsche und Marx bezogenen Projekten eines Neuaufbaus ausgesetzt sieht. Damit erklärt sich der konkrete Ansatz wie der eigentümliche Charakter beider Veröffentlichungen, die nicht in erster Linie eine theoretische Frage beantworten, sondern unmittelbar Erklärung einer wirren geistigen Situation bieten wollen. Dazu unterstreicht L. vor allem die spirituelle Ebene als den eigentlichen Ort der Entscheidung für oder gegen Gott. Das heutige Problem ist spirituell. „Es ist *das* menschliche Problem überhaupt" (1950, 93), insofern der neuzeitliche Mensch ein Verständnis seiner selbst nur gewinnen zu können glaubt im Widerspruch gegen Gott. Diese Voraussetzung nennt L. ein „tragisches Mißverständnis", das die dramatische Entwicklung der großen Krise der Moderne in Wirren, Tyrannei und Kollektivverbrechen kennzeichnet (vgl. 1950, 27). Nicht ohne Grund hat L. der letzten französischen Ausgabe die Texte „La recherche d'un homme nouveau" und „Nietzsche mystique" hinzugefügt, weil er die Gottesfrage gerade als Frage des Menschen versteht, der ohne die Grundoption im Blick auf Gott nicht zu einem Selbstverständnis findet. In diesem Sinn geht es L. nicht darum, die klassischen Traktate zu ersetzen, sondern darum, deutlich zu machen, daß Gott in allen Ordnungen der Welt der Erste ist, der dem Menschen stets schon zuvorkommt. Menschliches Vernunftstreben, „das uns bis zu ihm trägt … ist immer nur die zweite Phase eines Rhythmus, dessen Anfang er gesetzt hat" (1958, 6). Weil in der bescheidenen Menschenvernunft etwas Heiliges ist, sind alle agnostischen Bedenken beseitigt, aber auch alle profane Selbstgenügsamkeit. Indes ist die erste Aufgabe hier Anerkenntnis, noch nicht Erkenntnis im technischen Sinn. „Jeder menschliche Akt, sei es Erkennen oder Wollen, der sich im Wirklichen vollzieht und darin etwas Greifbares und Sinnvolles annimmt, stützt sich insgeheim auf Gott" (1958, 32). Weil das so ist, läßt sich nach einem „Gottesbeweis" fragen, der dem Menschen in der Anerkenntnis der eigenen Grenze das einzige Geheimnis zeigt, sie zu überschreiten. Gott ist nicht Gegenstand unter anderen: Er kann, wenn er ist, nur als der totale Gegenstand und die totale Wahrheit den ganzen Geist in Anspruch nehmen (vgl. 1958, 79). Insofern läßt sich „Vom Erkennen Gottes" erst nachträglich sprechen, das immer zur „Unaussprechlichkeit Gottes" führt und damit den Menschen beständig „Auf der Suche nach Gott" sein läßt. Aber gerade darin erhellt sich dann auch die „Aktualität Gottes", daß er so den Menschen Mensch sein läßt und jenen Humanismus ermöglicht und trägt, dessen bewußte Suche die atheistischen Entwürfe der Neuzeit hervorbrachte. „Die Menschheit kann das Gleichgewicht und den Frieden nur finden – nämlich einen aktiven Frieden, ein Gleichgewicht, das in Bewegung bleibt –, wenn sie ihren Blick über ihren irdischen Horizont hinausgerichtet hält. Wenn sie ihrem göttlichen Ruf treu bleibt" (1985, 189). Indes: „Es gibt Tyrannengötter. Es gibt einen befreienden Gott" (1958, 191). Der Mensch hat zu wählen aus einer neuen Weisheit, die Frucht höherer und reicherer Kontemplation ist. L. glaubt, „nur einige ewige Wahrheiten in einer Sprache, die nicht veraltet erscheint, in Erinnerung" (1958, 205) gebracht zu haben, jedoch unter Berücksichtigung des ganzen christlichen Denkens, mag auch das Gewicht patristischer Aussagen vor allem auffallen. Er nennt sein Werk eine freie Überlegung zu einem höchst grundlegendem Thema, auf deren Grenzen er selbst hinweist. Sie erscheint indes sinnvoll, möglich und notwendig. „Wenn das Problem der Existenz Gottes im Grunde immer dasselbe bleibt, wie auch der menschliche Geist immer derselbe ist, so nimmt es im Laufe der Zeiten verschiedene neue Aspekte an, auf die man, selbst wenn es nicht eine Notwendigkeit wäre, je nach seinen Möglichkeiten achten muß, wenn man seine Brüder erleuchten will" (1958, 220).

Literatur: H. de Lubac: Die Tragödie des Humanismus ohne Gott, Sa 1950; Der Ursprung der Religion, in: J. de Bivort de la Saudée (Hrsg.), Gott, Mensch, Universum, Gr [2]1956, 311–346; Über die Wege Gottes, Fr 1958; Die christliche Idee vom Menschen und das Ringen um einen neuen Menschen, in: J. B. Metz (Hrsg.), Weltverständnis im Glauben, Mz 1965, 63–79. – K. H. Neufeld/M. Sales, Bibliographie H. de Lubac SJ 1925–1974, Ei 1971, [2]1974; A. Demoment, Lubac, in: Catholicisme, Bd. 7, P 1975, 1208–1211.

K. H. Neufeld

Luther

Martin Luther, * 1483, † 1546 in Eisleben. Schon 1484 zog die Familie ins nahegelegene Mansfeld, wo L. ab etwa 1490 sieben Jahre die Trivialschule besuchte. 1497 wurde L. von seinem Vater nach Magdeburg – vermutlich auf die Domschule – geschickt, wo er auch den Idealen der Brüder vom gemeinsamen Leben begegnete. 1498 wechselte L. auf die St. Georgenschule nach Eisenach. Im Sommersemester 1501 begann L. sein Studium an der Artistenfakultät der Universität Erfurt und wohnte in der angesehenen Georgenburse. Im Herbst 1502 wurde er Baccalaureus artium, im Januar 1505 Magister artium. Im Mai 1505 begann L. das Studium der Rechte. Bei der Rückkehr von einem Besuch bei seinen Eltern in Mansfeld geriet L. am 2.7.1505 in Stotternheim in ein heftiges Gewitter, das ihn zu dem Gelöbnis, ins Kloster zu gehen, veranlaßte. Am 17.7.1505 trat er in das Kloster der observanten Augustinereremiten als Novize in Erfurt ein. Im September 1506 legte L. die feierliche Profeß ab und wurde 1507 zum Priester ordiniert. Von seinem Orden zum Theologiestudium bestimmt, studierte er am Studium generale seines Ordens in Erfurt. Die Heilige Schrift und die Sentenzen des Petrus Lombardus standen im Mittelpunkt seines theologischen Studiums. Im Herbst 1508 erhielt L. das Lektorat für Moralphilosophie an der neugegründeten Universität Wittenberg, währenddessen er seine theologischen Studien fortsetzte. Im März 1509 wurde er Baccalaureus in Theologie, aufgrund dessen er Bibelvorlesungen zu halten hatte. Im Herbst 1509 wurde L. nach Erfurt zurückversetzt, um über die Sentenzen des Petrus Lombardus zu lesen. Im Herbst 1510 wurde er Baccalaureus formatus, womit er die Bedingungen zum Magister theologiae erfüllt hatte. Im Sommer 1511 nach Wittenberg zurückberufen, wurde L. am 18./19. 10. 1512 dort zum Doktor der Theologie promoviert (Promotor war Andreas von Karlstadt). Drei Tage später wurde L. volles Mitglied der theologischen Fakultät in Wittenberg und erhielt als Nachfolger des Generalvikars seines Ordens und Dekans der theologischen Fakultät Johann von Staupitz dessen biblische Professur, die er bis zu seinem Lebensende innehatte. Von 1513 bis 1519 hielt L. Vorlesungen über die Psalmen, den Römerbrief, den Galaterbrief, den Hebräerbrief und nochmals über die Psalmen.

Mitten in diese Zeit fallen zwei bedeutsame Ereignisse, nämlich L.s berühmte 95 Ablaßthesen vom 31.10.1517 (strittig ist bloß, ob sie an diesem Tag an der Schloßkirche zu Wittenberg angeschlagen worden sind oder nicht, letzteres ist das Wahrscheinlichere) und das als sogenanntes Turmerlebnis (die Datierung schwankt zwischen 1512 und 1518) überlieferte neue Verständnis der iustitia Dei, die nicht als die Gerechtigkeit, durch die Gott in sich selbst gerecht ist und die Sünder straft, sondern als die Gerechtigkeit, mit der Gott sich der Sünder erbarmt, gedeutet wird. Die Ablaßthesen – an Freunde und Kollegen verschickt – wurden von diesen weitergegeben; sie erschienen gedruckt und fanden ein breites zustimmendes Echo, von dem L. selbst überrascht war und das eine große Unzufriedenheit mit dem skandalösen Ablaßgeschäft offenbarte. Von Dominikanern und anderen wegen des Verdachts der Ketzerei in Rom angeklagt, geriet der Prozeß gegen L. ins Rollen, der 1520 in der Bannandrohungsbulle „Exsurge Domine“ gipfelte und 1521 mit der Exkommunikationsbulle „Decet Romanum Pontificem“ kirchlicherseits endete. Höhepunkte während der Zeit des Prozesses waren L.s Begegnung mit Cajetan in Augsburg im Oktober 1518 (Glaubensgewißheit), in der L. den Widerruf verweigerte, sowie die Leipziger Disputation mit Johann Eck im Sommer 1519 (päpstlicher Primat, göttliches Recht des Papsttums, Autorität der Konzilien).

1520 erschienen die großen reformatorischen Schriften „An den christlichen Adel deutscher Nation von des christlichen Standes Besserung“, „De captivitate babylonica ecclesiae. Praeludium“, „Von der Freiheit eines Christenmenschen“, „Sermo von den guten Werken“. Auf dem Reichstag zu Worms 1521 den Widerruf verweigernd, wurde über L. am 26.5.1521 im „Wormser Edikt“ die Reichsacht verhängt. Als Junker Jörg auf der Wartburg versteckt, war L. unermüdlich literarisch tätig und schuf hier die sprachgewaltige Übersetzung des Neuen Testaments ins Deutsche. 1522 verließ L. die Wartburg, um in seinen acht „Invocavit-Predigten“ den durch Schwärmer initiierten Wittenberger Kirchensturm zu beruhigen. Das wiedergewonnene biblisch-paulinische Verständnis der iustitia Dei führte zu einem umfassenden Neubedenken des gesamten kirchlichen Lehr- und Lebensvollzuges. Die gesamte kirchliche Lebenswirklichkeit in Lehre, Liturgie und Gottesdienst, kirchlicher Struktur, ja weit über diesen Bereich hinaus in Staat, Wirtschaft, Bildung usw., wurde vom Rechtfertigungsglauben aus neu gedeutet und in vielen Schriften entwickelt. In den Bauernkriegen 1524 und 1525 verteidigte L. den seit der Abschaffung des mittelalterlichen Faustrechts 1495 im Ewigen Landfrieden herrschenden Rechtssatz „Niemand soll sein eigener Richter sein“. Partielle Rechtseinbußen (hier die der Bauern) seien eher hinzunehmen als die Verletzungen der allen geltenden Friedenspflicht. In diese Zeit fällt auch (1525) seine Heirat mit Katharina von Bora, nachdem L. buchstäblich als letzter im Kloster übriggeblieben war, in dem er mit seiner Familie zeitlebens wohnte.

1525 erfolgt die große theologische Auseinandersetzung mit Erasmus von Rotterdam in der Frage der Willensfreiheit in bezug auf das Heil. L. vertritt hier die These vom geknechteten Willen, da kein freier Wille Christi Heilstod für alle außer Kraft setzen könne; deshalb gilt hier in der Heilsfrage sachlich ein „Gott allein“. 1528/29 ragen der „Große Katechismus“, der „Kleine Katechismus“ sowie die Verteidigung des überlieferten Abendmahlsverständnisses in der Frage nach der Realpräsenz in „Vom Abendmahl Christi. Bekenntnis“ (1528) und im Marburger Religionsgespräch mit →Zwingli 1529 hervor. Seine Arbeit an der Übersetzung des Psalters, 1524 zuerst erschienen, mehrere Revisionen und insgesamt zwölf Psalterdrucke bis 1544 sowie die zusammen mit anderen erstellte Übersetzung des Alten Testaments, die 1534 abgeschlossen ist, lassen den Grundtenor seines theologischen Schaffens deutlich in den Vordergrund treten: Auslegung der Heiligen Schrift.

Die schon in den Anfangsjahren der Reformation aufkeimende Einsicht, die Endzeit sei angebrochen, da – gemäß der Apokalypse – der Antichrist in der Kirche herrsche, der Gottes Wort niederhalte und sich selbst an die Stelle Gottes gesetzt habe, indem Menschenerfindungen für göttliche Gebote ausgegeben werden, wird L. in den späten dreißiger und vierziger Jahren des 16. Jahrhunderts zur immer größeren Gewißheit. Da Gottes Gericht über die eigene Sünde schrecklich genug sein wird, müssen wir uns für Besserung der Zustände einsetzen, um Gottes Gericht zu mildern, um nicht auch noch durch Tolerierung fremder Sünde noch größere Schuld auf uns zu laden mit der Folge eines noch schrecklicheren Gerichtes Gottes. Diese nacheschatologische Bedrängnis erklärt die außerordentliche Schärfe von L.s Spätschriften gegen den Papst, die Schwärmer, die Antinomisten und Sakramentarier wie auch gegen die Juden, ohne daß dies deshalb schon gebil-

ligt werden könnte. Trotz kräftigerer Sprache werden aber in den „Schmalkaldischen Artikeln“ (1537), in „Drei Symbola oder Bekenntnis des Glaubens Christi“ (1538) und in „Von den Konziliis und Kirchen“ (1539) die auch heute noch zu bedenkenden Sachfragen klar und prägnant formuliert.
Nach seinem Tod in Eisleben wurde L. in der Schloßkirche zu Wittenberg beigesetzt.
Von seinem Werdegang her gesehen hat L. in der Erfurter Artistenfakultät gründliche Bekanntschaft mit (fast dem ganzen) →Aristoteles gemacht. Dieser stand im Mittelpunkt des vierjährigen Studiums an dieser Fakultät. In Naturphilosophie, Moralphilosophie und Metaphysik wurden Studenten hier bewußt einem Horizont konfrontiert, der den Rahmen der „septem artes liberales“ (die traditionellen akademischen Lehrfächer vor allem des Mittelalters) sprengte. L.s Lehrer in der Artistenfakultät gehörten ausschließlich der via moderna an. Auf diese Weise machte L. mit Aristoteles Bekanntschaft in der Perspektive des Nominalismus, durchaus nicht nur in derjenigen des →Wilhelm von Ockham, sondern auch in derjenigen Johann Rucherats von Wesel, Gregors von Rimini und Johanns von Wesel. Sein ganzes Leben lang hat Luther Ockham als denjenigen geschätzt, der die Philosophie gründlicher als seine Gegner, besonders Thomisten und Scotisten, verstehe. Vermittelt wurde im Studium auch das Bewußtsein wissenschaftlicher Überlegenheit gegenüber denjenigen, die der via antiqua anhingen. L. wußte also ganz genau, wovon er sprach, wenn er sich zur Philosophie äußerte. Aber auch die Erfurter Theologie war vom Nominalismus bestimmt. Zum Studium der Sentenzen des Petrus Lombardus verwendete L. ausgiebig die im Geiste Ockhams gefaßten Sentenzenkommentare des Gabriel Biel und des Peter von Ailly. Kennzeichnend auch für den durch Jodokus Trutfetter und Bartholomäus Arnoldi von Usingen – L.s Lehrern und Freunden – vertretenen Erfurter Nominalismus wie für den Nominalismus überhaupt ist die strenge Scheidung von Glauben und Vernunft, von Heiliger Schrift und Philosophie.
Aussagen der Heiligen Schrift sind nicht wissenschaftlich ableitbar, sie müssen vielmehr geglaubt werden; hier reicht die Vernunft wie an das Übernatürliche generell überhaupt nicht heran. Vernunft und Philosophie erstrecken sich lediglich auf die Dinge dieser Welt. Einsichten der Vernunft werden gegebenenfalls der geoffenbarten Wahrheit untergeordnet. Im

strengen Sinne gibt es von den Gegenständen des Glaubens überhaupt kein Wissen; die Vernunft hat sich hier bedingungslos zu unterwerfen. Theologie sei daher auch im strengen Sinne keine Wissenschaft. Logik, formale Abstraktheit, Scharfsinn und dialektische Kraft hat L. zeitlebens an Ockham geschätzt, die damit verbundene Artistik entlarvte L. aber als letztlich „gegenstandslose" Wortstreite, die keinerlei Bezug zur Wirklichkeit hätten. Theologie habe daher einer anderen Logik zu folgen als derjenigen des Aristoteles (ausführlich: Brecht 1981, 42–47).

Während seines Philosophiestudiums ist L. „zweifellos auch mit dem Humanismus in Berührung gekommen und von ihm nicht unbeeindruckt geblieben. Allerdings ist es noch jener frühere mit dem Nominalismus koexistierende Humanismus. Die nominalistische Mitgift blieb gegenüber der humanistischen vorherrschend" (Brecht 1981, 52; im Ganzen 48–53). Durch den Humanismus hat L. jedoch eine außerordentlich beachtliche Kenntnis klassischer Autoren erhalten, die ihm jedoch nie letzte Autoritäten wurden. Er benutzte die wissenschaftlichen Errungenschaften des Humanismus für die Entwicklung seines theologischen Denkens insbesondere in Hinsicht auf die sprachliche Erschließung der biblischen und klassischen Quellen, aber religiös und theologisch vermochte er ihm nicht zu folgen.

Somit ist der Rahmen für L.s Denken Gottes abgesteckt. Schon 1509 fühlte sich L. in seiner kritischen Einstellung zur Philosophie durch →Augustinus nur bestärkt. In einer Randbemerkung zu Augustins „De vera religione" notiert L. „Haec sententia grandissima est in recessu et totam philosophiam stultitiam esse etiam ratione convincit" (Diese großartige Lehrmeinung ist auf dem Rückzug und beweist auch durch die Vernunft, daß die ganze Philosophie Dummheit ist; WA 9,13,20–22). In seiner „Disputatio contra scholasticam theologiam" (1517), in der er sich vor allem gegen →Duns Scotus, Pierre d'Ailly und Gabriel Biel wendet, zeigt er in zehn Thesen auf (Thesen 45–53; WA 1,221–228, hier: 226,14–31), wie wenig es nutzt, Logik und Metaphysik des Aristoteles in der Theologie zu verwenden. Er sagt: „Breviter, Totus Aristoteles ad theologiam est tenebrae ad lucem" (Kurz: Der ganze Aristoteles verhält sich zur Theologie wie die Finsternis zum Licht; WA 1,226, 26). Von der Nutzlosigkeit der Philosophie für die Theologie spricht er in seinen „Conclusiones quinde-

cim tractanctes, An libri philosophorum sint utiles aut inutiles ad theologiam“ (WA 6,29).
Der sachliche Grund für L.s „Philosophiefeindlichkeit“ in der Theologie liegt in der Heilsbedeutung des Kreuzes Christi begründet. In der „Heidelberger Disputation“ (1518) stellt L. der „theologia gloriae“ die „theologia crucis“ gegenüber. Die „theologia gloriae“ versucht, Gottes unsichtbares Wesen aus den Werken der Schöpfung wahrzunehmen und zu verstehen. Dabei aber wird das der Welt zugewandte sichtbare Wesen Gottes nicht erkannt und nicht begriffen. Dieses der Welt zugewandte, sichtbare Wesen Gottes ist dem unsichtbaren entgegengesetzt; es ist Gottes Menschheit, Schwachheit, Torheit im Kreuz Christi. Dieses Kreuz Christi ist aber nicht aus den Werken der Schöpfung ableitbar. Das Kreuz ist der Ort, an dem Gott sich finden lassen will, das Kreuz ist das, was Gott von sich selbst den Menschen sichtbar gemacht hat. Mit einer solchen Sehweise lehnt L. nicht generell die Erkenntnis Gottes aus den Werken der Schöpfung schlechthin ab, sehr wohl aber sagt er, daß man mit einer solchen Gotteserkenntnis noch lange nicht vor dem Gott steht, von dem der christliche Glaube als Gott in Jesus Christus spricht.
Ferner sieht L. die „natürliche Gotteserkenntnis“ in der gleichen Gefährdung stehen, in der auch die guten Werke sich befinden: als Ort des Sich-Rühmens und des Prahlens vor Gott, statt Konkretion und Folge des Glaubens zu sein. L. sagt: „Denn da die Menschen die Erkenntnis Gottes aufgrund seiner Werke mißbrauchten, wollte wiederum Gott, daß er aus den Leiden erkannt werde, und wollte darin solche Weisheit des Unsichtbaren durch eine Weisheit des Sichtbaren verwerfen, auf daß so die, die Gott nicht verehrten, wie er in seinen Werken offenbar wird, ihn verehren sollen als den, der in den Leiden verborgen ist“ (WA 1,362). L. beruft sich dabei auf 1 Kor 1,21 und fügt hinzu: „So ist es für niemand genug und nütze, Gott in seiner Herrlichkeit und Majestät zu erkennen, wenn er ihn nicht zugleich in der Niedrigkeit und Schmach seines Kreuzes erkennt“ (WA 1,362). L.s Rede vom verborgenen und offenbaren Gott hat im Kreuz Christi ihren sachlichen Grund. Richtige Gotteserkenntnis geschieht, indem der Glaubende das empfängt, was Gott ihm an „Einblick“ gewährt; und das ist der Weg, in der Ohnmacht die Macht, in der Schwachheit die Kraft, in der „Torheit“ die

„Weisheit" Gottes zu erkennen. Gott handelt – abgelesen am Kreuz Christi – in der Gestalt des Gegenteils.
Diese Sehweise hat L. zeit seines Lebens beibehalten. In seiner Genesis-Vorlesung von 1535–45 legt er dar, daß die Philosophen spekulativ zu irgendeiner Gotteserkenntnis gelangen, wie schon →Platon eine göttliche Weltregierung erkannt habe. Aber das alles verbleibe im Äußeren und Objektiven; so wie in der Heiligen Schrift von Gott gehandelt wird, dazu gelangt er nicht: „Manet in cogitatione Metaphysica" (Er bleibt in seinem metaphysischen Denken) „wie ein kue ein newes thor ansihet" (WA 44, 591, 38–39). Und in seiner Auslegung der fünfzehn Stufenpsalmen „In XV Psalmos graduum" (1532/33; 1540) sagt er ähnliches anhand von Ps 122,1. „Siehe bei den Scholastikern, den Mönchen, den Muselmanen. Sie spekulieren über die Eigenschaften, Unterscheidungen und so an Gott vorbei, ohne sein Wort, der natürlichen Vernunft folgend; dabei erkennen sie nicht, was Gott ihnen gegenüber will ... So disputieren sie über Gott, ohne zu wissen, was er will oder denkt. Was soll das? Angemessen ist es, Wissen auf Gottes Wort zu gründen und festzustellen, was Gott wohlgefällig ist, was er will, was er denkt und was nicht. Und wenn wir nicht dahin gelangen, sind wir Theologen wie ein Esel, der die Leier spielen soll" (vgl. WA 40/3, 78, 13 – 79, 3). Die Philosophie im Herzstück der Theologie, in der Frage nach dem Gottsein Gottes, steht letztlich nicht anders vor Gott wie eine „Kuh vor einem neuen Tor" oder wie der „Esel, der die Leier spielen soll". Liegt darin nicht die Wahrheit bezeugt, daß wir Menschen letztlich von Gott selbst doch nichts wissen können, was ein essentielles Element jedes Gottesbekenntnisses ist und sein muß? L. wertet damit keineswegs die menschliche Vernunft und das menschliche Denken schlechthin ab. Im Gegenteil: In ihr zeigt sich die Gottebenbildlichkeit, und in allen Dingen menschlichen Lebens ist sie das unverzichtbare höchste Gut, das Gott dem Menschen gegeben hat. Aber in Sachen des Heils vermag sie von sich aus nicht zu dem zu gelangen, der in der Schrift als Heilsweg bezeugt ist.

Literatur: M. Luther: Werke. Kritische Gesamtausgabe (Weimarer Ausgabe), Wr 1883 ff. (4 Abteilungen: Abt. Werke: WA (jeweils Angabe von Bd., Seite und eventuell Zeile); Abt. Briefe: WABr; Abt. Tischreden: WATr; Abt. Deutsche Bibel: WADB; zusammen bisher 114 Bde., zu einzelnen Bd.en Ergänzungs- und Nachtragsbde.). – W. Link, Das Ringen Luthers um die Freiheit der Theologie von der Philosophie (hrsg. von E. Wolf/M. Mezger), Mn [2]1955; B. Hägglund, Theologie und Philosophie bei Luther und in der occamistischen Tradition. Luthers Stellung zur Theorie von der doppelten Wahrheit, Lund 1955 (= Lunds Universitets Arsskrift. N. F. Avd. 1. Bd. 51. Nr. 4); B. Lohse, Ratio und Fides. Eine Untersuchung über die ratio in der Theologie Luthers, Gö 1958 (= Forschungen zur Kirchen- und Dogmengeschichte, Bd. 8); H. Bornkamm, M. Luther in der Mitte seines Lebens. Das Jahrzehnt zwischen dem Wormser und dem Augsburger Reichstag (aus dem Nachlaß hrsg. von K. Bornkamm), Gö 1979; J. Brosseder, M. Luther, in: H. Fries/G. Kretschmar (Hrsg.), Klassiker der Theologie, Bd. 1: Von Irenäus bis M. Luther, Mn 1981, 283–313, 416–418, 432–434; M. Brecht, M. Luther, 2 Bde., St 1981–86; H. Junghans (Hrsg.), Leben und Werk M. Luthers von 1526 bis 1546. Festgabe zu seinem 500. Geburtstag. Im Auftrag des Theologischen Arbeitskreises für Reformationsgeschichtliche Forschung hrsg. von H. Junghans, 2 Bde., Gö 1983.

J. Brosseder

M

Maimonides

Mose Ben Maimon (Maimonides, Maimuni, Rambam, Rabbi Aegyptus), * 1138 in Cordoba (Spanien), † 1204 in al-Fusṭāṭ/Kairo (Ägypten). Rabbinische Autorität („Kommentar zur Mischnah", „Buch der Gesetze", „Mischneh Torah") und Arzt („Diätetik für Seele und Körper", „Das Buch über Gifte und Gegengifte", „Buch über Symptome von Krankheiten"), gilt wegen seines philosophischen Hauptwerkes „Führer der Unschlüssigen" (1190; arabisch „Dalālat al-Hā'irin", hebräisch „More Newuchim", lateinisch „Dux neutrorum", „Director dubitantium") als der bedeutendste jüdische Religionsphilosoph. Da M. ab 1165 in einer rein muslimischen Umwelt in Ägypten gelebt und dort seine Werke in Arabisch geschrieben hat (nur die vierzehnbändige „Mischneh Torah" schrieb er in Hebräisch), fehlt bei ihm jegliche Auseinandersetzung mit dem Christentum. Der Rahmen, innerhalb dessen er philosophierte, war ihm vorgegeben durch die jüdische Tradition („Mischnah", „Talmud"), die islamischen Denker („Kalām") und den mittelalterlichen, neuplatonisch gefärbten →Aristotelismus. Auf die Schriften des Ibn Ruschd (Averroes) wurde er erst nach Beendigung der genannten Werke aufmerksam.

Nach M. muß Gott und kann doch nicht als eine absolute Einheit gedacht werden, da der Begriff dieses *einen* Gottes die Möglichkeit des menschlichen Denkens übersteigt. Dieser eine Gott hat nämlich keine Attribute, durch welche diese Einheit gedacht werden könnte, von ihm kann nur so geredet werden, daß man ihm alle Attribute abspricht („negative Theologie"). Um der Gefahr zu entgehen, daß durch dieses Verfahren der Gottesbegriff leer und arm wird und zu einem nicht mehr benennbaren Etwas, fast einem Nichts, entschwindet, führt M. in seine Argumentation den Begriff der „13 Middot" ein, der dreizehn Eigenschaften Gottes, die die rabbinische Tradition in Ex 34,6–7 zu finden gemeint hatte. Diese Eigenschaften Gottes sind keine Attribute, die Gott anthropomorphistisch zugeschrieben werden könnten, sondern es sind alleine seine Wirkungen, die in der von ihm geschaffenen Welt erkannt werden. Die Middot sind Gottes „Wege und

Wirkungen, die in dieser Welt von Gott herrühren" (Führer der Unschlüssigen, Bd. 1, Kap. 54–55). Die wahre Erkenntnis Gottes setzt somit die Erforschung seiner Wirkung voraus, die (Natur-)Wissenschaften werden zu einem integralen Bestandteil der Theologie, die das Denken nicht ad absurdum führt, sondern es geradezu als Vorbedingung fordert. Das System des M. unterscheidet sich jedoch von allen physikotheologischen Versuchen dadurch, daß es nicht erlaubt, von der Natur (den Wirkungen Gottes) auf Gott selbst zu schließen, nur die notwendige Annahme seiner nicht in ihrer Einheit denkbaren Existenz als der Eine wird gefordert. Dem Menschen bleibt nur die Hinwendung zur Welt und der Versuch, Gott selbst ähnlich zu werden, d.h., so in der Welt zu leben versuchen, daß man in seinen Taten den in der Welt erkannten Wirkungen Gottes ähnlich wird (imitatio dei). Diese Nachahmung Gottes zentriert sich in drei Verhaltensweisen: Gnade, Recht und Tugend auf Erden auszuüben. Wie die Notwendigkeit, die Natur zu erforschen, mit M.' negativer Theologie und seiner Anthropomorphismuskritik verbunden ist, so auch seine philosophische Ethik als Nachahmung der Wirkung Gottes in der Welt.

M. wird bis heute als der große Aufklärer und Rationalist im Judentum gefeiert, weil er gezeigt hat, wie es möglich ist, in der Welt zu leben und diese zu erforschen, ohne Gott negieren zu brauchen – im Gegenteil: die Erforschung der Welt wird zur Gotteserkenntnis. Gerade die Einsicht in die Beschränktheit des menschlichen Denkvermögens im Hinblick auf Gott öffnet dem Menschen den Blick für die Welt und den Mitmenschen.

Literatur: Maimonides: Le Guide des égarés. Arabischer Text und französische Übersetzung von S. Munk, 3 Bde., P 1856–66, Nachdruck Osnabrück 1964; The Guide of the Perplexed. Englische Übersetzung von S. Pines, Ch–Lo 1963. – L. Strauss, Philosophie und Gesetz, B 1935; F. Niewöhner, Maimonides – Aufklärung und Toleranz im Mittelalter, Wolfenbüttel–Hei 1987.

F. Niewöhner

Malebranche

Nicolas Malebranche, * 1638, † 1715 in Paris. M. trat 1659 in das 1611 von Kardinal P. de Bérulle als Priesterkongregation gegründete Oratorium ein. Bereits mit seinem ersten großen Werk „De la recherche de la vérité" (1774) stößt M. auf beträchtliches wissenschaftliches und öffentliches Interesse;

durch die folgende reiche Publikationstätigkeit wird er zum meistgedruckten und einflußreichsten philosophisch-theologischen Autor seiner Zeit. Die Prinzipien der cartesischen (→Descartes) Philosophie mit (→Augustinus) augustinisch-neuplatonischem Gedankengut verbindend entfaltet er in bewußter Gegenstellung zur (→Aristoteles) aristotelisch-scholastischen Philosophie die Grundlagen einer theozentrischen Metaphysik auf der Basis einer „radikalen" Analyse von Verstand und Wille als „Komponenten" des in sich unteilbaren menschlichen Geistes.

Die Existenz Gottes ist für M. durch Lebens- und Glaubenserfahrung zweifelsfrei verbürgt. Wenn er dennoch rationale Wege der Existenzbehauptung Gottes aufzeigt, so primär im Rahmen des Versuchs, menschliches Wissen hinsichtlich seiner Möglichkeit, Wirklichkeit und Reichweite zu fundieren: durch subtile spekulative Erhellung der dem Denken und seiner Gesetzlichkeit immanenten logischen und ontologischen Notwendigkeiten. Gedankengänge des →Anselm von Canterbury und insbesondere des R. Descartes systematisch weiterführend verficht M. in Konsequenz des strikten substanzialen Dualismus von „Denken" und „Ausdehnung" den absoluten Vorrang rein apriorischer Einsicht vor aller sinnenverdankten Erfahrung, die nie an das Wesen des Wirklichen heranreiche. Das Fazit in bezug auf die Gottesfrage lautet deshalb: „Der kürzeste, offenliegendste, solideste und erste Beweis der Existenz Gottes, oder der mit den geringsten Voraussetzungen, ist die Idee, die wir vom Unendlichen haben" (I, 441). In diesem besonderen und einzigartigen Fall wird freilich das gängige Verständnis von „Idee" gesprengt; da nichts Endliches und Partikuläres das „unendlich Unendliche" zu repräsentieren, d.h. in begrenzend-begrenzter Gestalt zu fassen vermag, kann Gott folglich nur „durch sich selbst" erkannt werden: er „präsentiert" sich im strikten Selbstverhältnis realiter als seine eigene Idee in absoluter Selbstidentität. Gegen die Gefahr wechselseitiger pantheistischer Auflösung von Gott und Mensch betont M. deren unaufhebbare absolute Distanz und damit das nur analoge Verständnis von „Idee", indem er scharf zwischen dem uns möglichen Vernehmen (apercevoir) des Unendlichen und dem uns verschlossenen Begreifen (comprendre) des Unendlichen unterscheidet. Die Idee Gottes oder des Unendlichen kann nicht durch Abstraktion von empirischen Gegebenheiten gewonnen bzw. auf Vorstellungen von partikulären Seienden reduziert werden; vielmehr kommt ihr der ontologisch und logisch konstitutive Vorrang vor allen besonderten Ideen zu: als deren schlechthin letzter Ermöglichungs- und Geltungsgrund. Gemäß dem „metaphysischen Axiom" à la Descartes, d.h. der Selbstlegitimation der „klaren und deutlichen Ideen", gilt: die Idee Gottes als „unendlich vollkommenes Wesen" schließt dessen „notwendige Existenz" ein, während die Idee eines endlich-bestimmten Wesens nur zu dessen „möglicher" Existenz führt. Deshalb lautet der Gottesbeweis in kürzester Form: „Wenn man demnach daran denkt, muß er existieren" (vgl. II, 93ff.; vgl. II, 99: „Gott existiert also, da man daran denkt"). Daß die Aussage „Gott existiert" sich als ebenso evident erweist wie die des „Cogito, ergo sum" (Ich denke, also bin ich), bedeutet zugleich: unter dem Kriterium qualitativer Wesenserkenntnis verbleibt es unsererseits bei einer „unendlich kleinen" Kenntnis Gottes (XII/XIII, 53ff.; II, 101).

Gerade wegen seiner unüberbietbaren logischen Schlüssigkeit und der dadurch erforderlichen hohen spekulativen Anstrengung ist der skizzierte Gedankengang nach M. dem „commun des hommes" (gewöhnlichen Menschen) schwer zugänglich; dessen geistiger Verfassung kommen aposteriorische Beweise mehr entgegen. Deren Struktur und Gehalt (vgl. XII/XIII, 29–63) lassen sich dahingehend zusammenfassen: im Ausgang von Sein und Ordnung der Welt und insbesondere aus der Analyse unseres gesamten Wahrnehmungs- und Erkenntnisvermögens wird Gott als „unendliche Weisheit" und als „wahre und einzige Wirkursache" aller realen Veränderungen erschlossen. Solchen „Räsonnements" erkennt M. durchaus logische Stimmigkeit zu, vermißt an ihnen aber wegen ihrer Diskursivität das Moment unmittelbarer Einsicht. Damit gelten sie nicht unter Voraussetzung des Daseins eines „genius malignus" (boshafter Dämon); sie führen deshalb zwar zur notwendigen Existenz eines „im Verhältnis" zu uns „höheren", aber keineswegs unbedingt „unendlich vollkommenen" Wesens. Diesbezüglich kommt der Schlußfolgerung aposteriorischer Beweise – so M.'s Einwand – mehr Evidenz zu als ihrem Prinzip.

Somit verbleibt es nach M. hinsichtlich unserer Vergewisserung bezüglich der Existenz Gottes beim absoluten metaphysischen Vorrang des Beweises „par simple vue" (aufgrund unmittelbarer Einsicht): das Unendliche bezeugt von sich her in und durch unsere „Idee“ seine reale Selbstgegenwart. Mit diesem „Ergebnis“ erreicht die Bewegungsrichtung des analysierenden Problemangangs ihren Kulminationspunkt: Unser Wissen „um Gott“ erfährt sich – wie all unser echtes Wissen – letztlich als Wissen „in Gott“ dank der unmittelbar-wesensnotwendigen Einheit des endlichen Geistes mit dem sich in Denken und Handeln als „höchste Vernunft“ ausweisenden Gott. Dieser großartigen, systemimmanent schlüssigen Konzeption wird man freilich nur auf der Basis einer strikt durchgehaltenen idealistischen Grundposition zustimmen können.

Literatur: N. Malebranche: Oeuvres de Malebranche (Ed. dirigée par A. Robinet), 20 Bde., P 1958–67. – J. Reiter, System und Praxis. Zur kritischen Analyse der Denkformen neuzeitlicher Metaphysik im Werk von Malebranche, Fr–Mn 1972; G. Dreyfus, Philosophie et religion chez Malebranche, in: Revue Philosophique de la France et de l'Etranger 101 (1976) 3–25; M. Vielle, Raison et foi chez Malebranche, in: Nouvelle Revue Théologique 102 (1980) 539–63; M. E. Hobart, Science and religion in the thought of N. Malebranche, Chapel Hill/N. C. 1982.

J. Reiter

Marcel

Gabriel Marcel, * 1889, † 1973 in Paris, Verlagslektor, dann freier Schriftsteller, Philosoph, Dramatiker und Theaterkritiker. M. wurde in Paris als Sohn eines hohen Staatsbeamten geboren, der mit führenden geistigen Kreisen von Paris in Beziehung stand. Vierjährig verlor M. seine Mutter, deren Verlust ihn zum frühen Nachdenken über das Geheimnis des Personalen brachte. In seiner geistigen Entwicklung kam M. zur Einsicht, daß die Wirklichkeit personaler Existenz nicht mit begrifflichem Ordnungswillen zu fassen sei, und suchte daher das System-Denken – besonders das von →Hegel – zu überwinden. Lange vor →Jaspers entwickelte er Ansätze, welche eine Subjekt-Objekt-Spaltung im Hinblick auf die Teilhabe des Denkens am Sein transzendieren sollten. Anstöße vermittelnde Kategorien fand er z. T. bei →Kant, dessen transzendentalen Ansatz er bedingt rezipierte, ferner beim späten →Schelling, der zwischen positiver und negativer Philosophie unterschied, und bei →Bergson, dessen Begriffe der „Intuition“ und der „Dauer“ ihn beeinflußten. M. faßte „Intuition“ nicht irrationalistisch auf und ließ den Begriff der „Dauer“ in den Gedanken der Ewigkeit Gottes einmünden. Dabei nahm er Anregungen der nordamerikanischen Neohegelianer J. Royce und W. E. Hocking auf.

Ein Schritt zur Eigenständigkeit des Marcelschen Denkens war die Entdeckung des Begriffs der „Existenz", unabhängig von →Kierkegaard und erstmalig in der französischen Philosophie. M. erkannte, daß die systematische Erfassung des Wirklichen in Widersprüche gerät, weil ein Identitätssystem beansprucht, absolutes und endliches Sein zusammenzufassen, muß doch das Absolute innerhalb des Systems entweder das Endliche negieren oder umgekehrt. Weil das Erkennen die unlösbare Verbundenheit von Subjektivität und objektiver Wirklichkeit bedeutet, sind Bewußtsein und Gegenständlichkeit von vornherein wechselseitig strukturiert: Die konkrete subjektive Situation geht in die Wirklichkeitserfahrung ein. Das Bewußtsein und sein Vergewisserungshorizont sind mit dem Bedingungszusammenhang des Leiblichen verschmolzen. Das ist die Teilhabe des menschlichen Denkens an der je konkreten Wirklichkeit, die es transzendiert und die ihm zugleich immanent ist. So ergibt sich die Erfahrung einer Grenze, die sich aus der raumzeitlichen Eingebundenheit des Leibs aufdrängt. In dieser eingrenzenden Verbundenheit findet sich menschliches Dasein in Welt und Geschichte einmalig-individuell vor. Den in die Leiblichkeit eingetauchten bewußten Lebensvollzug nennt M. „Existenz". Die Teilhabe am Sein ist wegen ihrer unobjektivierbaren Struktur ein mit den Mitteln diskursiver Rationalität nicht zu ergründendes „ontologisches Geheimnis". Die gegenständliche Reflexion, die M. „Erste Reflexion" nennt, hat an der Schranke existentieller Verfaßtheit teil. Indem der Mensch diese Grenze im Scheitern objektivierender Systematisierung anerkennt, öffnet er sich einer ihm als Geschenk zuteil werdenden höheren ontischen Erfahrung, die zugleich intuitiv und intellektiv ist. In ihrem Licht erfaßt er sich, in der Tiefe der Existenz sensibilisiert, als ein personales Ich, dessen Einwurzelung im Sein gnadenhafte Realität ist. In der ontologischen Teilhabe eröffnet sich durch die leibliche Struktur hindurch der Horizont der Welt und in ihr durch bejahende Grundannahme die Existenz anderer Individuen als Personen: Die intersubjektiv-personale Struktur des Wirklichen wird durch den Vollzug der Liebe offenbar.

Der Charakter ungeschuldeter Teilhabe verweist auf einen ewigen Stifter der personalen Begegnung: auf ein absolutes Du jenseits der raumzeitlichen Dimension des Existenzhaften. Die Forderung liebender Bejahung trägt in sich den ontologischen Charakter der Unvergänglichkeit, denn Liebe zielt auf unaufhörliche Dauer, kann den Tod des geliebten Du nicht akzeptieren und erhebt sich in ihrem Verlangen nach Ewigkeit durch einen, stets von einer sich grenzenlos öffnenden „Zweiten Reflexion" begleiteten, intuitiven Glaubensakt zur Absolutheit des ewigen Du Gottes. Dieses transzendiert alles Spatiale und vergegenwärtigt es sich in ewiger Zusammenschau. Gott stiftet in erschaffender Aufmerksamkeit durch stete Anrufung aller Personen den Gang der Welt- und Heilsgeschichte als allmächtiger Dramaturg. Die endlichen Mithandelnden sind zu schöpferischem Wirken durch die Treue zueinander und zu Gott aufgerufen, welche die Verfallenheit an die Zeit übersteigt, Gott ist der „Ort der Treue". Das Mysterium göttlichen Seins kann nur in demütiger, liebender Empfangsbereitschaft erfahren werden. Eine objektivierende Wissenschaft von Gott ist unmöglich: weder Gottesbeweise noch eine rationale Theologie. Strenggenommen vermag eine diskursiv-rationale Theodizee sogar zum Atheismus zu führen. Nur in einer „andenkenden", überrationalen Reflexion, die zugleich Gebet ist, vermag der antwortende Gott angerufen zu werden.

Literatur: G. Marcel: Journal métaphysique, P 1927 (deutsch: Metaphysisches Tagebuch, W–Mn 1955); Être et avoir, P 1935 (deutsch: Sein und Haben, Pa 1954); Du refus à l'invocation, P 1940 (deutsch: Schöpferische Treue, Z 1961); Homo viator, P 1944 (deutsch: Homo viator, D 1949); Position et approches concrètes du mystère ontologique, Lv – P 1949); Le mystère de l'être, 2 Bde., P 1951 (deutsch: Geheimnis des Seins, W 1952); Les hommes contre l'humain, P 1951 (deutsch: Die Erniedrigung des Menschen, F [2]1964); Das ontologische Geheimnis. Drei Essays, St 1961 (7–59: deutsche Übersetzung von 1949; Fragments philosophiques 1909–14, Lv – P 1962; Schauspiele in 3 Bde. (nur Bde. 1 und 2), Nü 1962 und 1965. – R. Troisfontaines, De l'existence à l' être. La philosophie de G. Marcel, Namur 1953; P. Prini, G. Marcel et la méthodologie de l'invérifiable, P 1953; V. Berning, Das Wagnis der Treue. G. Marcels Weg zu einer konkreten Philosophie des Schöpferischen, Fr 1973; M. Belay/V. Berning/ J. Chenu/H. Gouhier/J. Parain-Vial/P. Ricoeur/B. Schwarz/G. Marcel, Entretiens autour de G. Marcel, Neuchâtel 1976; S. Foelz, Gewißheit im Suchen. G. Marcels konkretes Philosophieren auf der Schwelle zwischen Philosophie und Theologie, Bo 1980.

V. Berning

Maréchal

Joseph Maréchal, * 1878 in Charleroi (Belgien), † 1944 in Louvain, Jesuit, Professor der Geschichte der Philosophie in Löwen 1919–35; daneben Auseinandersetzung mit der Naturwissenschaft und Studien zur Psychologie der Mystik. Sein

Lehrmeister ist →Thomas von Aquin, dessen Denken er bis zum Ursprung der Probleme hin durchdringt, wodurch eine neue Stufe des Verstehens erreicht wird. Dazu tragen die innere Entwicklung des geschichtlichen Zusammenhanges und namentlich die Konfrontation mit dem modernen Philosophieren bei. Vor allem kommt es auf die Begegnung mit →Kant an, der nicht in erster Linie widerlegt, sondern nach seinen positiven Anregungen ausgewertet wird. So will M. nicht gegen Kant, sondern mit Kant denken, indem er dessen Ansätze zu Ende führt.

Dabei befreit er die transzendentale Methode von dem Verdacht, sie bringe wesentlich die idealistische Verflüchtigung des Objektes im Subjekt mit sich oder beschränke unser Erkennen unter Verlust des An-sich auf das bloße Für-uns. Zugleich wird deutlich, wie die apriorischen Bedingungen, die im menschlichen Subjekt dessen Erkennen ermöglichen, den Gegenstand nicht ver-decken, sondern ent-decken, vorausgesetzt freilich, daß sie über Kant hinaus das Sein als den innersten Grund umfassen. Daß diese Bedingungen schon in den Formalobjekten des Aquinaten berührt werden, ist eine entscheidende Einsicht. Ebenso grundlegend ist die dynamische Auffassung des menschlichen Erkennens, die der Einheit der theoretischen Vernunft mit der praktischen gleichkommt. Dadurch treten das dem Erkennen innewohnende Streben zur Wahrheit und so die Finalität hervor, die alle endlichen Gegenstände immer schon auf den unendlichen Urgrund be-ziehen und damit die Objektivierung voll-ziehen. In der innersubjektiven oder intentionalen Spannung zwischen dem Subjekt und dem Objekt wird das die Subjektivität überschreitende reale Gegenüber zwischen dem Erkennenden und dem Erkannten sichtbar. Den Ansatzpunkt dieser Entwicklung liefert das Urteil, insofern es sich im „ist“ oder der Affirmation bzw. Negation ausprägt. – Die eben skizzierten Zusammenhänge weisen über Kant hinaus und zu →Fichte hin, der die praktische Vernunft der theoretischen überordnet, indem er alles aus dem Vollzug der sittlichen Tathandlung ableitet.

Der Entwurf, zu dem M. gelangt, ist zwar auch Erkenntnistheorie, vor allem aber Grundlegung der Metaphysik. Daher zeichnet er die Eigenart des Weges vor, der zu Gott führt. Näherhin handelt es sich um den transzendentalen Weg, weil er zu Gott als dem letzten ermöglichenden Grund des menschlichen Erkennens vordringt. Nach dem hellsichtigen Wort des Aquinaten: „Omnia cognoscentia cognoscunt implicite Deum in quolibet cognito" (De Veritate q 22, a 2 ad 1) wird dieser Weg sogar bei jedem Erkennen eines Gegenstandes implizit durchlaufen. Folglich entfaltet sich der Gottesbeweis nicht als ein Vorgang, der zum Erkennen des Endlichen nachträglich und äußerlich hinzugefügt wird; vielmehr besteht er in der ausdrücklichen Explikation des ständig implizit Geschehenden. Dabei wird das Kausaldenken keineswegs ausgeschaltet, sondern auf seine Wurzel zurückgeführt, indem sich uns der Urfall der Kausalität öffnet. Zugleich bringen wir nicht ein anderweitig gerechtfertigtes Kausalprinzip an die von uns erkannten Gegenstände heran; im Gegenteil schenken uns diese selbst die Ureinsicht in jenes Prinzip dadurch, daß das Urteil ihre inneren Gründe bis zum innersten Grund hin aufleuchten läßt. Anders ausgedrückt, wird das Seiende für das Sein transparent, von dem es mit absoluter Notwendigkeit abhängt. Damit aber kommt die Dynamik in Gang, die unaufhaltsam zum absoluten Sein oder der grenzenlosen Fülle des subsistierenden Seins hintreibt. Nach dem Aquinaten „ultimus finis appetitur in omni fine", was mit „appetere ipsum Deum implicite" gleichbedeutend ist und wodurch der Mensch dazu kommt, daß er „ipsum Deum explicite appetat" (De Ver. q 22, a 2). Demnach ist im Erkennen das Streben enthalten.

Das genauere Durchgliedern des transzendentalen Weges führt uns zum Urteil zurück. Darin sind der einzelne und dessen allgemeine Wesenheit als Subjekt und Prädikat durch die Kopula „ist" miteinander geeint. Diese greift als Aussage über das logische Verbinden hinaus, weil die prädikative Synthese sich in der veritativen vollendet. Dabei geht es um die Übereinstimmung des Ausgesagten mit dem an sich Seienden oder um das Entdecken des An-sich im Für-uns. Diesen Zusammenhang eröffnet das „ist", insofern es das Bestehen-schlechthin meint, also nicht nur für mich oder für den Menschen, sondern für jeden Erkennenden, auch für den unendlichen Geist. Folglich wirkt sich darin das allumfassende Sein aus, das mit der letzten metaphysischen Tiefe zusammenfällt; in diese reicht also das Urteil immer schon hinein. Indem es so in das Grenzenlose ausgreift, schreitet es über die Grenzen ebenso des Erkannten wie des Erkennenden hinaus. Hiermit verwirklicht sich die Dynamik, die im Streben nach

Wahrheit angelegt ist und ohne die diese nie zustande käme; das bloße Ab-bilden genügt nicht.
Das volle Entfalten der angedeuteten Dynamik setzt bei der wesentlich in ihr liegenden Ausrichtung auf die ihr entsprechenden Ziele an. Unter diesen hebt sich das letzte Ziel von den vorletzten ab, wobei diese den Weg zu jenem bereiten. Doch sind auch umgekehrt diese von jenem bestimmt, weshalb sich die Anziehungskraft des letzten Zieles in den vorletzten auswirkt und in diesen stets jenes erstrebt wird, wie aus dem oben angeführten Wort des Aquinaten hervorgeht. Nach einer gängigen Formel ist das Letzte immer schon das Erste: Das Letzte in der Ausführung ist das Erste in der Ausrichtung.
Offensichtlich hat die Dynamik der Wahrheit ihr letztes Ziel in der reinen Enthüllung des An-sich, die nicht mehr durch ein Für-uns verstellt ist. Das aber schließt die reine Offenbarkeit des Seins ein, das nicht mehr durch Seiendes verstellt ist. Damit kommen wir bei dem von allem Seienden gelösten oder subsistierenden Sein an, das die grenzenlose Fülle des Seins oder das Sein in seinem ureigenen Selbst ohne jede Entfremdung ist. Da dieses mit dem göttlichen Sein zusammenfällt, stellt sich Gott als das letzte Ziel des Strebens zur Wahrheit dar, an dem die sämtlichen vorletzten Ziele teilnehmen und ohne das sie die Wahrheit nicht erreichen. Demgemäß wird in der Wahrheit jedes endlichen Gegenstandes implizit Gott mit-erstrebt und mit-erkannt. Weil allein daraus das explizite Erstreben und Erkennen Gottes erwächst, gelangen wir wahrhaft durch Gott zu Gott, ist er für uns der erste und der letzte, kann er der letzte einzig dadurch sein, daß er der erste ist.
Von Gott blicken wir auf den Menschen zurück und fragen, wodurch er imstande ist, in die Dynamik der Wahrheit einzutreten. Die Antwort liegt in den von Kants apriorischen Formen her gesichteten Formalobjekten. Zu ihnen kommen wir durch die transzendentale Methode, die vom Geschehen der Wahrheit auf deren ermöglichende Bedingungen zurückgeht. Sie überwinden die isolierte Subjektivität, indem sie die Wahrheit eröffnen. Gemäß der Struktur des Urteils umfassen sie die drei Stufen der Sinnlichkeit, des Verstandes und der Vernunft, wodurch sie die Verinnerlichung von den Erscheinungen über die Wesenheiten zum Sein vorzeichnen, das bei Kant ausfällt. An der mit dem Sein gegebenen Dynamik neh-

men die beiden vorausgehenden Stufen teil, weshalb der ganze Mensch von Gott als dem Ersten zu Gott als dem Letzten hinbewegt wird. Demnach geschieht der transzendentale Gottesbeweis als die volle Auslegung der innersten Struktur des Menschen, der sich allein in dieser Bewegung ganz als er selbst verwirklicht.

In einem schöpferischen Durchbruch hat M. das Denken des Aquinaten und Kants neu für uns lebendig gemacht. Namentlich dem Gottesbeweis verlieh er ein originelles Gepräge. Die Auswirkungen seines Ansatzes sind weithin zu spüren; sie haben vor allem im katholischen Raum zu einer beträchtlichen Vertiefung des Philosophierens geführt. Freilich konnten Bedenken nicht ausbleiben. Vom Ernstnehmen der transzendentalen Methode und der apriorischen Bedingungen befürchtete man den Rückfall in den subjektivistischen Idealismus. In Gott als dem Ersten witterten manche den Ontologismus, während andere im Primat des Urteils ein Zurückdrängen der Einsicht und damit irrationalistische Züge sahen.

Literatur: J. Maréchal: Le point de départ de la métaphysique. Leçons sur le développement historique et théorique du problème de la connaissance, Bru 1926, Bru–P ²1949 (vor allem Cahier V: Le Thomisme devant la philosophie critique); Précis d'histoire de la philosophie moderne, Lv 1933, Bru–P ²1951; Mélanges J. Maréchal, 2 Bde., Bru 1950. – K. Rahner, Geist in Welt. Zur Metaphysik der endlichen Erkenntnis bei Thomas von Aquin, I 1939, Mn ²1957; E. Wingendorf, Das Dynamische in der menschlichen Erkenntnis, 2 Bde., Bo 1939–40; M. Müller, Sein und Geist, T 1940; Fr ²1981; M. Casula, Maréchal e Kant, R 1955; J. Lotz, Das Urteil und das Sein, Pullach bei Mn 1957; ders., Zur Struktur des Gottesbeweises, in: ThPh 56 (1981) 481–506; O. Muck, Die transzendentale Methode in der scholastischen Philosophie der Gegenwart, I 1964.

J. B. Lotz

Maritain

Jacques Maritain, * 1882 in Paris, † 1973 in Toulouse. Einem liberal-laizistischen Elternhaus entstammend, konvertierte M. zusammen mit seiner Frau Raïssa nach schweren inneren Kämpfen 1906 zum Katholizismus; 1914–40 Professor für Philosophie am Institut Catholique in Paris, 1940–45 in den USA im Exil; 1945–48 französischer Botschafter beim Vatikan, ab 1948 Professor an der Princeton-University (USA). In engstem Anschluß an →Thomas von Aquin und zugleich in bewußter Weiterführung der großen Tradition wird M. zum bedeutendsten Vertreter der französischen Neuscholastik: seine Philosophie des Seins, des Geistes und der Person sprengt die Grenzen der „Schulbildung" und betrifft alle Kulturbereiche im Sinne eines umfassenden christlichen Humanismus.

Der Kontakt zwischen Gott und Mensch ist für M. grundsätzlich und in vielfältigster Weise eröffnet: „Gott umlagert den Menschen von überallher,... es gibt für den Menschen ebenso viele Wege der Annäherung an Gott wie Schritte auf der Erde und Zugänge zu seinem eigenen Herzen" (1955, 7). Neben „praktischen" Wegen (z. B. die natürliche Mystik der indischen Yogi oder Grenzerfahrungen der Moral und Kunst) kommt jedoch der „rationalen Bewegung – instinktartiger Elan in der Erkenntnis des Alltagsverstandes, expliziter Beweis im Falle der metaphysischen Erkenntnis –, durch die die Existenz Gottes sich mit einer vollständigen Sicherheit unserem Intellekt aufdrängt" (1958, 439), besonderer Wert zu.

Dem noch vorphilosophischen Weg des „bon sens" (gesunder Menschenverstand) erkennt M. größte lebensmäßige Bedeutung zu. Die nachträgliche Reflexion entdeckt in seiner ungeschiedenen Einheit drei Momente: das Gewahren, daß überhaupt etwas existiert, und zwar unabhängig und verschieden vom erkennenden Geist (ontologischer Primat des Seins vor dem Bewußtsein); Bewußtwerdung der eigenen Existenz als „einsam", „hinfällig", „bedroht" und „vom Nichts durchwohnt" (1958, 11 f.); Verweis auf eine von Beschränkungen freie, reine und absolute Existenz als „Sein-ohne-Nichts", d. h. „Sein-durch-sich" (1958, 13 f.). Doch die der vorphilosophischen Gotteserkenntnis immanente ursprüngliche Gewißheit wird erst mit den sogenannten „Gottesbeweisen" auch logisch in rationaler und in sich schlüssiger Denkbewegung aufgewiesen. Sie setzen freilich – in lebensmäßiger, nicht in argumentativer Hinsicht – die vorphilosophische Gotteserkenntnis als notwendige Bedingung subjektiver Einsichtsfähigkeit und -bereitschaft voraus. Solche Überlegungen haben nach M. in den „Fünf Wegen" des Thomas von Aquin ihre grundsätzlich gültige, wenn auch nicht vollständig ausgearbeitete Fassung gefunden. M. beschränkt sich deshalb auf die Entfaltung ihrer Implikationen, indem er sie vom antik-mittelalterlichen physikalischen Weltbild löst, modernem Wissenschaftsstandard entsprechend präzisiert (Leben als Selbstbewegung, Trägheitsgesetz, Materie und Energie, Ursachenverständnis usw.) sowie stringenter formuliert. Dem jeweils unterschiedlichen erfahrungsmäßigen Ausgangspunkt nach handelt es sich um fünf selbständige, aufeinander nicht rückführbare Beweisgänge. Das „ontologische Argument“ wird ausdrücklich als „Sophismus“ abgelehnt.

Erwähnenswert ist, daß M. den vierten Weg (der von innerweltlich antreffbaren Stufungen an Vollkommenheiten wie Sein, Wahrheit, Gutheit, Schönheit auf die notwendige Wirklichkeit eines höchsten Grades dieser Vollkommenheiten schließt) insgesamt vom Kausalgedanken und nicht von der Teilhabe her interpretiert. Eine Variante lege sich von den modernen Wissenschaften her nahe: die darin sich manifestierende ambivalente Erfahrung des menschlichen Geistes als der Materie überlegen und doch prinzipiell begrenzt verweise auf das rein wesenhafte Selbsterkennen eines ersten und absoluten Geistes. – Auch der fünfte Weg (der vorfindbare Ordnung und Zweckmäßigkeit auf einen ersten transzendenten Grund als Ziele setzenden Geist zurückführt) sei in einer Akzentuierung der Mentalität des heutigen Menschen besonders zugänglich: Der Vollzug der modernen Wissenschaft setze objektiv die Intelligibilität der Natur voraus, deren Fundament wiederum nur ein oberster, reiner Intellekt sein könne (vgl. 1962, 21 ff.).

Ein nach M. den fünf klassischen Beweisen zwar nicht schlechthin ebenbürtiger, aber sicherer „sechster Weg“ (1955, 70–80) setzt vorphilosophisch beim „erlebten Widerspruch“ in der Intuition unserer natürlichen Geistigkeit an: sie impliziert den Anspruch, nie nicht gewesen zu sein, und weiß doch sicher um ihre Anfangshaftigkeit. Die Entfaltung dieser Grenzerfahrung der Zeitenthobenheit des erkennenden Geistes, der hinter der Universalität und Immaterialität des Erkenntnisgegenstandes nicht zurückbleiben kann, verweist von dessen Substanz und innerer Dynamik her auf eine „vorzeitliche Existenz“ im absolut transzendenten Gott, der Sein, Denken und Personalität in reinem Selbstvollzug ist. Diese „Präexistenz“ des endlichen Geistes bedeutet nicht eigenwirkliches Dasein in Gott, sondern ewige Vorausgedachtheit durch Gott.

M. hält an der logischen Stringenz aller dieser Gedankengänge fest, betont jedoch die notwendigen ontologischen und existentiellen Voraussetzungen auf seiten des erkennenden Subjekts. Der sechste Weg dürfte freilich nur bei Anerkennung „mystischer“ Einschlüsse gangbar sein. Insgesamt bietet M.

eine ebenso behutsame wie scharfsinnige Deutung endlicher Existenzerfahrung, die auf das abstrakt-begrifflich nicht verfügbare Absolute verweise. Es spricht für Redlichkeit und Rationalität entsprechender Denkbemühungen, wenn sie „nur“ an die Schwelle entscheidender Anerkenntnis heranführen.

Literatur: J. Maritain: La signification de l'athéisme contemporain, P 1949; Wege zur Gotteserkenntnis, Colmar 1955; Distinguer pour unir ou les degrés du savoir, P [6]1958; Dieu et la science, in: La table ronde 179 (1962) 9–26; Oeuvres complètes, Fri–P 1982ff. – J. Reiter, Intuition und Transzendenz. Die ontologische Struktur der Gotteslehre bei J. Maritain, Mn–Sa 1967; J. Bobik, The sixth way, in: The Modern Schoolman 51 (1973–74) 91–116; S. Kowalczyk, Le rôle de la sixième voie de J. Maritain dans la philosophie moderne de Dieu, in: Divus Thomas 83 (1980) 381–393.

J. Reiter

Maximus Confessor

Maximus Confessor, * um 580 in Konstantinopel (?), † 662 im Exil am Schwarzen Meer. Der größte Theologe der griechischen Kirche des 7. Jahrhunderts. Als Vorkämpfer der Orthodoxie gegen den Monotheletismus entwickelte M. C. die Lehre von den zwei Willen in Christus. Wichtige Werke: „Capita de Charitate“; „Capita Theologica“; „Quaestiones et Dubia“; „Mystagogia“; „Quaestiones ad Thalassium“; „Ambigua“; „Opuscula theologica“; „Disputatio cum Pyrrho“.
Was man bei M. C. „Gottesbeweise“ nennen könnte, ist Teil seiner Theorie der logoi (Ideen, Wesensgründe) der Seienden. Diese logoi präexistieren in Gott vor der Welterschaffung. Sie werden identifiziert mit den Vorherbestimmungen oder den Willensentschlüssen Gottes für jedes Seiende (Quaestiones ad Thalassium [= QTh] 13, CCSG, Bd. 7, 95). Sie bestimmen die drei Etappen: Sein (Genese), Wohlsein (Bewegung) und Immersein (Ruhe) der Entwicklung der Geschöpfe (Amb, PG, Bd. 91, 1084 BC; 1217 AD), deren Ziel die eschatologisch in Christus verwirklichte Einheit des Geschaffenen ist (QTh 60, PG, Bd. 90, 621 AC). Die logoi, die in den Seienden verborgen sind, sind nun das, was nach Röm 1,20 „an Gott unsichtbar ist“ (QTh 13, CCSG, Bd. 7, 95).
Für M. C. hat die die logoi enthaltende Natur denselben Wert wie die Bibel (Amb, PG, Bd. 91, 1128 CD). Um sie zu lesen, muß der Mensch die Tugenden, besonders die Liebe, ausüben; dadurch wirkt er am Plan der Menschwerdung des Logos mit, an der Wiederherstellung der Natur, die durch die eigensüchtige Verabsolutierung des Sinnenhaften verdorben

ist, und an ihrer Wiedereinsetzung in ihre eigenen logoi (QTh 22, CCSG, Bd. 7, 143; QTh 40, 269–271). Die Praxis, die zur kritischen Fähigkeit des Menschen, zu seiner Vernunft (logos) gehört, wird somit die conditio sine qua non für eine wahre und irrtumslose Erkenntnis (QTh 49, CCSG, Bd. 7, 369). Durch die natürliche Schau (physikê theôria) im Heiligen Geist sammelt der menschliche Geist (nous) aus der Schönheit und Größe der Schöpfung die logoi der Seienden und erkennt so durch Analogie Gott als Ursprung und Ursache von allem (QTh, Prol., CCSG, Bd. 7, 11; QTh, Intr., 27; QTh 32, 225). Als diese erhält Gott das Attribut des Seins (Myst, Proem., PG, Bd. 91, 664 B) und seine verschiedenen Namen, die die kataphatische (affirmative) Theologie bilden. Ferner kann der menschliche Geist aus der Permanenz der Seienden in ihrer natürlichen Verschiedenheit in Gott seine hypostatische Weisheit, den Sohn, erkennen, wie er auch aus der Bewegung der Seienden das hypostatische Leben, den Heiligen Geist, erkennen kann (QTh 13, CCSG, Bd. 7, 95–97). – Im Letzten kann man erkennen, daß Gott ist, nicht, was er ist (Amb, PG, Bd. 91, 1129 A; 1188 AB). In seiner Bewegung hin zu Gott, der Ursache von allem, übersteigt der menschliche Geist alle logoi und erkennt so Gott, frei von allen Begriffen und Worten, auf apophathische (negative) Weise, nicht in seiner Ursachbeziehung zu den Geschöpfen (QTh 25, scholium 14, CCSG, Bd. 7, 171) – Gott ist das Nicht-Sein, da über dem Sein (Myst, Proem., PG, Bd. 91, 664 B) –, sondern in der Erfahrung der Vereinigung mit ihm; diese Gotteserkenntnis, die mit der Vergöttlichung des Menschen identisch ist, ist nicht das Ergebnis einer kognitiven Fähigkeit des Menschen, da sie das Ende und das Aufhören aller Bewegung in ihm bedeutet; sie ist das Werk der göttlichen Wirkkraft (energeia; QTh 22, CCSG, Bd. 7, 141; QTh 60, PG, Bd. 90, 621 C–624 A; Amb, PG, Bd. 91, 1217 C–1220 C).
M. C. entwickelt nicht eine vom Heilsziel der christlichen Askese unabhängige Theorie der Gotteserkenntnis. Die in den Geschöpfen verborgenen logoi sind kein logischer Gottesbeweis, sie sind dazu bestimmt, daß der Mensch sie Gott in einer eucharistischen Gemeinschaft mit ihm zurückgibt (QTh 51, CCSG, Bd. 7, 399).

Literatur: Maximus Confessor: Opera omnia: Patrologia Graeca (= PG), Bde. 90–91; Quaestiones ad Thalassium, Bd. 1: Quaestiones I–LV (hrsg. von C. Laga/C. Steel), Turnhout-Lv 1980 (= Corpus Christianorum. Series Graeca [= CCSG], Bd. 7); Quaestiones et Dubia (hrsg. von J. H. Declerck), Turnhout-Lv 1982 (= CCSG, Bd. 10); All-Eins in Christus. Auswahl, Übertragung, Einleitung von E. von Ivánka, Ei 1961 (zentrale Texte zur Gottesfrage). – H. U. von Balthasar, Kosmische Liturgie. Das Weltbild Maximus' des Bekenners, Ei ²1961; W. Völker, Maximus Confessor als Meister des geistlichen Lebens, Wie 1965; L. Thunberg, Microcosm and Mediator. The theological anthropology of Maximus the Confessor, Lund 1967; F. Heinzer/C. Schönborn (Hrsg.), Maximus Confessor. Actes du Symposion ... 1980, Fri 1982; D. Staniloae, Le génie de l'Orthodoxie, P 1985.

B. Markesinis

Melanchthon

Philipp Schwartzerdt, * 1497 in Bretten, † 1560 in Wittenberg. Sohn des kurpfälzischen Rüstmeisters Georg Schwartzerdt und Barbara, Tochter des Brettener Schultheißen Reuter. Sein Großonkel Johann Reuchlin übersetzte den Namen des begabten Schülers ins Griechische. Selbst gebrauchte M. seit 1531 die Namensform Melanthon, die sich jedoch nicht durchgesetzt hat. 1509 Studium in Heidelberg, seit 1512 in Tübingen; 1514 Magister. M. strebte nach freier Forschungsarbeit. 1518 nach Wittenberg berufen, wollte er mit einer neuen →Aristoteles-Ausgabe beginnen. Die Berührung mit →Luther entfremdete ihn zeitweise der antiken Philosophie, doch blieb er mit der natürlichen Gotteserkenntnis verbunden.
Seine Gottesgedanken faßte M. in seinem Meisterwerk „Loci communes rerum theologicarum" (1521) zusammen. Wie andere Humanisten brachte er natürliches Denken mit christlicher Überlieferung zusammen. Die „Loci" begleiteten ihn durch sein ganzes Leben. Noch dreimal gab er sie völlig umgearbeitet heraus: 1535, 1543, 1559. Er begann nicht mit „De ente et essentia", sondern setzte mit dem Schöpfer und der Schöpfung ein. Zuerst stellte er die natürlichen Fähigkeiten des Menschen, zu zählen und zu ordnen, heraus, um die Erscheinungen nach Anfang, Fortgang und Ziel bestimmen zu können. Für die Gotteserkenntnis stützt er sich auf Prinzipien und Zeichen der Erfahrungswelt (experientia universalis). Wie die Stoiker rechnet M. den Gottesgedanken zu den angeborenen Ideen. Das Wissen von Gott ist dem Menschen primär eigen. Es vermittelt ihm auch Normen für sein Verhalten.
In seiner Schrift „De anima" führt M. aus: „Gott hat der ganzen Welt Spuren seiner selbst eingeprägt." Aus diesen gewinnt der Mensch seine Gotteserkenntnis und den Begriff der Gottheit. In umfassender Weise hat es nach M. →Platon erfaßt. Er definiert Gott als ewige Vernunft und Grund alles Guten. Da der Mensch vieles, was er in Natur und Geschichte

erfährt, nicht erklären kann, spricht er von Zufall (casus) oder Wunder (miraculum). Dieses unzureichende Wissen von Gott geht auf die Begrenztheit menschlichen Erkennens oder auf die Verfinsterung seiner Sinne zurück. M. unterstreicht immer, daß das natürliche Wissen von Gott unsicher und schwankend bleibt. Der natürliche Mensch befindet sich immer im Zweifel, ob es Gott gibt, ob es eine Vorsehung gibt, und was Gottes Wille ist (an sit deus, an sit providentia et quae sit dei voluntas). Dieser „philosophische Zweifel" (dubitatio philosophica) ist ganz allgemein und muß es auch bleiben. Auch wenn es „viele herrliche und feste Zeugnisse" (multa illustria et firma testimonia) gibt, die das Dasein Gottes verdeutlichen, so kann der Mensch aus sich heraus vom schrecklichen Zweifel (horrenda dubitatio) niemals frei werden. Er bleibt ständig in der Verwirrung des Zweifels über Gott (confusio dubitationum de deo). Oft wird er insbesondere durch die Betrachtung der Leiden in der Welt, die gleicherweise gute und böse Menschen treffen, in die Ungewißheit und sogar in die Verneinung Gottes getrieben. Spekulationen (vagabundae speculationes) führen ihn nicht weiter. Sie leiten nach M. erst recht in die Irre. Will der Mensch zur wahren Gotteserkenntnis kommen, so muß er eine andere Blickrichtung gewinnen und neue Erfahrungen machen.

Immerhin hat M. die natürliche Gotteserkenntnis, auch wenn sie nur ganz allgemein ist und nur Teilaspekte zeigt, doch für wichtig genug angesehen, um sie zeitlebens festzuhalten. Am präzisesten sei sie von Platon ausgeführt. Der große Mangel der natürlichen Gotteserkenntnis ist jedoch nach M. das Fehlen einer persönlichen Beziehung. Daher bleibt sie abstrakt und blaß. Auch gibt es bei ihr im Grunde kein Fortschreiten. In den „Loci" von 1559 sagt daher M.: Der natürliche Mensch steht Gott fern und ist, wenn er es ernst meint, ihm gegenüber von Furcht erfüllt, da er immer selbstbezogen ist. Er erfährt immer die gleichen Hinweise auf das Dasein und Walten Gottes in der Natur, im Leben der Menschen und Völker. Diese werden ihm nicht nur durch das Auge zuteil, sondern auch durch sein Gewissen. Vor Augen hat er nicht nur das Leben in der Schöpfung, sondern auch den Verfall und die Zerstörung. Hier tritt ihm der fordernde Gott gegenüber, dem er nicht nachkommen kann. „Das Gewissen zeigt dir den zornigen Gott." Das natürliche Geschehen erschüttert daher den Menschen. Das ist nach M. die gemeinsame Erfahrung aller Menschen: Der verborgene Gott ist streng und hart.

Erst in der Offenbarung durch sein Wort findet der Mensch ein völlig anderes Gottesbild. In Christus begegnet er dem offenen, enthüllten Gott (deus patefactus). Darum soll er sich über Gott nicht den Kopf zerbrechen, sondern die patefactio dei annehmen, wie es der Apostel Paulus in 1 Kor 1,21 sagt, durch „törichte Predigt". Für die Welt ist es die große Wohltat, auf diese Weise zur wahren Erkenntnis Gottes zu kommen. Durch Christus erhält der Mensch den Eindruck des gnädigen, barmherzigen Gottes. M. hat nicht nur auf seine Zeitgenossen, sondern auf die ganze europäische Bildungswelt gewirkt. Nach seinem universalen Denken vergleicht ihn Harnack mit →Leibniz und →Kant.

Literatur: P. Melanchthon: P. Melanchthonis opera omnia (hrsg. von C. G. Bretschneider/H. E. Bindseil), 28 Bde., Hl–Brau 1834–60; Werke in Auswahl (hrsg. von R. Stupperich), 8 Bde., Gü ²1978–83; Melanchthons Briefwechsel (hrsg. von H. Scheible), St 1977f. – H. Engelland, Die Frage der Gotteserkenntnis bei Melanchthon, Mn 1930; R. Stupperich, Der unbekannte Melanchthon, St 1961; W. Hammer, Die Melanchthon-Forschung im Wandel der Jahrhunderte, 3 Bde., Gü 1967f. und 1983 (= Quellen und Forschungen zur Reformationsgeschichte, Bd. 35, 36, 49); W. Maurer, Der junge Melanchthon, 2 Bde., Gö 1972f.; A. Brüls, Die Entwicklung der Gotteslehre beim jungen Melanchthon, Bielefeld 1975 (= Untersuchungen zur Kirchengeschichte, Bd. 10).

R. Stupperich

Minucius Felix

Minucius Felix, ein Zeitgenosse →Tertullians, hat um 200 seine Apologie „Octavius" geschrieben, ein in Stil und Sprache eleganter Dialog, der auf die gebildeten Helden ausgerichtet ist. Der Heide Caecilius betont darin die Unerforschbarkeit der Wahrheit und Unerkennbarkeit Gottes sowie – mit Hinweis auf Sokrates – die eigene Unwissenheit. Deshalb sei es besser, sich an den Glauben der Ahnen zu halten, der sich in der Geschichte bewährt habe. Der Christ Octavius zeigt dagegen in Zitaten vieler Philosophen auf, daß Wahrheits- und Gotteserkenntnis möglich war und ist. Er schließt im Hinblick auf die christliche Lehre: „Entweder sind jetzt die Christen Philosophen oder die Philosophen sind früher Christen gewesen" (20,1). Die Christen haben aber erreicht, was jene suchten. Ihre Religion ist die wahre. Die Argumentation ist ganz philosophisch, ohne Hinweise auf die Bibel. Die starke Annäherung ist so nur möglich durch Einschränkung auf rein monotheistische Gottesvorstellungen. Ein bedeutsames Werk im Prozeß der Auseinandersetzung von Antike und Christentum bei den →Apologeten.

Literatur: Minucius Felix: B. Kytzler, M. Minucius Felix, Octavius, Mn 1965; H. von Campenhausen, Lateinische Kirchenväter, St [3]1972; →Apologeten (frühchristliche).

A. Bender

N

Newman

John Henry Newman * 1801 in London, † 1890 in Birmingham. Anglikanischer Theologe, einer der Begründer und Führer der sogenannten Oxfordbewegung. 1845 Übertritt zur katholischen Kirche. Erster Rektor der neugegründeten katholischen Universität in Dublin. Nach vielen Verdächtigungen rehabilitiert durch seine Autobiographie „Apologia pro vita sua" (1864) und durch die Erhebung zum Kardinal (1878).

N. ging es um die Versöhnung von Glauben und Wissen, von Bildung und Frömmigkeit, von Christentum und Weltzuwendung, von Katholizität und Moderne. Diesem Ziel diente sein außerordentlich reiches literarisches Werk.

N. stand in der Tradition des englischen Denkens, das der Welt der Erfahrung, der Natur, dem Konkreten und Individuellen zugewendet war. Sein weltanschauliches Gegenüber sah N. in dem von ihm so genannten Liberalismus, in dem die Ideen der Aufklärung und des Deismus zusammenflossen.

N.s Zugang zur Wirklichkeit Gottes ist zunächst das Resultat einer persönlichen Erfahrung. Er umschreibt diese in folgenden Worten: „Als ich 15 Jahre alt war, ging in meinem Denken eine große Änderung vor sich. Es bewirkte in mir eine innere Umkehr ... Dies ließ mich in dem Gedanken Ruhe finden, daß es nur zwei Wesen gebe, die absolut und von einleuchtender Selbstverständlichkeit sind: ich selbst und mein Schöpfer (myself and my creator)" (Apologia, 15). Dieser persönlichen Erfahrung widmet N. ein Leben lang eine philosophische und theologische Reflexion.

In seinem philosophisch-theologischen Hauptwerk „Grammar of assent" beschreibt N. den religiösen Akt, den Glauben an Gott als *reale Zustimmung*. Zustimmung ist immer Zustimmung zu etwas. Sie kann nur erfolgen, wenn dieses Etwas erfaßt ist. Erfassung ist nach N. ein Verständnis der Idee oder der Tatsache, die ein Satz kundtut.

Damit ist die für N. wichtige Unterscheidung von begrifflich (notional) und real gegeben. Begrifflich meint die Dimension des Abstrakten, Allgemeinen, real meint die Wirklichkeit vor und außer uns, die konkret, geschichtlich und individuell ist. Die reale Erfassung kommt zustande durch die sinnliche und geistige Wahrnehmung. Die begriffliche Erfassung geschieht durch die vergleichende und gegenüberstellende Tätigkeit des Intellekts. Das Merkmal der realen Erfassung ist das Bild, das der begrifflichen das Zeichen.

Wenn der religiöse Akt den Glauben an Gott als reale Erfassung voraussetzt und zur Begleitung hat, dann stellt sich für N. die Frage so dar: „Kann ich zu einer lebhafteren Zustimmung zum Sein eines Gottes kommen als die ist, welche bloßen Begriffen des Intellekts gegeben wird? Worauf ich direkt ziele, ist zu erklären, wie wir ein Bild von Gott gewinnen und eine reale Zustimmung geben dem Satz, daß er existiert. Um dies zu tun, muß ich selbstverständlich von einem ersten Prinzip ausgehen, und dieses erste Prinzip ist, daß wir von Natur ein *Gewissen* haben" (Grammar, 105).

Vom Gewissen gibt N. folgende Beschreibung: Das Gewissen ist eine menschliche Urerfahrung. Es ist ein ursprüngliches Vermögen des menschlichen Geistes. N. nennt das Gewissen einen „Instinkt des Geistes", um damit seine Ursprünglichkeit wie seine komplexe Gestalt zu beschreiben. Seine spezifische Eigenart bekommt das Gewissen durch sein Objekt: Recht und Unrecht, und durch die Wirkung, die es auslöst: Billigung oder Tadel, Hoffnung oder Reue und Furcht. Mag auch nicht jede Verpflichtung des Gewissens ausgeführt werden und nicht jedes Urteil und jede Entscheidung richtig sein: das „sagt nicht notwendig etwas gegen die Macht seines Zeugnisses, daß es Recht und Unrecht gibt, und gegen die Billigung dieses Zeugnisses, die mitgeführt wird von den Gefühlen, die rechtes oder unrechtes Handeln begleiten" (Grammar, 106).

Das Gewissen *transzendiert* seinen eigenen Akt. Es ruht nicht in sich selbst, sondern „greift in vager Weise nach etwas jenseits seiner Selbst, und erkennt undeutlich eine Billigung seiner Handlungen, die höher ist als es selbst, die klar bewiesen ist in jenem durchdringenden Gefühl der Verpflichtung und Verantwortung, das sie belehrt. Und daher kommt es, daß wir gewohnt sind, vom Gewissen zu sprechen als einer Stimme und überdies eine Stimme, oder das Echo einer Stimme, herrisch und nötigend, wie kein anderer Befehl im ganzen Bereiche unserer Erfahrung" (Grammar, 107). Die transzendente Wirklichkeit, auf die das Gewissen hinweist, ist *personaler*

Natur. Stimme ist das Kennzeichen eines lebendigen und persönlichen Wesens. Deshalb ist der nötigende Befehl, der im Gewissen sich kundtut, kein unpersönlicher Imperativ, sondern der Befehl eines Mahners, dem sich niemand entziehen kann.

Die Akte des Gewissens lösen spezifische seelische Reaktionen aus. Die dem Gewissensentscheid folgenden Wirkungen sind grundverschieden von sonstigen Gefühlen und Affekten. „Das Gefühl der Verantwortlichkeit und Schuld, Qual und Furcht, Reue und Bedauern, Selbstvorwürfe, stechende Scham, nicht aufhörende Gewissensbisse, entmutigender Schreck", diese für ein schlechtes Gewissen charakteristischen Beunruhigungen sowie die ebenso wirklichen Manifestationen des guten Gewissens: Selbstbilligung, innerer Friede, Leichtigkeit des Herzens – konstituieren einen „Unterschied der Art (specific difference) zwischen Gewissen und unseren anderen intellektuellen Gefühlen: gesunder Menschenverstand (common sense), Vernünftigkeit, Sinn für das Praktische, Geschmack, Ehrgefühl und Ähnliches" (Grammar, 108).

Die Beschreibung des Gewissens und seiner Phänomene drängt von selbst zu ihrer *Deutung*. Wenn das Gewissen das Echo einer Stimme ist, dann ist es personal bezogen. Die Person aber, auf die das Gewissen verweist, ist wesentlich transzendent. „Wir sind nicht zärtlich gegenüber einem Stein, noch fühlen wir Scham vor einem Pferd oder einem Hund; wir haben keine Gewissensbisse, wenn wir nur ein menschliches Gesetz brechen. Das Gewissen aber erregt all diese peinvollen Gemütsbewegungen, Verwirrungen, Ahnungen, Selbstverdammung; und andererseits schüttet es über uns einen tiefen Frieden, ein Gefühl der Sicherheit, eine Resignation und eine Hoffnung, die kein sichtbarer, kein irdischer Gegenstand hervorrufen kann. Diese Gefühle sind derart, daß sie als erregende Ursache (exciting cause) ein intelligentes Wesen fordern, darüber hinaus aber ein Wesen, das nicht von dieser Erde ist. Denn der Böse flieht, auch wenn keiner ihn verfolgt. Aber warum flieht er denn? Woher sein Schrecken? Wer ist das, den er sieht in der Einsamkeit, in der Finsternis, in den verborgenen Kammern seines Herzens?" (Grammar, 110). N. will mit diesen Ausführungen keinen Beweis für das Dasein Gottes geben, sondern zeigen, wie im natürlichen Menschen die reale Erfassung des realen Gottes geschieht.

Zustimmung (assent) setzt nicht nur Erfassung, sondern auch Folgerung (inference) voraus. Das Merkmal der Folgerung ist, daß sie sich vorwiegend im Bereich des Begrifflichen bewegt, während die Zustimmung vor allem dem Realen zugeordnet ist. Ein weiteres Merkmal besteht darin, daß die Folgerung immer bedingt, die Zustimmung unbedingt ist. Die Zustimmung kann entweder einfach sein, und wird so in zahllosen Fällen des praktischen Lebens ausgeübt; sie kann auch bewußt gemacht werden, dann liegt eine komplexe und Reflexionszustimmung vor. Eine solche Reflexion ist notwendig, soll die Zustimmung nicht Gefahr laufen, ein vorschnelles Urteil oder eine Einbildung zu sein.

Damit steht N. vor folgender *Aporie*: Zustimmung muß eine Voraussetzung und Grundlage haben; der der Zustimmung vorausgehende Akt ist die Folgerung; Folgerung aber hat es mit Begriffen zu tun. Diese auf den ersten Blick unlösbar erscheinende Schwierigkeit bewältigt N. dadurch, daß er der Folgerung, die bislang Repräsentant der begrifflichen Erkenntnis war, eine andere, neue Art der Folgerung gegenüberstellt: die sogenannte *natürliche, reale, formlose Folgerung* (natural, real, informal inference), ein Verfahren, das vom Realen zum Realen, vom Konkreten zum Konkreten geht. Die reale Zustimmung hat eine eigene *Methode*. Diese besteht nicht im mathematischen oder logischen Beweisverfahren, sondern in der Konvergenz der „probabilities“, in der Häufung von Wahrscheinlichkeiten, das heißt im Sinn N.s der gut begründeten Erkenntnisse und Einsichten.

Das Ergebnis aber solchen Verfahrens ist nicht Wahrscheinlichkeit, sondern *Gewißheit*. Diese Gewißheit entspricht einer besonderen Art von Wirklichkeit; sie ist als sogenannte moralische Gewißheit oder nichtmathematische Gewißheit keineswegs geringer als mathematische oder metaphysische Gewißheit.

Das Organ, das den Akt der realen Folgerung vollzieht, nennt N. den illative sense, den Folgerungssinn, die Fähigkeit, den Geist in Sachen des praktischen Verhaltens zu leiten.

Diese Überlegungen führen N. zum Thema der Zustimmung angesichts der Wirklichkeit des lebendigen Gottes, zum Glauben im religiösen Sinn. Das Ergebnis lautet: *Der Folgerungssinn in Sachen der Religion ist das Gewissen.*

Der Glaube entsteht nicht durch Beweisführung, sondern beruht auf ersten Prinzipien (first principles), die nicht weiter

rückführbar sind, die den Grund aller Tätigkeiten und geistigen Bewegungen des Menschen bilden. Die first principles des religiösen Glaubens ist das Gewissen. Die für den Glauben an Gott erforderlichen Dispositionen sind nichts anderes als die Forderung: Folge dem Gewissen.
Soll aber der Akt des Glaubens als reale Zustimmung vollständig und ganz gerechtfertigt sein, müssen ihm Akte der Folgerung als Grundlage vorangehen. Der reale Folgerungssinn in Sachen der Religion ist wiederum das Gewissen. Insofern ist das Gewissen nicht nur erkenntnisrichtend, sondern auch erkenntniszeugend, genauer gesagt: es ist erkenntnisrichtend als Inbegriff der Glaubensdispositionen, erkenntniszeugend als religiöse Erkenntniskraft.
Die Methode der natürlichen Folgerung, wie sie das Gewissen für die Religion und den Glauben an Gott anwendet, ist wie bei der realen Zustimmung überhaupt die Konvergenz der probabilities, der guten Gründe.
Das Gewissen hat noch eine entscheidende Funktion innerhalb der Argumente, deren Zusammenschau die reale Zustimmung des Glaubens an Gott und die Gewißheit dieses Glaubens möglich macht. N. kennt und nennt *innere und äußere Zeugnisse* für den religiösen Glauben. Als inneres Zeugnis steht wiederum an erster Stelle das Gewissen und die darin gegebene Erfahrung von der Wirklichkeit Gottes. Zu den äußeren Zeugnissen zählt N. die Erfahrungen des Lebens; es ist die Erfahrung der Kontingenz und der universalen Verdanktheit des Menschen. Dazu kommen die Erfahrungen von der besonderen Vorsehung und Führung Gottes im Leben des Menschen, sowie die Daten der Menschheits- und Religionsgeschichte.
Dem äußeren Zeugnis, dem System der Natur und dem Lauf der Welt, widmet N. besondere Aufmerksamkeit. Er ist der Überzeugung, daß die Betrachtung der Natur allein zu einem falschen Bild Gottes und zu einer einseitigen Religion führt: „Wäre es nicht die Stimme, die so deutlich in meinem Herzen spricht, ich würde bei der Betrachtung der Welt zum Atheisten, Pantheisten oder Polytheisten. Ich rede hier nur von mir selbst; es liegt mir fern, die wirkliche Kraft der Beweisgründe für die Existenz Gottes zu leugnen, die aus der allgemeinen Tatsache der menschlichen Gesellschaft und dem Gang der Natur genommen werden; aber sie erwärmen mich nicht, sie nehmen den Winterfrost meiner Trostlosigkeit nicht von mir,

bringen keine Knospen in mir zur Entfaltung und keine Blätter zum Grünen, sondern lassen meine Seele freudenleer." Die Betrachtung der Welt, ihres Laufs und ihres Schicksals führt N. zur Alternative: „Entweder gibt es keinen Schöpfer, oder die Schöpfung ist aus seinen Augen verstoßen" (Apologia, 258 ff.). Der Glaube an Gott ist nicht ein Verhältnis zu Beweisen, sondern zu Personen. Er wird nicht durch Systeme entschieden, sondern durch die Person, die in der Freiheit des Willens und in der Verantwortung des Gewissens steht und die im Akt des Glaubens dem Ausdruck verleiht, was ihr Dasein als menschliche Person bedeutet: Ich selbst und mein Schöpfer.

Literatur: J. H. Newman: Gesamtausgabe der Werke von J. H. Newman: Uniform Edition, Lo 1868–81. Photomechanischer Neudruck: Cardinal Newmans Complete Works. Edited in 40 Volumes by Christian Classics, Westminster/Maryland 1966 ff.; The Letters and Diaries of J. H. Newman. Edited at the Birmingham Oratory by K. Ker/T. Gornall C. S. Dessain, O 1961–81; deutsche Übersetzungen: M. Laros/W. Becker/J. Artz (Hrsg.), Ausgewählte Werke von J. H. Kardinal Newman, Mz 1956–75; H. H. Newman, Predigten. Gesamtausgabe, 11 Bde., St 1948–61. – E. Przywara, Einführung in Newmans Wesen und Werk, Fr 1923; ders., Religionsbegründung, M. Scheler – J. H. Newman, Fr 1923; M. Nédoncelle, La philosophie religieuse de Newman, Str 1946; H. Fries, Die Religionsphilosophie Newmans, St 1948; H. Fries/W. Becker (Hrsg.), Newman-Studien, Bde. 1–11, Nü 1948–81; A. J. Boekraad, The Argument of Conscience to the Existence of God according J. H. Newman, Lv 1961; E. Bischofsberger, Die sittlichen Voraussetzungen des Glaubens. Zur Fundamentalethik Newmans, Mz 1974; J. Artz, Newman-Lexikon, Mz 1975; Ch. St. Dessain, J. H. Newman. Anwalt des redlichen Glaubens, Fr–Bas–W 1981; H. Fries, J. H. Newman, in: H. Fries/G. Kretschmar (Hrsg.), Klassiker der Theologie, Bd. II, Mn 1983, 151–173.

H. Fries

Nikolaus von Kues

Nikolaus Krebs (Cusanus), * 1404 in Kues (Mosel), † 1464 zu Todi (Umbrien), 1432 auf dem Baseler Konzil, 1437 mit der Gesandtschaft zur Vorbereitung des geplanten Unionskonzils am griechischen Kaiserhof in Byzanz, 1448 Kardinal, 1450 Bischof von Brixen.

N. wird in seiner Spiritualität von früh an durch die „Brüder vom gemeinsamen Leben" beeinflußt, später und bleibend von der „mystischen Theologie" (→Eckhart, →Pseudo-Dionysius Areopagita); gilt als größter philosophisch-theologischer (auch mathematisch-naturkundlicher) Denker seines Jahrhunderts im deutschen Sprachraum. N. bleibt auf der Linie der klassischen Metaphysik, insofern als sein Denken unablässig

auf das eine Unendliche und Absolute geht, das all dem vielen Endlichen und „Kontrakten“ zugrunde liegt (vor allem →Plotin, →Platon, aber auch →Thomas von Aquin, →Aristoteles), das das Viele bei all seiner Andersheit und Gegensätzlichkeit als einshafter Ursprung vorausenthält (complicatio/explicatio, In*eins*faltung/Ausfaltung-in-*Vielheit;* coincidentia oppositorum, Zusammenfall der Gegensätze). Sein Denken bedeutet aber insofern auch schon einen Wendepunkt (von der „Seins“- zur neuzeitlichen „Bewußtseins“philosophie), als die ontologischen Fragestellungen von vornherein unterfangen sind und begleitet bleiben von gnoseologischer Reflexion, die nicht nur die Möglichkeiten der mehrstufigen menschlichen Erkenntnis (über die bloße Sinneserfahrung zum rational-diskursiven Begreifen und auch über dieses noch hinaus zu einem intellektiv-zusammenschauenden Einsehen), sondern vor allem auch deren Grenzen – das Ungenügen alles endlichen Erkennens angesichts des Unendlichen – deutlich bewußtmacht. So erweist sich schließlich das Wissen des Nichtwissens als die wahre Weisheit (vgl. „De docta ignorantia“, das große philosophische Erstlingswerk von 1440, und „De sapientia“, „De mente“, „De staticis experimentis“, unter dem gemeinsamen Titel: „Idiota, Der Laie“, von 1450).
Im Gott-Denken des N. finden sich drei, aus der Tradition der „Seins“-, vor allem aber auch der „Einheits“metaphysik stammende, Grundmotive: (a) das Aufsteigen in der Kette der Bedingungen (allen Seins und zugleich auch allen Erkennens) bis hin zu einer unbedingten Bedingung, dem schlechthin „Voraussetzungslosen“ (Platon, Politeia 511b), an dem die ganze Kette (sozusagen) hängt; (b) das Zurückgehen in den das vielheitlich Endliche verknüpfenden Relationen bis hin auf das außerhalb aller Relationen stehende und dem ganzen Relationszusammenhang doch überhaupt erst Halt gebende Absolute; in beidem aber als das beherrschende Motiv (c) das Hindenken auf das Eine in allem und über allem Vielen, das dermaßen „eins“ ist, daß es auch noch jenseits alles „Zusammenfalls der Gegensätze“ steht. Auch dieser ist für N. somit noch nicht Gott. „Die Mauer der Koinzidenz, jenseits welcher losgelöst von allem, was gesagt oder gedacht werden kann“, Gott ist (De visione Dei 11; Studienausgabe III, 140f.), ist nur das Letzte, was ratio (Verstand) und intellectus (Vernunft) in ihrem Hindenken auf Gott gerade noch zu erreichen vermögen. Wenn N. auch auf den Wegen des transzendierenden

Denkens der klassischen Metaphysik bleibt, so geht er jedoch nicht, jedenfalls nicht primär, den *kosmologischen* Weg (hin auf die Gegenstände, über sie hinaus auf ihre Ursachen und, in deren Reihe fortschreitend, bis zu einer letzten), sondern den *noologischen,* der den erkennenden Geist über die Reflexion auf sein eigenes Vorgehen und dessen Bedingungen zurück in die eigene Tiefe führt, und über sie hinaus in seinen und aller Dinge tiefsten Grund. Auf diesem Weg über die Stufen der Erkenntnis nach innen geht dem „Gottsucher" auf: Wie der Verstand das „Licht" der Sinne ist (indem er die Sinnesgegebenheiten erfaßt, beurteilt, kritisiert und auswertet), so ist die Vernunft das „Licht" des Verstandes (indem sie die Bedeutung seiner Prinzipien, insbesondere des Nichtwiderspruchsprinzips, aber auch die Begrenztheit ihrer Geltung durchschaut), und so ist – zumindest in einer zu den beiden ersten Stufen analogen Weise – Gott selbst das „Licht" der Vernunft. „Es verhält sich also die Vernunft zum Verstand gleichsam wie Gott selbst zur Vernunft" (De coniecturis I 6; III, N. 24, 17f.; zu der ganzen, in dieser Proportionalitätsanalogie gipfelnden, Argumentation: De quaerendo Deum 2; IV, N. 36 und De visione Dei 5; Studienausgabe III, 514–519). Indem also der erkennende Geist der abgestuften „Ausstrahlung" des „Lichtes" innewird, vermag er auf diesem gleichsam von der „Ausstrahlung" selbst gewiesenen Weg auch zurückzugehen bis hin zu der einen Quelle *allen* Lichtes (→Augustinus, Illuminationslehre), zu dem *einen* Licht der Erkenntnis, das im Grunde einer jeden Erkenntnis leuchtet und auf das hin alle Erkenntnis letztlich (wie man also jetzt sagen kann: zurück-)tendiert.

Die drei (wirkungsgeschichtlich gesehen) vor allem Platon und dem Neuplatonismus verpflichteten philosophischen Grundmotive seines Gott-Denkens verbinden sich bei N. aber von vornherein und bleibend mit einem vierten, eigentlich religiösen: (d) der (wie man, scheinbar paradox, sagen kann) gott*innigen* Gott*suche* des homo religiosus, des religiösen Menschen, d.h. dem immer wieder neu ansetzenden Bemühen, sich dessen deutlicher bewußt zu werden, das noch tiefer auszulegen (auch besser sagbar zu machen), was ihm immer schon und ohne Schwanken, aber unbegriffen und unbegreifbar, „Gott" zuinnerst ist – „da wir nun einmal unsere Gottesschau einander nur mit Hilfe von Wortbedeutungen offenbaren können ..." (De non aliud 2; XIII, 6, 12f.). Damit

erklärt sich auch die immer wieder neu einsetzende Suche nach dem noch am ehesten zutreffenden Gottes„namen“ (vor dem „Nichtanderen“ schon das „idem absolutum“ [das absolut Selbige] in „De genesi“ oder das „Können-Ist“ in „De possest“).
So läßt sich das Kennzeichnende des cusanischen Gott-Denkens in die – gleichfalls nur scheinbar paradoxe – Formel fassen: *Selbst-verständlichkeit* des *un-verständlichen* (d.h. alles bloße Verstandesbegreifen wesenhaft übersteigenden) Gottes. Beide Formeln lassen sich schließlich auf den – von N. mit so viel Beifall aufgenommen – mystisch-theologischen Satz des Pseudo-Dionysius Areopagita (des „größten unter den Theologen“) zurückführen: „Gott alles in allem, wenn auch nichts von allem“ (De non aliud 6; XIII, 14, 17, siehe auch 14; 35, 12f.). Weil Gott „*in allem*“ ist, auch im Fragenden und Suchenden selbst, als „unbedingte Bedingung“ noch seines Fragens und Suchens, ist er die „absolute Voraussetzung von allem“ (De sapientia 2; V^2, N. 30, Z. 10), damit auch die grundlegende primäre Gewißheit, der gegenüber „die Vielzahl der Zweifel sekundär ist“ (De coniecturis I 5; III, N. 19, 3–12). So kann Gott, „wenn er nur recht gesucht wird“, auch „gar nicht nicht-gefunden werden“ (De quaerendo Deum 1; IV, N. 31, 15f.). Weil Gott jedoch zugleich „*über allem*“, bei all seiner Nähe zugleich der Allerfernste ist (innerste Immanenz bei äußerster Transzendenz) und so sein Wesen alle Möglichkeiten endlichen Begreifens übersteigt, so ist und bleibt er bei aller Selbst-verständlichkeit zugleich der „verborgene Gott“ (siehe „De deo abscondito“ von 1444). Soweit bei N. überhaupt von einer Gottes*frage* die Rede sein kann, stellt sie sich ihm also nicht als die nach der Möglichkeit von Beweisen für die *Existenz* Gottes, sondern allein als die der Faßlichkeit und Benennbarkeit seines *Wesens*.
So wird das cusanische Gott-Denken seine Fruchtbarkeit auch erweisen nicht sosehr für Versuche, durch eine (der Problemlage des heutigen Denkens entsprechend aktualisierte) vernunftgemäße Erarbeitung der praeambula fidei, der Voraussetzungen des Glaubens, insbesondere also von Argumenten für die Existenz Gottes (Thomas von Aquin, „Fünf Wege“), den Gottesglauben philosophisch überhaupt erst zu begründen, als vielmehr bei Bemühungen, dem gottsuchenden Denken den Gottesbegriff zu vertiefen und zu verlebendigen, das Wesen Gottes in seiner ganzen Unausschöpflichkeit und Un-

faßlichkeit zu verdeutlichen, d.h. die Dunkelheit, in die der endliche Geist mit seinem Gottsuchen hineingeht, als die Überhelligkeit jenes „Lichtes" sehen zu lehren, das ihm immer schon den Weg weist.

Eine Beschäftigung mit cusanischem Gedankengut vermag so sicherlich jene Denkbewegung zu fördern, in der der Geist die in der Verfallenheit an seine Gegenstände und in der Beschränkung auf das bloß rechnende Denken liegende Selbstentfremdung überwindet und jene „Rückkehr zu sich selbst", die bei allem Weltbezug wesenhaft zu ihm gehört, erst eigentlich vollendet, indem er sich seines Geistcharakters sowohl als seiner Endlichkeit voll bewußt wird, sich selbst in seinem ursprünglichen Seins- und Einheitsverständnis auslegt, erkennend und reflektierend nicht nur bis an die eigenen äußersten Grenzen vorstößt, sondern an ihnen auch sich noch übersteigt auf sein unendliches Urbild hin, das „in allem, was ist, unfaßbar bleibt und doch in den geistigen Zeichen wie das Licht in der Finsternis leuchtet" (Compendium 8; XI, 3, N. 24, 5ff.).

Literatur: Nicolai de Cusa Opera omnia. Iussu et auctoritate Academiae Litterarum Heidelbergensis ad codicum fidem edita, L–H 1932ff.; Schriften des Nikolaus von Cues (im Auftrag der Heidelberger Akademie der Wissenschaften in deutscher Übersetzung), L 1932ff., H 1949ff. (seit 1964 auch lateinisch-deutsch); auch: Nikolaus von Kues, Philosophisch-theologische Schriften (Studienausgabe), 3 Bde. (hrsg. und eingeführt von L. Gabriel, übersetzt und kommentiert von D. /W. Dupré), W 1964–67 (besonders für die noch nicht kritisch neu edierten Texte). – Mitteilungen und Forschungsbeiträge der Cusanus-Gesellschaft (MFCG), Mz ab 1961, 16 Bde. (darin Bibliographien der seit 1920 erschienenen Cusanus-Literatur: I, 1961; III, 1963; VI, 1967; X, 1973; XV, 1982); R. Haubst, Das Bild des Einen und Dreieinen Gottes in der Welt nach Nikolaus von Kues, Tr 1952 (darin ältere Lit.!); ders., Nikolaus von Kues vor dem verborgenen Gott, in: Wissenschaft und Weisheit 23 (1960) 129–145; W. Schulz, Cusanus und die Geschichte der neuzeitlichen Metaphysik, in: ders., Der Gott der neuzeitlichen Metaphysik, Pfullingen 1957, [6]1978, 13–32; J. Stallmach, Das „Nichtandere" als Begriff des Absoluten. Zur Auswertung der mystischen Theologie des Pseudo-Dionysius durch Cusanus, in: L. Lenhart (Hrsg.), Universitas. Festschrift für A. Stohr, Bd. 1, Mz 1960, 329–335; ders., Der „Zusammenfall der Gegensätze" und der unendliche Gott, in: K. Jacobi (Hrsg.), Nikolaus von Kues. Einführung in sein philosophisches Denken, Fr–Mn 1979, 56–73; ders., Vernunft als „Sinn für Gott". Zur Frage natürlicher Gotteserkenntnis im Anschluß an Nikolaus von Kues, in: K. Kremer (Hrsg.), Um Möglichkeit oder Unmöglichkeit natürlicher Gotteserkenntnis heute, Lei 1985, 73–91; R. Weier, Das Thema vom verborgenen Gott von Nikolaus von Kues zu Martin Luther, Mr 1967 (= Buchreihe der Cusanus-Gesellschaft [BCG] II); M. Alvarez-Gómez, Die verborgene Gegenwart des Unendlichen bei Nikolaus von Kues, Mn–Sa 1968; S. Dangelmayr, Gotteserkenntnis und Gottesbegriff in den philosophischen Schriften des Nikolaus von Kues, Mei 1969; G. Schneider, Gott – das Nichtandere. Untersuchungen zum metaphysischen Grunde bei Nikolaus von Kues, Mr 1970 (= BCG IV); E. Colomer, Die Erkenntnismetaphysik des Nikolaus von Kues im Hinblick auf die Möglichkeit der Gotteserkenntnis, in: MFCG 11 (1975) 204–232; W. Beierwaltes, Visio absoluta. Reflexion als Grundzug des göttlichen Prinzips bei Nicolaus Cusanus, Hei 1978 (= Sitzungsberichte der Heidelberger Akademie der Wissenschaften, Philologisch-historische Klasse); G. v. Bredow, Der Geist als lebendiges Bild Gottes (Mens viva dei imago), in: MFCG 13 (1978) 58–67.

J. Stallmach

O

Origenes

Origenes, * 185 in Alexandrien, † 254 oder 255 in Tyrus. O. war Vorsteher von Katechetenschulen, Berater von Bischöfen und Synoden. Er vereint hellenistisches Denken mit biblischer Theologie in Kommentaren, Apologien, Homilien und systematischen Werken. O. wurde zu Unrecht wegen „Origenismus“ verurteilt. Er inspirierte u. a. die Kappadozier (→Basilius von Caesarea; →Gregor von Nazianz, →Gregor von Nyssa), Ambrosius, Erasmus, die deutsche Mystik.

O. entnimmt Denkart und Gottesbild der Heiligen Schrift im Sinne des „Credo, ut intelligam“ (Ich glaube, um so tiefer zu erkennen), entwickelt gegen (stoischen; →Stoa) Anthropomorphismus Gottes unbegreifliche Geistnatur, absolute Einfachheit und Einzigkeit. Leidunfähig, doch an der Erlösung leidend, ist Gott als der Schöpfer von allem, auch der Materie (gegen Markion), nicht jedoch der Sünde und des Übels, zugleich (gegen Markion) der Vater Jesu Christi. Seine alttestamentliche Strenge meint liebende Pädagogik. Er zeugt den Sohn in ewigem Wollen, daher notwendig *und* frei (gegen Emanation), vor aller Schöpfung (gegen Prä-Arianismus), ernährt ihn ewig und zeigt sich ihm (gegen Modalismus). Der Sohn, Helfer des Schöpfer-Vaters, wird Mensch (gegen Doketismus und Adoptianismus), ohne aufzuhören, Gott zu sein (sachlich das „homoousios“ [wesensgleich] des späteren Nikaia), stirbt und aufersteht. Entgegen trennender „Probole“ oder „Prolatio“ (griechisch, lateinisch: Ausfluß; Valentin) verläßt der Sohn den Schoß des Vaters niemals, bleibt ihm innerlich (auch bei der Inkarnation), wahrt im Verhältnis von Strahl und Lichtquelle gleiche Herrlichkeit und Mächtigkeit. Weil „ousia“ und „hypostasis“ (Wesen, Person) noch nicht differenziert sind, sagt O. die drei-personale Wirklichkeit Gottes (gegen Modalismus) ohne Trennung (gegen Tritheismus) durch „Subordination“ aus. Geist und Sohn agieren ohne Minderung (gegen Gnosis) und Nachordnung des Seins in *einer* Oikonomia (dispensatio: Heilsgeschichte) als personale Sendungen des väterlichen Wollens (gegen Tritheismus). Der Vater bleibt Einheitszentrum Gottes. Diese Subordination ist nicht zu verwechseln mit Arianismus. Die Eigenrollen (der Vater gibt Sein, der Sohn Vernunft, der Heilige Geist Heiligkeit) müssen deshalb als Appropriation verstanden werden. Gegen valentinianische Hypostasie der (alttestamentlichen und) neutestamentlichen Titel Christi nennt O. deren Vielfalt „Epinoiai": Weisheit (Weish 8,22) und Logos (Joh 1,1), die „rationes" (Poseidonios), d.h. die dem Vater gleichewige, aber von ihm im Wort geschaffene geistige Welt enthaltend; Logos bedeutet ja Wort (Bibel) und Vernunft (→Heraklit, Stoa). Der Heilige Geist ist Vater und Sohn an Ehre zugeordnet, aber von ihnen verschieden, von unkörperlicher Ousia und Person wie sie; O. bezeichnet ihn weder als Gott noch als Kreatur, jedoch als eine (substantielle) Individualität, Milieu und Erkennen des Vaters, die *eine* Schrift inspirierend (gegen Markion). Die Charismen, vom Vater gesandt, sind doch personale Wirksamkeiten des Parakleten (gegen Montanisten). O. vertritt noch ohne klare Begriffe die rechtgläubige Gotteslehre der Kirche.

Literatur: Origenes: Werke (griechisch/lateinisch), in: Griechische Christliche Schriftsteller der ersten Jahrhunderte (= GCS; hrsg. von P. Koetschau u.a.),L u.a. Folgende Bde. in der Reihe des Erscheinens: Bd. 2, 1899; Bd. 3, 1899; Bd. 6, 1901, Bd. 10, 1903; Bd. 22, 1913; Bd. 29, 1920; Bd. 30, 1921; Bd. 33, 1925; Bd. 35, 1930; Bd. 40, 1935; Bd.38, 1933; Bd. 41/42, 1955; Bd. 49, 1959. – H. Crouzel, Bibliographie critique d'Origène und: Supplément I, Steenbrugis 1971 und 1982 (= Instrumenta Patristica VIII und VIII A); ders., Origène, P 1985. – Zur Gottesfrage: Crouzel 1985, 237–265; L. Lies (Hrsg.), Origeniana Quarta, I 1987 (= Innsbrucker theologische Studien, Bd. 19).

L. Lies

Otto

Rudolf Louis Karl Otto, * 1869 in Peine † 1937 in Marburg. Lutheranische Erziehung; Theologiestudium; lange Privatdozent in Göttingen; Studienreisen nach Indien, China und Japan; trotz bedeutender wissenschaftlicher Leistungen erst 1914 Professor für Systematische Theologie in Breslau, 1917–29 in Marburg.

Theologisch wurde O. vor allem von →Luther, →Schleiermacher und der liberalen Kulturtheologie beeinflußt, philosophisch besonders von →Kant und dessen Schüler J. F. Fries. Obwohl O. seine Überzeugung von der Überlegenheit des Christentums nie verleugnete, verstand er es doch, mit großer psychologischer Einfühlung auch fremde religiöse Erfahrungswelten zu beschreiben, und galt daher als einer der be-

deutendsten Kenner der nichtchristlichen Religionsgeschichte.
In seinem Hauptwerk „Das Heilige“ (1917) stellt O. die für Theologie, Religionsphilosophie und Religionswissenschaft gleichermaßen bedeutsame Frage, worin denn die spezifische Eigenart des religiösen Phänomens liege. Seine Antwort lautet: Religion unterscheidet sich von den übrigen Inhalten des Geistes durch das als gemeinsamen Nenner der Religionen aller Kulturen nachweisbare Erlebnis des Heiligen, das er gleichsam als eine irrationale Kategorie a priori ansetzt, also vollständiger rationaler Erkenntnis unzugänglich bleibt. Um die unvergleichliche Eigenart des von allen moralischen und rationalen Beimischungen gereinigten Heiligen zu bezeichnen, prägte O. den Begriff des Numinosen. Das Numinose besitzt – und hier zeigt sich eine wichtige Differenz zur Tradition der Gott-Denker, die nicht zwischen Religion und eindeutig bestimmter Ethik trennen – ein Doppelgesicht: Das mysterium tremendum (bei O. besonders betont) und das mysterium fascinosum, d.h. die abstoßende, schauervolle und die anziehende, beseligende Seite des Numinosen bilden eine eigenartige Kontrastharmonie, wie O. anhand zahlreicher religionsgeschichtlicher Beispiele zeigen kann. Drittes wichtiges Moment im Numinosen ist das Augustum, das Erhabene, demgegenüber sich der Mensch im Gefühl des Unwertes („Kreaturgefühl“) demütig zurücknimmt.
O. läßt sich nicht ohne weiteres in die Reihe der im Sinne einer rationalen Metaphysik Gotteserweise führenden Gott-Denker einordnen. – Problematisch für die christliche Theologie sind sicherlich die sittliche Indifferenz des Numinosen, das sowohl personal als auch apersonal erfahren werden kann, und die Beschränkung des Divinationsvermögens als des „echten“ Erkennens des Heiligen auf „divinatorische Naturen“, welche zur Bildung einer Theorie einer religiösen Elite tendiert. Für die Unterscheidung von „echten“ und „unechten“ religiösen Erfahrungen gibt es kein allgemeingültiges Kriterium; diese vermag ausschließlich der religiöse Tiefenblick weniger einzelner. Dennoch läßt der oft gegen O. erhobene Subjektivismus- und Psychologismusvorwurf außer acht, daß das Numinose für O. eine objektive Gegebenheit ist. Das „Kreaturgefühl“ verweist auf ein Objekt „außer mir“. Weil O. in Anschluß an Fries Kants Schluß von der Apriorität auf die Idealität der Erkenntnis zurückweist, glaubt er – hier an

einem vorkritischen Realismus festhaltend –, das Heilige als ein objektbezogenes religiöses Apriori ansetzen zu können, und bleibt doch hinsichtlich des Bedingungsrahmens objektiver Erkenntnis Kantianer. – Nicht mehr nachvollziehbar ist heute wohl das unvermittelte Nebeneinander von „irrationaler" Erlebnis- und „rationaler" Erkenntnistheorie. Auch wenn man O.s religiöser Erkenntnistheorie nicht folgen kann, wird man dennoch dem deskriptiven Teil seines Hauptwerkes die Aktualität angesichts der häufig diagnostizierten Wiederkehr von Religion nicht absprechen können. O.s phänomenologische Wesenserörterungen des Heiligen sind von so unterschiedlichen Denkern wie M. →Scheler, C. G. Jung, M. Eliade, F. Heiler, G. Mensching, J. Wach und P. L. Berger rezipiert worden und haben möglicherweise auch →Heidegger beeinflußt.

Literatur: R. Otto: Kantisch-Fries'sche Religionsphilosophie und ihre Anwendung auf die Theologie, T 1909; Das Heilige. Über das Irrationale in der Idee des Göttlichen und sein Verhältnis zum Rationalen, Mn $^{36-40}$1971; West-Östliche Mystik. Vergleich und Unterscheidung zur Wesensdeutung, Mn ^{3}1971. – J. Splett, Die Rede vom Heiligen. Über ein religionsphilosophisches Grundwort, Fr–Mn 1971; C. Colpe (Hrsg.), Die Diskussion um das Heilige, Da 1977.

W. Gantke

P

Pannenberg

Wolfhart Ulrich Pannenberg, * 1928 in Stettin, studierte Theologie und Philosophie in Berlin, Göttingen, Basel und Heidelberg. Nach der Promotion 1953 über „Die Prädestinationslehre des Duns Scotus" habilitierte er sich 1955 mit einer bisher unveröffentlichten Arbeit zur Analogielehre für das Fach Systematische Theologie. Seit 1967 lehrt er als Professor dieses Fachs an der Ludwig-Maximilians-Universität in München und ist Vorstand des dortigen ökumenischen Instituts. P. zählt ohne Zweifel zu den herausragenden Persönlichkeiten der evangelischen Theologie der Gegenwart. Die von ihm 1961 mitherausgegebene Programmschrift „Offenbarung als Geschichte" setzte nachhaltige Akzente in der theologischen Diskussion. Sie läßt den eindrucksvollen Versuch einer neuen heilsgeschichtlichen Grundlegung der Theologie erkennen, die bestrebt ist, durch eine Neufassung des Offenbarungsbegriffs die Aporien des Offenbarungspositivismus der Dialektischen Theologie K. →Barths zu überwinden. Damit steht sie exemplarisch für das Grundanliegen P.s, unter umfassender Aufarbeitung der Problemgeschichte der philosophischen wie theologischen Tradition zu einer theozentrischen Neubegründung der Theologie zu gelangen, welche das seit der Aufklärungskritik problematisch gebliebene Verhältnis des christlichen Glaubens zum neuzeitlichen Denken in den Mittelpunkt der begrifflichen Anstrengung stellt. Vermag aber die Theologie ihrem eigenen, durch die gegenwärtige Problemlage geforderten Selbstverständnis nur dann zu entsprechen, wenn sie sich als „Wissenschaft von Gott" (1973, 299 ff.) begreift, so wird die Frage dringlich, wie sich die Theologie der Existenz ihres ureigensten Gegenstandes vergewissert. Dies kann nach P. nicht in der Weise einer vorab erfolgten und damit positiv bleibenden Setzung geschehen, wie sie etwa die Tradition der philosophischen Theologie in Gestalt der sogenannten Gottesbeweise formuliert hat. Wahre Gotteserkenntnis fällt für P. vielmehr mit der Erkenntnis göttlicher Selbstoffenbarung in Jesus Christus in eins, so daß die Gottesbeweise keinen selbständigen Zugang zu wahrer Gotteserkenntnis zu eröffnen vermögen. Näherhin unterscheidet P. zwischen den kosmologischen und ontologischen Beweisen für das Dasein Gottes.

Die *kosmologischen* Beweise beruhen letztlich auf den metaphysischen Prinzipien der Kausalität oder des zureichenden Grundes. Sie schließen von der Naturordnung auf ein notwendiges Wesen als deren Ursache. Hatte nun aber schon →Wilhelm von Ockham die Annahme eines ersten Gliedes in der Kette der Bewegungsursachen kritisiert und dadurch die Stringenz des kosmologischen Rückschlusses in der Ursachenreihe auf die erhaltenden beschränkt, so machte die Formulierung des Trägheitsprinzips auch die letztere Annahme entbehrlich. Daher führt „von der Natur kein sicherer Weg mehr zu Gott" (1972, 11). Ebenso scheitert nach P. der *ontologische* Beweis, der vom Begriff Gottes ausgehend auf sein Dasein schließt. Denn es ergibt sich das Problem, das schon →Hegel gesehen hat, wie der in ihm vorausgesetzte Gottesgedanke als ein dem Selbstverständnis des Menschen nicht bloß äußerlicher, sondern *notwendiger* Gedanke erwiesen werden kann. „Solange er als eine beliebige Voraussetzung erscheint, die man machen kann, aber auch unterlassen kann, hat der Gedanke Gottes und daher auch das aus ihm gefolgerte Dasein keine Notwendigkeit" (1972, 15). Doch trotz ihres theoretischen Scheiterns sind die Gottesbeweise – insbesondere in ihren neuzeitlich anthropologischen Deutungen – als der Versuch zu würdigen, den Gottesgedanken als dem Wesen des Menschen gerade auch hinsichtlich seines Weltverhältnisses unveräußerlich darzutun. Diese Funktion jedoch kann heute angesichts der atheistischen Kritik nach P. nur noch eine *anthropologische* Argumentation erfüllen, die die von den Einzelwissenschaften untersuchten Phänomene des Menschseins „auf ihre religiösen und theologisch relevanten Implikationen" (1983, 21) hin befragt, so daß damit zwar „nicht schon die Wirklichkeit Gottes erwiesen (ist), wohl aber der konstitutive Bezug des Menschseins auf die religiöse Thematik" (1983, 227). Dieser Bezug ebenso wie die religiöse Thematik selber dürfen nun nicht in abstrakter Weise (etwa im Sinne eines „religiösen Apriori") aufgefaßt werden. Beide sind vielmehr in ihren mannigfaltigen Ausformungen, wie sie in den konkreten Religionen der Völker Gestalt gewonnen haben, und also in ihrer Vermitteltheit durch die Religionsgeschichte zu verstehen. Hat es nun aber die religiöse Thematik wesentlich mit der Dimension der Totalität der Wirklichkeit zu tun, und gilt weiter, daß die Ganzheit der Wirklichkeit noch nicht abgeschlossen vorhanden, sondern noch im Prozeß weiterer Verwandlung begriffen ist, so daß sich die Definitivität der Wahrheit erst vom Ende der Geschichte her ergibt, dann wird auch die Frage nach der Wahrheit der religiösen Überlieferungen jetzt noch nicht endgültig beantwortbar sein. Darum steht die Wahrheit auch des christlichen Gottesverständnisses in der Geschichte noch auf dem Spiele und bedarf der Bewährung am weiteren Fortgang der Erfahrung. Eine christliche Theologie wird sich daher der Wahrheit und Wirklichkeit ihres ureigensten Gegenstandes nicht in unmittelbarer Weise vergewissern können, sondern nur so, daß ihr die Wirklichkeit Gottes *in ihrer Strittigkeit* und also indirekt „als *Problem*" (1973, 301) zum Thema wird.

Angesichts der gegenwärtigen Diskussionslage ist der Versuch P.s einer umfassenden Entpositivierung der theologischen Gehalte als ein wesentlicher Beitrag zu würdigen, der Theologie zu einem geklärteren Selbstverständnis zu verhelfen – sowohl hinsichtlich der rationalen Ausweisbarkeit ihres Wahrheitsanspruchs gegenüber den gängigen Spielarten eines Glaubenssubjektivismus als auch hinsichtlich der Vorläufigkeit aller theologischen wie philosophischen Theoriebildung.

Literatur: W. Pannenberg: Gottesgedanke und menschliche Freiheit, Gö 1972; Wissenschaftstheorie und Theologie, F 1973; Grundfragen systematischer Theologie, 2 Bde., Gö 1963/1980; Anthropologie in theologischer Perspektive, Gö 1983. – I. Berten, Geschichte, Offenbarung, Glaube. Eine Einführung in die Theologie W. Pannenbergs, Mn 1970; F. Konrad, Das Offenbarungsverständnis in der evangelischen Theologie, Mn 1971; H. Th. Goebel, Wort Gottes als Auftrag. Zur Theologie von R. Bultmann, G. Ebeling und W. Pannenberg, Neukirchen 1972; K. Kienzler, Logik der Auferstehung: Eine Untersuchung zu R. Bultmann, G. Ebeling und W. Pannenberg, Fr 1976; P. Eicher, Offenbarung. Prinzip neuzeitlicher Theologie, Mn 1977; R. Olson, Trinity and Eschatology: The Historical Being of God in J. Moltmann and W. Pannenberg, in: Scottish Journal of Theology 36 (1983) 213–227; Ph. Clayton, The God of History and the Presence of the Future, in: Journal of Religion 65 (1985) 98–108.

B. Burkhardt

Parmenides

Parmenides, * um 515 in Elea in Lukanien, Unteritalien, † um 445 v. Chr. Die antike Philosophiegeschichtsschreibung unterscheidet zwischen der auf Thales von Milet (6. Jahrhundert v. Chr.) zurückgehenden ionischen und der von Pythagoras (um 570–490 v. Chr.) begründeten italischen Schule. P. zählt zur italischen Richtung, für die im Unterschied zur empirischen Einstellung der Ionier das apriorische Vorgehen charakteristisch ist. Mit ihm beginnt die Geschichte der Metaphysik. Er fragt, was wir meinen, wenn wir vom Seienden sprechen, und er zeigt, daß dem Seienden als solchem notwendig bestimmte Eigenschaften zukommen.

Die Bedeutung des P. für die philosophische Theologie liegt darin, daß er sich als erster des Seinsbegriffs bediente, um den Gottesbegriff zu denken. Dabei gilt sein primäres Interesse nicht der Gottes-, sondern der Seinsfrage; aber sein Seinsbegriff ist vom Gottesbegriff der späteren metaphysischen Tradition nicht zu unterscheiden. Die religiösen bzw. theologischen Implikationen seiner Ontologie deutet P. vor allem im Proömium seines Lehrgedichts (B 1) an, das in einer Allegorie schildert, wie der Denker in einer Wagenfahrt die Grenzen der wahrnehmbaren, alltäglichen Welt überschreitet und seine Lehre über das Seiende von einer Göttin als Offenbarung entgegennimmt. Die grundlegende These des P. lautet, daß Seiendes notwendig ist und nicht nicht sein kann (B 2). Aus ihr folgert er vier Eigenschaften des Seienden: 1. Es ist ungeworden und unvergänglich. 2. Es ist eines und kontinuierlich, d.h. in ihm gibt es keine Unterschiede. 3. Es ist unveränderlich. 4. Es ist vollkommen. Diese Prädikate werden in der metaphysischen Tradition von Gott ausgesagt. Er ist das notwendige (ens necessarium) und vollkommenste Seiende (ens perfectissimum), das von keinem anderen verursacht, sondern aus sich (ens a se) ist. P. vertritt einen univoken Seinsbegriff; Seiendes kann nach ihm nur als notwendig Seiendes gedacht werden. Das führt ihn theologisch gesprochen zu einem streng monistischen Pantheismus. Seine Ontologie schließt die Möglichkeit aus, dem Seienden Prädikate zuzusprechen, die unsere Erfahrungswelt charakterisieren: Entstehen und Vergehen, Veränderung, Vielheit, Entwicklungsfähigkeit, Verschiedenheit. Der univoke Seinsbegriff ergibt sich daraus, daß P. die Denkbarkeit des Nichtseienden bestreitet, d.h. jeden Gebrauch der Negation ausschließt. Daß etwas nicht ist, kann nicht gedacht werden und folglich auch nicht sein (B 2; 3). Zu dieser Auffassung ist er wahrscheinlich deshalb gekommen, weil er sich das Denken als eine Art Wahrnehmung vorgestellt hat.

Alle späteren metaphysischen Gottesbeweise beruhen auf dem Prinzip des P.: Wenn Seiendes ist, so ist das nur unter der Voraussetzung denkbar, daß ein notwendiges und vollkommenstes Seiendes ist, das seinen Grund in sich selbst hat (vgl. B 8, 7–11). Daraus darf jedoch nicht mit P. gefolgert werden, daß dieses Seiende das einzig mögliche ist und es von ihm verursachtes kontingentes Seiendes nicht geben könne.

Literatur: Parmenides: H. Diels, Die Fragmente der Vorsokratiker, Bd. 1 [6]1951. – W. Jaeger, Die Theologie der frühen griechischen Denker, St 1953, Nachdruck St 1964; U. Hölscher, Parmenides. Vom Wesen des Seienden, F. 1969; E. Tugendhat, „Das Sein und das Nichts", in: V. Klostermann (Hrsg.). Durchblicke, M. Heidegger zum 80. Geburtstag, F 1970; 132–161; G. S. Kirk/J. E. Raven/M. Schofield, The Presocratic Philosophers, C [2]1983.

F. Ricken

Pascal

Blaise Pascal, * 1623 in Clermont Ferrand (Auvergne), † 1662 in Paris. Vom Vater (Jurist) erzogen, zeigt P. ein frühes Interesse für mathematische Probleme und für die experimentelle Verifikation physischer Theorien. In späteren Jahren entwirft er die Grundlagen der Wahrscheinlichkeitsrechnung, Nach einem Unfall des Vaters und dessen Tod 1651 widmet die Familie sich geistlicher Lektüre und gerät in den Einflußbereich von Port Royal. P. erlebt 1654 eine tiefgehende Erleuchtung, festgehalten in seinem „Mémorial", und faßt infolgedessen sein weiteres Leben und vor allem seine wissenschaftliche Tätigkeit auf als Dienst an dem lebendigen Gott von Israel, dem Vater Jesu Christi. Über den Kreis von Port Royal wird P. beeinflußt von Jansenius, Theologieprofessor in Löwen, später Bischof von Ypern, Autor des dreibändigen Werkes „Augustinus" (Lv 1640). Der Jansenismus betont die Unmöglichkeit eines Kompromisses mit dem Geist dieser Welt, zieht die Korruption der menschlichen Natur durch den Sündenfall ins Extreme und überbetont die Alleinmächtigkeit der göttlichen Gnade. Von diesem Geist beeinflußt, formuliert P. als erster die Heimatlosigkeit des modernen Menschen in der ihm wissenschaftlich erschlossenen Welt. P.s Analyse dieser Situation (Pensées 199) und seine Versuche, die Lebendigkeit der christlichen Botschaft neu zu fassen, sind bis heute aktuell. Einerseits philosophisch, durch das Lebenswerk M. →Blondels und dessen Einfluß auf die Erneuerung der französischen Theologie (Lyon-Fourvières), anderseits durch das literarische „Renouveau catholique", mit dem die Namen von L. Bloy, F. Mauriac, G. Bernanos und im Ausland G. Greene und G. von le Fort verbunden sind. Ab 1656 arbeitet P. an

dem Plan, eine christliche Apologetik zu schreiben zur Bekehrung von Freidenkern und Skeptikern. Die „Pensées" sind skizzenhaft gefaßte Gedanken auf diesem Wege.
Wie →Descartes ist auch P. „un lecteur de Montaigne" und versucht, als Antwort auf die Skepsis seiner Tage in den Ansätzen einer christlichen Apologetik die Grundlage für menschliche Lebensgewißheit zu legen. Nach P. beruht menschliche Gewißheit auf der Evidenz der Prinzipien, die jeder Mensch, der gut zuschaut, in seinem Bewußtsein entdeckt. Es ist diese Gewißheit der von P. so genannten „esprits fins" (Geister mit Fingerspitzengefühl), die nicht durch Argumente erworben werden kann, sondern die Basis für sämtliche Beweisführungen bildet. Von diesem Geist inspiriert sollen auch die „esprits géomètres" mit den eigenen abstrakten Prinzipien umgehen, wenn sie auch auf Basis dieser Axiome und Definitionen sich nie einen Einblick in die Grundprinzipien des Lebens erwerben können (Pens. 1). Die Selbstverständlichkeit der ewigen Prinzipien gilt für das Herz (mit →Augustinus als „Personmitte" verstanden): „Das Herz hat seine Gründe, die der Verstand nicht kennt. Ich sage, daß das Herz das allgemeine Sein von Natur aus liebt und auch sich selbst, insofern es sich dem anvertraut" (Pens. 277, 288). Wir erkennen die Existenz und die Natur des Endlichen, weil wir endlich sind; die Existenz des Unendlichen eben auch, weil es ausgedehnt und raumhaft ist, nicht aber seine Natur, weil es keine Grenzen hat wie wir. Wir kennen aber weder die Existenz noch die Natur Gottes, weil er weder ausgedehnt ist noch Grenzen hat. Im Glauben aber kennen wir seine Existenz, in der Verherrlichung auch seine Natur (Pens. 233).
Wir erkennen also den lebendigen Gott nur durch die Vermittlung Jesu Christi. All diejenigen, die behauptet haben, Gott zu erkennen und zu beweisen ohne Jesus Christus, haben nur ohnmächtige Beweise erbracht und sich dazu noch darauf etwas eingebildet (Pens. 547). Immerhin, es gibt metaphysische Beweise für die Existenz Gottes. Sie sind aber so weit von menschlichen Schlußfolgerungen entfernt und so verwickelt, daß sie nur wenig bewirken können. Und, wenn schon, so nur für einen Augenblick der Einsicht, denn bald fürchtet der Metaphysiker wieder, sich geirrt zu haben (Pens. 513). Was bleibt dann für das menschliche Licht der Vernunft? Dazu gibt es in P.s Überlegungen einen doppelten Ansatz, der im Argument des sogenannten „pari" (Wette)

entfaltet wird (Pens. 425,233). Das unbewußte Verlangen des Menschen nach Glück, immer wieder frustriert, kann nur durch ein Unendliches, Gott selbst, ausgefüllt werden. Und: wir sind „embarqués" (auf dem Schiff schon unterwegs), es muß gefahren werden, eine Entscheidung getroffen, Gott ist oder er ist nicht. Auch die bezeugte Indifferenz der Frage gegenüber ist schon eine Entscheidung. Weil eine unendliche Kluft besteht zwischen Gott und uns, kann der endliche Verstand keine Vorentscheidung treffen. Es wird also gewagt, gewettet: Bild oder Wappen, worauf willst Du setzen? Was interessiert Dich? Man hat zwei Sachen zu verlieren, das Wahre und das Gute, und zwei Sachen einzusetzen, seine Kenntnis und sein Glück. Wetten wir, daß Gott ist und Du gewinnst, gewinnst Du alles. Wenn Du verlieren solltest, verlierst Du nichts. Diese Wahl ist die einzig redliche, weil der Gewinn eine Unendlichkeit ist, und dagegen keine unendliche Serie der Möglichkeiten des Verlierens steht; immer nur dies oder das. Man muß deswegen alles geben. Es kann sich also nicht darum handeln, die Beweise zu vermehren, sondern nur darum, die eigenen Leidenschaften abzubauen. Der Weg P.s funktioniert deswegen nur als moralische Vorbereitung, als Einstimmung für den Glauben. Der Glaube bleibt für ihn der einzige Weg, in diesem Leben von Gottes Existenz zu wissen. P. sieht sich außerstande, mit Verstandesgründen einen „verhärteten Atheisten" zu überzeugen, und eine Gotteserkenntnis ohne Jesus Christus bleibt ihm sowieso unnütz und unfruchtbar (Pens. 556).

P. hat die relative Bedeutung der klassischen sogenannten Gottesbeweise sehr gut eingesehen: sie sind nur wirksam, wenn und insofern die Beweisführung von einem offenen Herzen mitbewegt wird. Daß diese Lebensbewegung schon voll identisch sein muß mit dem durch die Gnade geschenkten Glauben an Gott, den Vater Jesu Christi, nimmt er ohne theologischen Beweis und ohne jede Unterscheidung an. Einerseits bildet eine Beweisführung gerade aus dem menschlichen Grundwillen oder Naturverlangen nach Glück und Einsicht den Kern der von der Hochscholastik zusammengefaßten „Wege". Anderseits ist die eigene Entscheidung zwar der letzte Beweggrund, auf dem Wege zu einer Bejahung der göttlichen Gegenwart in der eigenen Existenz zu gelangen. Jedoch, wenn schon ein Wagnis, denn doch ein vom vernünftigen Bewußtsein der eigenen Lebensausrichtung vollzogenes.

Eine Differenzierung der verschiedenen Etappen der vorausgesetzten Lebensbewegung als Glaubensakt gesehen, wurde 1910 von P. Rousselot in seinem Essay „Les yeux de la foi" unternommen. Und der doppelte Ansatz der Beweisführung von P. wurde später von M. Blondel mit mehr Vertrauen sowohl in die Konsequenz der Vernunft wie in die zuvorkommende Bewegung der göttlichen Gnade wieder aufgenommen und entfaltet.

Literatur: B. Pascal: Œuvres complètes (hrsg. von L. Brunschvicg / E. Boutroux), 14 Bde., P 1904–14; Pensées (hrsg. von Brunschvicg), P 1897, 1914 u. ö.; deutsche Übersetzung der „Pensées": Gedanken, St 1973, 1978 (= Reclams Universal-Bibliothek Nr. 1621/22); Le cœur et ses raisons. Pensées. Logik des Herzens. Gedanken (französisch/deutsch; Auswahl, hrsg. von F. Paepcke), Mn 1977 (= dtv 9020; 1985 = dtv 9169). – R. Guardini, Christliches Bewußtsein, L 1935, Mn 1962; L. Lafuma, Recherches pascaliennes, P 1949; ders., Controverses pascaliennes, P 1952; ders., Histoire des Pensées de Pascal, P [2]1952; E. Wasmuth, Die Philosophie Pascals, Hei 1949; J. Laporte, Le cœur et la raison selon Pascal, P 1950.

M. Marlet

Platon

Platon, * 427, † 347 v. Chr. in Athen. P. entstammte einer der ältesten Athener Aristokratenfamilien und wollte zunächst Politiker werden. Entscheidend wurde für ihn die Begegnung mit Sokrates, dessen Prozeß und Hinrichtung im Jahr 399 ihm den Verfall des Staates zeigten. Philosophie hat nach dem autobiographischen Zeugnis des 7. Briefes (326 a) die Aufgabe, sittliche Normen für den einzelnen und den Staat zu suchen; in vielen Dialogen ist diese ethische eng mit der theologischen Fragestellung verbunden. P. steht in der Spannung von Tradition und Aufklärung. Der religiösen und sittlichen Überlieferung verpflichtet sieht er zugleich deren Niedergang. Der radikale und nicht immer faire Gegner der Sophisten ist dennoch entschiedener Anhänger des Sokrates, den dessen Gegner der von diesen repräsentierten Aufklärung zurechnen. Die Gestalt des Sokrates symbolisiert tragende Motive der Philosophie P.s. Er ist für ihn die sittliche Existenz schlechthin. Die Dialoge sind Nachahmung der sokratischen Mäeutik, die das unreflektierte sittliche Wissen bewußtmachen und damit zugleich Kritik an der tradierten Moral und Religion üben will.

Der unsystematische Charakter des Platonischen Philosophierens

P. hat für alle seine Schriften (mit Ausnahme der Briefe) die Dialogform gewählt. Sie unterstreicht den in einem positiven Sinn unsystematischen Charakter seines Denkens: Eine philosophische Frage erhält ihren Sinn aus einer bestimmten Lebenssituation. Ein zeitlich und von den Voraussetzungen der Partner her begrenztes Gespräch kann eine Sache niemals erschöpfend behandeln. Der Weg des Philosophierens wird gegenüber einem vermeintlichen Ergebnis betont. Diese Offenheit zeigt sich auch in der Vielfalt der literarischen Mittel; oft wird der unabgeschlossene Diskurs durch einen Mythos ergänzt. Die reiche Thematik der Dialoge ist um die Frage nach dem guten und gerechten Leben zentriert; auf sie sind letztlich auch die erkenntnistheoretischen, ontologischen und kosmologischen Überlegungen bezogen. Nach den biblischen Autoren zählt P. zu den für das Christentum einflußreichsten Theologen. Dennoch wäre es verfehlt, bei ihm eine geschlossene philosophische Gotteslehre zu suchen. Die Interpretationsschwierigkeiten beginnen bereits bei P.s Gottesbegriff. U. v. Wilamowitz-Moellendorf (Der Glaube der Hellenen, Bd. 1, Da [2]1955, 17ff.) hat gezeigt, daß „Gott“ im Griechischen kein Eigenname, sondern ein Prädikatsbegriff ist. Von dem entsprechenden Adjektiv läßt sich ein Komparativ bilden. „Prädiziert wird immer eine dem Menschen überlegene Macht“ (ebd. 18). P. kennt verschiedene Manifestationen des Göttlichen, denen unterschiedliche Zugänge entsprechen. Er selbst hat keinen Versuch gemacht, sie zu systematisieren; das blieb dem Mittel- und Neuplatonismus vorbehalten.

Der Zugang vom sittlichen Bewußtsein

Gott ist für P. in einem zweifachen Sinn die oberste sittliche Instanz: Er ist das sittliche Ideal, der vollkommen Gerechte; wer sittlich lebt, wird Gott ähnlich (Theait. 176a–c). Er ist aber auch der, welcher dem Menschen das Gute und Böse, das er getan hat, vergilt. „Wenn also der gerechte Mann von Armut, Krankheit oder sonst einem scheinbaren Übel heimgesucht wird, so müssen wir annehmen, daß es ihm schließlich zum Guten ausschlägt, im Leben oder nach dem Tod. Denn niemand wird von den Göttern im Stich gelassen, der mit ernstem Willen sich bemüht, gerecht zu werden und durch die Ausübung der Tugend Gott ähnlich zu werden, soweit das einem Menschen möglich ist" (Rep. 613 a b). Daß dieser Gott existiert, ist die das Leben und Sterben des Platonischen Sokrates tragende Überzeugung. P. verleiht ihr Ausdruck in den drei großen Mythen vom Totengericht am Ende des „Gorgias", des „Phaidon" und der „Politeia". Das Gewicht dieser Mythen wird daran deutlich, daß sie dort einsetzen, wo das diskursive Bemühen an seine Grenze gekommen ist. Der Mythos respektiert die Grenze des Logos; er will sie nicht dogmatisch überspielen. Dennoch hat der sich in ihm vollziehende Rückgriff auf eine religiöse Tradition im sokratischen Gespräch, das sich als Lebensprüfung versteht, seinen Platz. Er bezieht seine Legitimation daraus, daß er eine für das sinnvolle und gute Handeln unverzichtbare kohärente Deutung des menschlichen Daseins anbietet (Gorg. 527 a). Der Glaube an den Mythos ist ein Wagnis, aber ein „schönes Wagnis" (Phd. 114 d), weil er allein die Kraft hat, den Menschen zu „retten" (Rep. 621 c).

Der erotisch-ästhetische Weg

Das „Symposion" zeigt einen Weg zum Göttlichen durch eine Interpretation des Strebens. Die verschiedenen Strebungen des Menschen und der außermenschlichen Natur werden auf eine gemeinsame Wurzel, den Eros, zurückgeführt. Er wird von einer transzendenten Wirklichkeit in der Weise bewegt, daß diese in einer Fülle von Abbildern und Brechungen aufscheint: als körperliche Schönheit, in der Schönheit eines Kunstwerks, in jeder Ordnung und Harmonie, sei es, daß sie sich im menschlichen Zusammenleben als Gerechtigkeit, sei es, daß sie sich in den Gesetzen des Kosmos oder denen der Mathematik zeigt. Das eine Grundstreben differenziert sich in der Weise, daß es sich auf jeweils eine dieser Brechungen richtet: auf die körperliche Schönheit bezogen wird es als Erotik erfahren, auf die Proportionen der Mathematik und des Kosmos als Liebe zur Wissenschaft usw. In elementaren Bereichen des Lebens zeigt es sich als Selbsterhaltungs- und Zeugungsbetrieb, der nach dem ewigen Fortbestehen der Art als einer Teilhabe an der Unvergänglichkeit des Göttlichen strebt. Der transzendente Bezugspunkt des Eros wird mit Hilfe von Negationen beschrieben. Negiert werden Zeitlichkeit, Veränderlichkeit, Relativität und Inhärenz; er ist die von allen Konkretisierungen losgelöste in sich seiende Form des Schönen. Ein reflektiertes Verhältnis zu ihr ist nur der Philosophie in einem dialektischen Aufstieg über die verschiedenen Abbilder möglich. Diese Dialektik ist eine Zusammenschau. Sie geht innerhalb der verschiedenen Stufen des Schönen vom einzelnen zum Allgemeinen und dann von den niederen zu den höheren Stufen, von der körperlichen zur charakterlichen Schönheit usw. Dadurch wird der Begriff nicht leerer, sondern gefüllter. In der absoluten Form sind die Vollkommenheiten aller Stufen aufgehoben wie die Farben im ungebrochenen Licht. Der letzte Schritt der Dialektik ist der Verfügung des Menschen entzogen; die absolute Form des Schönen leuchtet ihm nach langem Bemühen „plötzlich" (210e; vgl. Ep. VII 241cd) auf.

Die Idee des Guten
Das absolute Schöne ist vor den anderen Ideen dadurch ausgezeichnet, daß es nicht nur der Vernunft, sondern auch der Wahrnehmung zugänglich ist (Phd. 250d). Auch von den anderen Ideen wird das Prädikat „göttlich" ausgesagt. Es dient dazu, ihre Seinsweise zu charakterisieren. Die Idee ist die Bedeutung eines Prädikatsausdrucks. Sie ist gegenüber dem Einzelding, von dem etwas prädiziert wird, das im eigentlichen Sinn Seiende. Das Einzelding ist sichtbar, zusammengesetzt, veränderlich, vergänglich; die Idee, an der es teilhat und von der es sein Sein empfängt, ist unsichtbar, intelligibel, einfach, unveränderlich, unvergänglich (Phd. 78b–80b). Die „Politeia" führt die Ideen ihrerseits auf ein letztes Prinzip, die Idee des Guten, zurück. Was sie ist, läßt sich nicht sagen. P. beschränkt sich darauf, mit Hilfe von drei Gleichnissen (Rep. 507a–517a) ihre Funktion zu beschreiben. Das Gute ist der nicht mehr thematisierbare Ursprung und Fluchtpunkt aller geistigen Vollzüge des Menschen. Es ist letzteres Kriterium und Motiv der menschlichen Praxis. Jedes Handeln hat das Gute zum Ziel; der Mensch möchte es auf keinen Fall verfehlen, wenn er auch nicht sagen kann, worin es letztlich besteht (Rep. 505de). Nach dem Sonnengleichnis (Rep. 507a–509c) ist die Idee des Guten Ursache des Seins und Wesens aller Ideen und damit Ursache alles Seienden; sie verleiht dem Geist, der das Seiende erkennt, seine Wirksamkeit. Der moralische Ansatz konnte es nahelegen, Gott als vernünftiges Wesen und in diesem Sinn als Person zu denken; der erotisch-ästhetische Weg wies eher in Richtung auf einen objektiven Gehalt. Die negative Theologie des Sonnengleichnisses zeigt,

daß beide Kategorien unzureichend sind. Das Gute ist die letzte, begrifflich nicht mehr zu fassende Einheit, die jenseits der Unterscheidung von Erkennendem und Erkanntem liegt.

Der kosmologische Weg

Buch X der „Nomoi" ist eine Auseinandersetzung mit dem Atheismus der griechischen Aufklärung des 5./4. Jahrhunderts. Es wendet sich gegen ein materialistisch-mechanistisches Weltbild, für das die Götter eine Schöpfung menschlicher Konventionen sind (889 b–890 a). Aber auch der Materialismus kann die Tatsache der Bewegung nicht bestreiten, und diese ist nur durch die Seele als „Bewegung, die sich selbst zu bewegen vermag" (896 a; vgl. Phdr. 245 c) zu erklären. Die geordnete, gesetzmäßige Bewegung des Kosmos erfordert eine vernunftbegabte und vernunftbestimmte Seele als Bewegungsursprung (897 bc). Diese gute Weltseele wird von P. als Gott bezeichnet (899 a); er betont aber zugleich, daß sie geworden ist (896 b–d). Daß sie Gott ist, besagt: Sie ist vor der Materie entstanden und Ursache der Veränderung (892 a). Die Ausführungen des „Timaios" über die Entstehung der Welt beanspruchen für sich keinen streng beweisenden Charakter, sondern lediglich die Wahrscheinlichkeit einer Erzählung (29 d). Sie gehen aus von der ontologischen Unterscheidung zwischen dem immer Seienden, niemals Werdenden, und dem niemals Seienden, immer Werdenden. Das Werdende bedarf notwendig einer Ursache. Die Welt ist das Schönste von allem Gewordenen. Deshalb kann ihre Ursache nur der gute Demiurg sein. Weil er gut war und wollte, daß die Welt ihm möglichst ähnlich werde, hat er sie aus dem Zustand der Unordnung in den der Ordnung hinübergeführt. Dabei schaute er auf die immerseienden Ideen als sein Urbild. Die Vollkommenheit der Welt erfordert es, daß er ihr eine vernunftbegabte Seele gab (27 d–30 b). Der „Timaios" entwirft eine ontologische Stufung des Göttlichen. An der Spitze der Hierarchie stehen die unveränderlichen Ideen, die „ewigen Götter" (37 c). Die Weltseele, der Gott der „Nomoi", nimmt eine Zwischenstellung zwischen den Ideen und der Materie ein (35 a). Auch der gewordene, beseelte Kosmos ist ein „seliger Gott" (34 b). Die Figur des Demiurgen und die Erzählung von der zeitlichen Entstehung der geordneten Welt sind Bilder, die dazu dienen, das Verhältnis der drei Stufen zueinander auszusagen.

Literatur: Platon: Platonis opera (hrsg. von I. Burnet), 5 Bde., O 1900–1907; Jubiläumsausgabe sämtlicher Werke (übersetzt von R. Rufener), 7 Bde., Z 1974. – P. Friedländer, Platon B 1928, Bde. 1–2, [3]1964, Bd. 3, [3]1975; F. M. Cornford, Plato's Cosmology, Lo 1937, Nachdruck 1966; G. Krüger, Einsicht und Leidenschaft, F 1939, [5]1983; F. Solmsen, Plato's Theology, Ithaca/N.Y. 1942, Nachdruck NY-Lo 1967; A. J. Festugière, Contemplation et vie contemplative selon Platon, P [2]1950; [3]1967; W. J. Verdenius, Platons Gottesbegriff, in: La notion du divin depuis Homère jusqu'à Platon (= Entretiens sur l'Antiquité Classique, Bd. 1) Vandoeuvres-G 1954, 241–283; J. Stenzel, Kleine Schriften zur griechischen Philosophie, Da 1956, Nachdruck 1966.

F. Ricken

Plotin

Plotin, * 204/5 in Lykopolis (Ägypten), † 270 bei Minturnae (Kampanien). Wir besitzen eine wertvolle und zuverlässige Biographie P.s, die sein Schüler Porphyrios verfaßt hat. P. wandte sich mit achtundzwanzig Jahren der Philosophie zu und fand in Ammonios Sakkas in Alexandrien einen Lehrer, bei dem er elf Jahre blieb. Ammonios ist dem mittleren Platonismus zuzurechnen; wahrscheinlich hat ihn vor allem die Frage nach der Transzendenz und Einheit des ersten Prinzips beschäftigt. 243 schloß P. sich dem Perserfeldzug des Kaisers Gordian III. an, um die Philosophie der Perser und Inder kennenzulernen. Nach der Ermordung Gordians ging er 244 nach Rom. Erst nach zehnjähriger Vorlesungstätigkeit begann er 253–54 im Alter von fast fünfzig Jahren zu schreiben. P. war Vormund von Waisen, die er in sein Haus aufnahm, und Schiedsrichter in Streitigkeiten. Porphyrios berichtet von ihm, „daß er immer zum Göttlichen trachtete nach dem er von ganzer Seele verlangte" und daß ihm wiederholt die mystische Einigung mit Gott geschenkt wurde (Kap. 23). P. versteht sich als Interpret der Philosophie →Platons. „Diese Lehren sind also nicht neu, nicht erst jetzt, sondern schon längst, wenn auch nicht klar und ausdrücklich, gesagt, und unsere jetzigen Lehren stellen sich nur dar als Auslegung jener alten, und die Tatsache, daß diese Lehren alt sind, erhärten sie aus dem Zeugnis von Platons eigenen Schriften" (V 1,8). P.s Platon ist jedoch um die politische Dimension verkürzt. Er arbeitet mit einer Auswahl von Stellen vor allem aus den Dialogen „Symposion", „Phaidon", „Politeia" VI, VII, „Phaidros" und „Timaios", die aus ihrem Zusammenhang herausgenommen sind und z.T. bereits im mittleren Platonismus kanonische Geltung erlangt hatten. P.s Leistung besteht darin, daß aufgrund seiner mystischen Erfahrung Elemente der platonischen Tradition zur Einheit eines Systems verbunden hat. Er hat Sprache und Denken der christlichen und islamischen Mystik nachhaltig beeinflußt. Orientalische Einflüsse lassen sich bei P. nicht feststellen; er ist ganz der griechischen Philosophie verpflichtet.

Metaphysik und Mystik
P. steht auf der einen Seite in der Tradition der griechischen Kosmologie. Wie bereits die Vorsokratiker fragt er nach der ersten Ursache der Welt. Der Weg zu Gott ist für ihn ein Aufstieg in der Reihe der Ursachen, und das sind für ihn drei ‚Hypostasen': die Seele (Psyché), der Geist (Nûs) und das Eine (Hén). Seine neue Sicht, mit der er den Idealismus vorbereitet, besteht darin, daß der Aufstieg zur ersten Ursache zugleich Weg des Menschen zu sich selbst, in den Urgrund seiner Seele ist. Die drei Hypostasen sind nicht nur im Kosmos, sondern auch in jedem einzelnen Menschen anwesend. Kosmologie und metaphysische Psychologie sind lediglich zwei verschiedene Betrachtungsweisen ein und derselben Wirklichkeit. Für P. persönlich ist der Weg nach innen der Weg seiner mystischen Erfahrung. Aber P. ist nicht nur Mystiker, sondern auch Philosoph. Er beschreibt deshalb die drei Hypostasen mit den Termini der platonischen und aristotelischen (→Aristoteles) Metaphysik. Aus der Spannung dieser beiden Elemente ergibt sich das Problem der Gotteserkenntnis bei P. Als letzter Grund des Bewußtseins und des Kosmos kann das Eine durch eine ontologische Überlegung aufgewiesen werden. Es ist das, ohne welches alles andere nicht sein kann. Aber bereits diese Aussage trifft nicht mehr zu. Sie zeigt, daß bei dem Einen unsere Begriffe versagen, denn wir können nach P. von ihm nicht sagen, daß es *ist*. Den Grenzen der Sprache entspricht die Analogie des Erkenntnisbegriffs. P. weist dem diskursiven, begrifflichen Denken nur einen unteren Bereich zu; den Hypostasen des Geistes und des Einen entsprechen höhere Erkenntnisformen. Die Metaphysik, die mit dem Mittel des Begriffs arbeitet, kann deshalb bei der Hinführung zum Einen, die P.s zentrales Anliegen ist, nur eine Hilfsfunktion ausüben. Philosophie im vollen Sinn ist für ihn Mystagogie.

Die Seele ist Prinzip der Bewegung, des Lebens, der Gestalt und der Ordnung in der sichtbaren Natur (vgl. zum folgenden: V 1). Mit ihrem höheren Teil ist sie zugleich dem Geist verbunden, in dem sie die unveränderlichen Formen (Eidos) schaut, die sie in der sichtbaren Welt abbildet. Für den Menschen ist sie das Vermögen des diskursiven Denkens, was voraussetzt, daß der Geist als die Gesamtheit aller Formen oder Begriffe in ihr anwesend ist. Die Seele ist unkörperlich. Sie ist als eine und ganze überall gegenwärtig; die verschiedenen Einzelseelen und die Weltseele sind also identisch. Sie ist „teilbar, sofern sie in allen Teilen des Dings ist, dem sie beiwohnt, und unteilbar, weil sie in allen diesen Teilen als ganze und in jedem beliebigen Teil als ganze ist" (IV 2,1). Daß Seele und Geist jeweils eine eigene Hypostase bilden, besagt, daß sie einen Selbstand haben, der jedoch nicht mit dem Selbstand der aristotelischen ersten Substanz verwechselt werden darf. Wie die Wärme nur Selbstand durch die Anwesenheit des Feuers hat, so *ist* die Seele nur durch die Anwesenheit des Geistes. Die Seele nimmt den Geist auf wie die Materie die Form; sie erhält ihre Wirklichkeit dadurch, daß sie den Geist schaut.

P.s Begriff des Geistes ist zusammengefaßt in dem von ihm wiederholt zitierten Fragment 3 des →Parmenides: „Denn dasselbe ist Denken und Sein". Das im eigentlichen Sinn Seiende ist für P. wie für Platon und Aristoteles die Form oder Idee. Geist und Form sind nur in ihrer Beziehung aufeinander zu denken. Die Formen haben ihre Wirklichkeit dadurch, daß der Geist sie denkt, und der Geist hat die seine dadurch, daß er die Formen denkt. Der Geist ist die Gesamtheit der Formen, und jede einzelne Form ist der gesamte Geist. Weil der Geist wie der Unbewegte Beweger des Aristoteles das vollkommenste Seiende ist, kann er sich nicht verändern. Er denkt nicht diskursiv, sondern er erfaßt in ein und derselben unveränderlichen Intuition alle Formen.

Mit dem Geist ist die Frage nach dem Urgrund aber noch nicht beantwortet. Obwohl er reine Wirklichkeit ist, ist er nicht vollkommen eines, denn wir können bei ihm Denkendes und Gedachtes unterscheiden. Das vollkommen Eine liegt jenseits von Denken und Sein; insofern Bewußtsein eine Vielheit besagt, ist ihm auch dieses abszusprechen. Was ist, ist eines; der Ranghöhe des Seins entspricht die der Einheit. Aber nur der Urgrund ist die Einheit, die nicht Einheit von Vielem ist. Er ist das unerschöpfliche Vermögen, das alles Seiende ungeschieden in sich enthält wie das ungebrochene Licht die Fülle der Farben. Er ist „eines alles“, während der Geist, der das Vermögen des Einen zur Vielheit der Formen entfaltet, indem er sich zu ihm hinwendet und es betrachtet, „alles und eines“ ist (V 3, 15). Als unerschöpfliches Vermögen ist der große Urgrund das Unbegrenzte; „es gibt nichts, an dem etwas von ihm seine Grenze fände“ (V 5, 11). Er ist Wollen seiner selbst und hat sich selbst den Selbstand gegeben (VI 8, 13). Daß er den Geist hervorgebracht hat, ist nicht Ausdruck einer Bedürftigkeit, sondern seiner Seinsfülle. Wie die Sonne das Licht, so umgibt der Geist das Eine als Ausdruck von dessen Vollkommenheit. P. vergleicht es mit dem Mittelpunkt eines Kreises, den alle Radien berühren, aus dem sie erwachsen und zu dem hin sie zusammenlaufen (VI 8, 18). Wenn er bestreitet, daß das Eine *ist*, so will er ihm damit in keiner Weise Selbstand und Wirksamkeit absprechen. Der Aussage liegt vielmehr der Seinsbegriff zugrunde, nach dem das Sein eines Seienden dessen Form ist. Diese ist aber immer schon bestimmt, begrenzt, von anderen Formen unterschieden, während das Eine vor aller Vielheit ist. Weil die jeweils höhere Hypostase in der niederen als deren Grund anwesend ist, kann der Mensch aus seiner Verlorenheit an die äußere Welt zu sich selbst zurückkehren.

Der Aufstieg

Obwohl P. sich weitgehend der Sprache der Ontologie bedient, sind Sein und Einheit nicht die tragenden Begriffe seines Systems. Anstoß zu seiner Metaphysik sind das ästhetische Erlebnis und die Liebe (Eros). In unserem Leben ist das Eine anwesend als das Gute und Schöne, und die treibende Kraft des Denkens ist der Eros. „So verlangt also die Seele, solange sie sich in ihrem wesensgemäßen Zustand befindet, nach Gott und will mit ihm eins werden“ (VI 9, 9). P.s früheste Schrift (I 6) ist eine Metaphysik des Schönen. Die Erschütterung durch den Anblick des Schönen bringt die Seele dazu, sich ihres eigenen Wesens zu erinnern. Ursache der Schönheit ist die Teilhabe des Sichtbaren an den Formen. Der Aufstieg zum Einen ist sittliche Läuterung. In der Seele ist der Geist anwesend, und um ihn zu erblicken, muß sie sich von allem ihr Fremden befreien. In dem Ausmaße, wie der Mensch lauter wird, kann er das Schöne in sich selbst finden. „Man muß nämlich das Sehende dem Gesehenen verwandt und ähnlich machen, wenn man sich auf die Schau richtet; kein Auge könnte je die Sonne sehen, wäre es nicht sonnenhaft; so sieht auch keine Seele das Schöne, welche nicht schön geworden ist“ (I 6,9). Immer wieder betont P., daß alles Seiende nach dem Einen als dem Guten strebt. „Wer es nämlich noch nicht gesehen hat, strebt zu ihm als zum Guten; wer es aber erblickte, der darf ob seiner Schönheit staunen“ (I 6,7). Was aber ist das Gute? Wollten wir sagen, was es ist, so würden wir es damit aufheben, denn alles vom Guten Verschiedene bedarf des Guten; allein das Gute bedarf keines anderen (III 8,11). Wir erkennen das Gute daran, daß wir nach ihm verlangen; aber es ist nicht gut, weil wir nach ihm verlangen, sondern wir verlangen nach ihm, weil es gut ist; es ist Ursache unserer Sehnsucht. P.s ausführliche Untersuchung (VI 7,18–33) endet in einer symbolischen Aussage: Alles andere ist gut durch das Licht des absoluten Guten, das auf es fällt. Das Gute selbst ist der unfaßbare Grund und Fluchtpunkt des Verlangens: das „gänzlich Gestaltlose“ (VI 7,33). Der Geist hat außer dem Vermögen des Denkens das der Liebe. Das Denken kann nur erfassen, was im Geist ist; allein die Liebe ist imstande, das jenseits des Geistes liegende Gute zu berühren (VI 7,35). Diese Begegnung kann nicht aus eigener Kraft erreicht werden; der Mensch kann sich nur bereit machen und warten, bis es erscheint (V 5,8). Dann wird er mit ihm Eines, „indem er gleichsam Mittelpunkt mit Mittelpunkt berührt“. Die Einigung ist keine Schau, „sondern eine andere Weise des Sehens: Aussichtretend (Ekstasis), sich selbst Einfachmachen und Darangeben“ (VI 9,10f.).

Literatur: Plotin: Plotins Schriften, übersetzt von R. Harder. Neubearbeitung mit griechischem Lesetext und Anmerkungen fortgeführt von R. Beutler und W. Theiler, 6 Bde., H 1956–71. – R. Arnou, Le désir de Dieu dans la philosophie de Plotin, P 1921, R ²1967; H.-R. Schwyzer, Plotinos, in: Pauly/Wissowa, Real-Encyclopädie, Bd. 21,1 (1951) 471–592, Supplementbd. 15 (1978) 310–328; A. H. Armstrong, Plotinus, in: ders. (Hrsg.), The Cambridge History of Later Greek an Early Medieval Philosophy, C 1967, 195–268; V. Schubert, Plotin, Mn 1973; C. Zintzen (Hrsg.), Die Philosophie des Neuplatonismus, Da 1977.

F. Ricken

Przywara

Erich Przywara, * 1889 in Kattowitz/Oberschlesien, † 1972 in Murnau/Bayern. Nach Eintritt in den Jesuitenorden (1908) Studien der Philosophie und Theologie in Valkenburg/Niederlande. 1922–41 Mitarbeiter der Kulturzeitschrift „Stimmen der Zeit" (München), zugleich einer der bekanntesten Sprecher des katholischen Aufbruchs in Deutschland nach dem I. Weltkrieg. Später lebte er aus Krankheitsgründen zurückgezogen als Schriftsteller.

Seine frühen literarischen Versuche (von 1912 an) ergaben sich aus einer stark ästhetisch-poetisch geprägten Sensibilität, die sich auch später in der eigenwillig starken Sprache P.s Ausdruck verschafft. Das Feld, die Voraussetzungen, Möglichkeiten und Bedingungen seines denkerischen Beitrags bildete der deutsche Zusammenbruch im I. Weltkrieg und die intensive tiefschürfende Suche nach neuer Orientierung in den folgenden Jahren. In einem doppelten Sinn sah P. diese Situation als Zeit der „katholischen Bewegung": einerseits wegen der allgemein positiven „Wertung des ‚Katholischen' als eines schöpferischen Faktors des allgemeinen Geisteslebens", anderseits wegen des innerkatholischen Versuchs, alte Antagonismen zu überwinden durch positives Schaffen aus dem Eigenen. An diesem „Ringen der Gegenwart" beteiligt sich P. in beiden Richtungen mit dem Bemühen um einen Ausdruck katholischer Wahrheit, der Vertiefung und zugleich echte Hilfe zum geistigen Neuaufbau bietet. Unter Rückgriff auf die geistliche Tradition des eigenen Ordens, J. H. →Newmans, →Augustins und vor allem →Thomas von Aquins, d.h. auf die große denkerische Tradition mittelalterlicher Scholastik, will er den Problemen und Erfahrungen von Mensch und Gesellschaft seiner Zeit so Rechnung tragen, daß sich eine neuartige „Religionsbegründung" ergibt. Das scheint ihm möglich wegen der Abkehr von →Kant und einer bewußten Rückkehr zum Objektstandpunkt der Antike, des Mittelalters und der großen Vorkantianer, die er wahrzunehmen glaubt. Gleichzeitig suche die christliche, sogenannte „natürliche Theologie" im bewußten Zurückgreifen auf Augustin nach Neuorientierung. Gemeint war von P. damit eine Auseinandersetzung mit M. →Scheler und seiner Phänomenologie, aber auch mit E. →Husserl, die er selbst als Rekonstruktion patristischer und vorab augustinischer Grundlegung des sittlich-religiösen Lebens sowie als Fortführung der Religionsbegründung J. H. Newmans kennzeichnet. Er geht aus von der Untersuchung des konkreten religiösen Phänomens und von den Problemen, die der konkret-lebendige Weg des Menschen zu Gott und zur Offenbarungsreligion aufgibt. Eine Zusammenfassung dieses Denkweges hat P. 1947/²1953 in seiner „Summula" unter dem Titel „Was ist Gott?" geboten, die in fünf Kapiteln von „Gott" in der Kreatur, über „Gott in Christo", „Gott in der Kirche", „Gott im Menschen" zu „In Maria" vorgeht. Deutlich legt dieser Text den Schwerpunkt auf die Erhellung der christlichen Offenbarung, deutet aber mit seinem ersten Kapitel noch einmal den Ausgangspunkt vom grundlegenden Zusammenhang der Schöpfungs- und Erlösungsordnung aus an. Entwickelt hatte P. diesen Zusammenhang ursprünglich in „Religionsphilosophie katholischer Theologie" (1926) als Frage nach jenem letzten metaphysischen „Etwas" in Subjekt und Objekt und ihrer Korrelation, das für Philosophie und Theologie, wie sie in den Augen des Katholiken *einen* Organismus bilden, grundlegend ist. Als Grundprinzip stellt er die später eigens untersuchte „Analogia entis" (1932) heraus, die das Verhältnis zwischen Gott und Geschöpf als ein „nach oben offenes" erfassen und beschreiben läßt. Darin ist Gott weder die Absolutsetzung irgendeines einzelnen Geschöpflichen noch das ideale „Eins" der Gegensätze, sondern schlechthin jenseits des Geschöpflichen, das deshalb selbst nie „geschlossen", sondern unabschließbar „offen" ist. Anderseits ist die Gesamtheit dieses Geschöpflichen in seinen Gegensätzen und in den immer neu erstrebten Spannungseinheiten „Offenbarung" Gottes „von oben her", d.h. Gleichnis, das über sich hinaus weist in einen übergleichnishaften Gott, der nach unerforschlichem Ratschluß gerade „dieses" Gleichnis gewählt hat. Er ist der geheimnisvolle „Sinn", auf den das Geschöpfliche gleichnishaft hindeutet, jedoch nicht einfach der „innere Sinn", und ebenso wenig ist „dieses" Geschöpfliche eine irgendwie „notwendige Offenbarung" des Wesens und Wirkens Gottes oder Begrenzung neuer Wege seiner Selbstoffenbarung. Den Auswirkungen der so verstandenen „Analogia entis" systematisch und geschichtlich gilt P.s Entwurf der Religionsphilosophie, ihrer ursprünglichen Begründung hingegen die erwähnte spätere Studie. Hier ordnet er die „Analogia entis" einerseits in die Aufgabe von „Metaphysik überhaupt" ein, begründet sie selbst anderseits im Satz vom Widerspruch als dessen bewegte Mitte, so daß er innergeschöpfliche und „zwischen-Gott-Geschöpf"-Analogie unterscheidet. Daraus ergibt sich Analogie als „Potentialität zu Gott" und als „Beziehung gegenseitigen Andersseins", gleichwohl als echtes metaphysisches Prinzip und zwar als das radikalste und offenste, d.h. als „kreatürliches Prinzip" überhaupt. Sie ist Prinzip einer das All des Geschöpflichen ausmessenden Metaphysik, die dieses All zu Gott als seinem Ursprung und Sinnziel hin sieht, weil sie es durch ihr Offensein durch sich hindurch über sich hinaus zu Gott weisend erfährt. Und so ist sie Prinzip einer philosophisch-theologischen Metaphysik, weil seine Tiefe jene potentia oboedientialis (Offenheit für die göttliche Selbstmitteilung) ist, die zum Gott der Übernatur unmittelbar steht (Analogia 206f.). – P.s Deutung übte auf theologische Neuansätze einen wichtigen Einfluß aus, darüber hinaus hatte sie wohl wegen ihrer negativen Einstellung zur Moderne wenig Wirkung.

Literatur: E. Przywara: Schriften, 3 Bde., Ei 1962 (Bd. 1: Frühe religiöse Schriften; Bd. 2: Religionsphilosophische Schriften; darin: Religionsphilosophie katholischer Theologie, 376–511; Bd. 3: Analogia Entis). – L. Zimny (Hrsg.), E. Przywara. Sein Schrifttum 1912–1962, Ei 1963; V. Mathieu, Przywara, in: Enciclopedia Filosofica, Bd. 6, R 1979, 906; R. Kühn, Przywara, in: Dictionnaire des Philosophes, Bd. 2, P 1984, 2149–2151; E. Naab, Zur Begründung der analogia entis bei E. Przywara. Eine Erörterung, Rb 1987.

K. H. Neufeld

Pseudo-Dionysius Areopagita

Pseudo-Dionysius Areopagita, * in Syrien, † im 6. Jahrhundert. Der Erweis für das Dasein Gottes und die Rechtfertigung für den Glauben an Gott liegen nicht in der unmittelbaren Denklinie des P.-D. A., der die Tradition des →Platonismus, Neuplatonismus (Proklos) und der Kappadokier (besonders →Gregor von Nyssa) weiterentwickelnd mit dem Offenbarungsgut der Heiligen Schrift verbindet. Das Problem, ob Gott erkannt und benannt werden kann, beantwortet P.-D. A. mit Nein und Ja: Gott ist unerkennbar, weil seine Natur unbegreiflich ist und weil der menschliche Intellekt als Organ einer niederen Ordnung Gott in seiner Übergeistigkeit nicht erfassen kann. Gott ist erkennbar, weil er als das vorbildliche und schaffende Prinzip, als Allursache erkannt wird. Von den drei Wegen, Gott zu benennen (durch Negation, Affirmation, Superlation) zieht P.-D. A. die Negation vor. Wie ein Künstler durch Wegnahme des Materials ein Bild aus Stein meißelt, so kann menschliche Intelligenz durch Wegnahme (= Negation) des Seienden ein Bild von Gott gestalten. Der durch sich selbst überwesentliche Gott ist über alle Verneinung und Behauptung. Zum besseren Verständnis greift P.-D. A. auf symbolische Redeweisen der Heiligen Schrift zurück, die das Verhüllte andeutet durch Offenbares, das Einige und Ungeteilte durch Geteiltes, das Unbildliche und Ungestaltete durch Bild und Gestalt. Zu solchen Bildern zählen: Geist, Wesenheit, Leben, Wort, Licht, Sprechen Gottes, Zeugung Gottes usw. Wichtigster Grund für die Bildersprache ist die menschliche Vernunft, die nur vom Sinnenhaften zum Übersinnlichen aufsteigen kann. Dem Bildlosen werden Bilder, dem Gestaltlosen Gestalten gegeben. Diese Bildtheologie dient Schwachen und Unwissenden. Fortgeschrittene lösen sich von allen symbolischen Aussagen und vom begrifflichen Denken. Es gelingt ihnen, aus sich selbst herauszutreten (= Ekstase), Gott zu schauen (= Vision) und mit ihm vereinigt zu werden (= Union). Unerläßliche Vorstufen dazu sind Gebet und Geistesruhe, die in Schweigen ausmündet. Zur Umschreibung der Begrenztheit der Seele in der mystischen Vereinigung verwendet P.-D. A. den Begriff des Dunkels, das zugleich Gottes wesensmäßige Unerkennbarkeit und menschliches Nichtwissen bezeichnet. Das Wesen mystischer Vereinigung mit Gott dürfte eine verstandesmäßige Intuition von Gottes Jenseitigkeit sein, die in der Zone des intellektuell Möglichen liegt und dem Extremzustand negativer Abstraktion entspricht.

Literatur: Pseudo-Dionysius Areopagita: H. Weertz, Die Gotteslehre des sog. Dionysius Areopagita, in: Theologie und Glaube 4 (1912) 637–659; W. Völker, Kontemplation und Ekstase bei Pseudo-Dionysius Areopagita, Wie 1958; J. Vanneste, Le mystère de Dieu, Bru 1959; W. Lossky, Schau Gottes, Z 1964; G. O'Daly, Dionysius Areopagita, in: TRE, Bd. 8, 772–780.

W. Gessel

R

Rahner

Karl Rahner, * 1904 in Freiburg i. Br., † 1984 in Innsbruck, wird zu den bedeutendsten katholischen Theologen unseres Jahrhunderts gezählt. Der Einfluß seines theologischen Denkens geht weit über den deutschsprachigen Raum hinaus. Bekannt wurde R. nicht zuletzt als einflußreicher und gesuchter „Peritus" des II. Vatikanischen Konzils. Die längste Zeit seines Lebens dozierte R. Dogmatik in Innsbruck; danach wurde er ordentlicher Professor für Christliche Weltanschauung und Religionsphilosophie an der Universität München und daran anschließend für Dogmatik in Münster. Schon wenige Jahre nach seinem Eintritt in die Gesellschaft Jesu (1922) befaßte sich R. sehr intensiv mit dem Werk seines belgischen Mitbruders J. →Maréchal, das sein Denken von da an maßgebend beeinflußte. Nach den ordensüblichen Studien von (neuscholastischer) Philosophie und Theologie hörte R. von 1934–36 M. →Heidegger in Freiburg, dessen Einfluß auf das Denken R.s allerdings geringer blieb als vielfach vermutet.
Wenngleich sich R. zeitlebens als katholischen *Dogmatiker* verstand, der von der bereits vorgegebenen und geglaubten christlichen Wahrheit ausgehend diese forschend dem modernen Menschen in deren existentieller Bedeutung zu vermitteln suchte, befaßte er sich dennoch auch intensiv mit den *philosophischen* Zusammenhängen der neuzeitlichen Gottesfrage, welche er meist unter dem Stichwort „Gotteserfahrung" abhandelte (vgl. etwa „Gotteserfahrung heute", IX, 161–176).

„*Mystagogie*"

Es war →Kant, der durch seine „Kritik der reinen Vernunft" die Unmöglichkeit eines metaphysischen Gottesaufweises nachgewiesen zu haben schien; und es fehlt auch heute nicht an Philosophen, die der Überzeugung sind, Kants Kritik an den traditionellen Gottesbeweisen sei bis heute gültig und unüberholt. Wie stellt sich R. im Anschluß an und in Weiterführung der Gedanken von Maréchal zu dieser Kritik seitens Kants? Zunächst insofern positiv, als R. der Überzeugung ist, hinter Kant lasse sich philosophisch nicht mehr zurückgehen.

R. spricht gerne von der durch Kant eingeführten und nicht mehr rückgängig zu machenden „Wende zum Subjekt". D.h.: Die im erkennenden Subjekt apriori mitgegebenen Voraussetzungen jedweder Erkenntnis (die als „intellectus agens", d.h. als der aktive Intellekt im Erkenntnisprozeß auch der Scholastik bekannt war →Thomas von Aquin) müssen zumindest seit Kant berücksichtigt werden. Kant: „Ich nenne alle Erkenntnis transzendental, die sich nicht sowohl mit Gegenständen, sondern mit unserer Erkenntnisart von Gegenständen, insofern diese a priori möglich sein soll, beschäftigt" (Kritik der reinen Vernunft, B 25). R. übernimmt diese „Wende zum Subjekt", steht aber dann vor der Frage, wie der subjektive „Anteil" am menschlichen Erkennen (vor allem wenn es sich um metaphysische Fragen handelt) zu bestimmen ist und vor allem: wie unter diesen Voraussetzungen eine objektive Erkenntnis einer eventuell existierenden transzendenten Wirklichkeit, die „Gott" genannt wird, möglich sein soll. Da Gott nicht unmittelbarer Anschauungsgegenstand des Menschen ist oder in unmittelbarer, ausdrücklich gewußter „Erfahrung" gegeben ist, bleibt nur die Rückbesinnung auf die „Bedingung der Möglichkeit" menschlich-geistiger Fähig- und Tätigkeiten, d.h. die Reflexion auf das, was Menschsein letztlich erst ermöglicht. Da nun aber – wiederum – eine „Bedingung der Möglichkeit", d.h. die unabdingbare Voraussetzung für das, was dem Menschen möglich ist (selbst wenn er dies nicht vollzieht), nicht unmittelbar dem menschlichen Bewußtsein deutlich ist, kann sie nur in der nachträglichen Reflexion auf das, was zwar immer Moment *an* menschlicher Erkenntnis und Freiheit ist, aber im ausdrücklichen Bewußtsein des Menschen nicht gewußt ist, eingeholt werden.
Dieses Einholen nennt R. „Mystagogie", zu der der moderne Mensch angeleitet werden muß. „Der Fromme von morgen wird ein ‚Mystiker' sein, einer, der etwas ‚erfahren' hat, oder er wird nicht mehr sein" („Frömmigkeit früher und heute"; VII, 22), wobei „Mystiker" nicht im Spezialsinn des Wortes gebraucht wird, sondern die Mystik des Alltags und alltäglicher Erfahrungen meint, das „Gottfinden in allen Dingen". Für R. besteht kein Zweifel, daß der neuzeitliche Weg zum Glauben an die Existenz Gottes über die persönliche Erfahrung führt, der sich der Mensch freilich auch, weil diese Erfahrung der Reflexion und damit der Verobjektivierung in Begriff und Wort bedarf, als Erfahrung Gottes verweigern

bzw. die er anders interpretieren kann (vgl. dazu das sogenannte „anonyme Christentum" nach R.). Trotzdem: Für R. macht der Mensch und jeder Mensch Gotteserfahrung, die als Grundlage eines Gottesbeweises dient, von dessen Möglichkeit R. überzeugt ist, – auch wenn er weiß, daß sich dieser Beweis dem Menschen nicht zwingend aufdrängt.

Terminologische Voraussetzungen

Der Grundgedanke R.s ist, daß jeder Mensch in der transzendentalen Erfahrung Gott und damit dessen Existenz erfährt. Terminologisch ist zunächst zu klären: Was heißt „transzendental" bei R., was Erfahrung, was Bedingung der Möglichkeit und vor allem: was meint der Ausdruck „Gott"?

Der Ausdruck „transzendental" ist abgeleitet von transcendere = übersteigen. R. hat an sich keine Schwierigkeit, Kants Beschreibung von „transzendental" zu übernehmen, sieht jedoch das alle Menschen umfassende, transzendentale Vermögen nicht nur, wie Kant gleichsam horizontal, sondern auch vertikal: auf Gott hin offen. Kant ist daran gelegen, die Grenzen menschlicher Erkenntnis aufzuweisen. Demgegenüber hatte schon →Hegel darauf verwiesen, daß das *Erkennen* einer Grenze *als* Grenze gleichzeitig einen Überstieg über eben diese Grenze beinhaltet, egal, was „hinter" dieser Grenze sein möge!

Der Terminus „Erfahrung" ist vielschichtig. Dennoch erläutert R. selbst, in welchem Sinn er von Gottes*erfahrung* spricht (die ja nicht die beseligende Anschauung Gottes im „Jenseits" ist): „Das subjekthafte, unthematische und in jedwedem geistigen Erkenntnisakt mitgegebene, notwendige und unaufgebbare Mitbewußtsein des erkennenden Subjekts und seine Entschränkung auf die unbegrenzte Weite aller möglichen Wirklichkeit nennen wir die *transzendentale Erfahrung*. Sie ist eine *Erfahrung,* weil dieses Wissen unthematischer, aber unausweichlicher Art Moment und Bedingung jedweder konkreter Erfahrung eines beliebigen Gegenstandes ist" (1976, 31). Wichtig in diesem Zusammenhang ist, daß es also transzendentale Erfahrung als solche, gleichsam in „chemischer Reinheit", niemals gibt. Die transzendentale Erfahrung ist nur mitbewußtes *Moment* oder der Horizont des geschichtlich, raum-zeitlichen Umgangs des Menschen mit seinen Mitmenschen und seiner Welt in Erkenntnis und Freiheit. Menschliches Bewußtsein läßt sich nicht in „transzendental"

und „kategorial“ (= raum-zeitlich, empirisch) spalten. Insofern ist die transzendentale Erfahrung auch nur ungewußt und unthematisch *mit*-gegeben, *mit*-erfahren, nur in der Reflexion auf die Bedingung der Möglichkeit menschlicher Vollzüge überhaupt ins ausdrückliche Bewußtsein tretend.
Zur „Bedingung der Möglichkeit“ ist zu sagen, daß diese nicht einfach mit Ursache verwechselt werden darf. „Da muß nun doch die Frage gestellt werden, ob denn wirklich ein moderner ‚Aufweis‘ der Existenz Gottes so vorangeht und vorangehen muß, ob das Schema von einer Wirkung auf eine Ursache (Donner – Blitz; Ei – Huhn) im üblichen Sinne wirklich die Struktur eines Gottesbeweises hergibt. Wenn es so wäre, dann freilich könnte man wohl die Frage aufwerfen ..., bei welchem Punkt man bei solchen Rückschlüssen stehen bleiben wolle (ob beim Huhn oder beim Ei) und warum man die nicht mehr auf einen weiteren Grund hinterfragbare Selbstverständlichkeit Gottes nicht schon der Welt selber als ganzer zuschreiben könne ... Aber ich meine, daß der heutige Aufweis Gottes sich gar nicht durch die Frage nach der Legitimität eines solchen Gedankenschemas, in dem von einer Wirkung nach einer Ursache gefragt wird, beunruhigen lassen müsse. Dieses Schema setzt ja voraus, daß man im Prozeß des Denkens zunächst einmal bei ‚Welt‘ oder ‚Subjekt‘ ankommt, *um dann in einer ganz neu anhebenden Frage nach einem hinreichenden Grund des zunächst in seiner selbstverständlichen Existenz Angetroffenen fragt* ... Wie aber, wenn dieses stillschweigend als selbstverständlich vorausgesetzte Schema gar nicht die Eigentümlichkeit des Aufweises der Existenz Gottes wiedergibt, wenn dieser sich selber recht versteht? Wie, wenn der stillschweigend und unreflektierte Vorgriff auf das, was wir Gott nennen, die Bedingung der Möglichkeit der Erkenntnis der Welt als solcher wäre ...? Wie, wenn sich die Reihenfolge nur auf die Reihenfolge des explizit und in verbaler Objektivation Erkannten bezöge, nicht aber auf die Abfolge (unzeitlicher Art) von Bedingung der Möglichkeit einer Erkenntnis und dieser selbst“? (1979, 57–58).

Das Wort „Gott“
Schon aus den eben genannten Ausführungen wird deutlich, daß für R. der Ausdruck „Gott“ selbst äußerst vorsichtig eingeführt wird. Gott ist als Bedingung der Möglichkeit menschlicher Erkenntnis und Freiheit das als Vorgriff auf die

unendliche Weite, auf die ungegrenzte Offenheit des Menschen Erfahrene. Bleibendes (nicht das nur noch nicht durchschaute!) Geheimnis, der Namenlose, das Unsagbare, das Schweigende sind deshalb auch die Worte, mit denen R. „Gott" benennt. Erwägungen zum Wort Gott bei R. sind deshalb unerläßlich, weil es schließlich in der Gottesfrage auch darum geht, *was* zu erweisen ist. Zwei Punkte sind zu erwähnen. Erstens meint R. selbst unter der Frage „Was sagt das Wort ‚Gott'?": „Es gibt das Wort ‚Gott' ... Jedoch *über* Gott sagt zumindest das deutsche Wort gar nichts oder nichts mehr aus ... Heute wirkt das Wort ‚Gott' jedenfalls wie ein Eigenname. Man muß anderswoher wissen, was oder wer damit gemeint ist. Das fällt uns meistens nicht auf; aber es ist so. Wenn wir – wie es durchaus in der Religionsgeschichte vorkommt – Gott z. B. den ‚Vater', den ‚Herrn' oder den ‚Himmlischen' oder ähnlich nennen würden, dann würde das Wort von sich aus, von seiner Herkunft aus unserer sonstigen Erfahrung und dem profanen Gebrauch heraus etwas über das Gemeinte aussagen. Hier aber sieht es zunächst so aus, als ob das Wort uns anblicke wie ein erblindetes Antlitz. Es sagt nichts *über* das Gemeinte, und so kann es auch nicht einfach wie ein Zeigefinger fungieren, der auf ein unmittelbar außerhalb des Wortes Begegnendes hinweist ..." (1976, 56). Gott selbst kann also nicht im Wort ein Wort unter anderen Worten sein, ein Begriff unter anderen Begriffen. Worte und Begriffe grenzen ja ab, während Gott gerade das Grenzenlose, immer und überall Anwesende und Umfassende meint. So gesehen könnte dann nach R. der Name „Gott" doch wieder, gerade weil das Wort in sich keinen Inhalt hat, treffend sein, um das namenlose Geheimnis zu bezeichnen. Ja R. geht noch einen Schritt weiter, wenn er in seinem Aufsatz „Glaubensbegründung in einer agnostischen Welt" schreibt: „Jede Wirklichkeit kann auf Gott verweisen, und der Mensch ist nicht einfach identisch mit seiner Erfahrung des Agnostizismus ... *Aber heute gehört zu diesen Menschen eben auch die brennende Erfahrung des Agnostizismus, der Unbegreiflichkeit seines Daseins"* (XV, 135). (Nur nebenbei: Durch die Menschwerdung Gottes wissen wir als Glaubende zwar mehr und Endgültiges über Gottes Verhalten zu uns, Gott selbst ist jedoch eher noch unbegreiflicher geworden!) R. steht zweifelsfrei – und je älter desto mehr – der sogenannten „negativen Theologie" nahe.
Und zweitens muß, wenn von Gott gesprochen werden soll,

zwar selbstverständlich gesehen werden, daß der Mensch durch seine Primär- und Sekundärsozialisation sein erstes Wissen von und über Gott von anderen Menschen erhält, daß aber auch umgekehrt für den erwachsenen Menschen „Gott“ nicht etwas Angelerntes oder Andoktriniertes sein darf (weil der Mensch so ständig Kind bliebe!), sondern daß der Name „Gott“ nur die *nachträgliche Benennung* einer immer und jedem Menschen gegebenen, unausweichlichen, einer originären, ursprünglichen Erfahrung meint, die das ist, was wir in der nachträglichen Reflexion dann „Gott“ nennen.

Die transzendentale Erfahrung als Gotteserfahrung
Die Hauptschwierigkeit einer an der Transzendentalphilosophie orientierten Argumentation für die Existenz Gottes besteht immer im Aufweis der objektiven (nicht nur bewußtseinsimmanenten, im Gedanken projizierten) Existenz Gottes. D.h. konkret: Das, was der Mensch erfährt, darf nicht die Projektion irgendeiner innerweltlichen Gegebenheit sein, sondern muß wirklich das Transzendente sein und als solches erwiesen werden. Es handelt sich bei diesem Problem um die altbekannte Frage von Immanenz und Transzendenz, oder einfacher um die Frage, *ob alles, was in uns ist, auch von uns sein muß,* oder nochmals anders: ob nicht doch eine Wirklichkeit jenseits aller weltlichen Einzelwirklichkeiten sein muß, die die geistigen Vollzüge des Menschseins erst hinreichend verständlich macht und vor allem ermöglicht.
R. hat sich kaum mit der atheistischen Religionskritik befaßt und erst recht nicht durch deren Argumente in seiner Überzeugung der Existenz Gottes beunruhigen lassen. Angesprochen auf das Argument S. Freuds, der Glaube an Gott sei nur neurotische und illusionäre Realitätsfremdheit der ins Unendliche gehenden Sehnsüchte und Wünsche des Menschen, meint R.: „Ist ‚der unendliche Raum unserer Sehnsüchte und Wünsche‘ da oder nicht? ... Wenn er da ist, ... dann sagt dieser ‚unendlich weite Raum‘ durch sich selber (im voraus zur Frage, ob und wie er erfüllt werden könne), daß die Bedingung seiner Möglichkeit bestehen müsse“ (1979, 62). – Energisch bestreitet R., daß es, wie es nicht selten von Atheisten oder Agnostikern vorgebracht wird, illusionsloser, tapferer, mannhafter usw. sei, nicht an Gott zu glauben. Solche Attribute beanspruchen absolute Geltung. „Worin gründet dies? Warum ist unter atheistischen Voraussetzungen eine solche

Mannhaftigkeit mehr als eine sinnlose Dummheit?" (1979, 62).

Das Hauptargument für die Existenz Gottes bleibt bei R. jedoch die Erfahrung der Endlichkeit und Begrenztheit des Menschen, die nur möglich ist, weil sie die „Erfahrung" Gottes, die Erfahrung eines Geheimnisses, des Namenlosen und allumfassend Ungegenständlichen, eines Absoluten – eben das, „was wir Gott nennen" – bei sich haben muß. Dieses „Bei sich haben Müssen" ist die transzendentale Erfahrung als Gotteserfahrung. Der Mensch weiß sich unweigerlich als endlich und begrenzt, als nur ein „Fall von Sein". „Der Mensch ist trotz der Endlichkeit seines Systems immer schon als ganzer vor sich gebracht. Er kann alles in Frage stellen; er kann alles als einzeln Aussagbare immer schon in einem Vorgriff auf alles und jedes mindestens fragen. Indem er die Möglichkeit eines bloß *endlichen* Fragehorizonts setzt, ist diese Möglichkeit schon wieder überholt, erweist sich der Mensch als das Wesen eines *unendlichen* Horizontes. Indem er seine Endlichkeit radikal erfährt, greift er über diese Endlichkeit hinaus, erfährt er sich als Wesen der Transzendenz" (1976, 42). In Erkenntnis, Freiheit und vielen anderen personalen Vollzügen weiß sich der Mensch als endlich und begrenzt; und in diesem Wissen greift er im immer mitbewußten, wenn auch nicht ausdrücklich gewußten, „Vorgriff" über seine Grenzen hinaus. Dies als ersten Schritt der Rahnerschen Argumentation vorausgesetzt (wobei darauf verwiesen werden darf, daß eine Bedingung der Möglichkeit so real sein muß wie das durch sie Ermöglichte), muß in einem zweiten Schritt erwiesen werden, daß dieser Vorgriff nun tatsächlich auf das geht, was wir in der Reflexion auf unsere menschlichen Vollzüge „Gott" nennen, daß wir immer, „mit den Sandkörnern des Strandes beschäftigt, am Rand des unendlichen Meeres des Geheimnisses wohnen" (IX, 170).

Als Bedingung der Möglichkeit menschlicher Begrenztheitserfahrung kommt die Erkenntnis der inneren Endlichkeit, der Totalität aller Gegenstände, der „Welt", nicht in Frage, denn diese „Erkenntnis erfordert ja einen Vorgriff über diese Endlichkeit hinaus, damit diese innere Endlichkeit nicht bloß *faktisch* vorhanden, sondern auch *als solche* erfaßt werden könne" (1971, 72). Auch das bloße „Nichts" kann dem Menschen seine Endlichkeit und Begrenztheit nicht zur Erkenntnis bringen. Daraus folgt, daß der „Vorgriff" des Menschen in Erkenntnis und Freiheit, daß die transzendentale Erfahrung auf eine Wirklichkeit verweist, die grundsätzlich anders ist als die uns bekannte und dennoch noch von Geheimnissen durchdrungene Welt. Dies wird noch deutlicher, wenn R. auf die bevorzugten Orte transzendentaler Erfahrung verweist, in denen das „Nicht von uns“ deutlicher wird, wenngleich es auch sonst in den geistigen Vollzügen des Menschen gegeben ist.

„Lassen Sie mich es noch einmal sagen, obwohl ich nur nochmals dasselbe mit fast denselben Worten wiederhole: Wo die eine und ganze Hoffnung über alle Einzelhoffnungen gegeben ist, die alle Aufschwünge, aber auch alle Abstürze noch einmal sanft in schweigender Verheißung umfängt,

– wo eine Verantwortung in Freiheit auch dort noch angenommen wird und durchgetragen wird, wo sie keinen angebbaren Ausweis an Erfolg und Nutzen mehr hat,

– wo der Sturz in die Finsternis des Todes noch einmal gelassen angenommen wird als Aufgang unbegreiflicher Verheißung,

– wo die Summe aller Lebensrechnungen, die man nicht selber noch einmal berechnen kann, von einem unbegreiflichen anderen her als gut verstanden wird, obwohl man es nicht nochmals ‚beweisen‘ kann,

– wo die bruchstückartige Erfahrung von Liebe, Schönheit, Freude als Verheißung von Liebe, Schönheit, Freude schlechthin angenommen wird, ohne in einem letzten zynischen Skeptizismus als billiger Trost vor der letzten Trostlosigkeit verstanden zu werden,

– wo der bittere, enttäuschende und zerrinnende Alltag heiter gelassen durchgestanden wird bis zum angenommenen Ende aus eigener Kraft, deren letzte Quelle von uns nicht noch einmal gefaßt und so uns untertan gemacht werden kann,

... – wo (man könnte, wie gesagt, noch lange weiterfahren) – da ist Gott“ (1977, 43–45).

Wie also erweist R. diese und ähnliche Erfahrungen als in uns, aber nicht von uns? Als Menschen sind wir de facto (auch wenn wir potentiell Wesen grenzenloser Offenheit sind) endlich und begrenzt. Wenn wir dies nicht nur sind, sondern auch darum wissen, verlangt dies eine Bedingung der Möglichkeit, die wiederum nicht endlich und begrenzt sein kann. Erfahrungen wie Glück, Liebe, Geborgenheit, Hoffnung, Trost usw., wie deren Gegenteil: die Erfahrungen von Not und Leid, von Ungerechtigkeit und Tod können zwar als unerklärbare Tatsachen, als „bruta facta“, hingenommen werden, welches Hinnehmen zwar, wie so oft im menschlichen Leben, theoretisch postuliert, kaum aber als das zu lebende Leben zufriedenstellend empfunden werden kann. Es ist wichtig zu sehen, daß hier nicht von „Bedürfnissen“ des Menschen die Rede ist. Diese können sich tatsächlich ja erfüllen oder auch nicht. Hier geht es um die Bedingung der Möglichkeit solcher typisch menschlichen „Bedürfnisse“ – wenn man dieses Wort schon verwenden will; um die Frage, warum sie überhaupt sein können, warum wir Menschen so sind, wie wir sind und uns erfahren. Neben und über diese Wünsche und dieses Sehnen des Menschen hinaus, von denen der Mensch doch hofft, sie mögen seine letzte und endgültige Bestimmung sein, sind noch die Absolutheitserfahrungen des Menschen zu nennen. Jedes menschliche Urteil, wenn es nicht nur Hypothese sein soll, erhebt den Anspruch universaler Gültigkeit (wobei es solche Urteile in *jeder* Weltanschauung gibt!). Wir fühlen uns – weiter – unseren Mitmenschen gegenüber in verschiedener Weise verpflichtet. Woher aber diese Verpflichtung? Der Hinweis auf einen selbstverständlichen Humanismus (der auch christlich natürlich nicht falsch ist) mag eine Zeitlang tragen. Trägt er aber immer? Und was sagt man dem, der eine solche Verpflichtung dem Mitmenschen gegenüber schlichtweg bestreitet? Wir wollen einen Sinn unseres *ganzen* Lebens. Warum genügen uns nicht und auf die Dauer nicht die „Sinninseln“, auf denen wir normalerweise leben? Wir besitzen Wahlfreiheit. Warum, wenn nicht vor dem mitbewußten Hintergrund eines absoluten Wertes, der das einzelne Gute erst begrenzt und nur dadurch Wahlfreiheit ermöglicht? In R.s Terminologie ist die Antwort auf all diese Fragen jenes ungegrenzte Geheimnis, das sich in seiner Eigentlichkeit unseren Begriffen und Worten entziehend, von uns „Gott“ genannt wird.

Wertung

Mit dem Aufweis einer Gotteserfahrung ist für R. auch die Frage nach der Existenz Gottes gelöst. Allerdings ließe sich fragen: Machen wir wirklich *Gottes*erfahrung (auch wenn diese nicht die Anschauung Gottes im Jenseits sein kann)? R. selbst räumt ja ein, daß diese Gotteserfahrung als transzendentale nur in der Reflexion eingeholt werden kann, dort aber auch anders benannt, sogar geleugnet werden kann. Aufgrund dessen ließe sich fragen, ob die Gotteserfahrung als Gotteserfahrung wirklich so „selbstverständlich“ ist, wie dies bei R. gelegentlich klingt. Zumal R. ja selbst erklärt, daß, wem das Wort „Gotteserfahrung“ nicht gefalle oder zuviel behaupte, auch von einem bleibenden Verwiesensein des Menschen auf Gott sprechen könne. Wenngleich dies keineswegs sein *muß:* Eine Verwiesenheit auf Gott könnte dessen Existenz als von anderswoher zu erweisen postulieren. Da R. die Aufteilung der „Gottesbeweise“ (metaphysischer, moralischer, teleologischer etc.) als je einzelne Artikulation der reflektierten transzendentalen Grunderfahrung des Menschen betrachtet, kann bezüglich einer teleologischen Argumentation nur auf das mit P. Overhage publizierte Buch „Das Problem der Hominisation“ (= Quaestio Disputata 12/13, Fr 1963) verwiesen werden (vgl. →Teilhard de Chardin).

Literatur: K. Rahner: Schriften zur Theologie, Bde. I–XVI, Z–Ei–Kö 1954–84; Hörer des Wortes (neu bearbeitet von J. B. Metz), Fr 1971; Grundkurs des Glaubens, Fr 1976; Erfahrung des Geistes, Fr 1977; (mit K. -H. Weger) Was sollen wir noch glauben?, Fr 1979. – K. -H. Weger, Karl Rahner. Eine Einführung in sein theologisches Denken, Fr 1978 und 1986; K. Lehmann/A. Raffelt (Hrsg.), Rechenschaft des Glaubens. Karl Rahner-Lesebuch, Fr–Z–Kö 1979; K. P. Fischer, Gotteserfahrung. Mystagogie in der Theologie Karl Rahners und in der Theologie der Befreiung, Mz 1986; G. Kraus, Gotteserkenntnis ohne Offenbarung und Glaube? Natürliche Theologie als ökumenisches Problem, Pa 1987.

K. -H. Weger

Ramsey

Ian Thomas Ramsey, * 1915 in Bolton (England), † 1972 in London, 1951 Professor für Christliche Religion in Oxford und Fellow im Oriel College, 1966 anglikanischer Bischof von Durham und Mitglied des „House of Lords“. Als Theologe und Philosoph setzte sich R. speziell mit Grenzfragen zwischen analytischer Philosophie und der Rede von Gott auseinander. Auf dem Hintergrund der modernen Sprachanalyse und der logisch positivistischen Behauptung der Sinnlosigkeit des Sprechens von Gott analysierte er den besonderen Charakter und den Gebrauch religiöser Sprache. Hauptanliegen in seinen Vorlesungen und Schriften war der Aufweis der Sinnhaftigkeit der Rede von Gott.

Unter dem Einfluß von →Wittgenstein und den Sprachphilosophen betont R. die Vielfalt der Verwendungsweisen menschlicher Rede. Bevor man sich der Frage nach der Existenz Gottes zuwendet, hat man die Logik und die Eigenart der Verwendungsweise des Ausdrucks „Gott“ zu berücksichtigen. „Gott“ ist kein eindeutiger Eigenname, dem ein klar aufweisbarer Träger entsprechen würde, aber auch kein üblicher allgemeiner Ausdruck. Wie ein Großteil menschlichen Sprechens ist die Rede von Gott nicht wissenschaftlicher Art, sondern von personalen Erschließungssituationen (disclosures) gekennzeichnet. Die Eigenart religiösen Sprechens entspricht der komplexen Struktur religiöser Erfahrung: Wenn wir Personen kennen und sie als personales Gegenüber erfahren, so erfahren wir mehr als die Summe ihres Verhaltens. Ihr erfahrbares Verhalten ist aber das Medium, durch das sie sich uns erschließen. In entsprechenden kosmischen Erschließungssituationen geht uns Gott oder die göttliche Dimension der Wirklichkeit auf. Die religiösen „disclosures“ geschehen nicht im Leeren, sie sind stets durch andere Erschließungssituationen, letztlich durch Erfahrung, vermittelt. Was in „disclosures“ erschlossen wird, kann in einem übertragenen Sinn verifiziert werden: Es hat einen Bezug zu alltäglicher menschlicher Erfahrung. Mit „model“ meint R. den Aspekt der Rede von Gott, durch den ihre empirische Verwurzelung zum Ausdruck gebracht wird; mit „qualifier“ jenen Aspekt, durch den ersichtlich wird, daß das in kosmischen „disclosures“ Erschlossene nicht reduzierbar ist auf die vermittelnden Erfahrungen. Die Behauptung des Daseins Gottes muß auf diesem Hintergrund verstanden und bestätigt werden. Die Hypothese des Daseins Gottes kann zwar nicht anhand von empirischen Vorhersagen verifiziert werden, wohl aber durch ihre integrative oder harmonisierende Funktion der vielen sonstigen Redeweisen und Erfahrungen des Menschen.

R. wendet sich gegen Theisten und Atheisten, die das Sprechen von Gott zu sehr an die wissenschaftliche Rede angleichen und somit die Frage nach dem Aufweis der Existenz Gottes nicht adäquat behandeln. Er wendet sich aber auch gegen jene, die die Rede von Gott als beliebiges Sprachspiel betrachten, ohne ihre „ontologische Verpflichtung“ ernst zu nehmen. Die Eigenart der Verwendungslogik von „Gott“ impliziert nicht, daß Gott nicht wirklich wäre. Gerade weil die Rede von der Existenz Gottes den erwähnten integrativen Kriterien entspricht, kann von ihr gesagt werden, daß sie empirisch bestätigt oder verifiziert ist. Der christliche Theismus

kann nach R. sogar als die adäquateste Deutung menschlicher Erfahrung verstanden werden.
R.s Verdienst ist, die logisch empiristische These der Sinnlosigkeit der Rede von Gott durch den Aufweis ihrer logischen Eigenart neutralisiert zu haben. Bekannt geworden ist R. hauptsächlich wegen seiner Analysen der personalen Erschließungssituationen, „disclosures", durch die er Verständnis zeigt für existentialistische Anliegen, ohne ihre erkenntnistheoretischen Extreme zu akzeptieren.

Literatur: I. Ramsey: Freedom and Immortality, Lo 1960; Religious Language, NY 1963; Models and Mystery, Lo 1964; Religion and Science: Conflict and Synthesis, Lo 1964; Christian Discourse: Some Logical Explanations, Lo 1965; Models for Divine Activity, Lo 1973; Christian Empiricism, Lo 1974.

E. Runggaldier

Rosenzweig

Franz Rosenzweig, * 1886 in Kassel als Sohn einer jüdischen Familie, † 1929 in Frankfurt a.M. R. promoviert 1912 bei F. Meinecke über die „Hegelsche Staatsansicht" (Hegel und der Staat, Mn–B 1920, Neudruck Aalen 1962). 1913 gerät R. an den Rand der Taufe zum evangelisch-lutherischen Christen; in dieser Krise vollzieht R. die Kehre vom akademischen Historiker und Philosophen zum gläubigen Denker und Lehrer seines Judentums. Zeugnis dieser Kehre ist R.s Hauptwerk: „Der Stern der Erlösung" (1921). In Auseinandersetzung mit Goethe, →Kant, →Hegel (Phänomenologie des Geistes), →Schelling (Die Weltalter), →Cohen und vor allem im Rückgriff auf die Quellen des Judentums vergewissert sich R. im „Stern" seines neuen Standpunktes. 1920 gründet R. in Frankfurt a.M. das „Freie Jüdische Lehrhaus". 1924 beginnt der von schwerer Krankheit gezeichnete R. mit M.→Buber eine neue Verdeutschung der Schrift.
R. lehnt einen Gottesbeweis ab, weil der Beweis „meint, die Zeit nicht zu brauchen" (II, 633). Von dieser Zeit- und Bedürfnislosigkeit sieht R. das abendländische Denken von den Vorsokratikern bis Hegel beherrscht. Diesem „alten Denken" diente der Gottesbeweis nach R. dazu, auch noch den schlechterdings anderen Gott in seine allumfassende Einheit aufzuheben. R. selbst geht von der positiven Religion aus, von der „Tatsache", daß er Jude ist. Deren Erfahrung ist für ihn im geschichtlichen „Ereignis" der Offenbarung „gestiftet", daß Gott seinen Namen offenbart als „dir Daseienden",

„zu dir Kommenden“ (I/2, 1161) und den einzelnen wie das Volk (Höre Israel!) beim Namen ruft (vgl. II, 209; III, 622f.). Gott denken heißt für R. diesem „Ereignis“ nach-denken. R. enthüllt jene Voraussetzungen der Offenbarung, die „umgekehrt“ die Offenbarung selbst sich so voraussetzt, daß das „alte Denken“ erneuert wird: So zerbricht nach R. die All-Einheit des Wissens an der Sterblichkeit des Menschen. Mensch, Welt, Gott treten in ihren getrennten Selbstand auseinander. Das heißt für Gott: Sein „Sein“ entzieht sich dem synthetisierenden Zugriff des Denkens. Sucht das Wissen diese „Elemente“ zu ergründen, restituiert es nur ihre Verschlossenheit und Getrenntheit – so Gott als „mythischen Gott“ – und erfährt es in der „Furcht des Todes“ seine eigene Ohnmacht und Unwirklichkeit. Denn in der Wirklichkeit erfahren wir nach R. nicht diese elementaren „Tatsächlichkeiten“, sondern die „Brückenschläge“ zwischen ihnen. Diese aber sind die „Tatsachen“ von Schöpfung, Offenbarung und Erlösung, die sich nicht *in* der Zeit, sondern diese selbst ereignen (vgl. III, 150); die Offenbarung also verbindet das vom Denken Nichtzusammenfügbare. Das heißt wiederum für Gott: Er „ist“ nicht, er „ereignet“ sich, er ist nicht die Liebe, er liebt (vgl. II, 183). Die Offenbarung „verwirklicht“ auf diese Weise die Sterblichkeit des Menschen als „Schöpfungstatsache“. So setzt sie sich den Tod als „Weissagung“ des „Wunders“ ihrer Liebe voraus, die stark ist wie er. R. „verwirklicht“ also das Wissen, indem er es auf den in der Erfahrung des Todes gewonnenen Begriff der Schöpfung baut. Aus dieser „Umkehrung“ geht das Denken als „neues Sprachdenken“ hervor, das die Zeit ernst nimmt und des anderen bedarf (vgl. III, 151f.). Für dieses Denken steht zuletzt der Sinn von Sein in der Rede: „Gott ist“ als endzeitliches Ereignis Gottes selbst aus. Daß dem so ist, gilt es gleichwohl nach R.s „messianischer Erkenntnistheorie“ jetzt zu „bewähren“ (vgl. III, 158–160).

R.s breitere Wirkungsgeschichte ist vor allem mit dem Namen von E.→Levinas verbunden. Levinas hat die „große Originalität“ von R.s „neuem Denken“ gewürdigt, das „Nicht-Synthetisierbare“ und die Religion als den „ursprünglichen Horizont jedes Sinnes, einschließlich der Welt- und Geschichtserfahrung zu denken“ (Mosès 1985, 14f., 10). R.s Religionsverständnis lasse „die ersten Koordinaten des Seins“ hervortreten (Levinas ²1976, 243). Das „ewige Leben“ werde zum

„Grund der neuen Philosophie", entfalte sich in „neue Begriffe", gebe der „Person des Philosophen" wieder die Rolle zurück, „die ihm das System geraubt hatte", und der Offenbarung „den Rang eines Grundakts der Erkenntnis" (Levinas 1965, 212).

Literatur: F. Rosenzweig: Der Mensch und sein Werk. Ges. Schriften, 4 Bde., Den Haag–Dordrecht 1976–84. – E. Levinas, F. Rosenzweig. Une pensée juive moderne, in: Revue de théologie et de philosophie 15 (1965) 208–221; B. Casper, Das dialogische Denken. Eine Untersuchung der religionsphilosophischen Bedeutung F. Rosenzweigs, F. Ebners und M. Bubers, Fr 1967; E. Levinas, „Entre deux mondes" (La voie de F. Rosenzweig), in: ders., Difficile liberté, P [2]1976, 235–260; Les Cahiers de La nuit surveillée 1: F. Rosenzweig, P 1982; H.-J. Görtz, Tod und Erfahrung. Rosenzweigs „erfahrende Philosophie" und Hegels „Wissenschaft der Erfahrung des Bewußtseins", D 1984; S. Mosès, System und Offenbarung. Die Philosophie F. Rosenzweigs (mit einem Vorwort von E. Levinas), Mn 1985.

H.-J. Görtz

Rosmini-Serbati

Antonio Rosmini-Serbati, * 1797 in Rovereto, † 1855 in Stresa. 1821 zum Priester geweiht, gründete R. 1828 das „Institutum Caritatis", eine 1839 päpstlich bestätigte Ordenskongregation. Er unternahm den Versuch, das nationale Einheitsstreben Italiens mit den christlichen Traditionen dieses Landes zu verknüpfen. Die Indizierung (1849) eines von ihm erarbeiteten Verfassungsvorschlags und der kirchlichen Reformschrift „Über die fünf Wunden der Kirche" verhinderte seine geplante Ernennung zum Kardinal. R.s zumeist posthum veröffentlichtes Schrifttum (in der von M. F. Sciacca initiierten Kritischen Ausgabe 80 Bde. umfassend) ist weithin eine Stoffsammlung zur Realisierung einer schon 1817 geplanten „Christlichen Enzyklopädie". Jahrzehnte nach R.s Tod wurden 1887 vierzig Sätze aus verschiedenen Werken als der kirchlichen Lehre widersprechend zensiert.

R.s Philosophie geht aus von der Erkenntnis, daß die unmittelbare Wahrnehmung der eigenen Existenz etwas voraussetzt, was den Menschen von Anfang an über das auch dem Tier gegebene Fühlen des eigenen Körpers hinaushebt: „eine innere Gelichtetheit". In Abgrenzung gegen den Traditionalismus einerseits und den Immanentismus (ausführliche Auseinandersetzung mit →Kant, →Fichte, →Schelling, →Hegel) andererseits entwickelt er seine Lehre von einer den menschlichen Intellekt geistig erhellenden „Form der Wahrheit", die weder identisch ist mit der absoluten Wahrheit (Gott) noch mit dem menschlichen Intellekt, den sie als solchen konstituiert. In seinem erkenntnistheoretischen Hauptwerk „Über den Ursprung der Ideen“ (1830) ersetzt R. den Begriff „Form der Wahrheit“ durch den Begriff „Idee des Seins“. Zusammenfassend erklärt er selbst seinen „Systemgedanken“ so: „Wenn ich bei mir selbst sage, irgendein gegebenes einzelnes reales Seiendes existiere, so würde ich nicht verstehen, was ich sage, wenn ich nicht schon wüßte, was ‚Seiendes‘, was ‚Entität‘ ist. Diese *Kenntnis der Entität* im allgemeinen muß in mir sein und allen jenen Urteilen vorausgehen, mit welchen ich sage, daß ein einzelnes reales Seiendes existiert“ (Sistema Filosofico, § 15). Das „Existenzurteil“ liegt als Konstitutivum der menschlichen Vernunft dem Bewußtsein als dem reflexen Beisichsein dieser Vernunft notwendig voraus. Die Idee des Seins ist kein Begriff oder Gegenstand der reflex erkennenden Vernunft, sondern bezeichnet die Unmittelbarkeit des Seins gegenüber dem menschlichen Geist als das reine „Wodurch“ der Erkenntnis.

Auf der Basis seines „Systemgedankens“ entwickelt R. vier Schritte der natürlichen Gotteserkenntnis. Er schließt

- von der Unendlichkeit der Idee des Seins auf eine „entsprechende“ Realität: auf ein *absolutes* Sein;
- von dem Objekt-Charakter der Idee des Seins auf ein „entsprechendes“ Subjekt: auf ein *personales* Absolutum;
- von der Tatsache, daß der Mensch sich im Lichte der unendlichen Idee des Seins der Kontingenz seiner sinnlichen Wahrnehmungen bewußt wird, auf eine sich selbst begründende Erstursache: auf einen personalen *Schöpfer*-Gott;
- von der Tatsache, daß der Mensch als Person (moralisches Wesen) in unendlicher Weise (asymptotisch) danach strebt, die Kontingenz der eigenen und der von außen wahrgenommenen Realität auf die unendliche Idee des Seins hin zu transzendieren, auf eine letzte Einheit von Realität und Idealität als absolute Moralität: auf einen Gott, der *Liebe* ist.

Im Sinne einer Ableitung der Existenz Gottes aus dem Seins*begriff* lehnt R. den ontologischen Gottesbeweis des →Anselm von Canterbury ebenso ab wie →Thomas von Aquin. R. versteht seine vier Schritte als „Argumente“, nicht als „Beweise“. Er betont, daß die natürliche Gotteserkenntnis – weil basierend auf der Idee des Seins – keine positive Erkenntnis Gottes sein kann.

Literatur: A. Rosmini: Della Divina Provvidenza. Sui confini dell'umana ragione nei giudizi intorno alla Divina Provvidenza, in: Opuscoli Filosofici I, Mi 1827, 1–114; Nuovo Saggio sull'origine delle idee. Edizione Nazionale III–V (hrsg. von F. Orestano), R 1934; Teodicea. Edizione Sciacca XXII (hrsg. von U. Muratore), R 1977; Sistema Filosofico. Edizione Nazionale II (hrsg. von U. Redanò), R 1934, 209–285; Del divino nella natura, in: Teosofia IV (hrsg. von P. Perez), Intra 1869, 1–318. – F. Evain, La preuve a priori de l'existence de Dieu dans le „Nuovo Saggio" comme passage de la gnoseologie à l'ontologie, in: Rivista Rosminiana 55 (1961) 90–99; C. Riva, L'esistenza di Dio in A. Rosmini, in: Acta VI Congressus Thomistici Internationalis) II, R 1966, 294–299; F. Pfurtscheller, Von der Einheit des Bewußtseins zur Einheit des Seins. Zur Grundlegung der Ontologie bei Antonio Rosmini-Serbati (1797–1855), F 1977, 117–128; F. Percivale, L'ascesa naturale a Dio nella filosofia di Rosmini, R 1977; K.-H. Menke, Vernunft und Offenbarung nach A. Rosmini. Der apologetische Plan einer christlichen Enzyklopädie (= Innsbrucker Theologische Studien, 5), I 1980, 166–185.

K.-H. Menke

S

Scheeben

Matthias Joseph Scheeben, * 1835 in Meckenheim bei Bonn, † 1888 in Köln. 1852–59 Studium in Rom, ab 1860 bis zu seinem Tod Professor der Dogmatik am Priesterseminar in Köln. Zahlreiche Publikationen begründeten seinen Ruf als eines der bedeutendsten katholischen Theologen seiner Zeit. An der natürlichen Gotteserkenntnis interessieren ihn vor allem ihre theologische und religiöse Bedeutsamkeit.

Sie gilt als Gegenstand der Theologie, weil sie beiträgt zum klareren und allseitigeren Verständnis der übernatürlichen Gotteserkenntnis, weil sie Aufschlüsse über das Verhältnis der Menschen zu Gott liefert und weil sie von den Quellen des Glaubens bezeugt wird. Weil der Mensch ohne eine positive Offenbarung „durch die Kraft seiner Natur und vermöge ihrer natürlichen Hilfsmittel, auch in seinem gefallenen Zustande eine durchaus gewisse Erkenntnis des wahren Gottes erwerben kann und erwerben soll", ist er für den Nichtbesitz oder die Verleugnung derselben moralisch verantwortlich (vgl. Handbuch der katholischen Dogmatik, Bd. II [= Dogm. II] n. 3–7). Obwohl es sich dabei um eine wirkliche, vernünftige und natürliche Erkenntnis handelt, wird in ihr das Wesen Gottes nicht so, wie es in sich ist, erfaßt; Gott muß also aufgrund der Wahrnehmung der Geschöpfe erschlossen werden (vgl. Dogm. II n. 11.13).

S. geht auch von der Erfahrung aus. Sie zeigt, daß die Erkenntnis Gottes für den sich selbst überlassenen Menschen äußerst schwierig ist, daß aber die Überzeugung von Gottes Existenz dem Menschen doch so natürlich ist, daß sie sich spontan aus der geistigen Natur des Menschen entwickelt (vgl. Dogm. II n. 8). Insofern darf man mit einer „relativ unmittelbaren" Erkenntnis Gottes rechnen (vgl. Dogm. II n. 14). Die Gotteserkenntnis wird durch einen „doppelten Spiegel" gewonnen, und zwar durch den „äußeren" der Natur und den „inneren" der eigenen geistigen Natur der erkennenden Seele. Die durch die Natur gewonnene Erkenntnis zeigt Gott als allgewaltige und wohltätige Macht, die von der Geistnatur der Seele ausgehende läßt die inneren Attribute des geistig-sittlichen Lebens Gottes sichtbar werden. Nur dieser Erkenntnisweg führt zum Begriff Gottes als eines geistig lebendigen Wesens (vgl. Dogm. II n. 21–22). S. hält auch die objektiv übernatürlichen, aber natürlich wahrnehmbaren Erscheinungen (vor allem physische und moralische Wunder) für ein Medium der Gotteserkenntnis (vgl. Dogm. II n. 24). Die Vollkommenheit Gottes kann nur durch Verbindung verschiedener Einzelvorstellungen einigermaßen angemessen dargestellt werden (vgl. Dogm. II n. 61).

Die Ausführungen S.s bewegen sich weithin im Rahmen der herkömmlichen Fragestellungen. Daß eine Auseinandersetzung mit den kritischen Einwänden gegen die Möglichkeit dieser Weise der Gotteserkenntnis nur indirekt stattfindet, markiert eine Grenze seiner Ausführungen. Dennoch zeigen sie seine Kraft zur synthetischen Zusammenschau und sein Bemühen, die Theologie für den gelebten Glauben fruchtbar zu machen.

Literatur: M. J. Scheeben: Ges. Schriften (hrsg. von J. Höfer), Fr 1941–67. – K. Eschweiler, Die zwei Wege der neueren Theologie, Au 1926; M. Schmaus, Die Stellung M. J. Scheebens in der Theologie des 19. Jahrhunderts, in: Katholischer Akademikerverband (Hrsg.), M. J. Scheeben. Der Erneuerer katholischer Glaubenswissenschaft, Mz 1935, 31–54; J. Höfer, Scheeben, in: LThK ²IX, 376–379 (Lit.); H. Petri, Glaube und Gotteserkenntnis. Von der Reformation bis zur Gegenwart (= Handbuch der Dogmengeschichte. 1, 2c), Fr 1985, 168–174.

H. Petri

Scheler

Max Scheler, * 1874 in München, † 1928 in Frankfurt a. M. Professor der Philosophie in Köln 1919–28, in Frankfurt 1928. S. war die visionärste und impulsivste Kraft innerhalb der Phänomenologie. Mit →Augustinus und →Pascal ist ihm Lieben die „moralische Bedingung“ des Philosophierens, des Aufschwungs zum Wesenhaften, vertritt er den Primat des emotionalen Lebens vor dem Erkennen, des Wertnehmens vor dem Wahrnehmen. Begründer der materialen Wertethik, des aktorientierten Personalismus, der katholischen Religionsphilosophie, der Wissenssoziologie, der philosophischen Anthropologie. Er war ein faustischer, ein verschwenderischer Denker, stets zu neuen Aufbrüchen fähig. Ein feuriger Erneuerer des katholischen Geisteslebens nach dem Ersten Weltkrieg, der noch vom Krieg die Freisetzung neuer Geisteskräfte erwartet, formuliert er am Ende eine von →Spinoza

und →Schelling beeinflußte panentheistische Metaphysik, die in Auseinandersetzung mit Schopenhauer und Nietzsche den dunklen Kräften des Lebens auf originelle Weise gerecht zu werden versucht, den Theismus aber verabschiedet, was ihm seitens der katholischen Mitstreiter den Vorwurf des Verrats der christlichen Sache einbringt.
In Aufsätzen über den „Wahrheitsgehalt der Religion“ (GW I, 339 ff.), über „östliches und westliches Christentum“ (GW VI, 99 ff.), über die christliche Gemeinschafts- bzw. Liebesidee (GW V, 355 ff.), über „Reue und Wiedergeburt“ (GW V, 27 ff.) hat S. einzelne religionsphilosophische Fragen behandelt, eine *Wesensphänomenologie* der Religion hat er in den Abhandlungen „Absolutsphäre und Realsetzung der Gottesidee“ (GW X, 179–253) sowie „Probleme der Religion“ (GW V, 101–354) vorgelegt, die Wissensform „Religion“ hat er auch in seiner Wissenssoziologie verteidigt (GW VI; VIII; IX). Das theistische Interesse ist mit dem 1921 erschienenen Sammelband „Vom Ewigen im Menschen“ (GW V) erschöpft. – Die panentheistische Metaphysik liegt in anthropologischen Analysen (GW IX) und im Nachlaßband II „Erkenntnislehre und Metaphysik“ (GW XI) vor.

Gott glauben

Der religiöse Akt: Menschen vollziehen offensichtlich (individuelle und soziale) religiöse Akte. Sie glauben, beten, meditieren, verzeihen, bereuen. Sind das geistige Akte einer besonderen Klasse mit eigener „Sinngesetzlichkeit“? Oder handelt es sich lediglich um gewöhnliche Urteils-, Gefühls- bzw. Willensakte? S. taucht, im Zuge der religiösen Erneuerung, die der Weltkrieg, dieses „erste Gesamterlebnis der Menschheit“, zwischen 1915 und 1920 mit sich bringt, zudem mit der Kraft eines Visionärs und mit den Erkenntnismitteln seiner eigenen Akt-Phänomenologie ausgerüstet, als Philosoph vorbehaltlos in die Evidenz des „homo religiosus“ ein, der eine solche Eigengesetzlichkeit religiöser Akte *erfährt*. Als einer, der ins Glaubensphänomen hineingesprungen ist, legt er eine begeisterte Innen-, d.h. Wesensanalyse des religiösen Bewußtseins, des theistischen Glaubens vor. Es geht ihm nicht um „konkrete Phänomenologie“ (V, 155) i.S. historisch-psychologischer Deskription der religiösen Erscheinungen, vielmehr um Eidologie des religiösen Aktes und seines intentionalen Korrelates, des Göttlichen.

Konstitutiv, als „wesensnotwendige Mitgift", nicht erst durch Not, Leere, Mangel als empirisches „Bedürfnis" gebildet, gehören, gemäß Innenbeschreibung, religiöse Akte zum menschlichen endlichen Bewußtsein. „Jeder endliche Geist glaubt entweder an Gott oder an einen Götzen" (V, 261). D.h., die „Absolutsphäre" ist ihm prinzipiell eröffnet, ist nicht erst durch Kontingenzbeweis aufzuschließen, die Frage ist nur, ob er sie mit einem endlichen Gut (wie Staat, Geld, Wissen, Kunst, Weib) besetzt, sich derart in einen Götzen „vergafft", oder ob er durch Enttäuschung über seinen Götzen „*von selbst* zur Idee und Realität Gottes" (V, 262) vorstößt.

Das intentionale Aktkorrelat: Mindestens drei Momente zeichnen den religiösen Akt (gegenüber andern geistigen Akten) aus: 1. die welttranszendente Intention, 2. die Erfüllbarkeit nur durch das „ganz andere", 3. durch ein sich selbst mitteilendes Göttliches (in „natürlicher" bzw. „positiver" Offenbarung). Die religiöse Intention bleibt „empirisch grundlos und ziellos" (V, 247), prinzipiell unerfüllbar, den endlichen Dingen „evident unangepaßt" (V, 256). Sie unterscheidet sich aber auch von den intentionalen Korrelaten anderer geistiger Akte dadurch, daß sie sich nicht durch ideale Wesens- und Wertgehalte (wie Zahlen, Ideen, Werte) erfüllen läßt. Dem Glaubenden ist Gott nicht bloß eine ideale Entität, vielmehr höchste Realität. Und so ist der religiöse Akt unter allen geistigen Akten derjenige, der das Realsein des intendierten Objektes impliziert, das sich von sich selbst her mitteilt, offenbart. „Der korrelate religiöse Akt nimmt ein Offenbarwerdendes, Sichselbstdarstellendes (in einem anderen) auf" (V, 160–1).

Argumentativ liegt hier eine Kreisbewegung vor: das Realsein eines sich selbst offenbarenden Göttlichen ist die „Ursache" für das Auftreten religiöser Akte, deren intentionales Korrelat das Realsein Gottes ist, welcher ontologische Status der Intention im Falle jedes anderen geistigen Aktes erst noch zu beweisen wäre. Anders formuliert: Weil ein Glaubensgut als absolutes „Wertding" vorausgesetzt ist, deshalb gibt es Akt-Glauben (faith), dem das „Wertding" in Absolutsphäre real gegeben ist; und weil persönliche Glaubensevidenz vorliegt, deshalb gibt es einen absoluten Sachgültigkeits-Anspruch (X, 247). Der Glaubende steht in dieser (zirkulären) Evidenz so fest und sicher, daß sie keines Beweises bedarf. Auch die Philosophie vermag nur einen „Nachweis“ bzw. einen „Aufweis“ zu erbringen von der Realität des Göttlichen. „Realität oder Dasein selbst zu ‚beweisen‘ ist widersinnig“ (V, 252). Nur Sätze *über* Reales, nicht Realität selbst, kann man beweisen. Die Idee Gottes läßt sich durchaus adäquat erschauen, seine Realität selbst aber muß sich mitteilen. Aufgrund unserer eigenen leiblich-körperlichen Organisation gilt das Wesensgesetz, „daß wir den Gehalt der absoluten Sphäre an Wesen *und Dasein* nur eben durch faith ‚glauben‘ – und nicht auch so *schauen* können wie noch sein Wesen“ (X, 250).

„Nachweis“ bedeutet lehren, etwas schon Gefundenes „nach Regeln“ wiederzufinden. „Aufweis“ aber nennt S. „ein erstmaliges Zeigen von etwas, das noch nicht gefunden ist“ (V, 254). Jedoch der langwierige Prozeß des Aufweisens kann für ihn nur die Bedeutung eines „Zeigestabs“ haben, der auf etwas hinzeigt, damit es die andern sehen oder besser sehen. Wichtiger als Nachweis oder Aufweis sind „Weckung“ und „Erweckung“ der religiösen Akte selbst.

Offenbarung. Faith und Belief. „Alles Wissen über Gott ist Wissen *durch* Gott.“ So lautet der oberste Grundsatz der Wesensphänomenologie der Religion. Religion ohne Offenbarung ist undenkbar. Offenbarung ist nämlich „die dem Wesen des religiösen Aktes streng korrelate Gegebenheitsart eines Realen vom Wesen des Göttlichen überhaupt“ (V, 249). „Natürlich“ geschieht sie in den Wesenstatsachen der Welt, darin nicht logisch, nicht kausal, sondern symbolisch, anschaulich vermittelt.

Wie der Künstler in seinem Werk nicht nur als causa, sondern mit seiner ganzen geistigen Persönlichkeit gegenwärtig ist, so macht sich auch Gott in der Natur gegenwärtig, die sein „Ausdrucksfeld“ ist. „Positiv“ offenbart sich Gott über die besonders innige individuelle Gottverknüpftheit bestimmter Personen (Heilige, Propheten, Messias ...). Nur durch die positive Offenbarung erfährt der Mensch das Dasein Gottes als Person. Der ontologische Gottesbeweis verfällt gerade dem Fehler, vom personalen „Wesen“ (Form) des göttlichen Geistes auf das personale „Dasein“, von einem Attribut der Gottheit auf den realen Gott schließen zu wollen.

In beiden Fällen von „glauben“, beim „glauben an“ (faith) und beim „glauben von“ etwas (belief), kommt Realsein zur Gegebenheit des intentionalen Aktes, einmal absolute, einmal relative Realität. „Auch der vor mir stehende Tisch wird mir

‚als real' nur *im* Actus eines Glaubens, der durch das Wahrgenommene als purer Bild-Gehalt hindurch auf das nur bedeutete Tischding abzielt, *phänomenologisch gegeben*" (X, 242). Wie die Realität der Außenwelt ist auch diejenige des Göttlichen eine „Urgegebenheit" eines Glaubensbewußtseins.
Trotzdem gibt es Unterschiede zwischen faith und belief: 1. faith ist nur als *evidenter* ungraduierter Glaube an ein Werthaftes in der Absolutsphäre möglich, während belief bezüglich der Relativsphäre (dingliche Realität) Grade der Gewißheit kennt; 2. deshalb verlangt belief nach Begründung (sonst gilt man als leichtgläubig), während faith wesenhaft unbegründbar bleibt; 3. beide betreffen die Person unterschiedlich: bei faith setzt sich das Aktzentrum der ganzen Person für das Geglaubte ein (es handelt sich um persönliche, lebendige Evidenz im Vollzug des Aktes), belief hingegen gibt sich als Einzelakt, der das Person- bzw. Aktzentrum indifferent läßt; gerade die „Selbsteinsetzung", die Betroffenheit der ganzen Person fordert das göttliche Korrelat; 4. faith besitzt intentionale Endgültigkeit, während das intentionale Korrelat von belief vorbehaltlich gilt.
Wesensbestimmungen des Göttlichen: Welche formalsten Wesensbestimmungen lassen sich vom Göttlichen (Aktkorrelat) geben? S. nennt: 1. Ens a se (Unendlichkeit), 2. Allwirksamkeit, 3. Heiligkeit. Den ersten beiden entsprechen „zwei erlebte Rückwirkungen" auf den Menschen: ein Erlebnis der partiellen Nichtigkeit und das der Kreatürlichkeit alles relativen Seins. Es handelt sich hier nicht um einen Schluß von der Wirkung auf die Ursache, vielmehr um ein „Gewirktheitserlebnis" (V, 163) i. S. der Gegenwärtigkeit der geistigen Persönlichkeit des Künstlers in seinem Werk, die mehr ist als das bloße Ursachesein. Die Geschöpflichkeitserfahrung setzt die personalistische Fassung des Göttlichen voraus. Die Wertmodalität des Heiligen ist schließlich eine unableitbare Urgegebenheit des Göttlichen als ens perfectissimum (das vollkommene Seiende). Und S. formuliert als „ontisches synthetisches Axiom" des religiösen Bewußtseins, daß das durch sich, in sich Wertvolle auch Dasein besitzen müsse (V, 165).
Lassen sich über diese drei formalen noch „überformale Attribute" (V, 172) des Göttlichen ausfindig machen? Durch Analogieschluß, nicht aus empirischen Daten, sondern aus erschaubaren Wesenheiten der Welt, „weil Gott in der Welt und ihrem Wesensaufbau *offenbar* wird, weil er sich symbolisch in

ihr spiegelt, weil ihre Wesenheiten ‚Spuren‘ und ‚Bedeutungen‘ d.i. Hindeutungen auf sein Wesen enthalten, ist diese Übertragung notwendig“ (V, 172). *Inadäquat* bleiben diese prädizierten Attribute, weil Gott Inbegriff aller möglichen, nicht bloß aller wirklichen Wesenheiten ist (deshalb bedarf es der positiven Selbstoffenbarung); diese Inadäquatheit fordert von uns Ehrfurcht. Diese Prädikationen gelten nur *unausdrücklich,* weil sie Gott, den vollkommen Einfachen und Unteilbaren, in Teile zerlegen. *Analogisch* werden sie ausgesagt, weil die Bestimmtheiten Gottes absolut und unendlich sind. Dem Frommen erscheint das Göttliche deshalb als das „arreton“, als das Unsägliche, auf das sich unsere Kategorien des Denkens und Redens nicht anwenden lassen. Die Analogienatur unseres Wissens von Gott hat die große Freiheit der Bildlichkeit der religiösen Sprache zur Folge. In der „Interferenz der Bilder“ gibt sich der religiöse Gehalt sinniger und taktvoller wieder als in einer gnostischen Begriffsmetaphysik. Überformale, analoge Attribute des Göttlichen sind Geist, Wille, Liebe, Barmherzigkeit, Allwissenheit, Allgüte, Schöpfer usw. Z.B. die Geistigkeit Gottes offenbart sich natürlich. Gott ist „nicht nur eine blinde All*kraft,* nicht nur eine triebhafte *Macht,* nicht nur eine All*seele,* nicht nur ein All-*Leben,* erst recht nicht ein materielles oder ein körperliches Sein.“ (V, 178–9) Nicht nur! Aber auch! Noch kippt S.s Argumentation an diesem Punkt bezüglich des Verhältnisses von „Geist“ und „Macht“, „Wert“ und „Kraft“ von einer theistischen nicht in eine panentheistische um. Um Gott analogisch Geistigkeit zusprechen zu können, darf Geist nicht nur im Menschen ein „Stück“ der Welt sein, vielmehr muß „die ganze Welt als *durchgeistet“* anschau- und erlebbar sein. „Im Geiste“ oder „im Bauche“ kann auch der Mensch sein Zentrum haben, „Herr“ der Triebregungen, „Lenker und Leiter“ derselben sein (V, 179), oder dem Bauche leben, dem Trieb ergeben, dann vermag er allerdings Gott als Geist im religiösen Akt auch nicht zu gewahren. Noch gilt für S. der Satz, „ewig ist nur der Geist“ (V, 185 Anm. 1). Wenn Gott Geist zugesprochen wird, dann i.S. absoluter Freiheit (Selbstbestimmung und Schöpfermacht).

Fall und Erlösung: Wie aber verhalten sich Gottes Vollkommenheit zur feststellbaren Unvollkommenheit seines Werkes? S. betrachtet den „Fall“, die Verderbnis der Schöpfung durch eine „freigeistige Ursache“ als „eine vom Theismus unablösbare Wahrheit der Vernunft" (V, 225). Schopenhauer hatte schon in der Realisierung der Welt den Abfall erblickt und deshalb ein Nein zum „Willen des Lebens", die Irrealisierung der Welt gefordert. S. vermutet im Geist, nicht im Triebleben selbst, den „Sitz" des Bösen. Böse ist die geistige Bejahung der Triebrichtungen, „soweit sie im bewußt gewordenen Gegensatz zu einem erkannten und geliebten Guten stehen" (V, 227). Der Lebensdrang ist nicht sittlich gut, aber auch nicht böse und blind, vielmehr, ohne Einsicht und Begriff, zielgemäß in jeder Regung, gerichtet auf Entfaltung (nicht Erhaltung). Er ist dämonisch, aber nicht böse. Der gottebenbildliche, gottgeschaffene Mensch kann jedoch das Böse ohne Versuchung, ohne Anreiz von außer- und oberhalb, nicht herbeiführen.

„Die uns gegebene Welt qua Welt ‚fällt' immer" (V, 231). Diese pessimistische Optik ergibt sich für S. aus dem Wesensverhältnis von „Wert" und „Kraft", das ein Verhältnis „umgekehrter Proportion" ist: je höher ein Wert, desto geringer seine Macht, sich in der Welt zu realisieren. Niemand vermag die aus dem „Fall" resultierende universale Tendenz vom Werthöheren zum Wertniedrigeren hin aufzuhalten. Es bedarf dazu vielmehr der Erlösung, der Gnade von oben. Nur indem der Mensch „emporgehoben" wird, kann die Welt sich in Richtung einer Wertsteigerung entwickeln. Man erkennt sofort, wie S. überall die christliche Lehre als Evidenz des (natürlichen) religiösen Aktes auszugeben unternimmt. (Kein Wunder, daß der metaphysisch denkende S. später davon abrückt.) „Nur der Theismus kann das Böse verständlich machen – ohne es in den Weltgrund zu verlegen" (V, 228). Durch den Trick einer „metaphysischen Zwischensphäre" allerdings. Eine Argumentation etwa aus der göttlichen Freiheit heraus (→Schelling) fehlt bei S., der allerdings die absteigende Tendenz der Welt auch wissenschaftlich bestätigt findet: 1. durch die Relativitätstheorie, welche die Welt als einmalig ablaufenden Prozeß „wie der Sand in der Sanduhr" darstellt; 2. durch die stetige Dissipation der Bewegung in der anorganischen Welt („Wärmetod" als asymptotisch angestrebtes Ziel des Weltprozesses); das „Leben" hat nur zwei Möglichkeiten: das Tote zu verlebendigen oder das Leben zu vergeistigen; die organische Natur ist nur ein „rauschendes Fest" im Gang der Welt; Vergeistigung des Lebens bedeutete, daß das Leben seine Kraft den kraftlosen Akten des Geistes leiht; für diese

Umpolung müssen aber Gottes „Kraftstöße" zu Hilfe kommen (daß Gott als „reiner Geist" selber auch ohnmächtig ist, es sei denn, „Leben" gehört auch ewig zu ihm, diese Konsequenz zieht erst der Metaphysiker); 3. durch die Evolution der Arten, indem organische Höherentwicklung den Artentod beschleunigt; „Kampf ums Dasein" ist kein schöpferischer, sondern ein ruinöser Prozeß; der positive Sinn der Evolution kann nur sein, vitale Kräfte zu „sublimieren" bzw. geistige Faktoren an vitale Kräfte zu binden; 4. durch die Tatsache, daß der menschliche Geist von den Lebenswerten aus gesehen eine „Krankheit" darstellt (ein „Nein zum Leben"), von sich aus also den Weg der Vergeistigung einzuschlagen nicht die Kraft hat. Das alles spricht dafür, daß die Tendenz nach unten nur durch Erlösung und Kraft von oben aufgehalten werden kann.

Gott der Religion und metaphysischer Weltgrund: Nun gibt es aber neben der natürlichen und positiven Offenbarung noch ein drittes „Erkenntnisprinzip" vom Übersinnlichen: die spontane, mittelbare Vernunfterkenntnis der Metaphysik. S. formuliert diese noch nicht, stellt sich jedoch schon die Frage, wie der Gott des Glaubens und der Gott des Wissens zueinander stehen. Gott (der Religion) und Weltgrund (der Metaphysik) „mögen *realidentisch* sein; als *intentionale* Gegenstände sind sie *wesensverschieden*" (V, 130). Weil auf Selbstmitteilung basierend, wo Gott selber seine Person-Realität bekundet, ist Religion uneinholbar im Vorteil: Gott „‚ist' und lebt ausschließlich im religiösen Akt, nicht im metaphysischen Denken" (V, 130). Später, wenn der spezifisch religiöse Akt keine Rolle mehr spielt, lebt Gott in allem, in geistigen wie in dranghaften Regungen, der Gott der Metaphysik.
Quelle der religiösen Wahrheit ist allein der „homo religiosus", der Heilige, dem aufgrund seiner charismatischen Qualität geglaubt und nachgefolgt wird. Die Person ist Norm seiner Aussagen aufgrund eines spezifischen Gottesverhältnisses. Darum gilt: „Der religiöse Gott ist der Gott der heiligen Personen und Volksgott, nicht Wissensgott der ‚Gebildeten'" (V, 130). Während religiöser Glaube immer vom „Gehalt eines *absolut Heiligen* und Heilskräftigen" ausgeht, beginnt metaphysisches Wissen immer bei der „Wesensbestimmung des *absolut Wirklichen*" (V, 135). Also von einer wirkenden Realität der Religion, von idealen Wesenheiten die Metaphy-

sik. Und Ziel der religiösen Akte ist das Heil, die Gemeinschaft mit Gott. S. spricht hier einmal sogar von „Vergottung" (V, 130). Die Quelle aller Metaphysik aber ist Verwunderung darüber, daß überhaupt etwas ist und nicht nichts. Und Ziel ist Erkenntnis von Wesenszusammenhängen. Auch diese Bestimmungen der Metaphysik erweitert S. später.
Wo aber Akt, Quelle, Weg, Ziel so verschieden sind, verwundert es nicht, daß die intentionalen Gegenstände ebenfalls verschieden sind. „Der Intentions-Gott der Religion kennt Zorn, Rache, Liebe, und zwar in abwechselnden Zuständen. Der metaphysische Gott ist ein absolut unveränderliches Ens und – *ohne* diese möglichen Prädikate" (V, 136). S. lehnt also jedes totale Identitätssystem von Religion und Philosophie ab, sowohl dasjenige der Gnosis, das Religion zur zweitklassigen Metaphysik „in Bildern und Symbolen" degradiert, die begriffliche Metaphysik aber als „Religion der *Denker*" betrachtet, als auch dasjenige der Traditionalisten, die Philosophie in Religion als Offenbarungslehre aufgehen lassen. Auch die dualistischen Typen von Glauben und Wissen, die oft mit einem metaphysischen Agnostizismus einhergehen (Fideismus, sensualistischer Positivismus), weist S. zurück. Statt dessen vertritt er ein *Konformitätssystem* bezüglich des Gottes des Glaubens und des Weltgrunds der Metaphysik, deren „widerstreitlose und widerspruchlose *Zusammenschau*" erst den „adäquaten Gottesbesitz" ausmachen. „Der religiöse Gott ist ‚lebendiger Gott' – womit alles Wesentliche gesagt ist" (V, 136). Und die Konformitätsthese mündet in den Satz: der „wahre Gott" ist „nicht so leer und starr" wie derjenige der Metapyhsik, aber auch „nicht so eng und lebendig" wie derjenige des bloßen Glaubens (V, 138).
Die tiefe Berechtigung der Innenbeschreibung des religiösen Aktes durch S. ist unbestritten wie viele theistische Evidenzen philosophisch unbefriedigend. Die Kritik daran hat S. selber formuliert, eine Befreiung davon metaphysisch durchgeführt.

Gott denken

Ens a se: Geist und Drang: „Alles scheint ruhig auf den ersten Blick; alles enthüllt sich als Werden" (XI, 214). „Ruhig" und „ideal" west Gott *ohne Welt* als ewig sich selbst setzende, überpersönliche Substantia (Wesenheit): als Ens a se (aus sich Seiendes) mit den Attributen Geist und Drang (Alleben). Die Selbstsetzung wird von S. gedacht als *„Selbstwertbejahung* in

der ewigen Liebe“, als „Sichselbstdenken“ (noesis tes noeseos), als „Sichselbstwollen“. „Primär“ im Geiste Gottes ist für S. nicht der Logos und nicht der Wille, sondern die „einheitsstiftende Liebe“. Völlig „eingebunden“ in diese göttliche Geistruhe ist das göttliche Alleben (als „non fiat“), wodurch „in potentia“ (der Kraft nach) Gottes Selbstrealisierung – Gott als „causa sui“ (Selbstsetzung) – gewährleistet wird. Den phänomenalen Befund, daß Geist (Wert, Idee, Projectum) selber keinerlei Eigenkraft zur Realisierung besitzt, gibt S. auch bezüglich des göttlichen Geistes nicht auf. Wäre Gott „reiner Geist“, woher sollte er jemals die Macht haben, seinen geistigen Willen, z.B. die Erschaffung einer Welt, zu realisieren? Die theistisch angenommene Allmacht Gottes als Geistwesen fällt somit dahin. Mächtig ist Gott nur, insofern die Ursubstantia (Urwesenheit) wesensnotwendig das Alleben einschließt. Ihre Selbstrealisierung erfolgt als „Selbstzeugung (Eros) und Selbstverwirklichung (Dynamismus) und Selbstqualifizierung (Phantasia)“ (XI, 215). Die Selbstsetzung des Ens a se, weltenthoben, bedeutet vorerst einmal „Selbsthemmung“ (non fiat) des ewigen Dranges in Gott.
Nun könnte Gott sehr wohl „in ewiger Spannung eines ohnmächtigen Geistes und eines allmächtigen Dranges in sich verharren“ (XI, 209). Sein Geist würde zeitlos in die „ungeheure Nacht“ seines Dranges schauen, ohne ihn zu durchleuchten. „Aber die *ewige Liebe* im Geiste Gottes bejaht die Realisierung seines substantiellen Wesens“ (XI, 193). Und so stürzt sich Gott in das „*absolute Abenteuer* des Weltprozesses“ (XI, 209) mitsamt der Menschwerdung hinein, ohne Vorauswissen, was an Gutem und Übeln dabei herauskommen wird. Die theistisch postulierte universelle Allwissenheit Gottes erfährt also auch eine Korrektur, insofern sie nur auf die Idealität der Wesenheiten bezogen bleibt, nicht aber die Realisierung derselben betrifft. Auch eine „Vorsehung“ Gottes gibt es nicht in dieser Konzeption. Als Geist ist Gott für das Sosein der Welt nicht verantwortlich, weil dieses allein von der Drangphantasie abhängt, die aus dem ewigen Reich von Wesenheiten diejenigen auswählt und mit Kraft versieht, welche real werden sollen. Nur indem die göttliche Güteliebe die Weltwerdung überhaupt zugelassen hat, hat sie diese bereits in allen Ausgestaltungen akzeptiert. Gott *„‚riskierte‘ die Welt, um zu ‚werden‘, was im Bilde seiner ‚Liebe‘ gelegen war“* (XI, 203).

Welt: Der realwerdende Gott: Indem die göttliche Güteliebe den mächtigen Drang „entbindet", entsteht als „Leib" des Allebens die endliche Welt, die je nur eine von unendlich vielen Verleiblichungen desselben darstellt. Gott als Geistwesen ist also nicht „Schöpfer der Welt". Er schafft auch nicht „ex nihilo" (aus dem Nichts; wie könnte es „neben", „außer" der Ursubstantia noch ein Nichts geben?), er läßt nur zu, was im dunklen Drang des Allebens ins Dasein drängt. Als realisierender Faktor ist dieser jenseits von Gut und Böse. Der Drang ist „daimonisch" (i. S. Goethes). Obwohl selber alogisch, wert- und zweckfrei, wirkt er stets zielhaft ein Maximum des Realen und der qualitativen Ausformung unter einem Minimum von Kraftaufwand. Unter dieser Wirkgesetzlichkeit des Dranges, mit begrenzter Kraft ein Maximum qualitativer Fülle zu setzen, muß die Drangphantasie notwendig „*gute* Gestalten" bevorzugen, den Eros im Drange bejahen, den Wertvorzug des Guten, Edlen, Schönen. Unweigerlich setzt der Drang aber auch Übel, Böses (z. B. Dysteleologien in der Natur, Kriege unter Völkern). Entscheidend aber ist die Tendenz vom Niederen zum Höheren (Eros). Der Drang ist keine blinde Kraft, vielmehr ein „eroswertgeleitetes" Real- und Phantasieprinzip. Das aber heißt, daß die „Selbstenthemmung" des Dranges in sich die Tendenz zur Rückbindung in den Geist besitzt. Kraft nimmt ab. Der zweite Wärmesatz sagt den Weltentod an. Welt „ent-wird, indem sie sich entwickelt, vergeistet, und vertotet zugleich" (XI, 198).
Absolute Materie gibt es nicht. Die relativ konstante Materie wird hier als „Übergang", als „Episode" des Weltprozesses verstanden. Als Energie verstrahlt sie. Die tote, anorganische Natur wird in Organismen verlebendigt. Durch „Sublimierung" treiben vitale und psychische Kräfte die Vergeistigung voran. „So ist der Dualismus des Toten und Lebendigen ebensowohl wie der von Leben und Geist ein zeitlich sich überwindender" (XI, 185). Das Wort „Drang" bedeutet also eine „Vieleinheit" von Impulsen, welche als Gesamtheit die „creatio continua", die fortwährende Selbstrealisierung des göttlichen Allebens, darstellt. Und Geist wird real in Form von Person, d. h. in „Akten" des Fühlens, Erkennens, Wollens. Dadurch übernimmt der Mensch eine eminente Rolle im Prozeß des „werdenden Gottes", des durch die Welt real werdenden Gottes.
Mensch: Mitarbeiter am werdenden Gott: Der Mensch ist nicht mehr „Knecht" oder „Kind" Gottes, vielmehr „Freund" und „Mitarbeiter" am werdenden Gott. In seinen zarten Akten

lichtvoller Güte, reiner Anschauung, geistigen Projektums realisiert sich die Personalität des göttlichen Geistes. Von eines jeden Menschen relativ freier, individueller Trieb-Geist-Konstellation hängt das Realwerden der „Personalitas" Gottes also ab. In einem andern als in diesem panentheistischen Sinne kann Gott nicht als Person gedacht werden. „Die Totalitas von Drang und Geist in ihrer Durchdringung ist die Person Gottes" (XI, 210).

Gott mußte also die Welt, die Geschichte in Kauf nehmen, wollte er *realer* Gott werden. Eine logische Notwendigkeit (Spinoza) war das für den vollendeten Geist allerdings nicht. Die Liebe im göttlichen Geist und der Eros im Alleben geben S. die Gewähr, daß der Welt- und Geschichtsprozeß nicht in einer Katastrophe endet. Durch die *liebe- und erosgeleitete* panentheistische göttliche Dynamik hebt sich S. gegenüber ähnlichen Positionen von Spinoza, Schelling, Schopenhauer, Nietzsche, E.von Hartmann ab. Ein Sündenfall wird darin überflüssig. Im Drang west urtümlich die Gegenläufigkeit (neben einer Affinität) zum Geist, daher unvermeidlich Unordnung, Unfrieden, Leiden. „Sünde" besteht in der Verstärkung des Leidens der Welt. Aber die Liebes- bzw. Erostendenz obsiegt. Gott leidet nicht erst am Kreuz, er leidet schon seit der Enthemmung des Dranges, aber als Geist ist ihm der Sieg „der Idee seiner Liebe von Sich" (XI, 207) gewiß. Jetzt wird erst die Mitarbeit des Menschen höchst aktuell: es gibt ja in Gott nicht mehr Frieden als in der Welt. Die religionspraktischen Konsequenzen sind enorm: „Anbetung" besteht schon im velle, amare, cognoscere in deo (Wollen, Lieben, Erkennen in Gott), das äußerste an Gebet wäre „‚Sammlung' im göttlichen Nichts" (XI, 218). Die dionysische Einsfühlung mit dem zeugenden Lebensgrund wie der amor fati (Liebe zum Schicksal, Nietzsche) sind religiöses Verhalten. Am Ende steht eine Weise der Durchdringung von Drang und Geist, welche die total *erfüllte* Ruhe im Unterschied zur anfänglich *unerfüllten* Ruhe bedeutet.

Gott denken heißt für S. also, Gott nicht bloß als Idee, als reinen Geist vorstellen, vielmehr, Gott als Realität denken, als substantiellen Weltgrund ernst nehmen, erkennen, wie alles, die anorganische, organische, psychische, geistige Welt, „*einverwurzelt* sei in das absolut Wirkliche" (XI, 11). Metaphysik gibt „Realerkenntnis", nicht induktive natürlich. Sie kann niemals Prinzipienwissenschaft (→Kant) oder Ideenwissenschaft (→Husserl) bleiben. Anthropologische (GW IX) und naturphilosophische Erkenntnisse (die sogenannten Meta-Szienzien, GW XI) haben S. bewogen, eine nicht-theistische Wirklichkeit des substantiellen Weltgrundes anzunehmen. Wenn „Wert" und „Kraft" sich umgekehrt proportional verhalten, dann muß sich dieses Verhältnis im Grunde aller Dinge selbst wiederfinden. Unverkennbar naturmystische Züge stecken hinter S.s Gottdenken. Bei allem Respekt vor den dunklen Mächten und Trieben des Lebens hält er in seiner gesamten Philosophie den Primat der Liebe (im Geist) und des Eros (im Drange) aufrecht, wie er überhaupt an seiner Geistlehre immer festgehalten hat. Der vielbeklagte „Bruch" in seinem Werk (vgl. Haecker, von Hildebrand, Fries) betrifft die Einengung auf theistische Evidenzen, die für den Glaubenden ihre Gültigkeit durchaus bis zum Schluß behalten, die für den weiteren Ausgriff nach dem Grunde aller Dinge nur einen erweiterten Sinn bekommen. Insofern ist der „Bruch" nur so groß, als der wesensnotwendige Unterschied der Wissensformen Religion und Philosophie überhaupt sein muß.

Literatur: M. Scheler: Ges. Werke I–XI (XII und XIII noch ausstehend; hrsg. von Maria Scheler, seit 1970 von M. S. Frings), Be 1954 ff., Bo 1985 ff. – E. Przywara, Religionsbegründung: M. Scheler – J. H. Newman, Fr 1932; J. Geyser, Augustin und die phänomenologische Religionsphilosophie der Gegenwart mit besonderer Berücksichtigung M. Schelers, Mr 1923; ders., M. Schelers Phänomenologie der Religion, Fr 1924; Th. Haecker, Geist und Leben. Zum Problem M. Schelers, in: Hochland 23 (1925–26) 129–155; J. Heber, Das Problem der Gotteserkenntnis in der Religionsphilosophie M. Schelers, L 1931; H. Lützeler, Der Philosoph M. Scheler, Bo 1974; H. Fries, Die katholische Religionsphilosophie der Gegenwart. Der Einfluß M. Schelers auf ihre Formen und Gestalten, Hei 1949; E. Rothacker, Schelers Durchbruch zur Wirklichkeit, Bo 1949; D. von Hildebrand, M. Schelers Philosophie und Persönlichkeit (Aufsätze 1923–28), in: K. Mertens (Hrsg.), Die Menschheit am Scheideweg, Rb 1954, 587–639; E. Blessing, Das Ewige im Menschen. Die Grundkonzeption der Religionsphilosophie M. Schelers, St 1954; M. Dupuy, La philosophie de la religion chez M. Scheler, P 1959; M. S. Frings, M. Scheler: Drang und Geist, in: J. Speck (Hrsg.), Grundprobleme der großen Philosophen, Gö 1973, 9–42; ders., Gott und das Nichts. Zum Gedenken des 50. Todestages M. Schelers, in: Phänomenologische Forschung 6–7 (1978) 118–140; F. Hammer, Theonome Anthropologie? M. Schelers Menschenbild und seine Grenzen, Den Haag 1972; B. Brenk, Metaphysik des einen und absoluten Seins. Mitdenkende Darstellung der metaphysischen Gottesidee des späten Scheler, Mei 1975; P. Good (Hrsg.), M. Scheler im Gegenwartsgeschehen der Philosophie, Be 1975; ders., Die philosophische Anthropologie M. Schelers, in: Antropologie Tipologiche e Filosofia della Religione, Perugia 1984, 195–244; W. Mader, M. Scheler in Selbstzeugnissen und Bilddokumenten, Re 1980.

P. Good

Schell

Herman Schell, * 1850 in Freiburg, † 1906 in Würzburg. Philosoph, systematischer Theologe, Professor für Apologetik, vergleichende Religionswissenschaft und christliche Kunstgeschichte in Würzburg, promovierte bei dem Spätidealisten J. Sengler mit einer bei F. von →Brentano verfaßten philosophischen Dissertation über →Aristoteles und nahm Einflüsse der katholischen Tübinger Schule, z. B. von J. E. von →Kuhn auf, die sich auf die Gotteslehre erstreckten. Im Verständnis von Person und Ursache von A. Günther angeregt, dessen anthropologischen Dualismus er ablehnte, versuchte er, zwischen einem vom späten →Schelling, →Baader, →Jacobi und Günther beeinflußten Spätidealismus und der Neuscholastik, in die er durch J. L. C. von Schäzler eingeführt wurde, systematisch zu vermitteln. S. bezog gründliche Kenntnisse der Bibel, Patristik und der Naturwissenschaften mit ein. Er verteidigte gegenüber dem Monismus einen personalen Theismus.

Analog zu Schellings Differenz von negativer Verstandes- und positiver Vernunftphilosophie unterschied S. zwischen dem rationalen Aspekt ontologischer Wesenslehre, dem diskursives Denken entspricht, und einer auf Urgründe zurückgehenden Vernunftlehre des Hypostatisch-Personalen, Existenz- und Akthaften. Beide methodischen Perspektiven seien komplementär notwendig. Die Neuscholastik überbetone den rationalen Essentialismus einer fast begrifflich-mechanisch gefaßten Ontologie. Man müsse zu den dynamisch-ganzheitlichen Kausal- und Realgründen in der Natur und zur Personexistenz im Bereich der Geistwesen fortschreiten: Die ontologische Statik der neuscholastischen Morphologie sei um den teleologischen Aspekt personaler Selbstverwirklichung zu erweitern.

S.s systematisch-erkenntnistheoretischer Ansatz bildet eine transzendentalen und metaphysischen Aspekt vereinende Theorie des Selbstbewußtseins. Von dessen psychischen Erscheinungen wird urteilend auf die Präsenz eines personalen Urgrundes (Hypostase) als Träger einer ontischen Natur geschlossen, welche vom rationalen Verstand erfaßt wird. Personale, vernunftmäßig erschlossene geistige Substantialität und Leib, der als ausgedehnte Realität dem Geist in Wechselwirkung verbunden ist (psycho-physischer Parallelismus), verweisen jeweils auf das begrenzend Andere: den vernunft- und verstandesmäßig geprägten stofflichen Kosmos und die Realität des personalen Geistes anderer Menschen. Aus dem Selbstbewußtsein lassen sich essentielle Ordnung und Existenz als apriori und aposteriori in ihm phänomenal Präsentes ableiten. Da sich die endliche Person in Dasein und kausalem Wirken, ebenso wie die kosmische Realität in ihrer weisheitsvollen Ordnung, als begrenzt erfährt, verlangen beide, geistige Personexistenz und Kosmos, nach einer vollständigen Erklärung durch einen absoluten, personalen Geist. Entsprechend entwickelt S. „psychologische Gottesbeweise“ aus der Erklärungsbedürftigkeit endlicher selbstbewußter Vollzüge: den „ideologischen“, „noetischen“, „ethischen“ Beweis, ferner „kosmologische Beweise“ aus der Erklärungsbedürftigkeit der Natur: aus der Kontingenz, der Kausalität, den „nomologischen“ und „teleologischen“ Beweis“. Beide Arten des Zugangs zu Gott lassen das Denken begründet zum Dasein eines schöpferisch und intelligent planenden und liebend-wollenden Geistes aufsteigen, der in sich absolutes Wesen = negative oder formale Aseität und identisch zugleich personale Selbstverwirklichung der Existenz oder Selbsttat, causa sui (Selbstursache) = positive Aseität, ist. Die positive Aseität wird durch die übernatürliche Offenbarung – weit über die natürlichen Möglichkeiten der endlichen Vernunft hinaus – als göttliche Trinität erklärt. Das endliche Universum einschließlich der Materie, ist die sich final entwickelnde Schöpfung des göttlichen Geistes. In ihr ist die Möglichkeit für das kreative Zusammenwirken von personalem Menschengeist und Natur im Sinne des Schöpfungsauftrags grundgelegt.

Literatur: H. Schell: *Hauptwerke:* Die Einheit des Seelenlebens aus den Principien der Aristotelischen Philosophie entwickelt, Fr 1873; Das Wirken des Dreieinigen Gottes, Mz 1885; Katholische Dogmatik. Kritische Ausgabe (hrsg. von J. Hasenfuß/P.-W. Scheele), Bd. 1, Pa 1968, Bd. 2, Pa 1972; Katholische Dogmatik in 6 Büchern (alte Auflage), Pa 1889–93; Gott und Geist, 2 Teile, Pa 1895/1896; Jahwe und Christus, Pa 1905; Religion und Offenbarung, Pa [2]1905; Kleinere Schriften (hrsg. von K. Hennemann), Pa 1908. – J. Hasenfuß, H. Schell als existentieller Denker und Theologe, Wü 1956; P. Wacker, Glaube und Wissen bei H. Schell, Pa 1961; V. Berning, Das Denken H. Schells. Die philosophische Systematik seiner Theologie genetisch entfaltet, Es 1964; ders., Gott, Geist und Welt. H. Schell als Philosoph und Theologe, Pa 1978; B. Janssens, Metaphysisches Denken und heilsgeschichtliche Offenbarung. Ihre Korrespondenz im System von H. Schell, F 1980; V. Berning, Systematisches Philosophieren zwischen Idealismus und Neuscholastik um die Jahrhundertwende. Studien zur christlichen Philosophie H. Schells, Pa 1984.

V. Berning

Schelling

Friedrich Wilhelm Joseph von Schelling, * 1775 in Leonberg, † 1854 in Bad Ragaz, besuchte gemeinsam mit F. Hölderlin und G. W. F. →Hegel das Tübinger Stift. S. und die Freunde sind sehr aufgeschlossen für die politischen Umbrüche in Frankreich; im gleichen Maße für die „Revolution der Denkungsart“ im Gefolge I. →Kants und J. G. →Fichtes. „Die Philosophie ist noch nicht am Ende. Kant hat die Resultate gegeben: die Prämissen fehlen noch ... Wir müssen noch weiter mit der Philosophie! – Kant hat Alles weggeräumt ... Fichte wird das Werk vollenden“ (Briefe, II, 57 ff.). Die theoretische Vernunft deckt durch kritische Prüfung ihrer Voraussetzungen Antinomien – freilich notwendige – auf, arbeitet somit an ihrer Selbstbegrenzung; die praktische Vernunft erinnert an die Unableitbarkeit der Freiheit, zugleich – positiv – an deren Qualitäten: Selbstbestimmung und Selbstgesetzgebung. Durch C. G. Heynes Arbeiten zur Mythenforschung wird S. früh der Zugang zu nichtchristlichen Religionen und mythischen Lebenswelten aufgetan. Die Sprache des Mythos ist eine Sprache der ältesten Welt, eigenständig, vorreflexiv, nur mit der Einbildungskraft zu erfassen. Die transzendentale Genesis der Vernunft bzw. des Bewußtseins ist an atavistische, selber gewordene Sprachformen gebunden, also naturwüchsig mythisch-religiös. J. G. →Herders „Ideen“ geben S. das empirische Phänomen der Sprache vor allem für den Gedanken einer nichtapriorischen Vernunft vor, sodann auch für S.s spätere anthropologisch basierte Logos-Spekulation. „Den Menschen baute die Natur zur Sprache ... Von der Sprache also fängt reine Vernunft und Cultur an ... bei den rohesten Völkern (ist) die Sprache der Religion immer die älteste, dunkelste Sprache“ (Herder, SW XIII, 141 und 389). →Nikolaus von Kues' Gedanke der Welt als explicatio Gottes, G. Brunos Idee von der Weltseele und der Natur als dem herrlichsten Gott, B. de →Spinozas All-Einheitslehre, G. W. →Leibniz' Lehre von der göttlichen Zentralmonade und deren Ausblitzungen als substantielle Formen haben S.s Denken von Gott ebenso beeinflußt wie die eher esoterisch-hermetischen Traditionen J. →Böhmes und F. Ch. Oetingers.

S.s lebenslanges Experimentieren mit zahlreichen Denkentwürfen ist weniger der Ausdruck einer philosophierenden Proteus-Natur als vielmehr das – letztlich scheiternde – Ringen um den entsprechenden Ausdruck für die von ihm geschaute, intellektual anzuschauende, Sache: „... Ich wünschte mir (→)Platons Sprache oder die seines geistesverwandten, →Jacobis, um das absolute, unwandelbare Seyn von jeder bedingten, wandelbaren Existenz unterscheiden zu können. Aber ich sehe, daß diese Männer selbst, wenn sie vom Unwandelbaren, Übersinnlichen sprechen wollten, mit ihrer Sprache kämpften – und ich denke, daß jenes Absolute in uns durch kein bloßes Wort einer menschlichen Sprache gefesselt wird und daß nur selbsterrungenes Anschauen des Intellektualen in uns dem Stückwerk unserer Sprache zu Hülfe kommt" (I, 216). So ist der Problemtitel der intellektualen Anschauung kategoriales Leitband dafür, den Gedanken Idee, Absolutes, Freiheit, Gott nicht bloß formal zu setzen, sondern eben durch „selbsterrungenes Anschauen" zur inhaltlich erfüllten Gegebenheit zu bringen, d.h. aber, die Notwendigkeit der Voraus-setzung der Gegebenheit von so etwas wie Freiheit, Gott, Absolutes evident zu machen und gleichsam rückläufig von hier aus Setzung nicht mehr als Ich-Akt, sondern als selber vom „unvordenklichen Seyn" gezeugt zu begreifen. An dieser das Verhältnis von Setzung und Voraussetzung geradezu umkehrenden Reflexionsfigur wird bereits der tiefere Sinn der sogenannten „positiven" Philosophie deutlich, nämlich Kritik und Selbstkritik einer Philosophie der spekulativen Vernunft zu sein. Diese nennt S. negativ: „Die Behauptung: es gibt ein höchstes Princip des *Wissens,* ist nicht wie die: es gibt ein absolutes Princip des Seyns, eine *positive,* sondern *eine negative, einschränkende* Behauptung, in der nur so viel liegt: es gibt irgend ein Letztes, von welchem alles Wissen sich anfängt, und jenseits dessen kein *Wissen* ist" (III, 355). Eine grobe Unterscheidung der Schellingschen Systementwürfe nach „negativer" Philosophie (= Identitätsphilosophie, Philosophie der Natur und Philosophie der Kunst) und „positiver" Philosophie (= Weltalterphilosophie, Philosophie der Mythologie und Philosophie der Offenbarung) bietet sich an. Zwischen beide tritt, als Verbindung und reifster Entwurf, die Philosophie der Freiheit. Diese ist einerseits problematisierender Zusammengriff transzendentallogischer Auskünfte zu den Thematiken Unbedingtheit und Absolutheit, zugleich aber entschiedener Abschied von den Denkmitteln der Abstraktion, Deduktion, Reflexion und Dialektik, andererseits ist sie Vorgriff auf Konkretion und Geschichtlichkeit und die

Einlösung einer von S. im Anschluß an Jacobi früh geäußerten Forschungsmaxime: mit der Intention Anschauung „Dasein zu enthüllen und zu offenbaren" (I, 156).

S.s Naturphilosophie findet im „Centralphänomen" Leben (III, 279) ein Prinzip, das gleicherweise für Natur, Mensch und Gott gilt. Namen wie „dynamische Organisation", „göttliches Alleben", „organisches Ganzes bzw. Universum" deuten auf dasselbe. „In jedem organischen Wesen ... erkennst du die aktuelle Unendlichkeit ... jedes Atom der Materie ist eine ebenso unendliche Welt als das ganze Universum, im kleinsten Teil tönt das ewige Wort der göttlichen Bejahung wieder" (VII, 180). Die bewußtlose Tätigkeit des göttlich Naturischen verbindet sich mit der bewußten ästhetischen Produktion des Künstlers zum Kunstwerk, in welchem „das Unendliche endlich dargestellt" (III, 620) erscheint, d.h., es zeigt sich reine Identität, die als „Indifferenz des Subjektiven und Objektiven ... (eine) zu Gott führende Welt" (XI, 371) ahnen läßt. Dennoch ist diese Welt, obzwar von Gott abhängig, nicht unfrei: „Abhängigkeit hebt Selbständigkeit, hebt sogar Freiheit nicht auf. Sie bestimmt nicht das Wesen" (VII, 346).

S.s Philosophie der Mythologie und der Offenbarung lehrt, daß göttliche Offenbarung durch alle Naturreligionen und religiösen Überzeugungen wie die der Veden, des Buddhismus, des ägyptischen Kultraumes hindurchgeht; daß jedes Mythologem an seinem Ort und zu seiner Zeit wahr ist. Mythologeme stehen in jeweils genauer Entsprechung zu einer bestimmten religiösen Bewußtseinsstufe. Das Bewußtsein will – seiner reflexiven Struktur gemäß – auf jeder Stufe seiner Genese durch Interpretation von Erfahrungen, die etwa auch im Mythos sedimentiert sind, sich zu sich selbst vermitteln (Schulz 1955, 47 ff.), also Aufklärung über sich und seine Welt gewinnen; Mythologeme sind aber nicht in Verstand aufzulösen; sie sind im Grunde deutungsunbedürftig und als Urphänomene nur in sich selbst gelichtet; sie existieren faktisch, sind Vorgaben und haben die Seinsverfassung des „daß". Gerade dadurch, daß sie bloßer Hinweis auf „Existenz" sind, behauptet S. ihre schlechthinnige Irreduzibilität auf eine rational zu plausibilisierende allgemeine Was-Form; zugleich sind die Mythen eine Frühstufe von Offenbarung und weder durch unmittelbare Erkenntnis prätendierende intellektuale Anschauung noch durch sonst eine apriorische Denkform zu er-

schließen (= negative Philosophie). Sie sind so, wie sie sich zeigen, hinzunehmen (= positive Philosophie).
Als der reinste Ausdruck religiöser Ur-Tatsache gilt S. die geoffenbarte Religion des Christentums. Die Menschwerdung Gottes als des in der leiblichen Gestalt Jesu Christi erschienenen Logos besagt mit Notwendigkeit: Erlösungsreligion; nur von einer solchen können endgültige Lösungen von Rätselfragen der Philosophie, vor allem Lösung im Sinne von Antwort auf die Frage nach der menschlichen Autonomie erwartet werden. Wenn das Ganze – nicht als das Absolute, sondern als der Absolute – sich mitteilt, dann notwendigerweise ungeteilt. Ist diese unvordenkliche Möglichkeit im gottmenschlichen Logos offenbar geworden, dann gilt diese Selbstvermittlung im Sinne von Selbstmitteilung des Absoluten analog und der Potenz nach für jedes menschliche „Gegenbild" des Unendlichen. Autonomie, „das für-sich-selbst-Seyn des Gegenbildes, drückt sich durch die Endlichkeit fortgeleitet, in seiner höchsten Potenz als Ichheit aus" (VI, 42). Im Ich qua Person spricht sich die Potenz des Seinsollens, des sich selbst bestimmenden Seins, aus. Von dieser unterscheidet S. die Potenz des Seinmüssens oder des bestimmten Seins sowie die des Seinkönnens oder des unbestimmten Seins. Diese drei Urpotenzen findet S. in der rationalen Erkenntnis als Dialektik; in der mythologischen Erkenntnis – beispielsweise – als die indische Trimurti von Brahma, Schiwa, Wischnu; in der Offenbarungserkenntnis als göttliche Trinität. Urform aller Religion ist für S. der Monotheismus, der aber keineswegs eine Vielheit der Personen in Gott ausschließt, wie die christliche Lehre bezeugt.
Es ist kaum möglich, einen eindeutigen Begriff S.s von Gott zu geben, dies nicht darum, weil Gott als der Unbegreifliche der Sichentziehende wäre und so jedes Begreifen verunmöglichte, sondern weil der Gott S.s ein werdender Gott „ist". Keine Sprache des Seins, die, ihrem Wesen gemäß, das Seiende vermittels der Copula „ist" prädiziert, kann aber den aktuosen Charakter des Seins, welcher Charakter Bewegung „ist", Handeln „ist", Mögen – qua Vermögen der Liebe – „ist", adäquat aussprechen. Wenn von Philosophie als Gott-Denken überhaupt die Rede sein darf, so muß die ontologische Differenz, die das Verhältnis von Sein und Seiendem bedenkt, auf das un-verhältnismäßige „Verhältnis" von Sein und Werden übertragen werden, und der so modifizierte diffe-

renzenontologische Sachverhalt a fortiori auf die Gottesfrage. Insofern in ihr die Seins- und Erscheinungsweise des Absoluten in Artikulationsgebilden thematisiert wird, die dem philosophischen Wissen entlehnt sind, muß jede Antwort scheitern. Die Formel aus der Zeit des Identitätssystems „deus est res cunctas" (Gott ist alle Dinge; Gott *kann* alle Dinge; SW VII, 205) ist Indiz für S.s Einsicht in das Dilemma sprachlich vermittelter Kategorialität. Der Akkusativ in diesem Satz besagt, daß Gott alle Dinge vermag, tut, sein läßt, mit sich durchprägt und daß in Gottes „unvordenklichem Seyn" alle Dinge bleibend gründen, also sind. M.→Heidegger hat im Blick auf S. das Seinsdenken mit der Seinserfahrung zusammengeschlossen, somit Seinserfahrung als Denkbedingung eingeklagt. Wenn Erfahrung einen Modus der Bewegung ausdrückt und ebenso ein Werden und Wachsen, so wird das qua Sein immer schon sistierte „Wesen, dem kein anderes vorausgeht, also das älteste der Wesen" (WA, 3), im Systemgedanken eines „empirischen Apriorismus" (XIII, 130) begrifflich faßbar, aber erst im Akt des „pati deum" (Gott erleiden; von Gott berührt werden; III, 617) eigentlich erfahren. Dem Gott-Denken geht somit Gott-Erfahrung voraus. Erfahrung erfährt freilich, auch wo Göttliches erfahren wird, auf menschliche Weise, denn „verlangen wir einen Gott, den wir als ein ganz lebendiges, persönliches Wesen ansehen können, dann müssen wir ihn eben auch ganz menschlich ansehen, wir müssen annehmen, daß sein Leben die größte Analogie mit dem menschlichen hat, daß in ihm neben dem ewigen Sein auch ein ewiges Werden ist, daß er mit Einem Wort alles mit dem Menschen gemein hat, ausgenommen die Abhängigkeit" (VII, 432).

S.s implizit theologische Anthropozentrik, die sein Werk unter unablässig sich wandelndem Materialobjekt als Ganzes durchzieht, hat sich wirkungsgeschichtlich am deutlichsten in Philosophien niedergeschlagen, die die konkret sich vollziehende Existenz zu erhellen versuchten, bzw. in solchen, die den theogonischen in einen dezidiert anthropogonischen Prozeß umkehren wollten: S.→Kierkegaard, N. A. Berdjajew, K.→Jaspers, P.→Tillich auf der einen Seite, M. Bakunin, G. Lukács, E. Bloch auf der anderen. S.s Denken hat aber nicht schulbildend gewirkt; seine Utopie, daß „alle Wissenschaften, selbst die empirischen nicht ausgenommen, immer mehr dem Punkte vollendeter Einheit entgegeneilen" (I, 158), ist gleichwohl lebendig.

Literatur: F. W. J. von Schelling: Sämmtliche Werke (hrsg. von K. F. A. Schelling), 1. Abt.: Bde. I–X, 2. Abt.: Bde. XI–XIV, St–Au 1856–61; Die Weltalter. Fragmente. In den Urfassungen von 1811 und 1813 hrsg. von M. Schröter, Mn 1946 (= WA); F. W. J. Schelling, Briefe und Dokumente, Bde. I–III (hrsg. von H. Fuhrmans), Bo 1962–75. – H. U. von Balthasar, Prometheus. Studien zur Geschichte des deutschen Idealismus, Hei 1974; H. Zeltner, Schelling, St 1954; W. Schulz, Die Vollendung des deutschen Idealismus in der Spätphilosophie Schellings, St 1955; E. Benz, Schellings theologische Geistesahnen, Mz 1955; A. M. Koktanek (Hrsg.), Schelling-Studien. Festgabe für M. Schröter zum 85. Geburtstag, Mn–W 1965, 9–47; W. Kasper, Das Absolute in der Geschichte. Philosophie und Theologie der Geschichte in der Spätphilosophie Schellings, Mz 1965; K. Hemmerle, Gott und das Denken nach Schellings Spätphilosophie Fr 1968; X. Tilliette, Schelling. Une philosophie en devenir, 2 Bde., P 1970; M. Heidegger, Schellings Abhandlung über das Wesen der menschlichen Freiheit (1809) (hrsg. von H. Feick), T 1971; J. Habermas, Dialektischer Idealismus im Übergang zum Materialismus–Geschichtsphilosophische Folgerungen aus Schellings Idee einer Contraction Gottes, in: ders., Theorie und Praxis. Sozialphilosophische Studien, F [3]1974, 172–227; H. M. Baumgartner (Hrsg.), Schelling Fr–Mn 1975; M. Theunissen, Die Idealismuskritik in Schellings Theorie der negativen Philosophie, in: Hegel-Studien. Beiheft 17 (1977) 173–191; M. Frank, Der kommende Gott. Vorlesungen über die Neue Mythologie, F 1982; G. U. Gabel, Schelling. Ein Verzeichnis westeuropäischer und nordamerikanischer Hochschulschriften 1885–1980, Kö 1986.

H. Treziak

Schleiermacher

Friedrich Daniel Ernst Schleiermacher, * 1768 in Breslau, † 1834 in Berlin, erhielt seine Schulbildung in der Herrnhuter Brüdergemeine (Pädagogium von Niesky, Seminar von Barby). Unter dem Einfluß der Aufklärungsbewegung trennte er sich vom Herrenhuter Pietismus und absolvierte sein philosophisch-theologisches Studium an der Universität von Halle. Nach einer Hauslehrerstelle beim Grafen Dohna (Schlobitten) wurde er zunächst Lehrer, dann Prediger in Berlin, wo er sich in enger Freundschaft mit F. Schlegel (Frühromantik) verband. 1804 wurde er an die Universität Halle als außerordentlicher, 1810 an die neu gegründete Universität Berlin als ordentlicher Professor der Theologie berufen. Sein Schaffen richtete sich hauptsächlich auf die Erneuerung der christlichen Theologie (Hauptwerk: Der christliche Glaube. Zweite umgearbeitete Ausgabe, 1830–31, kurz „Glaubenslehre" genannt). Indessen lehrte er auch die Philosophie (Dialektik, Ethik, Hermeneutik, Psychologie, Ästhetik, Pädagogik) in eigenständiger Ausprägung. Die Theologie brachte er zu einer solchen Höhe, daß er wohl zu Recht der protestantische „Kirchenvater des 19. Jahrhunderts" genannt worden ist. Auch auf die katholische Theologie seiner Zeit (Tübinger Schule; →Kuhn) wirkte er maßgebend.

Gotteserkenntnis und Gotteserfahrung

Nach seinem Universitätsstudium war er zunächst dem Rationalismus der Aufklärung, wie ihn →Kant vertrat, zugetan. Das Studium der Schriften →Jacobis jedoch zeigte ihm, daß weder →Leibniz noch Kant das „principium individuationis", die Person, zu begründen vermochten. An diesem Punkte ging ihm die Unzulänglichkeit der „allgemeinen Vernunft", das heißt der ausschließlich begreifenden, diskursiven Vernunft der Aufklärung auf, das Einzeldasein zu erhellen. Wohl im Gefolge Jacobis sah er ein, daß zur Personerkenntnis und -werdung eine höhere Vernunft vonnöten sei, nämlich die das Göttliche wahrnehmende Vernunft, die geistige Empfänglichkeit für das Absolute, Unendliche. So verwirft er schon in seinem ersten Werke „Über die Religion" die Metaphysik und die Moral, das Denken und das Tun als Quelle der Gotteserkenntnis und damit der Religion: „Sie (sc. die Religion) begehrt nicht, das Universum seiner Natur nach zu bestimmen und zu erklären wie die Metaphysik, sie begehrt nicht aus Kraft der Freiheit und der göttlichen Willkür des Menschen es fortzubilden und fertig zu machen wie die Moral. Ihr Wesen ist weder Denken noch Handeln, sondern Anschauung und Gefühl. Anschauen will sie das Universum, in seinen eigenen Darstellungen und Handlungen will sie es andächtig belauschen, von seinen unmittelbaren Einflüssen will sie sich in kindlicher Passivität erfüllen lassen" (GA I/2, 211). Unter „Universum" versteht hier S. Gott (vgl. P. Seifert, Die Theologie des jungen Schleiermacher, Gü 1960, 80 ff.). „Anschauung und Gefühl" sind für ihn der Ausdruck der überbegrifflichen, transzendentalen Gotteserfahrung, wobei die „Anschauung" den objektiven Erfahrungsgehalt, „Gefühl" das Bewußtsein, Ergriffensein von ihm bedeutet. Mit den Stichworten „Metaphysik" und „Moral", „Denken" und „Handeln charakterisiert er jedoch die theoretische und praktische Philosophie Kants und →Fichtes. Denken und Handeln, theoretische und praktische Vernunft, welche die eine „allgemeine" Vernunft ausmachen, führen, wenn sie ausschließlich herrschen, an Gott vorbei, das ist die Überzeugung S.s. Wohl kann die raisonierende Vernunft das nur dem „Gefühl“ der erfahrenden Vernunft aufgehende Göttliche in ihre rein begriffliche Sphäre herabziehen, doch eben dadurch entgleitet es ihr. „Spekulation und Praxis haben zu wollen ohne Religion, ist verwegener Übermut, es ist freche Feindschaft gegen die Götter, es ist der unheilige Sinn des Prometheus, der feigherzig stahl, was er in ruhiger Sicherheit hätte fordern und erwarten können. Geraubt nur hat der Mensch das Gefühl seiner Unendlichkeit und Gottähnlichkeit, und es kann ihm als unrechtes Gut nicht gedeihen“ (GA I/2, 212). Religion, Gotteserkenntnis als Gotteserfahrung vollzieht sich nach S. allein jenseits des Denkens und Tuns, in deren „Grund“, im Innersten des menschlichen Geistes. „Nur Euch also kann ich zu mir rufen“, schreibt er in den Reden „Über die Religion“, „die ihr fähig seid, Euch über den gemeinen Standpunkt der Menschen zu erheben, die ihr den beschwerlichen Weg in das Innere des menschlichen Wesens nicht scheuet, um den Grund seines Tuns und Denkens zu finden“ (GA I/2, 197). Hier, im Grund, findet die geheimnisvolle Berührung der Seele mit Gott statt, die eben im „Gefühl“ zur bewußten Erfahrung wird. Wie es äußere Sinne gibt, die die Einwirkungen der Dinge zum Bewußtsein bringen, so gibt es im tiefsten Grund des Menschen einen geistigen Sinn, der die Wirkgegenwart Gottes in ihm vermittelt: „Praxis ist Kunst, Spekulation ist Wissenschaft, Religion ist Sinn und Geschmack fürs Unendliche“ (GA I/2, 212). Gleich Jacobi knüpft S. offensichtlich an die Gotteserfahrung der christlichen Spiritualität an, an die „motiones spirituales“ (geistliche Bewegungen): „Was sind Gnadenwirkungen? Alle religiösen Gefühle sind übernatürlich, denn sie sind nur insofern religiös, als sie durchs Universum (sc. Gott) unmittelbar gewirkt sind ...“ (GA I/2, 241). Erst die Reflexion des Verstandes über diese inneren Erfahrungen führt zu den ausgebildeten Glaubens- und Lehrsätzen einer religiösen Gemeinschaft: „Einige sind nur abstrakte Ausdrücke religiöser Anschauungen (sc. Erfahrungen), andre sind freie Reflexion über die ursprünglicheren Verrichtungen des religiösen Sinnes ...“ (GA I/2, 239). An sich ist die Gotteserfahrung immer wahr, insoweit sie eben die Selbstoffenbarung Gottes an den Menschen konstituiert. Irrtum, Täuschung finden sich allein in der auf die Erfahrung gerichteten Reflexion: „Den Inhalt einer Reflexion für das Wesen der Handlung zu nehmen, über welche reflektiert wird, das ist ein so gewöhnlicher Fehler, daß es Euch wohl nicht wundernehmen darf, ihn auch hier anzutreffen" (ebd.). Stets muß somit die Aussage über Gottes Selbstmitteilung – die als Aussage begrifflicher Natur ist – auf die jeden Begriff transzendierende Gotteserfahrung bezogen werden, will sie nicht zum toten Buchstaben werden. Darum bekämpft S. auch die „natürliche Religion" der Aufklärung. Losgelöst von der lebendigen Gotteserfahrung, gestaltet sie sich „zu den übel zusammengenähten Bruchstücken von Metaphysik und Moral, die man vernünftiges Christentum nennt" (GA I/2, 199).

Tun – Wissen – Gefühl

Was der junge S. in den Reden „Über die Religion" in dithyrambischer Sprache vortrug, brachte der reife S. in seiner „Glaubenslehre" in schulgerechte Form. Von streng rationalen Beweisen vom Dasein Gottes hält er offenbar nichts: „Wo Gottesbewußtsein erst entwickelt werden muß, helfen sie (sc. die Beweise) nichts" (Der Christliche Glaube. Kritische Ausgabe der 2. Auflage von M. Redecker, B [7]1960 [zit. Red.], I, 178, handschriftliche Aufzeichnung). Erfahrung kann nicht bewiesen, sondern nur aufgezeigt werden. Einen solchen Nachweis legt S. in der „Einleitung" seiner „Glaubenslehre" dar, einem Entwurf der von ihm konzipierten „philosophischen Theologie". Ganz wie in den „Reden" vertritt er die Auffassung, daß das lebendige Gottesbewußtsein, die „Frömmigkeit", „rein für sich betrachtet weder ein Wissen noch ein Tun, sondern eine Bestimmtheit des Gefühls oder des unmittelbaren Selbstbewußtseins" ist (Red. I, 14). Nicht beliebige Gefühle machen nach S. das Gottesbewußtsein, die Gotteserkenntnis aus, sondern nur das Gefühl, welches mit dem „unmittelbaren Selbstbewußtsein" identisch ist. Das letztere richtig aufzufassen ist somit entscheidend. Die Bezeichnung „unmittelbar" bedeutet die unmittelbare Befindlichkeit des Selbstbewußtseins jenseits von jeglichem objektbezogenen Wissen oder Tun, also jenseits von irgendwelchem innerweltlichen Bewußtsein, und wäre es auch nur das gewöhnliche Ichbewußtsein, welches stets noch etwas Gegenständliches enthält, eben das Ich. Das „unmittelbare Selbstbewußtsein" findet sich mithin in der Sphäre des menschlichen Geistes, die jede Weltbezogenheit gewissermaßen übersteigt, transzendiert. Es ist die eigentliche Mitte des menschlichen Geistes vor und über allem In-der-Welt-Stehen, die innerste Einheit der Person. Dementsprechend bestimmt S. auch das „Gefühl". Allgemein gilt: „Das Leben ist aufzufassen als ein Wechsel von Insichbleiben und Aussichheraustreten des Subjekts" (Red. I,18). Offensichtlich ist nun das „Tun" (Wollen) ein Aussichheraustreten, während das „Wissen" (Denken) und das „Gefühl" ein Insichbleiben besagen. Indessen ist das „Wissen" nur dann ein wahres Wissen, wenn es das zu erkennende Objekt vermittelt. Als aktuelles „Erkennen" ist es sonach ein „Aussichheraustreten" und insofern auch ein „Tun". Nur als ein „Erkannthaben" ist es ein „Insichbleiben". Das „Gefühl" aber ist als geistiges Empfinden ein reines „Bewegtwerden" des Subjekts, das gänzlich in ihm bleibt: „Das Fühlen hingegen ist nicht nur in seiner Dauer als ein Bewegtwordensein ein Insichbleiben, sondern es wird auch als Bewegtwerden nicht von dem Subjekte bewirkt, sondern kommt nur in dem Subjekt zustande, und ist also, indem es ganz und gar der Empfänglichkeit angehört, auch gänzlich ein Insichbleiben: und insofern steht es allein jenen beiden, dem Wissen und Tun, gegenüber" (ebd.). Da nun das „Gefühl" eins ist mit dem „unmittelbaren Selbstbewußtsein", ist dieses zu begreifen als absolutes Inneres (Insichbleiben), das zugleich reine Empfänglichkeit ist jenseits aller innerweltlichen Beziehungen. Zu bemerken ist nur noch, daß S. zwar das „Gefühl" als eigene „Form" vom „Wissen" und „Tun" scharf unterscheidet, doch nicht trennt. Jeder „wirkliche Moment des Lebens", hält S. fest, ist ein „Zusammengesetztes" von „Gefühl", „Wissen" und „Tun": „so wird auch der Frömmigkeit (sc. dem Gefühl) zukommen, Wissen und Tun aufzuregen, und jeder Moment, in welchem überwiegend die Frömmigkeit hervortritt, wird beides oder eins von beiden als Keime in sich schließen" (Red. I,19).

Das unmittelbare Selbstbewußtsein und das Gefühl der „schlechthinnigen Abhängigkeit"

Für S. ist nun das „unmittelbare Selbstbewußtsein", sein „Gefühl", als reine „Empfänglichkeit" der „geistige Ort" der Begegnung des Menschen mit Gott, seiner Gotteserfahrung oder Gotteserkenntnis. Das „Gefühl" ist ja wesentlich ein „Bewegtwerden", das somit auf einen Bewegenden, Berührenden verweist. Die Frage ist nur, was das „Gefühl" als „Bewegtwerden" durchgehend charakterisiert, welches sein es unterscheidender Wesenszug ist. Die Reflexion auf das „unmittelbare Selbstbewußtsein“, das die „Frömmigkeit“, das „Gottesbewußtsein“ konstituiert, erbringt die Antwort: das „unmittelbare Selbstbewußtsein“ ist erfüllt von einem „Gefühl“, das in allen seinen Gestaltungen durch das Grundgefühl einer „schlechthinnigen Abhängigkeit“ gekennzeichnet ist, welches eben die Beziehung des menschlichen Subjektes zu Gott zum Bewußtsein bringt: „Das Gemeinsame aller so verschiedenen Äußerungen der Frömmigkeit“, lautet die These S.s, „wodurch diese sich zugleich von allen anderen Gefühlen unterscheidet, also das sich selbst gleiche Wesen der Frömmigkeit, ist dieses, daß wir uns unserer selbst als schlechthinnig abhängig, oder was dasselbe sagen will, als in Beziehung mit Gott bewußt sind“ (Red. I,23). S. „beweist“ diese seine Auffassung durch eine vertiefte Betrachtung des Selbstbewußtseins, also durch eine Einkehr in sich selbst.

Selbsttätigkeit, Empfänglichkeit, Weltgefühl und Gottesbeziehung

In unserem Selbstbewußtsein, stellt S. fest, finden wir zunächst zweierlei: Gleichbleibendes, Identität einerseits, veränderliches Sosein andererseits. „In jedem Selbstbewußtsein also“, schließt S., „sind zwei Elemente, ein – um so zu sagen – Sichselbstsetzen, oder ein Sein, und ein Irgendwiegewordensein“ (Red. I, 24). Das „Irgendwiegewordensein“ schließt aber noch völlig unbestimmt ein anderes als das „Sichselbstsetzen“ des Selbstbewußtseins ein. Es „setzt für jedes Selbstbewußtsein noch etwas anderes voraus, woher die Bestimmtheit desselben ist, und ohne welches das Selbstbewußtsein nicht grade dieses sein würde“ (ebd.). Infolgedessen besteht das Selbstbewußtsein zugleich in einem „Sein des Subjektes für sich“ und einem „Zusammensein mit anderen“. Der erste Aspekt des Selbstbewußtseins bekundet sich hierbei als „Selbsttätigkeit“, der zweite als „Empfänglichkeit“. Selbsttätigkeit ist aber so viel wie Freiheit (im weitestens Sinne), während „Empfänglichkeit“ in den Zustand von Abhängigkeit versetzt. Es läßt sich also hinsichtlich des Gefühls des Selbstbewußtseins sagen: „Das Gemeinsame aller derjenigen Bestimmtheiten des Selbstbewußtseins, welche überwiegend ein Irgendwiegetroffensein der Empfänglichkeit aussagen, ist, daß wir uns als *abhängig fühlen*. Umgekehrt ist das Gemeinsame in allen denjenigen, welche überwiegend regsame

Selbsttätigkeit aussagen, das *Freiheitsgefühl.* Jenes (sc. das Abhängigkeitsgefühl) nicht nur, weil wir anderwärts her so geworden sind, sondern vornehmlich, weil wir nicht anders als nur durch ein anderes so werden konnten. Dieses (sc. das Freiheitsgefühl), weil anderes durch uns bestimmt wird, und ohne unsere Selbsttätigkeit nicht so bestimmt werden könnte" (Red. I, 25). Hieraus ergibt sich, daß das Selbstbewußtsein stets in Beziehung zu einem anderen steht, und zwar im Sinne einer „Wechselwirkung". Denken wir uns nun die Totalität aller Beziehungen, die ein Gefühl der Abhängigkeit und der Freiheit besagen, so ersteht uns das, was wir „Welt" heißen. Dieses Weltgefühl ist somit der Ausdruck unseres „Selbstbewußtsein im allgemeinen, insofern es unser Zusammensein mit allem aussagt, was sowohl unsere Empfänglichkeit anspricht als auch unserer Selbsttätigkeit vorgelegt ist. Und zwar nicht nur sofern wir dieses andere vereinzeln, sondern auch sofern wir das gesamte Außeruns als Eines mit uns selbst zusammen als Eines, das heißt als *Welt* setzen" (Red. I, 26). Diese Feststellung erlaubt S. den wichtigen Schluß: „Demnach ist unser Selbstbewußtsein als Bewußtsein unseres Seins in der Welt oder unseres Zusammenseins mit der Welt, eine Reihe von geteiltem Freiheitsgefühl und Abhängigkeitsgefühl; schlechthinniges Abhängigkeitsgefühl aber, d.h. ohne ein auf dasselbe Mitbestimmende bezügliches Freiheitsgefühl, oder schlechthinniges Freiheitsgefühl, d.h. ohne ein auf dasselbe Mitbestimmende bezügliche Abhängigkeitsgefühl, gibt es in diesem ganzen Gebiete nicht" (ebd.). Ausnahmslos ist somit jedes menschliche Subjekt in seinem In-der-Weltsein vom Gegensatz der Freiheit und Abhängigkeit bestimmt. Entscheidend an dieser Gesamt- und Grunderfahrung aber ist, daß der Mensch kein schlechthinniges Gefühl der Freiheit, der reinen Selbsttätigkeit besitzt. Ein solches hätte er nur, „wenn der Gegenstand (der Selbsttätigkeit) überhaupt durch unsere Tätigkeit erst würde, welches aber nur beziehungsweise der Fall ist und nie schlechthin" (Red. I, 28). Allein „beziehungsweise", d.h., unter bestimmten Rücksichten vermögen wir die Welt zu verändern, nicht aber sie zu schaffen. Freiheit und produktive Eigentätigkeit sind ja eins. Eben diese Grundwahrheit, daß es dem Menschen an absoluter Freiheit in diesem Sinne gebricht, bestätigt sich in einem letzten Vordringen in die Tiefe seines Selbstbewußtseins, dort wo er das In-der-Welt-Sein transzendiert und unmittelbar nur sich selbst ist. Bezeugt das Selbstbewußtsein in dieser seiner tiefsten Einheit ein schlechthinniges Freiheitsgefühl, was somit bedeutete, daß es sich und überhaupt alles, die ganze Welt erschafft? Ist es nicht vielmehr so, daß die Bekundung des „Gefühls" des „unmittelbaren Bewußtseins" eine radikale, schlechthinnige Empfänglichkeit und somit schlechthinnige Abhängigkeit zum Ausdruck bringt? Eine unbefangene Einkehr in sich selbst bis in diese letzte Einheit und Tiefe des Daseins wird erfahren: „die Gesamtheit unserer inneren freien Bewegungen als Einheit betrachtet kann nicht durch ein schlechthinniges Freiheitsgefühl repräsentiert (sc. ausgedrückt) werden, weil unser ganzes Dasein uns nicht als aus unserer Selbsttätigkeit hervorgegangen zum Bewußtsein kommt" (ebd.). Damit widersetzt sich S. der Auffassung Fichtes vom absoluten Ich. Werden wir uns aber in unserem Innersten, in unserem Daseinsgrunde bewußt, daß uns eine schlechthinnige Freiheit nicht zu eigen steht, so ist das nur der negative Ausdruck einer schlechthinnigen Abhängigkeit. Denn diese Grunderfahrung erfolgt in der alle unsere Beziehungen zur Welt transzendierenden Sphäre des Selbstbewußtseins, wo jede Wechselwirkung von teilweiser Selbsttätigkeit und Empfänglichkeit, teilweiser Freiheit und Abhängigkeit hinter sich gelassen wird. Also ist mit der Verneinung der schlechthinnigen Freiheit die schlechthinnige Abhängigkeit implizit bejaht: „Allein eben das unsere gesamte Selbsttätigkeit, also auch ... unser ganzes Dasein begleitende, schlechthinnige Freiheit verneinende Selbstbewußtsein ist schon an und für sich ein Bewußtsein schlechthinniger Abhängigkeit; denn es ist das Bewußtsein, daß unsere ganze Selbsttätigkeit ebenso von anderwärts ist, wie dasjenige von uns her sein müßte, in Bezug worauf wir ein schlechthinniges Freiheitsgefühl haben sollten" (ebd.). Wohl verstanden: die schlechthinnige Abhängigkeit, die unsere tiefste Erfahrung ausmacht, hebt nicht unsere Selbsttätigkeit, Freiheit in der Sphäre des Weltseins auf, vielmehr begründet sie dieselbe. Wir vermöchten ja eine schlechthinnige Abhängigkeit überhaupt nicht wahrzunehmen, ohne zugleich unserer, wenn auch nur relativen Freiheit bewußt zu werden. „Ohne alles Freiheitsgefühl aber", bemerkt S., „wäre ein schlechthinniges Abhängigkeitsgefühl nicht möglich" (ebd.). Die Grunderfahrung des „unmittelbaren Selbstbewußtseins" von seiner schlechthinnigen Abhängigkeit ist nun aber in sich ein Verweis auf einen anderen, und zwar auf ein alles Weltsein transzendierendes Wesen. Ein schlechthinniges Abhängigkeitsgefühl kann ja auf keinen Fall aus der Erfahrung der Welt erstehen, da auf diesem Gebiete grundsätzlich Wechselwirkung von partieller Selbsttätigkeit und Empfänglichkeit herrscht. Dieses die Welt transzendierende andere, das das „Woher“ – S. hat als erster diesen Ausdruck dafür gebraucht – unseres ganzen Daseins ist, ist Gott: „Warum aber schlechthinnige Abhängigkeit und Beziehung mit Gott ... gleichgestellt wird, so ist dies so zu verstehen, daß eben das in diesem Selbstbewußtsein mitgesetzte *Woher* unseres empfänglichen und selbsttätigen Daseins durch den Ausdruck Gott bezeichnet werden soll, und dieses für uns die wahrhaft ursprüngliche Bedeutung desselben ist“ (Red. I, 28–29). Für S. ist so „Sich-schlechthin-abhängig-fühlen und Sich-seiner-selbst-als-in-Beziehung-mit-Gott-bewußt-sein einerlei“ (Red. I, 29). Kein Schluß führt von dem einen zum anderen, „weil nämlich die schlechthinnige Abhängigkeit die Grundbeziehung ist, welche alle anderen in sich schließen muß“ (ebd.). Hier ist zu beachten, daß mit der Erfahrung der schlechthinnigen Abhängigkeit nicht nur das „Woher“ unseres Daseins uns aufgeht, sondern zugleich das der gesamten Welt. Die schlechthinnige Abhängigkeit verweist in und durch sich auf eine schlechthinnige Freiheit. „Nun versteht sich ... von selbst, daß derjenige schlechthin frei ist, von welchem alles schlechthin abhängig ist“, bemerkt S. an anderem Ort (Red. I, 204). Die schlechthinnige Freiheit ist aber absolut produzierende Selbsttätigkeit. Auf sie muß also das gesamte Gebiet der teilweisen Selbsttätigkeit und Empfänglichkeit, das ganze Weltsein zurückgeführt werden. Ausdrücklich hält S. fest, daß „der Begriff der Ursächlichkeit mit dem schlechthinnigen Abhängigkeitsgefühl selbst im genauesten Zusammenhang steht“ (Red. I, 259). Das schlechthinnige Abhängigkeitsgefühl „weist zurück“ auf die „schlechthinnige Ursächlichkeit“ des transzendenten Absoluten (Red. I, 263) und offenbart uns so Gott als den Schöpfer allen endlichen Seins.

Literatur: F. D. E. Schleiermacher: Kritische Gesamtausgabe (GA), B–NY 1984 ff. –P. Seifert, Die Theologie des jungen Schleiermacher, Gü 1960; M. Redeker, F. Schleiermacher, B 1968; D. Offermann, Schleiermachers Einleitung in die Glaubenslehre, B 1969. M. Eckert, Gott – Glauben und Wissen. F. Schleiermachers Philosophische Theologie B – NY 1987.

R. Stalder

Schlier

Heinrich Schlier, * 1900 in Neuburg (Donau), † 1978 in Bonn. Studium der evangelischen Theologie (in den zwanziger Jahren), vor allem in Marburg. Schüler und Mitarbeiter R.→Bultmanns. Lehrtätigkeit in neutestamentlicher Exegese (in Marburg bis 1935). Pfarrer der lutherischen Bekenntnisgemeinde in Wuppertal-Elberfeld und Lehrer der neutestamentlichen Exegese an der dortigen Kirchlichen Hochschule, die der Bekennenden Kirche verbunden war (1935–45). Seit 1945 Professor für Neues Testament und Geschichte der Alten Kirche in Bonn. 1953 Übertritt zur römisch-katholischen Kirche. Ab 1953 Honorarprofessor an der Philosophischen Fakultät in Bonn. Verfasser großer Kommentare zu neutestamentlichen Schriften und vieler Aufsätze mit biblischen Themen.

Als Exeget, der entscheidende Impulse aus der Kerygma-Theologie aufgenommen hat, stellt S. die Frage nach der Erkennbarkeit Gottes im Rahmen der Auslegung des Neuen Testaments, sonst nicht. Über die Gotteserkenntnis, die der glaubende Christ nach dem Neuen Testament, zumal nach Paulus, aufgrund der Offenbarung Gottes hat, hat S. eingehend gehandelt (1964, 327–339; 1978, 25–54). Doch wie steht es mit der Gotteserkenntnis des Menschen, der nicht im Glauben an das Evangelium lebt? Er ist – heilsgeschichtlich gesprochen – der „Heide“. Um dessen Gotteserkenntnis geht es Paulus in Röm 1,18–32, besonders 1,20; sonst spricht das Neue Testament darüber nicht. Von daher ist es verständlich, daß S. seinerseits auf die Gotteserkenntnis des Heiden nur eingeht, wenn es gilt, Röm 1,20 auszulegen (1935; 1938; 1964; 1977; 1978). S. übersetzt Röm 1,20: „Seine unsichtbare Wirklichkeit wird seit Erschaffung der Welt an dem Geschaffenen denkend wahrgenommen, seine ewige Macht und Göttlichkeit. So können (die Heiden) sich nicht entschuldigen“. S. lehnt die weitverbreitete Deutung dieses Verses ab, nach der Paulus im Sinne der hellenistischen Popularphilosophie die Auffassung vertreten hat, der Mensch sei in der Lage, von der Welt der Erscheinungen aus nach deren Ursache und Urheber zu fragen und dabei den Bereich der Erscheinungen zu überschreiten. „Paulus denkt nicht wie die jüdisch-hellenistische Weisheit an eine Schlußfolgerung und in den Kategorien von Ursache und Wirkung“ (1977, 54). Nach S. erinnert Paulus vielmehr an die Gotteserkenntnis, die der „ursprüngliche

Mensch“ vollzog. Der aber nahm, bevor er der Macht der Sünde verfiel, den Schöpfer in den Werken der Schöpfung wahr. So erfaßte er, daß er sich Gott verdankte, und daß sein Leben sich im Danken und Lobpreisen zu vollziehen hatte. Der „Heide“ ist nicht mehr der „ursprüngliche Mensch“. Er hat Gott mit den Göttern vertauscht, hat aber durch alle damit gegebene Sünde hindurch noch eine Erinnerung an sein „ursprüngliches“ Leben. Dieses wird ihm durch die Offenbarung in Jesus Christus neu eröffnet.
Ob S. einen philosophischen Gottesbeweis vor und neben seinen Aussagen über die Gotteserkenntnis des Heiden, (des Juden) und des Christen für notwendig und möglich hält, bleibt offen.

Literatur: H. Schlier: Über die Erkenntnis Gottes bei den Heiden, in: EvTh 2 (1935) 9–26; Von den Heiden, Röm 1,18–32, in: EvTh 5 (1938) 113–124 (aufgenommen in: H. Schlier, Die Zeit der Kirche, Fr 1955, 29–37); Die Erkenntnis Gottes nach den Briefen des Apostels Paulus, in: H. Vorgrimler (Hrsg.), Gott in Welt, Bd. 1, Fr 1964, 151–171 (aufgenommen in: H. Schlier, Besinnung auf das Neue Testament, Fr 1964, 319–339); Der Römerbrief. Kommentar, Fr 1977; Grundzüge einer paulinischen Theologie, Fr 1978.

W. Löser

Seuse

Heinrich Seuse (Suso), * um 1295 in Überlingen oder, eher, in Konstanz, † 1366 in Ulm. 13jährig Eintritt in den Dominikanerkonvent Konstanz (Inselkloster). Einzig verbürgter Studienort nebst Konstanz ist Köln, wo S., wohl ab 1324, Schüler →Eckharts am dortigen Studium generale war. Nach der Rückkehr aus Köln (1326 oder 1327) wirkte S. in Konstanz und von da aus als Seelsorger und Prediger, ordensintern als Lektor und 1334, eventuell später nochmals, als Prior. Kurz nach dem durch das Interdikt (1339–46) bedingten Exil wurde S. 1348 nach Ulm versetzt.
Obwohl S. „hohe fragen“ (DS 170ff.), d.h. philosophisch-theologische Spekulation, als Schüler Eckharts beherrschte, stellte er sie – wie erst recht die „mundana philosophia“ (weltliche Philosophie; Hor. 546, 32) – einer „spiritualis“ (geistlichen) oder „christiana philosophia“ (christlichen Philosophie; Hor. 546, 32ff.) gegenüber. Wahre und höchste Philosophie (Hor. 526, 11) besteht nach S. in der Liebe zum höchsten Gut und in der Erfahrung von dessen Süße, wobei das „summum bonum“ (höchstes Gut) christologisch gefaßt wird: „Haec mea interim sublimior philosophia, scire Iesum,

et hunc crucifixum" (Dies ist indes meine höchste Philosophie, Jesus zu kennen, und zwar als den Gekreuzigten; Hor. 493, 21f.; 1 Kor, 2 2). Intellektuelles Wissen und Wissenschaft ordnet S. konsequent seiner mystisch-theologischen und pastoralen Intention unter. Sie haben der geistlichen Praxis, dem Lesen im Lebensbuch, das der gekreuzigte Christus ist – es übertrifft alle philosophischen Abhandlungen –, zu dienen.

Dennoch nimmt S. in Beantwortung der Frage nach dem Was, Wo und Wie Gottes einen der fünf von →Thomas von Aquin anerkannten Gotteserweisen auf, den sogenannten physiko-theologischen (Gössmann, 1971, 98f.). Auf →Aristoteles sich berufend erschließt S. aus dem wohlgeordneten Lauf der Natur einen einzigen „fúrst und herr[n] aller creaturen" (DS 171, 15f.), den Lenker aller Dinge (Huonder 1968, 56), den wir Gott nennen. So erlangten „heidensche meister" (DS 171, 12) und suchende Menschen „etwaz kundsami von got" (DS 171, 9–11). Diese „natürliche" Erkenntnis beinhaltet sowohl bedingt auf Gott anzuwendende Attribute als auch die in der mittelalterlichen Scholastik geläufigen Transzendentalien. In einem Ineinanderspiel von aristotelisch-thomistischen und neuplatonischen Gedankengängen im Anschluß an →Augustinus und →Bonaventura schließt S. besonders durch Spiegelontologie und in dynamischem Exemplarismus (Haas 1971, 173ff.) von der Schönheit des Kosmos und der Kreatur auf den höchsten Werkmeister (Hor. 424, 3ff.; 437, 16ff.; Röm 1,20). Dabei stellt S., im Unterschied zu Eckhart, die defiziente reale Existenz des Geschaffenen über die ideale in Gott, da Doxologie nur durch die Kreatur möglich ist (DS 332, 10–12).

Nach S., der die Gottesfrage methodisch von verschiedenen Seiten angeht, um in der Zusammenschau von vielerlei Denkansätzen einen Gesamteindruck zu vermitteln (Siegroth-Nellessen 1979, 251ff.), ist Gott annäherungsweise kataphatisch (affirmativ) durch seine Namen – z.B. „wesen" (DS 176ff., 329ff.), Sein –, eher aber apophatisch (durch Negation), „daz daz wiselos wesen ŏch namelos ist" (DS 328, 23f.), „daz got si nitwesen oder ein niht" (DS 329, 1f.), zu erkennen. Daß das „purum esse" (reines Sein) Ursprung und Ziel des Seienden, zugleich in allem und doch mehr, außerhalb von allem, ist, faßt S. in der traditionsreichen Definition: „got ist als [wie] ein cirkellicher ring, des ringes mitle punct allenthalb ist und sin umbswank niene“ (DS 178, 12–14; 191, 13–15; Alanus ab Insulis, Bonaventura, Thomas von Aquin, →Pascal). Erfahrbar wird Gott, und darauf kommt es S. an, durch Gleichförmigkeit mit Christus (DS 334, 16ff.; Röm 8,29), die erlangt wird vor allem durch Nichtbestehen auf der eigenen Kreatürlichkeit in „gelassenheit“ (DS 334ff.). Wird man mit Christus „in einigkeit eins“ (DS 335, 18ff.; Haas 1984, [311], empfängt man in ihm alles (Gal 2,20) und kehrt man dorthin zurück, wohin man soll (DS 334, 16ff.), „ins wa der blossen goͤtlichen sunheit“ (DS 184, 20) im innertrinitarischen Leben Gottes, bis hin in die „blosse gotheit“ (DS 178, 6f.), die mit dem Begriff „das einig Ein“ (DS 177, 24f.; 332, 6f.) gemeint ist. Da überholt die Schau die diskursive Erkenntnis.

Literatur: H. Seuse: Deutsche Schriften (DS; hrsg. von K. Bihlmeyer), St 1907, unveränderter Nachdruck F 1961; H. Seuses Horologium sapientiae (Hor. hrsg. von P. Künzle). Erste kritische Ausgabe unter Benützung der Vorarbeiten von D. Planzer, Fri 1977. – A. Winklhofer, Die Logosmystik des H. Seuse, in: E. M. Filthaut (Hrsg.), H. Seuse. Studien zum 600. Todestag 1366–1966, Kö 1966, 213–232; Q. Huonder, Die Gottesbeweise. Geschichte und Schicksal, St–B–Kö–Mz 1968; E. Gössmann, Glaube und Gotteserkenntnis im Mittelalter, Fr–Bas–W 1971 (= Handbuch der Dogmengeschichte. 1, 2b); A. M. Haas, Nim din selbes war. Studien zur Lehre von der Selbsterkenntnis bei Meister Eckhart, J. Tauler und H. Seuse, Fri 1971; ders., Transzendenzerfahrung in der Auffassung der deutschen Mystik (1978) und: Jesus Christus – Inbegriff des Heils und verwirklichte Transzendenz im Geist der deutschen Mystik (1982), in: ders., Geistliches Mittelalter, Fri 1984, [259] – [289] bzw. [291] – [314]; G. von Siegroth-Nellessen, Versuch einer exakten Stiluntersuchung für Meister Eckhart, J. Tauler und H. Seuse, Mn 1979; H. Stirnimann, Mystik und Metaphorik. Zu Seuses „Dialog“, in: A. M. Haas/H. Stirnimann (Hrsg.), Das „einig Ein“. Studien zu Theorie und Sprache der deutschen Mystik, Fri 1980, 209–280.

L. Gnädinger

Siewerth

Gustav Siewerth, * 1903 in Hofgeismar, † 1963 in Trient. Professor der Philosophie und der Pädagogik in Aachen 1947, Direktor der dortigen Pädagogischen Akademie 1948; in gleicher Eigenschaft Freiburg 1961. – S. hat mit bedeutender spekulativer Kraft das Denken des →Thomas von Aquin zum System durchgestaltet und begründet. Dabei hat er entscheidende Anregungen von →Hegel empfangen; auch der Einfluß von →Heidegger ist beträchtlich. Seine Bemühungen gelten vor allem der Ontologie und der Gotteslehre. Zugleich trägt er zur Klärung anthropologischer und pädagogischer Fragen bei. Hervorgehoben seien seine Untersuchungen zur Metaphysik der Sprache und der Kindheit. Näherhin entzün-

det sich sein Denken „an der Frage der Möglichkeit der Gotteserkenntnis" (II, 25). Namentlich ist zu entwickeln, „wie eine endliche Vernunft von endlichen Gegebenheiten her das unendliche, absolut einfache Sein Gottes" (II, 31) zu erreichen vermöge. Die Antwort ist mit den zwei Differenzen gegeben zwischen dem Seienden und dem Sein sowie zwischen dem Akt und der Subsistenz. Erstere klingt an Heidegger an, letztere ist S.s eigene Entdeckung, wozu er von der göttlichen Drei-Einigkeit angeregt wird. Obwohl er sich damit „im Raum der Theologie" bewegt, prägt sich doch sein Denken als „strenger metaphysischer Vollzug" aus (II, 15f.). Hieraus folgt die „exemplarische Identität", die er Hegels „dialektischer Identität" entgegensetzt.
Jedes Seiende, sei es Mensch oder Ding, hat seinen eigenen begrenzten Seinsakt. „Die einzelnen Seinsakte" aber umfaßt „eine wurzelhafte abgründige Tiefe", insofern sie „vom Sein selbst durchwaltet" sind, „das in ihnen daher unmittelbar in seiner unendlichen Dimension aufleuchtet" (II, 313). Wegen seiner grenzenlosen Fülle begegnet uns das Sein-selbst als das „Gleichnis Gottes", ohne aber Gott selbst zu sein; denn es ist erschaffen und hat keine eigene Subsistenz. Vielmehr kommt es zur Subsistenz erst in den einzelnen Seienden und deren Seinsakten, von denen es real unterschieden, jedoch nicht getrennt ist. Dasselbe Sein ist „das Licht der aktiven Vernunft", wodurch sie in die Transzendenz einzutreten vermag, ja immer schon eingetreten ist (II, 334), also das Endliche zum Unendlichen hin überschreitet. Diese Bewegung drängt nun über das dem Seienden innewohnende Sein-selbst hinaus, das, als das Letzte genommen, dem zerstörenden Widerspruch zwischen unendlicher Fülle und Nicht-Subsistenz verfiele. Damit öffnet sich der Zugang zu dem alles Seiende übersteigenden, subsistierenden oder göttlichen Sein, in dem das Sein-selbst gründet und über dem Seienden gehalten wird. Hier ist das metaphysische Kausalprinzip einsichtig, das ohne das Seinselbst mit der ihm eigenen Spannung zwischen grenzenloser Fülle und Nicht-Subsistenz keine zwingende Notwendigkeit aufwiese. Das Kausaldenken schließt Hegels dialektische Identität aus und führt zur exemplarischen Identität hin, in der die Analogie enthalten ist; durch sie kommt das endliche Seiende mittels des Seins-selbst mit dem göttlichen unendlichen Sein ebenso überein wie es sich von ihm unterscheidet. Nach S. bildet den Angelpunkt des Aufstiegs zu Gott das

Sein-selbst, das beim Aquinaten „ipsum esse" heißt (Sth I, a 2 ad 3), bei Heidegger geschichtlich bleibt und bei Hegel mit dem göttlichen Sein dialektisch zusammenfällt. Die ohne die Vermittlung durch das Sein-selbst unternommenen Gottesbeweise werden von →Kant mit Recht kritisiert. Entscheidend ist, daß das Sein im Seienden implizit waltet und in unserer Vernunft explizit hervortritt. Dieses Hervortreten stellt sich bei S. als unmittelbares, schauhaftes Aufleuchten dar; doch kommt uns lediglich die transzendentale Reduktion zu, die zum Sein-selbst als dem ermöglichenden Grund sowohl des Seienden als auch unserer Vernunft gelangt.

Literatur: G. Siewerth: Der Thomismus als Identitätssystem, F 1939, F [2]1961; Das Sein als Gleichnis Gottes, Hei 1958; Das Schicksal der Metaphysik von Thomas zu Heidegger, Ei 1959; Die Analogie des Seienden, Ei 1965; Ges. Werke (hrsg. von W. Behler/A. v. Stockhausen), bisher 4 Bde., D 1971 ff. – J. Rüttimann, Illuminative oder abstraktive Seins-Intuition?, Lz 1944; M. Cabada Castro, Sein und Gott bei G. Siewerth, D 1971; F. A. Schwarz/A. von Stockhausen, Einleitungen zu: G. Siewerth, Ges. Werke, Bd. 1, D 1975 und Bd. 3, D 1971; J. Lotz, Zur Struktur des Gottesbeweises, in: ThPh 56 (1981) 481–506; ders., Das Sein als Gleichnis Gottes. Grundlinien der Ontologie und Gotteslehre von G. Siewerth, in: ThPh 60 (1985) 60–76.

J. B. Lotz

Simmel

Georg Simmel, * 1858 in Berlin, † 1918 in Straßburg, 1901 a. o. Professor in Berlin, ab 1914 o. Professor für Philosophie in Straßburg. – Bekannt ist S. vor allem als Mitbegründer der modernen Soziologie. Ihn philosophischen Schulen zuzuordnen erweist sich als unmöglich: Trotz vielfältiger Bezüge zu →Kant zählt er nicht zu den Neukantianern, trotz seiner für den deutschen Sprachraum wegweisenden Entdeckung →Bergsons ist S. kein Lebensphilosoph im strengen Sinne. Solchen Zuordnungen widersetzt sich die Eigenständigkeit seines Philosophierens. Das gilt auch für sein Gott-Denken jenseits philosophischer Theismuskritik und kirchlich-dogmatischer Affirmation.

Der systematische Ausgangspunkt liegt in der Annahme begründet, „daß die Kritik keinen einzigen Inhalt der historischen Religionen bestehen läßt, aber die Religion selbst nicht trifft" (in: Gassen/Landmann 1958, 10). S. wendet gegen die Religionskritik ein, nicht bis zu dieser Kernfrage vorgedrungen zu sein. Der Aufweis der philosophischen Legitimität der Religion bildet die Grundlage von S.s Aussagen über Gott. –

Mit der These, Religion sei „ein Vorgang im menschlichen Bewußtsein und weiter nichts" (1957, 105), vollzog S. Kants kopernikanische Wende für die Religionsphilosophie, ohne dessen Verkürzungen übernehmen zu wollen. Nicht die Inhalte begründen Religion, sondern das Sein der Seele, das „so wenig ... wie ein Sein überhaupt zu widerlegen ist" (in: Gassen/Landmann 1958, 10). Als apriorisches Ordnungsprinzip gestaltet es die Gesamtheit des Gegebenen zu geistigen Welten. Seiner jeweils dominanten „Tönung" entsprechend entsteht die Welt der Kunst, der Erkenntnis, der Sittlichkeit – und eben auch der Religion (1922, 85). Ernst Cassirers Philosophie der symbolischen Formen findet hier ihren Vorgänger.
Daraus folgt nicht nur, daß jede Welt einzig immanent adäquat kritisierbar ist, sondern auch „daß [von dem] Verhältnis zwischen Gott und der einzelnen Seele ... uns ... nur die in der letzteren gelegene Seite desselben gegeben [ist]" (1957, 105). Aussagen über Gott sind stets Aussagen über die Religiosität als grundlegende formale Kategorie des Lebens. Gott ist nicht „ein Etwas", sondern der Brennpunkt der ins Unendliche strahlenden Lebensenergie (1922, 83 f.).
S.s Gott-Denken wird von einer charakteristischen Bipolarität durchzogen. Der eine Pol läßt sich beschreiben als Plädoyer für die negative Theologie (vor allem Meister →Eckharts), die S. für freier und tiefer hält als „alle ... Dogmatik und Religionsphilosophie". Selbst die Attribute, die →Spinoza und →Schelling Gott beilegen, weist er zurück. „Auch der vorsichtigste Versuch einer positiven Bestimmung [Gottes] überschreitet unsere Denkrechte" (1922, 105 f. Anm. 1). Daneben gilt es, den Blick offenzuhalten auf den zweiten Pol, der in keiner Weise mehr positiv sprachlich faßbar ist, der sich menschlicher Erfahrung aber dennoch kundgibt.
Wie die Vernunft aus anderen Quellen strömt als die Kräfte des Intellekts, so ist gegenüber allen eudämonistischen Erlebnissen das Glück unableitbar, zuhöchst die Seligkeit. „Nur an den äußersten Steigerungen des Glückes ... empfinden wir etwas wie Gnade; es überschimmert das Leben ... mit einem Glanze, den dieses aus sich selbst niemals hätte zeugen können, der vielmehr aus einer anderen, unbegreiflichen Ordnung hervorbricht. Darum kann man Lust suchen ..., Glück aber ... kommt über uns wie Regen und Sonnenschein" (1922, 46). Bis zuletzt bleibt S. seinen Grundannahmen treu: wie die

Bibel verweist er zwar auf die Gabe von Regen und Sonnenschein, nennt aber nicht deren Geber.
Inkonsequenzen: S. wendet sich gegen jenes Gott-Denken, das die je größere Unbegreiflichkeit Gottes zu wenig ernst nimmt. Dennoch scheint es fraglich, ob die Verankerung der Religion ausschließlich im Sein des Menschen tatsächlich die Verschiedenheit des Glaubens an „Jehova", den „Christengott" und andere Götter zureichend begründet (vgl. 1957, 114). Aus berechtigter Sorge vor unreflektiert anthropomorpher Rede verzichtet S. auf eine fruchtbare, freilich analoge Anwendung seiner ureigensten Denkform, der Wechselwirkung, innerhalb der Religionsphilosophie.

Literatur: G. Simmel: Die Religion, F 1906; Lebensanschauung, Mn–L ²1922; Brücke und Tür, St 1957. – K. Gassen/M. Landmann (Hrsg.), Buch des Dankes, B 1958; P.-O Ullrich, Immanente Transzendenz, F–Be 1981.

P.-O. Ullrich

Spinoza

Benedictus (hebräisch Baruch, portugiesisch Bento) de Spinoza, * 1632 in Amsterdam, † 1677 in Den Haag, Sohn jüdischer Emigranten aus Portugal, studierte jüdische Tradition, Philosophie und Naturwissenschaften. 1656 wird er aus der Synagoge ausgeschlossen und lebt seitdem vor allem vom Linsenschleifen. Er zieht um 1660 nach Rijnsburg, wo er der religiösen Gruppe der Kollegianten nahesteht, 1663 nach Voorberg und 1669 nach Den Haag, wo er an Schwindsucht stirbt. Zu Lebzeiten veröffentlichte er nur eine Einführung in das Denken →Descartes' und anonym den „Theologisch-Politischen Traktat". Sein Hauptwerk, die „Ethik", wurde zusammen mit anderen Schriften erst posthum veröffentlicht.
Im nachgelassenen unvollendeten „Tractatus de intellectus emendatione" (Abhandlung über die Berichtigung des Verstandes) lehrt S., daß die klare und deutliche, rein verstandesmäßige Erkenntnis ihre Gewißheit in sich selbst trägt, und zwar um so mehr, je umfassender ihr Inhalt ist und je mehr sie ihre eigene Begründung aufweist. Deduktiv-notwendige Erkenntnis, die von der höchsten Ursache herabsteigt, verbürgt damit ihre Wahrheit. Darum kann S. in der „Ethik" seine Metaphysik mit Gott als der einzigen, in und aus sich selbst (causa sui) existierenden Substanz beginnen, deren inhaltliches Wesen in einer unendlichen Zahl unendlicher Seinsqualitäten („Attribute") besteht, von denen wir nur Den-

ken und Ausdehnung kennen. Gott ist Inbegriff der Gesamtwirklichkeit (Deus sive Natura), immanente Ursache (natura naturans) der ihm notwendig entspringenden unendlichen Folge welthafter „Modi" (Bestimmungen, Affektionen) des Denkens (Ideen) und der Ausdehnung (Körper), die in ihm sind und in denen er sich ausdrückt. Dabei ist beides völlig heterogen und zugleich parallel, da im Grunde dasselbe: Gründe und Ursachen, Strukturen der Ideen und der Körper sind identisch. Die adäquate Erkenntnis dieses Notwendigkeitszusammenhangs macht den Menschen frei als Herrn seiner Affekte, so daß er sein Glück, die „intellektuelle Liebe Gottes" erlangt. Der „Theologisch-Politische Traktat" enthält eine kritische, antidogmatische Bibelinterpretation und eine Staatsvertragslehre, bei der es vor allem um die Meinungsfreiheit geht. Die Herrschaftslegitimation kommt der faktischen Macht zu, aber tendentiell ist S. für Demokratie.

Wenn die geometrisch-deduktive Erkenntnis die ganze Wirklichkeit in ihrer Notwendigkeit begreift, dann ist darin an erster Stelle die wahre Gotteserkenntnis eingeschlossen: Die klare und deutliche Idee Gottes trägt ihre Wahrheit in sich (Theologisch-Politischer Traktat, 6. Kap., Anm., in: SW III, hier: 97; Ethik, 1. Teil, Lehrsatz [Propositio] 8, Anmerkung [Scholion] 2). Wegen der Identität von Erkenntnisgrund und Ursache ist die Existenz Gottes für alles Erkennen und Sein gleichermaßen konstitutiv. Darum zieht S. Beweise a priori vor. Aber eigentlich sind alle Gottesbeweise nachträglich, auch wenn S. in seinem ersten Systementwurf „Korte Verhandeling" (Kurze Abhandlung [Kurzer Traktat] von Gott, dem Menschen und seinem Glück) mit Gottesbeweisen beginnt (1. Teil, Kap. 1: „Daß Gott ist"), während sie in der „Ethik" erst an späterer Stelle kommen (1. Teil, Lehrsatz 11). Da die Argumente für die Existenz Gottes aber nicht auf diese Stellen beschränkt sind (Gueroult 1968, 179 findet in der „Ethik" acht verschiedene Beweise), sollen die verschiedenen Argumentationsarten dargestellt werden.

Wesensnotwendigkeit: Den von →Kant ontologisch genannten Beweis, daß Gott kraft seines Wesens notwendigerweise existiert, hatte bereits Descartes in seiner 5. Meditation dargelegt. In der „Korte Verhandeling" bringt S. dieses Argument als erstes (1. Teil, Kap. 1, 1). Da wir klar und deutlich erkennen, daß Gottes Existenz zu seiner Natur gehört, kommt ihm diese Existenz wahrhaft zu. Auch an der oben erwähnten

Stelle des „Theologisch-Politischen Traktats" findet sich dieses Argument. Beim ausdrücklichen Gottesbeweis der „Ethik" (1. Teil, Lehrsatz 11) wird hieraus ein Widerspruchsargument (1. Beweis [Demonstratio]): Wenn Gott nicht existiert, schließt sein Wesen seine Existenz nicht ein, was gegen Lehrsatz 7 verstößt, wonach das Existieren zur Natur der Substanz gehört. Sie ist nämlich Ursache ihrer selbst (causa sui), da sie von keiner anderen Substanz hervorgebracht werden kann. Im zweiten Argument der „Korte Verhandeling" (1. Teil, Kap. 1, 2) wird die Existenz Gottes zu den Wesenheiten gerechnet, die bei allen Dingen ewig sind. Ähnlich ist der 20. Lehrsatz des 1. Teils der „Ethik", wo die Identität von Existenz und Wesen Gottes aus der Ewigkeit der dieses Wesen konstituierenden Attribute hergeleitet wird.

Kein Hinderungsgrund (Ethik, 1. Teil, Lehrsatz 11, 2. Beweis): Für die Existenz wie für die Nichtexistenz von etwas muß es einen Grund/eine Ursache geben, da jede Existenz notwendig oder unmöglich ist. Nun gibt es aber weder in Gott noch außer ihm ein Hindernis für seine Existenz. Denn gäbe es außer ihm eine Substanz, so könnte sie in keiner Beziehung zu ihm stehen. Ein Hindernis in seiner eigenen Natur aber wäre ein Selbstwiderspruch.

Existenzvermögen: Dieses Argument ist eine Variante des ontologischen Beweises und findet sich zum ersten Mal in der Darlegung der Prinzipien der cartesischen Philosophie (Renati Des Cartes Principiorum Philosophiae Pars I et II ...). S. referiert hier Descartes' drei Gottesbeweise, kritisiert aber die Argumente für den 2. Beweis der 3. Meditation (aus der Kontingenz des Ich, das Gott denkt) und ersetzt sie durch zwei eigene Argumente. Das erste davon (1. Teil, Lehnsatz [Lemma] 1 nach Lehrsatz 7) lautet, daß die Vollkommenheit und die größere Existenznotwendigkeit von etwas einander entsprechen. In „Ethik", 1. Teil, Lehrsatz 11, 3. Beweis, wird in diesem Sinne a posteriori argumentiert. Da endliche Wesen notwendig (ist die faktische Notwendigkeit gemeint?) existieren, Existieren-Können aber ein Vermögen ist, muß das unendliche Seiende a fortiori notwendig existieren. In der anschließenden Anmerkung (Scholion) finden wir wieder das Argument a priori: Je mehr Realität (Sachgehalt) und Vollkommenheit etwas besitzt, um so mehr Kraft zu existieren hat es. Der unendliche Gott hat also ein unendliches Existenzvermögen und muß darum absolut existieren.

Ursache der Gottesidee: Diesen 1. Beweis der 3. Meditation Descartes' macht sich S. nur in der „Korte Verhandeling" (1. Teil, Kap. 1, 3–9) mit einer umständlichen Erweiterung zu eigen (während er bei der Darstellung der Philosophie Descartes' unverändert referiert wird) und bringt ihn in der „Ethik" nicht mehr. Daß wir die Idee (den klaren Begriff) Gottes haben, erfordert als seine Ursache die wirkliche Existenz des Vorstellungsgehaltes dieser Idee. Zum Beweis hierfür rekurriert S. nicht wie Descartes auf das Kausalprinzip, sondern argumentiert so: Wir begreifen etwas, und dies ist nur möglich, wenn wir dies nicht aus uns fingieren, sondern von außen dazu bestimmt werden. Rein aus sich kann der endliche Verstand nämlich weder das Unendliche noch überhaupt etwas begreifen. Er hat nämlich aus sich keine Macht, eher das eine als das andere aus der unendlichen Menge des Erkennbaren zu erkennen bzw. begreifen. Diese These, an der der ganze Beweisgang hängt, wird nicht weiter erläutert. Offenbar ist für S. ein Begreifen eines Dinges rein für sich nicht möglich, sondern nur in der rechten Zuordnung zu allem anderen. Dann zeigt S., daß wir Gott auf Grund seiner Attribute in seiner Einzigkeit, Vollkommenheit und Unveränderlichkeit erkennen. Da es nichts Höheres als Gott gibt, muß der wirklich existierende Gott Ursache dieser Idee sein.
Im Anschluß an diesen letzten Beweis des 1. Kap. der „Korte Verhandeling" erklärt S. (1. Kap., 10), aus all diesen Beweisen des 1. Kap. folge, daß man Gottes Dasein a priori und a posteriori beweisen könne. Aber a priori sei es besser, fügt er gleich hinzu und bestreitet die These des →Thomas von Aquin, Gott könne nicht a priori bewiesen werden. In der Tat entsprechen apriorische Gottesbeweise (also Variationen des ontologischen Arguments) dem Denken S.s besser. Seine beiden Beweise a posteriori sind nur dann schlüssig, wenn Voraussetzungen akzeptiert werden, die entweder apriorisch (Entsprechung von Seinsgehalt und Existenzvermögen) oder außerhalb von S.s Erkenntnislehre nicht akzeptabel sind (Erkenntnis sei nur möglich, wenn man wisse, ob man eher hier oder da anfangen solle). Für die Beurteilung der Beweise a priori unabhängig von S.s System vgl. die Ausführungen zum ontologischen Gottesbeweis von Descartes (vgl. auch →Anselm von Canterbury, →Leibniz u.a.). Für die Kritik an S.s Gottesbegriff sei auf Kaltenbrunner 1983, 279 verwiesen.
S. hat richtig gesehen, daß der Beweis dessen, von dem alles

abhängt, nicht etwas Partikuläres sein kann, sondern mit der Gesamtheit unserer Erkenntnis zu tun hat. Jeder klassische aposteriorische Gottesbeweis nimmt seinen Ausgang von Erfahrungen, deren philosophische Interpretation etwas über die Struktur der gesamten Wirklichkeit aussagt. Richtig ist auch, daß die Beweisbarkeit Gottes von der Welt her den Beweis dafür mit einschließt, daß Gott dieser Welt (auch!) immanent ist (innewohnt), was bei der Betonung der Transzendenz (Weltüberlegenheit und -unabhängigkeit) Gottes in der Tradition manchmal zu sehr in den Hintergrund trat. Während aber der recht verstandene Gottesbeweis unser Denken notwendig über sich und die Welt hinaus zu einem nur noch analog aussagbaren, in sich aber unbegreiflichen Gott führt, versteht S. die für ihn grundlegenden Seinsqualitäten der Welt Denken und Ausdehnung als unübersteigbare Letztgegebenheiten und verabsolutiert sie zu einem pantheistisch verstandenen Gott. S. sucht absolute Gewißheit des Erkennens, die es für uns aber nur bei Wesenszusammenhängen und notwendigen Gesetzmäßigkeiten gibt, während das Individuelle, Faktische, „Zufällige" auch anders sein könnte und deshalb nicht ebenso gewiß ist. Darum wird alles dadurch notwendig und somit gewiß gemacht, daß die ganze Wirklichkeit zu einem universalen Notwendigkeitszusammenhang wird, der aus seinem obersten Prinzip deduktiv begreifbar wird. Unter dieser (falschen) Voraussetzung ist ohne Gott kein Erkennen und Begreifen möglich, so daß Gottes Existenz zum Apriori jeder Erkenntnis wird. Die apriorische Gotteserkenntnis ist also für S.s System konstitutiv.

Literatur: B. de Spinoza: Opera, 4 Bde. (hrsg. von C. Gebhardt), Hei 1924, Nachdruck ²1973; deutsch: Sämtliche Werke (SW), 7 + 1 Bde. (hrsg. von C. Gebhardt/O. Baensch/A. Buchenau), revidierte Neuauflage H 1965 ff.; Opera/Werke lateinisch und deutsch (hrsg. von K. Blumenstock), 4 Bde. geplant, 2 Bde. erschienen, Da 1967 und 1979; Die Ethik, lateinisch und deutsch (hrsg. v. J. Stern/I. Rauthe-Welsch), St 1977. – S. v. Dunin-Borkowski, Spinoza, 4 Bde., Mr 1933–36; W. Cramer, Die absolute Reflexion, Bd. 1: Spinozas Philosophie des Absoluten, F 1966; M. Gueroult, Spinoza, Bd. 1: Dieu, Hil 1968; M. Walther, Metaphysik als Anti-Theologie. Die Philosophie Spinozas im Zusammenhang mit der religionsphilosophischen Problematik, H 1971; I. Falgueras Salinas, El establecimiento de la existencia de Dios en el Tractatus brevis de Espinosa, in: Anuario filosófico de la Universidad de Navarra 5 (1972) 97–151; H. G. Hubbeling, Spinoza, Fr–Mn 1978; W. Röd, Die Philosophie der Neuzeit 1, Mn 1978, 186–211, 253–257 (= ders. [Hrsg.], Geschichte der Philosophie. Bd. 7); K. Hammacher, B. de Spinoza. Gewißheit in Erkenntnis und Handeln, in: J. Speck (Hrsg.), Grundprobleme der großen Philosophen. Philosophie der Neuzeit I, Gö 1979, 101–138; R. Kennington (Hrsg.), The Philosophy of Baruch

Spinoza, Wa 1980; F. Wiedmann, Baruch de Spinoza, Wü 1982; H. A. Wolfson, The Philosophy of Spinoza, 2 Bde., NY Neuaufl. 1983; G.-K. Kaltenbrunner, Spinoza, in: K.-H. Weger (Hrsg.), Religionskritik von der Aufklärung bis zur Gegenwart, Fr–Bas–W [3]1983, 277–280; E. Coreth/H. Schöndorf, Philosophie des 17. und 18. Jahrhunderts, St–B–Kö–Mz 1983, 40–46.

H. Schöndorf

Stein

Edith (Teresia Hedwig) Stein, * 1891 in Breslau, † 1942 in Auschwitz-Birkenau (Polen). Phänomenologin, Religionsphilosophin, Vertreterin eines essentiellen Personalismus. Erziehung durch eine tiefgläubige jüdische Mutter. Ab dem vierzehnten Lebensjahr macht sich S. frei von religiöser Bindung. Studium der Psychologie und Philosophie seit 1911. Wendet sich gegen den positivistischen Lehrbetrieb der damaligen Psychologie (Denkpsychologie, W. Stern). Seit 1913 Schülerin, 1916–18 Assistentin →Husserls. 1922 Konversion zur katholischen Kirche. Lehrerin in Speyer von 1923–31. Referentin in Fragen der Frau von 1927–31. Dozentin in Münster/W. von 1932–33. Eintritt in den Karmel in Köln 1933.
Nach Verlust des Glaubens an Gott strebt S. nach Wahrheit in der Philosophie. Seit ihrer Entdeckung der „Logischen Untersuchungen" (Bd. 1) Husserls 1912–13 übernahm sie dessen phänomenologische Methode, seinen „Zugang zu den Sachen". Der phänomenologische Ansatz radikaler Vorurteilslosigkeit ermöglichte S. das Ernstnehmen auch religiöser Gehalte. In ihren Arbeiten über „Psychische Kausalität", „Individuum und Gemeinschaft" und „Eine Untersuchung über den Staat" sucht S. nach einem Begriff der Person, bei dem die Gottesfrage als Möglichkeit gedacht wird.
Die Lektüre der Lebensbeschreibung der Mystikerin →Teresa von Avila zeigt ihr, daß Erfahrung eine ernstzunehmende Wirklichkeit ist. Sie erfährt im eigenen Innern die Transzendenz eines göttlichen Gegenübers. Nach wie vor weiß sie sich dem Judentum verbunden. Ihre mystische Radikalität bewirkt eine Tendenz zur Weltflucht. Durch die Begegnung mit →Thomas von Aquin lernt sie, „Wissenschaft als Gottesdienst" zu betreiben. Die Übersetzung der „Quaestiones disputatae de veritate" führt sie zur philosophischen Auseinandersetzung zwischen der philosophia perennis (Antike, Scholastik) und der Philosophie der Neuzeit. In der Suche nach einer christlichen Philosophie macht sie die phänomenologi-

sche Methode für das scholastische Denken fruchtbar. Als Dozentin bemüht sie sich um eine philosophisch-theologische Grundlegung der Pädagogik („Welt und Person").
In ihrer Studie „Endliches und ewiges Sein" bietet S. eine Ontologie im Geist der mittelalterlichen Summen. Sie behandelt drei Motive: das Sein selbst, den Aufbau des Seienden und die Gliederung seiner phänomenalen Vielfalt. Mit ihrem Begriff „Wesenheiten" nähert sie sich augustinischem (→Augustinus) Denken. S. geht über Thomas hinaus, indem sie das Personsein selbst, die Einzelexistenz der Geistseele, als ihr eigentliches Individuationsprinzip erkennt, das auch das körperliche mitbestimmt. Ihre Studie „Wege der Gotteserkenntnis" ist eine Erarbeitung der symbolischen Theologie des →Pseudo-Dionysius Areopagita. Dionysius liefert das Verständnis für die Frage nach Gott im Licht der negativen Theologie. In ihrem letzten Werk „Kreuzeswissenschaft" zeichnet S. in strenger, phänomenologischer Sachlichkeit den mystischen Weg des Kirchenlehrers →Johannes vom Kreuz nach. Ziel des Menschen ist die Vereinigung mit Gott durch die Liebe. Noch einmal versucht sie Ansätze einer Philosophie der Person. Wegen ihres gewaltsamen Todes bleibt das Werk jedoch bruchstückhaft.
Heutige Wege des Philosophierens stehen einer Verbindung von christlichem Platonismus (→Platon) mit der frühen Phänomenologie zurückhaltend gegenüber. Die Auseinandersetzung geht über das Bedenken der Geschichtlichkeit und der Sprache.

Literatur: E. Stein: Zum Problem der Einfühlung (Diss. Hl 1917), Mn [2]1980; Psychische Kausalität. Individuum und Gemeinschaft. Eine Untersuchung über den Staat, in: Jahrbuch für Philosophie und phänomenologische Forschung 5 (1922) 2–283 und 7 (1925) 1–123, T [2]1970; Werke (hrsg. von L. Gelber/R. Leuven), 10 Bde., Fr 1952–87. – W. Herbstrith, Das wahre Gesicht E. Steins, Mn [6]1987; dies. (Hrsg.), E. Stein, eine große Glaubenszeugin, Annweiler 1986.

W. Herbstrith

Stoa

Zusammen mit dem Epikureismus und der Skepsis zählt die S. zu den drei großen philosophischen Richtungen im Zeitalter des Hellenismus (323–31 v. Chr.). Trotz lebhafter Kontroversen untereinander verfolgen sie alle dasselbe Ziel. Sie suchen einen Halt, der es dem Menschen ermöglicht, das Leben zu bewältigen. Er kann nur in der inneren Unabhängigkeit von allen unverfügbaren äußeren Ereignissen gefunden werden. Für die Stoiker besteht sie in der Freiheit von den Affekten und für Epikur in der Zufriedenheit; die Skepsis will sie auf dem Weg der Urteilsenthaltung erreichen. Gegenüber →Platon und →Aristoteles verlieren theoretische Fragen an Gewicht. Philosophie wird zur Lebenshilfe, und sie übernimmt die Aufgabe der Religion. Das gesuchte Glück ist nicht mehr das der Gemeinschaft, sondern das des Individuums. Eine der Ursachen dieser Entwicklung ist die Zerstörung der religiösen und sittlichen Gemeinschaft der griechischen Polis durch Philipp II. von Makedonien. Zu nennen sind aber auch philosophieimmanente Faktoren; wesentliche Ansätze der hellenistischen Schulen gehen auf Sokrates zurück.

Die Persönlichkeiten
Schulgründer ist Zenon von Kition auf Zypern (333/2–262/1 v. Chr.). Er kam um 311 nach Athen, wo er sich dem Kyniker Krates anschloß. Um 300 begann er, in der von Polygnot ausgemalten Halle (griech. stoa) im Zentrum Athens zu lehren. Die mit Zenons Abstammung begründete These, wichtige Lehren der Stoa seien semitischen Ursprungs (Pohlenz), wird heute nicht mehr vertreten. Zenons Nachfolger als Schulleiter waren Kleanthes von Assos († um 232) und Chrysipp aus Soloi in Kilikien († 208/4), der als Vollender des altstoischen Systems gilt; die Überlieferung über die alte S. beruht vor allem auf seinen Schriften. Bedeutende Vertreter der mittleren S. sind Panaitios von Rhodos (um 185–109 v. Chr.) und Poseidonios von Apameia in Syrien (um 135–50 v. Chr.), der in Rhodos lehrte, wo ihn auch Cicero hörte. Zur späten S. zählen L. Annaeus Seneca (4 v. Chr.–65 n. Chr.), der Erzieher und einflußreiche Minister Kaiser Neros; der freigelassene Sklave Epiktet (um 55–138 n. Chr.) aus Hierapolis in Phrygien; der römische Kaiser Mark Aurel (121–180 n. Chr.). Die verbreitete Einteilung in alte, mittlere und späte S. darf die innere Einheit der Schule nicht übersehen lassen. Entwicklungen betreffen vor allem die Ethik, wo mit Panaitios peripatetische Elemente aufgenommen werden. Die späte S. ist weithin Popularphilosophie; das Interesse gilt weniger prinzipiellen Problemen als der sittlichen Ermahnung und der praktischen Lebensweisheit. Nur ihre Schriften sind erhalten; für die Lehre der alten und mittleren S. sind wir auf Zitate und doxographische Berichte bei späteren Autoren angewiesen. Die wichtigsten Quellen für die stoische Gotteslehre sind Cicero

(106–43 v. Chr.), „De natura deorum“ (Vom Wesen der Götter) II und Sextus Empiricus (zweite Hälfte des zweiten Jahrhunderts n. Chr.), „Adversus mathematicos“ IX.

Philosophie und Religion

Die Stoiker unterteilen die Philosophie in Logik, Physik und Ethik und vergleichen sie mit einem Obstgarten, wobei die Physik, die die Gotteslehre umfaßt, den himmelanstrebenden Bäumen, die Logik den sichernden Mauern und die Ethik den nahrungspendenden Früchten entspreche (SVF II 38). Alle drei Disziplinen wurzeln in dem von →Heraklit übernommenen theologischen Begriff des Logos. Er ist die als Feuer oder Wärme gedachte vernünftige Kraft, die den Stoff durchdringt, gestaltet und belebt. Die Würde des Menschen beruht auf seiner Teilhabe an der göttlichen Vernunft, die sich in der Erkenntnis- und Sprachfähigkeit zeigt. Oberste Forderung der Moral ist, der Mensch solle in Übereinstimmung mit dem göttlichen Logos, wie er ihn in der Natur und in seinem Schicksal erkenne, leben. Eine Zusammenfassung der stoischen Theologie und zugleich ein eindrucksvolles Zeugnis persönlicher Frömmigkeit ist der Zeus-Hymnus des Kleanthes (SVF I 537). Der Integration der Volksreligion dient die wohl auf Panaitios zurückgehende Lehre von der ‚dreigeteilten Theologie‘ (theologia tripartita; vgl. Pohlenz 1949, Bd. 2, 100). Die mythische Theologie ist die der Dichter, die politische die des öffentlichen Kultus und die physische (natürliche) die der Philosophen. Die Unterscheidung zeigt, daß die Volksreligion nach stoischer Auffassung für den Bestand des Staates und der Moral unentbehrlich ist. Sie spricht der natürlichen Theologie den obersten Rang und die Aufgabe der Kritik zu. Nach Poseidonios haben die Volksreligionen sich aus einer Urreligion entwickelt und zugleich von ihr entfernt. Die Philosophie habe die Aufgabe, deren Reinheit wiederherzustellen, indem sie nach dem ursprünglichen Sinn der vielfältigen Formen der Religion fragt (Stoa und Stoiker ²1964, 343). Der Vermittlung der Volksreligion mit der philosophischen Theologie dient die Methode der allegorischen Mythenauslegung.

Gottesbeweise und Gottesbegriff

Die systematischste überlieferte Darstellung der stoischen Theologie ist das zweite Buch von „De natura deorum“. Cicero geht davon aus, daß die Überzeugung von der Existenz eines allgegenwärtigen und allmächtigen Gottes tief in der Seele des Menschen verwurzelt ist. Ihre Gültigkeit zeige sich daran, daß sie sich im Lauf der Geschichte bei allen Völkern erhalten und immer mehr gefestigt habe (4f.). Die Gottesbeweise, die Cicero bringt, dienen dazu, diese ursprüngliche Einsicht zu entfalten. Ihr Beweisziel ist nicht die Existenz eines transzendenten Gottes, sondern die Göttlichkeit des Kosmos. Folgendes teleologisches Argument wird dem Kleanthes zugeschrieben: Die gleichbleibende Bewegung, der Nutzen, die Ordnung und Schönheit der Gestirne beweisen, daß sie ihr Dasein nicht dem Zufall verdanken können (15f.). Wer das glaubt, müsse auch annehmen, ein Epos könne dadurch entstehen, daß man die Buchstaben des Alphabets durcheinanderwürfelt (93). Mit der hinreichenden Ursache für die Ordnung der Welt argumentiert auch Chrysipp: Wenn es in der Natur ctwas gibt, das Vernunft, Kraft und Können des Menschen übersteigt, dann ist das Wesen, das dieses hervorbringt, vollkommener als der Mensch; nun können aber die Himmelskörper und alles, was einer ewigen Ordnung unterliegt, nicht vom Menschen hervorgebracht sein (16). Ein anderes Argument beruft sich auf die Stufen des Lebens. Die Pflanzen haben nur das Vermögen, sich zu ernähren und zu vermehren. Die Tiere können darüber hinaus wahrnehmen und sich fortbewegen; ihr Begehrungsvermögen zeigt ihnen an, was ihnen zuträglich ist oder schadet. Der Mensch ist imstande, die Regungen seines Begehrungsvermögens durch die Vernunft zu beurteilen. Die vierte und höchste Stufe ist die vollkommene, unfehlbare, unwandelbare, absolute Vernunft, die Gott, d.h. dem Weltall zukommt. Jedes Wesen strebt nach der ihm möglichen Vollkommenheit. Das gilt auch vom Kosmos als ganzem. Die einzelnen Wesen können durch äußere Ursachen gehindert werden, ihre Vollkommenheit zu erreichen. Das ist bei der Natur als ganzer, die alle Wesen umfaßt, nicht möglich. Das Weltall muß also vollkommen, d.h. mit Vernunft und Weisheit begabt sein (33–36). – Jede Form des Lebens beruht auf Wärme; sie ist die Kraft des Zeugens und Wachsens. Was von den einzelnen Organismen gilt, muß auch vom Weltall als ganzem gelten. Die göttliche Vernunft, die den Kosmos leitet, ist daher als die Welt durchdringende Wärme oder Feuer zu denken (25–32).

Die Annahme einer das Naturgeschehen leitenden Vernunft

führt zum Begriff der Vorsehung (providentia). Mit ihm wendet die S. sich gegen den Mechanismus und Deismus der Epikureer. Sie vertritt ein anthropozentrisches Weltbild: „Alles, was in dieser Welt ist und aus dem die Menschen Nutzen ziehen, ist um der Menschen willen gemacht und eingerichtet" (154; vgl. 80). Die göttliche Vorsehung gilt aber nicht nur dem Menschengeschlecht als ganzem, sondern auch jedem einzelnen (164f.). – Wie aber ist mit der Vollkommenheit und Güte Gottes die Tatsache des physischen und moralischen Übels vereinbar? Die Unvollkommenheit des einzelnen, so umreißt der Zeus-Hymnus die stoische Lösung des Theodizeeproblems, kann in die Vollkommenheit des Ganzen integriert werden, ja für diese notwendig sein; das moralische Übel ist nicht Gott, sondern der Freiheit des Menschen zuzuschreiben. Diese Antwort führt zu dem in der S. ausführlich diskutierten Problem, wie die Freiheit des Menschen mit der Vorsehung Gottes vereinbar sei.

Würdigung

Die stoische Gotteslehre erscheint als ein Gemisch aus verschiedenartigen Elementen. Neben monotheistischen Zügen findet sich der Polytheismus der Volksreligion; mit der Betonung des Geistigen, wie der intellektuellen und moralischen Vollkommenheit, der Güte und Vorsehung Gottes, ist ein materialistischer Pantheismus verbunden. Von bleibender Bedeutung sind der teleologische Gottesbeweis und die Lehre, es gebe eine angeborene, bei allen Völkern verbreitete Überzeugung von der Existenz Gottes (das sogenannte Argument aus dem consensus gentium). Beachtung verdienen auch die formalen Mittel, deren die Stoiker sich bedienten, um die Einheit der verschiedenen Formen der Religion oder des Religiösen aufzuzeigen. Ihre Allegorese wurde zu einer wichtigen Methode der patristischen und mittelalterlichen Bibelauslegung. Die dreigeteilte Theologie kann als Lehre von den verschiedenen Reflexionsstufen, Äußerungen und Funktionen der Religion verstanden werden; auf sie geht der Begriff der ‚natürlichen' Theologie zurück. Nicht zuletzt haben die Stoiker zentrale Probleme der philosophischen Theologie formuliert: das Theodizeeproblem; Vorherwissen (und Vorherbestimmung) Gottes und Freiheit des Menschen; das im Begriff der ‚physischen' Theologie enthaltene Problem des Verhältnisses von Theologie und Naturwissenschaft.

Literatur: Stoa: Stoicorum Veterum Fragmenta (hrsg. von H. v. Arnim; = SVF), 4 Bde., L 1903–24, Nachdruck St 1968; Stoa und Stoiker (eingeleitet und übertragen von M. Pohlenz), Z 1950, ²1964; M. Tulli Ciceronis De natura deorum (hrsg. von A. S. Pease), 2 Bde., Cambridge/Mass. 1955–58, Nachdruck Da 1968; M. Tullius Cicero, Vom Wesen der Götter, lateinisch/deutsch (hrsg., übersetzt und erläutert von W. Gerlach/K. Bayer), Mn 1978. – A. Bonhöffer, Die Ethik des Stoikers Epictet, St 1894; E. Zeller, Die Philosophie der Griechen in ihrer geschichtlichen Entwicklung, Bd. 3/1: Die nacharistotelische Philosophie, L ⁵1923, Nachdruck Hil 1963; M. Pohlenz, Die Stoa, 2 Bde., Gö 1948–49, Bd. 1 ⁶1984, Bd. 2 ⁵1980; P. Boyancé, Les preuves stoiciennes de l'existence des dieux d'après Cicéron, in: Hermes 90 (1962) 45–71, deutsch in: K. Büchner (Hrsg.), Das neue Cicerobild, Da 1971, 446–488; M. Spanneut, Permanence du Stoïcisme, Gembloux 1973; A. A. Long, Hellenistic Philosophy, Lo 1974; M. Schofield, Preconception, Argument, and God, in: M. Schofield u. a. (Hrsg.), Doubt and Dogmatism, O 1980, 283–308.

F. Ricken

Suárez

Francisco Suárez, * 1548 Granada, † 1617 Lissabon. 1564 Eintritt in die Gesellschaft Jesu, 1571–80 Lehrer der Philosophie an verschiedenen Jesuitenkollegien, u. a. in Segovia, Valladolid und Avila. 1580–85 Lehrer der Theologie am Collegium Romanum. 1585–93 Lehrtätigkeit in Alcalà, anschließend in Salamanca. Auf ausdrücklichen Wunsch Philipps II. nach Coimbra berufen; dort bis 1616 Lehrtätigkeit.

Neben den umfassenden theologischen Werken sind vor allem seine „Disputationes Metaphysicae", sein Kommentar zu „De Anima" des →Aristoteles und sein Werk „De legibus ac legislatore", das seine Rechts- und Staatsphilosophie enthält, von eminenter Bedeutung. Allem voran verdienen die „Disputationes Metaphysicae" höchste Beachtung; denn darin werden die Grundlagen gelegt, die sowohl in seinen theologischen Positionen als auch in seinen Theorien in der Rechts- und Staatsphilosophie ihren Austrag finden. S., der hier im Stil und Aufbau einen ganz neuen Weg in der Kommentierung der aristotelischen Metaphysik geht, erweist sich in seinen Aufweisen als ausgezeichneter Kenner sowohl der Väter als auch bedeutender Vertreter von Philosophie und Theologie der Vergangenheit, nicht minder aber auch als solcher seiner Zeit. Seine vornehmste Aufgabe: das scotistische (→Duns Scotus) Denken unter Beiziehung des nominalistischen Ansatzes mittels einer transzendentalen Auslegung des thomistischen (→Thomas von Aquin) Denkens mit diesem zu versöhnen. Dies im Blick behaltend, erschließt sich auch sein vermittelnder Standpunkt in der Rechts- und Staatsphilosophie, wonach das Menschengeschlecht trotz der Vielheit der Staaten „nicht nur eine spezifische, sondern gleichsam auch eine politische und moralische Einheit" aufweise, – eine für die Zeit ungewöhnlich demokratische Auffassung. Seine Lehre, wonach sich das Naturrechtsverständnis aufgrund gewandelter gesellschaftlicher Umstände ändere, erklärt sich daraus, daß er sich mit Nachdruck um die Auslegung der *konkreten* Wirklichkeit bemüht, die er von einer bloß gedachten zu unterscheiden versucht. In diesem Bemühen erscheint ihm die scotistische „Diesheit" (haecceitas) Leitbild zu sein, die er jedoch in ihrer „Verstockung" dergestalt aufzubrechen versucht, daß er sie mit den Mitteln einer transzendentalisierten aristotelisch-thomistischen Metaphysik zu unterlaufen und sie so seinem Denken zu akkommodieren trachtet. S. geht dabei von einem jüdisch-christlichen Schöpfungsdenken aus, das sich vorzugsweise im Bereich seines Verständnisses der aristotelisch-thomistischen Ursache-Wirkungs-(Causa-Effectus-)Lehre bewegt. Die Tatsächlichkeit Gottes bzw. des Schöpfergottes ist ihm so sonnenklar, daß sie, obwohl in einer Disputation eingehend behandelt, kaum im Ernst in Zweifel gezogen wird. Zu sehr bleibt er auch von der Realitätsträchtigkeit des →Anselmschen Argumentes (ontologischer Gottesbeweis), das er dort begeistert mit in die Erörterung einfließen läßt, überzeugt. Das hindert ihn jedoch nicht (ähnlich wie →Descartes), vorzugsweise den Gang seines Gottesaufweises vom Geschöpf zum Schöpfer zu gehen. Die aristotelisch-thomistische Ursachenlehre ist dabei wegweisend, findet allerdings durch die besondere Betonung der „urbildlichen Ursache" (causa exemplaris) eine inhaltlich veränderte Ausrichtung. In der Erkenntnislehre nähert er sich deswegen den Nominalisten, weil er den Erkenntnisoptimismus eines Thomas von Aquin nicht mehr im ungebrochenen Sinn zu übernehmen vermag. Das hat zur Folge, daß er sich in der Universalienlehre weitestgehend die nominalistische Auffassung zu eigen macht, wonach deren reflexer Austrag ein Gemächte des menschlichen Verstandes (ratio) ist; trotzdem hält er aber im Gegensatz dazu fest, daß in der objektiven Außenwelt ein Grundbefund für deren Zustandekommen im menschlichen Geist, genauso wie in diesem selbst, vorhanden sei. Das Interesse seiner Untersuchung konzentriert sich dabei auf die Offenlegung dieser Grundwirklichkeit, die sich in einem unmittelbaren Akt der Grunderfassung (actus primus), der sich innerhalb unseres vermittelnden Reflexionsaktes (actus secundus) austrägt, zu Wort meldet. Dieser auf den Reflexionsakt verwiesene Fundamentalakt eröffnet sich selber zu einem Einblick in die Konstitution des konkreten Seienden, in jenes Seiende, das kraft seines *Seiend*-seins ein solches ist (ens in vi participii sumptum). Der Blick richtet sich hier auf den Vollzug der Konstitution der Substanz des konkreten Einzelnen (in der für uns erfahrbaren Welt). Die formgebende Ursache (causa formalis) und die von der Materie herrührende Ursache (causa materialis) zeigen sich dabei von ausschlaggebender Bedeutung, weshalb S. beide auch als innere Ursachen (causae intrinsecae) gegenüber der Wirk- (causa efficiens) und der Ziel-Ursache (causa finalis), die er als äußere Ursachen (causae extrinsecae) versteht, erachtet. Bei einer solchen Substanzkonstitution tritt der Schöpfer (und zwar im Gegensatz zum Thomismus) dergestalt in cin unmittelbares Verhältnis zu seiner Schöpfung, daß sich dabei das erste Geschöpf nach Thomas, das geschaffene Sein als solches selbst (ipsum esse), als nicht mehr realisierbar erweist und durch eine Ordnung im Hinblick auf die Konkretsetzung der Seienden (ordo ad esse) ersetzt wird, die keine volle Schöpfung Gottes im Sinne des totalen aus Nichts Geschaffenseins (ex nihilo) ist. Dieser Seinsverhalt begegnet uns in der S.schen Possibilien-Konzeption. Trotz unentwegter Beteuerung, der Schöpfergott sei die allumfassende Ursache (causa prima) der Schöpfung, läßt sich dessen bloß demiurgische Kraft nur schwer mehr kaschieren. Gottes dadurch benötigte intensive Anwesenheit in seiner Schöpfung führt zu einem unmittelbaren immerwährenden Schöpfungsvorgang, wobei in einem äußerst komplizierten Kausalitätsverhältnis von Materie und Form die Substanz des Einzelnen als eines je bestimmten (entitas qua tale) ihre Konkretsetzung erlangt. Während sich im Vollzug der konkreten Substanzkonstitution der Bereich der Wesenheits-Form, der ursprünglich den ganzen ontischen Universaliencharakter in sich trägt, zu dieser ganz bestimmten konkreten Form verengt, bleibt der Materiebereich, der zwar Mithilfe zum Zustandekommen dieser bestimmten konkreten Substanz leistet, auch in diesem Zustand der Konkretsetzung noch transzendental auf alle möglichen Individuen ausgerichtet.

Dieser Bereich gewinnt bei seiner Aktuierung durch die Wesenheits-Form offensichtlich ein solches Maß an Selbständigkeit, daß die Kraft des Schöpfers nicht mehr ausreicht, ihn bei der Setzung des individuellen Seienden allein auf dieses hin zu bannen. Dementsprechend bleibt er auch *modal* von der konkreten Substanz geschieden. Eine solch modale Trennung findet sich als *selbig* bei allen Individuen. Deren Tatsächlichkeit ist auch der Grund dafür, warum S. in seiner Staatsrechtslehre den schon erwähnten demokratischen Anspruch erheben konnte. Auch die Historisierung seines Naturrechtes steht damit in inniger Verbindung. Offensichtlich gelingt es dem Schöpfer nicht mehr, die Dominanz des formalen Bereiches gegenüber dem materiellen zu sichern. Mit Blick auf den Schöpfer bleibt dessen Wesenheit für S. entschieden durch den personalen Intellekt und Willen bestimmt, wobei – trotz aller Betonung des Vorrangs des göttlichen Intellekts vor dem Willen – Gottes intimstes Wissen von seiner Schöpfung offensichtlich nur im praktischen Schöpfungsvollzug (practice cognoscens) erreicht wird. Daneben wird dem Schöpfer ein gewissermaßen mehr äußerlich betrachtendes Wissen seiner Schöpfung zugesprochen, ein Umstand, der nicht ohne Einfluß auf die Formulierung der „scientia media", d. h. einer Wissensweise Gottes, die zukünftige Entscheidungen der personalen Geschöpfe voraussieht, ohne dadurch deren Willensfreiheit zu beeinträchtigen, gewesen sein dürfte. Innerhalb seiner eigenen Wesenheit erreicht Gott die vollkommenste Selbsterfassung.

Mit dem Subsistenz-Charakter, der dieser transzendentalen Fundamentalrealität, der der Materie trotz ihres Individuiertseins in der konkreten bestimmten Substanz noch bleibt (und die der Schöpferallmacht – wenigstens, was deren transzendentale Struktur anbetrifft – irgendwie entgleitet), ist ein Bereich in den Blick gebracht, der sich als die *Subjektivität* des abendländischen Denkens entpuppt, und der von jetzt ab, bis in die unmittelbarste Gegenwart, mit zunehmend wachsender Eigendynamik den Gang des abendländischen Denkens bestimmt.

Die Entmachtung des Schöpfergottes wird hier – wenngleich noch verdeckt – vorbereitet, die konsequenterweise im Denken →Spinozas zum immanentistischen Naturalismus führt, dem die Personalität eines transzendenten Schöpfergottes total entschwunden ist.

Literatur: F. Suárez: Opera omnia (neu hrsg. von D. M. André, 28 Bde., P 1856–78. – H. Rommen, Die Staatslehre des F. Suárez, Mönchengladbach 1927; M. Rast, Die Possibilienlehre des F. Suárez, in: Scholastik 10 (1935) 340–368; J. Leiwesmeier, Die Gotteslehre bei F. Suárez, Pa 1938; ders., Unsere Erkenntnis Gottes und die Analogia Entis nach der Lehre des F. Suárez, in: Theologische Quartalschrift 122 (1941) 73–90 und 191–200; G. Siewerth, Das Schicksal der Metaphysik von Thomas zu Heidegger, Ei 1959; M. Schneider, Der angebliche philosophische Essentialismus des Suárez, in: Wissenschaft und Weisheit 24 (1961) 40–68; S. Castellote Cubells, Die Anthropologie des Suárez, Fr 1962; G. Siewerth, Die Differenz von Sein und Seiend, D 1963; W. Ernst, Die Tugendlehre des F. Suárez, L 1964; E. Gemmeke, Die Metaphysik des sittlich Guten bei F. Suárez, Fr 1965; W. M. Neidl, Der Realitätsbegriff des F. Suárez nach den Disputationes metaphysicae, Mn 1966 (Lit.); H. Seigfried, Wahrheit und Metaphysik bei Suárez, Bo 1967; J. Soder, F. Suárez und das Völkerrecht, F 1973; S. Castellote Cubells, Der Stand der heutigen Suárez-Forschung aufgrund der neugefundenen Handschriften, in: Philosophisches Jahrbuch 87 (1980) 134–142; G. Virt, Epikie. Verantwortlicher Umgang mit Normen: eine historisch-systematische Untersuchung zu Aristoteles, Thomas von Aquin und F. Suárez, Mz 1983.

W. M. Neidl

Swinburne

Richard Swinburne, * 1934 in Smethwick (England), Professor für Religionsphilosophie in Oxford, Nachfolger von B. Mitchell. Obwohl S. sprachanalytisch geprägt ist, vertritt er eine realistisch gefärbte Philosophie. Selbst von ethischen Aussagen nimmt er an, sie hätten einen objektiven Wahrheitswert; Naturgesetze sind für ihn zu entdeckende Größen, die physikalisch notwendig sind; mentale Phänomene sind Wirklichkeiten sui generis, die nicht auf Beobachtbares reduziert werden können. Sein philosophischer Hintergrund scheint nicht die Pragmatik, sondern die Semantik zu sein. S. zählt zu den tonangebenden lebenden analytischen Religionsphilosophen.

Rein emotivistische oder pragmatistische Deutungen (attitude theories) der Rede von Gott lehnt S. ab: Eine Beziehung zu Gott kann der Gläubige nur haben, wenn es wahr ist, daß es Gott gibt, und Gott kann es nur geben, wenn es weder sinnlos noch widersprüchlich ist anzunehmen, daß es ihn gibt. In seiner Trilogie über Gott (1977, 1979, 1982) geht S. daher zunächst auf die Einwände ein, die Rede von Gott sei bedeutungslos oder widersprüchlich. Die Bedeutung der Ausdrücke, durch die der Gläubige über Gott redet, stammen zum Großteil aus der Alltagssprache. Im religiösen Kontext erhalten sie eine übertragene (analoge) oder sonstwie genauer spezifizierte Bedeutung. Daß Gott z. B. allmächtig ist, heißt nicht, daß er Unmögliches verwirklichen könnte, daß er Vergangenes nicht geschehen machen könnte, daß er sich umbringen könnte; daß er allwissend ist, impliziert nicht, daß der Mensch nicht frei wäre; daß er unendlich gütig ist, impliziert nicht, daß es kein Leid auf der Welt geben dürfte. Besonders aufschlußreich ist S.s Untersuchung der verschiedenen Weisen, die Notwendigkeit Gottes zu verstehen.

S. glaubt nicht, daß die Existenz Gottes deduktiv aufweisbar sei. Die Aussagen, daß das Universum ungeschaffen ist, daß es die Welt und die Menschen in ihr ohne Gott gibt, sind nämlich nicht widersprüchlich. S. konzentriert sich somit auf induktive Argumente für das Dasein Gottes. Wenn die einzelnen Argumente, das kosmologische, das teleologische, das aus der menschlichen Freiheit und dem menschlichen Bewußtsein, einzeln betrachtet werden, ist die Wahrscheinlichkeit der Existenz Gottes gering. Werden sie allerdings zusammen in ihrer sich gegenseitig verstärkenden Funktion verstanden, so ist die Wahrscheinlichkeit, daß es einen Gott gibt, der alles ins Dasein gerufen hat, größer als die Wahrscheinlichkeit, daß es ihn nicht gibt. Dieser induktive Wahrscheinlichkeitsschluß setzt nicht das übliche wissenschaftliche, sondern das personale Erklärungsschema voraus. S. erläutert, daß im Alltag sehr viele Phänomene durch bewußte Handlungen erklärt werden. Durch sie wird nicht nur die Ursache, sondern auch das Warum des zu erklärenden Phänomens durch die Absicht des Handelnden angegeben. Wenn das Vorhandensein der Welt und der Ordnung in ihr durch Rekurs auf einen Schöpfergott erklärt wird, so ist das im Sinne einer personalen Erklärung zu verstehen. Wer allein im Sinne der wissenschaftlichen Erklärung voranschreitet, muß bei der Tatsache (brute fact), daß es die Welt gibt oder daß sie ohne Ursache und Grund entstanden ist, haltmachen. Daß es die Welt und die vielfältige Ordnung mit den freien Menschen in ihr gibt, ist aufgrund der personalen Erklärungshypothese, daß Gott sie hervorgerufen hat, wahrscheinlicher als ohne diese Hypothese. Wenn es die Welt mit der entsprechenden Ordnung in ihr tatsächlich gibt, so ist die Hypothese, daß es einen Schöpfergott gibt, ihrerseits wahrscheinlicher als die, daß es ihn nicht gibt. Auch die übrigen induktiven Argumente wirken sich verstärkend für die theistische Hypothese aus: das Argument aus dem Verlauf der Geschichte, der Wunder, der sogenannten Gotteserfahrungen, von denen S. verschiedene Arten unterscheidet: Zusammengenommen ergeben sie eine gute induktive Bestätigung, daß es Gott gibt.

Aufschlußreich sind S.s Wahrscheinlichkeitsüberlegungen und die Betonung der Relevanz des Zusammenwirkens der einzelnen Argumente für die Existenz Gottes.

Literatur: R. Swinburne: The Concept of Miracle, Lo 1971; An Introduction to Confirmation Theory, Lo 1973; The Coherence of Theism, O 1977; The Existence of God, O 1979; Space and Time, Lo ^{2}1981; Faith and Reason, O 1982.

E. Runggaldier

T

Tauler

Johannes Tauler, * um 1300, † 1361 in Straßburg. Eintritt in den Straßburger Dominikanerkonvent, wo er seine ganze Ausbildung erhielt. Nach der Studienzeit, in die →Eckharts Besuch und Predigttätigkeit in Straßburg fiel, wurde T. in der Predigt- und Seelsorgetätigkeit eingesetzt. Ämter fielen ihm im Orden, so viel man weiß, nie zu, keinesfalls war er je „magister". Um den Folgen des Interdikts (1329–53) auszuweichen, siedelten die Straßburger Dominikaner nach Basel über; dort lernte T. Heinrich von Nördlingen und den Kreis der Gottesfreunde kennen. Nach seiner Rückkehr nach Straßburg im Winter 1346–47 übernahm T. die „cura monialium", d. h. die Seelsorge in den ordenseigenen Frauenkonventen. Er verstarb vermutlich im Gartenhaus der Dominikanerinnen von St. Nikolaus in Undis. Die von T.s Familie gestiftete und damals im Kreuzgang der Dominikaner aufgestellte Grabplatte war zeitweise Gegenstand besonderer Verehrung.

Da T. in seinen Predigten, ohne jede wissenschaftliche Intention, eine mystisch-theologische Lebenslehre vorträgt, verstärkte sich – gegenüber Eckhart – der Gegensatz „lesmeister/lebmeister" (V 45, 196 Z. 28–30). →Platon, →Aristoteles und Proklus sind nach T. zwar „meister", die schon vor „Gotz gebúrt" (V 64, 347 Z. 19–21) lehrten, was später die Kirchenlehrer an fundamentalem Wissen über Gott bestätigten. Auch übernimmt T., wie die ihm zeitgenössische Scholastik allgemein, kataphatisch (affirmativ) die Spekulation über das Sein und die Attribute Gottes (Schlüter 1961, 123 ff.). Apophatisch (negativ) postulierte er mit Berufung auf →Pseudo-Dionysius Areopagita die Namenlosigkeit Gottes (V 46, 204 Z. 3 ff.). Typisch für T.s Sprechweise sind die metaphorischen Gottesnamen Abgrund, Finsternis und Wüste.

Zentrales Thema bei T. ist die Vereinigung des geschaffenen Menschengeistes mit dem ungeschaffenen Gottesgeist in der „unio mystica" (mystische Vereinigung). Diese wird vom „lutern blossen geist" (V 4, 21 Z. 33), nicht von der menschlichen Vernunft erfahren, die in der mystischen Vereinigung – im Unterschied zu Eckhart (Haas 1984,[279], [283]) – überstiegen und zurückgelassen wird. Die im inneren Menschen (zur Dichotomie innerer/äußerer Mensch vgl. Röm 7,22; 2 Kor 4,16; Eph 3,16) sich vollziehende „unio“ wird im Prozeß einer spezifischen, dreistufig in den Seelengrund absteigenden Selbsterkenntnis erlangt (Haas 1971, 115 ff.). Die dort gewonnene Erkenntnis des eigenen doppelten, des ethischen wie ontologischen Nichts entspricht der Erfahrung der eigenen natürlichen Kontingenz gegenüber dem „hoch über weselich wesen“ („wesen“: esse [Sein] und existentia [Dasein]) Gottes (V 47, 210 Z. 32 ff.). Im Seelengrund oder im Gemüt, das wie bei →Seuse, ein „ewig wider kaffen“ [Zurückblicken] „in Got“ hat (V 64, 350 Z. 16), geschieht die Gottesgeburt als Selbstüberstieg der Seele in Gott durch die Übergängigkeit des menschlichen Abgrundes in den göttlichen (Ps 41[42], 8). Öfter noch beschreibt T. die Gottförmigkeit oder Vergottung des Menschen als Geistbegabung (Mieth 1969, 306; Haas 1984, [283]). Christologisch entspricht das Nichts Gottes der „exinanitio“ (Vernichtigung) Gottes in Christus, die Grund für die Erhöhung des vernichtigten und verdemütigten Menschen ist (Haas 1984, [280]). Auf das „Buch der 24 Meister“ (V 69, 378 Z. 33–35) bezieht sich T. bei der Definition einer Erkenntnis durch Nichterkennen, dadurch – wie auch Seuse – den bis auf →Augustinus zurückgehenden Begriff der „docta ignorantia“, einer belehrten Unwissenheit, welchen →Nikolaus von Kues zu einer Grundlage der Gotteserkenntnis machte, vorwegnehmend.

Literatur: J. Tauler: Die Predigten Taulers. Aus der Engelberger und der Freiburger Handschrift sowie aus Schmidts Abschriften der ehemaligen Straßburger Handschriften hrsg. von F. Vetter, B 1910, Neudruck Dublin–Z 1968. – H. Kunisch, Das Wort „Grund“ in der Sprache der deutschen Mystik des 14. und 15. Jahrhunderts, Mr 1929 (Diss.); P. Wyser, Taulers Terminologie vom Seelengrund (1958), in: K. Ruh (Hrsg.), Altdeutsche und altniederländische Mystik, Da 1964, 324–352; D. Schlüter, Philosophische Grundlagen der Lehren J. Taulers, in: E. Filthaut (Hrsg.), J. Tauler, ein deutscher Mystiker. Gedenkschrift zum 600. Todestag, Es 1961, 122–161; D. Mieth, Die Einheit von „vita activa“ und „vita contemplativa“ in den deutschen Predigten und Traktaten Meister Eckharts und bei J. Tauler. Untersuchungen zur Struktur des christlichen Lebens, Rb 1969; A. M. Haas, Nim din selbes war. Studien zur Lehre von der Selbsterkenntnis bei Meister Eckhart, J. Tauler und H. Seuse, Fri 1971; ders., Transzendenzerfahrung in der Auffassung der deutschen Mystik (1978), in: ders., Geistliches Mittelalter, Fri 1984, [259]–[289].

L. Gnädinger

Teilhard de Chardin

Pierre Teilhard de Chardin, * 1881 in Sarcenat (Auvergne), † 1955 in New York. Jesuit, Paläontologe, Mitglied der französischen Akademie der Wissenschaften. 1926–46 unfreiwilliges, mehrfach unterbrochenes Forscherexil in China. Kontakte mit allen führenden Paläanthropologen seiner Zeit; zahlreiche Fachveröffentlichungen und philosophisch-theologische Essays. Letztere werden erst nach seinem Tod publiziert. Hauptwerk: „Le phénomène humain" (1938–40). Entwurf einer universalen Evolutionstheorie als „Aufstieg des Bewußtseins", wobei eine mit naturwissenschaftlicher Methode extrapolierte Zukunft der Menschheit in Einklang mit der christlichen Offenbarung konstruiert wird. Praktisch die erste umfassende positive Darwin-Rezeption im katholischen Raum, die weltweit Beachtung gefunden hat.

Trotz Berührungspunkten vor allem mit H. →Bergson, aber auch Ch. Péguy, M. →Blondel, J. Huxley und A. Toynbee ist T. ein eigenständiger Denker, der nicht systematisiert, sondern in immer neuen Entwürfen die Vision seines christozentrischen Humanismus einzuholen versucht. Die starke Anziehungskraft dieser Gedanken war für das kirchliche Lehramt Anlaß für ein lebenslanges Schreib- und Lehrverbot. Erst 1981 erfolgte von Rom aus eine erste andeutungsweise Anerkennung dieser inzwischen in weiten inner- und außerkirchlichen Kreisen assimilierten Weltschau.

T. handelt in seinem Werk nirgends ausdrücklich über Gottesbeweise. Im folgenden wird versucht, die Art und Weise, wie Gott in T.s evolutionärem Weltentwurf vorkommt, in drei Gedankengängen („Argumenten") zu systematisieren.

1. Physikalisches Argument

T.s Ausgangspunkt ist das naturwissenschaftliche Weltbild seiner Zeit. Der beherrschende Faktor in diesem Weltbild ist zweifellos der Zufall: in der Biologie gemäß der Selektionstheorie Charles Darwins; in der Physik entsprechend dem statistischen Konzept der Quantenmechanik.

Weit davon entfernt, diese Ergebnisse zu negieren, weist T. auf ein von beiden Wissenschaften ignoriertes Phänomen hin: das mit dem Menschen zutage tretende Bewußtsein. Weil es aber in einem evolutiv konzipierten Universum keine voraussetzungslos emergierenden neuen Qualitäten geben kann, macht T. das Bewußtsein aufgrund seiner Unrückführbarkeit auf bloß quantitativ faßbare Materiezustände zu einer universalen Grundeigenschaft des Weltstoffs. Die Materie ist damit nicht bloß ausgedehnt oder gequantelt, sondern – entsprechend ihrem Komplexitätsgrad – stets auch „bewußt". Eine solche Materiekonzeption erfordert auch eine neue „Energetik", d.h. eine erweiterte Sicht der materiellen Synthesefähigkeit. Nicht nur die Gesetze der Massenwirkung bestimmen nach T. den Stoffaufbau, sondern auch der mit jeder materiellen Komplexitätszunahme verbundene Bewußtseinsfortschritt. Während an der „Außenseite" der materiellen Synthese Bildung und Zerfall einander die Waage halten, wird innerhalb dieses von den Gesetzen der Thermodynamik diktierten Zufallsspiels jede schrittweise Bewußtseinserhöhung („Innenseite") festgehalten und dem Einfluß der Entropie entzogen. Der Grund für die Irreversibilität des evolutiven Aufstiegs ist damit in einer finalen Struktur des Bewußtseins zu sehen, das auf jeder Komplexitätsstufe seine mit der materiellen Anordnung gegebenen Möglichkeiten zu erweitern sucht, d.h. stets auf „noch mehr Bewußtsein" aus ist. „Die Materiekomposita erhalten also ihre Konsistenz durch einen Ausgriff „nach vorn", durch die Bezogenheit auf ein Ziel, nicht nur durch den zufälligen Energieschub „von hinten". Insofern diese Selbsttranszendenz des Bewußtseins konstitutiv für die Existenz eines evolutiven Seienden ist (das stets nur insofern ist, als es sich auf etwas, was es noch nicht ist, hin entwickelt), muß das Ziel dieser Selbsttranszendenz selber als reale Vollkommenheit existieren. Damit aber ist Gott als „Voraussetzung" aller Evolution erwiesen.

2. Metaphysisches Argument

In „Comment je vois" (1948) beschreibt T. die Schöpfertätigkeit Gottes als Einigungsvorgang. Sein heißt einigen – sich selbst und andere(s). Indem Gott sich als Drei-Einheit setzt, bringt er im selben Akt auch seine Schöpfung aus dem Nichts („reine Vielheit") zum Sein. In der Raumzeit der evolutiven Einigungsbewegung stellt sich damit jedes geschaffene Seiende als relative Einheit dar: bezogen auf den göttlichen Einigungspol („geistige" Komponente des Seienden) und noch getrennt von ihm („materielle" Komponente). Die von T. so sehr betonte Einheit von Materie und Geist in jedem konkreten Seienden besagt also genau sein Geschaffensein. Die Einsicht, daß die Eigenart des konkreten, evolutiven Seienden eine Beschreibung mit Hilfe der beiden Prinzipien Materie und Geist verlangt, ist somit gleichzeitig die Anerkennung der Schöpfertätigkeit Gottes.

3. Moralisches Argument

Das evolutive Komplexitätswachstum stellt sich auf der Ebene des Menschen als „Problem der Handlung" dar. Dem zum Denken und zum Bewußtsein seiner Personalität gelangten Menschen ist es unmöglich, sich als Element eines weiteren naturgeschichtlichen Aggregationsprozesses zu begreifen. Nicht ein kollektivistischer, sondern nur ein personalisierender Humanismus kann dem Menschen eine Zukunft eröffnen, welche T. in der bewußtseinsmäßigen Vereinigung der gesamten Menschheit in jedem einzelnen ihrer Glieder sieht („Punkt Omega").

Nun aber ist es dem einzelnen unmöglich, eine universale Liebe zur gesamten Menschheit zu entwickeln, da echte, selbstüberbietende Liebe stets auf ein konkretes Du ausgerichtet ist. Der „kosmische Sinn", an dessen Entwicklung im einzelnen die ganze Zukunft der Menschheit hängt, ist also nur möglich, wenn die absolute Fülle der Personalität von Omega dem einzelnen Bewußtsein schon jetzt gegenwärtig ist. Damit ist einerseits ausgesagt, daß die Einheit der Menschheit nur in Gott möglich ist, und andererseits, daß nur die tatsächliche Existenz und Gegenwart eines solchen transzendenten Gegenübers den Menschen zum wahrhaft humanen Handeln befreien kann.

Die drei „Gottesbeweise" T.s entsprechen in ihrer Struktur dem klassischen Finalitätsbeweis bzw. – im metaphysischen Argument – auch dem Kontingenzbeweis. T. selbst hat diese Argumentationsweise nie ausdrücklich vollzogen. Gott als ermöglichende Ursache des evolutiven Selbstüberstiegs transzendental aufgewiesen zu haben, ist das Verdienst K. →Rahners.

Literatur: P. Teilhard de Chardin: Œuvres, P 1955 ff.; deutsche Werkausgabe: Ol–Fr 1962 ff.; Bd. 1, Mn 1959; Bd. 8, Mn 1961; Briefe und Bd. 11, Fr–Mn 1958 ff. – G. Crespy, Das theologische Denken Teilhards, St 1963; P. Smulders, Theologie und Evolution, Es 1963; C. Cuénot, Pierre Teilhard, Ol–Fr 1966; H. de Lubac, Teilhards religiöse Welt, Fr 1969; A. Haas, Teilhard de Chardin-Lexikon, 2 Bde., Fr 1971; G. Schiwy, Teilhard de Chardin. Sein Leben und seine Zeit, 2 Bde., Mn 1981; J. M. McCarthy, Pierre Teilhard de Chardin. A Comprehensive Bibliography, NY–Lo 1981.

C. Kummer

Teresa von Avila

Teresa de Ahumada y Cepeda, * 1515 bei Avila, † 1582 in Alba de Tormes. Mystikerin, Schriftstellerin, Kirchenlehrerin (1970). T. gründet 1562 einen Reformzweig des Karmelordens (zu ihren Lebzeiten siebzehn Frauenklöster, zwei Männerklöster). Sie vereint in ihren Schriften psychologische Selbstdarstellung mit mystisch-theologischer Fähigkeit, ihre Erfahrungen mit Gott zu schildern (Dialogische Mystik). Auch Zeit- und Kirchenkritikerin.

T. ist Zeitgenossin M. →Luthers. Wie er, nimmt sie sich in ihrer Subjektivität ernst. Sie schreibt nicht erbaulich über religiöse Inhalte, sie beschreibt sich selbst, ihre eigene Erfahrung im Glauben, in der Berührung mit Transzendenz, im Dialog mit Gott. Sie ist beeinflußt vom augustinischen (→Augustinus) Denken der „Confessiones", von der Wüstensehnsucht des Hieronymus, vom Versenkungsweg des F. de Osuna. Die Oratio mentalis des Erasmus von Rotterdam wird bei ihr zu einem Sich-Aussetzen in Einsamkeit, um zu erfahren, wer Gott ist, was Menschwerdung Gottes in Jesus Christus bedeutet. Bei aller Wertschätzung des Bildhaften in der Versenkung stößt sie zur bild- und wortlosen Versenkung durch, die bei ihrem Mitarbeiter →Johannes vom Kreuz noch stärker ausgeprägt ist. Wahrscheinlich hat sie Einflüsse des Sufismus aufgenommen.

Reden und Schweigen sind bei T. keine absoluten Gegensätze. Aus schweigender Versenkung erwächst das Gespräch mit Gott. Sprechen und Nachdenken sollen zeitweise losgelassen werden, um wieder in schweigendes, wortloses Beten einzugehen. Während ihre geistliche Selbstbiographie „Das Leben der hl. Teresa von Jesu (Libro de la Vida)" (Sämtl. Schriften, Bd. I) geschichtliche Selbstdarstellung und Berührung mit dem die Geschichte übersteigenden Gott darlegt, ist in ihrem Hauptwerk „Die Innere Burg (Moradas del castillo interior)" (Sämtl. Schriften, Bd. V) der Weg zu Gott in klassischen, archetypischen Bildern dargelegt. Die Seele des Menschen gleicht einem lichtdurchlässigen Kristall; in ihr sind sieben Hauptwohnungen und zahlreiche Nebenwohnungen: Weg der Entfremdung (1.–3. W.), Weg der Läuterung (4.–5. W.), Weg der Einigung (6.–7. W.). Man spricht vom teresianischen Humanismus, der Mensch ist für T. Partner, Bild Gottes. Neben der psychologisch-intuitiven Darstellung mystischer Zusammenhänge: Seele als Burg Gottes, Gott in der

Mitte der Seele (centro), besitzt T. eine hohe pädagogische Fähigkeit, andere zum Gebet anzuleiten, z. B. in: „Weg der Vollkommenheit (Camino de Perfeccion)" (Sämtl. Schriften, Bd. VI).
Teresianische Mystik macht nicht weltfremd. Die uns überlieferten Briefe T.s (Sämtl. Schriften, Bd. III und IV) sind zeitkritische, humorvolle Dokumente von gesundem Menschenverstand (Zahlreiche Briefe wurden vernichtet, weil das aus ihnen sprechende selbständige Menschenbild der Inquisition nicht entsprach). Teresianischer Schlüsselbegriff ist „Freundschaft mit Gott", die die Freundschaft mit den Menschen nicht aus-, sondern einschließt. In ihren Klöstern wird der Versuch der Nachfolge des konkreten Menschen Jesus von Nazaret gelebt. Franziskanische und dominikanische Spiritualität beeinflußten T.s Armutsideal, ihr Gottes- und Menschenbild. Die Sicht der „Personalität" Gottes als höchste Form des Bei-sich-selbst-Seins und des Zum-anderen-Seins ist so lange richtig, als wir unsere Vorstellungen von Gott als Interpretamente verstehen. Die gläubige Antwort auf Gottes Erbarmen kann auch heute das persönliche Gebet sein. T.s Sprechen mit Gott sieht sich heute jedoch der Frage ausgesetzt, wie authentische Welterfahrung in die mystische Bewegung des Subjekts zu integrieren ist.

Literatur: Teresa von Avila: Sämtliche Schriften der Hl. Teresa von Jesu, Bde. I–VI, Mn 1963–81. – U. Dobhan, Gott – Mensch – Welt in der Sicht Teresas von Avila, F 1978; ders. (Hrsg.), Teresa von Avila. Gotteserfahrung und Weg in die Welt, Fr [2]1982; W. Herbstrith, Vor Gottes Angesicht. Beten mit Teresa von Avila, Mn 1981; dies., Teresa von Avila. Die erste Kirchenlehrerin, Mn [4]1981; dies. (Hrsg.), Gott allein. Teresa von Avila heute, Fr 1982.

W. Herbstrith

Tertullian

Quintus Septimius Florens Tertullian, * um 160 in Karthago, † nach 220. Nach einer rhetorischen und juristischen Ausbildung war T. in Rom als Rechtsanwalt tätig – möglicherweise identisch mit dem gleichnamigen Juristen. Um 193 wandte er sich dem Christentum zu und setzte seine dialektische Schärfe für die Christen ein. Ein Teil seiner Werke (31 erhalten) entstand unter dem Einfluß des schwärmerischen Montanismus, dem er sich um 206 angeschlossen hatte. T.s Rigorismus kam vor allem im disziplinären Bereich zur Geltung, beeinflußte aber auch sein Gottesbild.
Religiöses und philosophisches Umfeld bestimmte trotz

scharfer Kritik im einzelnen auch das theologische Denken des Afrikaners, welches weniger den grundsätzlichen Zweifel an der Existenz von Göttern, z. B. nach Art des Euhemerismus, anmeldete, sondern sie als dämonisches Phänomen charakterisierte. Die Rückfrage nach den Ursachen der Dinge hatte über platonische (→Platon) und aristotelische (→Aristoteles) Anstöße hinaus im Stoizismus (→Stoa), etwa bei Poseidonios, verstärkt Gewicht bekommen, so daß Cicero meinte, nur jener könne das Dasein der Götter leugnen, den „weder die Größe unseres Reiches noch die Sonne" mit Unruhe erfülle (Pro Milone 83). Das Repertoire solcher Argumentation stand also den frühchristlichen Anwälten des Monotheismus zur Verfügung, und T. setzte es in der ganzen Tragweite ein. Vor allem in der Auseinandersetzung mit dem gnostisierenden Häretiker Markion, der einer Abwertung des Geschöpflichen das Wort redete, bekam der Verweis auf den Kosmos sein eigentümliches Gewicht. Gott und Kausalität denkt T. konsequent zusammen. Wie der Mensch einen Zugang zu Gott aus dem Schöpfungswerk findet, so auch aus der lebendigen Spontaneität der Seele (vgl. Apologie 17: „O Zeugnis der von Natur aus christlichen Seele!"). In diesem Rahmen bemühte T. sogar den Beweis aus der Übereinstimmung aller Völker hinsichtlich der Anerkenntnis des Göttlichen. Die Erweise Gottes, in denen er seine Existenz kundgibt, sind für den afrikanischen Denker freilich nicht ausschließlich intellektuell faßbar; er verlangt gleichzeitig ein Ethos, das aus der absoluten Weltsicht entspringt. Letztlich vermittelt diese Haltung der Glaube an die ergangene Offenbarung in Christus und der in ihm kundgegebenen Autorität Gottes.
Die Diskussion, welche T. zum Erweis der Gottwirklichkeit führte, stand unter den Bedingungen des zeitgenössischen Heidentums, das trotz Auflösungserscheinungen im einzelnen auf den Götterkult pochte. Diese religiöse Dimension der Auseinandersetzung mit ihren bedrohlichen Folgen für die Gläubigen, verlieh der Argumentation des Kirchenschriftstellers eine strenge, oft beißende Note. Seinem Versuch, den Erkenntnisweg zu Gott auf eine breite, allgemein anerkannte Grundlage zu stellen, vermag man wohl nicht in allem zu folgen, so wenn er auch die Auferstehung des Fleisches bemüht oder eine düstere Angleichung des Gottesbildes an afrikanische Traditionen vollzieht.

Literatur: Tertullian: Corpus Christianorum. Series Latina, Bde. 1–2; Übersetzung: H. Kellner/G. Esser, Tertullians ausgewählte Schriften, 2 Bde., Mn 1912–15. – L. Fuetscher, Die natürliche Gotteserkenntnis bei Tertullian, in: ZkTh 51 (1927) 1–24 und 217–251; J. Lortz, Tertullian als Apologet, 2 Bde., Mr 1927–28 (= Münsterische Beiträge zur Theologie. 9–10); S. Otto, „Natura" und „dispositio". Untersuchung zum Naturbegriff und zur Denkform Tertullians, Mn 1960 (= Münchener theologische Studien; II. 19); U. Wickert, Glauben und Denken bei Tertullian und Origenes, in: ZkTh 62 (1965) 153–177; J. Escribano-Alberca, Glaube und Gotteserkenntnis in der Schrift und Patristik, Fr–Bas–W 1974 (= Handbuch der Dogmengeschichte, 1, 2a); I. H. S. Balfour, The relationship of man to God, from conception to conversion, in the writings of Tertullian, E 1980; P. Stockmeier, Gottesverständnis und Saturnkult bei Tertullian, in: Studia Patristica 17, 2, O u.a. 1982, 829–835.

P. Stockmeier

Theophilus

Theophilus, Bischof von Antiochien. Von seinen Schriften sind drei Bücher „An Autolykus" erhalten, geschrieben kurz nach 180. Als Gottdenker erweist er sich besonders im ersten Buch, wo er viel polemischer als die →Apologeten vor ihm die Heiden und ihren Götterglauben angreift und ihnen den christlichen Glauben vom Wesen Gottes und seiner Vorsehung gegenüberstellt. Die eigentlichen Grundlagen der Wahrheitserkenntnis sind für T. die Aussagen der Propheten und die ganze Schrift. Die heidnischen Philosophen wurden in dieser Erkenntnis durch ihr unmoralisches Leben behindert (2,33). Das dritte Buch bringt einen groß angelegten „Altersbeweis" für das Christentum, der Moses und die Propheten als älter als die griechischen Schriftsteller und damit die christliche Lehre als ursprünglicher und wahrer erweisen soll.

Literatur: Theophilus: R. M. Grant (ed.), Theophilus of Antioch. Ad Autolycum, O 1970; J. Leitl/Di Pauli, Drei Bücher des heiligen Theophilus an Autolicus (BKV 14), K 1913; →Apologeten (frühchristliche).

A. Bender

Thomas von Aquin

Thomas von Aquin, * 1224 (1225) auf Schloß Roccasecca bei Aquino (Neapel), † 1274 in Kloster Fossanuova bei Rom; Sohn hochadeliger Eltern. Mit fünf Jahren kam er zur Erziehung in die Benediktinerabtei Monte Cassino. 1239 begann er mit 14 Jahren an der kaiserlichen Universität Neapel das Studium der artes liberales und wurde durch Petrus von Hibernia insbesondere in die aristotelische Philosophie (→Aristoteles) eingeführt. Gegen den Widerstand der Familie trat er 1244 in den Dominikanerorden ein. Ab 1245 Studium in Paris, von

1248–52 bei →Albertus Magnus, dem universellsten Gelehrten des Mittelalters, in Köln. Seine Lehrtätigkeit beginnt 1252 am Studienzentrum der Dominikaner in Paris, ab 1257 Professor der Theologie an der Universität Paris. Zwischen 1259 und 1268 an der päpstlichen Kurie in Rom und verschiedenen italienischen Ordenshochschulen; 1268–72 erneut in Paris. Ab 1272 Aufbau des studium generale in Neapel. Beginnend mit seiner Lehrtätigkeit in Paris hat T. ein außerordentlich umfangreiches Werk geschaffen: Kommentare, Summen, Opuscula, Quaestiones disputatae.

Zum Verhältnis von Glauben und Wissen in der Hochscholastik und bei Thomas von Aquin

T. war Theologe, und er wollte es sein; auch sein umfassendes Werk ist im ganzen von Theologie her und auf Theologie hin entworfen. Gleichwohl war er auch ein Philosoph von gleich hohem Rang. In ihm hat die mittelalterliche Scholastik ihren Höhepunkt erreicht. Die Polarität von auctoritas und ratio, von Autorität und Vernunft, von Glauben und Wissen war die diese Epoche durchgehend bestimmende Antriebskraft, ihr formales Movens. In der frühen Phase der Entwicklung – sie war noch ausschließlich an einem neuplatonisch-augustinischen (→Augustinus) Weltverständnis orientiert – wurde nach hartem Ringen der ratio innerhalb des Glaubens und der Theologie ein Platz eingeräumt. Den unbestrittenen Vorrang behielt jedoch der Glaube. Mit seinem methodischen Ansatz: Fides quaerens intellectum (Der Glaube, der nach Einsicht sucht) hat →Anselm von Canterbury im 11. Jahrhundert dieses Problem reflektiert und in seinem Werk exemplarisch durchgeführt. Durch den, wenn auch weitgehend auf die Logik beschränkten Einsatz der ratio in der Theologie war jedoch eine Wende angebahnt, die im Werk des Aquinaten vollzogen wurde und zu einem neuen Weltverständnis führte. Neben dem allgemeinen geistigen Aufbruch, der auf allen Gebieten feststellbar ist, waren die vielleicht wichtigste Voraussetzung dafür das Bekanntwerden und die umfassende Rezeption der metaphysischen Schriften des Aristoteles. Im Gegensatz zur neuplatonischen, jenseitsorientierten und diese Welt entwirklichenden Denkweise war Aristoteles dieser Welt als der eigentlichen Wirklichkeit, als dem wesenhaft Seienden zugewandt. Gerade dieser Gesichtspunkt der Weltbejahung war es, der die aristotelische Philosophie im kirchlichen Raum als spezifisch heidnisch suspekt werden ließ und im 13. Jahrhundert zu zahlreichen Aristoteles-Verboten führte. Der Grund, weshalb T. sich gegen die bisherige Tradition und damit für Aristoteles entschied, war trotzdem ein theologischer: der Glaube an das Geschaffensein der Welt. Die Welt ist nicht etwas Defizientes, Negatives, sondern sie ist Schöpfung Gottes; ihr Geschaffensein durch Gott begründet ihre Eigenständigkeit und Eigenwertigkeit. Die Allwirksamkeit Gottes wird nicht gegen die Eigenwirksamkeit der Geschöpfe ausgespielt, die Spannung zwischen Erstursache und Zweitursache wird von T. durchgehalten: „In den Naturdingen sind eigene Wirkkräfte, obgleich Gott die erste und allgemeine Wirkursache ist“ (Quaestiones disputatae, De anima, a. 4, ad 7). Damit ist die Welt vom Glauben her nicht nur als ein grundsätzlich zu überwindender Durchgang akzeptiert, sondern als von Gott gewollte Wirklichkeit in ihrer Bedeutung für die Theologie anerkannt. Aus diesem Ansatz zieht T. eine Konsequenz von größter Tragweite: Die Autonomie der Vernunft, die damit aus der Überzeugung des Glaubens jeder Bevormundung durch den Glauben entzogen ist. Die ratio, der gesamten Wirklichkeit in Eigenständigkeit zugeordnet, vermag aus ihrer Natur heraus Wahrheit zu erkennen. Glaube und Wissen können dabei, wenn sie ihre jeweilige Kompetenz nicht überschreiten, nie in Widerspruch geraten, da beide von Gott sind (Expositio super librum Boethii De Trinitate, q. II, a. 3). Der Glaube setzt die natürliche Erkenntnis voraus: „... fides praesupponit cognitionem naturalem ...“ (Summa theologiae I, q. 2, a. 2 ad 1). Deshalb muß der Theologe um seiner eigenen Aufgabe willen zuerst und zugleich Philosoph sein. Die Funktion der ratio ist jetzt nicht mehr beschränkt auf die formale Logik, sondern im Begreifen von Wirklichkeit gewinnt sie in der Weltauslegung eigenständige Bedeutung neben der Theologie. Sie stellt jetzt nicht nur Fragen, auf die bisher die Theologie antwortete, sondern sie gibt auch Antworten. In dieser Entwicklung liegt der Grund, weshalb T., da ihm keine brauchbare Philosophie zu Gebote stand, sich selbst eine ausarbeitete. Dabei legte er größten Wert auf eine saubere Trennung der beiden Disziplinen sowohl hinsichtlich der Voraussetzungen als auch des methodischen Vorgehens. Die Theologie kann zwar von der Offenbarung her auf Fragen aufmerksam machen, die von der Philosophie zu behandeln sind, in den Erkenntnisvorgang der Philosophie selbst darf sie jedoch nicht eingreifen. Die Theologie geht im Akzeptieren der Offenbarung von Gott aus und steigt ab zur Schöpfung. Die Philosophie des Aquinaten ist demgegenüber eine Philosophie des Aufstiegs. Die natürliche Vernunft nimmt bei der Schöpfung ihren Ausgang und steigt auf bis zur Erkenntnis Gottes: „Naturalis ratio per creaturas in dei cognitionem ascendit, ..." (Summa contra Gentiles, lib. IV, cap. 1). Von diesem Ansatz her ist die ganze Philosphie des T. auf Gotteserkenntnis hingeordnet, sie erweist sich als ein einziger, weit ausgreifender Gottesbeweis (Sth I, q. 2 prooemium). Wenngleich dieser Weg zu Gott den Glauben nicht voraussetzt und das auch gar nicht darf, steht er doch im Zusammenhang der wissenschaftlichen Theologie, weil die dabei zu gewinnende Einsicht zu den praeambula fidei gehört, zu dem, was der Glaube voraussetzen muß. Methodisch ist es jetzt Aufgabe der ratio, die Existenz Gottes darzulegen, denn diese Wahrheit ist die Bedingung der Möglichkeit, daß es überhaupt Offenbarung geben kann. In diesem Sinne ist also der Gottesbeweis Voraussetzung und Fundament von Theologie in christlichem Verständnis; mit dieser Zielsetzung führt T. philosophische Gottesbeweise.

Die quinque viae
1. Die Möglichkeit menschlicher Gotteserkenntnis
Unter dem Namen „quinque viae" (fünf Wege zu Gott) sind die Überlegungen des T. zum Inbegriff des klassischen Gottesbeweises geworden. Sie finden sich in seinen beiden großen Summen, in der „Summa contra Gentiles" breit ausgeführt (ScG lib. I, cap. 13), in gestraffter Zusammenfassung in der „Summa theologiae" (Sth I, q. 2, a. 3, vgl. hierzu 1986, hrsg. von H. Seidl). Vorweg stellt sich T. aber die Frage, ob es überhaupt eines Beweises für die Existenz Gottes bedarf, ob es nicht an sich bekannt ist, per se notum, daß Gott ist (Sth I, q. 2, a. 1; ScG lib. I, cap. 10). Durch eine Unterscheidung, in der sich das Beweisverfahren ebenso ankündigt wie die erkenntnistheoretische Voraussetzung, geht T. das Problem an. Es kann etwas an sich und nicht in bezug auf den Menschen, oder an sich und in bezug auf den Menschen bekannt sein. Eine Aussage ist dann an sich bekannt, wenn der Prädikatsbegriff im Subjekt impliziert ist. Die Aussage „der Mensch ist ein Lebewesen" ist per se notum, denn „Lebewesen" gehört zum Begriff „Mensch"; oder: Wenn man erkannt hat, was

Ganzes ist und was Teil, dann hat man sogleich auch erkannt, daß das Ganze größer ist als sein Teil. Auch wenn er in sich vorliegt, muß dieser Sachverhalt des per se notum nicht unbedingt für den Menschen gegeben sein, dann nämlich, wenn dem Menschen Subjekt und Prädikat unbekannt sind. Der Satz „Gott ist" ist an sich bekannt, Gottes Wesen ist mit seiner Existenz identisch, Gottes Wesen ist es, zu sein. Wer den Gottesbegriff verstanden hat, kann an Gottes Existenz nicht zweifeln, da mit diesem Begriff Existenz notwendig gegeben ist. Aus der Erkenntnis des Wesens, des quid est, dessen, was Gott ist, kann deduktiv das Dasein bewiesen werden. Man spricht deshalb von einer demonstratio propter quid, von einem Beweis, weswegen etwas so ist; er wird aus schlechthin früheren Prinzipien geführt (Sth I, q. 2, a. 2). So etwa versteht – oder genauer gesagt mißversteht – T. den berühmten Gedanken Anselms von Canterbury, Gott sei etwas, über das hinaus Größeres nicht gedacht werden kann, und lehnt ihn ab (Sth I, q. 2, a. 1), da wir, so begründet T. seine Haltung, nicht wissen, was Gott ist. Da wir keine Einsicht in sein Wesen haben, ist das daraus als per so notum sich ergebende Existenzurteil für uns keine an sich bekannte Aussage. Wir müssen deshalb den Satz „Gott ist" durch das, was uns bekannter ist, beweisen. Ein Gottesbeweis kann also nach der Überzeugung des T. nicht apriori, sondern nur aposteriori geführt werden. Es ist das die andere Beweisart, die induktiv aus der Wirkung auf die Ursache schließt, die demonstratio quia, der Beweis, daß etwas ist. Er wird von dem aus geführt, was früher in bezug auf uns ist. Gott wird durch seine Wirkung, d.h. durch die Welt erkannt; das menschliche Denken geht von den ihm bekannten Wirkungen zur unbekannten Ursache, per effectum ad causam.

Damit zeichnet sich auch die erkenntnistheoretische Position des T. ab. Menschliche Erkenntnis ist, der leib-seelischen Einheit des Menschen entsprechend, an die Sinne gebunden und deshalb wesentlich auf die Welt verwiesen. Gott ist zwar in der Ordnung des Seins das Erste, in der Erkenntnisordnung aber das Letzte. Der Mensch erkennt nicht in Gott und durch Gott die Welt, sondern umgekehrt, durch die Welt führt sein Erkenntnisweg zu Gott. Es ist also die durch die Sinne erfahrbare Welt, von der aus menschliches Denken seinen Aufstieg zu Gott beginnt. Wenn T. davon spricht, daß „in einem allgemeinen Sinn und mit einer gewissen Undeutlichkeit zu erkennen, daß Gott ist", dem Menschen „von Natur eingepflanzt sei, sofern Gott die Glückseligkeit des Menschen ist" und der Mensch von Natur aus sich nach seinem Glück sehnt (Sth I, q. 2, a. 1 ad 1), dann steht das nicht im Widerspruch zu seinem aposteriorischen Ansatz. Es ist ja nur von dem Vorgang der Gotteserkenntnis und nicht von einem apriorischen Gotterkannthaben die Rede.

2. Der Beweisgang der einzelnen viae

In seinen quinque viae hat T., Gedanken der Tradition aufgreifend, auf fünf Wegen bewiesen, daß Gott ist.

Der erste und offenkundigere Weg geht von der Bewegung (motus) aus, die in weitem Sinne als Übergang von der Möglichkeit zur Wirklichkeit verstanden wird. Es ist aber gewiß und steht für die Sinneswahrnehmung fest (certum est enim et sensu constat), daß einige Dinge in der Welt bewegt werden. Diese Bewegung, dieser Übergang kann aber nur durch ein wirklich Seiendes versursacht werden. Da etwas aber nicht zugleich und in derselben Hinsicht möglich und wirklich sein kann, kann es auch nicht in derselben Hinsicht bewegend und bewegt sein. Alles Bewegte muß also von einem anderen bewegt werden, und dies wieder von einem anderen. Ins Unendliche kann man so nicht fortschreiten, denn dann gäbe es kein erstes Bewegendes und infolgedessen auch kein anderes Bewegendes. „Also ist es notwendig, zu etwas erstem Bewegenden zu kommen, das von nichts bewegt wird" (Sth I, q. 2, a. 3).

Der zweite Weg, dem ersten ähnlich, geht von der Wirkursache (causa efficiens) aus. Da etwas nicht Ursache seiner selbst sein kann, muß es eine Ordnung der Ursachen und somit eine erste Wirkursache geben, von der alle anderen abhängen. Wiederum wird ein regressus in infinitum (Fortschreiten ins Unendliche) verworfen, da, wenn es keine erste Wirkursache gäbe, es überhaupt keine Wirkursachen gäbe, was offenbar falsch ist. „Also ist es notwendig, eine erste Wirkursache anzunehmen" (a. a. O.).

Der dritte Weg (ex possibili et necessario) hat als tragenden Gedanken den Gegensatz zwischen Möglichem und Notwendigem. Es gibt Dinge, welche die Möglichkeit haben, zu sein und nicht zu sein, was daraus hervorgeht, daß sie entstehen und vergehen. Was nur möglich ist, was sein kann und nicht sein kann, hängt, wenn es ist, von Ursachen ab. Ein Rückgang

nicht notwendiger Ursachen ins Unendliche ist ausgeschlossen, weil sonst alles aufgehoben würde. Wenn alles die Möglichkeit hat, nicht zu sein, dann war hinsichtlich der Dinge auch einmal wirklich nichts, dann wäre aber auch jetzt nichts, was offenbar falsch ist. Es ist also „notwendig, etwas anzunehmen, das an sich notwendig ist und die Ursache seiner Notwendigkeit nicht anderswoher hat, sondern das Ursache der Notwendigkeit für die anderen ist" (a. a. O.).
Der vierte Weg wird von den Graden (ex gradibus) genommen, die sich bei den Dingen finden. Es gibt bei den Weltdingen mehr oder weniger Wahres, Gutes, Edles usf. Mehr und weniger wird von etwas ausgesagt, sofern es sich dem Prinzip nähert, das den Sachverhalt in höchstem Maße verwirklicht. Dieses ist aber die Ursache von allem, was unter die jeweilige Gattung fällt. „Also gibt es etwas, was von allem Seienden die Ursache des Seins, der Gutheit und jeder anderen Vollkommenheit ist" (a. a. O.).
Der fünfte Weg ist von der Leitung der Dinge (ex gubernatione rerum) genommen. So läßt sich feststellen, daß Dinge, die des Denkens entbehren, zielgerichtet tätig werden (deshalb spricht man auch vom teleologischen Gottesbeweis). Wenn aber solches zutrifft, dann muß „es etwas vernünftig Erkennendes geben, von dem alle Naturdinge auf ein Ziel hin geordnet werden" (a. a. O.).

3. Der philosophische Grundgedanke

Diese fünf Wege enden alle mit dem Satz – oder einer gleichbedeutenden Formulierung –: das nennen alle Gott. Der Beweisgang ist jedoch jeweils vorher mit dem Erreichen eines absoluten Prinzips abgeschlossen. Die Identifikation mit Gott als einem Begriff der Religion gehört nicht mehr dazu. Es sind Wege, die die Philosophie gegangen ist. Sie zeigen, daß das Denken unterwegs ist auch zum Gott des Christentums. Keines der Argumente ist neu; bei →Platon, Aristoteles, Johannes Damascenus, Moses →Maimonides, Alfarabi, Ibn Rushd lassen sie sich nachweisen. Gleichwohl tragen sie in der Durchführung die Signatur des T., selbst wenn er sie mehr referierend aufgenommen haben sollte, denn er stellt sie in den Zusammenhang seines Denkens, vor allem seiner Seinslehre. Trotz des jeweils unterschiedlichen Ausgangspunktes haben diese fünf Argumente zunächst formal eine gemeinsame Struktur: sie schließen vom verursachten Sein der Welt-

dinge auf eine erste Ursache, eine prima causa, zurück. Aber auch in materialer Hinsicht sind sie, auch wenn sich das dem ersten Blick nicht erschließt, von einem einzigen Gedanken getragen, der Frage nach dem Sein und dem Grund dafür, daß es ist und nicht nicht ist. Jeder dieser fünf Wege ist nichts anderes als ein Aspekt, eine transzendentale Bestimmung des Seins des konkret Seienden, und deshalb lassen sie sich auf einen einzigen Grundgedanken reduzieren, von dem sie umgekehrt auch getragen werden, ohne den sie sich einem angemessenen Zugang verschließen, ohne den sie im strengen Sinne des Wortes vordergründig bleiben müßten. Dieses nicht gesehen zu haben, ist der Mangel vieler Deutungen der quinque viae. Daraus resultieren viele kritische Einwände; so kommt etwa W. →Weischedel zu dem Schluß: „Und die Transzendenz Gottes wird nicht bewiesen" (Der Gott der Philosophen. Grundlegung einer philosophischen Theologie im Zeitalter des Nihilismus, Bd. 1, Mn ²1972, 141). Im einzelnen kann hier darauf nicht eingegangen werden (vgl. 1986, hrsg. von H. Seidl). Dieser alles tragende und die fünf viae erst erschließende Grundgedanke wurde von T. bereits in seiner Frühschrift „De ente et essentia" (Cap. 5) in wenigen Sätzen zusammengefaßt: „Daher muß jedes Ding, dessen Sein etwas anderes ist als seine Natur, sein Sein von woanders her erhalten haben. Weil nun alles, was von einem anderen her ist, letztlich auf das, was von sich aus ist, auf die erste Ursache, zurückgeht, so muß es etwas geben, was für alle Dinge dadurch die Ursache des Seins ist, daß es selbst nur das Sein ist; wäre dem nicht so, so ginge die Reihe der Ursachen ins Endlose, weil, wie gesagt, jedes Ding, das nicht nur Sein wäre, eine Ursache für sein Sein haben müßte."
Der Ausgangspunkt dieses Gedankenganges ist das konkret Seiende, die erfahrbare Wirklichkeit. Durch die Verschiedenheit von Sein und Wesen, von dem, was etwas ist, und dem, daß es ist, wird eine innere Differenz und dadurch das metaphysische Zusammengesetztsein dieser Wirklichkeit unmittelbar mit ausgesprochen. Die Existenz, das Dasein gehört nicht zum Wesen der Dinge. Indirekt wird dadurch auf den Unterschied zu einem Seienden aufmerksam gemacht, das nur Sein, welches das „esse tantum" ist. Dadurch wird der Ansatz der impliziten Argumentation noch einmal präzisiert, weil von dem Sein des Seienden, nicht von seinem Wesen, von seiner Natur ausgegangen wird. Das Wirklichsein (der actus es-

sendi) steht also zur Frage. Wenn nun das Wirklichsein mit dem Wesen des Seienden nicht identisch ist, dann muß dieses Wirklichsein letztlich auf eine Ursache zurückgehen, die nicht dies oder jenes ist, sondern eben reine Wirklichkeit, actus purus, das Sein selbst.

Gott als Ursache des Seins

An dieser Stelle der Überlegung muß auf einen weiteren fundamentalen Unterschied aufmerksam gemacht werden, aus dessen Mißachtung manche Kritik an den thomasischen Gottesbeweisen ihre Argumente bezieht: Das Sein der Dinge, das, wodurch Seiendes ist, ist nicht Gott, sondern die alles umgreifende Wirkung Gottes. Es eröffnet sich damit eine theologische Differenz zwischen dem Sein und dem unerkennbaren Grund dafür, daß überhaupt etwas ist, dem Grund dafür, daß das Sein Seiendes begründet und trägt. Daß also überhaupt irgend etwas ist, kann ohne jene allem Begreifen entzogene, transzendente Wirklichkeit nicht erklärt und verstanden werden. Im Wirklichsein also liegen Grund und Ansatz des Gedankenganges, der über das metaphysische Kausalitätsprinzip (vgl. ScG lib. II, cap. 15) zur reinen, alles begründenden Wirklichkeit führt, deren Wesen es ist zu sein, ohne innere Differenz, in absoluter Einfachheit. Deshalb hat alles, was ist, sein Sein in vermittelter Teilhabe von dieser prima causa (Super Evangium S. Joannis, Prologus).

Gott ist für alles die Ursache des Seins. An entscheidender Stelle der Argumentation wird somit auf das metaphysische Kausalitätsprinzip zurückgegriffen (Sth I, q. 44, a. 1; ScG lib. II, cap. 15). Alles wirkliche, kontingente Sein muß eine Ursache haben, durch die es existiert. Das Kausalitätsprinzip wird also als denknotwendig und streng allgemeingültig für den gesamten Bereich des endlichen Seins vorausgesetzt. Dieses Prinzip ist das logische Instrument zur Überschreitung des Erfahrungsbereiches und zum Verweis auf den absoluten Grund. Gott darf jedoch in dieser Überlegung nicht als erste, in einer linearen, gleichrangigen Reihe von Ursachen gedacht werden. Er verhält sich zur Welt nicht, wie Dinge verschiedener Gattungen sich zueinander verhalten. Gott steht außerhalb jeder Gattung, jeder Weise des Seins. Er fällt nicht unter das kategoriale Sein: Deus non est in genere (Sth I, q. 3, a. 5). In diesem Sinne ist Gott nicht; er ist vielmehr das Prinzip aller Weisen zu sein (ScG lib. I, cap. 4, 3).

Sein und Denken
Dieser Sachverhalt ist für die menschliche Gotteserkenntnis von weittragender Bedeutung. Die Gesetze des Seins sind zugleich die Gesetze des Denkens. Mit dem Seinsbegriff hat der Mensch diese Prinzipien als Apriori seines Erkennens (habitus principiorum). Deshalb sind die Weisen zu sein zugleich die Weisen des Urteilens darüber, wie Seiendes ist. Da Gott aber nicht in dem Sinne ist, daß seinem Wesen Sein zukommt, da er also nicht in einer Weise zu sein ist, kann menschliches Denken Gott nicht begreifen und in einem formellen Urteil erfassen. Gott als das Sein selbst, als das ipsum esse subsistens, liegt außerhalb des begreifenden Denkens; er ist der Unbegreifliche. So kommen menschliches Denken und formale Logik an ihre Grenzen. Sie können eine erste in der Reihe seiender Ursachen erreichen, aber nicht die Ursache des Seins. Die formale Logik grcift an diesem Übergang nicht mehr, deshalb zwingen die Gottesbeweise nicht, sondern fordern freie Entscheidung. Damit mündet der Gedankengang in die sogenannte philosophia negativa (negative Philosophie). Kausalität Gottes, Schöpfungskausalität kann nicht univok unter dem allgemeinen Begriff der Kausalität gefaßt werden. Er kann nur noch, analog gebraucht, in das absolute Geheimnis, in die Unbegreiflichkeit Gottes verweisen. Diese ist dann aber eine Aussage über den Menschen und nicht über Gott.

Die Grenze menschlicher Gotteserkenntnis
Utrum deus sit, ob Gott sei, war die Ausgangsfrage der quinque viae. Sie wird positiv beantwortet: Gott ist. Dieses „Ist" ist jedoch nicht eindeutig und deshalb höchst mißverständlich. Das Wesen Gottes kann es nicht meinen; was Gott ist, können wir nicht wissen. Aber auch die Wirklichkeit, den actus essendi Gottes, kann das Ist nicht bezeichnen, denn Existenz ist ja in diesem singulären Fall mit dem Wesen identisch. Dieses Ist ist also keine Aussage über Gottes Sein, wir begreifen ihn damit nicht. In diesem Satz ist das Ist lediglich die copula, die Verbindung des Subjekts mit dem Prädikat, die der urteilende Verstand herstellt (Sth I, q. 2, a. 3, 4 ad 2; ScG lib. I, cap. 12): Gott ist das Prinzip und der Ursprung aller Weisen zu sein. Darin liegt die Wahrheit dieses Satzes. Gott selbst bleibt jedoch dem begreifenden Denken des Menschen entzogen.
Diese Einsicht steht in klarem Widerspruch zu einem sorglo-

sen, beinahe naiven Erkenntnisoptimismus, den man T. oft nachsagt und zum Vorwurf macht. Ebenso verfehlt wäre es aber, in ihm einen Agnostiker zu sehen. An der Grenze des Denkens angekommen, nennt T. noch eine andere Weise des Denkens, wenn er, einen Gedanken Augustins aufnehmend, davon spricht, daß es zwar für jeden geschaffenen Intellekt unmöglich ist, Gott zu begreifen, daß es aber gleichwohl eine große Seligkeit bedeutet, mit dem Verstand an Gott zu rühren: „mente deum attingere“ (Sth I, q. 12, a. 7). So gipfelt menschliche Gotteserkenntnis darin, die Unbegreiflichkeit Gottes zu begreifen: „Illud est ultimum cognitionis humanae de deo quod sciat se deum nescire“ (De potentia, q. 7, a. 5).

Literatur: Thomas von Aquin: Opera omnia (iussu St. Pii V, Editio Piana; hrsg. von V. Justinianus/T. Manriquez), 18 Bde., R 1570–71 (erste Gesamtausgabe); Opera omnia (iussu Leonis XIII edita cura et studio Fratrum Praedicatorum, Editio Leonina), Bde. 1 ff., R 1882 ff. (historisch-kritische, noch nicht abgeschlossene Gesamtausgabe); Werke (Ausgabe bei Marietti in neuer Bearbeitung), Tn–R, seit 1948 33 Bde. (stützt sich auf den Text der Editio Leonina); Expositio super Librum Boethii de Trinitate (hrsg. von B. Decker), Lei 1965; *Übersetzungen:* Die Deutsche Thomas-Ausgabe. Vollständige, ungekürzte deutsch-lateinische Ausgabe der Summa theologica (übersetzt von Dominikanern und Benediktinern Deutschlands und Österreichs; hrsg. vom Katholischen Akademikerverband/Albertus-Magnus-Akademie Walberberg), Sa 1933 ff. Hei–Gr 1941 ff. (geplant auf 36 Bde., bisher erschienen 29 Bde. und 2 Ergänzungsbde., mit jeweils ausführlichen Kommentaren); Summa Theologiae. Latin text and English translation, Introduction, Notes, Appendices and Glossaries, C–Lo–NY 1964 ff.; Summa contra gentiles/Summe gegen die Heiden (hrsg. und übersetzt von K. Albert/P. Engelhardt unter Mitarbeit von L. Dümpelmann), 4 Bde., bisher: Bd. 1/Buch 1, Bd. 2/Buch 2, Da 1974 und 1982; Untersuchungen über die Wahrheit (Quaestiones disputatae de veritate). In deutscher Übersetzung von E. Stein, Bd. 1 (qu. 1–13), Bd. 2 (qu. 14–29), Lv–Fr 1952–55; Compendium theologiae, deutsch-lateinisch (übersetzt von H. L. Fäh), Hei 1963; Über das Sein und das Wesen/De ente et essentia. Deutsch-lateinische Ausgabe (übersetzt und erläutert von R. Allers), Kö ²1953, reprographischer Nachdruck, Da 1980; De ente et essentia/Das Seiende und das Wesen. Lateinisch/deutsch (übersetzt und hrsg. von F. L. Beeretz), St 1979 (= Reclams Universalbibliothek. Nr. 9957); Die Gottesbeweise in der „Summe gegen die Heiden“ und der „Summe der Theologie“. Text mit Übersetzung, Einleitung und Kommentar (hrsg. von H. Seidl), lateinisch-deutsch, H ²1986. – J. M. Verweyen, Zur Logik der Gottesbeweise, in: Kant-Studien 22 (1918) 302–327; E. Rolfes, Gottesbeweise bei Thomas von Aquin und Aristoteles, Limburg ²1927; A. Mitterer, Der Bewegungssatz (omne quod movetur, ab alio movetur) nach dem Weltbild des hl. Thomas und dem der Gegenwart, in: Scholastik 9 (1934) 372–399, 481–519; F. R. Garrigou-Lagrange, Dieu, son existence et sa nature, P ²1950; J. Maritain, Approaches to God (englische Übersetzung), NY 1954; J. Bediek, Zur logischen Struktur der Gottesbeweise, in: Franziskanische Studien 38 (1956) 1–38, 296–371; C. J. F Williams, Hic autem non est procedere in infinitum, in: Mind 69 (1960) 403–405; J. Stallmach, Zur Problematik der „tertia via“ der Gottesbeweise Thomas' von Aquin, in: Miscellanea Mediaevalia 2 (1963) 380–385; M. Duquesne, De quinta via. Le preuve de Dieu par le gouvernement des choses, in: Doctor Communis 18 (1965) 71–92; A. Pattin, La structure de la „Tertia via", in: Doctor Communis 18 (1965) 253–258; J. A. Weisheipl, The Principle „omne quod movetur ab alio movetur" in Mediaeval Physics, in: ISIS 56 (1965) 26–45; N. Hinske, Teilhabe und Distanz als Grundvoraussetzung der Gottesbeweise des Thomas von Aquin, in: Philosophisches Jahrbuch 75 (1968) 279–293; P. Brown, Infinite Causal Regression, in: A. Kenny (Hrsg.), Aquinas, Lo 1969, 214–236; A. Kenny, The Five Ways, Lo 1969; K. Kremer, Gottesbeweise – ihre Problematik und Aufgabe. Ein Beitrag zum Grundlagenproblem der Theologie, in: Trierer Theologische Zeitschrift 82 (1973) 321–338; B. Welte, Bemerkungen zum Gottesbegriff des Thomas von Aquin, in: ders., Zeit und Geheimnis, Fr 1975, 219–227; W. Brugger, Summe einer philosophischen Gotteslehre, Mn 1979; F. C. Copleston, St. Thomas Aquinas. Proofs of God's Existence, in: ders., A History of Philosophy, Bd. 2: Augustine to Scotus, Garden City/NY 1985, 336–346; R. Heinzmann, Thomas von Aquin, in: O. Höffe (Hrsg.), Klassiker der Philosophie, Bd. 1, Mn [2]1985, 198–219.

R. Heinzmann

Tillich

Paul Tillich, * 1886 in Starzeddel bei Guben, † 1965 in Chicago, zählt zu Recht zu den hervorragendsten evangelischen Theologengestalten des 20. Jahrhunderts. Mehr noch als in Europa dürfte sein Einfluß in den USA wirksam sein, wohin er 1933 nach akademischer Lehrtätigkeit in Berlin, Marburg, Dresden, Leipzig und Frankfurt unter dem Druck des nationalsozialistischen Regimes emigrierte. Theologiegeschichtlich gehört T. in seinen Anfängen durchaus in den Zusammenhang der Dialektischen Theologie, deren Protest gegen den sogenannten Kulturprotestantismus er teilte, von der er sich aber abwandte, nachdem er zu der Auffassung gelangt war, →Barths unmittelbares Insistieren auf Gottes absoluter Souveränität und Allmacht mache jede Möglichkeit endlicher Freiheit zunichte. Von den theologischen Lehrern ist Martin Kähler, dessen Einfluß insbesondere im T.schen Geschichtsverständnis erkennbar wird, der wichtigste. Philosophisch ist T. vor allem durch →Heidegger und die Existenzphilosophie sowie durch die Systemkonzeptionen des Deutschen Idealismus, namentlich durch →Schelling geprägt, dessen Denken er sowohl seine philosophische Dissertation (Die religionsgeschichtliche Konstruktion in Schellings positiver Philosophie, ihre Voraussetzungen und Prinzipien, Br 1910) als auch seine theologische Lizentiatenarbeit (Mystik und Schuldbewußtsein in Schellings philosophischer Entwicklung, Gü 1912 = I, 13–108; vgl. IV, 133–144) widmete. Von den Werken T.s vor

1933 sind im übrigen besonders folgende beachtenswert: die programmatische Studie „Über die Idee einer Theologie der Kultur“ von 1919 (IX, 13–31), das 1923 entwickelte „System der Wissenschaften nach Gegenständen und Methoden“ (I, 111–293), die 1925 publizierte Religionsphilosophie (I, 297–364) sowie die Analysen zur „Religiöse(n) Lage der Gegenwart“ aus dem Jahre 1926 (X, 9–93). Die 1933 erschienene und alsbald eingestampfte Schrift „Die sozialistische Entscheidung“ (II, 219–365) trug entscheidend dazu bei, daß T. Deutschland verlassen mußte. In den Vereinigten Staaten fand er nach geraumer Zeit u. a. mit moraltheologisch-soziokulturellen Analysen, dem Ausbau seiner Protestantismusstudien und seiner Symboltheorie sowie insbesondere mit dem Traktat „Courage to Be“ von 1952 (XI, 13–139) und „Religiösen Reden“ (The Shaking of the Foundations, NY 1948; The New Being, NY 1955; The Eternal Now, NY 1963) breite Beachtung. In seiner Eigenschaft als Professor of Philosophical Theology am Union Theological Seminary in New York bzw. als University Professor in Harvard und Chicago faßte T. schließlich den Ertrag seines philosophisch-theologischen Denkens in der dreibändigen „Systematische(n) Theologie“ zusammen, die er von 1951 bzw. 1955 an in englischer und deutscher Sprache herausgab. In Aufbau und Durchführung folgt sie der Methode der Korrelation: „Sie gibt eine Analyse der menschlichen Situation, aus der die existentiellen Fragen hervorgehen, und sie zeigt, daß die Symbole der christlichen Botschaft die Antworten auf diese Fragen sind“ (ST I, 76). Auf diese Weise werden folgende Themenkomplexe, die zugleich die Gesamtgliederung bestimmen, in Beziehung gesetzt: Vernunft und Offenbarung, Sein und Gott, Existenz und Christus, Leben und Geist, Geschichte und Reich Gottes.
Von den Gottesbeweisen handelt die „Systematische Theologie“ im Zusammenhang der Seinsfrage unter der Überschrift „Menschliche Endlichkeit und die Frage nach Gott“ (vgl. St I, 238–245). Schon daran zeigt sich, daß T. die *Gottesbeweise* primär *als Indiz der Fraglichkeit menschlichen Daseins* wertet und nicht etwa bereits als Antwort auf die Gottesfrage. Entsprechend ist er der Auffassung, daß die Gottesbeweise „als Beweise unzulänglich sind. Sowohl der Begriff der Existenz als auch die Methode des logischen Schlußverfahrens sind der Idee Gottes unangemessen“ (ST I, 239). Der Existenzbegriff widerspricht der Idee Gottes, weil sie einen

schöpferischen Grund intendiert, welcher der Differenz von Wesen und Dasein überlegen ist, das Sein-Selbst, das nicht nur kein Seiendes, sondern auch Anderes ist als die Totalität alles Seienden. „Gott", so T., „existiert nicht. Er ist das Sein-Selbst jenseits von Essenz und Existenz. Deshalb: Beweisen wollen, daß Gott existiert, heißt – ihn leugnen" (ST I, 239; vgl. II, 70f.). Dieser Befund bestätigt sich im Blick auf die in Gottesbeweisen gebräuchliche Methode des logischen Schlußverfahrens. Indem nämlich vom Gegebenen bzw. der Summe des Gegebenen auf Gott geschlossen wird, wird dieser, insofern ein Analogieschluß, um wirklich schlüssig zu sein, eine prinzipielle Vergleichbarkeit und damit einen identischen logos analogans beider Analogate zwangsläufig voraussetzt, der Welt angeglichen und in seiner unendlichen Welttranszendenz verkannt, die nur durch freie Selbsterschließung offenbar zu werden vermag. Die Gottesbeweise interessieren T. mithin nicht als Versuche, die Existenz Gottes rational zu ergründen, sondern als Ausdruck der im menschlichen Dasein beschlossenen Frage nach einem Absoluten, wie er denn überhaupt der sogenannten natürlichen Theologie die Funktion der Explikation der menschlichen Fraglichkeit, nicht etwa die Aufgabe ihrer Beantwortung zuweist. Materialiter unterscheidet T., ohne allzu genau auf geläufige Sprachregelungen zu achten, zwischen dem ontologischen Gottesbeweis, dem er die *Möglichkeit,* und dem kosmologischen bzw. teleologischen, dem er die *Notwendigkeit der Frage nach Gott* zuordnet (vgl. V, 122ff.). Den ontologischen Gottesbeweis in seinen verschiedenen Formen deutet er unter Bezug insbesondere auf →Plato, →Augustinus, →Anselm, →Kant (vgl. I, 25ff.; 371ff.) und Barth (vgl. etwa VIII, 47ff.) als eine Beschreibung der Weise, „in der die Unendlichkeit in der Endlichkeit potentiell gegenwärtig ist" (ST I, 240f.). Das ontologische Argument zeigt nach T. an, daß der Mensch mit seiner Endlichkeit zugleich seiner Unendlichkeit gewahr wird, weil er im Bewußtsein seiner Grenze diese immer auch überstiegen hat. Diese Selbsttranszendenz, die das Dasein des Menschen elementar charakterisiert, identifiziert T. sowohl in theoretischen als auch in praktischen Selbstvollzügen. Erstere sieht er auf das *„verum ipsum,* das Wahre an sich als die Norm aller Annäherungen an die Wahrheit" gerichtet, letztere auf das *„bonum ipsum,* das Gute an sich, als die Norm aller Annäherungen an das Gute". Verum ipsum und bonum ipsum aber

sollen beide als „Manifestationen des *esse ipsum,* des Seins-Selbst als des Grundes und Abgrundes alles dessen, was ist" (ST I, 241), gelten.
Ist die Möglichkeit der Frage nach Gott durch die ontologischen Beweisformen aufgewiesen, insofern sie auf ein in der Daseinsverfassung des Menschen mitgesetztes latentes Gottesbewußtsein verweisen, so zeigen im Sinne T.s die kosmologischen und teleologischen Gottesbeweise die Notwendigkeit der Gottesfrage an. Indem die kosmologischen Beweisformen aus der Endlichkeit des Seienden auf ein unendliches Sein schließen, bringen sie das elementare menschliche Streben nach einer Basis für jenen Mut zum Sein zum Ausdruck, der die Angst vor dem Nichtsein, wie sie den kategorialen Strukturen der Endlichkeit (Zeit, Raum, Kausalität und Substanz) inhäriert, auf sich nehmen und zu überwinden vermag. Indem die teleologischen Beweisformen von endlichen Sinnzielen der Welt auf ein absolutes telos aller Wirklichkeit schließen, belegen sie Sehnsucht und Verlangen des Menschen, der Angst der Sinnlosigkeit nicht zu erliegen, wie sie die von ihrer Essenz entfremdete Existenz beherrscht. „Der teleologische Beweis formuliert die Frage nach dem Grund des Sinnes, wie der kosmologische Beweis die Frage nach dem Grund des Seins formuliert" (ST I, 244f.).
Gott als Inbegriff dessen, was uns unbedingt angeht, kann nach T. nur durch sich selbst erkannt werden. Gotteserkenntnis ist mithin ohne freie Selbsterschließung Gottes nicht denkbar. Indes betrifft die göttliche Offenbarung, wie sie in Jesus als dem Christus vollendet gegeben ist, den Menschen nicht äußerlich; sie läßt ihn vielmehr erst eigentlich zu sich kommen und bringt ihn zur Vernunft und zum rechten Verständnis seiner selbst, indem sie ihn durch die Zusage göttlicher Anerkennung des Menschen, wie sie im Gottmenschen manifest ist, von dem sündigen Zwange befreit, sich aus sich selbst heraus zu begründen. Wo dieser Zusage in gläubigem Realismus entsprochen wird, ist nach T. der Kairos angebrochen, die erfüllte Zeit theonomen Lebens, in welcher die Zwangsherrschaft der Heteronomie ebenso vergangen ist wie die Willkür und unmittelbare Selbstbehauptung abstrakter Autonomie. Unter neuzeitlichen Bedingungen hat T. so die ursprüngliche Einsicht der Reformation zu reformulieren versucht.

Literatur: P. Tillich: Gesammelte Werke, Bd. I–XIV, St 1959ff. (= I ff.); Ergänzungs- und Nachlaßbände zu den Ges. Werken, Bd. I–IV, St 1968ff.; Systematische Theologie (= ST), Bd. I–III, Ch 1951ff., St 1955ff. – G. Wenz, Subjekt und Sein. Die Entwicklung der Theologie Paul Tillichs, Mn 1979 (Lit.).

G. Wenz

Troeltsch

Ernst Troeltsch, * 1865 in Haunstetten bei Augsburg, † 1923 in Berlin. T. wurde 1894 Professor für systematische Theologie in Heidelberg, ab 1915 Professor für Religions-, Sozial- und Geschichtsphilosophie und christliche Religionsgeschichte in Berlin. T. galt als der Systematiker der „religionsgeschichtlichen Schule". Von der Fachtheologie nach dem Ersten Weltkrieg (z. B. →Barth, →Bultmann) wurde er als der Hauptvertreter des sogenannten „Kulturprotestantismus" kritisiert.

T. hatte ein „ursprüngliches Interesse" an einer „starken und zentralen religiösen Lebensposition"; er empfand im Lauf seines Lebens das eigentümlich Religiöse immer mehr als eine „autonome Macht des Lebens" (1924, 63f., 81). Er fühlte sich religiös und denkerisch in der konfessionsübergreifenden christlichen mystisch-spiritualistischen Tradition (z. B. →Eckhart, Dante, der „frühe" →Luther, Sebastian Franck, →Böhme, Lessing, →Leibniz, →Hegel, →Schleiermacher) beheimatet, die, obwohl von den offiziellen Kirchen häufig bekämpft, im Laufe der Neuzeit zum Zentrum der „heimlichen Religion der Gebildeten" (I, 931f.) und der ganzen modernen „Persönlichkeitskultur" geworden ist und „wahlverwandt" und „verschwistert" ist „mit der modernen wissenschaftlichen Bildung der autonomen Vernunft, sofern diese eine religiöse Wendung nimmt" (I, 961f.). „Die ganze moderne Religionsphilosophie geht in dieser Richtung" (I, 927), auch die neueren Ansätze wissenschaftlicher Theologie, „soweit sie mit dem modernen Geiste inneren Zusammenhang haben und zugleich religiöse Wärme und Lebendigkeit suchen" (I, 933f.).

T. empfindet stark die religiöse und geistige Krise seiner Zeit. Klar ist für ihn, daß nicht nur der sündige Hochmut des Menschen dafür die Ursache ist, wie in kirchlichen und „fachtheologischen" Kreisen vielfach vermutet wird. Diese Krise entspringt nach T. vielmehr aus dem Zusammenstoß des modernen historischen und naturwissenschaftlichen Denkens mit den vorwissenschaftlich fixierten und kirchlich dogmatisierten Inhalten der jüdisch-christlichen Überlieferung. Daher muß die Theologie, wenn sie dem wissenschaftlich geprägten und religiös suchenden Menschen eine Hilfe sein will, hinaus aus ihren „engen Mauern" auf „das freie Feld des allgemeinen wissenschaftlichen Denkens"; nur so kann die Zuversicht reifen, daß „bei aller Erweiterung des Lebens und Denkens die alten Fragen nach den höchsten und letzten Gütern des persönlichen Lebens ihre volle Bedeutung behalten haben" und daß die christliche Überlieferung „nach wie vor die an Kraft und Tiefe unübertroffene Antwort auf diese Fragen" bereithält. Theologie ist für T. „Orientierung im geistigen und religiösen Leben der Gegenwart, woraus eine Neugestaltung des religiösen Gedankens und seiner Institutionen notwendig irgendwann hervorgehen muß" (II, 326, 227).

Nach T. muß sich die Theologie eine religionsphilosophische Grundlegung geben. Diese muß ausschließlich mit allgemein bewährten und vernünftig diskutierbaren Methoden und Argumenten arbeiten. Sie muß, ausgehend von einer psychologischen und historischen Betrachtung der Religionsgeschichte, nach einer „geschichtsphilosophischen Würdigung des Christentums innerhalb der Religionsgeschichte" streben (1925, 1). In einer solchen Religionsphilosophie müssen auch zwei Fragen erörtert werden, die T. häufig unter dem Stichwort „Metaphysik der Religion" zusammenfaßt: 1. Wie geht der zunächst in unmittelbarer, intuitiver gläubiger Bejahung ergriffene (christliche) Gottesbegriff mit dem übrigen allgemein zugänglichen „Ganzen der Erkenntnis" zusammen (II, 490), und was trägt er in diesem Zusammenhang für Welterkennen und die konkrete persönliche und gesellschaftliche Lebenspraxis aus? 2. Da jeder überlieferte Gottesbegriff in der Begegnung mit dem „profanen" Wissen der jeweiligen Gegenwart unwillkürlich eine „Umgestaltung" erfährt, stellt sich die Frage, wie der Gottesbegriff der christlichen Überlieferung unter den Bedingungen des modernen wissenschaftlichen Denkens gedacht werden kann. T. sieht in diesen beiden Fragen die moderne Form des Themas, das in der philosophischen Tradition unter dem Stichwort „Gottesbeweise" erörtert wurde. Durch →Kants Kritik an der traditionellen Form der Gottesbeweise ist nach T. die ihnen zugrundeliegende Intention, Inhalte der überlieferten Religion mit dem Ganzen des gegenwärtigen Welterkennens zu einer Synthese zu verschmelzen, nicht erledigt.

T. sieht in seinen erkenntnis- bzw. wissenschaftstheoretischen, historischen, geschichts- und kulturphilosophischen Werken „Vorarbeiten" zu dieser Religionsphilosophie. Der Frage nach dem Wandel der christlichen Überlieferung unter den jeweiligen kulturellen und sozialen Bedingungen geht T. in „Die Soziallehren der christlichen Kirchen und Gruppen" (G.S. I) nach, seiner „Geschichte der christlich-kirchlichen Kultur" (IV, 11). Die Frage, wie Geltung und Wahrheit des Christentums aufgezeigt werden könne, erweiterte sich zur allgemein-geschichtsphilosophischen Frage, wie man überhaupt Normen aus der Geschichte schöpfen und dem Relativismus und Skeptizismus entgegensteuern könne („Der Historismus und seine Probleme", G.S. III). Bezüglich der Ausarbeitung eines modernen christlichen Gottesbegriffs deutet T. die Richtung an: Überwindung des in der Neuzeit aufgebrochenen Konflikts zwischen „Theismus" und „Pantheismus"; Zusammendenken von Überweltlichkeit und Innerweltlichkeit Gottes im Sinn der christlich-mystischen und der von ihr geprägten philosophischen Tradition.

Literatur: E. Troeltsch: Gesammelte Schriften, 4 Bde., T 1912–25 (Neudruck: Aalen); Die Absolutheit des Christentums und die Religionsgeschichte, T ^{3}1929 (Neuausgabe: Mn–H 1969); Der Historismus und seine Überwindung, B 1924 (Neudruck: Aalen); Glaubenslehre, Mn–L 1925 (Neudruck: Aalen 1981); E. Troeltsch-Bibliographie (hrsg. von F. W. Graf / H. Ruddies), T 1982. – W. Köhler, E. Troeltsch, T 1941; K. -E. Apfelbacher, Frömmigkeit und Wissenschaft. E. Troeltsch und sein theologisches Programm, Mn–Pa–W 1978; H. Renz / F. W. Graf (Hrsg.), Troeltsch-Studien. Untersuchungen zur Biographie und Werkgeschichte, Gü 1982; K. -E. Apfelbacher, E. Troeltsch, in: H. Fries / G. Kretschmar (Hrsg.), Klassiker der Theologie, Bd. 2, Mn 1983.

K.-E. Apfelbacher

U

Unamuno

Miguel de Unamuno y Jugo, * 1864 in Bilbao (Spanien), † 1936 in Salamanca, wo er 1901–24 und dann wieder (nach dem Exil in Frankreich) ab 1930 bis zu seinem Lebensende Rektor der Universität war.

Eine große innere Krise (1897) brachte ihn zur Auseinandersetzung mit dem Verhältnis zwischen Vernunft und Glaube, welche die Grundstimmung seines Lebens und Denkens prägt. Seine Schriften sind philologischer, philosophischer, dichterischer und kulturkritischer Art. Sein philosophischer Ansatz tritt in „Über das tragische Lebensgefühl" am deutlichsten hervor.

Eine heftige Reaktion gegen den von ihm früher vertretenen Rationalismus brachte U. in Konflikt mit den traditionellen Gottesbeweisen. Allerdings hatte er, obwohl einzelne Momente berücksichtigt werden, die eigentlichen Gottesbeweise der (→Aristoteles) aristotelisch-mittelalterlichen Metaphysik nicht vor Augen. U. setzte sich vielmehr mit dem Gottesbegriff des Deismus (Voltaire, Rousseau) und der frühen Neuscholastik (1900–15) auseinander, der ihm wie „etwas Abgestorbenes" vorkam. U. will neue Wege zu Gott gehen, die aber von all dem wegführen sollen, was die deistische und neuscholastische Auffassung je unter Gott verstand. Diese neuen Wege sind nicht in der Außenwelt, sondern in der inneren Struktur des Menschen zu finden, der durch Offenheit auf Wirklichkeit, auf Sein überhaupt hin bestimmt ist. „O Sein, immer Sein, Sein ohne je aufzuhören! Durst nach Sein, Durst nach mehr Sein! Immer zu sein, Gott zu sein" (GW I, 52). War der Gott des Deismus und der Neuscholastik für U. ein „logischer Gott", der „weder Liebe noch Haß kannte", also eine begriffliche Abstraktion, so ist der dem inneren Seinsdurst des Unsterblichkeitsstrebens entsprungene Gott ein „biotischer Gott", ein Gott, der nicht denk-, sondern lebensnotwendig ist. „Während der Äther eine bloße Hypothese zur Erklärung des Lichtes bleibt, ist im Gegensatz dazu die Luft ein Ding, das wir ganz unmittelbar empfinden. Auch wenn wir nicht mit seiner Hilfe uns den Fall und die Reibung erklären könnten, würden wir uns immer an die unmittelbare Empfindung halten, mindestens an die Empfindung des Mangels in Augenblicken des Erstickens, des Lufthungers, und auf die gleiche Art kann für uns Gott im Gegensatz zu der theoretischen Gottesidee zu einer unmittelbar empfundenen Wirklichkeit werden ..., vor allem in den Augenblicken eines seelischen Erstickens. Und dieses Gefühl – das ist wohl zu beachten, denn darauf beruht die ganze Tragik, das ganze ‚tragische Lebensgefühl' – ist immer ein Gefühl des Hungers nach Gott, des Gottmangels" (ebd., 215f.). Der Gottmangel ist weiter bei U. nicht einfach nur individuell konstatierbar, sondern etwas, das die gesamte Menschheit kennzeichnet. Dabei beruft er sich auf den ethnologischen Gottesbeweis und verbindet diesen wiederum mit der moralischen Argumentation →Kants (vgl. ebd., 212).

So stellt die Überlegung U.s eine bemerkenswerte Verbindung von anthropologischen und ethnologischen Argumenten dar, ohne das sittliche Moment des kantischen Gottesbeweises aufzunehmen. Die Einheit von Tugend und Glück, die von Kant als höchstes Gut gefordert wird, ist bei U. nicht zu finden. Er stimmt jedoch mit dem kategorischen Imperativ Kants in der Forderung überein, daß es einen Gott geben muß, damit der Unsterblichkeitsdrang des Menschen überhaupt zur Erfüllung kommen kann (vgl. ebd., 6).

Literatur: M. de Unamuno: Obras completas, 16 Bde. (hrsg. von M. García Blanco), Ma 1968; Gesammelte Werke, 6 Bde. (hrsg. von O. Buek), Mn 1925–28. – J. Ferrater Mora, Unamuno. Bosquejo de una filosofía, Buenos Aires 1943; F. Meyer, L'ontologie de M. de Unamuno, P 1955; R. García-Mateo, Dialektik als Polemik. Welt, Bewußtsein, Gott bei M. de Unamuno, Be-F 1978; R. Martínez, Die Vernunft-Herz-Problematik bei Unamuno. Ein Versuch der Rekonstruktion aus wissenschaftstheoretischer Sicht, Be–F 1982; E. Rivera de Ventosa, Unamuno y Dios, Ma 1985.

R. García-Mateo

W

Weil

Simone Weil, * 1909 in Paris, † 1943 in Ashford/Kent. Studium der Philosophie in Paris. 1931–39 Lehrtätigkeit an mehreren Lyzeen, Fabrikarbeit, syndikalistische Aktivität, politisch-sozialkritische Publikationen. Seit 1940 in Marseille, seit 1942 in New York und London. In der Zeit ihrer „Reife" (Vetö 1971, 15), 1939–43, entstehen zahlreiche religiös-philosophische (aber auch noch politische) Texte, die fast alle erst ab 1947 in den Verlagen Gallimard und Plon erscheinen. Eine Gesamtausgabe ist in Vorbereitung (bei Gallimard).

Einem liberal-jüdischen Milieu entstammend und besonders beeinflußt von Alain, blieb W., philosophisch, bewußt agnostisch (vgl. La Connaissance surnaturelle, P 1950, 305). Nach religiös-mystischen Erfahrungen in den Jahren 1935, 1937 und 1938 reflektiert und meditiert sie schier unablässig über „Gott" und seine Beziehung zur Welt und den Menschen. Sie ist also nicht lediglich „Mystikerin", sondern denkt unter Voraussetzung ihrer Erfahrungen selbständig, kritisch und kühn. Jede Interpretation hat zu beachten, daß dieses „Denken" Fragment blieb, sich wandelnde Akzentuierungen aufweist und folglich nicht systematisiert werden sollte.

Ihr Denken über „Gott", in das sie nicht nur die christlich-theologische, sondern auch die griechische, hinduistische, taoistische Überlieferung u. a. einbezieht, thematisiert nicht die „Existenz Gottes", sondern seine „Abwesenheit". „Gott" hat sich zurückgenommen, verborgen, entzogen, damit Welt als solche überhaupt sein kann. Diese Auffassung findet sich auch bei dem Kabbalisten I. Luria (1534–72) (vgl. Vetö 1971, 20, mit Berufung auf G. Scholem); ob W. diese jüdische Tradition gekannt hat, scheint negativ beantwortet werden zu müssen. Ihr Gedanke von der „abdication", dem Verzicht Gottes als eines paradoxen Erweises seiner Liebe zur Welt als seiner Schöpfung (vgl. ^{2}1979, 233 f.), ist mit einer scharfen Ablehnung des alttestamentlich-jüdischen Gottes verbunden, den sie als einen Gott der (politischen) Macht und Gewalt mit dem Vater Jesu als dem Gott der Liebe nicht zu identifizieren vermag (vgl. besonders ihren Brief an D. Roché vom

23.1.1941, in: Pensée sans ordre concernant l'amour de Dieu, P 1962, 66). Daß sich in ihrer Deutung und Ablehnung des alttestamentlichen Gottes gleichwohl jüdische Tradition ausdrückt, kann nicht ausgeschlossen werden (vgl. W. Rabi, in: Kahn 1978, 141–154).

Beachtung verdient, daß W. die religiös-theologische Problematik der Sprache vertraut war; sie unterscheidet z.B. zwischen der Sprache des Marktes und der des Brautgemachs (vgl. [2]1979, 116). Zu ihrem Sprechen und Denken von „Gott" gehört zudem eine Weite, die sie (bisweilen recht gewagte) Analogien bzw. Korrespondenzen zwischen den verschiedenen Religionen und Traditionen annehmen oder herstellen ließ. Sie vertritt einen menschheitlich-religiösen Universalismus (die Kirche „de jure"), der für sie in der christlichen Metaphorik seine geschichtlich bedeutsamste und hellste Gestalt gefunden zu haben scheint; in dieser Perspektive ist „Gott" – als „unpersönliche Person", welche „liebt ..., wie ein Smaragd grün ist" ([2]1979, 235) – letztlich das Gute im Sinne →Platons ([2]1979, 242, 257), das außerhalb der Zeit bleibt ([2]1979, 239, 241) und von dem (religiös) die „abdication" ausgesagt werden muß, deren Realzeichen für W. der Tod Jesu am Kreuz ist.

Die Auslegung der Abwesenheit Gottes als die Weise seines Anwesendseins ([2]1979, 208) erscheint angesichts der modernen agnostischen Grundhaltung und im Zusammenhang mit dem von W. deutlich empfundenen Theodizeeproblem ([2]1979, 211f.) als existentiell (und theologisch) bedeutsam, auch wenn diese Ansicht „philosophisch-argumentativ" nicht ausweisbar ist; die Vorstellung der Abwesenheit Gottes kann als der (unserer Zeit) angemessenere Anthropomorphismus oder Mythos aufgefaßt werden und eine nicht geringe Faszination ausüben.

Literatur: S. Weil: Dieu dans Platon (1941?), in: dies., La Source grecque, P 1953, 77–136; Lettre à un religieux (1942), P 1951; Zeugnis für das Gute. Traktate – Briefe – Aufzeichnungen, Ol–Fr [2]1979; vgl. im einzelnen das Verzeichnis der Schriften Weils bei Vetö 1971, 153–163, und der deutschen Ausgaben bei Schlette/Devaux 1985, 301f. – M. Vetö, La Métaphysique religieuse de S. Weil, P 1971; S. Pétrement, La Vie de S. Weil, 2 Bde., P 1973; G. Kahn (Hrsg), S. Weil. Philosophie, historienne et mystique, P 1978; M. Wicki-Vogt, S. Weil. Eine Logik des Absurden, Be 1983; H. R. Schlette / A.-A. Devaux (Hrsg.), S. Weil: Philosophie – Religion – Politik, F 1985 (Lit.).

H. R. Schlette

Weischedel

Wilhelm Weischedel, * 1905 in Frankfurt/M., † 1975 in Berlin, Professor für Philosophie in Tübingen 1945–53 und in Berlin 1953–70.

Anregungen zu seiner modernen Spielart eines „skeptischen Denkens" (1976, besonders 10–20) hat W. aus der Existenzdialektik →Kierkegaards, der Dialektischen Theologie und besonders dem Denken →Heideggers gewonnen (1975, 316–323). Er ist mit Arbeiten zur Ethik, Ästhetik und Geschichte der Philosophie hervorgetreten. Sein besonderes Interesse galt der philosophischen Theologie. Die folgende Darstellung muß sich auf eine Skizze seines zentralen Argumentationsganges beschränken (vgl. 1971–72 I, 1–21 und II, 153–257; Salaquarda 1979, 86–95).

Philosophie ist für W. „radikales Fragen" im Doppelsinn des Wortes ‚radikal': eine Suche nach den ersten Gründen und Ursachen von allem, die in unaufhörlichem Weiterfragen alle einmal gefundenen Antworten wieder auflöst (I, § 5). Es ist die Aufgabe des Philosophierenden, beiden Komponenten gleichermaßen gerecht zu werden. Weder darf er das Fragen willkürlich abbrechen (das hieße dogmatisch werden), noch in scheinbarer Bescheidung die Intention auf ein erstes Gründendes preisgeben (das hieße vor dem Nihilismus kapitulieren). Sich daran zu binden bezeichnet W. als den „philosophischen Grundentschluß" (II, § 122) – eine zwar freie, aber keine willkürliche Entscheidung, insofern der Denker damit auf eine vorgängige „Erfahrung radikaler Fraglichkeit" reagiert (II, §§ 123–127). Diese „heutige philosophische Grunderfahrung" läßt *alles* als fraglich und läßt es *von Grund aus* als fraglich erscheinen, sowohl hinsichtlich des Seins als auch hinsichtlich des Sinnes. Dadurch gerät alles Wirkliche in die Schwebe zwischen Sein und Nichts bzw. zwischen Sinnhaftigkeit und Sinnlosigkeit. Wirklich im eminenten Sinne ist weder das Sein noch das Nichts, sondern die Fraglichkeit. Seinem Doppelwesen als „radikalem Fragen" entsprechend darf das Philosphieren hier nicht stehenbleiben, sondern muß auch die ihm als eigentliche Wirklichkeit begegnende Fraglichkeit noch auf die Bedingung ihrer Möglichkeit hin befragen. Sie wird ihm dabei durchscheinend und läßt ein Geschehen aufleuchten, das auf sie verweist und sie ständig in ihrem Wirklichkeitscharakter in Kraft setzt. Dieses, wie W. zumeist formuliert, „Vonwoher der Fraglichkeit" (II, §§ 128–131) ist

seiner Meinung nach „der einzige Begriff, der in der Situation des offenen Nihilismus ... noch verwendet werden kann, wenn von Gott geredet werden soll“ (II, 217).
W.s philosophische Theologie beeindruckt durch die in ihr spürbare mystische Frömmigkeit und wirkt überzeugend, insofern sie die relativistischen Tendenzen des zeitgenössischen Denkens und Lebensgefühls ernst nimmt. Weil W. ferner nicht das Nichtsein oder die Sinnlosigkeit, sondern die Fraglichkeit von allem behauptet, genügt ihm zur Entkräftung von Einwänden der Nachweis, daß sie von Voraussetzungen Gebrauch machen, die fraglich bleiben (vgl. 1965 und: Von der Fragwürdigkeit einer Philosophischen Theologie, in: Salaquarda 1971, 160ff.). Letztlich steht und fällt W.s Argumentation m.E. mit seinem von →Aristoteles übernommenen Begriff von Philosophie als einer auf die ersten Gründe und Ursachen zielenden Frage (1971–72, I, § 4). – Läßt sich das „Vonwoher der Fraglichkeit“ auch als die je geschichtlich-kontingente Ermöglichungsbedingung der als fraglich erfahrenen Wirklichkeit verstehen (W. Müller-Lauter, in: Salaquarda 1971, 108ff.)? Dann ließe es sich freilich nicht als eine oder gar als die einzig zeitgemäße Gestalt Gottes auffassen.

Literatur: W. Weischedel: (mit H. Gollwitzer) Denken und Glauben. Ein Streitgespräch, St 1965; Der Gott der Philosophen, 2 Bde., Da 1971–72, [2]1973; Weischedel, in: L. Pongratz (Hrsg.), Philosophie in Selbstdarstellungen, Bd. 2, H 1975, 316–341; Die Frage nach Gott im skeptischen Denken. Hrsg. von W. Müller-Lauter, B 1976. – J. Salaquarda (Hrsg.), Philosophische Theologie im Schatten des Nihilismus, B 1971; A. Schwan (Hrsg.), Denken im Schatten des Nihilismus. Festschrift zum 70. Geburtstag, Da 1975 (Bibliographie Weischedels von G. Schwan, 517–525); J. Salaquarda, Die philosophische Theologie Weischedels, in: S. Moser / E. Pilick (Hrsg.), Gottesbilder heute, Königstein/Ts. 1979, 85–100.

J. Salaquarda

Welte

Bernhard Welte, * 1906 in Meßkirch, † 1983 in Freiburg. Der länger in Pfarrei und Ordinariat tätige Priester wandte sich nach seiner theologischen Promotion (1938) um des Glaubens willen der Philosophie zu und war „Brückenbauer“ zwischen modernem Denken und Theologie (vgl. 1949). Ersteres führte er immer wieder an seine Grenzen und damit über sie hinaus in die Dimension der Transzendenz und letztere durch Rückbezug auf die Wirklichkeit des menschlichen Lebensvollzugs aus ihrer defensiven Bastion heraus.

Die herkömmlichen Gottesbeweise haben für W. zwar nicht an logischer Stringenz, wohl aber an Überzeugungskraft verloren. Da nach ihm die Rede vom Heiligen mit Sinn aus Erfahrung zu füllen ist, die man machen oder aus dem Erfahrungsbereich von anderen rekonstruieren kann (1976, 197), legt er in seinen Re-Interpretationen der Gottesbeweise des →Thomas von Aquin als deren unausgesprochene phänomenologische Grundlage den Lebensvollzug des Menschen frei (vgl. 1949, 132ff.; 1965, 315ff.; 1968) und weist auf, daß zum Erkennen Gottes (Noema) auch eine ihm gemäße Einstellung des Subjekts (Noesis) gehört.
Vor allem aber will er zeigen, daß es auch in der heutigen – an der Oberfläche zunächst gottfern erscheinenden – Zeit vielfache Spuren und Signale der Transzendenz gibt. In vielen phänomenologischen Beschreibungen – von der Zahl über das menschliche Miteinander bis hin zum (Fußball-)Spiel (1982[b], 96), führt er den, der bereit ist, mitzugehen, immer wieder an die Grenze der Immanenz und damit über diese hinaus.
Ein besonderer „Ort" der zumeist verborgenen Gegenwart des Heiligen im menschlichen Lebensvollzug ist für W. der Tod und die damit verbundene Erfahrung des Nichts. „Wohin sind die Toten gegangen? Ins Schweigen, ins Nichts? Dieses Nichts wartet auf jeden. Niemand kann ihm entgehen. Und es gibt niemanden zurück, niemals" (1982[b], 49). Läßt der heute so sehr auf sein eigenes Denken und Können stolze Mensch zudem die Frage zu: „Warum ist überhaupt etwas und nicht nichts?", so wird ihm deutlich: Diese mit Nichts bezeichnete und oft verdrängte Wirklichkeit, in der rational nichts zu erfassen und willentlich nichts zu verfügen ist, umgibt ja das Ganze meines Lebens. W. verweist somit auf jenen Zug der Wirklichkeit, der jeden Menschen mehr als alles andere persönlich und unbedingt betrifft und in diesem Sinne erfahrbar ist. Zugleich wird das in der Neuzeit vorherrschende theoretische, sachlich distanzierte Denken aufgegeben, und der Mensch löst sich aus seiner Fixierung auf das rational Wißbare und technisch Machbare, welche den Zugang zur Transzendenz versperrt. Diese ungegenständliche und überbegriffliche Dimension der Transzendenz wird nicht vom Menschen denkerisch konstruiert, vielmehr wird er von ihr und mit ihr konfrontiert. Freilich steht dabei nicht von vornherein fest, wie dieses Nichts zu deuten ist. Handelt es sich um ein nichtiges Nichts – wie der Sprachgebrauch nahe-

legt – oder um eine absolute Verbergung im Sinne von: Hier sehe ich nichts? Auf dieser Ebene der Wirklichkeit, wo das Subjekt mit seinem Leben in das Denken einbezogen ist, nimmt der Mensch zugleich wahr, daß dem Nichts des Todes die Sinnvoraussetzung entgegensteht, die für alle *realen* Lebensvollzüge Bedingung ihrer Möglichkeit ist. Hier ist der Mensch zur personalen Entscheidung über sein gesamtes Leben gerufen: Ist das Nichts nichtig und damit alles sinnlos, die Unterscheidung zwischen Gut und Böse hinfällig und das Leben zum Verzweifeln oder ist das Nichts die Gestalt dessen, der „allem Sinn wahrt" und Grund gibt? Für diese positive Entscheidung gibt es zwar vernünftige, aber nicht zwingende Gründe.

Mit diesem Gedankengang wahrt W. in der Gottesfrage die Verborgenheit des „göttlichen Gottes" ebenso wie die Freiheit und ethische Dimension des Gottesglaubens, ohne ins Irrationale abzugleiten. Gotteserkenntnis ist hier für den Menschen, der sich auf diesem Denkweg seiner eigenen Nichtigkeit bewußt wird, immer zugleich ein Glaubensakt im Sinne des Sich-Verlassens auf Gott (1978, 172; vgl. 1982[a]). Die Frage des Leidens (Nichts) ist genauso wenig ausgeklammert wie der Dialog mit dem Atheismus (vgl. 1980[b]). Vor allem aber wird deutlich, daß im Grunde der Mensch sein Leben in der Grundentscheidung zwischen Verzweiflung und Glauben vollzieht (vgl. 1967; eine gute Hinführung zu W.). Ansatzpunkt für die Gottesfrage ist der Selbstvollzug des Menschen, der sich in seinem auf andere(s) gerichteten Verhalten zugleich immer auch zu sich selbst und darin zu der Transzendenz verhält (1979, 172; →Kierkegaard; →Jaspers). W. will mit diesem Gedankengang das oft in sich verschlossene Subjekt öffnen und hinführen, in gemäßer Weise auf das geschichtliche Sich-selber-zeigen der vom Menschen aus unverfügbaren Transzendenz zu hoffen und zu schauen.

Ob nach dem (theologischen) Ereignis unüberbietbarer göttlicher Selbstoffenbarung an diesem (auch) kategorialen Geschehen vorbei bzw. hindurch der Mensch dem göttlicheren Gott entgegenzudenken hat (so 1979), bedarf ebenso des Disputs wie die damit zusammenhängende Frage, ob die (ontologische) Differenz zwischen dem Seienden und der Transzendenz so pointiert durchzuführen ist, wie es W. unter dem Einfluß von Jaspers und seinem Landsmann →Heidegger unternimmt.

Literatur: B. Welte: Der philosophische Glaube bei K. Jaspers und die Möglichkeit seiner Deutung durch die thomistische Philosophie, Fr 1949; Auf der Spur des Ewigen, Fr 1965; Heilsverständnis, Fr 1966; Im Spielfeld von Endlichkeit und Unendlichkeit, F 1967; El pensamiento filosófico actual frente a las „quinque viae" de Santo Tomás de Aquino, in: Teología (Buenos Aires) 6 (1968) 75–122; Zeit und Geheimnis, Fr 1975; Atheismus oder verborgene Religiosität, in: HK 30 (1976) 192–200; Religionsphilosophie, Fr 1978; Meister Eckhart, Fr 1979; Das Licht des Nichts, D 1980[a]; Gespräch mit einem Atheisten, in: Lebendige Seelsorge 31 (1980[b]) 243–245; Was ist Glauben, Fr 1982[a]; Zwischen Zeit und Ewigkeit, Fr 1982[b]. – J. Figl, Atheismus als theologisches Problem, Mz 1977; S. Kušar, Dem göttlichen Gott entgegendenken, Fr 1986 (Lit.).

H. Lenz

Whitehead

Alfred North Whitehead, * 1861 in Ramsgate (Kent, England), † 1947 in Cambridge (Mass., USA). Lehrte Mathematik in Cambridge und London 1884–1924, Philosophie in Harvard 1924–37. – W. stammt aus einem anglikanischen Pfarrhaus, unter dem Einfluß →Newmans befaßt er sich mit dem Katholizismus; nach längerer Beschäftigung mit Theologie nimmt er Abstand von der Religion; der agnostische Lebensabschnitt endet im Ersten Weltkrieg. Sein naturwissenschaftlich-philosophisches Denken weitet sich zu einem umfassenden metaphysischen System, dem kein Zug der Realität und nichts, was wir erfahren und tun, fremd bleiben soll. So gewinnt auch religiöse Erfahrung entscheidende Bedeutung. Wie W. hierbei die verschiedenartigen Erfahrungen und Einsichten der Weltreligionen verbindet, so entsteht sein durchaus eigenständiges Philosophieren aus der Ineinsbildung gegensätzlicher Positionen und Traditionen: der neuzeitlichen Naturwissenschaft und der Philosophie von →Descartes bis zum Idealismus und Positivismus, der modernen Physik, Biologie und Mathematik, der Philosophie →Platons und →Aristoteles' und der Religions- und Kulturgeschichte. Dieses Bildungsgesetz seines Denkens ist bereits Ausdruck und Beispiel seiner Theorie der Wirklichkeit: einzelnes und komplexes Seiendes entsteht und bildet sich zu seiner individuellen Gestalt, indem es Seiendes, das im Prozeß des Universums schon vollendet ist, erlebt, seine Bestimmungen auffaßt, beurteilt, auswählt und sich aneignet. Je weniger Züge es aus seiner Selbstwerdung ausschließt, je mehr Gegensätze es in sich als einander ergänzende Kontraste vereinigen kann, um so reicher wird es, um so tiefer sein Erleben und um so bedeutungsvoller kann es sein für anderes Neues nach ihm.

Wirkliches Seiendes ist einzelnes Bestimmtes. Der Prozeß, in dem es sich verwirklicht aus anderem und für anderes, ist bewegt vom metaphysischen Prinzip der Kreativität, dem „schöpferischen Fortgang ins Neue“. Daß dieser Fortgang sich vollzieht, daß Bestimmtes werden kann, wird ermöglicht von einem wirklich Seienden, das jenes Prinzip in besonderer Weise realisiert: von Gott. Wirkliches Seiendes entsteht, indem es anderes schon Vollendetes erlebt. Erleben ist der aktive Vollzug des eigenen Werdens. Jede einzelne Selbstwerdung ist eine Epoche im Prozeß. Mit seiner Vollendung ist das Wirkliche vergangen und wird zu einem Teil der objektiven Welt für neues Werden. Bloßes Erleben reicht aber nicht hin, daß das Werdende schon Gewordenes sich aneignen kann. Erleben schließt zugleich ein Bestimmen des Erlebten in sich, nur so kann das Vergangene objektiver Gehalt des Neuen werden. Seiendes ist polar strukturiert; zum „physischen Pol“ des Erlebens tritt der „geistige Pol“ begrifflichen Erfassens. Indem der Erlebende konkretes Einzelnes auffaßt und bestimmt, wird es über seine Vereinzelung hinaus begriffen gemäß der zeitlosen Seinsform, die es realisiert hat. Der Erlebende objektiviert seine Erlebnisse. So weit er die ewigen Seinsformen erfaßt, so weit begreift er das Erlebte. So wie er offen ist für das Vergangene, so ist er offen für die zeitlosen Formen möglichen Seins, um an ihnen das Erlebte zu seinem objektiven Gehalt zu bestimmen. Das Vergangene gibt dem Werdenden den Spielraum seiner möglichen Gehalte vor und ist so in ihm gegenwärtig.

Wie aber bildet Werdendes sich dann zu einer *neuen* Individualität? Es erfaßt in seinem mentalen Pol nicht nur die Seinsformen der Vorwelt, sondern auch ein jetzt wirklich Mögliches: seine eigene Möglichkeit zu sein. Auf dieses „subjektive Ziel“ seines Werdens hin wird jedes physische Erleben, jedes begriffliche Erfassen, jede Aneignung vollzogen, beurteilt und mit anderen geordnet und vereint. Es faßt positiv auf, was dem Werden auf sein Inbild hin entspricht, unvereinbare Gegensätze weist es ab. Das Seiende konzentriert perspektivisch auf sein Ziel hin die bisherige Welt. Wohl bringt es in den vielen Akten seines Erlebens sich hervor, aber seine eigene Möglichkeit zu sein, das Inbild seines Werdens, kann es nicht hervorbringen, noch die Seinsformen erzeugen, die im Gewordenen realisiert sind. Die Seinsformen, „die Unendlichkeit möglicher Verwirklichung“, müssen bereitstehen, sonst kann es kein Werden geben. Sie müssen aber auch je und je zu einer bestimmten Möglichkeit komponiert werden, zu dem Neuen, das jetzt wirklich werden kann.

Das Werdende verfügt nicht über die Totalität dessen, was sein kann, es setzt sie voraus. Diese Totalität ist Gott. Ist Gott somit die Voraussetzung für alles Werden, dann ist er voraussetzungslos und ungeworden: „uranfängliche Natur". In seiner „vollkommenen Schau der ewigen Gegenstände" hält er, was werden kann, zeitlos bereit für je neue zeitliche Realisierung. Gottes uranfängliche Natur wird polar ergänzt durch seine „Folgenatur". Zum begrifflichen Erfassen des „absoluten Reichtums der Möglichkeit" tritt das Erleben des Werdeprozesses. Gott wird wirklich, was der Prozeß fortgehend verwirklicht aus der Fülle seiner uranfänglichen Natur. Gott erfaßt jedes wirklich Seiende und seine Konzentration der Welt und eignet sie sich an. Sein subjektives Ziel ist die *Intensivierung* des Erlebens im schöpferischen Fortgang zu Neuem, zu Individuen, die eine Fülle von Seinsmöglichkeiten verwirklichen und die Gegensätze der wirklichen Welt zu einander ergänzenden Kontrasten ordnen können. Ihnen folgend, wird er fortgehend wirklich, was er uranfänglich ist. Diese Vervollständigung seiner Natur wirkt zurück in den Prozeß: in der *Einheit seiner Naturen* vereint er die realisierte, objektivierte Welt mit der Totalität der Möglichkeit und komponiert das jetzt relevante „subjektive Ziel", das den Prozeß weitertreibt. Gott ist „verwoben" in jedes Werden. Er „lockt" und „überredet" zur intensiven Verwirklichung des neuen Ziels, aber er zwingt es nicht auf. In den tätigen Selbstvollzug des Seienden kann er nicht eingreifen. „Jedes zeitlich Seiende nimmt von Gott sein Ziel ... aber mit Unbestimmtheitsstellen, die es entscheiden und konkretisieren muß." Entscheidung und Konkretisierung implizieren verschiedene Intensität der Realisierung, ja schuldhafte Verfehlung des Ziels. Die Vorwelt wird unter Umständen nur flüchtig angeeignet und vergeht scheinbar bedeutungslos in einer banalen Nachwelt. Ferner schließt die Realisierung einer Möglichkeit andere mögliche aus. Führt die Verwirklichung möglichen Seins im Prozeß nicht in diffuses Auseinander und Verlust?

Gott aber hebt in seiner Folgenatur jedes wirklich Seiende und seine Konzentration der Welt auf in sein „immerwährendes Leben". Dort bestehen die vielen Individuen auf einmal zusammen, ohne Verlust ihrer Identität und ohne Ausschluß unvereinbarer Gegensätze. Sie vervollständigen Gottes Werden durch ihre vielen endlichen Verwirklichungen und werden selber vervollständigt durch ihre Vereinigung. Die Vergangenen sind unvergängliche Momente in der Erfüllung Gottes und in der „Vorsehung“ neuen intensiven Erlebens. Das ist ihre Unsterblichkeit. Indem Gott die Welt in sich aufhebt, beurteilt er sie nach Maßgabe seines subjektiven Ziels und rettet sie so vor diffusem Auseinander, vor banaler Wiederholung, vor dem Verlust intensiver Individualität. Jede individuelle Bestimmtheit bewahrt er; schuldhafte Verfehlung des eigenen Ziels und das zerstörerische Böse „weist er als triviale, bloße Einzeltatsache ab“, das Gute, zu dem sie trotzdem führten, rettet er. „Gott rettet die Welt, indem sie in die Unmittelbarkeit seines Lebens übergeht. Sein Urteil ist von einer Zartheit, die nichts verliert, was gerettet werden kann, und von einer Weisheit, die alles, was in der zeitlichen Welt bloßer Schutt ist, gebraucht.“ Ihren Mangel an Sein leidet er mit, und er hebt ihn auf in seinem „geduldigen“ Werden: das ist die Liebe Gottes für die Welt. – In kaum einem Denkgebäude unseres Jahrhunderts spielt der Gottesbegriff eine ähnlich bedeutende systematische Rolle. Die Realitätsfülle von W.s Denken konnte in der Skizze seines Gottesbegriffs nicht angedeutet werden. Die Wirkung W.s in Philosophie, Pädagogik, Theologie (Prozeßtheologie: Hartshorne) und Wissenschaftstheorie ist bedeutend und noch im Wachsen.

Literatur: A. N. Whitehead: Science and the Modern World, NY 1926 (deutsch: Wissenschaft und Moderne Welt, F 1984); Religion in the Making, C 1926; Process and Reality, NY 1929 (corrected ed. NY 1978; deutsch: Prozeß und Realität, F 1979); Adventures of Ideas, C 1933 (deutsch: Abenteuer der Ideen, F 1971); Essays in Science and Philosophy, NY 1947. – Die Vierteljahresschrift „Process Studies“, Claremont (USA) 1971 ff.; H. Holz / E. Wolf-Gazo (Hrsg.), Whitehead und der Prozeßbegriff, Fr–Mn 1984; I. Leclerc, Whitehead's Philosophy between Rationalism and Empiricism, Lv 1984; F. Rapp / R. Wiehl (Hrsg.), Whiteheads Metaphysik der Kreativität. Internationales Whitehead-Symposium Bad Homburg 1983, Fr–Mn 1986.

F. A. Uehlein

Wilhelm von Ockham

Wilhelm von Ockham, * um 1285, † 1347 in München. Studierte und lehrte in Oxford. „Venerabilis inceptor“ (ehrenwerter Kandidat) genannt, weil er nie Magister regens (Lehrstuhlinhaber) der Theologie war. Mußte 1324 auf Betreiben Lutterells nach Avignon gehen, um sich vor dem Papst wegen seiner Lehren zu verantworten. 1328 Flucht zu Ludwig von Bayern, Aufenthalt in München bis zu seinem Tod. W. ist bemerkenswert durch seine rigorose Handhabung des aristotelischen Prinzips „frustra fit per plura, quod potest fieri per pauciora“ (Es ist überflüssig, mit mehr Annahmen zu erklären, was sich mit weniger erklären läßt; →Aristoteles, Phys. 188a 17–8; Top. 162a 24–5), das er aus einem methodischen Prinzip zu einem ontologischen machte. Zusammen mit der Suppositionslehre entstand daraus sein Nominalismus. Für diese Lehre und für die mit →Duns Scotus geteilte Auffassung der Univozität des Seinsbegriffs aus logischen Gründen ist W. bekannt geworden. Darauf und auf die in München entstandenen kirchenpolitischen Schriften gründet sich seine Bedeutung. W.s spezielle Fähigkeiten zeigen sich im Kommentieren von Texten zur Logik, Sprachphilosophie und Naturphilosophie.

Die Grundform des Arguments für die Existenz eines göttlichen Wesens oder ersten Seienden ist Ende des 13. und Anfang des 14. Jahrhunderts längst ziemlich stabil. In den meisten Fällen wird das Problem auf drei Wegen angegangen: Es wird gezeigt, daß es ein Erstes bei den hervorbringenden Ursachen, ein erstes Ziel und ein Erstes der Vorzüglichkeit (eminentia) nach gibt. Die Struktur der Argumente ist ganz ähnlich, so daß viele wie W. sich hauptsächlich auf den Fall der hervorbringenden Ursachen stützen. W. übernimmt das Argument aus Duns Scotus (Ord. 1, d. 2, p. 1, qq. 1–2, ed. Vat. 2, 151 f.). Es besagt, daß es einiges gibt, das von anderem hervorgebracht werden kann. Das Hervorbringende kann wieder etwas sein, das hervorgebracht werden kann usw. Dabei muß man zu einem schlechthin Ersten kommen, da ein Fortschreiten ins Unendliche ausgeschlossen ist (II, 338). Der Ausgangspunkt dieser Art von Beweis ist die einfache Beobachtung, daß irgend etwas, ein Ding, ein Zustand oder dergleichen hervorgebracht werden kann. Die zweite Feststellung besagt, daß die Beziehung des Hervorbringens transitiv sein kann. Der eigentliche Beweisgrund liegt in der Unmöglichkeit des Fortschreitens ins Unendliche. Spätestens seit Duns Scotus wird deutlich empfunden, daß in diesem Beweisgrund die Schwierigkeit für die ganze Argumentation liegt. Deshalb wird gewöhnlich die Unterscheidung zwischen wesentlich und zufällig zusammenhängenden Ursachen eingeführt. Wesentlich zusammenhängende Ursachen müssen gleichzeitig bestehen, um ihre Wirkung hervorzubringen, während dies bei den anderen nicht erforderlich ist (II, 339; Duns Scotus, ed. Vat. 2, 155). Wollte man bei Ursachen, die gleichzeitig zusammenwirken müssen, einen Fortgang ins Unendliche annehmen, so nähme man die Existenz eines aktual Unendlichen an. Beweisgrund für die Existenz Gottes ist somit die Unmöglichkeit der Existenz des aktual Unendlichen. In diesem Sinn hält W. die Beweisführung des Duns Scotus für ausreichend vernünftig und im Einklang mit den Philosophen (II, 354). Um die problematische Unterscheidung der Ursachen zu umgehen, schlägt er aber eine eigene Version des Arguments vor. Er geht davon aus, daß etwas, das hervorgebracht wird, auch erhalten wird, solange es wirklich besteht. Es ist nun sicher, daß einiges Hervorgebrachte wirklich besteht und somit erhalten wird, solange es bestehenbleibt. Dasjenige, was das so Bestehende erhält, kann seinerseits von etwas erhalten werden. In einer solchen Reihe muß es einen Anfang geben, da das, was etwas anderes erhält, bestehen muß, solange jenes besteht, das Bestehen von etwas aktual Unendlichem aber ausgeschlossen ist (II, 355f.). Dadurch kommt der eigentliche Beweisgrund, die Unmöglichkeit der Existenz des aktual Unendlichen, klarer zur Geltung. Der Gottesbeweis aus der Erhaltung (conservatio) gilt als W.s eigenständige Leistung. Der Gedanke der Abhängigkeit alles Geschaffenen in der Erhaltung durch Gott spielt wohl auch eine Rolle in W.s Lehre von Gottes Macht. Gott ist in seiner Schöpfermacht an nichts anderes gebunden als an seinen eigenen Entschluß. Aufgrund seiner völlig unabhängigen Macht (potentia absoluta) hätte er jeden beliebigen Gang der Welt schaffen können. Hat er sich aber einmal zu einer bestimmten Schöpfung entschlossen, so schafft er aufgrund seiner Vernunft in geordneter Weise (potentia ordinata). Die Auffassung, W. habe einen Willkürgott vertreten, verkennt W.s Anliegen völlig. Allerdings kommt bei W. besonders deutlich die mittelalterliche Betonung der Allmacht Gottes zum Ausdruck.

W. ist gegenüber der Beweisbarkeit von Glaubensaussagen noch skeptischer als Duns Scotus. Auch wenn er ihre tatsächliche Wahrheit vertritt, bestreitet er oft die Beweisbarkeit dieser Wahrheit. So ist für W. die als Tatsache feststehende Einzigkeit Gottes nicht streng beweisbar (II, 356f.). Das liegt an einer Verschärfung des Beweisbegriffs und an W.s Stellung in der Universalienfrage, die es ihm nicht gestattet, von der Sprachebene ohne größere Bedenken auf die Wirklichkeitsebene überzugehen. Seine Beweisannahme, daß etwas, das besteht, eine erhaltende Ursache braucht, ist mittelalterlichem Denken geläufig, im Zusammenhang gegenwärtiger Wissenschaft aber keineswegs allgemein geteilte Auffassung. Ein erster Zweifel an dieser Annahme mag schon Anlaß für W.s eigene Zurückhaltung gewesen sein.

Literatur: Guillelmus de Ockham: Opera Philosophica et Theologica (ed. var.), St. Bonaventure, NY 1974ff. – E. Hochstetter, Studien zur Metaphysik und Erkenntnislehre Wilhelms von Ockham, B 1927; L. Baudry, Guillaume d'Occam. Sa vie, ses œuvres, ses idées sociales et politiques. T. 1: L'homme et les œuvres, P 1950; K. Bannach, Die Lehre von der doppelten Macht Gottes bei Wilhelm von Ockham, Wie 1975; G. Leff, William of Ockham, Manchester 1975.

H. Kraml

Wittgenstein

Ludwig Wittgenstein, * 1889 in Wien, † 1951 in Cambridge, entstammt einer getauften jüdischen Familie. Durch das Studium bei B. Russell mit sprachanalytischen Problemen konfrontiert, entwickelte er in seinem „Tractatus logico-philosophicus" (1921) das Modell einer Sprachkritik, in dem der Philosophie die Aufgabe zufiel, das „Sagbare" vom „Mystischen" zu trennen. Im Ersten Weltkrieg wurde er von L. Tolstois „Kurzer Darlegung des Evangeliums" beeinflußt und dachte vorübergehend daran, Priester zu werden. Nach mehreren Jahren der Volksschullehrertätigkeit kehrte er 1929 nach England zurück und modifizierte seine Sprachkritik in Richtung auf eine pragmatischere Beschreibung sprachlicher Vorgänge. Sein Spätwerk „Philosophische Untersuchungen" erschien posthum.

Sprachkritik und Mystik

In W.s Werk fließen positivistische und mystische Intentionen zusammen. In Wien wurde er früh mit kritischen Bestrebungen vertraut, die sachliche und präzise Ausdrucksformen in Sprache, Dichtung und Kunst forderten (F. Mauthner, K. Kraus, A. Loos). Seine Überlegungen, die er aphorismenartig in Form eines Tagebuches niederschrieb und immer wieder überarbeitete, stellen einen Versuch dar, das Sagbare in einer normierten Sprache abzugrenzen. Gerade in bezug auf die Gottesfrage ist es wichtig, W.s Arbeitsmethode zu studieren. Bei der Überarbeitung der Tagebücher wurden viele Aussagen zu Andeutungen reduziert. W. sieht die Sprache als einen Spiegel an, der die Welt abbildet. Tatsachen werden durch Sätze abgebildet. Sie zerfallen in Sachverhalte, die in der Sprache durch Elementarsätze dargestellt werden. Sachverhalte bestehen aus Gegenständen, die durch Namen abgebildet werden. Durch ihre Zusammenstellung werden Satzelemente im Satz zu einem Modell der Welt. Eine Tatsache und deren Darstellung im Bild sind also der inneren Struktur nach gleich. Daraus ergibt sich eine umkehrbare Zuordnung von Tatsache und Bild; ein solches Bild kann man isomorph nennen. „Das Bild hat mit dem Abgebildeten die logische Form der Abbildung gemeinsam“ (1973, 18). In der Logik drückt sich das unaussprechliche Verhältnis von Welt und Sprache aus. Gegenstände werden also durch Zeichen vertreten. „Die Angabe aller wahren Elementarsätze beschreibt die Welt vollständig“ (1973, 51). Aufgabe der Philosophie ist es, die Naturwissenschaft als die Gesamtheit aller wahren Sätze abzugrenzen. „Sie wird das Unsagbare bedeuten, indem sie das Sagbare klar darstellt“ (1973, 42). „Die Grenzen meiner Sprache bedeuten die Grenzen meiner Welt“ (1973, 89). Die Sprachlogik, die diese Grenze aufzeigt, ist jedoch „keine Lehre, sondern ein Spiegelbild der Welt“ (1973, 101). W.s Bemühung, das in der Sprache der Logik klar Sagbare abzugrenzen, verbindet ihn mit dem modernen Positivismus; es ist also kein Mißverständnis, daß der „Wiener Kreis“ und der moderne „Logische Positivismus“ sich auf ihn berufen. Das Motiv des Philosophierens ist bei W. jedoch ein anderes. Während R. Carnap und andere Vertreter des Logischen Positivismus die Aufgabe der Philosophie mit dieser Grenzziehung erfüllt sehen, nimmt diese Demontage der traditionellen Metaphysik für W. nur die Rolle einer „Leiter“ ein, die man besteigen muß, um die Welt „richtig“ zu sehen. „Wir fühlen, daß selbst, wenn alle möglichen wissenschaftlichen Fragen beantwortet sind, unsere Lebensprobleme noch gar nicht berührt sind. ... Es gibt allerdings Unaussprechliches. Dies zeigt sich, es ist das Mystische“ (1973, 114f.). Wie dies zu interpretieren ist, deutete W. in seinem berühmten Brief an L. Ficker an: „Der Sinn des Buches ist ein ethischer. Ich wollte einmal in das Vorwort einen Satz geben, der nun tatsächlich nicht darin steht, ... mein Werk bestehe aus zwei Teilen: aus dem, der hier vorliegt, und aus alledem, was ich nicht geschrieben habe. Und gerade dieser zweite Teil ist der Wichtige“ (1980,

96). Solange nur der „Tractatus" bekannt war, ließen sich dessen Aussagen mit einigem Zurechtbiegen auch positivistisch deuten. Die Publikation der Tagebücher und „Geheimen Tagebücher", die als Vorstufen einen Anhaltspunkt für die Interpretation des Werkes bilden, hat jedoch Klarheit darüber geschaffen, was W. unter dem „Mystischen" verstand. „Den Sinn des Lebens, d.i. den Sinn der Welt, können wir Gott nennen. Und das Gleichnis von Gott als einem Vater daran knüpfen" (I, 165). „Gott offenbart sich nicht in der Welt" (1973, 114). Das Unaussprechliche ist kognitiv nicht zugänglich, sondern nur auf mystische Weise erlebbar. „Gott" ist für W. eine Chiffre dafür, daß die Tatsachen der Welt nicht alle Bereiche des Lebens abdecken.

Verifikation durch Konsequenzen
In seinem Vortrag „Ethik" beschreibt W. selbst erlebte mystische Erfahrungen, die sich jedoch nur inadäquat in die menschliche Sprache umsetzen lassen. „Die Theologie, die auf den Gebrauch gewisser Worte und Phrasen dringt, macht nichts klarer (K. →Barth). Sie fuchtelt sozusagen mit Worten, weil sie etwas sagen will und es nicht auszudrücken weiß. Die Praxis gibt den Worten ihren Sinn" (1977, 161). Beim Studium von W. →James interessierten ihn vor allem Denker, die nach einer geistigen „Wiedergeburt" ihrem Leben eine andere Richtung gaben wie →Augustinus. W. setzte sich auch mit S. →Kierkegaard und F. Dostojewskij auseinander. „Das ganze Resultat der ganzen Arbeit ist das Linksliegenlassen der Welt" (1977, 26). „Nur das Leben ist glücklich, welches auf die Annehmlichkeiten der Welt verzichten kann" (I, 174). Nach Abschluß des „Tractatus", dem Verschenken des Vermögens und der Aufgabe des Planes, Priester zu werden, wurde er im Sinn L. Tolstois Lehrer, um „die Kinder aus dem Dreck zu ziehen" (Hudson 1975, 101). Seine Religiosität war geprägt von dem Bemühen, wahrhaftig und „anständig" zu sein; kirchlich gebunden war sie freilich nicht. „Was hätte wohl Christus zu Paulus gesagt? Aber man könnte mit Recht darauf antworten: Was geht Dich das an? Schau, daß Du anständiger wirst!" (1977, 64). „Gewiß, das Christentum ist der einzige sichere Weg zum Glück. Aber wie, wenn einer dies Glück verschmähte?" (1985, 476).

Spätphilosophie: „Theologie als Grammatik" (1971[a], 183)
Nach seiner Rückkehr nach England rückte W. von der apriorischen gedanklichen Konstruktion der Abbildungstheorie der Sprache ab und suchte diese in ihrem Gebrauch zu beschreiben. Die Bedeutung eines Wortes ergibt sich aus dem jeweiligen Kontext, dem „Sprachspiel". Da das Streben nach absoluter Präzision durch eine Analyse des Gebrauchs ersetzt wird, rücken ontologische Fragen in den Hintergrund. „Wie wird uns das Wort ‚Gott' beigebracht (d.h. sein Gebrauch)? Ich kann davon keine ausführliche Beschreibung geben. Aber ich kann sozusagen Beiträge zu der Beschreibung machen" (1977, 155f.). Der Glaube an Gott entzieht sich jeder Art von Überprüfbarkeit (1971[b], 96). Der Glaube ist keine Theorie, sondern eine Lebensform, die das Leben regelt und sich lediglich beschreiben läßt.

Negative Theologie und Glaubensbegründung
Das Mißverständnis, daß W.s Philosophie zuerst teilweise atheistisch gedeutet wurde, hängt mit der mangelnden Analyse dessen zusammen, was W. unter dem „Unaussprechlichen" verstand. Umstritten ist, was W. meint, wenn er sagt, das „Mystische" „zeige" sich (Stegmüller 1969, 559). Leben und Werk W.s lassen eine Analogie zu mystischen Bestrebungen und Intentionen „Negativer Theologie" erkennen. Die Rezeption seines Denkens in der Theologie – greifbar etwa bei H. →Küng – orientierte sich häufig an den „Philosophischen Untersuchungen". Für die christliche Theologie bleibt jedoch die ontologische Frage nach der Existenz Gottes und ihrer Erfahrbarkeit zentral. „In ihrem Bemühen, an das jeweilige temporäre geistige Bewußtsein der Zeit anzuknüpfen, könnte eine erneuerte christliche Fundamentaltheologie an der Philosophie Wittgensteins anknüpfen" (Baum 1979, 299). Leben und Werk W.s machen deutlich, wie ein religiöses Bewußtsein sich auch außerhalb institutionell normierter Existenzweise kreativ artikulieren kann.

Literatur: L. Wittgenstein: Schriften, 6 Bde., F [2]1960–74; ferner: Philosophische Untersuchungen, F [3]1971[a]; Vorlesungen und Gespräche über Ästhetik, Psychologie und Religion, Gö 1971[b]; Tractatus logico-philosophicus, F [9]1973; Vermischte Bemerkungen (hrsg. von G. H. von Wright), F 1977; Briefwechsel (hrsg. von B. F. McGuiness / G. H. von Wright), F 1980; Geheime Tagebücher (hrsg. von W. Baum), in: Saber 1 (1985) 376–404 und 466–495. – Eine Auswahl der älteren Sekundärliteratur in: Malcolm u.a., Über L. Wittgenstein, F 1968; aus der neueren: W. Stegmüller, Hauptströmungen der Gegenwartsphilosophie,

Bd. 1, St [4]1969, 524–696; K. Studhalter, Ethik, Religion und Lebensform bei L. Wittgenstein, I 1973; I. D'Hert, Wittgenstein's Relevance for Theology, Be–F 1975; W. D. Hudson, Wittgenstein and Religious Belief, Lo 1975; J. Zimmermann, Wittgensteins sprachphilosophische Hermeneutik, F 1975; W. Baum, L. Wittgenstein und die Religion, in: Philosophisches Jahrbuch 86 (1979) 272–299; ders., L. Wittgenstein, B 1985.

W. Baum

Wolff

Christian Wolff, * 1679 in Breslau, † 1754 in Halle, wirkte als erfolgreicher Lehrer an den Universitäten Halle und Marburg. Im Gegensatz zur ersten Generation der Aufklärung knüpfte er bewußt an die Schulphilosophie der Barockzeit und damit auch an die mittelalterliche Scholastik an, die er erneuern wollte sowohl inhaltlich mittels des neuzeitlichen naturwissenschaftlichen Denkens als auch methodisch durch einen systematischen Aufbau nach dem Muster der Mathematik. Sein enzyklopädisches System arbeitete W. im Horizont der rationalistischen Strömung cartesianisch-aufklärerischer (→Descartes) Prägung in vielen Veröffentlichungen aus. So entstand zuerst das deutsche Werk, das alle Teile der Philosophie umfaßt, und dann das viel ausführlichere lateinische.
Eine erste Fassung seiner Gotteslehre lieferte W. im 6. Kapitel der Deutschen Metaphysik (Vernünftige Gedanken von Gott, der Welt und der Seele des Menschen, auch allen Dingen überhaupt), eine zweite in der zweiteiligen „Theologia naturalis". Diese Gotteslehre ist u. a. durch zwei Eigenschaften gekennzeichnet: erstens durch die Bemühung, ihre Übereinstimmung mit der Heiligen Schrift zu zeigen; zweitens durch die Hervorhebung, daß diese Lehre auf die Praxis abzielt, darauf nämlich, daß wir Gott in unserem Tun verehren. Am Anfang des Ringens W.s um einen rationalen Zugang zu Gott steht in seiner Programmschrift eine systematische Kritik der Gottesbeweise (Ratio Praelectionum, Sectio II, c. 3, § 37–47). Unter den abgelehnten Beweisen sind insbesondere zu erwähnen der Beweis aus der Ordnung der Welt, insofern dabei die Kontingenz dieser Ordnung nicht eigens aufgewiesen wird; der cartesianische Beweis aus dem Begriff des vollkommensten Wesens; der Beweis aus der Finalität der Dinge, insofern nicht feststeht, ob der Nutzen, den die Naturdinge sich gegenseitig erweisen, ein intendierter Zweck ist oder nicht. Anschließend (§ 48–58) gibt W. den Entwurf eines Beweises, der einem Beweis in der Geometrie standhalten soll. Es ist der

klassische Kontingenzbeweis; nur daß W. ihn unabhängig von der Frage nach der realen oder bloß idealen Existenz der Welt ansetzen möchte. Die Position W.s geht dahin, einen einzigen Beweis anzunehmen: *Ein* Gottesbeweis genügt. Allerdings führt er dann seine These so aus, daß 1. der Kontingenzbeweis verschiedene Fassungen erhält und daß 2. dem im Sinne →Leibniz' vervollständigten apriorischen Beweis doch auch Wert und Vorteile zuerkannt werden. Jedenfalls ist nicht selbstverständlich, daß W. den Beweis a posteriori als den Hauptbeweis einschätzt; diese dem Geist des Rationalismus nicht entsprechende Stellungnahme ist wohl auf den Einfluß der Schulmetaphysik zurückzuführen. Von den zahlreichen Stellen, an denen W. die Frage nach der Existenz Gottes behandelt, kann hier nur auf die wichtigsten eingegangen werden.
W. führt seinen Beweis aus der Kontingenz der Welt in der „Deutschen Metaphysik" (§ 928–946) und ausführlicher im 1. Teil der „Theologia naturalis" (§ 24–69) aus. Den Ausgangspunkt bietet unsere Existenz: „Wir sind", oder, noch entschiedener cartesianisch, „die menschliche Seele existiert". Nun aber muß es nach dem Prinzip vom zureichenden Grund einen zureichenden Grund dieser Existenz geben. Dieser Grund liegt entweder in uns oder in einem anderen. Also gibt es ein selbständiges Wesen (ens a se), das in sich den Grund seiner eigenen Existenz und der Existenz alles anderen enthält. Damit ist aber für W. – anders als für die Tradition – das Ziel, nämlich die Existenz Gottes, noch nicht erreicht. Es muß ermittelt werden, wer dieses notwendige Wesen sei. In einem zweiten Schritt werden die Eigenschaften des selbständigen Wesens aus seinem Begriff abgeleitet: Es ist ewig, unermeßlich, einfach usw. Nun aber weisen weder die sichtbare Welt als ganze noch die letzten einfachen Substanzen, aus denen die Körper bestehen, noch die Seele die genannten Eigenschaften auf. Also ist das existierende selbständige Wesen von all diesen verschieden. Nun aber versteht man unter Gott „das selbständige Wesen, in dem der zureichende Grund der Existenz dieser sichtbaren Welt und unserer Seelen enthalten ist" (Theologia Naturalis, § 67). Also existiert Gott. Charakteristisch für diesen Wolffschen Beweis ist die scharfe Trennung des Beweises irgendeines notwendigen Wesens (was auch die Atheisten bereit sind zuzugeben) vom Beweis der Existenz Gottes. Diese Trennung, ja die Verlagerung des Schwerpunktes des Beweises auf den zweiten Schritt, nämlich

den Nachweis der Identität des selbständigen Wesens mit Gott, hat sowohl methodische Gründe (jede Aussage soll gerechtfertigt werden, möglichst mit Syllogismen) als auch apologetische Gründe („Man muß ferner zeigen, daß das selbständige Wesen ein solcher Gott ist, wie wir Christen [ihn] aus seinem geoffenbarten Wort verehren“: Anmerkungen zur Deutschen Metaphysik, § 343).
Im Aufsatz „De Methodo existentiam Dei ex Ordine Naturae demonstrandi“ (Horae subsecivae, Bd. II, 660–683) entwickelt W. den Gottesbeweis aus der Naturordnung als eine andere Fassung des Kontingenzbeweises. Denn das Prinzip „Wo Ordnung, dort ein Ordner“ gilt nur für eine kontingente Ordnung, und diese muß gegen die „Fatalisten“ eigens bewiesen werden. Der Gottesbeweis ist in vier Schritte gegliedert: 1. Es gibt eine Naturordnung, wobei unter Ordnung der *Natur* die Ordnung im Wirken verstanden wird, also die Gesetze der Bewegungskräfte. 2. Diese Gesetze sind kontingent, weil sie nicht notwendig aus dem Wesen der Materie resultieren; denn die Elemente oder einfachen Substanzen, die mit diesen Gesetzen ausgestattet sind, hätten auch anderen Gesetzen unterstehen können. 3. Es existiert also ein Urheber der Naturordnung. 4. Dieses Wesen, in dem der zureichende Grund der Naturordnung enthalten ist, ist Gott, weil er genau die Attribute haben muß, die die Heilige Schrift Gott zuschreibt.
Trotz seiner Ablehnung des cartesianischen Beweises hat W. dem ersten Teil der „Theologia naturalis“ einen zweiten zugesellt, in dem „die Existenz und die Eigenschaften Gottes vom Begriff des vollkommensten Wesens und vom Wesen der Seele her bewiesen werden“, §§ 1–24. Allerdings ist der apriorische Charakter des hier entwickelten Beweises nicht so eindeutig, insofern, wie W. mehrmals hervorhebt, nur aus den Realitäten der Seele erschlossen werden kann, was das vollkommenste Wesen sei. „Das vollkommenste Wesen ist das, dem sämtliche compossiblen Realitäten im absolut höchsten Grad innewohnen“ (§ 6). Aus dieser Nominaldefinition werden die grundlegenden Bestimmungen des vollkommensten Wesens abgeleitet: Es ist unbegrenzt, unveränderlich, unendlich usw. Im Anschluß an Leibniz zeigt dann W. die Möglichkeit des vollkommensten Wesens auf: Laut Definition enthält es alle *com*possiblen Realitäten, die als solche einander nicht widersprechen, und die wegen ihres vollkommensten Grades keinen Widerspruch in sich haben. Ist das vollkommenste

Wesen widerspruchsfrei, so ist es möglich. Nun aber ist die Nominaldefinition Gottes gerade die des vollkommensten Wesens. Infolgedessen treffen alle vom vollkommensten Wesen gemachten Aussagen auch auf Gott zu. Ferner ist die notwendige Existenz eine Realität, wie aus dem aposteriorischen Beweis des ersten Teiles der „Theologia naturalis" hervorgeht, und zwar in ihrem höchsten Grad. Da nun Gott sämtliche compossiblen Realitäten im absolut höchsten Grad innewohnen, kommt ihm die notwendige Existenz zu. Also existiert Gott notwendigerweise (§ 21).
Der Kontingenzbeweis W.s hängt einerseits eng mit seiner ganzen Konzeption der Ontologie (zentrale Stellung des Prinzips vom Grunde, Distinktion von kontingent und notwendig Seiendem) und der speziellen Metaphysik (Lehre von den einfachen Substanzen, der Welt und der Seele) zusammen, andererseits stützt er sich in seinem Kern auf die herkömmliche, sachlich richtige Einsicht, daß die Welt unserer Erfahrung den Grund ihrer eigenen Existenz in sich selbst nicht hat und deshalb auf ein Seiendes verweist, das die Erklärung der Existenz überhaupt ist. Was den apriorischen Beweis anbelangt, hat W. zwar versucht, den wunden Punkt zu umgehen durch die Rückführung der Idee vom vollkommensten Wesen auf die Erfahrung; der Beweis als solcher ist aber auch bei ihm völlig a priori gemeint und deshalb krankt auch er an dem unzulässigen Übergang von der rein begrifflichen Ordnung zur Ordnung der Wirklichkeit.

Literatur: C. Wolff: Gesammelte Werke (neu hrsg. von J. Ecole u.a.), Hil 1962ff. – J. Ecole, Einleitungen in die „Theologia naturalis", Teil I und II; A. Bissinger, Die Struktur der Gotteserkenntnis. Studien zur Philosophie Chr. Wolffs, Bo 1970; J. Ecole, Les preuves Wolffiennes de l'existence de Dieu, in: Archives de Philosophie 42 (1979) 381–396.

G. B. Sala

Wust

Peter Wust, * 1884 in Rissenthal/Saar, † 1940 in Münster. W. wuchs in ärmlichen Verhältnissen auf. Nach dem Abitur in Trier Studium der Neuphilologie in Berlin und Straßburg. Erste Begegnung mit der Philosophie durch F. Paulsen und C. Baeumker. 1910–30 Schuldienst in Neuß, Trier und Köln. 1914 bei O. Külpe in Bonn promoviert mit einer Arbeit über J. S. Mill. 1930 Berufung auf den Lehrstuhl für Philosophie in Münster, wo er 1939 schwer erkrankt und stirbt.
1920 erschien seine erste Untersuchung, in welcher er die

Grundlagen seines Denkens als „Auferstehung der Metaphysik“ formulierte (I 1963). Unter Metaphysik versteht W. nicht die Wiederbelebung eines philosophischen Systems, sondern das „Vorurteil“ im Sinne von →Heidegger und H.-G. Gadamer (Wahrheit und Methode, T 1963, 250 ff.) als „Aufdeckung der Vorstruktur menschlichen Denkens überhaupt“. Metaphysik „hat nichts zu tun mit dem wissenschaftlichen Denken einer methodisch aufgebauten Metaphysik. Sie ist vielmehr das von der Natur uns aufgezwungene tiefste Sinnfragen des Geistes“ (Der Mensch und die Philosophie, Mr 1946, 59). Die Metaphysik W.s meinte so die Wende zum Objekt, die Priorität des Seins gegenüber dem Bewußtsein. Zum Ganzen des Seins gehört auch das absolute Sein als Existenz Gottes. Die Begründung ihrer Gewißheit wird zur äußersten Anstrengung aller philosophischen Bemühung. W. befragte das Gesamt der Wirklichkeit aus seiner eigenen Erfahrung heraus, in der er eine Grundverfaßtheit des Menschen überhaupt sieht. In seinem Hauptwerk „Dialektik des Geistes“ (1929; III/1–2 1964) wird dieser Denkweg erkennbar. Er kulminiert im Versuch, „einen erkenntnistheoretischen Beweis für das Dasein der reinen Urgestalt der göttlichen Person zu führen“ (III/1, 116). Im Vollzug seines Denkens erhielt er entscheidende Impulse von der phänomenologischen und existentiellen Bewegung →Husserls, vor allem aus dessen Göttinger Zeit, Heideggers und →Jaspers' und vor allem →Schelers, die er allemal kritisch im Horizont seiner Vorstruktur übernimmt. Dabei werden die Väter seines Philosophierens, →Augustinus, →Bonaventura und →Nikolaus von Kues ebenso erkennbar wie →Kierkegaard, →Fichte und →Schelling. Mit ihnen wählt er als Ausgangspunkt aller Philosophie den konkret existierenden Menschen. In einer „spekulativen Methode“ (III/1, 103) unterzieht er den Menschen einer Deutung, welche ihn zur Begründung der rationalen Gewißheit der Existenz Gottes hinführt. An der Grenze seines Denkweges sieht er die Problematik aller philosophischen Argumentation in der bleibenden Anfechtbarkeit ihrer Evidenz. Deren Grund bezeichnet er als Insecuritas- (Ungesichertheit, Ungewißheit) Situation des Menschen. Die Gewißheit der Existenz Gottes selbst wird nicht in Frage gestellt, nur deren rationale Begründbarkeit durch menschliches Erkennen. In der Erhellung dieses Bereiches liegt der eigentliche Beitrag W.s zum Problem der philosophischen Gottesgewißheit.

Ihr Aufweis wird nicht mit Hilfe der allgemeinen Seinslehre unternommen, sondern der philosophischen Anthropologie. In ihr wendet er seine besondere Aufmerksamkeit den „Aufbruchsphänomenen des menschlichen Geistes", dem emotionalen Tiefengrund im Sein der Person als „potentiellem Prinzip eines geistigen Anfangs" (III/1, 233) und dem menschlichen Uraffekt von Staunen und Ehrfurcht als „dem ersten Erlebnis der Ich-Resonanz", als „erstem Minimum von Wachheit" zu (III/1, 242). Von ihnen aus gewinnt W. die vermittelnde Funktion sowohl des menschlichen Verstandes in seinem diskursiven Vorgehen wie auch der menschlichen Freiheit in ihrem Wahlcharakter. Sie alle sind von der Grundbefindlichkeit der menschlichen Insecuritas geprägt. Dieser geht er in seinem wohl bedeutendsten Werk „Ungewißheit und Wagnis" (1937; IV 1965) durch alle Lebensbereiche des Menschen nach. In diesem Zusammenhang kommt er noch einmal ausführlich auf die Begründungsmöglichkeit der Gottesgewißheit zu sprechen innerhalb seiner Überlegung über „die Ungesichertheit der menschlichen ‚ratio' im Hinblick auf das philosophische Gottesproblem" (IV, 159–175). Die Grenze der Evidenz aller Gottesbeweise sieht W. nicht in der Dunkelheit des absoluten Seins. Für ihn gilt im Hinblick auf alles Seiende das Prinzip der universalen Seinsintelligibilität (IV, 167). Vielmehr begründet er diese allein in der Begrenztheit des menschlichen Erkenntnisvermögens, im Dämmerungsauge der menschlichen Vernunft „unserer zwar ausreichenden, im ganzen aber doch inadäquaten Erkenntnis" (IV, 65), die sich gerade hier „vor die Notwendigkeit gestellt sieht, ihren endlichen Frageimpuls selbst zu begrenzen und vor dieser Urfaktizität schweigend und in Ehrfurcht stehen zu bleiben" (VI, 167). Sie *kann* aufgrund ihrer Mangellage eine letzte Evidenz nicht erreichen; sie *darf* es aber auch nicht, weil nur dieser verbleibende Mangel an philosophischer Gewißheit dem Menschen jenen Spielraum für seine Entscheidung gibt, der von ihm „im Interesse seiner Selbstverwesentlichung gefordert ist" (IV, 173). Dadurch gewinnt die Eigenart menschlicher Erkenntnis der Existenz Gottes eine ethische Bedeutung.
Im Nachvollzug dieses Denkweges wird der hermeneutische Zirkel der Philosophie W.s in seiner positiven Bedeutung erkennbar, den er im heutigen Denken für alle Geisteswissenschaften gewonnen hat in der Weise, daß die Interpretation des Menschen seine Argumentation hinsichtlich der Gottesge-

wißheit ebenso trägt, wie diese selbst seine Sehweise des Menschen mitbestimmt.
W.s Begründung der rationalen Gottesgewißheit hat in der Folge innerhalb der wissenschaftlichen Philosophie nur wenig Beachtung gefunden. Das hat gewiß seine Gründe. Vor allem wird die von ihm angegebene Lösung wohl nur für den annehmbar sein, der die Vorstruktur seines Denkens zu verstehen und zu übernehmen vermag, daß nämlich „der konkrete Mensch als subjektiv-emotionales Apriori" (Der Mensch und die Philosophie, 105) die erste und entscheidende Voraussetzung seines Philosophierens sei; denn in der Philosophie geht es W. nicht bloß um eine sachliche Aufgabe, sondern zutiefst um die Gewinnung eines Grundes für die eigene Existenz. Die grundlegende Insecuritas-Situation der menschlichen Ratio (Vernunft) dringt von der Selbstsinnfrage über die allgemeine Sinnfrage zur Frage nach der Existenz des Absoluten vor. Solche Philosophie verzichtet auf den Anspruch einer absoluten Voraussetzungslosigkeit. Ein weiterer Grund einer fehlenden Wirkungsgeschichte ist die für heutige Ohren oft schwer verständliche pathetische Sprache W.s. Und endlich hat auch die von ihm vielfach unkritische Übernahme des begrifflichen Instrumentariums der überkommenen Metaphysik zu Verwirrungen geführt.
W. versteht sich selbst als christlicher Philosoph, der seine Glaubensgewißheit rational zu begründen versucht, indem er den Menschen als „potentia oboedientialis" (IV, 80) interpretiert, d.h. als Offenheit des Menschen für eine möglicherweise an ihn ergehende Selbstmitteilung Gottes kraft der geistigen Transzendenz auf alles Sein.

Literatur: P. Wust: Ges. Werke, 10 Bde., Mr 1963–69; Literaturverzeichnis: VIII, 467–498. – Weiterführende Literatur: VIII, 499–517; W. Vernekohl (Hrsg.), „Ich befinde mich in absoluter Sicherheit". Gedenkbuch der Freunde für P. Wust, Mr 1950; H. Rombach, Die Gegenwart der Philosophie, Fr 1962; K. Delahaye, Christliche Anthropologie, Mr 1967.

K. Delahaye

X

Xenophanes

Xenophanes, * um 570 v.Chr., † um 470, verläßt um 540 seine Heimatstadt Kolophon (Kleinasien) angesichts ihrer Bedrohung durch die Perser. Nach einem bewegten Wanderleben als Rhapsode (Sänger, Dichter) läßt er sich in Elea (Unteritalien) nieder.

Anders als seine in Prosa schreibenden ionischen Vorgänger (z.B. Anaximander) verwendet X. die sprachliche Form der großen hellenischen Dichtung und nimmt explizit deren religiöse Thematik auf – auch dies im Unterschied zu seinen Vorgängern. Es ist freilich eine recht kritische Wiederaufnahme. „Homer und Hesiod haben die Götter mit allem belastet, was bei Menschen übelgenommen und getadelt wird: stehlen und ehebrechen und einander betrügen" (B 11). Das Göttliche kann nur in sittlicher Vollkommenheit gedacht werden. Doch die Menschen neigen dazu, es nach ihrem Maß zu denken. Darin liegt auch der Grund für die verschiedenen Vorstellungen von den Göttern. Als weitgereistem Mann ist X. diese Verschiedenheit wohl bekannt. „Die Äthiopier behaupten, ihre Götter seien stumpfnasig und schwarz, die Thraker, blauäugig und blond" (B 16). Und X. spottet, auch die Tiere würden, wenn sie könnten, ihren Göttern die jeweils eigene Gestalt geben (B 15). Diese Kritik des X. an den Gottesvorstellungen als menschlichen Projektionen weist bereits auf Feuerbach voraus. Doch im Unterschied zu diesem geht es X. um eine Erneuerung und Reinigung der Gottesidee. Die große Entdeckung seines Jahrhunderts war die philosophische Vernunft und ihre Fähigkeit, die nur kulturbedingten Überzeugungen auf die eine, allgemein zugängliche Wahrheit hin zu überschreiten. X. aber erkennt, daß gerade das Göttliche von sich her eine dieser Universalität der Vernunft entsprechende Auslegung verlangt. Diese Einsicht tendiert zum Monotheismus. „Ein einziger Gott, unter Göttern und Menschen der größte, weder dem Körper noch dem Verstand nach den Menschen gleich" (B 23). „Als ganzer sieht er, als ganzer versteht er, als ganzer hört er" (B 24). Gott ist Geist, aber ein solcher, der den menschlichen an Vollkommenheit weit übersteigt. Hier ist bereits die spätere Stufung der analogen Gotteserkenntnis in die via affirmativa, negativa und eminentiae (Weg der Bejahung, Verneinung und Steigerung) vorgebildet. Die Transzendenz Gottes dem „All" gegenüber gründet in der allesbeherrschenden Macht seines Denkens: „ohne Anstrengung des Geistes lenkt er alles mit seinem Bewußtsein" (B 25).

Was die Natur betrifft, so nimmt X. eine radikale Entgöttlichung vor. Der Blitz, sonst Manifestation des gewaltigen Zeus, ist eine Bewegung der Wolken (A 45). „Was sie Iris nennen, auch das ist eine Wolke, und zwar eine, die purpurn, hellrot und gelbgrün aussieht" (B 32). Iris ist die im Regenbogen erscheinende Götterbotin. Diese Entgöttlichung der Natur scheint im Dienst des Gedankens der Überweltlichkeit des Göttlichen zu stehen. Doch X. redet keinem überschießenden Vernunftoptimismus das Wort. Alle Erkenntnis bleibt Stückwerk. „Klares hat freilich kein Mensch gesehen ... hinsichtlich der Götter und aller Dinge ... bei allen Dingen gibt es nur Annahme" (B 34). Der erste Religionsphilosoph war zugleich der erste Philosoph, der auf die Grenzen der Vernunft hinwies.

Literatur: Xenophanes: H. Diels / W. Kranz (Hrsg.), Die Fragmente der Vorsokratiker. Griechisch/deutsch, B [6]1952, Nr. 21. – K. v. Fritz, Xenophanes, in: Pauly, Realencyclopädie, 2. Reihe, Bd. 9.

J. Schmidt

Z

Zwingli
Huldrych Zwingli, * 1484 in Wildhaus im Toggenburg, † auf dem Schlachtfeld von Kappel 1531. Z. studierte 1498 in Wien, später in Basel, erhielt 1506 die Priesterweihe und wirkte bis 1516 als Stadtpfarrer in Glarus. Politische Spannungen führten im Herbst 1516 zum Wechsel nach Einsiedeln, wo sich die grundlegende reformatorische Wende vollzog: In der erleuchtenden Gegenwart Gottes und einer entsprechenden Begegnung mit dem lebendigen Christus erschloß sich Z. die Heilige Schrift als die einzig richtige Weganzeige zur ewigen Seligkeit. Von nun an begann Z. zwischen Menschenlehre und Gotteslehre zu unterscheiden. Zu Neujahr 1519 wurde Z. nach Zürich gewählt. Der Bruch der Fastengebote führte 1522 zu Z.s erster reformatorischer Schrift „Von Erkiesen und Freiheit der Speisen“: Glaube an die alleinwirksame Gnade Gottes in Christus oder Glaube an Menschenlehren? Januar 1523 kam es zur ersten Zürcher Disputation auf der Grundlage des Schriftprinzips, welche Zürich an die Spitze der Stadtreformation stellte. Der Auseinandersetzung mit dem katholischen Lager folgte ab 1525, diejenige mit dem lutherischen in der Abendmahlsfrage, flankiert von derjenigen mit den Täufern. Europaweite Bestrebungen zur Bewahrung und Ausbreitung des Evangeliums scheiterten 1529 einerseits am Marburger Religionsgespräch mit →Luther, andererseits seit 1530 an der unglücklichen Politik gegenüber den schließlich siegreichen Inneren Orten (der Inner-Schweiz).
Z.s Theologie zeichnet sich aus durch gedankliche Klarheit, welche den reformatorischen Ansatz in jedem Bereich konsequent zu Ende denkt. Dabei bewegt sich Z. deutlich in den Bahnen der scholastischen Denkformen, vornehmlich der thomistisch (→Thomas von Aquin) geprägten *via antiqua,* modifiziert durch zentrale Gedanken der scotistisch (→Duns Scotus) ausgerichteten *via moderna.* Humanistischer Einfluß ist mehr im Formalen als im Materialen feststellbar.
Als Gottdenker wurde Z. lange Zeit einseitig von seiner stark philosophischen Begrifflichkeit und Argumentationsweise her beurteilt, was ihn zum Rationalisten und natürlichen

Theologen unter den Reformatoren machte. G. W. Locher hat dieses Mißverständnis ausgeräumt. Z.s Gott-Denken untersteht einem klaren „glauben, um zu verstehen“ (credo, ut intelligam) in der Nachfolge →Anselms von Canterbury: Der in Christus (und vorher auf ihn hin) offenbare Gott soll sich dem Denken unausweichlich als der eine und einzig wahre Gott erweisen, mit dem auch unser Menschsein steht und fällt. Dabei zeigt sich, was solches Denken vermag: in der Anerkennung (agnitio) Gottes entspricht es dem Wesen dessen, der auch alle Vernunft bewegt und selber Grund aller Vernunft ist ohne alle Finsternis und Unwissenheit. (Im Unterschied zu Luther kennt Z. keinen „verborgenen Gott.“) So ist Z.s Gottdenken eigentlich nichts anderes als ein philosophisch entfaltetes Gottesbekenntnis, welches auch ohne weiteres alle Inhalte reformatorischen Glaubens schriftgetreu zu integrieren vermag.

Drei Aspekte von Z.s Gott-Denken seien besonders hervorgehoben:

Der erkenntnistheoretische Aspekt: Gott-Erkennen geschieht schon immer in der durch Gott gesetzten Relation des Geschöpfs zum Schöpfer und ist Denkvollzug dieser ihm innewohnenden Struktur. Deshalb schwankt Z. sogar, ob Gottes Existenz jenseits der vorlaufenden Anerkennung Gottes vernunftgemäß aufzuweisen oder gar zu beweisen sei. Eine vernunfteigene Erkenntnis der Existenz Gottes würde ja noch nichts über das Wesen dieses Gottes und über meine Beziehung zu ihm besagen und wäre deshalb bereits eine menschliche Erfindung. Endliche Vernunft vermag den unendlichen Gott nicht zu fassen. Zu beweisen ist also rational nicht Gott, wohl aber, angesichts der Grenzen geschöpflicher Vernunft, der Offenbarungscharakter echter Gotteserkenntnis.

Der ontologische Aspekt. Gotteserkenntnis von oben: Vom erkennenden Geschöpf her eignet dem Sein Gottes strikte Aseität: Es ist nicht das höchste Sein oder das höchste Gute im Sinne einer Seinshierarchie, es ist Ursprung und Quell alles Seins und alles Guten, und so das Sein des Schöpfers, während alles mitgeteilte Sein, sosehr es an Gottes Sein teilhat (Z.s „Pantheismus“), ganz und gar von der Seinsquelle abhängiges, geschöpfliches Sein ist. Als Sein in und aus sich selber ist Gott notwendig auch allmächtiges und allwissendes Sein, das alles lenkt, was geschieht, und sich so als allwaltende Vorsehung in Schöpfung und Geschichte manifestiert. Dabei kommt Gottes vollkommenes Gutsein so zum Zug, daß der sich mitteilende Gott reine Freigebigkeit ist, welche sich denn auch im geschichtlichen Werk der Erlösung spiegelt, allein in der Gnade, allein in Christus, allein im Glauben. (Hier wäre Z.s Trinitätslehre zu entfalten.) D.h. aber: Z.s Ontologie versteht sich auf Gott angewendet personal-dynamisch und zielt auf den neu entdeckten Glauben. So kann Z. im Blick auf die Gewißheit dieses Glaubens formulieren: Unerschaffen kann nur der eine Gott sein; denn wäre das Unerschaffene nicht einzig, gäbe es mehr als nur ein einziges Unendliches und Ewiges, was undenkbar ist und dem Glauben jede sichere Stütze nehmen müßte. Kann er sich doch nicht an etwas halten, das je zu sein begann und folglich erschaffen ist. Er ruht einzig im unerschaffen-ewig Einen; und d.h. in Gott allein.

Der anthropologische Aspekt. Gotteserkenntnis von unten: Verwurzelt in →Augustins Lehre von der Gottebenbildlichkeit des Menschen mit ihrer eschatologischen Ausrichtung will Z. auch von unserem Verstand aus zu Gott gelangen. Hat unser Sein einen Zweck, um dessentwillen wir vernunftbegabt sind, dann muß dieser Zweck eschatologisch über alles hinausgehen, was es in dieser vergänglichen Welt gibt und deshalb in Gott selber liegen. Der finale Gottesbeweis wird so aus der Sinnfrage des Menschen selbst erhoben und gefestigt mit dem Hinweis auf das bloße Vegetieren der Tiere. Der vernunftbegabte Mensch ohne Gott wäre ihnen gleichgestellt, seine Vernunft ohne Sinn. Mit dem Atheismus beraubt sich der Mensch seiner aus ihm selber (und der ihn konstituierenden Natur) zu postulierenden Sinnmitte, seiner Humanität.

Vom aufgeklärten Denken aus fällt es nicht schwer, Z.s Gott-Denken in Frage zu stellen. Als ein Denken aber, das Gott „nachdenken" will, ist es auch für moderne Denkversuche modellhaft. Jedenfalls gelingt es ihm, wenn auch nicht Gott zu beweisen, so doch die unweigerlichen Konsequenzen aufzuweisen, die der Verzicht darauf, ihn zu denken, haben muß.

Literatur: H. Zwingli: Sämtliche Werke (= Corpus Reformatorum, Bde. LXXXVIII–CI ff.), Z–B–L 1905 ff. (hier III, 593–596, 621 f., 640–654, 907–911; VI, I, 446, 452–462; VI, III, 4–14, 46–52, 70–115, 217–230); H. Zwinglis Werke (hrsg. von M. Schuler / J. Schulthess), Z 1828–42 (Bd. IV, 45–48); dazu die deutschen Übersetzungen in Zwingli-Hauptschriften, Z 1940 ff. (Bde. 9, 18–41; 10, 273–281; 2, 76–130, 234–250; 11, 302–309). – Als umfassendes Standardwerk über Zwinglis Gottesverständnis: G. W. Locher, Die Theologie H. Zwinglis im Lichte seiner Christologie, Bd. 1, Z 1952, 43–98 (ältere Lit.); ders., H. Zwingli in neuer Sicht, Z 1969, 203–207.

W. E. Meyer

Zeittafel

Für die Zuordnung zu den Epochen (Altertum – Reformationszeit) ist das Todesjahr maßgeblich, für die Zuordnung zu den Jahrhunderten (17.–20.) das Geburtsjahr. Für die Reihenfolge ist das Geburtsjahr maßgeblich.

Vor Christus	
Xenophanes	um 570 – um 470
Heraklit	um 540–480
Parmenides	um 515–445
Anaxagoras	um 500 – um 428
Platon	427–347
Aristoteles	384–322
Nach Christus	
Altertum (bis 500)	
Aristides	um 125
Klemens von Alexandrien	um 140/150 – vor 215
Tertullian	um 160 – nach 220
Justin	um 165
Athenagoras	um 177
Theophilus	um 180
Origenes	um 185–254/255
Minucius Felix	um 200
Plotin	204/205–270
Laktanz	um 250 – um 320
Gregor von Nazianz	329/330–390
Basilius von Caesarea	um 330–379
Gregor von Nyssa	um 335–394
Augustinus	354–430
Frühes Mittelalter (500–1000)	
Boethius	um 480–526
Pseudo-Dionysius Areopagita	† 6. Jhd.
Maximus Confessor	um 580 – 662
Eriugena	um 810 – um 877
Hoch- und Spätmittelalter (1000–1500)	
Anselm von Canterbury	1033–1109
Bernhard von Clairvaux	1090–1153
Maimonides	1138–1204
Albertus Magnus	1193–1280
Bonaventura	um 1217–1274

Thomas von Aquin	1224–1274
Eckhart	um 1260–1328
Duns Scotus	1265/66–1308
Wilhelm von Ockham	um 1285–1347
Seuse	um 1295–1366
Tauler	um 1300–1361
Nikolaus von Kues	1404–1464
Ficino	1433–1499
Reformationszeit (1500 – ca. 1650)	
Luther	1483–1546
Zwingli	1484–1531
Melanchthon	1497–1560
Calvin	1509–1564
Teresa von Avila	1515–1582
Johannes vom Kreuz	1542–1591
Suárez	1548–1617
Böhme	1575–1624
17. und 18. Jahrhundert	
Descartes	1596–1650
Pascal	1623–1662
Spinoza	1632–1677
Malebranche	1638–1715
Leibniz	1646–1716
Wolff	1679–1754
Berkeley	1685–1753
Kant	1724–1804
Hamann	1730–1788
Jacobi	1743–1819
Herder	1744–1803
Fichte	1762–1814
Baader	1765–1841
Schleiermacher	1768–1834
Hegel	1770–1831
Schelling	1775–1854
Rosmini-Serbati	1797–1855
19. Jahrhundert	
Newman	1801–1890
Kuhn	1806–1887
Kierkegaard	1813–1855
Scheeben	1835–1888
Brentano	1838–1917
James	1842–1910
Cohen	1842–1918
Schell	1850–1906
Hügel	1852–1925
Simmel	1858–1918
Husserl	1859–1938

Bergson	1859–1941
Whitehead	1861–1947
Blondel	1861–1949
Unamuno	1864–1936
Troeltsch	1865–1923
Otto	1869–1937
Scheler	1874–1928
Maréchal	1878–1944
Buber	1878–1965
Teilhard de Chardin	1881–1955
Maritain	1882–1973
Jaspers	1883–1969
Wust	1884–1940
Bultmann	1884–1976
Guardini	1885–1968
Rosenzweig	1886–1929
Tillich	1886–1965
Barth	1886–1968
Wittgenstein	1889–1951
Brunner	1889–1966
Przywara	1889–1972
Marcel	1889–1973
Heidegger	1889–1976
Stein	1891–1942
Lubac	* 1896
20. Jahrhundert	
Schlier	1900–1978
Siewerth	1903–1963
Lotz	* 1903
Lonergan	1904–1984
Rahner	1904–1984
Brugger	* 1904
Weischedel	1905–1975
Balthasar	* 1905
Bonhoeffer	1906–1945
Welte	1906–1983
Levinas	* 1906
Weil	1909–1943
Ebeling	* 1912
Ramsey	1915–1972
Biser	* 1918
Coreth	* 1919
Hick	* 1922
Küng	* 1928
Pannenberg	* 1928
Swinburne	* 1934
Jüngel	* 1934

Auswahl deutschsprachiger Sammelwerke seit 1960

Wichtige Titel aus früherer Zeit:

Grunwald, G., Geschichte der Gottesbeweise im Mittelalter, Mr 1907.

Nink, C., Philosophische Gotteslehre, Mn 1948.

Straubinger, H., Texte zum Gottesbeweis. Chronologisch zusammengestellt und kurz erläutert, Fr 1916.

van Endert, C., Der Gottesbeweis in der patristischen Zeit, besonders Augustins, Fr 1869.

*

Beck, H., Der Gott der Weisen und Denker, Aschaffenburg ^{4}1970 (= Der Christ in der Welt, Reihe 4, Bd. 2).

Beck, H., Natürliche Theologie. Grundriß philosophischer Gotteserkenntnis, Mn–Sa 1986.

Brugger, W., Summe einer philosophischen Gotteslehre, Mn 1979.

Cramer, W., Die absolute Reflexion, Bd. 2: Gottesbeweise und ihre Kritik. Prüfung ihrer Beweiskraft, F 1967.

Escribano-Alberca, I., Glaube und Gotteserkenntnis in der Schrift und Patristik, Fr–Bas–W 1974 (= Handbuch der Dogmengeschichte. 1,2a).

Fellermeier, J., Die Philosophie auf dem Weg zu Gott, Mn–Pa–W 1975.

Foresi, P., Beweisbar? Notizen zur Gottesfrage, Mn–Z–W 1973.

Der Glaube der Denker und Dichter. Selbstzeugnisse aus zwei Jahrhunderten, hrsg. von G. Hahn, St–B 1983.

Glaube und Vernunft. Texte zur Religionsphilosophie, hrsg. von N. Hoerster, Mn 1979 (= dtv wissenschaft. 4338).

Gössmann, E., Glaube und Gotteserkenntnis im Mittelalter, Fr–Bas–W 1971 (= Handbuch der Dogmengeschichte, 1,2b).

Gottesbeweise und ihre Kritik, bearbeitet von H.-D. Matschke, Gö ^{6}1979 (= Göttinger Quellenhefte für Unterricht und Arbeitsgemeinschaft, H. 1).

Handbuch der Fundamentaltheologie, 1: Traktat Religion, Fr–Bas–W 1985.

Henrich, D., Der ontologische Gottesbeweis. Sein Problem und seine Geschichte in der Neuzeit, T ^{2}1967.

Hirsch, E. C., Das Ende aller Gottesbeweise? Naturwissenschaftler antworten auf die religiöse Frage, H 1975 (= Stundenbuch, 121).

Huonder, Q., Die Gottesbeweise. Geschichte und Schicksal, St 1968 (= Urban Bücher, 106).

Kopper, J., Reflexion und Raisonnement im ontologischen Gottesbeweis, Kö 1962.

Kraus, G., Gotteserkenntnis ohne Offenbarung und Glaube? Natürliche Theologie als ökumenisches Problem, Pa 1987 (= Konfessionskundliche und kontroverstheologische Studien, Bd. 50).

Meurers, J., Gott – bist Du? Erleben – Fragen – Antworten, Gr–W–Kö 1984.

Muck, O., Philosophische Gotteslehre, D 1983 (= Leitfaden Theologie. 7).

Neuenschwander, U., Gott im neuzeitlichen Denken, 2 Bde., Gü 1977 (= Gütersloher Taschenbücher Siebenstern, 214/244).

Ogiermann, H., „Es ist ein Gott." Zur religionsphilosophischen Grundfrage, Mn 1981.
Pesch, H. O., Heute Gott erkennen, Mz 1980 (= Topos Taschenbücher. 100).
Petri, H., Glaube und Gotteserkenntnis. Von der Reformation bis zur Gegenwart, Fr–Bas–W 1985 (= Handbuch der Dogmengeschichte, 1,2c).
Rohls, J., Theologie und Metaphysik. Der ontologische Gottesbeweis und seine Kritiker, Gü 1987.
Schaeffler, R., Religionsphilosophie, Fr–Mn 1983.
Schmucker, J., Das Problem der Kontingenz der Welt, Fr 1969.
Schulz, W., Der Gott der neuzeitlichen Metaphysik, Pfullingen [7]1982.
Schwarz, H., Kurs Gotteslehre, Bd. 1: Gott oder kein Gott?, Gö–Z 1984.
Seiler, J., Das Dasein Gottes als Denkaufgabe. Darlegung und Bewertung der Gottesbeweise, Lz–St 1965.
Spuren der Erlösung. Religiöse Tiefendimensionen neuzeitlichen Denkens, hrsg. von A. Halder/K. Kienzler/J. Möller, D 1987 (= Beiträge zur Theologie und Religionswissenschaft. Experiment Religionsphilosophie II).
Der Streit um den Gott der Philosophen. Anregungen und Antworten, hrsg. von J. Möller, D 1985.
Theologenlexikon. Von den Kirchenvätern bis zur Gegenwart, hrsg. von W. Härle/H. Wagner, Mn 1987 (= Beck'sche Reihe, 321).
Um Möglichkeit oder Unmöglichkeit natürlicher Gotteserkenntnis heute, hrsg. von K. Kremer, Lei 1985.
Vörckel, K., Chancen natürlicher Theologie, Fernwald 1985.
Weischedel, W., Der Gott der Philosophen. Grundlegung einer Philosophischen Theologie im Zeitalter des Nihilismus, 2 Bde., Mn 1979; auch: Da 1971–72.
Weissmahr, B., Philosophische Gotteslehre, St–B–Kö–Mz 1983 (= Grundkurs Philosophie, 5; Urban-Taschenbuch, 349).
Wer ist das – Gott? Christliche Gotteserkenntnis in den Herausforderungen der Gegenwart. Bericht und Dokumentation von der Zweiten Theologischen Studienkonferenz des Arbeitskreises für Evangelikale Theologie, hrsg. von H. Burkhardt, Gie–Bas–Wuppertal 1982.

Register

Behandelte Autoren